本書爲

中央高校基本科研業務費資助項目

中央高校「雙一流」引導專項資金資助項目

中華禮藏

禮經卷　周禮之屬　第二冊

浙江大學出版社
ZHEJIANG UNIVERSITY PRESS

禮

周禮疏卷第二十五

唐朝散大夫行大學博士弘文館學士臣賈公彥等撰①

春官宗伯下

大司樂掌成均之灋，以治建國之學政，而合國之子弟焉。○釋曰：云“掌成均之灋，以治建國之學政”者，成均，五帝學名。建，立也。周人以成均學之舊法式以立國之學內政教也。云“而合國之子弟焉”者，大司樂合聚國子弟，將此以教之。注鄭司農云：“均，調也。樂師主調其音，大司樂主受此成事已調之樂。”玄謂董仲舒云：“成均，五帝之學。”成均之法者，其遺禮可法者。國之子弟，公、卿、大夫之子弟，當學者謂之國子。《文王世子》曰：“於成均以及取爵於上尊。”然則周人立此學之宮。○釋曰：先鄭云“均，調也。樂師主調其音，大司樂主受此成事已調之樂”者，案樂師惟教國子小舞，大司樂教國子大舞，其職有異，彼樂師又無調樂音之事，而先鄭云“樂師主調其音，大司樂主受其成事”，義理不可，且董仲舒以成均爲五帝學，故依而用之。“玄謂董仲舒云：成均，五帝之學”者，前漢董仲舒作《春秋繁露》。繁，多。露，潤。爲《春秋》作義，潤益處多。彼云：“成均，五帝學也。”云“成均之法者，其遺禮可法者”，鄭見經“掌成均之法”即是有遺禮可法效乃可掌之，故知有遺禮也。云“國之子弟，公、卿、大夫之子弟，當學者謂之國子”者，案《王制》云：“王大子、王子、公卿大夫元士之適子、國之俊選，皆造焉。”此不言王大子、王子與元士之子及俊選者，引文不具。此云“弟”者，則王子是也，自公已下皆適子乃得入也。云“《文王世子》曰：於成均以及取爵於上尊”者，案彼文上云：“或以德進，或以事舉，或以言揚。”又云：“曲藝皆誓之，以待又語。三而一有焉，乃進其等。”注云：“進於眾學者。”又云：“以其序，謂之郊人，遠之，於成均以及取爵於上尊也。”彼鄭注云：“董仲舒曰‘五帝名大學曰成均’，則虞庠近是也。天子飲酒於虞庠，則郊人亦得酳於上尊以相旅。”鄭引之者，證“成均”是學意。若如先鄭以義解之，何

---

① “唐朝散大夫”以下原綴於“春官宗伯下”之下，據全書體例乙正。

得於中飲酒，故知先鄭之義非也。云"然則周人立此學之宮"者，即虞庠之學是也。若然，案《王制》，有虞氏名學爲上庠、下庠，至周立小學在西郊者曰虞庠。堯已上當代學亦各有名，無文可知，但五帝揔名成均，當代則各有別稱，謂若三代天子學揔曰辟雍，當代各有異名也。**凡有道者有德者，使教焉。死則以爲樂祖，祭於瞽宗。** **注**道，多才藝者。德，能躬行者。若舜命夔典樂教胄子是也。死則以爲樂之祖，神而祭之。鄭司農云："瞽，樂人。樂人所共宗也[①]。或曰祭於瞽宗，祭於廟中。《明堂位》曰：'瞽宗，殷學也。泮宮，周學也。'以此觀之，祭於學宮中。"○**釋**曰：經直言"道"，鄭知是"多才藝者"，以其云道，通物之名，是己有才藝通教於學子，故知此人多才藝耳。但才藝與六藝少別，知者，見《雍也》云"求也藝"，鄭云："藝，多才藝。"又《憲問》云"冉求之藝，文之以禮樂"，禮樂既是六藝，明上云"藝"非六藝也。此教樂之官，不得以六藝解之，故鄭云"道，多才藝"也。云"德，能躬行者"，案《師氏》注："德、行，外內之稱。在心爲德，施之爲行。"彼釋"三德"、"三行"爲外內，此云"德，能躬行"，則身內有德又能身行。《尚書》傅説云："非知之艱，行之惟艱。"則此人非直能知，亦能身行，故二者皆使教焉。"死則以爲樂之祖，神而祭之"。先鄭云"瞽，樂人"者，《序官》"上瞽"、"中瞽"、"下瞽"皆是瞽矇掌樂事，故云"瞽，樂人。樂人所共宗也"。云"或曰祭於瞽宗，祭於廟中"者，此説非，故引《明堂位》爲證是殷學也。祭樂祖必於瞽宗者，案《文王世子》云："春誦夏弦，大師詔之瞽宗。"以其教樂在瞽宗，故祭樂祖還在瞽宗。彼雖有學干戈在東序[②]，以誦弦爲正。《文王世子》云："《禮》在瞽宗，《書》在上庠。"鄭注云："學《禮》、《樂》於殷之學，功成治定，與己同。"則學《禮》、《樂》在瞽宗，祭《禮》先師亦在瞽宗矣。若然，則《書》在上庠，《書》之先師亦祭於上庠。其《詩》則春誦夏弦在東序，則祭亦在東序也。故鄭注《文王世子》云："《禮》有高堂生，《樂》有制氏，《詩》有毛公，《書》有伏生，億可以爲之也。"是皆有先師當祭可知也。《祭義》云："祀先賢於西學，所以教諸侯之德。"是天子親祭之。不見祭先聖者，文不備，祭可知。**以樂德教國子中、和、祇、庸、孝、友，**○**釋**曰：此必使有道有德者教之，此是樂中之六德，與教萬民者小別。**注**中猶忠也。和，剛柔適也。祇，敬。庸，有常也。善父母曰孝，善兄弟曰友。○**釋**曰：此六德，其"中、和"二德取《大司徒》"六德"之下，"孝、友"二德取《大司徒》"六行"之上，其

---

① 孫疏云："孔繼汾謂'樂人所共宗'上當有'瞽宗'二字，是也。"

② "彼"字阮本無。

“祇、庸”二德與彼異，自是樂德所加也。云“中猶忠也。和，剛柔適也”，注《大司徒》與此同。“祇，敬。庸，有常也”，並訓而見其義也。“善父母曰孝，善兄弟曰友”，《爾雅·釋親》文也[1]。**以樂語教國子興、道、諷、誦、言、語，**注興者，以善物喻善事。道讀曰導，導者，言古以剴今也。倍文曰諷[2]，以聲節之曰誦，發端曰言，荅述曰語。○釋曰：此亦使有道有德教之。云“興者，以善物喻善事”者，謂若老狼興周公之輩。亦以惡物喻惡事，不言者，鄭舉一邊可知。云“道讀曰導”者，取導引之義，故讀從之。云“導者，言古以剴今也”者，謂若《詩》陳古以刺幽王、厲王輩皆是[3]。云“倍文曰諷”者，謂不開讀之。云“以聲節之曰誦”者，此亦皆背文，但諷是直言之，無吟詠，誦則非直背文，又爲吟詠以聲節之爲異。《文王世子》“春誦”，注：“誦，謂歌樂。”歌樂即詩也，以配樂而歌，故云歌樂，亦是以聲節之。襄二十九年，季札請觀周樂，而云“爲之歌《齊》”、“爲之歌《鄭》”之等，亦是不依琴瑟而云歌，此皆是徒歌曰謠，亦得謂之歌。若依琴瑟謂之歌，即毛云“曲合樂曰歌”是也。云“發端曰言，荅述曰語”者，《詩·公劉》云：“于時言言，于時語語。”毛云：“直言曰言，荅述曰語。”許氏《説文》云：“直言曰論，荅難曰語。”論者，語中之別，與言不同，故鄭注《雜記》云：“言，言己事。爲人説爲語。”**以樂舞教國子舞《雲門》、《大卷》、《大咸》、《大磬》、《大夏》、《大濩》、《大武》。**○釋曰：此大司樂所教是大舞，樂師所教者是小舞。案《内則》云：“十三舞《勺》，成童舞《象》。”舞《象》謂戈，皆小舞。又云：“二十舞《大夏》。”即此六舞也。特云《大夏》者，鄭云：“樂之文武中。”其實六舞皆樂也。《保氏》云：“教之六樂。”二官共教者，彼教以書，此教以舞，故共其職也。注此周所存六代之樂。黃帝曰《雲門》、《大卷》。黃帝能成名萬物以明民共財，言其德如雲之所出，民得以有族類。《大咸》，《咸池》，堯樂也。堯能殫均刑法以儀民，言其德無所不施。《大磬》，舜樂也。言其德能紹堯之道也。《大夏》，禹樂也。禹治水傅土，言其德能大中國也。《大濩》，湯樂也。湯以寬治民而除其邪，言其德能使天下得其所也[4]。《大武》，武王樂也。武王伐紂以除其害，言其德能成武功。○釋曰：案下文“以六舞”云“大合樂”，明此“舞”是“六代樂”。必知此六舞《雲門》已下是黃

---

①　“親”字阮本作“訓”，阮校引孫志祖説云：“監、毛本‘訓’誤‘親’。”

②　阮校云：“《釋文》亦作‘倍文’，賈疏作‘背文’，《瞽矇》疏引此注同。按此注用古字、疏用今字之一證。”按此疏述注作“倍文”，與下文釋義兩言“背文”者異，蓋後人所改。

③　“輩”上阮本有“之”字，加藤謂無者脱訛。

④　“下”字原作“子”，據婺本、金本、阮本改。

帝、堯、舜、夏、殷、周者，並依《樂緯》及《元命包》。彼云“《雲門》，黄帝樂”以下，及堯、舜等皆陳，故知黄帝已下也。云“黄帝曰《雲門》、《大卷》。黄帝能成名萬物以明民共財”者，《祭法》文。彼云“百物”，不云“萬物”，萬物即百物。云“言其德如雲之所出，民得以有族類”者，鄭釋此《雲門》、《大卷》二名。云德如雲之所出，解《雲門》；云民得以有族類，解《大卷》，卷者卷聚之義，即族類也，故《祭法》云“正名百物以明民”是也。云“《大咸》，《咸池》①，堯樂也。堯能殫均刑法以儀民”者，《祭法》文。彼云“義終”，此云“儀民”，引其義不引其文。云“言其德無不施”者，解《咸池》之名。咸，皆也；池，施也。言堯德無所不施者，案《祭法》注云“賞，賞善。謂禪舜、封禹稷等也。義終，謂既禪二十八載乃死”是也。云“《大磬》，舜樂也。言其德能紹堯之道也”者，《元命包》云：“舜之民樂其紹堯之業。”《樂記》云：“《韶》，繼也。”注云“言舜能繼紹堯之德”是也。云“《大夏》，禹樂也。禹治水傅土，言其德能大中國也”者，案《禹貢》云“敷土”，敷，布也，布治九州之水土，是敷土之事也②。《樂記》云：“《夏》，大也。”注云：“禹樂名。禹能大堯、舜之德。”大中國即是大堯、舜之德也。《元命包》云：“禹能德並三聖。”德並三聖即是大堯、舜之德，亦一也。云“《大濩》，湯樂也。湯以寬治民而除其邪”者，亦《祭法》文。彼云“除其災”，災即邪③，亦一也。或本作“邪”也。云“言其德能使天下得其所也”者，言“護”者④，即救護也，救護使天下得其所也。云“《大武》，武王樂也。武王伐紂以除其害”者，亦《祭法》文。彼云“災”，災即害，一也。云“言其德能成武功”者，此即“克定禍亂曰武”也。案《元命包》云：“文王時，民樂其興師征伐，故曰武。”又《詩》云：“文王受命，有此武功。”如是，則《大武》是文王樂名⑤。而云“武王樂”者⑥，但文王有此武功，不卒而崩，武王卒其伐功，以誅虐紂，是武王成武功，故周公作樂以《大武》爲武王樂也。案《樂記》云：“《大章》，章之也。”注云：“堯樂名也。《周禮》闕之，或作《大卷》。”又云：“《咸池》，備矣。”注云：“黄帝所作樂名也。堯增脩而用之。《周禮》曰《大咸》。”與此經注樂名不同者，本黄帝樂名曰《咸池》，以五帝殊時，不相沿樂，堯若增脩黄帝樂體者，存其本名，猶曰《咸池》，則此《大咸》也；若樂體依舊不增脩者，則改本名，名曰《大章》，故云“《大章》，堯樂

①　“咸池”二字原作“成池”，據阮本改。
②　阮校謂“敷土”當據注作“傅土”。
③　二“災”字阮本皆作“虐”，阮校云：“‘虐’是也。”
④　浦鏜云：“‘護’字當作‘濩’。”
⑤　“文王”二字原作“之武”，據阮本改。
⑥　“云”字原作“亡”，據阮本改。

也”。周公作樂,更作《大卷》,《大卷》則《大章》,章名雖堯樂①,其體是黃帝樂,故此《大卷》一爲黃帝樂也②。周公以堯時存黃帝《咸池》爲堯樂名,則更與黃帝樂名立名③,名曰《雲門》,則《雲門》與《大卷》爲一名,故下文分樂而序之更不序《大卷》也。必知有改樂名之法者,按《條牒論》云:“班固作《漢書》:‘高帝四年,作《武德》之樂。’又云:‘高帝廟中奏《武德》、《文始》。注云:‘舜之《韶》舞名④。’秦始皇二十六年,改名《五行》舞。’注云:‘《五行》本周舞,高帝六年改名《文始五行》之舞。’”案此知有改樂之法也。案《孝經緯》云:“伏犧之樂曰《立基》,神農之樂曰《下謀》,祝融之樂曰《屬續》⑤。”又《樂緯》云:“顓頊之樂曰《五莖》,帝嚳之樂曰《六英》。”注云:“能爲五行之道立根莖。六英者,六合之英。”皇甫謐曰:“少昊之樂曰《九淵》。”則伏犧已下皆有樂。今此惟存黃帝、堯、舜、禹、湯者,案《易·繫辭》云:“黃帝、堯、舜垂衣裳。”鄭注云:“金天、高陽、高辛遵黃帝之道,無所改作,故不述焉。”則此所不存者義亦然也。然鄭惟據五帝之中而言,則三皇之樂不存者,以質故也。

以六律、六同、五聲、八音、六舞大合樂,以致鬼神示,以和邦國,以諧萬民,以安賓客,以說遠人,以作動物。○釋曰:鄉來說大司樂教國子以樂,自此已下論用樂之事也。云“以六律、六同”者,此舉十二管以表其鍾,樂器之中不用管也。云“大合樂”者,據薦腥之後合樂之時用之也。此所合樂即下云“若樂六變”、“若樂八變”、“若樂九變”之等,彼據祭天下神,此據正祭合樂。若然,合樂在下神後,而文退下神樂在後者,以下神用一代樂,此用六代,六代事重,故進之在上。若然,下神不亞合樂而隔分樂之後者,以分樂序之皆用一代,此三祔下神亦用一代,若不隔分樂,恐其相亂,且使“一變”、“二變”之等與分樂所用樂同,故三神在下也。云“以致鬼神示”者,是據三祔而言。云“以和邦國”已下,亦據三祔之祭各包此數事,故鄭引《虞書》以證宗廟。注六律,合陽聲者也。六同,合陰聲者也。此十二者以銅爲管,轉而相生:黃鍾爲首,其長九寸,各因而三分之,上生者益一分,下生者去一焉。《國語》曰:“律所以立均出度也,古之神瞽考中聲而量之以制,度律均鍾。”言以中聲定律,以律立鍾之

---

①　阮校云:“《經義雜記》作‘大章名雖堯樂’,此因複舉‘大章’遂脱一‘大’字。”

②　阮校引《經義雜記》云:“‘一’當作‘亦’。”

③　孫校云:“‘立’上‘名’字疑衍。”

④　加藤云:“殿本‘舜’上增‘文始’二字,《考證》云據《漢書》注補。”

⑤　孫校云:“《樂記》疏引此作《鈎命決》,‘屬續’作‘祝屬’。”

均。大合樂者，謂徧作六代之樂。以冬日至作之，致天神、人鬼；以夏日至作之，致地祇、物彪①。動物，羽、臝之屬。《虞書》云：“夔曰：‘戛擊鳴球、搏拊、琴瑟以詠，祖考來格，虞賓在位，羣后德讓，下管鼗鼓，合止柷敔，笙鏞以間②，鳥獸蹌蹌，《簫韶》九成，鳳皇來儀。’夔又曰：‘於！予擊石拊石，百獸率舞，庶尹允諧。’”此其於宗廟九奏效應。○釋曰：云“六律，合陽聲者也。六同，合陰聲者也”者，案《大師》云：“掌六律、六同，以合陰陽之聲。”是以據而言焉。云“此十二者以銅爲管”者，案《典同》先鄭云：“陽律以竹，陰律以銅。”後鄭云：“皆以銅爲。”與此注義同也。云“轉而相生”已下，據《律歷志》而言。子午已東爲上生，子午已西爲下生。上生爲陽，陽主息，故三分益一；下生爲陰，陰主減，故三分去一。案《律歷志》：“黄鍾爲天統，律長九寸。林鍾爲地統，律長六寸。大簇爲人統，律長八寸。”又云“十二管相生皆八八，上生下生，盡於中吕，陰陽生於黄鍾，始而左旋，八八爲位”者，假令黄鍾生林鍾，是歷八辰，自此已下皆然，是八八爲位，蓋象八風也。《國語》者，案彼：“景王將鑄無射，問律於泠州鳩③。鳩對曰：‘律所以立均出度，古之神瞽考中聲而量之以制，度律均鍾，百官執義④。’”鄭引之者，欲取以六律、六同均之以制鍾之大小，須應律同也，故鄭云“言以中聲定律，以律立鍾之均”也。云中聲，謂上生下生定律之長短，度律以律計自倍半，而立鍾之均，均即是應律長短者也。云“大合樂者，謂徧作六代之樂”者，此經六樂即上六舞，故知徧作六代之樂。言徧作樂，不一時俱爲，待一代訖乃更爲，故云徧作也。云“以冬日作之”至“物彪”，皆《神仕職》文。案彼注：“致人鬼於祖廟，致物彪於墠壇，蓋用祭天地之明日。”若然，此經“合樂”據三祴正祭天，而引彼天地之小神及人鬼在明日祭之者，但彼明旦所祭小神用樂無文⑤，彼衆既多，合樂之時當與此三祴正祭合樂同，故彼此文同稱“致”。但據彼正祭祭天地大神，無宗廟之祭，祭天明日兼祭人鬼，與此爲異也。云“動物，羽、臝之屬”者，鄭不釋“邦國”之

---

① “祇”字原作“祇”，金本、阮本同，據婺本改。

② 阮校云：“《漢讀考》作‘笙庸’。按賈疏釋此注云‘庸，功也，西方物孰有成功。亦謂之頌，頌亦是頌其成也’，然則賈本鄭注本作‘庸’字。”

③ “泠”字阮本作“伶”，加藤謂“伶”是而“泠”非。按《地官·大司徒職》、《冬官·㯹人職》賈疏引《國語》皆作“泠”，與傳本《國語》合。《毛詩·邶風·簡兮》序“衛之賢者仕於伶官”《釋文》云：“伶官，音零，字從水，樂官也。字亦作伶。”《五經文字·水部》：“泠，歷丁反，樂官。或作伶，訛。伶音來定反。”則“泠”字非誤。

④ 孫校云：“‘執義’當從《國語》作‘軌儀’。”

⑤ 浦鏜云：“‘日’誤‘旦’。”孫疏據改。

等，直釋“動物”者，以《尚書》不言動物，故釋訖乃引《尚書》鳥獸之等證之也。《虞書》者，案古文在《舜典》，是舜祭宗廟之禮。案彼鄭注：“戛①，櫟也。櫟擊鳴球已下數器②。鳴球即玉磬也。搏拊以韋爲之，裝之以糠，所以節樂。”云“以詠”者，謂歌詩也。云“祖考來格”者，謂祖考之神來至也。云“虞賓在位”者，謂舜以爲賓，即二王後丹朱也。云“羣后德讓”者，謂諸侯助祭者以德讓。已上皆宗廟堂上之樂所感也。云“下管鼗鼓”已下，謂舜廟堂下之樂，故言下。云“合止柷敔”者，合樂用柷，柷狀如漆筩，中有椎，搖之所以節樂；敔狀如伏虎，背有刻，以物櫟之，所以止樂。云“笙鏞以間”者，東方之樂謂之笙。笙，生也，東方生長之方，故名樂爲笙也。鏞者，西方之樂謂之鏞。庸，功也，西方物熟有成功。亦謂之頌，頌亦是頌其成也。以間者，堂上堂下間代而作。云“鳥獸蹌蹌”者，謂飛鳥走獸蹌蹌然而舞也。云“《簫韶》九成，鳳皇來儀”者，《韶》，舜樂也。若樂九變，人鬼可得而禮，故致得來儀。儀，匹，謂致得雄曰鳳、雌曰皇來儀，止巢而乘匹。案此下文“六變致象物”，象物，有象在天，謂四靈之屬，四靈則鳳皇是其一。此“六變”、彼“九成”者，其實六變致之，而言九者，以宗廟九變爲限，靈鳥又難致之物，故於九成而言耳。云“夔又曰：於！予擊石拊石，百獸率舞”者，此於下文別而言之，故云“又曰”。夔語舜云，磬有大小，予擊大石磬拊小石磬，則感百獸相率而舞。云“庶尹允諧”者，庶，衆也。尹，正也。允，信也。言樂之所感使衆正之官信得其諧和。云“此其於宗廟九奏之效應”者，此經摠言三禘大祭，但天地大祭效驗無文，所引《尚書》惟有宗廟，故指宗廟而言也。然《尚書》云“祖考”，即此經“致鬼”也；“虞賓”，即此經“以安賓客”；“羣后德讓”，即此經“邦國”也；“鳥獸”、“鳳皇”等，即此經“動物”也；“庶尹允諧”，即此經“以諧萬民，以説遠人”也。

　　乃分樂而序之，以祭，以享，以祀。注分，謂各用一代之樂。○釋曰：此與下諸文爲惣目。上惣云“六舞”，今分此六代之舞，尊者用前代，卑者用後代，使尊卑有序，故云“序”。若然，經所先云“祭”地，後云“祀”天者，欲見不問尊卑，事起無常，故倒文以見義也。**乃奏黃鍾，歌大吕，舞《雲門》，以祀天神。**○釋曰：此黃鍾言“奏”、大吕言“歌”者，云奏據出聲而言，云歌據合曲而説，其實歌、奏通也。知不言歌歌據堂上歌詩合大吕之調謂之歌者③，《春秋左氏傳》云：“晉侯歌鍾二肆，取半以賜

----

① “戛”字阮本作“憂”，與注合。按“憂”爲“戛”之俗字。
② “櫟擊”二字阮本作“憂擊”。
③ 孫校云：“‘知不言歌歌’句有誤，疑‘歌歌’當作‘升歌’。”

魏絳，魏絳於是有金石之樂。"彼據磬列肆而言，是不在歌詩亦謂之歌，明不據偏歌詩也①。襄四年，晉侯饗穆叔，云奏《肆夏》、歌《文王》《大明》《綿》，亦此類也。**注**以黃鍾之鍾、大吕之聲爲均者，黃鍾陽聲之首，大吕爲之合，奏之以祀天神，尊之也。天神，謂五帝及日月星辰也。王者又各以夏正月祀其所受命之帝於南郊，尊之也。《孝經説》曰"祭天南郊，就陽位"是也。〇釋曰：云"以黃鍾之鍾、大吕之聲"者，以經云"奏"，奏者奏擊以出聲，故據鍾而言；大吕經云"歌"，歌者發聲出音，故據聲而説。亦互而通也。言"爲均"者，案下文云"凡六樂者，文之以五聲，播之以八音"，鄭云："六者言其均，皆待五聲、八音乃成也。"則是言均者，欲作樂，先擊此二者之鍾以均諸樂。是以《鍾師》云"以鍾鼓奏九《夏》"，鄭云："先擊鍾，次擊鼓。"《論語》亦云"始作，翕如也"，鄭云："始作，謂金奏。"是凡樂皆先奏鍾以均諸樂也。必舉此二者，以其配合，是以鄭云"黃鍾陽聲之首，大吕爲之合"也。言合者，此據十二辰之斗建與日辰相配合，皆以陽律爲之主，陰吕來合之。是以《大師》云"掌六律、六同，以合陰陽之聲"，注云："聲之陰陽各有合。黃鍾，子之氣也，十一月建焉，而辰在星紀。大吕，丑之氣也，十二月建焉，而辰在玄枵。大蔟，寅之氣也，正月建焉，而辰在娵訾。應鍾，亥之氣也，十月建焉，而辰在析木。"已後皆然，是其斗與辰合也。云"奏之以祀天神，尊之也"者，以黃鍾律之首，《雲門》又黃帝樂，以尊祭尊，故云尊之也。云"天神，謂五帝及日月星辰也"者，案下云"若樂六變，天神皆降"是昊天，則知此"天神"非天帝也，是五帝矣。知及日月星者，案《大宗伯》昊天在禋祀中，日月星在實柴中②，鄭注云："五帝亦用實柴之禮。"則日月星與五帝同科。此下文又不見日月星別用樂之事，故知此"天神"中有日月星辰可知。其司中已下在槱燎中，則不得入"天神"中，故下文約與"四望"同樂也。云"王者又各以夏正月祀其所受命之帝於南郊，尊之也"者，案《易緯·乾鑿度》云："三王之郊，一用夏正。"《郊特牲》云："兆日於南郊，就陽位。"《大傳》云："王者禘其祖之所自出，以其祖配之。"若周郊東方

---

①　"詩"上原有"毛"字，據阮本删。

②　"星"下阮本有"辰"字。按鄭注云"天神，謂五帝及日月星辰也"，"日月星辰"據《大宗伯職》，彼鄭注以星爲五緯，辰爲日月所會十二次，星、辰別解。然則此疏述注云"知及日月星者"而節略"辰"，稍欠妥當。或據《大宗伯職》於此"日月星在實柴中"句補一"辰"字，然未察下文"則日月星與五帝同科"、"此下文又不見日月星別用樂之事"及下經疏"謂若日月星與五帝同"亦皆節略"辰"，增補之意雖善，或非賈疏原文。至於賈疏又云"故知此'天神'中有日月星辰可知"又有"辰"者，此乃總結之語，固當與注相照應也。

靈威仰之等，是王者各以夏正月祀其所受命之帝於南郊，特尊之也。云《孝經説》者，説即緯也。時禁緯，故云説。引之，證與《郊特牲》義同，皆見郊所感帝用樂與祭五帝不異，以其所郊天亦是五帝故也。**乃奏大蔟，歌應鍾，舞《咸池》，以祭地示。**○釋曰：地祇卑於天神，故降用大蔟陽聲第二及《咸池》也。**注**大蔟，陽聲第二，應鍾爲之合。《咸池》，《大咸》也。地祇，所祭於北郊，謂神州之神及社稷。○釋曰：云“大蔟，陽聲第二，應鍾爲之合”者，以黄鍾之初九下生林鍾之初六，林鍾之初六上生大蔟之九二，是陽聲之第二也。大蔟，寅之氣也，正月建焉，而辰在娵訾；應鍾，亥之氣也①，而辰在析木，是應鍾爲之合也。云“《咸池》，《大咸》也”者，此云《咸池》，上文云《大咸》，以爲一物，故云《大咸》也。云“地祇，所祭於北郊，謂神州之神”者，以其下文“若樂八變”者是崐崘大地，即知此“地祇”非大地也②，是神州之神可知。案《河圖括地象》云：“崐崘東南萬五千里曰神州。”是知神州之神也。知祭於北郊者，《孝經緯》文，以其與南郊相對故也。知“及社稷”者，以六冕差之，社稷雖在小祀，若薦祭言之③，《大宗伯》云“以血祭祭社稷、五祀、五嶽”，用血與郊同，又在五嶽之上，故知用樂亦與神州同，謂若日月星與五帝同也。**乃奏姑洗，歌南呂，舞《大磬》，以祀四望。**○釋曰：四望又卑於神州，故降用陽聲第三及用《大磬》也④。**注**姑洗，陽聲第三，南呂爲之合。四望，五嶽、四鎮、四竇。此言祀者，司中、司命、風師、雨師或亦用此樂與？○釋曰：云“姑洗，陽聲第三，南呂爲之合”者，以其南呂上生姑洗之九三，是陽聲第三也。沽洗⑤，辰之氣也，三月建焉，而辰在大梁；南呂，酉之氣也，八月建焉，而辰在壽星，是南呂爲之合也。云“四望，五嶽、四鎮、四竇”者，以《大宗伯》五嶽在社稷下、山川上，此文四望亦在社稷下、山川上，故知四望是五嶽、四鎮、四竇也。云“此言祀者，司中、司命、風師、雨師或亦用此樂與”者，以此上下更不見有司中等用樂之法，又案《大宗伯》天神云“祀”、地祇云“祭”、人鬼云“享”，四望是地祇，而不云“祭”而變稱“祀”，明經意本容司中等神，故變文見用樂也。無正文，故云“或”、“與”以疑之也。**乃奏蕤賓，歌函鍾，舞**

---

① 阮校謂“也”下脱“十月建焉”四字。
② “大”字原作“天”，據阮本改。
③ “薦”字原作“祭”，據阮本改。
④ “三”字原作“二”，據阮本改。
⑤ “沽洗”二字阮本作“姑洗”。按賈疏多用“沽洗”，底本經注亦或作“沽洗”。下凡“姑洗”、“沽洗”之異不復出校。

《大夏》，以祭山川。**注**蕤賓，陽聲第四，函鍾爲之合。函鍾一名林鍾。〇釋曰：云"蕤賓，陽聲第四"者，應鍾之六三上生蕤賓之九四，是陽聲第四也。云"函鍾爲之合"者，蕤賓，午之氣也，五月建焉，而辰在鶉首；函鍾，未之氣也，六月建焉，而辰在鶉火，是函鍾爲之合也。云"函鍾一名林鍾"者，此《周禮》言函鍾，《月令》云林鍾，故云一名林鍾也。**乃奏夷則，歌小吕，舞《大濩》，以享先妣。注**夷則，陽聲第五，小吕爲之合。小吕一名中吕。先妣，姜嫄也。姜嫄履大人跡，感神靈而生后稷，是周之先母也。周立廟自后稷爲始祖，姜嫄無所妃，是以特立廟而祭之，謂之閟宫，閟，神之。〇釋曰：案《祭法》："王立七廟：考廟、王考廟、皇考廟、顯考廟、祖考廟，皆月祭之；二祧，享嘗乃止。"不見"先妣"者，以其七廟外非常，故不言。若祭，當與二祧同，亦享嘗乃止。若追享，自然及之矣。云"夷則，陽聲第五"者，以其大吕之六四下生夷則之九五[1]，是陽聲第五也。云"小吕爲之合"者，以其小吕，巳之氣也，四月建焉，而辰在實沈；夷則，申之氣也，七月建焉[2]，而辰在鶉尾，是其合也。云"小吕一名中吕"者，此《周禮》言小吕，《月令》言中吕，故云一名中吕也。云"先妣，姜嫄也。姜嫄履大人跡，感神靈而生后稷"者，《詩》云："履帝武敏歆。"毛君義與《史記》同，以爲姜嫄帝嚳妃，"履帝武敏歆"謂履帝嚳車轍馬跡生后稷，后稷爲帝嚳親子。鄭君義，依《命歷序》，帝嚳傳十世乃至堯，后稷爲堯官，則姜嫄爲帝嚳後世妃，而言"履帝武敏歆"者，帝謂天帝也。是以《周本紀》云："姜嫄出野，見聖人跡，心悦，忻然踐之，始如有身動而孕，居期生子。"是鄭解聖人跡與毛異也。云"是周之先母"者，《生民》詩序云："《生民》，尊祖也。后稷生於姜嫄，文武之功，起於后稷。"是周之子孫功業由后稷，欲尊其祖，當先尊其母，故云周之先母也。云"周立廟自后稷爲始祖，姜嫄無所妃"者，凡祭以其妃配，周立七廟自后稷已下，不得更立后稷父廟，故姜嫄無所妃也。云"是以特立廟而祭之"者，以其尊敬先母，故特立婦人之廟而祭之。云"謂之閟宫，閟，神之"者，案《閟宫》詩云："閟宫有侐，實實枚枚。"毛云："在周常閉而無事。"與此祭先妣義違，故後鄭不從，是以鄭云特立廟而祭之。但婦人稱宫，處在幽静，故名廟爲閟宫，據其神則曰閟神也。若然，分樂序之尊者用前代，其先妣、先祖服衮冕，山川、百物用玄冕，今用樂山川在先妣上者，以其山川外神是自然之神，先祖生時曾事之，故樂用前代無嫌。**乃奏無射，歌夾鍾，舞《大武》，以享先祖。**

---

①　"下生"二字阮本同，阮校云："惠校本作'上生'，此誤。"加藤引汪文臺説云："'下生'不誤，《大師》注有誤作'上生'者，惠因之。"

②　"焉"字原作"爲"，據阮本改。

注無射，陽聲之下也，夾鍾爲之合。夾鍾一名圜鍾。先祖，謂先王、先公。○釋曰：云“無射，陽聲之下也”者，以其夾鍾之六五下生無射之上九①，是陽聲之下也。云“夾鍾爲之合”者，以其夾鍾，卯之氣也，二月建焉，而辰在降婁；無射，戌之氣也，九月建焉，而辰在大火，亦是其合也。云“夾鍾一名圜鍾”者，下文云“圜鍾爲宮”，是一名圜鍾也。云“先祖，謂先王、先公”者，鄭據《司服》而言。但《司服》以先王、先公服異，故別言；此則先王、先公樂同，故合説，以其俱是先祖故也。**凡六樂者，文之以五聲，播之以八音。** **注**六者言其均，皆待五聲、八音乃成也。播之言被也。故書播爲藩。杜子春云：“藩當爲播，讀如‘后稷播百穀’之播。”○釋曰：云“六者言其均”者，謂若黃鍾爲宮，自與已下徵商羽角等爲均，其絲數五聲各異也。或解以爲均謂樂器八音之等。若然，何得先云“言其均”始云“皆待五聲、八音”乎？明言其均者以爲六者各據爲首，與下四聲爲均，故云皆待五聲、八音乃成也。云“播之言被也”者，謂若光被四表，是取被及之義也。子春云“播爲后稷播百穀之播”者，讀從《詩》云“其始播百穀”，是后稷之事也。

凡六樂者，一變而致羽物及川澤之示，再變而致臝物及山林之示，三變而致鱗物及丘陵之示，四變而致毛物及墳衍之示，五變而致介物及土示，六變而致象物及天神。　○釋曰：此“一變”至“六變”不同者，據難致、易致前後而言。案《大司徒》“五地之物生”動植俱有，此但言動物不言植物者，據有情可感者而言也。**注**變猶更也，樂成則更奏也。此謂大蜡索鬼神而致百物，六奏樂而禮畢。東方之祭則用大蔟、姑洗，南方之祭則用蕤賓，西方之祭則用夷則、無射，北方之祭則用黃鍾爲均焉。每奏有所感，致和以來之。凡動物敏疾者、地祇高下之甚者易致，羽物既飛又走，川澤有孔竅者，蛤蟹走則遲，墳衍孔竅則小矣，是其所以舒疾之分。土祇，原隰及平地之神也。象物，有象在天，所謂四靈者。天地之神，四靈之知，非德至和則不至。《禮運》曰：“何謂四靈？麟、鳳、龜、龍謂之四靈。龍以爲畜，故魚鮪不淰；鳳以爲畜，故鳥不獝；麟以爲畜，故獸不狘；龜以爲畜，故人情不失。”○釋曰：云“變猶更也”者，《燕禮》云“終”，《尚書》云“成”，此云“變”。孔注《尚書》云：“九奏而致不同者②，

凡樂曲成則終更變也①，終則更奏，各據終始而言。”是以鄭云“樂成則更奏也”。云“此謂大蜡索鬼神而致百物”者，案《郊特牲》云：“蜡也者，索也，歲十二月合聚百物而索饗之也。”鄭云：“歲十二月，周之正數，謂建亥之月也。五穀成於神，有功，故報祭之。”鄭必知此據蜡祭者，此經揔祭百神，與蜡祭合聚萬物之神同，故知蜡也。云“六奏樂而禮畢”者，下云“若樂六變，則天神皆降”，此經亦“六變致天神”，故云六奏樂而禮畢也。云“東方之祭則用大蔟”云云，此鄭知四方各別祭用樂不同者，以《郊特牲》云“八蜡以記四方”，又云“四方年不順成，八蜡不通。順成之方，其蜡乃通”，是四方各有八蜡，故知四方用樂各別也。云“每奏有所感，致和以來之”者，揔釋地祇與動之神來雖有遲疾②，皆由樂和感之③。云“凡動物敏疾者、地祇高下之甚者易致”者，言此欲見先致者皆由其神易致故也。云“羽物既飛又走，川澤有孔竅者”者，此經“羽物”共“川澤”一變致之，是其羽物飛、川澤有孔竅故也。自樂再變已下差緩。云“蛤蟹走則遲，墳衍孔竅則小矣”者，以其“墳衍”在“丘陵”後，“介物”在“毛物”後，由是走遲、竅小故也。云“是其舒疾之分”者，謂就此“羽物”以下、“介物”以上，先致者疾之分，後致者舒之分，故有前後也。云“土祇，原隰及平地之神也”者，此已下說天地及四靈非直以樂④，兼有德民和乃致也。鄭知土祇中有原隰者，案《大司徒》有五地，山林已下有原隰；今此則經上已說川澤、山林、丘陵及墳衍訖，惟不言原隰，故此土祇中有原隰可知也。又土祇中有平地者，案《大宰》“九職”云“一曰三農，生九穀”，後鄭以三農者原隰及平地。以其生九穀，故知此土祇中非直有原隰，亦有平地之神也。若然，不言原隰而云土祇者⑤，欲見原隰中有社稷，故鄭君《駁異義》云：“五變而致土祇，土祇者，五土之揔神，謂社。”是以變原隰言土祇。《郊特牲》云：“社祭土而主陰氣。”是社稱土祇，故鄭云土神也。云“象物，有象在天，所謂四靈”者，以其“天神”同變致之。象者，有形象在天，物者，與羽、臝等同稱物，故知有象在天，四靈等也。云“天地之神，四靈之知”者，天則天神，地則土祇，故云“天地之神，

---

① “更變也”三字阮本作“變更也”，孫疏引删此三字。

② “來”字阮本作“物”。阮校云：“監、毛本‘物’誤‘來’。”加藤則謂“來”是。

③ “樂”上阮本有“以”字。按此疏屢言“以樂”，無者蓋脱訛。

④ “以樂”二字阮本作“有樂”，阮校云：“監、毛本‘有樂’誤‘以樂’。”按賈疏下文云：“云‘非德至和則不至’者，欲見介物已上皆以樂和感之，未必由德；此天地四靈非直須樂，要有德至和乃致之也。”可證此作“以樂”義勝。阮校摘句爲“非直有樂兼有德”，或因此而謂“有”字爲是。

⑤ “不”上原有“彼”字、“而”下有“乃”字，阮校謂二字爲衍文，兹據删。

四靈之知"也。云"非德至和則不至"者，欲見介物已上皆以樂和感之，未必由德；此天地四靈非直須樂，要有德至和乃致之也。云《禮運》已下者，欲見"象物"則彼"四靈"也。云"何謂四靈"者，記人自問自荅。案彼注云："淰之言閃也。"言魚鮪不閃，閃，畏人也。猶、狁，飛走之貌。二者皆據"魚鮪不淰"。不可於龜更言魚鮪，以龜知人情，故變言"人情不失"也。案《大司徒》："山林宜毛物，川澤宜鱗物，丘陵宜羽物，墳衍宜介物，原隰宜臝物。"此經則以羽物配川澤，臝物配山林，鱗物配丘陵，毛物配墳衍，介物配土祇，與《大司徒》文不類者，彼以所宜而言，此據難致、易致而説，故文有錯綜不同也。案《月令》孟冬云："祈來年於天宗。"鄭注云："此《周禮》所謂蜡也。天宗，日月星。"鄭以《月令》"祈於天宗"謂之蜡，則此"天神"亦是日月星辰，非大天神。以蜡祭所祭衆神，祭卑不可援尊，地神惟有土祇，是以知無天地大神也。又《尚書》云"《簫韶》九成，鳳皇來儀"，九成乃致象物者，鄭以儀爲匹，謂止巢而孕乘匹，故九變乃致；此直據致其神，故與大天神同六變也。

　　凡樂，圜鍾爲宮，黄鍾爲角，大蔟爲徵，沽洗爲羽，靁鼓靁鼗，孤竹之管，雲和之琴瑟，《雲門》之舞，冬日至於地上之圜丘奏之，若樂六變，則天神皆降，可得而禮矣。凡樂，函鍾爲宮，大蔟爲角，姑洗爲徵，南吕爲羽，靈鼓靈鼗，孫竹之管，空桑之琴瑟，《咸池》之舞，夏日至於澤中之方丘奏之，若樂八變，則地示皆出，可得而禮矣。凡樂，黄鍾爲宮，大吕爲角，大蔟爲徵，應鍾爲羽，路鼓路鼗，陰竹之管，龍門之琴瑟，《九德》之歌，《九磬》之舞，於宗廟之中奏之，若樂九變，則人鬼可得而禮矣[①]。○釋曰：此三者皆用一代之樂，類上皆是下神之樂，列之在下文者，以"分樂而序之"據天地之次神，故陳彼天地已下之神并蜡祭訖，乃列陳此三禘，恐與上雜亂故也。言"六變"、"八變"、"九變"者，謂在天地及廟庭而立四表，舞人從南表向第二表爲一成，一成則一變；從第二至第三爲二成，從第三至北頭第四表爲三成；舞人各轉身南向，於北表之北還從第一至第二爲四成，從第二至第三爲五成，從第三至南頭第一表爲六成，則"天神皆降"。若八變者，更從南頭北向第二爲七成，又從第二至第三爲八成，"地祇皆出"。若九變者，又從第三至北頭第一爲九

---

①　孫疏云："賈疏述經'人鬼'下有'皆至'二字，疑唐時别本如是，石經及舊刻本並無。"

變，“人鬼可得禮”焉。此約周之《大武》象武王伐紂，故《樂記》云：“且夫《武》始而北出，再成而滅商，三成而南，四成而南國是疆，五成而分陜，周公左、召公右，六成復綴以崇。”其餘《大護》已上雖無滅商之事①，但舞人須有限約，亦應立四表以與舞人爲曲別也。禮天神必於“冬至”、禮地祇必於“夏至”之日者，以天是陽，地是陰，冬至一陽生，夏至一陰生，是以還於陽生、陰生之日祭之也。至於郊天必於建寅者，以其郊所感帝以祈穀實，取三陽爻生之日萬物出地之時。若然，祭神州之神於北郊，與南郊相對，雖無文，亦應取三陰爻生之月萬物秀實之時也。言“圜丘”者，案《爾雅》：“土之高者曰丘。”取自然之丘。圜者象天圜。既取丘之自然，則未必要在郊，無問東西與南北方皆可。地言“澤中方丘”者，因高以事天，故於地上；因下以事地，故於澤中。取方丘者，水鍾曰澤，不可以水中設祭，故亦取自然之丘，方象地方故也②。宗廟不言時節者，天地自相對而言，至此宗廟無所對，謂祫祭也。但殷人祫於三時，周禮惟用孟秋之月爲之，則《公羊》云“大事者何？大祫也。毀廟之主陳于大祖③，未毀廟之主皆升，合食于大祖”是也。天用《雲門》、地用《咸池》、宗廟用《大韶》者，還依上分樂之次序，尊者用前代、卑者用後代爲差也。宗廟用《九德》之歌者，以人神象神生以九德爲政之具，故特異天地之神也。天地及宗廟並言“皆降”、“皆出”、“皆至”者，以祭尊可以及卑，故《禮記》云：“大報天而主日，配以月。”是其神多，故云“皆”也。天神六變、地祇八變、人鬼九變者，上文四變已上所致有先後者，動物據飛走遲疾，地神有孔竅大小，其土祇及天神有靈智④，故據至德至和乃可以致；今此三者六變已上則據靈異而言，但靈異大者易感，小者難致，故天神六變，人鬼九變也。注此三者皆禘大祭也。天神則主北辰，地祇則主崑崙，人鬼則主后稷。先奏是樂以致其神，禮之以玉而祼焉，乃後合樂而祭之。《大傳》曰：“王者必禘其祖之所自出。”《祭法》曰：“周人禘嚳而郊稷。”謂此祭天圜丘以嚳配之。圜鍾，夾鍾也。夾鍾生於房心之氣，房心爲大辰，天帝之明堂。函鍾，林鍾也。林鍾生於未之氣，未，坤之位。或曰天社在東井輿鬼之外，天社，地神也。黃鍾生於虛危之氣，虛危爲宗廟。以此

① “大護”二字阮本作“大濩”。按《周禮》經注皆作“大濩”，然上文賈疏謂《大濩》以“救護”爲義，“救護使天下得其所也”，則作“大護”亦無不可。
② “丘方”二字阮本作“方丘”。
③ “主”字原作“祖”，據阮本改。
④ “祇”字原作“秖”，據阮本改。此經鄭注之賈疏“不辨天神人鬼地祇”同。

三者爲宮，用聲類求之。天宮夾鍾陰聲，其相生從陽數，其陽無射。無射上生中呂①，中呂與地宮同位，不用也。中呂上生黃鍾，黃鍾下生林鍾，林鍾地宮，又不用。林鍾上生大蔟，大蔟下生南呂，南呂與無射同位，又不用。南呂上生姑洗。地宮林鍾，林鍾上生大蔟，大蔟下生南呂，南呂上生姑洗。人宮黃鍾，黃鍾下生林鍾，林鍾地宮，又辟之。林鍾上生大蔟，大蔟下生南呂，南呂與天宮之陽同位，又辟之。南呂上生姑洗，姑洗南呂之合，又辟之。姑洗下生應鍾，應鍾上生蕤賓，蕤賓地宮，林鍾之陽也，又辟之。蕤賓上生大呂。凡五聲，宮之所生，濁者爲角，清者爲徵、羽。此樂無商者，祭尚柔，商堅剛也。鄭司農云：“雷鼓雷鼗，皆謂六面有革可擊者也。雲和，地名也。靈鼓靈鼗，四面。路鼓路鼗，兩面。《九德》之歌，《春秋傳》所謂‘水、火、金、木、土、穀謂之六府，正德、利用、厚生謂之三事，六府、三事謂之九功，九功之德皆可歌也，謂之九歌也’。”玄謂雷鼓雷鼗八面，靈鼓靈鼗六面，路鼓路鼗四面。孤竹，竹特生者。孫竹，竹枝根之末生者②。陰竹，生於山北者。雲和、空桑、龍門，皆山名。“九磬”讀當爲“大韶”，字之誤。〇釋曰：云“此三者皆禘大祭也”者，案《爾雅》云：“禘，大祭。”不辨天神、人鬼、地祇，則皆有禘稱也。《祭法》云“禘黃帝”之等皆據祭天於圜丘，《大傳》云“王者禘其祖之所自出”據夏正郊天，《論語》“禘自既灌”據祭宗廟，是以鄭云三者皆禘大祭也。云“天神則主北辰，地祇則主崐崘，人鬼則主后稷”者，此三者，則《大宗伯》云“祀之、享之、祭之”，又《大宰》云“祀大神祇”及“大享”，亦一也。三者恒相將，故鄭據此三者之神也。云“先奏是樂以致其神”者，致神則下神也。周之禮③，凡祭祀，皆先作樂下神，乃薦獻，薦獻訖乃合樂也。云“禮之以玉而祼焉，乃後合樂而祭之”者，云禮之以玉，據天地；而祼焉，據宗廟。以《小宰》注“天地大神至尊不祼”，又《玉人》、《典瑞》、《宗伯》等不見有宗廟禮神之玉，是以知“禮之以玉”據天地，則“蒼璧禮天，黃琮禮地”是也；而“祼焉”據宗廟，“肆獻祼”是也。云“《大傳》曰：王者必禘其祖之所自出”者，謂王者皆以建寅之月郊所感生帝，還以感生祖配之也，若周郊以后稷配之也。引之者，證郊與圜丘俱是祭天之禘。郊之禘以后稷配，圜丘禘以嚳配，故引《祭法》“禘嚳而郊稷”爲證。云“圜鍾，夾鍾也”者，即上文“夾鍾”也。云“夾鍾生於房心之氣”至“明堂”者，案《春秋緯·文耀鉤》及《石氏星經·天官》

---

① 浦鏜云：“‘下’誤‘上’。”孫校云：“‘上’不誤，浦誤糾。”

② 阮校謂“末”字當作“未”：“根未生者故云孫竹，作‘末’誤也。”孫疏則謂“末”字是：“枝根末生，亦謂竹根旁別出生，其末成竹。”

③ “周”字原作“用”，阮本同，阮校引浦鏜説云：“‘周’誤‘用’。”孫疏據改，兹從之。

之注云：“房心爲天帝之明堂，布政之所出。”又昭十七年：“冬，有星孛於大辰。”《公羊傳》云：“大辰者何？大火也。大火爲大辰，伐爲大辰，北辰亦爲大辰。”夾鍾房心之氣爲大辰，天之出日之處爲明堂，故以圜鍾爲天之宫。云“函鍾，林鍾也”者，《月令》謂之林鍾是也。云“林鍾生於未之氣，未，坤之位”者，林鍾在未，八卦坤亦在未，故云坤之位。云“或曰天社在東井輿鬼之外”者，案《星經》“天社六星，輿鬼之南”，是其輿鬼外也。天社、坤位皆是地神，故以林鍾爲地宫也。云“黄鍾生於虚危之氣”者，以其黄鍾在子，子上有虚危，故云虚危之氣也。云“虚危爲宗廟”者，案《星經》“虚危主宗廟”，故爲宗廟之宫也。云“以此三者爲宫，用聲類求之”者，若十二律相生，終於六十，即以黄鍾爲首，終於南事；今此三者爲宫，各於本宫上相生爲角徵羽，矗細須品，或先生後用，或後生先用，故云聲類求之也。云“天宫夾鍾陰聲，其相生從陽數”者，其夾鍾，與無射配合之物，夾鍾是吕，陰也，無射是律，陽也。天是陽，故宫後歷八相生還從陽數也。云“無射上生中吕，中吕與地宫同位，不用也”者，地宫是林鍾，林鍾自與蕤賓合，但中吕與林鍾同在南方位，故云同位。以天尊地卑，故嫌其同位而不用之也。“中吕上生黄鍾”，黄鍾爲角也。“黄鍾下生林鍾，林鍾地宫，又不用”，亦嫌不用也。“林鍾上生大蔟”，大蔟爲徵也。“大蔟下生南吕，與無射同位，又不用。南吕上生沽洗”，沽洗爲羽。祭天四聲足矣。“地宫林鍾，林鍾上生大蔟”，大蔟爲角。“大蔟下生南吕”，南吕爲羽，先生後用也。“南吕上生沽洗”，沽洗爲徵，後生先用。四聲足矣。“人宫黄鍾，黄鍾下生林鍾，林鍾爲地宫，又避之”，不取也。“林鍾上生大蔟”，大蔟爲徵，先生後用也。“大蔟下生南吕，南吕與天宫之陽同位，又避之。南吕上生沽洗，沽洗南吕之合，又避之。沽洗下生應鍾”，應鍾爲羽。“應鍾上生蕤賓，蕤賓地宫之陽”，以林鍾是地宫，與蕤賓相配合，故又避之。“蕤賓上生大吕”，大吕爲角，以絲多，後生先用也。四聲足矣。凡言“不用”者，卑之；凡言“避之”者，尊之。天宫既從陽數，故於本宫之位人、地皆不避。至於南吕、沽洗合，地於天雖有尊卑體敵之義，故用沽洗天宫之陽所合，但人於天尊卑隔絶，故避沽洗天宫之陽所合也。鄭必知有避之及不用之義者，以其天人所生有取有不明[1]。知之不取者，是嫌不用；人鬼不敢者，是尊而避之也。云“凡五聲，宫之所生，濁者爲角，清者爲徵、羽”者，此揔三者宫之所生，以其或先生後用，謂若地宫所生沽洗爲徵，後生先用，南吕爲羽，先生後用；人宫所生大吕爲角，後生先用，大蔟爲徵，先生後用。以其後生絲多用角，先生絲少用徵，故云“凡宫之所生，濁者爲角，清者爲徵、羽”也。云“此樂無商者，祭尚柔，商

---

① “不明”二字阮本作“不敢”。孫疏引改作“不取”，下文“不敢”同。

堅剛也”者，此經三者皆不言商，以商是西方金，故云“祭尚柔，商堅剛”，不用。若然，上文云此六樂者皆文之以五聲，並據祭祀，而立五聲者①，凡音之起，由人心生，單出曰聲，雜比曰音泛論樂法以五聲言之②，其實祭無商聲。鄭司農云“雷鼓雷鼗皆六面，靈鼓靈鼗皆四面，路鼓路鼗皆兩面”者，以此三者皆祭祀之鼓，路鼗不合與晉鼓等同兩面，故後鄭不從也。云《九德》之歌，《春秋傳》云云，此文七年趙宣子曰：“勸之以九歌，九功之德皆可歌也謂之九歌。六府、三事謂之九功，水、火、金、木、土、穀謂之六府③，正德、利用、厚生謂之三事。”注云：“正德，人德。利用，地德。厚生，天德。”此本《尚書·大禹謨》之言。賈、服與先鄭並不見《古文尚書》，故引《春秋》也。“玄謂雷鼓”已下“八面”、“六面”、“四面”者，雖無正文，以鼖鼓、晉鼓等非祭祀鼓皆兩面，宗廟尊於晉鼓等，故知加兩面爲四面；祭地尊於宗廟，故知更加兩面爲六面；祭天又尊於祭地，知更加兩面爲八面。是以不從先鄭也。云“孤竹，竹特生者”，謂若嶧陽孤桐。云“孫竹，竹枝根之末生者”，案《詩》毛傳云：“枝，幹也。”幹即身也，以其言孫，若子孫然，知枝根末生者。云“陰竹，生於山北者”，《爾雅》云：“山南曰陽，山北曰陰。”今言陰竹，故知山北者也④。云“雲和、空桑、龍門，皆山名”者，以其禹鑿龍門，見是山，即雲和與空桑亦山可知，故不從先鄭“雲和，地名也”。云“九磬讀當爲大韶”者，上“六樂”無《九韶》而有《大韶》，故破從《大韶》也。

　　凡樂事，大祭祀，宿縣，遂以聲展之，注叩聽其聲，具陳次之，以知完不。○釋曰：“凡樂事”，言凡，語廣，則不徒大祭祀而已，而直言“大祭祀”者，舉大祭祀而言，其實中祭祀亦宿縣也。但大祭祀中有天神、地祇、人鬼，中、小祭祀亦宿縣，至於饗食燕賓客有樂事亦兼之矣。言“宿縣”者，皆於前宿豫縣之。“遂以聲展之”者，謂相扣使作聲，而展省聽之，知其完否善惡也。**王出入則令奏《王夏》，尸出入則令奏《肆夏》，牲出入則令奏《昭夏》，**○釋曰：云“王出入”者，據前文“大祭祀”而言“王出入”，謂王將祭祀初入廟門，升祭訖出廟門⑤，皆“令奏《王夏》”也。“尸出入”，謂尸初入廟門，及祭祀訖出廟門，皆“令奏《肆夏》”。“牲出入”者，謂二灌後王出迎牲，及

---

① 孫校云：“‘立’疑‘云’之誤。”
② “泛”字原作“伭”，據阮本改。
③ “木”字原作“大”，據阮本改。
④ “北”字原作“比”，據阮本改。
⑤ 浦鏜云：“‘及’誤‘升’。”

�肉與體其犬豕①，是牲出入，皆"令奏《昭夏》"。先言王，次言尸，後言牲者，亦祭祀之次也。注三《夏》皆樂章名。○釋曰：此"三《夏》"，即下文九《夏》，皆是詩。詩與樂爲篇章②，故云"樂章名"也。帥國子而舞。注當用舞者帥以往。○釋曰：凡興舞，皆使國之子弟爲之。但國子人多，不必一時皆用，當遞代而去，故選"當用者"，"帥以往"爲舞之處也。大饗，不入牲，其他皆如祭祀。○釋曰：凡大饗有三：案《禮器》云"郊血，大饗腥③"，鄭云"大饗，祫祭先王"，一也；彼又云"大饗尚腶脩"，謂饗諸侯來朝者，二也；《曲禮下》云"大饗不問卜"，謂揔饗五帝於明堂，三也。此經云"大饗"，與《郊特牲》"大饗尚腶脩"爲一物。言"不入牲"，謂饗亦在廟，其祭祀則君牽牲入殺，今大饗亦在廟，諸侯其牲在廟門外殺，因即烹之，升鼎乃入，故云不入牲也。注大饗，饗賓客也。不入牲，牲不入，亦不奏《昭夏》也。其他，謂王出入、賓客出入亦奏《王夏》、《肆夏》。○釋曰：鄭知此"大饗"是"饗賓客"者，以其不入牲。若祭祀大饗，牲當入，故知饗賓客諸侯來朝者也。云"其他，謂王出入、賓客出入亦奏《王夏》、《肆夏》"者，則據賓客與尸同奏《肆夏》。案《禮器》云："大饗，其王事與？"又云："其出也，《肆夏》而送之。"鄭注云："《肆夏》當爲《陔夏》。"彼賓出入奏《肆夏》，與此大饗賓出入《肆夏》同，而破《肆夏》爲《陔夏》者，彼鄭注"大饗"爲"祫祭先王"，祭末有燕，而飲酒有賓醉之法，與《鄉飲酒》賓醉而出奏《陔夏》同，故破《肆夏》爲《陔夏》；此"大饗"饗諸侯來朝，則《左傳》云"饗以訓恭儉"，設几而不倚，爵盈而不飲，獻依命數，賓無醉理，故賓出入奏《肆夏》，與尸出入同也。大射，王出入，令奏《王夏》，及射，令奏《騶虞》，○釋曰："大射"，謂將祭祀擇士而射於西郊虞庠學中。王有入出之時，"奏《王夏》"。"及射"，"奏《騶虞》"之詩爲射節。注《騶虞》，樂章名，在《召南》之卒章。王射以《騶虞》爲節。○釋曰：云"《騶虞》，樂章名，在《召南》之卒章"者，《召南》卒章云："一發五犯，于嗟乎騶虞。"以言君一發其矢，虞人驅五犯獸而來，喻得賢者多，故下《樂師》注引《射義》云"《騶虞》者，樂官備也。是故天子以備官爲節"是也。詔諸侯以弓矢舞。○釋曰：此諸侯來朝將助祭，預天子大射之時，則司樂詔告諸侯射之舞節。注舞，謂執弓挾矢揖讓進退

---

① "犬"字原作"大"，據阮本改。
② "篇"字阮本作"之"。
③ "腥"字原作"牲"，據阮本改。按《大宗伯職》、《司尊彝職》賈疏引《禮器》皆作"腥"。

之儀。○釋曰：案《大射》云：“命三耦取弓矢於次，三耦皆次第各與其耦執弓，搢三挾一個，向西階前，當階揖，升揖，當物揖，射訖，降揖，如升射之儀。”是其舞節也。**王大食，三宥，皆令奏鍾鼓。**注大食，朔月、月半以樂宥食時也。宥猶勸也。○釋曰：鄭知“大食，朔月”加牲者，案《玉藻》，天子、諸侯皆朔月加牲體之事①。又知“月半”者，此無正文，約《士喪禮》“月半不殷奠”，則大夫已上有月半殷奠法②，則知生人亦有月半大食法。既言“大食令奏”，若凡常日食，則大司樂不令奏鍾鼓，亦有樂宥食矣。知日食有樂者，案《膳夫》云“以樂宥食”，是常食也。**王師大獻，則令奏愷樂。**注大獻，獻捷於祖。愷樂，獻功之樂。鄭司農説以《春秋》晉文公敗楚於城濮，《傳》曰：“振旅愷以入于晉。”○釋曰：案《鄭志》，趙商問：“《大司馬》云‘師有功，則愷樂獻于社’，《春官·大司樂》云‘王師大獻，則令奏愷樂’，注云：‘大獻，獻捷於祖。’不達異意。’答曰：“《司馬》云‘師’，大獻則獻社，以軍之功，故獻於社。大司樂，宗伯之屬，宗伯主於宗廟之禮，故獻於祖也。”云“愷樂，獻功之樂”者，則晉之振旅愷是也，故取先鄭所引於下。案僖二十八年，晉敗楚於城濮，“晉振旅愷以入于晉”，是所據也。

　　凡日月食，四鎮、五嶽崩，大傀異烖，諸侯薨，令去樂。注四鎮，山之重大者，謂楊州之會稽，青州之沂山，幽州之醫無閭，冀州之霍山。五嶽，岱在兗州，衡在荊州，華在豫州，嶽在雍州，恒在并州。傀猶怪也，大怪異烖謂天地奇變，若星辰奔貫及震裂爲害者。去樂，藏之也。《春秋傳》曰：“壬午，猶繹，《萬》入去籥。”《萬》言入，則去者不入，藏之可知。○釋曰：鄭知“四鎮，山之重大者”，以《職方》九州州各有鎮山，皆曰其大者以爲一州之鎮，故云山之重大者也。但五州五鎮得入嶽名，餘四州不得嶽名者仍依舊爲鎮號，故四鎮也。自“五嶽”已下，亦據《職方》而言。以周處鎬京，在五嶽外，故鄭注《康誥》云：“岐、鎬處五嶽之外，周公爲其於正不均③，故東行於洛邑，合諸侯，謀作天子之居。”是西都無西嶽，權立吳嶽爲西嶽。《爾雅》“嵩高爲中嶽，華山爲西嶽”者，據東都地中而言，即《宗伯》注是也。以嵩與華山俱屬豫州，雍州無嶽名，此經欲見九州俱有災變之理，故注據西都吳嶽爲西嶽而説耳。案《爾雅》“霍山爲南嶽”，案《尚

---

①　浦鏜云：“‘皆’疑‘有’字誤。”孫疏據改。
②　“月”字原作“去”，據阮本改。
③　“正”字阮本同，加藤謂當據殿本作“政”。按《天官·叙官》、《地官·大司徒職》賈疏引《康誥》鄭注並作“政”。

書》及《王制》注皆以衡山爲南嶽，不同者，案郭璞注云："霍山今在廬江潛縣西南，潛水出焉，別名天柱山。武帝以衡山遼遠，因讖緯皆以霍山爲南嶽，故移其神於此，今其土俗人皆謂之南嶽。南嶽本自以兩山爲名，非從近來。"如郭此言，即南嶽衡山自有兩名。若其不然，則武帝在《爾雅》前乎？明不然也。案潛縣霍山一名衡陽山，則與衡嶽異名實同也。或可荆州之衡山①，亦與廬江潛縣者別也。云"大怪異烖謂天地奇變"者，此"奇變"，與"星辰"已下爲揔之語也②。云"若星辰奔實"者③，謂若《左氏》云"歲在星紀而淫於玄枵"，是其奔；"實石於宋五"及"星實而雨"，是其實也。云"及震裂爲害者"，謂若《左氏》云地震之類。云"去樂，藏之也"者，以其樂器不縣則藏之，今云"去樂"，明知還依本藏之也。云《春秋傳》曰④，宣八年《左氏》云："辛巳，有事于大廟，仲遂卒於垂。壬午，猶繹，《萬》入去籥。"但卿佐卒輕於正祭，故辛巳日不廢正祭；重於繹祭，當廢之。宣公不廢繹，故加"猶"以尤之。籥有聲音不入用⑤，是以《公羊傳》云："去其有聲，廢其無聲。"鄭荅趙商云："於去者爲廢。"是去者不用，廢者入用，即《萬》入是也，故鄭云"《萬》言入，則去者不入，藏之可知"。以其彼云"去其有聲"與此經"去樂"藏之同，故引以爲證也。大札、大凶、大烖、大臣死、凡國之大憂，令弛縣。○釋曰："大札"，疫癘，則《左氏傳》"天昏札瘥"是也。"大凶"，則《曲禮》云"歲凶，年穀不登"是也。"大災"，水火，則"宋大水"及"天火曰災"之類是也。"大臣死"，則大夫已上是也。"凡國之大憂"者，謂若《禮記·檀弓》云"國亡大縣邑"及戰敗之類是也。"令弛縣"，謂大司樂令樂官弛常縣之樂也。注札，疫癘也⑥。凶，凶年也。烖，水火也。弛，釋下之，若今休兵鼓之爲。○釋曰："札，疫癘也"者，凡疫病皆癘鬼爲之，故言疫癘也。云"弛，釋下之，若今休兵鼓之爲"者，樂縣在於虡釋下之，與兵鼓縣之於車上休亦釋下之義相似，故舉今以況古。但上文云"去樂"據廟中其縣之樂去而藏之而不作⑦，此文據路寢常縣之樂弛其縣，互文以見義也：去者藏之，亦先弛其縣；弛縣，亦去而藏之。但路寢常縣，故

---

① "可"字阮本作"曰"。
② "揔"字原作"德"，據阮本改。
③ "辰"字原作"夜"，據阮本改。
④ "曰"字阮本作"者"。
⑤ "音"字阮本作"者"。
⑥ "也"字原作"一"，據婁本、金本、阮本改。
⑦ 浦鏜云："'其縣'疑'所縣'誤。"

以“縣”言之也。**凡建國,禁其淫聲、過聲、凶聲、慢聲。**<u>注</u>淫聲,若鄭、衛也。過聲,失哀樂之節。凶聲,亡國之聲,若桑間、濮上。慢聲,惰慢不恭。○<u>釋曰</u>:經云“建國”,謂新封諸侯之國。樂者移風易俗,先當用其正樂以化民,故禁此四者也。云“淫聲,若鄭、衛也”,《樂記》文。鄭則《緇衣》之詩,說婦人者九篇;衛則三衛之《詩》,云“期我於桑中”之類是也。云“過聲,失哀樂之節”者,若《玉藻》云“御瞽幾聲之上下”,上下謂哀樂,瞽人歌詩以察樂之哀樂,使得哀樂之節;若失哀樂之節,則不可也。云“凶聲,亡國之聲,若桑間、濮上”者,亦《樂記》文。鄭彼注云:“濮水之上,地有桑間者,亡國之音於此之水出也。”又引《史記》昔武王伐紂,師延東走,自沈於濮水。衛靈公朝晉,過焉,夜聞,使師涓寫之。至晉,晉侯燕之,謂晉平公曰:“寡人聞新聲,爲公鼓之。”遂使師涓鼓之。晉侯使師曠坐而聽之,撫而止之,曰:“昔紂使師延作靡靡之樂,武王伐紂,師延東走,自沉於濮水。此淫聲,非新聲。”是其義也。云“慢聲,惰慢不恭”者,謂若《樂記》子夏對魏文侯云“齊音傲僻憍志”,即是惰慢不恭者。**大喪,涖廞樂器;**<u>注</u>涖,臨也。廞,興也。臨笙師、鎛師之屬興樂器也。興謂作之也。○<u>釋曰</u>:鄭知“臨笙師、鎛師”者,案《笙》、《鎛師》皆云“喪,廞其樂器,奉而藏之”,故知也。云“之屬”者,《籥師》亦云“大喪,廞其樂器,奉而藏之”,《司干》^①亦云“大喪,廞舞器”,此不言之,即屬中兼之也。**及葬,藏樂器,亦如之。**○<u>釋曰</u>:此臨“藏樂器”還臨笙師、鎛師等,故彼皆云“奉而藏之”也。

---

① “司干”原作“師于”,據阮本改。

周禮疏卷第二十六

唐朝散大夫行大學博士弘文館學士臣賈公彥等撰

樂師掌國學之政，以教國子小舞。○釋曰：此樂師"教小舞"，即下文"帗舞"已下是也。此言小舞，即大司樂教《雲門》已下爲大舞也。**注**謂以年幼少時教之舞。《内則》曰："十三舞《勺》，成童舞《象》，二十舞《大夏》。"○釋曰：云"謂以年幼少時教之舞"，對二十已後學大舞。鄭知者，所引《内則》文是也。云"十三舞《勺》"者，案彼上文云"十年出就外傅"，又云"十三舞《勺》"，《勺》即《周頌•酌》。序云："《酌》，告成《大武》也。言能酌先祖之道以養天下也。"鄭注云"周公居攝六年所作"是也。云"成童舞《象》"者，即《周頌》序云："《維清》，奏《象舞》。"注云"《象舞》，象用兵時刺伐之舞，武王制焉"是也。此皆詩，詩爲樂章，與舞人爲節，故以詩爲舞也。此《勺》與《象》皆小舞所用，幼少時學之也。云"二十舞《大夏》"者，人年二十，加冠成人，而舞《大夏》。《大夏》，夏禹之舞。雖舉《大夏》，其實《雲門》已下六舞皆學。以其自夏以上揖讓而得天下，自夏以下征伐而得天下，夏爲文武中，故特舉之，可以兼前後也。**凡舞，有帗舞，有羽舞，有皇舞，有旄舞，有干舞，有人舞。**○釋曰：此六舞者即小舞也。若天地、宗廟正祭用大舞，即上"分樂序之"是也。此小舞，案《舞師》亦陳此小舞，云"教皇舞，帥而舞旱暵之事"，即皆據祈請時所用也。**注**故書皇作𡸈。鄭司農云："帗舞者，全羽。羽舞者，析羽。皇舞者[1]，以羽冒覆頭上，衣飾翡翠之羽。旄舞者，氂牛之尾。干舞者，兵舞。人舞者，手舞。社稷以帗，宗廟以羽，四方以皇，辟廱以旄，兵事以干，星辰以人舞。𡸈讀爲皇，書亦或爲皇。"玄謂帗，析五采繒，今靈星舞子持之是也。皇，雜五采羽如鳳皇色持以舞。人舞無所執，以手袖爲威儀。四方以羽，宗廟以人，山川以干，旱暵以皇。○釋曰："故書皇作𡸈"，鄭司農破"𡸈"爲"皇"也。先鄭云"帗舞者，全羽"者，

---

[1] 段考謂"皇"字當作"𡸈"："司農從'𡸈'，又曰'讀爲皇'，鄭君則作'皇'，而説義各別。"如其説，則下文"四方以皇"亦當作"𡸈"。

先鄭意，以《司常》有“全羽爲旞”、“析羽爲旌”相對，即以此帗舞爲全羽、羽舞爲析羽對解之。後鄭破帗舞不破羽舞也。云“皇舞，以羽冒覆頭上，衣飾翡翠之羽”者，此後鄭亦不從之。云“旄舞者，氂牛之尾”者，案《山海經》云：“潘侯之山有獸，如牛，而節有毛，其名曰旄牛。”注云：“今旄牛髀脚胡尾，皆有長毛。”故先鄭據而言之。云“干舞者，兵舞”者，此有干舞，《舞師》有兵舞，先鄭以干戈兵事所用，故以干舞爲兵舞。後鄭亦從之也。云“人舞者，手舞”者，後鄭亦從之矣。自“社稷以帗”已下至“星辰以人舞”，後鄭從其二，不從其四者。“社稷以帗”，依《舞師》；“辟廱以旄”，以無正文，後鄭從之。後鄭云“帗，析五采繒”，不從司農者，若今者可以言古，以漢時有“靈星舞子持之”而舞，故知帗舞亦析五色繒爲之也。云“皇，雜五采羽如鳳皇色持以舞”者，案《山海經》：“鳳皇出丹穴山，形似鶴，首文曰德，背文曰義，翼文曰順，腹文曰信，膺文曰仁。”又案《京房易傳》云：“鳳皇麟前、鹿後、蛇頸、龜背、魚尾、雞啄[1]、鴛翼，五采，高二尺。”漢世鳳皇數出[2]，五色。今皇舞與“鳳皇”之字同，明雜以五采羽如鳳皇色持之以舞，故不從先鄭“以羽覆頭上，衣飾翡翠之羽”也。云“人舞無所執，以手袖爲威儀”者，此就足先鄭“手舞”，手舞用袖爲威儀也。云“四方以羽”者，依《舞師》。云“宗廟以人”者，雖無文，宗廟是人鬼，故知用人也。云“山川以干”者，干舞即兵舞，《舞師》云“教兵舞，帥而舞山川之祭祀”是也。“旱暵以皇”，亦依《舞師》也。

教樂儀，行以《肆夏》，趨以《采薺》，車亦如之。環拜以鍾鼓爲節。○釋曰：此王行迎賓。若春夏受贄於朝，無迎法，受享於廟則迎之。若秋冬受之於廟，並無迎法。若饗食在廟，燕在寢，則皆有迎法。若然，鄭此注據大寢而言，則是燕時。若享食在廟[3]，則與此大寢同也。**注**教樂儀，教王以樂出入於大寢、朝廷之儀。故書趨作趍。鄭司農云：“趍當爲趨，書亦或爲趨。《肆夏》、《采薺》，皆樂名，或曰皆逸詩。謂人君行步以《肆夏》爲節，趨疾於步，則以《采薺》爲節。若今時行禮於大學，罷出以《鼓陔》爲節。環，謂旋也。拜，直拜也。”玄謂行者，謂於大寢之中。趨，謂於朝廷。《爾雅》曰：“堂上謂之行，門外謂之趨。”然則王出既服，至堂而《肆夏》作，出路門而《采

---

① “啄”字原作“㖦”，據阮本改。按“象”旁俗書或省作“豕”，“㖦”亦可視爲“啄”之俗字。

② “世”字原作“内”，據阮本改。

③ “享”字阮本作“饗”，加藤謂“享”字誤。按《周禮》凡祭享字作“享”，饗燕字作“饗”，至於鄭注、賈疏及其餘經傳，二者相互假借。

薺》作。其反，入至應門、路門亦如之。此謂步迎賓客。王如有車出之事，登車於大寢西階之前，反降於阼階之前。《尚書傳》曰："天子將出，撞黃鍾之鍾，右五鍾皆應，入則撞蕤賓之鍾，左五鍾皆應，大師於是奏樂。"○釋曰：鄭知"教王以樂出入於大寢之儀"者，此經先言"行"，後言"趨"，又云"環拜"，據自内向外而言，是出時也。《禮記·玉藻》云："趨以《采薺》，行以《肆夏》。"先言"趨"，後言"行"，據從外向内，是入時也。樂節是同，故鄭"出入"並言也。先鄭云"《肆夏》、《采薺》，皆樂名"者，案襄四年："穆叔如晉，晉侯饗之，金奏《肆夏》。"杜亦云："《肆夏》，樂曲名。"案《鍾師》注："九《夏》皆詩之大者，載在樂章，樂崩從而亡。"以此言之，《肆夏》亦詩篇名。先鄭云"或曰皆逸詩"，得通一義也。案《玉藻》注，齊讀如"楚茨"之茨，此齊讀亦從茨可知也[1]。玄謂引《爾雅》者，行是門内、趨是門外之事也[2]。案《爾雅》云："室中謂之時，堂上謂之行，堂下謂之步，門外謂之趨，中庭謂之走，大路謂之奔。"但庭中走、大路奔據助祭者而言，故《詩》云"駿奔走在廟"也。今摠言"行者，謂大寢之中"，不言堂下步者，人之行必由堂下始，與行小異大同，故略步而言其行也。云"然則王出既服，至堂而《肆夏》作"者，是"行以《肆夏》"；"出路門而《采薺》作"，是"趨以《采薺》"也。云"其反，入至應門、路門亦如之"者，反入至應門，即是路門外，當奏《采薺》也；入至路門，即是門内，行以《肆夏》也[3]。但王有五門，外仍有皋、庫、雉三門，經不言樂節，鄭亦不言，故但據路門外内而言。若以義量之，既言"趨以《采薺》"，即門外謂之趨，可摠該五門之外，皆於庭中遥奏《采薺》矣。云"此謂步迎賓客"者，以其言"行"與"趨"，是步迎之法可知也。云"王如有車出之事"者，則經"車亦如之"是也。但車無行趨之法，亦於門外奏《采薺》，門内奏《肆夏》。鄭知有"登車於大寢西階之前，反降於阼階之前"者，以《書傳》云"天子將出，撞黃鍾之鍾"，明知出入升降皆在階前可知。出必撞黃鍾之鍾者，黃鍾在子，是陽生之月，黃鍾又陽聲之首，陽主動，出而撞之。云"右五鍾"者，謂林鍾至應鍾。右是陰，陰主静，恐王大動，故以右五鍾應黃鍾，是動以告静者。云"入則撞蕤賓之鍾，左五鍾皆應"者，蕤賓在午，五月陰生之月，陰主静，入亦是静，故撞蕤賓之鍾。左五鍾，謂大吕至中吕。左是陽，陽主動，入静以告動

---

①　按《玉藻》"趨以《采齊》"鄭注云"齊當爲楚薺之薺"，而《詩》作"楚茨"，故此賈疏謂《樂師職》"薺"字讀如"楚茨"之茨。後人據《玉藻》注改此疏爲"齊讀如楚茨之茨"，又改"此薺"爲"此齊"，"齊"字與經注皆不相照應。

②　"行是門内"四字阮本同，加藤云："殿本上增'謂'，孫本承之。"

③　"以"字原脱，據阮本補。

也。云"大師於是奏樂"者，謂王有此出入之時，則大師於時奏此《采薺》、《肆夏》也。案《曲禮》云國君"下卿位"，彼注云："出過之而上車，入未至而下車。"彼謂諸侯禮，與天子禮異，不得升降於階前也。**凡射，王以《騶虞》爲節，諸侯以《貍首》爲節，大夫以《采蘋》爲節，士以《采蘩》爲節。** ○釋曰：凡此爲節之等者，無問尊卑，人皆四矢，射節則不同，故《射人》云天子九節、諸侯七節、大夫士皆五節。尊卑皆以四節爲乘矢拾發，其餘天子五節、諸侯三節、大夫士一節皆以爲先以聽。先聽未射之時作之，使射者預聽，知射之樂節。以其射法須其體比於禮，其節比於樂，而中多者乃得預於祭，故須預聽。但優尊者，故射前節多也。**注**《騶虞》、《采蘋》、《采蘩》，皆樂章名，在《國風·召南》；唯《貍首》在《樂記》。《射義》曰："《騶虞》者，樂官備也。《貍首》者，樂會時也。《采蘋》者，樂循法也。《采蘩》者，樂不失職也。是故天子以備官爲節，諸侯以時會爲節，卿、大夫以循法爲節，士以不失職爲節。"鄭司農説以《大射禮》曰"樂正命大師曰：'奏《貍首》，間若一。'大師不興，許諾，樂正反位，奏《貍首》以射"。《貍首》，"曾孫"。 ○釋曰：鄭知云"《騶虞》、《采蘋》、《采蘩》，皆樂章名"者，以其詩爲樂章故也。云"在《國風·召南》"者，見《關雎》已下爲《周南》，《鵲巢》已下爲《召南》，三篇見在《召南》卷内也。云"唯《貍首》在《樂記》"者，案《樂記》云"左射《貍首》，右射《騶虞》"是也。案《射義》亦云："《貍首》曰：'曾孫侯氏，四正具舉。小大莫處，御於君所。'"不引之者，鄭略引其一以證耳。云《射義》已下者，證用此篇之義也。先鄭引《大射》者，證大師用樂節之事。云"間若一"者，謂七節、五節之間緩急稀稠如一。彼諸侯禮，故有樂正命大師；此天子禮，故樂師命大師也。云"《貍首》，曾孫"者，《貍首》是篇名，"曾孫"章頭，即《射義》所云是也^①。

　　凡樂，掌其序事，治其樂政。**注**序事，次序用樂之事。 ○釋曰：云"凡樂"者，謂凡用樂之時也。云"掌其叙事"者，謂陳列樂器及作之次第，皆序之使不錯謬。云"治其樂政"者，謂治理樂聲使得其正，不淫放也。**凡國之小事用樂者，令奏鍾鼓；****注**小事，小祭祀之事。 ○釋曰：此"小事"，鄭云"小祭祀之事"，謂王玄冕所祭，則天地及宗廟皆有鍾鼓，樂師令之。若大、次二者之樂，大司樂令之也。此小祭有鍾鼓，但無舞，故《舞師》云"小祭祀，不興舞"是也。**凡樂成，則告備；****注**成，謂所奏

---

　　① "射"字原作"燕"，據阮本改。

一竟。《書》曰：“《簫韶》九成。”《燕禮》曰：“大師告于樂正曰：‘正歌備。’”○釋曰：云“成，謂所奏一竟”者，竟則終也。所奏八音俱作，一曲終則爲一成，則樂師告備。如是者六則六成，餘八變、九變亦然，故鄭引《書》“《簫韶》九成”爲證也。又引《燕禮》者，欲見彼諸侯燕禮大師告於樂正，樂正告於賓與君；此天子祭禮亦大師於樂成之時則大師告樂師，樂師乃告王。彼據燕禮，此據祭禮，事節相當，故引爲證也。**詔來瞽，皋舞；**○釋曰：到讀之云“詔瞽來”，謂詔告視瞭扶瞽人來入，升堂作樂也。“皋舞”者，謂號呼國子舞者使當舞。**注**鄭司農云：“瞽當爲鼓，皋當爲告。呼擊鼓者，又告當舞者持鼓與舞俱來也。鼓字或作瞽，詔來瞽。或曰來，勑也。勑爾瞽，率爾衆工，奏爾悲誦，肅肅雍雍，毋怠毋凶。”玄謂詔來瞽，詔視瞭扶瞽者來入也。皋之言號，告國子當舞者舞。○釋曰：先鄭破“瞽”爲“鼓”，後鄭從“字或爲瞽”，於義是，但文不足，後鄭增成之耳。云“或曰來，勑”已下，但瞽人無目，而云“勑爾瞽，率爾衆工”，於義不可；且“奏爾悲誦”等似逸詩，不知何從而出，故後鄭不從之。“玄謂詔來瞽”者，以“來”爲入。案《大祝》云：“來瞽，令皋舞。”注云：“來、噪者，皆謂呼之入。”彼“來”爲呼之者，以彼“來”上無“詔”字，故以來爲呼之義，與此無異也。**及徹，帥學士而歌徹；**○釋曰：此亦文承祭祀之下，亦謂祭末至徹祭器之時，樂師“帥學士而歌徹”。但學士主舞，瞽人主歌，今云帥學士而歌徹者，此絕讀之，然後合義。歌徹之時歌舞俱有，謂帥學士使之舞，歌者自是瞽人歌《雍》詩也，徹者主宰君婦耳。**注**學士，國子也。鄭司農云：“謂將徹之時自有樂，故帥學士而歌徹。”玄謂徹者歌《雍》，《雍》在《周頌・臣工之什》。○釋曰：鄭云“學士，國子也”者，此“學士”即下《大胥職》云“掌學士之版，以待致諸子”，故知學士是國子，國子即諸子是也。“玄謂徹者歌《雍》”者，見《論語》云：“三家者以《雍》徹。孔子云：‘相維辟公，天子穆穆’，奚取於三家之堂？”若然，要有辟公助祭并天子之容穆穆，乃可用《雍》詩徹祭器，是大夫及諸侯皆不得用《雍》，故知此云“歌徹”者，歌《雍》詩也。又云“《雍》在《周頌・臣工之什》”者，從《清廟》已下，皆《周頌》[①]，但此《雍》在《臣工之什》內。云之什者，謂聚十篇爲一卷，故云之什也。**令相。注**令視瞭扶工。鄭司農云：“告當相瞽師者，言當罷也。瞽師、盲者皆有相道之者，故師冕見，及階，曰‘階也’；及席，曰‘席也’；皆坐，曰‘某在斯，某在斯’。曰：相師之道與？”○釋曰：此“令相”之文在祭祀“歌

---

① “周”字原作“用”，據阮本改。

徹”之下者,欲見大小祭祀皆有令相之事,故於下摠結之。鄭知令相“令視瞭扶工”者,見《儀禮》扶工者皆稱相,以其瞽人無目而稱工,故云令視瞭扶工也。先鄭引《論語》者,亦見“相”是扶工也。**饗食諸侯,序其樂事,令奏鍾鼓,令相,如祭之儀。**○釋曰:言“如祭之儀”者,非直“序樂”、“令鍾鼓”、“令相”,其中詔來瞽、歌徹等皆如之[①]。但祭祀歌《雍》而徹,饗食徹器亦歌《雍》。知者,下《大師》與此文皆云大饗亦如祭祀登歌下管,故知皆同也。**燕射,帥射夫以弓矢舞,**注射夫,衆耦也。故書燕爲舞,帥爲率,射夫爲射矢。鄭司農云:“舞當爲燕,率當爲帥,射矢書亦或爲射夫。”○釋曰:凡射有三番。又天子六耦,畿內諸侯四耦,畿外諸侯三耦。前番直六耦、三耦等射,所以誘射故也。第二番六耦與衆耦俱射,第三番又兼作樂。經直云“射夫”,鄭知“衆耦”者,以其三番射皆“弓矢舞”,若言六耦等,不兼衆耦,若言衆耦,則兼三耦,故鄭據衆耦而言也。言執弓矢舞,謂射時執弓、挾矢及發矢其體比於禮[②],其節比於樂,節相應於樂節也。**樂出入,令奏鍾鼓。**注樂出入,謂笙歌舞者及其器。○釋曰:鄭知“樂”是“笙歌”已下者,案《禮·樂記》:“單出曰聲,雜比曰音。”又云:“雜以干戚、羽毛謂之樂[③]。”凡此笙并瞽人歌者及國子舞者及器皆須“出入”[④],故知“樂”中兼此數事也。**凡軍大獻,教愷歌,遂倡之。**注故書倡爲昌。鄭司農云:“樂師主倡也。昌當爲倡,書亦或爲倡。”○釋曰:軍事言“凡”者,有大軍旅王自行,小軍旅遣臣去,故言凡以該之。云“大獻”者,謂師克勝獻捷於祖廟也。云“教愷歌”者,愷謂愷詩。師還未至之時,預教瞽矇入祖廟,遂使樂師倡道爲之,故云“遂倡之”。**凡喪陳樂器,則帥樂官;**○釋曰:喪言“凡”者,王家有大喪、小喪,皆有明器之“樂器”,故亦然言凡以該之[⑤]。明器之樂器者,謂若《檀弓》云“木不成斲,瓦不成味,琴瑟張而不平,竽笙備而不和”是也。注帥樂官往陳之。○釋曰:“樂官”,亦謂笙師、鎛師之屬廞樂藏之者也。云“往陳之”者,謂如《既夕禮》陳器於祖廟之前庭及壙道東者也。**及序哭,亦如之。**

---

① “瞽”字原作“鼓”,據阮本改,賈疏不當從先鄭作“鼓”。
② “於”字原作“以”,據阮本改。
③ 浦鏜云:“‘旄’誤‘毛’。”
④ “并”字原作“弁”,據阮本改。
⑤ 浦鏜云:“‘然’衍字。”

注哭此樂器亦帥之。○釋曰：案《小宗伯》云：“及執事眂葬獻器，遂哭之。”注云：“至將葬，獻明器之材，又獻素、獻成，皆於殯門外。王不親哭，有官代之。”彼據未葬獻材時小宗伯哭之，此序哭明器之樂器文承“陳樂器”之下而云“序哭”，謂使人持此樂器向壙及入壙之時序哭之也。**凡樂官，掌其政令，聽其治訟。**○釋曰：“凡樂官”，謂此已下大胥至司干，皆無聽訟之事，則皆樂師聽之耳。

大胥掌學士之版，以待致諸子。注鄭司農云：“學士，謂卿、大夫諸子學舞者。版，籍也。今時鄉户籍世謂之户版。大胥主此籍，以待當召聚學舞者卿、大夫之諸子，則案此籍以召之。《漢大樂律》曰：‘卑者之子不得舞宗廟之酎。除吏二千石到六百石及關内侯到五大夫子，先取適子，高七尺已上，年十二到年三十①，顔色和順、身體脩治者，以爲舞人。’與古用卿、大夫子同義。”○釋曰：先鄭知“學士，謂卿、大夫諸子”者，案《夏官·諸子職》云“掌國子之倅”，則“國”中兼有元士之適子；不言者，以其漢法“卑者之子不得舞宗廟之酎”，則元士之子不入，故知卿、大夫之諸子也。知“學舞者”，下云“入學合舞”，故知也。云“不得舞宗廟之酎”者，案《月令》四月云：“天子與羣臣飲酎。”鄭注云：“酎之言醇②，謂重釀之酒。春酒至此始成。”作此酎，亦謂重釀之酒，祭宗廟而用之，祭末有相飲之法，以宗廟言之。云“除吏二千石”已下，在《前漢紀》，注云：“漢承秦，爵二十等，五大夫九爵，關内侯十九爵，列侯二十爵。”宗廟舞人用貴人子弟，與周同，故先鄭引以爲證也。既云“取七尺以上”，而云“十二到三十”，則“十二”者誤，當云“二十至三十”。何者？案《鄉大夫職》云：“國中自七尺以及六十，野自六尺以及六十有五，皆征之。”案《韓詩》：“二十從役。”與“國中七尺”同，是七尺爲二十矣，明不得爲十二也。**春入學，舍采③，合舞；**注春始以學士入學宫而學之。合舞，等其進退，使應節奏。鄭司農云：“舍采，謂舞者皆持芬香之采④。或曰古者士見於君以雉爲摯，見於師以菜爲摯，菜直謂疏食菜羹之菜。或曰學者皆人君卿、大夫之子，衣服采飾，舍采者，減損解釋盛服以下其師也。《月令》：‘仲春之月上丁，命樂正習舞，釋采；仲丁，又命

---

①　“三十”下原有“一”字，據婺本、金本、阮本删。金本“十”下似剜去一字。
②　“醇”字原作“酎”，據阮本改。
③　“舍”字原作“合”，據婺本、金本、阮本改。
④　段考謂“采”當作“菜”：“采、菜古通用。先鄭前説采爲菜，又一説則讀‘采色’之采。”

樂正入學習樂。’”玄謂舍即釋也，采讀爲菜。始入學必釋菜，禮先師也。菜，蘋、蘩之
屬。○釋曰：云“春始以學士入學”者，歲初貴始。云“學宮”者，則《文王世子》云“春誦
夏弦，皆於東序”是也。云“合舞，等其進退，使應節奏”者，謂等其舞者或進或退，周旋
使應八音①，奏樂之節合也②。案《月令》注，春合舞者象物出地皷舞也。先鄭解“舍采”
三家之說，後鄭皆不從者，案《王制》有“釋菜奠幣”，《文王世子》又云“始立學，釋菜。不
舞，不授器”，舍即釋也，采即菜也，故以爲學子“始入學釋采③，禮先師也”。但學子始入
學釋菜禮輕，故不及先聖也。其先師者，鄭注《文王世子》云：“若漢，《禮》有高堂生，
《樂》有制氏，《詩》有毛公，《書》有伏生。”知“菜”是“蘋、蘩之屬”者，《詩》有采蘋、采蘩，
皆采名④。言之屬者，《周禮》又有芹、茆之等，亦菜名也。**秋頒學，合聲。**注春使
之學，秋頒其才藝所爲。合聲，亦等其曲折，使應節奏。○釋曰：春物生之時，學子入
學，秋物成之時，“頒”，分也。分其才藝高下，故鄭云“春使之學，秋頒其才藝所爲”也。
云“合聲”者，春爲陽，陽主動，舞亦動，春合舞象物出地皷舞；秋爲陰，陰主靜，聲亦靜，
故秋合聲象秋靜也。但舞與聲遞相合，故鄭云“合聲，亦等其曲折，使應節奏”也。**以
六樂之會正舞位，**○釋曰：“六樂”者，即六代之樂，六舞《雲門》之等是也。注大
同六樂之節奏，正其位，使相應也。言爲大合樂習之。○釋曰：云“大同”者，解經中
“會”，會合即大同也。云“大同六樂之節奏”者，謂六代之舞一一作之，使節奏大同而無
錯謬，故云“正其位，使相應也”。云“爲大合樂習之”者，案《月令》“仲春上丁，命樂正習
舞，釋采⑤”，季春云“大合樂”，則此云“六樂之會”爲季春大合樂習之也。若然，此“六樂
之會”與上“春入學舍采合舞”者別矣。案《文王世子》云：“凡大合樂，必遂養老。”注：
“大合樂，謂春入學舍采合舞，秋頒學合聲。”則是合舞、合聲與大合樂又爲一者。季春
大合樂與合舞、合聲實別，但春合舞、秋合聲對春大合樂不爲大，然於四時而言，亦爲大
合樂。何者？《文王世子》云“凡大合樂，必遂養老”，其中含有合舞、合聲。必知含此二
者，以其言“凡”，非一。案《月令》“仲春，習舞，釋采，天子親往視之”，季春云“大合樂，

---

① “八”字原作“入”，據阮本改。
② 孫校云：“‘合’字當與‘奏’字上下互易。”
③ “釋”上原衍“子始入學”四字，據阮本刪。此蓋涉上下二“學”字而誤衍。
④ 孫校云：“‘采’當爲‘菜’。”
⑤ “采”字阮本作“菜”。按“菜”與傳本《月令》合，“采”與上經先鄭注引合。賈疏下
文復引《月令》“釋采”，阮本亦不作“菜”。

天子親往視之”，至仲秋合聲雖不云天子親往視之，視之可知。若然，三者天子親往視之同，則皆有養老之事，則春合舞、秋合聲皆得爲大合樂，《文王世子》以大合樂爲合舞、合聲解之也。**以序出入舞者。**注以長幼次之，使出入不紕錯。○釋曰：凡在學，皆“以長幼”爲齒。令爲舞者八八六十四人①，所須爲舞之處皆當以長幼出入。若使幼者在前，則爲紕錯，故云“使出入不紕錯”也。**比樂官，**注比猶校也。杜子春云：“次比樂官也。”鄭大夫讀比爲庀，庀，具也。録具樂官。○釋曰：杜子春云“次比樂官也”者，與後鄭同。鄭大夫以“比”爲“庀”，“録具樂官”者，雖與後鄭不同，得爲一義，故引之在下也。**展樂器。**注展，謂陳數之。○釋曰：“樂器”，謂鼓鍾笙磬柷敔之等，皆當陳列校數。**凡祭祀之用樂者，以鼓徵學士。**注擊鼓以召之。《文王世子》曰：“大昕鼓徵，所以警衆。”○釋曰：祭祀言“凡”者，則天地、宗廟之祀用樂舞之處，以鼓召學士選之，當舞者往舞焉。《舞師》云：“小祭祀，不興舞。”注：“小祭祀，王玄冕所祭。”則亦不徵學士也。**序宮中之事。**

小胥掌學士之徵令而比之，觥其不敬者。○釋曰：大胥掌學士之版以待召聚舞者，小胥贊大胥爲徵令，校比之知其在不，仍觥其不敬者也②。注比猶校也。不敬，謂慢期不時至也。觥，罰爵也。《詩》云：“兕觥其觫。”○釋曰：引《詩》者，是《周頌・絲衣》之篇。祭末飲酒，恐有過失，故設罰爵③。其時無犯非禮，角爵觫然陳設而已。引之者，證觥是罰爵也。**巡舞列而撻其怠慢者。**注撻猶挟也。挟以荆扑。○釋曰：案文十八年：“齊懿公爲公子也，與邴歜之父爭田，不勝。及即位，乃掘而刖之，而使歜僕。納閻職之妻，而使職驂乘。公遊於申池，二人浴於池，歜以扑挟職，職怒，歜曰：‘人奪汝妻而不怒，一挟汝，庸何傷？’”是挟爲撻以荆，故云“扑”也。**正樂縣之位，王宮縣，諸侯軒縣，卿、大夫判縣，士特縣，辨其聲。**注樂縣，謂鍾磬之屬縣於筍虡者。鄭司農云：“宮縣四面縣，軒縣去其一面，判縣又去其一面④，特

---

① “令”字原作“今”，據阮本改。
② 按《釋文》：“觥，本或作觵，同。”《説文》以“觵”爲“觥”之俗字。
③ “設”字原作“記”，據阮本改。
④ “又”字原空闕一格，據婁本、金本、阮本補。

縣又去其一面。四面象宫室四面有牆,故謂之宫縣。軒縣三面,其形曲,故《春秋傳》曰'請曲縣、繁纓以朝',諸侯之禮也①,故曰'唯器與名不可以假人'。"玄謂軒縣去南面,辟王也。判縣左右之合,又空北面。特縣縣於東方,或於階間而已。○釋曰:云"樂懸,謂鍾磬之屬縣於簨簴"者②,凡縣者通有鼓,鎛亦縣之,鄭直云鍾磬者,據下成文而言。先鄭云軒縣、判縣、特縣皆直云"去一面",不辯所去之面,故後鄭增成之也。所引《春秋傳》者,案成二年《左氏傳》云:"衛孫良夫將侵齊,與齊師遇,敗。仲叔于奚救孫桓子,桓子是以免。既,衛人賞之以邑,辭,請曲縣、繁纓以朝,許之。仲尼聞之曰:'惜也,不如多與之邑。唯器與名不可以假人。'"注云:"諸侯軒縣,闕南方。形如車輿,是曲也。"引之者,證"軒"爲曲義也。"玄謂軒縣去南面,避王也",若然,則諸侯軒縣三面皆闕南面,是以《大射》云"樂人宿縣于阼階東,笙磬西面,其南笙鍾,其南鎛,皆南陳。西階之西,頌磬東面,其南鍾,其南鎛,皆南陳",又云"一建鼓在西階之東,南面",注云:"言面者,國君於其臣備三面爾。無鍾磬,有鼓而已。其爲諸侯則軒縣。"是其去南面之事也。以諸侯大射於臣備三面唯有鼓,則大夫全去北面爲判縣可知。云"特縣縣於東方,或於階間而已"者,案《鄉飲酒•記》云:"磬階間,縮霤。"注云:"縮,從也。霤以東西爲從。"是其階間也。案《鄉射》云:"縣於洗東北,西面。"注云:"此縣,謂縣磬也。縣於東方,避射位也。"是其東方也。云而已者,言其少耳。**凡縣鍾磬,半爲堵,全爲肆。**○釋曰:云"凡縣鍾磬",揔目語也,所縣者則半之爲堵、全之爲肆是也。云"堵"者,若牆之一堵;"肆"者,行肆之名。二物乃可爲半者③,一堵半其一肆,故云"半爲堵,全爲肆"也。**注**鍾磬者,編縣之二八十六枚而在一虡,謂之堵。鍾一堵,磬一堵,謂之肆。半之者,謂諸侯之卿、大夫、士也。諸侯之卿、大夫半天子之卿、大夫,西縣鍾,東縣磬;士亦半天子之士,縣磬而已。鄭司農説以《春秋傳》曰"歌鍾二肆"④。○釋曰:經直言"鍾磬",不言"鼓鎛"者,周人縣鼓與鎛之大鍾唯縣一而已,不編縣,故不言之。其十二辰頭之零鍾亦縣一而已。今所言"縣鍾磬"者,謂"編縣之二八十六枚"共在一簴者也。鄭必知有十六枚在一簴者,案《左氏》隱五年:"考仲子之宫,初獻六羽。衆仲云:'夫舞,所以節八音而

---

①　"之"字婺本同,金本、阮本無。

②　"簨簴"二字阮本同,注作"筍虡",孫疏云:"筍、簨字同。簴,虡之俗。"

③　"爲"下原有"肆"字,疑衍,據阮本刪。

④　"鄭司農説"四字原作"鄭司農云",婺本、金本、阮本同。阮校引段玉裁説云:"當作'鄭司農説'。"兹據改。

行八風。'"故以八爲數,樂縣之法取數於此,又倍之爲十六,若漏刻四十八箭亦倍十二月二十四氣,故以十六爲數也。是以《淮南子》云"樂生於風",亦是取數於八風之義也。案昭二十年,晏子云"六律七音",服注云:"七律爲七器音,黃鍾爲宮,林鍾爲徵,大簇爲商,南呂爲羽,沽洗爲角,應鍾爲變宮,蕤賓爲變徵。《外傳》曰:'武王克商,歲在鶉火,月在天駟,日在析木之津,辰在斗柄,星在天黿。鶉火及天駟,七列也。南北之揆,七月也[1]。'鳧氏爲鍾,以律計自倍半,一縣十九鍾,鍾七律,十二縣二百二十八鍾,爲八十四律。此一歲之閏數。"此服以音定之,以一縣十九鍾,十二鍾當一月,十二月十二辰,辰加七律之鍾則十九鍾。一月有七律,當一月之小餘,十二月八十四小餘,故云一歲之閏數。案《大射》,笙磬西面,頌磬東面,皆云"其南鍾,其南鎛",北方直有鼓,無鍾磬,避射位,則三面鍾磬鎛。天子宮縣,四面鍾磬鎛而已,不見有十二縣,服氏云"十二縣",非鄭義也。云"半之者,謂諸侯之卿、大夫、士也",又云"諸侯之卿、大夫半天子之卿、大夫,西縣鍾,東縣磬"者,天子、諸侯縣皆有鎛,今以諸侯之卿、大夫、士半天子之卿、大夫、士言之,則卿、大夫、士直有鍾磬無鎛也。若有鎛,不得半之耳。必知諸侯卿、大夫分鍾磬爲東西者,以其諸侯卿、大夫亦稱判縣,故知諸侯卿、大夫以天子卿、大夫判縣之一肆分爲西東也。云"士亦半天子之士"者,天子之士直有東方一肆二堵,諸侯之士半之,謂取一堵,或於階間,或於東方也。先鄭引《春秋》者,襄十一年:"鄭賂晉侯歌鍾二肆,晉侯以樂之半賜魏絳,魏絳於是乎始有金石之樂,禮也。"案彼鄭賂晉侯止有二肆,當天子卿、大夫判縣,故取半賜魏絳,魏絳得之,分爲左右,故云始有金石之樂。引之者,證諸侯之卿、大夫判縣有鍾磬之義也。

大師掌六律、六同,以合陰陽之聲:陽聲黃鍾、大簇、姑洗、蕤賓、夷則、無射,陰聲大呂、應鍾、南呂、函鍾、小呂、夾鍾。皆文之以五聲:宮、商、角、徵、羽;皆播之以八音:金、石、土、革、絲、木、匏、竹。注以合陰陽之聲者,聲之陰陽各有合。黃鍾,子之氣也,十一月建焉,而辰在星紀。大呂,丑之氣也,十二月建焉,而辰在玄枵。大簇,寅之氣也,正月建焉,而辰在娵訾。應鍾,亥之氣也,十月建焉,而辰在析木。沽洗,辰之氣也,三月建焉,而辰在大梁。南呂,酉之氣也,八月建焉,而辰在壽星。蕤賓,午之氣也,五月建焉,而辰在鶉

---

[1]　孫校云:"'月'據《周語》當爲'同',《魏書·樂志》引服注亦作'同'。"

首。林鍾，未之氣也，六月建焉，而辰在鶉火。夷則，申之氣也，七月建焉，而辰在鶉尾。中呂，巳之氣也，四月建焉，而辰在實沈。無射，戌之氣也，九月建焉，而辰在大火。夾鍾，卯之氣也，二月建焉，而辰在降婁。辰與建交錯貿處，如表裏然，是其合也。其相生，則以陰陽六體爲之。黃鍾初九也，下生林鍾之初六，林鍾又上生大蔟之九二，大蔟又下生南呂之六二，南呂又上生姑洗之九三，姑洗又下生應鍾之六三，應鍾又上生蕤賓之九四，蕤賓又上生大呂之六四，大呂又下生夷則之九五，夷則又上生夾鍾之六五，夾鍾又下生無射之上九，無射又上生中呂之上六。同位者象夫妻，異位者象子母，所謂律取妻而呂生子也。黃鍾長九寸，其實一籥，下生者三分去一，上生者三分益一，五下六上，乃一終矣。大呂長八寸二百四十三分寸之一百四①，大蔟長八寸，夾鍾長七寸二千一百八十七分寸之千七十五，姑洗長七寸九分寸之一，中呂長六寸萬九千六百八十三分寸之萬二千九百七十四，蕤賓長六寸八十一分寸之二十六，林鍾長六寸，夷則長五寸七百二十九分寸之四百五十一，南呂長五寸三分寸之一，無射長四寸六千五百六十一分寸之六千五百二十四，應鍾長四寸二十七分寸之二十。文之者，以調五聲，使之相次，如錦繡之有文章。播猶揚也，揚之以八音，乃可得而觀之矣。金，鍾、鎛也。石，磬也。土，塤也。革，鼓、鼗也。絲，琴、瑟也。木，柷、敔也。匏，笙也。竹，管、簫也。〇釋曰：此大師無目，於音聲審，故使合“六律”、“六同”及“五聲”、“八音”也。鄭云“以合陰陽之聲者，聲之陰陽各有合”者，六律爲陽，六同爲陰，兩兩相合，十二律爲六合，故云各有合也。云“黃鍾，子之氣也，十一月建焉，而辰在星紀”者，以經云“以合陰陽之聲”，即言“陽聲黃鍾、大蔟、沽洗”等，據左旋而言，云“陰聲大呂、應鍾、南呂”等，據右轉而說，其左右相合之義。案斗柄所建十二辰而左旋，日體十二月與月合宿而右轉。但斗之所建，建在地上十二辰②，故言“子”、“丑”之等；辰者日月之會，會在天上十二次，故言“娵訾”、“降婁”之等。以十二律是候氣之管，故皆以氣言之耳。以黃鍾律之首與大呂合，故先言之。云“辰與建交錯貿處，如表裏然，是其合”者，貿，易也。謂若《詩》云“抱布貿絲”，是貿，易也。十二月皆先言“建”，後言“辰”，皆覆之，亦先言“建”，後言“辰”，是辰與建交錯貿易處，互爲先後，如似有表裏然，是其交合也。假令十一月先舉黃鍾，後言星紀，覆之則先舉大呂，後言玄枵，十二月皆然，義可知也。云“其相生，則以陰陽六體爲之”者，向上所說，順經“六律”左旋、“六同”右轉，以陰陽左右爲相合；

----

① “二百”二字原作“一百”，據娶本、金本、阮本改。

② “上”字原作“一”，據阮本改。

若相生，則六律、六同皆左旋，以律爲夫，以同爲婦，婦從夫之義，故皆左旋。鄭知有陰陽六體法者，見《律歷志》云"黃鍾初九，律之首，陽之變也。因而六之，以九爲法，得林鍾。林鍾初六，呂之首，陰之變也。皆三天地之法也[1]"，是其陰陽六體。其黃鍾在子，一陽爻生，爲初九。林鍾在未，二陰爻生，得爲初六者，以陰故退位在未，故曰"乾貞於十一月子，坤貞於六月未"也。云"同位者象夫妻，異位者象母子"者，同位，謂若黃鍾之初九下生林鍾之初六，俱是初之第一，夫婦一體，是象夫婦也；異位象子母，謂若林鍾上生大蔟之九二，二於第一爲異位，象母子。但律所生者爲夫婦，呂所生者爲母子。十二律呂，律所生者常同位，呂所生者常異位，故云"律取妻而呂生子"也，故曰"黃鍾爲天統，律長九寸；林鍾爲地統，律長六寸；大蔟爲人統，律長八寸"。林鍾位在未，得爲地統者，以未衝丑故也。《志》又云："十二管相生皆八八，上生下生，盡於中呂。陰陽相生，自黃鍾始而左旋，八八爲伍。"又云："皆參天兩地之法也。"注云："三三而九，二三而六。""上生下生，皆以九爲法。九六，陰陽夫婦子母之道。律取妻而呂生子，天地之情也。六律、六呂，而十二辰立矣。五聲清濁，而十日行矣。"鄭注皆取義於此也[2]。云"黃鍾長九寸，其實一籥"者，亦《律歷志》文。案彼云："子穀秬黍中者千有二百，其實一籥。"彼又云："黃鍾者，律之實也。"[3]云"下生者三分去一，上生者三分益一"者，子午已東爲上生，子午已西爲下生。東爲陽，陽主其益，西爲陰，陰主其減，故上生益，下生減。必以三爲法者，以其生，故取法於天之生數三也。云"大呂長八寸二百四十三分寸之一百四"者，以黃鍾之律爲本，以八相生，下生林鍾[4]，林鍾上生大蔟，大蔟下生南呂，已後皆然，以此爲次。今鄭以黃鍾、大呂、大蔟等相比爲次第，不依相生爲次弟者[5]，鄭意既以上生下得寸數長短，乃依十二辰次第而言耳。此之寸數所生，以黃鍾長九寸，下生林鍾，三分減一，去三寸，故林鍾長六寸。林鍾上生大蔟，三分益一，六寸益二寸，故大蔟長八寸。此三者以爲三統，故無餘分。大蔟下生南呂，三分減一，八寸取六寸，減二寸，得四寸在；餘二寸，寸爲三分，合爲六分，去二分，四分在；取三分爲一寸，添前四寸爲五

---

[1]　浦鏜謂"三"爲"參"之誤，"地"上脫"兩"字。按賈疏下文引此《漢書·律歷志》文不誤。

[2]　"此"字原作"名"，據阮本改。

[3]　孫校謂"黃鍾者律之實也"當依《漢書·律歷志》作"籥者黃鍾律之實也"。

[4]　"林"字原作"狀"，據阮本改。

[5]　"弟"字阮本作"第"。按"弟"爲"弟"之俗字，俗書竹頭多寫作草頭，俚俗據"弟"楷正，則成"第"字。

寸,餘一分在,是南呂之管長五寸三分寸之一也。南呂上生姑洗,三分益一,五寸取三寸,益一寸爲四寸;又餘二寸者爲十八分,又以餘一分者爲三分,添前十八分爲二十一分,益七分爲二十八分;取二十七分爲三寸,添前四寸爲七寸,餘一分在,是爲姑洗之管長七寸九分寸之一。沽洗下生應鍾,三分去一,取六寸去二寸,得四寸;又以餘一寸者爲二十七分,餘一分者爲三分,添二十七分爲三十分,減十分,餘二十分,應鍾之管長四寸二十七分寸之二十。自此已下,相生皆以爲三分數而爲減益之法,其義可知,故不具詳也。云"文之者,以調五聲,使之相次,如錦繡之有文章"者,謂據律呂以調五聲①,相次如錦繡有文章,故名五聲爲文也。此即八十一絲爲宮、七十二絲爲商之等是也。又云"播猶揚也,揚之以八音,乃可得而觀之矣"者,五聲以律呂調之,其八音亦使與律呂相應,八音亦合五聲,則絲是一,但其聲發揚出聲,故云播揚也。云可得觀者,義取《左氏》"季札請觀周樂",故以觀言之也。云"金,鍾、鎛"已下,鄭以義約之。案下《瞽矇職》云"播鼗、柷、敔、塤、簫、管、弦、歌",《眡瞭職》云"掌擊頌磬、笙磬",《磬師》"掌擊編鍾",《鼓人》"掌教六鼓",《笙師》"掌教吹笙",是樂器中有此鍾、磬等八者。鍾、鎛以金爲之,磬以石爲之,塤以土爲之,鼓、鼗以革爲之,柷、敔以木爲之。笙以插竹於匏,但匏笙一也,故鄭以笙解匏。簫、管以竹爲之。故以鍾、磬等釋金、石等八音。但匏笙亦以竹爲之,以經別言匏,故匏不得竹爲名也。**教六詩:曰風,曰賦,曰比,曰興,曰雅,曰頌。**　○釋曰:案《詩》上下唯有《風》、《雅》、《頌》是《詩》之名也,但就三者之中有比、賦、興,故揔謂之"六詩"也。**注**教,教瞽矇也。風,言賢聖治道之遺化也。賦之言鋪,直鋪陳今之政教善惡。比,見今之失,不敢斥言,取比類以言之。興,見今之美,嫌於媚諛,取善事以喻勸之。雅,正也,言今之正者以爲後世法。頌之言誦也、容也,誦今之德,廣以美之。鄭司農云:"古而自有風、雅、頌之名,故延陵季子觀樂於魯時,孔子尚幼,未定《詩》、《書》,而曰'爲之歌《邶》、《鄘》、《衛》',曰'是其《衛風》乎',又爲之歌《小雅》、《大雅》,又爲之歌《頌》。《論語》曰:'吾自衛反魯,然後樂正,《雅》、《頌》各得其所。'時禮樂自諸侯出,頗有謬亂不正,孔子正之。曰比、曰興,比者,比方於物也;興者,託事於物。"○釋曰:鄭知此"教"是"教瞽矇"者,案下《瞽矇職》云"諷誦詩",故知教者教瞽矇也。云"風,言賢聖治道之遺化也"者,但風是十五國風,從《關雎》至《七月》,則是揔號,其中或有刺責人君,或有褒美主上。今鄭云言賢聖治道之遺化者,鄭據二《南》正風

---

① "調"字原作"謂",據阮本改。

而言，《周南》是聖人治道遺化，《召南》是賢人治道遺化。自《邶》、《鄘》已下是變風，非賢聖之治道者也。云“賦之言鋪，直鋪陳今之政教善惡”者，凡言“賦”者，直陳君之善惡，更假外物爲喻[1]，故云賦鋪陳者也。云“比，見今之失，不敢斥言，取比類以言之。興，見今之美，嫌於媚諛，取善事以喻勸之”者，謂若《關雎》興后妃之類是也。云“雅，正也，言今之正者以爲後世法”者，謂若《鹿鳴》、《文王》之類是也。云“頌之言誦也、容也，誦今之德，廣以美之”者，凡言“頌”者，美盛德之形容，以其成功告於神明，謂若《清廟》頌文王之樂歌之類是也。鄭司農云“古而自有風、雅、頌之名”已下，後鄭從之，故不破。若然，此經有風、雅、頌，則在周公時，明不在孔子時矣。而先鄭引《春秋》爲證者，以時人不信《周禮》者，故以《春秋》爲證。以與《春秋》同，明此是周公所作耳。案襄二十九年，季札聘魯，請觀周樂，爲之歌《邶》、《鄘》、《衛》、《小雅》、《大雅》及《頌》等。先鄭彼注云：“孔子自衛反魯，然後樂正，《雅》、《頌》各得其所。自衛反魯在哀公十一年，當此時《雅》、《頌》未定，而云爲歌《大雅》、《小雅》、《頌》者，傳家據已定録之言，季札之於樂與聖人同。”與此注違者，先鄭兩解。雖然，據此經是周公時已有《風》、《雅》、《頌》，則彼注非也。**以六德爲之本，**注所教詩必有知、仁、聖、義、忠、和之道，乃後可教以樂歌。○釋曰：凡受教者必以行爲本，故使先有“六德爲本”，乃可習六詩也。案《大司徒職》云：“以鄉三物教萬民[2]。一曰六德：知、仁、聖、義、忠、和。”又案《師氏》：“以三德教國子：至德、敏德、孝德。”此既教瞽矇，故取教萬民之六德以釋之耳。**以六律爲之音。**注以律視其人爲之音，知其宜何歌。子貢見師乙而問曰：“賜也聞樂歌各有宜，若賜者宜何歌？”此問人性也。本人之性，莫善於律。○釋曰：鄭云“以律視其人爲之音，知其宜何歌”者，則大師以吹律爲聲，又使其人作聲而合之，聽人聲與律吕之聲合，謂之爲音。或合宮聲，或合商聲，或合角、徵、羽之聲，聽其人之聲，則知宜歌何詩。若然，經云“以六律爲之音”，據大師吹律共學者之聲合乃爲音，似若曲合樂曰歌之類也。云“子貢”已下，《樂記》文。師乙乃魯之大師，瞽之無目知音者也，故子貢不自審，就師乙而問之。云“此問人之性”者，謂子貢所問，問人之性。性即性宜見於聲氣，故云“本人之性，莫善於律”也。引之者，證“以六律爲音”本人性所宜之事也。

　　大祭祀，帥瞽登歌，令奏擊拊，○釋曰：謂凡“大祭祀”之時，大師有此一

---

① 加藤云：“殿本‘更’改‘不’，當據改。”
② “民”字原作“氏”，據阮本改。

事。言“帥瞽登歌”者，謂下神、合樂皆升歌《清廟》，故將作樂時，大師帥取瞽人登堂，於西階之東北面坐，而歌者與瑟以歌詩也。“令奏擊拊”者，拊所以導引歌者，故先擊拊，瞽乃歌也。歌者出聲謂之奏，故云奏也。**注**擊拊瞽乃歌也。故書拊爲付。鄭司農：“登歌，歌者在堂也。付字當爲拊，書亦或爲拊。樂或當擊，或當拊。登歌下管，貴人聲也。”玄謂拊形如鼓，以韋爲之，著之以穅。○釋曰：鄭云“擊拊瞽乃歌也”者，見經云“令奏擊拊”，故知擊拊乃歌也。先鄭云“樂或當擊，或當拊”者，先鄭之意，“擊拊”謂若《尚書》云“擊石拊石”，皆是作用之名，拊非樂器。後鄭不從者，此“擊拊”謂若下文“鼓敕”乃擊應聲之類，彼敕擊是樂器，則知此拊亦樂器也。“玄謂拊形如鼓，以韋爲之，著之以穅”者，此破先鄭拊非樂器。知義如此者，約《白虎通》引《尚書大傳》云“拊革裝之以穅”。今《書傳》無者，在亡逸中。**下管播樂器，令奏鼓敕。**○釋曰：凡樂，歌者在上，匏竹在下，故云“下管播樂器”，樂器即笙、簫及管皆是。出聲曰播，謂播揚其聲。“令奏鼓敕”者，奏即播，亦一也。欲令奏樂器之時，亦先擊敕導之也。**注**鼓敕管乃作也。特言管者，貴人氣也。鄭司農云：“下管，吹管者在堂下。敕，小鼓也。先擊小鼓，乃擊大鼓。小鼓爲大鼓先引，故曰敕，敕讀爲‘道引’之引。”[1]玄謂鼓敕猶言擊敕，《詩》云：“應敕縣鼓。”○釋曰：鄭云“鼓敕管乃作也”者，亦如上注“擊拊瞽乃歌”。云“特言管者，貴人氣也”者，以管簫皆用氣，故云貴人氣。若然，先鄭云“登歌下管，貴人聲”，此後鄭云“特言管者，貴人氣”，不同者，各有所對：若以歌者在上對匏竹在下，歌用人，人聲爲貴，故在上；若以匏竹在堂下對鍾鼓在庭，則匏竹用氣貴於用手，故在階間也。後鄭云“鼓敕猶言擊敕”者，此上下文拊與鼓皆言“擊”，則此“鼓”謂出聲，亦擊之類也。“《詩》：應敕縣鼓”[2]，《周頌‧有瞽》篇也。**大饗亦如之。**○釋曰：此“大饗”謂諸侯來朝[3]，即《大行人》“上公三饗，侯、伯再饗，子、男一饗”之類。其在廟行饗之時，作樂與大祭祀同，亦如上大祭祀帥瞽登歌、下管樂器“令奏”皆同[4]，故云“亦如之”。凡祭祀、大饗及賓射，升歌、下管一皆大師令奏，小師佐之；其鍾鼓則大祝令奏，故《大祝》云“隋釁、

---

① “敕”字原不重，據婺本、金本、阮本補。
② “詩”下阮本有“云”字，與注合。
③ 孫校云：“‘諸侯來朝’上宜有‘饗’字。”按《大司樂職》、《小師職》“大饗”賈疏並云“饗諸侯來朝”。
④ “樂”上阮本有“播”字，與經合。

逆尸①，令鍾鼓，侑亦如之"。若賓射及饗，鍾鼓亦當大祝令之，與祭祀同也。其小祭祀及小賓客文不見，或無升歌之樂。其外祭祀山川、社稷，皆準大祭祀令奏也。**大射，帥瞽而歌射節**。**注**射節，王歌《騶虞》。○釋曰：言"射節"者，謂若《射人》所云"樂以《騶虞》九節，《貍首》七節，《采蘋》、《采蘩》五節"之類，則大師爲之歌也。**大師，執同律以聽軍聲，而詔吉凶**。**注**大師，大起軍師。《兵書》曰："王者行師出軍之日，授將弓矢，士卒振旅，將張弓大呼，大師吹律，合音商則戰勝，軍士強；角則軍擾多變，失士心；宮則軍和，士卒同心；徵則將急數怒，軍士勞；羽則兵弱，少威明。"鄭司農說以師曠曰"吾驟歌北風，又歌南風，南風不競，多死聲，楚必無功"。○釋曰：《兵書》者，武王出兵之書。云"合音商則戰勝，軍士強"者，商屬西方金，金主剛斷，故兵士強也。"多角則軍擾多變②，失士心"者，東方木，木主曲直，故軍士擾多變，失士心。"宮則軍和，士卒同心"者，中央土，土主生長，又載四行，故軍士和而同心。"徵則將急數怒，軍士勞"者，南方火，火主熛怒，故將急數怒。"羽則兵弱，少威明"者，北方水，水主柔弱，又主幽闇，故兵弱少威明也。先鄭引"師曠曰"者，案襄公十八年，楚子使子庚帥師侵鄭，《左傳》曰："甚雨及之，楚師多凍，役徒幾盡。晉人聞有楚師，師曠曰：'不害，吾驟歌北風，又歌南風，南風不競，多死聲，楚必無功。'"注云："北風，夾鍾、無射以北③。南風，沽洗、南呂以南。南律氣不至，故死聲多。吹律而言歌與風者，出聲曰歌，以律是候氣之管，氣則風也，故言歌風。"引之者，證吹律知吉凶之事也。**大喪④，帥瞽而廞作匶謚⑤**。○釋曰：大喪言"凡"，則"大喪"中兼王、后。雖婦從夫謚，亦須論行乃謚之。言"帥瞽"者，即帥瞽矇歌王治功之詩。"廞作匶謚"者，匶即柩也，古字通用之。以其興喻王治功之詩爲柩作謚，故云廞作柩謚。是以《瞽矇職》云"諷誦詩"，謂作謚時。**注**廞，興也。興言王之行，謂諷誦其治功之詩。故書廞爲淫。鄭司農云："淫，陳也。陳其生時行迹，爲作謚。"○釋曰：云"廞，興也"者，先鄭以從古書"廞"作"淫"，"淫，陳也"。《周

---

① "隋"字原作"隨"，據阮本改。又"逆"上阮本有"逆牲"二字，與《大祝職》文合，加藤謂無者脱訛。

② "多角"二字阮本作"角"，與注合。

③ "夾"字原作"交"，據阮本改。

④ 孫疏云："據疏説，則經'大喪'上當有'凡'字。《大史》疏引此經亦有'凡'字。"

⑤ 鄭注、賈疏以"廞作匶謚"四字連讀，王引之謂"廞"即《大司樂》等職所云"廞樂器"，"作匶，謚"謂作匶而遂作謚："廞以陳器，謚以易名，二者絶不相涉，不得合爲一事。"

禮》之内，先鄭皆從"淫"爲陳，後鄭皆爲興。引之在下者，以無正文，亦得爲一義故也。凡作謚，謂將葬時，故《檀弓》云："公叔文子卒，其子戌請於君曰：'日月有時，將葬矣，請所以易其名者。'"《曾子問》云："賤不誄貴，幼不誄長，天子稱天以誄之。"引《公羊傳》"制謚於南郊"是也①。**凡國之瞽矇正焉。** 注從大師之政教。○釋曰：大師是瞽人之中樂官之長，故瞽矇屬焉，而受其政教也。

---

① 孫校云："'公羊傳'當依《禮記》注作'公羊説'，《傳》無此文。"

周禮疏卷第二十七

唐朝散大夫行大學博士弘文館學士臣賈公彦等撰

小師掌教鼓鼗、柷、敔、塤、簫、管、弦、歌。**注**教，教瞽矇也。出音曰鼓。鼗，如鼓而小，持其柄搖之，旁耳還自擊。塤，燒土爲之，大如鴈卵。簫，編小竹。管①，如今賣餳錫所吹者②。弦，謂琴瑟也。歌，依詠詩也。鄭司農云："柷如漆筩，中有椎。敔，木虎也。塤，六孔。管如篴，六孔。"玄謂管如篴而小，併兩而吹之③，今大予樂官有焉④。○釋曰：鄭知"教瞽矇"者，案瞽矇所作樂器與此所要者同⑤，明此"教"教瞽矇也。鄭知此經"鼓"非六鼓之鼓者，案《鼓人》云："掌教六鼓。"《眡瞭職》云："掌大師之縣。"又云："賓射皆奏其鍾鼓。"則六鼓鼓人教之，眡瞭擊之，非此小師教。又瞽矇所作不言鼓，明此"鼓"既在"鼗"已下諸器之上，是"出聲爲鼓"也。後鄭解"鼗"，依漢法而知。"塤，燒土爲之，大如鴈卵"，先鄭云"塤，六孔"者，案《廣雅》云："塤象秤錘，以土爲之，六孔。"故二鄭爲此解也。云"簫，編小竹"者，案《通卦驗》云："簫長尺四寸。"注云："簫，管形，象鳥翼。鳥爲火，火成數七，生數二，二七一十四，簫之長由此。"《廣雅》云："簫，大者二十四管，小者十六管，有底。"《三禮圖》云："簫長尺四寸，頌簫長尺二寸。"此諸文簫有長短不同，古者有此制也。云"管，如今賣餳錫所吹者"，先鄭云"管如篴，六孔"，案《廣雅》云："管象簫⑥，長尺，圍寸，八孔，無底。"八孔者蓋轉寫誤，當從六孔爲正

---

①　孫校謂當讀"編小竹管"爲句，與下句並釋"簫"字，賈疏"管"字下屬，以"如今賣餳錫所吹者"爲"管"字訓釋，大誤，《詩・周頌・有瞽》鄭箋可證。

②　"錫"字原作"餳"，婁本、金本同，據阮本改。阮校云："从'易'是也。"下疏中"錫"字同。

③　孫校云："《釋文》云'併而'，無'兩'字，《詩・有瞽》箋亦云'併而吹'，無'兩'字，而孔疏引此注則與今本同。"

④　"予"字原作"子"，阮本同，據婁本、金本改。阮校云："光武樂曰'大予'，見《後漢書》及《文選・兩都賦》注。"下疏中"大予樂官"底本亦誤。

⑤　浦鏜云："'要'當'教'字誤。"

⑥　孫校云："'簫'當從《廣雅》作'鱐'，管與簫制絶異。"

也。云"弦,謂琴瑟也。歌,依詠詩也"者,謂工歌詩依琴瑟而詠之,詩此即《詩傳》云"曲合樂曰歌"①,亦一也,故《鄉飲酒》之屬升歌皆有瑟依詠詩也。若不依琴瑟,即《爾雅》"徒歌曰謠"也。先鄭云"柷狀如漆筩,中有椎。敔,木虎"者,《書》云:"合止柷敔。"注云:"柷,狀如漆筩,而有椎②,合之者投椎其中而撞之。敔,狀如木虎,背有刻,所以鼓之以止樂。"《爾雅》注云:"柷如漆桶,方二尺四寸,深一尺八寸。敔如伏虎,背上有二十七鉏鋙刻,以木長尺櫟之。""玄謂管如篆而小,併兩而吹之,今大予樂官有焉"者,觀後鄭意,似不與諸家同③,故引漢法大予樂官爲況也。**大祭祀,登歌,擊拊;**注亦自有拊擊之,佐大師令奏。鄭司農云:"拊者擊石。"○釋曰:鄭知小師"亦自擊拊",不共大師同擊拊者,見《大師》"下管,鼓棟",此《小師》"下管"別自"擊應鼙",不同,明擊拊亦別可知,但小師"佐大師"耳。引先鄭拊爲"擊石"者,先鄭上注已解拊與敔同,後鄭不從,今引之在下者,以無正文,引之或得爲一義故也。**下管,擊應鼓;**注應鼙也。應與棟及朔皆小鼓也,其所用別未聞。○釋曰:鄭知"應"是"應鼙",及有朔鼙者,案《大射》"建鼓在阼階西,南鼓。應鼙在其東",以是知"應"是應鼙;彼又云"一建鼓在西階之西,朔鼙在其北",是知有朔鼙也。知"皆小鼓"者,擊鼓者即事之漸,先擊小,後擊大,故《大射》云:"應鼙在其東,朔鼙在其北,鼙者皆在人右。"鄭彼注云:"便其先擊小後擊大④。"既便其事,是鼙皆小鼓也。云"其所用別未聞"者,此上下祭祀之事有應,有棟,無朔;《大射》有朔,有應,無棟。凡言"應"者,應朔鼙。祭祀既有應,明有朔。但無文,不可強定之,故云用別未聞也。**徹,歌。**注於有司徹而歌《雍》。○釋曰:鄭知徹祭器"歌《雍》"者⑤,見《論語·八佾》云:"三家者以《雍》徹。孔子云:'相維辟公,天子穆穆',奚取於三家之堂?"以三家無辟公助祭,又無天子之容,則諸侯亦不得用,唯天子得用之。是天子之容則徹器用徹詩,故云歌《雍》也。**大饗亦如之。**○釋曰:其"大饗",饗諸侯之來朝者,徹器亦歌《雍》。若諸侯自相饗,徹器即歌《振鷺》。故《仲尼燕居》云"大饗有四焉",云"徹以《振羽》",《振羽》當爲《振鷺》,是其事也。**大喪,與廞。**注從大師。

---

①　加藤云:"殿本'詩此'乙改。"

②　孫校云:"'而'當從《詩》疏引作'中',與此注同。"

③　"似"字阮本作"以"。

④　"擊大"二字原作"鼙大",據阮本改。

⑤　"雍"字原作"詩",據阮本改,阮校謂"雍"字是。

〇釋曰：知"從大師"者，見《大師職》云"廞作匶諡"，此言"與"，謂與在廞中，明從大師也。凡小祭祀小樂事，鼓棟。注如大師。鄭司農云："棟，小鼓名。"掌六樂聲音之節與其和。注和，錞于。〇釋曰：鄭知"和"是"錞于"者，見《鼓人》云"金錞和鼓"，故知和是錞于也。

　　瞽矇掌播鼗、柷、敔、塤、簫、管、弦、歌。注播，謂發揚其音。〇釋曰：此八者皆小師教此瞽矇，令於作樂之時播揚以出聲也。諷誦詩，世奠繫，鼓琴瑟。〇釋曰："諷誦詩"，謂於王喪將葬之時，則使此瞽矇諷誦王治功之詩，觀其行以作諡，葬後當呼之。云"世奠繫"者，奠，定也。謂辨其昭穆，以世之序而定其繫。繫即帝繫、世本是也。"鼓琴瑟"者，詩與世本二者雖不歌詠，猶鼓琴瑟而合之，以美之也。注諷誦詩，謂闇讀之不依詠也。故書奠或爲帝。鄭司農云："諷誦詩，主誦詩以刺君過，故《國語》曰'矇賦矇誦'，謂詩也。"杜子春云："帝讀爲定，其字爲奠，書亦或爲奠。世奠繫謂帝繫、諸侯卿大夫世本之屬是也。小史主次序先王之世、昭穆之繫[1]，述其德行；瞽矇主誦詩，并誦世繫，以戒勸人君也。故《國語》曰：'教之世，而爲之昭明德而廢幽昏焉[2]，以怵懼其動。'"玄謂諷誦詩，主謂廞作柩諡時也，諷誦王治功之詩以爲諡。世之而定其繫，謂書於世本也。雖不歌，猶鼓琴瑟以播其音，美之[3]。〇釋曰：案上注云"背文曰諷，以聲節之曰誦"，別釋之；此總云"闇讀之不依詠"者，語異義同，背文與以聲節之皆是闇讀之不依琴瑟而詠也，直背文闇讀之而已。故雖有琴瑟，猶不得爲曲合樂曰歌，是以鄭云"雖不歌，猶鼓琴瑟以播其音，美之"也。若然，誦則以聲節之，兼琴瑟則爲歌矣，而得不爲歌者，此止有"諷"，而言"誦"者，諷誦相將，連言誦耳。先鄭云"諷誦詩，主誦詩以刺君過"，并引《國語》，皆是諫諍人君法度。鄭不從，而爲"廞作柩諡時"者，以其與"世繫"連文，皆是王崩後事，不得爲諫諍，是以大師廞作柩諡，此瞽矇諷詩，事相成故也。子春與先鄭同，但兼解"世繫"耳。帝繫據王，即經"繫"也；諸侯、卿、大夫謂之世本，即經"世"也。云"小史主次序先王之世、昭穆之繫"者，《小史職》云："奠繫世，辨昭穆。"故知小史次序之。云"述其德行"者，取義於《國語》云"爲之昭明德"是也。子春之

---

① "主"字原作"王"，據婺本、金本、阮本改。
② "爲"上"而"字原脫，據婺本、金本、阮本補。阮校謂無者脫訛。
③ "音美"二字原作"美音"，據婺本、金本、阮本乙。

意與先鄭同爲諫諍之事，後鄭亦不從也。《國語》者，案《楚語》云："莊王使士亹傅大子箴①，辭，王卒使傅之。問於申叔時，申叔時曰：'教之《春秋》，而爲之聳善而抑惡焉，以戒勸之。教之世，而爲之昭明德而廢幽昏焉，以休懼其動。'"注云："先王之繫世本，使知有德者長，無德者短。"子春引之者，證帝繫、世本之事。後鄭云"世之而定其繫，謂書於世本"，以世與繫爲一事解之。又對文言之，王謂之帝繫，諸侯、卿、大夫謂之世本；散則通，故云書於世本，世本即王帝繫也②。掌《九德》、《六詩》之歌，以役大師。注役，爲之使。

眡瞭掌凡樂事播鼗，擊頌磬、笙磬。○釋曰：案《序官》"眡瞭三百人"，皆所以扶工。以其扶工之外無事，而兼使作樂，故云"掌凡樂事"，則"播鼗"已下至職末皆是也。注視瞭播鼗又擊磬。磬在東方曰笙，笙，生也；在西方曰頌，頌或作庸，庸，功也。《大射禮》曰："樂人宿縣于阼階東，笙磬西面，其南笙鍾，其南鎛，皆南陳。"又曰："西階之西，頌磬東面，其南鍾，其南鎛，皆南陳。"○釋曰：云"視瞭播鼗又擊磬"者，案《小師》"教鼓鼗"，注云："教，教瞽矇。"《瞽矇》云"掌播鼗"，今視瞭亦"掌播鼗"，但有目，不須小師教之耳，故鄭云"視瞭播鼗又擊磬"，是眡瞭兼掌鼗也。云"磬在東方謂之笙，笙，生也；在西方曰頌，頌或作庸③，庸，功也"者，以東方是生長之方，故云笙；西方是成功之方，故云庸，庸，功也。謂之頌者，頌者美盛德之形容，以其成功告於神明，故云頌。言或作庸者，《尚書》云："笙庸以間。"孔以庸爲大鍾，鄭云："庸即《大射》'頌'，一也。"引《大射》者，證東方之磬爲笙、西方之磬爲頌之事也。掌大師之縣。注大師當縣則爲之。○釋曰：案《大司樂》有"宿縣"之事，《小胥》"正樂縣之位"④，《大師》無縣樂之事，此"大師之縣"者，大師掌六律、六同、五聲、八音，以其無目，於音聲審，本職雖不言縣樂器，文寄於此，明縣之可知。言"當縣則爲之"者，以其有目故也。凡樂事，相瞽。注相，謂扶工。○釋曰：能其事曰工，故樂稱工，是以《儀禮·鄉飲酒》、《鄉射》、

---

① "傅"字原作"傳"，形近而訛，下文"王卒使傅之"不誤，兹據阮本改。"箴"字阮本作"箴"，與傳本《國語》合。
② "王帝"二字阮本作"帝王"。
③ "作"字原作"云"，據阮本改。賈疏下文述注亦云"或作庸"。
④ "位"字原作"差"，據阮本改。

《燕禮》、《大射》皆言工。"相"者，以視瞭有目，瞽人無目，須人扶侍故也[1]。**大喪，廞樂器。大旅亦如之。**注旅，非常祭。於時乃興造其樂器。○釋曰："大喪，廞樂器"，謂明器，故《檀弓》云"木不成斲，瓦不成味，竹不成用，琴瑟張而不平，竽笙備而不和"，是沽而小耳，是臨時乃造之。"大旅"非常祭，亦臨時乃造，故云"亦如之"。旅不用尋常祭器者，以其旅是非常，則其器亦如明器沽而小，故文承明器而云亦如之也。**賓射，皆奏其鍾鼓。**注擊棘以奏之。其登歌大師自奏之。○釋曰：鄭知"擊棘以奏之"者，見《大師職》云"下管，令奏鼓棘"，以其鍾鼓與管俱在下，管既擊棘令奏，則鍾鼓亦擊棘奏之可知。云"其登歌大師自奏之"者，《大師職》見"大祭祀，登歌，擊拊"，雖不言"賓射"，賓射登歌自然大師令奏擊拊也。若然，大射之時鍾鼓眡瞭擊棘，登歌亦大師自奏也。**鼕、愷獻亦如之。**注愷獻，獻功愷樂也。杜子春讀鼕爲"憂戚"之戚，謂戒守鼓也。擊鼓聲疾數，故曰戚。○釋曰："鼕"，謂夜戒守之鼓。"愷獻"，謂戰勝獻俘之時作愷樂。二者皆視瞭奏其鍾鼓，故云"亦如之"也。

典同掌六律、六同之和，以辨天地四方陰陽之聲，以爲樂器。

注陽聲屬天，陰聲屬地，天地之聲布於四方。爲，作也。故書同作銅。鄭司農云："陽律以竹爲管，陰律以銅爲管，竹陽也，銅陰也，各順其性，凡十二律。故《大師職》曰：'執同律以聽軍聲[2]。'"玄謂律，述氣者也。同，助陽宣氣與之同。皆以銅爲。○釋曰：云"陽聲屬天，陰聲屬地，天地之聲布於四方"者，此《典同》既云"掌六律、六同"，即覆云"以辨天地四方陰陽之聲"，明天地四方陰陽之聲還是六律、六同也。但於十二辰在陽辰爲律，屬天，在陰辰爲同，屬地；十二律布在四方，方有三也。此即《大師》所云"六律左旋，六同右轉，陰陽相合"者也。先鄭云"陽律以竹爲管，陰律以銅爲管，竹陽也，銅陰也，各順其性"，并"《大師》執同"，亦爲"銅"字解之。後鄭不從之，故云"律，述氣者也。同，助陽宣氣與之同。皆以銅爲之"。鄭知義然者，案《律歷志》云："律有十二，陽六爲律，陰六爲呂，有三統之義焉。其傳曰，黃帝之所作也，黃帝使泠綸自大夏之西。"應劭曰："大夏，西戎之國也。""崐崘之陰，取竹之解谷。"孟康曰："解，脫也。谷，竹溝也。取竹之脫

無溝節者也。一説崐崘之北谷名也。”“生其竅均厚者，斷兩節間而吹之①，以爲黄鍾之宫。制十二箭以聽鳳之鳴②，其雄鳴爲六，雌鳴亦六。”此則上古用竹。又案《律歷志》云：“度者，分、寸、尺、丈、引也，所以度長短也。本起黄鍾之長。一黍爲一分，十分爲寸，十寸爲尺，十尺爲丈，十丈爲引，而五度審矣。其法用銅。”是陽律用銅可知，是後世用銅之明證也。**凡聲，高聲硍，正聲緩，下聲肆，陂聲散，險聲斂，達聲贏，微聲韽，回聲衍，侈聲筰，弇聲鬱，薄聲甄，厚聲石。注**故書硍或作硍。杜子春讀硍爲“鏗鎗”之鏗。高，謂鍾形容高也。韽讀爲“闇不明”之闇。筰讀爲“行扈唶唶”之唶。石，如磬石之聲。鄭大夫讀硍爲“袞冕”之袞，陂讀爲“人短罷”之罷，韽讀爲“鶉鷃”之鷃③。鄭司農云：“鍾形下當睉④，正者，不高不下，鍾形上下正傭。”玄謂高，鍾形大上，上大也。高則聲上藏，袞然旋如裹⑤。正，謂上下直正，則聲緩無所動。下，謂鍾形大下，下大也。下則聲出去放肆。陂讀爲“險陂”之陂，陂謂偏侈，陂則聲離散也。險，謂偏弇也，險則聲斂不越也。達，謂其形微大也，達則聲有餘若大放也。微，謂其形微小也。韽讀爲“飛鉆涅韽”之韽，韽，聲小不成也。回，謂其形微圜也，回則其聲淫衍無鴻殺也。侈，謂中央約也，侈則聲迫筰出去疾也。弇，謂中央寬也，弇則聲鬱勃不出也。甄讀爲“甄耀”之甄，甄猶掉也，鍾微薄則聲掉。鍾大厚則如石，叩之無聲。○釋曰：此十二種並是鍾之病。此職掌十二律之鍾，是十二辰之雲鍾，非編者。直言病鍾者，欲見除此病外即是鍾之善者，故言病鍾而已。杜子春讀“硍”爲“鏗鎗”之鏗者，讀從《樂記》“鍾聲鏗，鏗以立號”，是鏗鎗之鏗。後鄭不從。又讀“筰”爲“行扈唶唶”之唶，讀從《左氏傳》少暤以鳥名官有行扈唶唶。後鄭亦不從也。云“石，如磬石之聲”者，磬用石者，故讀從磬聲。後鄭增成之。鄭大夫讀“硍”爲“袞冕”之袞，取音同。後鄭從之。“陂讀爲人短罷之罷”，從俗語讀之。後鄭不從。“韽讀爲鶉鷃之鷃”，讀從《孝經

---

① “斷”字原作“無”，據阮本改。

② “鳴”字原作“鴻”，據阮本改。

③ 二“鷃”字原皆作“韽”，段考謂作“韽”誤：“鶉鷃，今人語言曰鷃鶉，《説文》二字皆從隹。”按婺本、金本、阮本並皆作“鷃”，兹據改。下疏中“鷃”字同。

④ “睉”字原作“睥”，金本同，據婺本、阮本改。阮校云：“余本、嘉靖本‘睥’作‘睉’，當據正。《釋文》：‘睉音婢。’”按賈疏中“睉”字底本模糊不可辨識，未審是否亦誤作“睥”。

⑤ “裹”字婺本、金本、阮本作“裹”，阮校云：“按袞、裹一聲之轉，故讀從之。袞亦與卷通，卷旋即裹義也，蓋作‘裹’是。釋曰‘言旋如裹，謂聲周旋如在裹’，是賈本作‘裹’字。”按賈疏底本亦作“裹”。

緯》①。後鄭亦不從此讀。鄭司農云"下"謂"鍾形下當踔"②，後鄭不從。云"正者，不高不下，鍾形上下正偁"，後鄭增成其義。"玄謂高，鍾形大上，上大也。高則聲上藏，袞然旋如裏"者，言旋如裏，謂聲周旋如在裏。云"正，謂上下直正，則聲緩無所動"者，由無鴻殺故也。云"下，謂鍾形大下，下大也。下則聲出去放肆"者，由下大故也。鄭知"上"是上大、"下"是下大者，以其"正"是上下直，則"上"是上大、"下"是下大可知，故爲此解。云"陂讀爲險陂之陂"者，讀從《詩序》"險詖私謁之心"③，陂是偏私之意，故爲"偏侈"也。云"險，謂偏弇也"者，此"險"與"陂"相對，陂既爲偏侈，故險爲偏弇也。云"達，謂其形微大也"者，凡物大則疏達，故爲微大，對"高"爲上大，故此"達"爲微大。微大則"聲有餘若大放也"。云"微，謂其形微小也"者，此"微"對"達"，達爲微大，則微爲微小矣。云"籥讀爲飛鉗涅籥之籥"者，謂《鬼谷子》有《飛鉗》、《揣摩》之篇，皆言從橫辯説之術。《飛鉗》者，言察是非語，飛而鉗持之。《揣摩》者，云揣人主之情而摩近之。云"籥，聲小不成也"者，飛鉗涅籥使之不語，此鍾聲籥，亦是聲小不成也。云"回，謂其形微圜也"者，凡鍾依《㮚氏》所作，若鈴不圜，今此回而微圜，故"聲淫衍無鴻殺也"。云"侈，謂中央約也"者，此非偏侈，謂鍾口摠寬，則"聲迫笮出去疾"，由口寬故也。云"弇，謂中央寬"者，此與"侈"相對，侈既口摠寬，則弇是口摠狹，是中央寬也。云"弇則聲鬱勃不出也"者，由口籠故也。云"甄讀從甄燿之甄"者，讀從《春秋緯·甄燿度》之篇名。云"甄猶掉也，鍾微薄則聲掉"者，由薄故也。云"鍾大厚則如石"者，案《㮚氏》"爲鍾"，云"鍾已厚則石，已薄則播，是故大鍾十分其鼓間，以其一爲之厚。小鍾十分其鉦間，以其一爲之厚"，是厚薄得中也。**凡爲樂器，以十有二律爲之數度，以十有二聲爲之齊量。** **注**數度，廣長也。齊量，侈弇之所容。○釋曰："樂器"，據典同所作，謂鍾也。云"以十有二律爲之度數"者④，依《律歷志》云，古之神瞽度律均鍾，以律計倍半，假令黃鍾之管長九寸，倍之爲尺八寸，又九寸得四寸半，摠二尺二寸半，以爲鍾口之徑及上下之數。自外十二辰頭皆以管長短計之可知，故云"度數，廣長也"，廣則口徑，長則

---

① "緯"字原作"編"，據阮本改。

② "下"字原空闕一格，據阮本補。

③ "詖"字阮本作"陂"。按《毛詩·周南·卷耳》序作"詖"，然此疏上下文並作"陂"，賈疏蓋本不作"詖"。陂、詖同源。又阮校謂下文"此險與陂相對"惠校本作"詖"，殆指此引《詩序》而言。

④ 孫校云："'度數'當作'數度'。"按賈疏下文述注亦作"度數"。

上下也。云"以十有二聲爲之齊量"者,十二聲則十二辰零鍾,鍾則聲也。十二鍾皆有所容多少之齊量,故云"侈弇之所容"者。上文"侈"、"弇"雖是鍾病,所容多少則依法,故舉侈弇見文而言也。**凡和樂亦如之。注**和,謂調其故器也。○釋曰:鄭知"調故器"者,上文"凡爲樂器"是新造者,今更言"和樂",明是調故器,知聲得否及容多少當依法度也。

　　磬師掌教擊磬、擊編鍾。**注**教,教視瞭也。磬亦編,於鍾言之者,鍾有不編,不編者鍾師擊之。杜子春讀編爲"編書"之編。○釋曰:鄭知"教,教視瞭"者,《視瞭職》云:"掌播鼗,擊笙磬、頌磬。"若然,《視瞭》不言擊鍾,知亦教視瞭擊編鍾者,以磬是樂縣之首,故特舉此言,其實編鍾亦視瞭擊之,故《鎛師》注云"擊鍾者亦視瞭也"①。云"磬亦編,於鍾言之者,鍾有不編,不編者鍾師擊之"者,鄭知鍾有不編者,以此經云"擊磬"不言"編",則磬無不編,以其無可對,故不言編;鍾言"編",則對不編者,故鄭云"磬亦編,於鍾言之者,鍾有不編,不編者鍾師自擊之"也。鄭必知鍾有不編使鍾師自擊者,以其言教視瞭擊編鍾,明不編者不教視瞭、不教者自擊之可知。是以《鍾師》云"掌金奏",又云"以鍾鼓奏九《夏》",明是鍾不編者,十二辰零鍾也,若《書傳》云"左五鍾,右五鍾"也。杜子春"讀編爲編書之編"者,案《史記》:"孔子讀《易》,韋編三絶。"是古者未有紙,皆以韋編竹簡。此鍾磬亦編之十六枚在一簨,故讀從之也。**教縵樂、燕樂之鍾磬。注**杜子春讀縵爲"怠慢"之慢。玄謂縵讀爲"縵錦"之縵,謂雜聲之和樂者也。《學記》曰:"不學操縵,不能安弦。"燕樂,房中之樂,所謂陰聲也。二樂皆教其鍾磬。○釋曰:子春讀"縵"爲"慢",後鄭不從之也。"玄謂縵讀爲縵錦之縵"者,時有"縵錦"之言,依俗讀之也。云"謂雜聲之和樂者也"者,謂雜弄調和,引《學記》爲證。案彼鄭注云"操縵,雜弄",即今之調辭曲,若不學調弦,則不能安意於弦也。云"燕樂,房中之樂"者,此即《關雎》二《南》也。謂之房中者,房中謂婦人。后妃以風喻君子之詩,故謂之房中之樂。**凡祭祀,奏縵樂。**

　　鍾師掌金奏。**注**金奏,擊金以爲奏樂之節。金謂鍾及鎛。○釋曰:此即鍾

---

①　浦鏜云:"'鎛'誤'鍾'。"

師自擊不編之鍾。凡作樂，先擊鍾，故鄭云"金奏，擊金以爲奏樂之節"，是以下云"以鍾鼓奏九《夏》"，亦先云鍾也。鄭云"金謂鍾及鎛"者，以其二者皆不編，獨縣而已。**凡樂事，以鍾鼓奏九《夏》：《王夏》、《肆夏》、《昭夏》、《納夏》、《章夏》、《齊夏》、《族夏》、《祴夏》①、《驁夏》。**注以鍾鼓者，先擊鍾，次擊鼓，以奏九《夏》。夏，大也，樂之大歌有九。故書納作内。杜子春云："内當爲納。祴讀爲'陔鼓'之陔。王出入奏《王夏》，尸出入奏《肆夏》，牲出入奏《昭夏》，四方賓來奏《納夏》，臣有功奏《章夏》，夫人祭奏《齊夏》，族人侍奏《族夏》，客醉而出奏《陔夏》，公出入奏《驁夏》。《肆夏》，詩也。《春秋傳》曰：'穆叔如晉，晉侯享之，金奏《肆夏》三②，不拜；工歌《文王》之三，又不拜；歌《鹿鳴》之三，三拜，曰：三《夏》，天子所以享元侯也，使臣不敢與聞。'《肆夏》與《文王》、《鹿鳴》俱稱三，謂其三章也。以此知《肆夏》，詩也。《國語》曰：'金奏《肆夏》、《繁遏》、《渠》，天子所以享元侯。'《肆夏》、《繁遏》、《渠》，所謂三《夏》矣。呂叔玉云：《肆夏》、《繁遏》、《渠》皆《周頌》也。《肆夏》，《時邁》也；《繁遏》，《執競》也③；《渠》，《思文》也④。肆，遂也；夏，大也。言遂於大位，謂王位也，故《時邁》曰'肆于時夏，允王保之'。繁，多也；遏，止也。言福禄止於周之多也，故《執競》曰'降福穰穰，降福簡簡，福禄來反'。渠，大也。言以后稷配天，王道之大也，故《思文》曰'思文后稷，克配彼天'。故《國語》謂之曰'皆昭令德以合好也'。"玄謂以《文王》、《鹿鳴》言之，則九《夏》皆詩篇名，頌之族類也。此歌之大者，載在樂章，樂崩亦從而亡，是以《頌》不能具。○釋曰：云"以鍾鼓者，先擊鍾，次擊鼓"者，鍾師直擊鍾不擊鼓，而兼云"鼓"者，凡作樂，先擊鍾，次擊鼓，欲見鼓鍾先後次第，故兼言之也。鍾中得"奏九《夏》"者，謂堂上歌之，堂下以鍾鼓應之，故《左氏傳》云"晉侯歌鍾二肆"，亦謂歌與鍾相應而言也。云"夏，大也"者，欲明此九《夏》者皆詩之大者，故云"樂之大歌有九"。杜子春云"祴讀爲陔鼓之陔"者，漢有陔鼓之法，故《樂師》先鄭云："若今時行禮於大學，罷出以《鼓陔》爲節。"故讀從

---

① "祴"字原作"祴"，婺本同，據金本、阮本改。阮校云："'祴'見《説文・示部》'祴，宗廟奏祴樂也'，唐石經從衣，乃大誤。"本職注疏中凡"祴"字徑録作"祴"，不復出校。

② 浦鏜謂"三"上脱"之"字。按賈疏述注亦無"之"字。

③ "競"字原作"兢"，婺本、金本、阮本作"儵"。按《釋文》："執儵，音競，《詩》作競。"故阮校謂"競"字非。然賈疏作"競"，此"兢"字當是"競"之形訛，兹徑改。孫疏云："儵蓋競之俗體。"下文"競"字同。

④ "也"字殊擠，婺本、金本、阮本無。孫疏以文例校之，謂無者脱訛。

之也。云“王出入奏《王夏》，尸出入奏《肆夏》，牲出入奏《昭夏》”者，皆《大司樂》文。云“四方賓來奏《納夏》，臣有功奏《章夏》，夫人祭奏《齊夏》，族人侍奏《族夏》”者，此四《夏》皆無明文，或子春別有所見，故後鄭從之。云“賓醉而出奏《陔夏》”者，賓醉將出奏之，恐其失禮，故陔切之使不失禮①，是以《鄉飲酒》、《鄉射》、《燕禮》、《大射》賓醉將出之時皆云“奏《陔》”。云“公出入奏《驁夏》”者，案《大射》云公入奏《驁夏》，是諸侯射於西郊，自外入時奏《驁夏》。不見出時而云出者，見《樂師》云“行以《肆夏》，趨以《采茨》②”，出入禮同，則《驁夏》亦出入禮同，故兼云出也。此九《夏》者，惟《王夏》惟天子得奏，諸侯已下不得。其《肆夏》，則諸侯亦得用，故《燕禮》“奏《肆夏》”；大夫已下者不得，故《郊特牲》云“大夫之奏《肆夏》，由趙文子始”，明不合也。其《昭夏》已下，諸侯亦用之。其《驁夏》，天子大射入時無文，故子春取《大射》“公入，《驁》”以明天子亦用也。云“《肆夏》，詩也”者，子春之意，九《夏》皆不言詩，是以解者不同，故杜注《春秋》云《肆夏》爲樂曲名；今云“《肆夏》，詩”，則九《夏》皆詩。後鄭從之。“《春秋傳》曰”已下，襄公四年《傳》文。云“俱稱三，謂其三章”者，此皆篇而云章者，子春之意，以章名篇耳。引《國語》曰“金奏《肆夏》、《繁遏》、《渠》，天子所以享元侯”者，歌詩尊卑各別，若天子享元侯，升歌《肆夏》《頌》，合《大雅》；享五等諸侯，升歌《大雅》，合《小雅》；享臣子，歌《小雅》，合鄉樂。若兩元侯自相享，與天子享己同；五等諸侯自相享亦與天子享己同，諸侯享臣子亦與天子享臣子同。燕之用樂與享同，故《燕禮》燕臣子，升歌《鹿鳴》之詩三篇③。襄四年，晉侯享穆叔，爲之歌《鹿鳴》，云“君所以嘉寡君”，是享、燕同樂也。云“所謂三《夏》矣”者，即上引《春秋》“《肆夏》三，不拜”，三是三《夏》，故云三《夏》。“呂叔玉”者，是子春引之者，子春之意與叔玉同，三《夏》並是在《周頌》篇，故以《時邁》、《執競》、《思文》三篇當之。後鄭不從者，見《文王》、《大明》、《緜》及《鹿鳴》、《四牡》、《皇皇者華》皆舉見在《詩》篇名，及《肆夏》與《繁遏》、《渠》舉篇中義意，故知義非也。“玄謂以《文王》、《鹿鳴》言之，則九《夏》皆詩篇名”者，以襄四年晉侯享穆叔奏《肆夏》，與《文王》、《鹿鳴》同時而作，以類而言，《文王》、《鹿鳴》等既是詩，明《肆夏》之三亦是詩也。《肆夏》既是詩，則九

---

①　孫校云：“‘陔切’當作‘戒切’。”

②　“茨”字阮本作“薺”，與《樂師職》文合。按《樂師職》賈疏云“案《玉藻》注，薺讀如‘楚茨’之茨，此薺讀亦從茨可知也”，“楚茨”爲《詩》篇名，此疏作“茨”或賈氏原文。

③　“詩”字阮本作“等”。按“等”字蓋是，《燕禮》云“工歌《鹿鳴》、《四牡》、《皇皇者華》”，即此疏所謂“升歌《鹿鳴》之等三篇”。

《夏》皆詩篇名也。云"頌之族類也"者，九《夏》並是頌之族類也。云"此歌之大者"，以其皆稱夏也。云"載在樂章"者，此九《夏》本是頌，以其大而配樂歌之則爲樂章，載在樂章也。云"樂崩亦從而亡，是以《頌》不能具"者，樂崩在秦始皇之世，隨樂而亡，《頌》内無，故云《頌》不能具也。**凡祭祀、饗食，奏燕樂。** 注以鍾鼓奏之。○釋曰："饗食"，謂與諸侯行饗食之禮。在廟，故與"祭祀"同樂，故連言之。知"以鍾鼓奏之"者，以其鍾師奏九《夏》用鍾鼓，故知此燕樂亦用鍾鼓奏之可知也。**凡射，王奏《騶虞》，諸侯奏《貍首》，卿、大夫奏《采蘋》，士奏《采蘩》。** ○釋曰：言"凡射"，則大射、賓射等同用此爲射節[①]，故言凡。《射人》與《樂師》辨其節數，於此見其作樂人爲之，故數職重言。注鄭司農云："騶虞，聖獸。"○釋曰：案《異義》："今《詩》韓、魯説：'騶虞，天子掌鳥獸官。'古《毛詩》説：'騶虞，義獸，白虎黑文，食自死之肉，不食生物，人君有至信之德則應之。《周南》終《麟止》，《召南》終《騶虞》，俱稱嗟嘆之，皆獸名。'謹案古《山海經》、《鄒書》云[②]：'騶虞，獸。'説與《毛詩》同。"是其聖獸也。**掌鼜，鼓縵樂。** 注鼜讀如"莊王鼓"之鼓[③]。玄謂作縵樂，擊鼜以和之。○釋曰："鼜讀如莊王鼓之鼓"者，讀從《左氏傳》"莊王親鼓"之鼓。"玄謂作縵樂，擊鼜以和之"者，此官主擊鼜，於磬師作縵樂則鍾師擊鼜以和之。

笙師掌教龡竽、笙、塤、龠、簫、篪、篴、管，舂牘、應、雅以教祴樂[④]。注教，教視瞭也。鄭司農云："竽，三十六簧。笙，十三簧。篪，七空。舂牘，以竹大五六寸，長七尺，短者一二尺，其端有兩空，髤畫，以兩手築地。應，長六尺五寸，其中有椎。雅，狀如漆筩而弇口，大二圍，長五尺六寸，以羊韋鞔之，有兩紐，疏畫。"杜子春讀篴爲"蕩滌"之滌，今時所吹五空竹篴。玄謂龠如篴，三空。祴樂，《祴夏》之樂。

---

① "則大"二字原脱，據阮本補。《大史職》賈疏云"言'凡射事'者，則大射、賓射、燕射之等"、《司常職》疏云"言'凡射'者，則大射、賓射及燕射皆共之"，皆其比。

② 孫校云："'鄒'當爲'周'，謂《周書·王會》也。"

③ 段考云："下文云'玄謂'，則此注語蒙上文，亦司農説也。'莊王鼓之'見宣十二年《公羊傳》，當云'莊王鼓之之鼓'，今脱'之'字。"按上經賈疏標起止阮本作"注騶虞聖獸"，則"鄭司農云"四字或當移至此注"鼜讀如"之上，非蒙上而省也。

④ "舂"字原作"春"，據婁本、金本、阮本改。本職注疏中凡"春"之誤作"春"者徑録正，不復出校。"祴"字原作"祴"，婁本同，據金本、阮本改。説已見上。

牘、應、雅教其舂者，謂以築地。笙師教之，則三器在庭可知矣。賓醉而出，奏《祴夏》，以此三器築地，爲之行節，明不失禮。○釋曰：此樂器，《瞽矇》有，《視瞭》無，所以知不教瞽矇者，案《小師》云：“教鼓鼗、柷、敔、塤、簫、管、弦、歌。”注云：“教，教瞽矇也。”以《小師》在《瞽矇》之上，又瞽矇所作與小師同，故知小師所教瞽矇。笙師所教文在《視瞭》之下，不可隔視瞭教瞽矇，其《視瞭》雖不云其器，明所教教視瞭也。先鄭云“竽，三十六簧。笙，十三簧”者，案《通卦驗》：“竽長四尺二寸①。”注云：“竽，管類，用竹爲之，形參差象鳥翼。鳥，火禽，火數七。冬至之時吹之。冬，水用事，水數六。六七四十二，竽之長蓋取於此也。”笙十三簧，《廣雅》云：“笙以匏爲之，十三管，宮管在左方。竽，象笙三十六管，宮管在中央。”《禮圖》云：“竽長四尺二寸。”此竽三十六簧，與《禮圖》同。云“篴②，七空”者，《廣雅》云：“篴，以竹爲之，長尺四寸，八孔，一孔上出，寸三分。”《禮圖》云：“篴九空。”司農云七孔③，蓋寫者誤，當云八空也，或司農別有所見。云“舂牘，以竹大五六寸，長七尺，短者一二尺，其端有兩空，髤畫，以兩手築地。應，長六尺五寸，其中有椎。雅，狀如漆筩而弇口，大二圍，長五尺六寸，以羊韋鞔之，有兩紐，疏畫”者，此皆約漢法知之而言。鄭注《巾車》：“髤，赤多黑少之色。”疏畫者，長疏而畫之。子春“讀篸爲蕩滌之滌”，讀從《郊特牲》“臭味未成，滌蕩其聲”之滌。云“今時所吹五空竹篸”，後鄭從之也。“玄謂祴樂，《祴夏》之樂”者，以其《鍾師》有《祴夏》，此“祴樂”與之同，故知此所教祴樂是鍾師所作《祴夏》者也。云“笙師教之，則三器在庭可知矣”者，以其笙管在堂下近堂，則三者亦在堂下遠堂，在庭可知。云“賓醉而出，奏《祴夏》”者，此則《鄉飲酒》及《鄉射》之等“賓出，奏《陔》”是也。云“以此三器築地，爲之行節，明不失禮”者，三器言舂，舂是向下之稱，是其築地；與“祴樂”連文，明與祴樂爲節可知也。經中樂器不解塤與簫、管者，上文已釋也。**凡祭祀、饗射，共其鍾笙之樂。**注鍾笙，與鍾聲相應之笙。○釋曰：鄭爲此解者，以其笙師不掌鍾而兼言“鍾”，故知義然也。**燕樂亦如之。**○釋曰：言“亦如之”者，謂作燕樂亦如上“共其鍾笙之樂”也。**大喪，廞其樂器；及葬，奉而藏之。**注廞，興也，興謂作之。奉猶送。○釋曰：此所興

---

① “尺”字原作“天”，據阮本改。

② “篴”字阮本同，阮校謂當作“簅”。按《説文·龠部》“䶵”之或體作“簅”，“篴”則後起別體，不必遽定爲訛字。下文“篴”字同。

③ 阮校云：“上引注作‘空’，引《廣雅》作‘孔’，此亦當作‘空’，涉上引《廣雅》誤。”按“空”、“孔”古今字。

作，即上"竽"、"笙"已下皆"作之"，送之於壙而藏之也。**大旅，則陳之。** 注陳於饌處而已，不沼其縣。○釋曰：此經直言"陳之"，明"陳於饌處而已，不臨其縣"。其臨縣者大司樂，故《大司樂》云"大喪，臨廞樂器"，注云"臨笙師、鎛師之屬"是也。

　　鎛師掌金奏之鼓。○釋曰：鎛師不自擊鎛，使視瞭擊之，但擊"金奏之鼓"耳。注謂主擊晉鼓以奏其鍾鎛也。然則擊鎛者亦視瞭。○釋曰：知"金奏之鼓"是"主擊晉鼓"者，《鼓人職》云："以晉鼓鼓金奏。"故知之也。金奏謂奏金，金即鍾鎛。鍾鎛以金爲之，故言金。云"然則擊鎛者亦視瞭"者，案《視瞭職》云樂作擊編鍾，不言鎛，鎛與鍾同類，大小異耳，既擊鍾，明亦擊鎛，故云亦視瞭也。**凡祭祀，鼓其金奏之樂。饗食、賓射亦如之。軍大獻，則鼓其愷樂。凡軍之夜三鼜，皆鼓之。守鼜亦如之。**○釋曰：云"鼓其金奏之樂"者，金奏之樂者即八音是也。亦以晉鼓鼓之。"饗食"，謂饗食來朝諸侯。"賓射"，亦謂與來朝諸侯射於朝。皆鼓其金奏之鼓也。"軍大獻"，謂獻捷於祖作愷歌。亦以晉鼓鼓之。云"凡軍之夜三鼜，皆鼓之。守鼜亦如之"者，亦鼓之也。注守鼜，備守鼓也。鼓之以鼖鼓。杜子春云："一夜三擊備守鼜也。《春秋傳》所謂'賓將趫'者，音聲相似。"○釋曰：鄭知用"鼖鼓"者，《鼓人職》云："鼖鼓鼓軍事。"此並軍事，故知用鼖鼓也。子春云"一夜三擊備守鼜也"者，《鼓人》注引《司馬法》云："昏鼓四通爲大鼜，夜半三通爲晨戒，旦明五通爲發晌。"是一夜三擊備守鼜也。《春秋傳》者，昭二十年[1]："衛侯如死鳥，齊侯使公孫青聘衛，賓將摳。"注云："摳，謂行夜。"子春云"賓將趫"，讀人音異。云"音聲相似"者，"趫"與"鼜"音聲相似，皆是夜戒守也。**大喪，廞其樂器，奉而藏之。**○釋曰：此官所廞，謂作晉鼓、鼖鼓而已，以其當職所擊者也。

　　韎師掌教韎樂。祭祀，則帥其屬而舞之。注舞之以東夷之舞。○釋曰：知"舞之以東夷之舞"者，以其專主夷樂，則"東夷之樂曰《韎》"是也。**凡舞夷樂，皆門外爲之。大饗亦如之。**

---

① "二"字原作"三"，據阮本改。

旄人掌教舞散樂、舞夷樂。○釋曰：云"掌教舞散樂、舞夷樂"者，旄人教夷樂而不掌，鞮鞻氏掌四夷之樂而不教，二職互相統耳，但旄人加以教散樂[1]，鞮鞻氏不掌之也。**注**散樂，野人爲樂之善者，若今黄門倡矣。自有舞。夷樂，四夷之樂。亦皆有聲歌及舞。○釋曰：云"散樂，野人爲樂之善者"，以其不在官之員内謂之爲散，故以爲野人爲樂善者也。云"若今黄門倡矣"者，漢倡優之人亦非官樂之内，故舉以爲説也。云"夷樂，四夷之樂"者，即《孝經緯》云"東夷之樂曰《韎》，南夷之樂曰《任》，西夷之樂曰《株離》，北夷之樂曰《禁》"。知"亦皆有聲歌及舞"者，此經有"舞"、下《鞮鞻氏》云"掌四夷之樂爲其聲歌"是也[2]。**凡四方之以舞仕者屬焉。**○釋曰：云"凡四方之以舞仕者屬焉"者，此即野人能舞者屬旄人，選舞人當於中取之故也。**凡祭祀、賓客，舞其燕樂。**○釋曰："賓客"，亦謂饗燕時。"舞其燕樂"，謂作燕樂時使四方舞士舞之以夷樂。

籥師掌教國子舞羽龡籥。**注**文舞有持羽吹籥者，所謂籥舞也。《文王世子》曰："秋冬學羽籥。"《詩》云："左手執籥，右手秉翟[3]。"○釋曰：此籥師掌文舞，故教羽籥；若武舞，則教干戚也。故云"文舞有持羽吹籥者"也。云"所謂籥舞也"者，所謂《詩·頌》"籥舞笙鼓"，彼亦文舞也。"《文王世子》曰：秋冬學羽籥"，彼對"春夏學干戈"，陽時學之，法陽動；秋冬學羽籥，陰時學之，法陰静。"《詩》云：左手執籥，右手秉翟"者，《邶風·簡兮》之篇。引此二文者，證皆文舞所執之器也。此官所教當樂師教小舞，互相足。故《文王世子》云："小樂正學干，大胥贊之。籥師學戈，籥師丞贊之。"注云："四人皆樂官之屬也，通職。秋冬亦學以羽籥。小樂正，樂師也。"**祭祀，則鼓羽籥之舞。**注鼓之者，恒爲之節。○釋曰："祭祀"先作樂下神，及合樂之時，則使國子舞，鼓動以羽籥之舞，與樂節相應，使不相奪倫，故鄭云"鼓之者，恒爲之節"。**賓客饗食，則亦如之。**○釋曰：亦鼓之以羽籥之舞，與祭祀同。以其俱在廟，故樂亦同也。**大喪，廞其樂器，奉而藏之。**○釋曰：此所廞作惟羽籥而已，不作餘器。

---

① "但"字原脱，據阮本補。
② 浦鏜云："'與'誤'爲'。"
③ "秉"字原作"乘"，據婺本、金本、阮本改。

籥章掌土鼓、豳籥。**注**杜子春云："土鼓，以瓦爲匡，以革爲兩面，可擊也。"鄭司農云："豳籥，豳國之地竹，《豳詩》亦如之。"玄謂豳籥，豳人吹籥之聲章。《明堂位》曰："土鼓、蒯桴、葦籥①，伊耆氏之樂。"○釋曰：子春云"土鼓，以瓦爲匡，以革爲兩面，可擊也"，後鄭不從者，土鼓因於中古神農之器，黄帝已前未有瓦器，故不從也。先鄭云"豳籥，豳國之地竹，《豳詩》亦如之"，後鄭不從者，案下文"吹《豳詩》"、"吹《豳雅》"、"吹《豳頌》"，更不見豳籥，則是籥中吹《豳詩》及《雅》、《頌》謂之豳籥，何得有豳國之地竹乎？若用豳國之地竹，當云"之籥"，故後鄭云"豳人吹籥之聲章"。云"豳人吹籥"，其義難明，謂作"豳人吹籥之聲章"，商祝、夏祝之類，聲章即下文《豳詩》之等是也。"《明堂位》曰：土鼓、蒯桴、葦籥，伊耆氏之樂"者，鄭注《禮運》云："土鼓，築土爲鼓也。蒯桴，桴謂擊鼓之物，以土塊爲桴。"引之者，破子春土鼓用瓦。中春，晝擊土鼓，龡《豳詩》，以逆暑；○釋曰："中春"，二月也。言迎暑者，謂中春晝夜等，已後漸暄，故預迎之耳。**注**《豳詩》，《豳風·七月》也。吹之者，以籥爲之聲。《七月》言寒暑之事，迎氣歌其類也。此風也而言詩，詩揔名也。迎暑以晝，求諸陽。○釋曰：鄭知"吹之者，以籥爲之聲"者，以發首云"掌土鼓、豳籥"，故知詩與雅、頌皆用籥吹之也。云"《七月》言寒暑之事"者，《七月》云"一之日觱發"、"二之日栗烈"、"七月流火"之等②，是寒暑之事。云"迎氣歌其類也"者，解經"吹《豳詩》逆暑"及下"迎寒"皆當歌此寒暑之詩也。云"此風也而言詩，詩揔名也"者，對下有雅、有頌，即此是風，而言詩揔名③，含《豳風》矣，故云詩不言風也。"迎暑以晝，求諸陽"者，對下"迎寒以夜，求諸陰"也。中秋，夜迎寒，亦如之。**注**迎寒以夜，求諸陰。○釋曰：言"亦如之"，亦當"擊土鼓，龡《豳詩》"也。凡國祈年于田祖，龡《豳雅》，擊土鼓，以樂田畯。○釋曰：此"祈年於田祖"并上"迎暑"、"迎寒"，並不言有祀事。既告神，當有祀事可知，但以告祭非常，故不言之耳。若有禮物，不過如《祭法》"埋少牢"之類耳。此"田祖"與"田畯"，所祈當同日，但位别禮殊，樂則同，故連言之也。**注**祈年，祈豐年也。田祖，始耕田者，謂神農

---

① "土"字原作"上"，據婺本、金本、阮本改。
② "等"字原作"詩"，阮本同，加藤謂當據閩本等作"等"，兹據改。
③ "詩"字阮本作"詩詩"，加藤謂不重者脱訛。

也。《豳雅》，亦《七月》也。《七月》又有"于耜舉趾，饁彼南畝"之事，是亦歌其類。謂之
雅者，以其言男女之正。鄭司農云："田畯，古之先教田者。《爾雅》曰：'畯，農夫也。'"
○釋曰："祈年，祈豐年也"者，義取《小祝》求豐年，俱是求甘雨使年豐，故引彼解此
也。云"田祖，始耕田者，謂神農也"者，此即《郊特牲》云"先嗇"，一也。故《甫田》詩云：
"琴瑟擊鼓，以御田祖，以祈甘雨，以介我稷黍。"毛云："田祖，先嗇也。"云《七月》又有
'于耜舉趾，饁彼南畝'之事，是亦歌其類"者，案彼《七月》云："三之日于耜，四之日舉
趾，同我婦子，饁彼南畝，田畯至喜。"並次在寒暑之下，彼爲風，此爲雅者也。云"謂之
雅者，以其言男女之正"者，先王之業，以農爲本，是男女之正，故名雅也。司農云"田
畯，古之先教田者"，此即《月令》"命田舍東郊"，鄭云"田謂田畯"是也。"《爾雅》曰：畯，
農夫也"者，以其教農，故號農夫。**國祭蜡，則龡《豳頌》，擊土鼓，以息老
物。**○釋曰：此"祭蜡"直"擊土鼓"[1]，案《明堂位》云"土鼓、蕢桴，伊耆氏之樂"，即此
亦各有蕢桴可知[2]。言"以息老物"者，謂息田夫萬物也。**注** 故書蜡爲蠶。杜子春云：
"蠶當爲蜡。《郊特牲》曰：'天子大蜡八，伊耆氏始爲蜡[3]，歲十二月而合聚萬物而索饗之
也。蜡之祭也，主先嗇而祭司嗇也。黃衣黃冠而祭，息田夫也。既蜡而收，民息已。'"
玄謂十二月，建亥之月也。求萬物而祭之者，萬物助天成歲事，至此爲其老而勞，乃祀
而老息之，於是國亦養老焉，《月令》"孟冬，勞農以休息之"是也。《豳頌》，亦《七月》也。
《七月》又有"穫稻作酒，躋彼公堂，稱彼兕觥[4]，萬壽無疆"之事，是亦歌其類。謂之頌
者，以其言歲終人功之成。○釋曰：子春引《郊特牲》，後鄭從之，增成其義耳，故還引
《郊特牲》而解之。云"求萬物而祭之者"，即"合聚萬物而索饗之"是也。云"乃祀而老
息之"者，老即老物，蜡祭是也；息之者，即"息田夫"，臘祭宗廟是也。云"於是國亦養老
焉"者，即所引《月令》"孟冬，勞農以休息之"是也。云"《豳頌》，亦《七月》也。《七月》又

---

①　"土"字原作"士"，據阮本改。

②　"亦"字阮本無。

③　"帆"字原作"忛"，金本同，婺本作"帆"，阮本作"耆"。按職首鄭注引《明堂位》
"伊耆氏之樂"，《釋文》云："伊耆，又作帆、阢，二皆音耆。"阮校云："從几聲是，從九聲則
非。"檢《集韻‧脂韻》"帆"字或體又作"飢"，亦從几聲，則"忛"、"帆"皆"帆"之形訛字，茲
徑改。阮本作"耆"，則與職首鄭注引《明堂位》合。

④　阮校據《釋文》謂鄭注本約舉《七月》詩作"躋堂稱觥"，"彼公彼兕"四字非鄭注原
文。按阮説蓋是也，上經鄭注"于耜舉趾"文例正同。

有穋稻作酒”等至“之事,是亦歌其類也”者,其類謂“穋稻”已下是也。云“謂之頌者,以其言歲終人功之成”者,凡言頌者,頌美成功之事,故於《七月》風詩之中亦有雅、頌也。鄭注《郊特牲》云:“歲十二月,周之正數。”故此鄭云“建亥”解之。知非夏十二月者,以其建亥萬物成,故《月令》“祈來年”及“臘先祖”之等皆在孟冬月,是十二月據周,於夏爲建亥十月也。

鞮鞻氏掌四夷之樂與其聲歌。**注**四夷之樂,東方曰《韎》,南方曰《任》,西方曰《株離》,北方曰《禁》。《詩》云“以雅以南”是也。王者必作四夷之樂,一天下也。言與其聲歌,則云樂者主於舞。○**釋曰**:四夷樂名出於《孝經緯·鉤命決》,故彼云“東夷之樂曰《韎》,持矛助時生。南夷之樂曰《任》,持弓助時養。西夷之樂曰《株離》,持鉞助時殺。北夷之樂曰《禁》,持楯助時藏。皆於四門之外右辟”是也。案《明堂位》亦有東夷之樂曰《昧》,南夷之樂曰《任》。又案《虞傳》云:“陽伯之樂舞《株離》。”則東夷之樂亦名《株離》者。東夷樂有二名,亦名《株離》,鄭注云:“《株離》,舞曲名。言象萬物生株離,若《詩》云‘彼黍離離’。”是物生亦曰離。云“王者必作四夷之樂,一天下也”者,案《白虎通》云:“王者制夷狄樂不制夷狄禮者,所以均中國[1],不制禮,恐夷人不能隨中國禮也。四夷之樂誰謂舞?使國之人也。”[2]云“與其聲歌,則云樂者主於舞”者,凡樂止有聲歌及舞,既下別云“聲歌”,明上云“樂”主於舞可知也。案《月令》仲春云:“命樂正入學習樂。”注云:“歌與八音。”知非舞,以其下季春云“大合樂”,明所合多,故知非直舞,而有歌與八音也。祭祀,則歔而歌之。燕亦如之。**注**吹之以管籥爲之聲。○**釋曰**:知“吹之以管籥爲之聲”者,以其歌者在上,管籥在下,既言吹之用氣,明據管籥爲之聲可知,是以笙師教吹管籥之等。

典庸器掌藏樂器、庸器。**注**庸器,伐國所獲之器,若崇鼎、貫鼎及以其兵物所鑄銘也。○**釋曰**:“庸”,功也。言功器者,“伐國所獲之器”也。云“若崇鼎、貫鼎”者,《明堂位》文。云“及以其兵物所鑄銘也”者,謂《左氏傳》“季氏以所得齊之兵作林鍾

---

① “均”字阮本作“拘”。按《毛詩·小雅·鼓鍾》孔疏引《白虎通》作“以爲均中國也”。又浦鏜謂“所”上當脫“禮”字。
② 阮校云:“‘謂’疑當作‘爲’。”孫校又謂“國”上脫“中”字。

而銘魯功”，是經中“樂器”也。彼既譏其非時征伐，又籍晉之功①，引之，取一邊證鑄作銘功之事耳。**及祭祀，帥其屬而設筍虡，陳庸器。** 注 設筍虡，視瞭當以縣樂器焉。陳功器，以華國也。杜子春云：“筍讀爲‘博選’之選。橫者爲筍，從者爲鐻。”○釋曰：鄭知此“設筍虡，視瞭當以縣樂器焉”者，案《視瞭職》云“掌大師之縣”，此直云“設筍虡”，明是視瞭縣之可知。子春云“筍讀爲博選之選”者，此當俗讀，當時語者有“博選”之言，故讀從之也。**饗食、賓射，亦如之。大喪，廞筍虡。** 注 廞，興也，興謂作之。○釋曰：案《檀弓》“有鍾磬而無筍虡”，鄭注云：“不縣之。”彼鄭注見此文有“筍虡”，明有而不縣，以喪事略故也。

司干掌舞器。 注 舞器，羽籥之屬。○釋曰：鄭知司干所掌“舞器”是“羽籥”，以其文武之舞所執有異，則二者之器皆司干掌之。言“司干”者②，周尚武，故以干爲職首。其籥師教而不掌。若然，干與戈相配，不言戈者，下文云“祭祀，授舞器”，則所授者授干與羽籥也。案《司戈盾》亦云：“祭祀，授旅賁殳、故士戈盾，授舞者兵。”云舞者兵，惟謂戈，其干亦於此官授之。《司兵》云：“祭祀，授舞者兵。”鄭注云：“授以朱干玉戚。”謂授《大武》之舞，與此授小舞干戈別也。**祭祀，舞者既陳，則授舞器，既舞則受之。** 注 既，已也。受取藏之。**賓饗亦如之。大喪，廞舞器；及葬，奉而藏之。** ○釋曰：此官云干盾及羽籥，及其所廞，廞干盾而已，其羽籥籥師廞之，故其職云“大喪，廞其樂器；及葬，奉而藏之”。其視瞭所廞者，謂鼓與磬。《鍾師》不云廞，則鍾亦視瞭廞之。如是，《瞽矇》及《大師》、《小師》皆不云廞者，以其無目。其《瞽矇》所云“柷敔塤簫管”及“琴瑟”，皆當視瞭廞之。不云奉而藏之，文不具。《笙師》云“竽笙”已下則笙師自廞之，故其職云廞藏。《鎛師》云擊晉鼓，則晉鼓鎛師廞之。其兵舞所廞入五兵中，故《司兵》云“大喪，廞五兵”。凡廞樂器，皆大司樂臨之，故其職云“大喪，臨廞樂器”。《典同》不云廞者，以其律呂與鍾器等爲制度，不掌成器，故不云廞。《韎師》、《旄人》、《鞮鞻氏》等不云廞者，死後無一天下之事，故不云廞也。《典庸器》不云廞者，以其庸器非常，故不廞也。以其樂師非一，故諸官各廞不同。

---

① 浦鏜云：“‘藉’誤‘籍’。”按“藉”、“籍”因俗書卄、竹混用而相亂。
② “干”字原作“十”，據阮本改。下文除疏末“干戈”外底本並誤作“十”。

周禮疏卷第二十八

唐朝散大夫行大學博士弘文館學士臣賈公彦等撰

大卜掌三《兆》之灋：一曰《玉兆》，二曰《瓦兆》，三曰《原兆》。○釋曰：大卜所掌，先三《兆》、後三《易》、次三《夢》者，筮短龜長，夢以叶卜筮，故以先後爲次。注兆者，灼龜發於火，其形可占者。其象似玉、瓦、原之璺罅[①]，是用名之焉。上古以來，作其法可用者有三。原，原田也。杜子春云："《玉兆》，帝顓頊之兆。《瓦兆》，帝堯之兆。《原兆》，有周之兆。"○釋曰：云"兆者，灼龜發於火"者，此依下文《菙氏》云"凡卜，以明火爇燋[②]，遂歠其焌契"，是以火灼龜，其兆發於火也。云"其形可占者"，則《占人》云"君占體，大夫占色"之等，彼不云占玉、瓦、原，"體"、"色"中含之，是其形可占也。云"象似玉、瓦、原之璺罅"，謂破而不相離也，謂似玉、瓦、原之破裂。或解以爲玉、瓦、原之色。云"是用名之焉"者，謂用是似玉、瓦、原，名之爲玉兆、瓦兆、原兆也。云"上古以來，作其法可用者有三"者，但卜筮是先聖王之所作，蓋伏犧時已有，其時未有此玉、瓦、原之名，至顓頊以來始有此名，故云然也。云"原，原田也"者，謂若左氏僖二十八年《傳》云"原田每每"，以其原與"原田"字同，故爲此《傳》解也。子春云"《玉兆》，帝顓頊之兆。《瓦兆》，帝堯之兆。《原兆》，有周之兆"者，趙商問此并問下文："子春云《連山》宓戲，《歸藏》黄帝。今當從此説以不？敢問杜子春何由知之？"鄭荅云："此數者非無明文[③]，改之無據，故著子春説而已，近師皆以爲夏、殷、周。"鄭既爲此説，故《易贊》云："夏曰《連山》，殷曰《歸藏》。"又注《禮運》云："其書存者有《歸藏》。"如是，《玉兆》爲

① 阮校云："《釋文》作'舋'，云'依字作璺'，則本不作'璺'可知。"按賈疏述注作"璺"，下經疏引《占人職》注亦云"坼，兆璺"。孫疏云："'舋'即'釁'之變體，'璺'則後起之字，非古所有。"

② "燋"字原作"蕉"，涉上"爇"字類化而訛，據阮本改。

③ 孫校疑"非"爲"亦"字之誤。按下經賈疏引《鄭志》仍作"非無明文"。

夏、《瓦兆》爲殷可知，是皆從近師之説也。案今《歸藏·坤·開筮》"帝堯降二女以舜妃"①，又見《節卦》云"殷王其國常母谷"，若然，依子春之説，《歸藏》黃帝得有帝堯及殷王之事者，蓋子春之意必戲、黃帝造其名，夏、殷因其名以作《易》，故鄭云"改之無據"，是以皇甫謐《記》亦云："夏人因炎帝曰《連山》，殷人因黃帝曰《歸藏》。"雖炎帝與子春黃帝不同，是亦相因之義也。**其經兆之體皆百有二十，其頌皆千有二百。**○釋曰：云"經兆"者，謂龜之正。經云"體"者，謂龜之金木水火土五兆之體。云"經兆之體"，名體爲經也。云"皆百有二十"者，三代皆同百有二十，若"經卦皆八"然也。若然，龜兆有五而爲百二十者，則兆別分爲二十四分。云"其頌千有二百"者，每體十繇，故千二百也。**注**頌，謂繇也。三法體、繇之數同，其名、占異耳。百二十每體十繇，體有五色，又重之以墨、坼也。五色者，《洪範》所謂"曰雨、曰濟、曰圛、曰蟊、曰剋"。○釋曰：云"頌，謂繇"者，繇之説兆，若《易》之《説卦》，故名占兆之書曰"繇"。云"三法體、繇之數同"者，上云三代兆有異，此云皆百有二十、皆千有二百，故云體、繇之數同也。云"其名、占異"者，上云玉、瓦、原，是名異；其云占異者，三代占兆無文，異否不可知，但三《易》名異占亦異，則三《兆》名異占亦異可知，故鄭云名、占異也。云"百二十每體十繇"者，此鄭欲解體有百二十而繇有千二百之意。體既有百二十，每體十繇，則得千有二百也。云"體有五色，又重之以墨、坼也"者，案《占人》云："君占體，大夫占色，史占墨，卜人占坼。"彼注云："體，兆象。色，兆氣。墨，兆廣。坼，兆璺。"若然，體、色、墨、坼各不同，今鄭云"體有五色，又重之以墨、坼"，則四者皆相因而有也。何者？以其有五行兆體，體中有五色，既有體、色，則因之以兆廣狹爲墨，又因墨之廣狹支分小璺爲坼，是皆相因之事也。今每體有十繇，其體有五色曰雨、曰濟之等，其色統得體，每色皆有墨、坼，則五色中各有五墨、坼含得五色，不復別云五色。似若八卦，卦別重得七，通本爲八卦，搃云八八六十四卦，不復別云八卦，以其六十四卦含有八卦故也。云"《洪範》所謂曰雨、曰濟、曰圛、曰蟊、曰剋"者，彼鄭注云："曰雨者，兆之體氣如雨然。曰濟者，兆之光明如雨止。曰蟊者，氣不澤鬱冥也。曰圛者，色澤者。曰剋者，氣色相犯入。"此鄭義。若孔注，則云"有似雨者。有似雨止者。蟊，謂陰闇。圛，氣落圛不連屬②。剋，兆相交錯"，與鄭異也。**掌三《易》之灋：一曰《連山》，二曰《歸藏》，三曰《周**

---

①　"以"字阮本作"爲"，加藤云："作'爲'似是。"
②　浦鏜云："'落圛'孔傳作'落驛'，與'絡繹'字古通。"

易》。注易者，揲蓍變易之數可占者也。名曰《連山》，似山出内氣也。《歸藏》者，萬物莫不歸而藏於其中。杜子春云："《連山》，宓戲。《歸藏》，黄帝。"○釋曰：云"易者，揲蓍變易之數可占者也"者，案《易·繫辭》云："分之爲二以象兩，掛一以象三，揲之以四以象四時，歸奇於扐以象閏。"此是揲蓍變易之數可占者也。就《易》文卦畫七八，爻稱九六，用四十九蓍。三多爲交錢，六爲老陰也。三少爲重錢，九爲老陽也。兩多一少爲單錢，七爲少陽也。兩少一多[1]，八爲少陰也。夏、殷《易》以七八不變爲占，周《易》以九六變者爲占。案襄九年《左傳》云："穆姜薨於東宫，始往而筮之，遇艮之八。"注云："爻在初六、九三、六四、六五、上九，唯六二不變。《連山》、《歸藏》之占以不變者爲正。"但《周易》占九六，而云"遇艮之八"，是據夏、殷不變爲占之事。云"名曰《連山》，似山出内氣也"者，此《連山易》其卦以純艮爲首，艮爲山，山上山下，是名《連山》。雲氣出内於山，故名《易》爲《連山》。"《歸藏》者，萬物莫不歸而藏於其中"者，此《歸藏易》以純坤爲首，坤爲地，故萬物莫不歸而藏於中，故名爲《歸藏》也。鄭雖不解《周易》，其名《周易》者，《連山》、《歸藏》皆不言地號，以義名《易》，則周非地號。以《周易》以純乾爲首，乾爲天，天能周帀於四時[2]，故名《易》爲《周》也。必以三者爲首者，取三正三統之義，故《律歷志》云："黄鍾爲天統，黄鍾子爲天正。林鍾爲地統，未之衝丑，故爲地正。大蔟爲人統，寅爲人正。"周以十一月爲正，天統，故以乾爲天首。殷以十二月爲正，地統，故以坤爲首。夏以十三月爲正，人統，人無爲卦首之理，艮漸正月，故以艮爲首也。杜子春云"《連山》，宓戲。《歸藏》，黄帝"者，《鄭志》荅趙商云："非無明文，改之無據，且從子春，近師皆以爲夏、殷也。"其經卦皆八，其别皆六十有四。○釋曰：云"經卦皆八"者，謂以卦爲經，即《易》上經、下經是也。皆八者，《連山》、《歸藏》、《周易》皆以八卦乾坤震巽坎離艮兑爲本。"其别六十四"，鄭云謂"重之數"，通本相乘數之爲六十四也。注三《易》卦、别之數亦同，其名、占異也。每卦八；别者，重之數。○釋曰：云"三《易》卦、别之數亦同"者，三代《易》之卦皆八，而别皆六十四。亦如上三《兆》體、别之數，故云亦同。云"其名、占異也"者，其名，謂《連山》、《歸藏》、《周易》，是名異也；占異者，謂《連山》、《歸藏》占七八，《周易》占九六，是占異也。云"每卦八；别者，重之數"者，據《周易》，以八卦爲本，是八卦重之則得六十四。何者？伏犧本畫八卦，直有三爻法天地人，

---

① 孫校謂"多"下當據《士冠禮》疏補"爲拆錢"三字。

② "帀"字原作"市"，據阮本改。

後以重之。重之法，先以乾之三爻爲下體，上加乾之三爻，爲純乾卦。又以乾爲下體，以坤之三爻加之，爲泰卦。又以乾爲本，上加震之三爻於上，爲大壯卦。又以乾爲本，上加巽於上，爲小畜卦。又以乾爲本，上加坎卦於上，爲需卦。又以乾爲本，上加離卦於上，爲大有卦。又以乾爲本，上加艮於上，爲大畜卦。又以乾爲本，加兌卦於上，爲夬卦。此是乾之一重得七爲八。又以坤之三爻爲本，上加坤，爲純坤卦。又以坤爲本，上加乾，爲否卦。又以坤爲本，上加震，爲豫卦。又以坤爲本，上加巽，爲觀卦。又以坤爲本，上加坎，爲比卦。又以坤爲本，上加離，爲晉卦。又以坤爲本，上加艮，爲剝卦。又以坤爲本，上加兌，爲萃卦。是亦通本爲八卦也[1]。自震巽坎離艮兌其法皆如此，則爲八八六十四，故鄭云“別者，重之數”。後鄭等以爲伏犧畫八卦[2]，神農重之；諸家以爲伏犧畫八卦，還自重。**掌三《夢》之灋：一曰《致夢》，二曰《觭夢》，三曰《咸陟》。** 注夢者，人精神所寤可占者。《致夢》，言夢之所至。夏后氏作焉。咸，皆也；陟之言得也，讀如“王德翟人”之德。言夢之皆得。周人作焉。杜子春云：“觭讀爲‘奇偉’之奇，其字直當爲奇。”玄謂觭讀如“諸戎掎”之掎[3]，掎亦得也，亦言夢之所得。殷人作焉。○釋曰：云“夢者，人精神所寤可占者”，謂人之寐形魄不動而精神寤見，覺而占之，故云精神所寤可占者也。云“《致夢》，言夢之所至”者，訓致爲至，故云夢之所至也。云“夏后氏作焉”者，上文三《兆》、三《易》有子春所解，且從子春，至於餘文正解，即從近師所説。此三《夢》子春等不説，故即從近師爲夏、殷、周也。云“讀如王德翟人之德”者，案僖二十四年《左傳》云：“王德翟人，以其女爲后。”德亦爲得義，故讀從之。故杜子春讀“觭”爲“奇偉”之奇[4]，讀從《家語》。“玄謂觭讀如諸戎掎之掎，掎亦得也”者，案襄十四年《左傳》云：“戎子駒支曰：‘秦師不復，我諸戎實然。譬如捕鹿，晉人角之，諸戎掎之。’”是掎爲得也。**其經運十，其別九十。** 注運或爲緷，當爲煇[5]，是視祲所掌十煇也。王者於天，日也。夜有夢，則晝視日旁之氣以占其吉凶。凡所占者十煇，

---

① “亦”字阮本作“以”。

② “等”字阮本作“專”，加藤云：“賈下云‘諸家以爲伏犧自重之’，是諸家説與後鄭異，不得云‘後鄭等’，作‘專’是。”

③ 段考謂“之”字當重，“諸戎掎之”見襄十四年《左傳》。

④ 加藤云：“‘故’恐衍，依上文‘故讀’誤。”

⑤ 阮校云：“《釋文》出‘作緷’、‘爲煇’四字，則上‘爲’當是‘作’。”按賈疏述注亦云“運或作緷”。

每煇九變。此術今亡。○釋曰："運或作煇"者,此經"運",一部《周禮》或作"煇"字,並不從,故云"當爲煇",讀從《視祲》"十煇"之煇,故引"視祲所掌十煇"爲證也。云"王者於天,日也。夜有夢,則晝視日旁之氣以占其吉凶"者,此案《占夢》云:"以日月星辰占六夢之吉凶。"注引"趙簡子夜夢,旦而日食,史墨占之"。又《視祲》有"十煇之法","五曰闇",先鄭云:"謂日月食。"餘九煇皆日旁氣,故以日旁氣解之。云"凡所占者十煇,每煇九變"者,此類上三《兆》、三《易》皆有頌、別之數,此經煇十,其別有九十,以義言之,明一煇九變,故爲九十解之。云"此術今亡"者,數見十煇爲九十變,此術今亡,未知其義耳。**以邦事作龜之八命:一曰征,二曰象,三曰與,四曰謀,五曰果,六曰至,七曰雨,八曰瘳。** ○釋曰:云"以邦事"者,謂國家有大事須卜,故特"作龜"而命之,其事有八。**注** 國之大事待蓍龜而決者有八。定作其辭,於將卜以命龜也。鄭司農云:"征,謂征伐人也。象,謂災變雲物,如衆赤鳥之屬有所象似。《易》曰'天垂象見吉凶',《春秋傳》曰'天事恒象',皆是也。與,謂予人物也。謀,謂謀議也。果,謂事成與不也。至,謂至不也。雨,謂雨不也。瘳,謂疾瘳不也。"玄謂征亦云行,巡守也。象,謂有所造立也。《易》曰:"以制器者尚其象。"與,謂所與共事也。果,謂以勇決爲之,若吳伐楚,楚司馬子魚卜戰,令龜曰"鮒也以其屬死之,楚師繼之,尚大克之",吉,是也。○釋曰:云"國之大事待蓍龜而決者有八"者,謂此八者皆大事。除此八者即小事,入於九筮也。若然,大事卜,小事筮,此既大事而兼言筮者,凡大事皆先筮而後卜,故兼言蓍也。云"定作其辭,於將卜以命龜也"者,凡命龜辭,大夫已上有三,命筮辭有二;士命龜辭有二,命筮辭一。知者,案《士喪禮》:"命筮者,命曰:'哀子某,爲其父某甫筮宅①,度茲幽宅兆基,無有後艱?'筮人許諾,不述命。"注云:"既命而申之曰述。不述者,士禮略。凡筮,因會命筮爲述命。"及卜葬日,云:"涖卜,命曰:'哀子某,來日某,卜葬其父某甫,考降,無有近悔?'許諾,不述命,還即席,乃西面坐,命龜。"注云:"不述命,亦士禮略。凡卜,述命、命龜異,龜重,威儀多也。"命筮云不述,下無西面命筮,明命共述命作一辭②,不述命則其所命龜筮辭兼在其中③,故曰因命也。卜云不述命,猶有西面命龜,則知命龜與述命異,故曰"述命、命龜異,龜重,威儀多"。是士禮命龜辭有二、

---

① "其"字原作"某",據阮本改。
② "明命"二字阮本同,加藤謂當據殿本作"明命筮"。
③ 浦鏜云:"'龜'當衍字。"

命筮辭有一之事。大夫已上，命筮辭有二、命龜辭有三者①，案《少牢》云：“史執策受命於主人②，曰：‘孝孫某，來日丁亥，用薦歲事於皇祖伯某，以某妃配某氏，尚饗。’史曰：‘諾。’”又述命曰“假爾大筮有常，孝子某”已下③，與前同。以其述命述前辭，以命筮冠述命首。大夫筮既得述命，即卜亦得述命也。是知大夫以上命龜有三、命筮有二也。先鄭云“征，謂征伐人也”，後鄭從之。云“象，謂災變雲物，如衆赤鳥之屬有所象似”者，案哀六年：“楚子卒，是歲有雲如衆赤鳥，夾日以飛，三日。使問諸周大史。史曰：‘其當王身乎？若禜之，可移令尹、司馬。’”是赤鳥之事。云“《易》曰天垂象見吉凶，《春秋傳》曰天事恒象”者，昭十七年，“冬，有星孛於大辰，西及漢。申須曰：彗所以除舊布新也，天事恒象”是也。此所解後鄭不從之。“與，謂予人物”，後鄭亦不從。云“謀，謂謀議”，後鄭從之。“果，謂事成與不”，後鄭亦不從。云“至，謂至不也。雨，謂雨不也。瘳，謂疾瘳不也”，此後鄭皆從也。“玄謂征亦云行，巡守也”者，增成先鄭義。知征兼有巡守者，《左氏傳》鄭良霄云：“先王卜征五年，歲襲其祥。”是征亦得爲巡狩之事也。云“《易》曰：以制器者尚其象”者，《上繫辭》文。注云：“此者存於器象，可得而用。”一切器物及造立皆是。云“與，謂所與共事”，不從先鄭“予人物”者，與物，情義可知，不須卜；與人共事，得失不可知，故須卜也。云“果，謂以勇決爲之，若吳伐楚”者，昭十七年：“吳人伐楚。陽匄爲令尹，卜戰，不吉。司馬子魚曰：‘我得上流，何故不吉？且楚故，司馬令龜，我請改卜。’令曰：‘鮒也以其屬死之，楚師繼之，尚大克之。’吉。戰于長岸，子魚先死，楚師繼之，大敗吳師。”是果決之事也。**以八命者贊三《兆》、三《易》、三《夢》之占，以觀國家之吉凶，以詔救政。**○釋曰：云“以八命者贊三《兆》、三《易》、三《夢》之占”者，以上文八事命龜之辭，贊，佐也，佐明三《兆》、三《易》、三《夢》之占辭，將此辭演出其意，“以觀國家之吉凶”。詔，告也，凶則告凶④，救其政，使王改過自新。

注鄭司農云：“以此八事命卜筮蓍龜，參之以夢，故曰以八命者贊三《兆》、三《易》、三《夢》之占。《春秋傳》曰：‘筮襲於夢，武王所用。’”玄謂贊，佐也。詔，告也。非徒占其事，吉則爲，否則止，又佐明其繇之占，演其意，以視國家餘事之吉凶，凶則告王救其

---

①　“命龜”二字原作“令龜”，據阮本改。

②　“主”字原作“三”，據阮本改。浦鏜謂“主人”二字當重，“策”字《少牢》原文作“筴”。

③　浦鏜云：“‘孫’誤‘子’。”

④　“告凶”二字阮本同，加藤謂當據殿本作“告王”。按殿本蓋據鄭注校改。

政。〇釋曰：先鄭云"以此八事命卜筮蓍龜，參之以夢"者，先筮後卜，聖人有大事必夢，故又參之以夢。云"故曰以八命者贊三《兆》、三《易》、三《夢》之占"者，此先鄭不釋"贊"意，後鄭增成其義。云"《春秋傳》曰：筮襲於夢，武王所用"者，案昭七年《左傳》云："衛靈公之立，成子以《周易》筮之，遇屯之比，以示史朝。史朝曰：'元亨，又何疑焉？'又云：'筮襲於夢，武王所用也。弗從何爲？'"《外傳》曰："《大誓》曰：'朕夢協朕卜，襲於休祥，戎商必克。'"此外、內《傳》相包乃具。引之者，證夢與卜筮相參也。"玄謂非徒占其事，吉則爲，否則止"者，此解以八命命龜之常事也。云"又佐明其繇之占，演其意，以視國家餘事之吉凶"者，以釋"八命者贊三《兆》、三《易》、三《夢》之占，以觀國家之吉凶"也。

凡國大貞，卜立君、卜大封，則眡高、作龜。 〇釋曰：言"凡國大貞"者，言凡，非一。貞，正也。凡國家有大事，正問於龜之事有二，則"卜立君、卜大封"是也。云"則眡高、作龜"者，凡卜法，在禰廟廟門闑外闑西，南北面[1]，有席，先陳龜於廟門外之西塾上；又有貞龜，貞龜謂正龜於闑外席上；又有涖卜、命龜、眡高、作龜，六節。尊者宜逸，卑者宜勞，從下向上差之，作龜、眡高二者勞事。以大貞事大，故大卜身爲勞事，則大宗伯臨卜，其餘陳龜、貞龜皆小宗伯爲之也。**注** 卜立君，君無冢適，卜可立者。卜大封，謂竟界侵削，卜以兵征之。若魯昭元年，"秋，叔弓帥師疆鄆田"是也。眡高，以龜骨高者可灼處示宗伯也。大事宗伯涖卜。卜用龜之腹骨，骨近足者其部高。鄭司農云："貞，問也。國有大疑，問於蓍龜。作龜，謂鑿龜令可爇也。"玄謂貞之爲問，問於正者，必先正之，乃從問焉。《易》曰："師，貞丈人，吉。"作龜，謂以火灼之，以作其兆也。春灼後左，夏灼前左，秋灼前右，冬灼後右。《士喪禮》曰："宗人受卜人龜，示高。涖卜受視，反之。"又曰："卜人坐作龜。"〇釋曰：鄭云"君無冢適，卜可立者"，若然，君無冢適則有卜法。案昭二十六年："'王后無適，則擇立長。年鈞以德，德鈞以卜。'王不立愛，公卿無私，古之制也。"休以爲[2]："《春秋》之義，三代異，建適媵[3]，別貴賤，有姪娣以辨親疏。立適以長不以賢，立子以貴不以長。王后無適，明尊之敬之，義無所卜筮。不以賢者，人狀難別，嫌有所私，故絕其怨望，防其覬覦。今如《左氏》言云'年鈞以德，德鈞以卜'，君之所賢，下必從之，豈復有卜？隱、桓之禍，皆由是興。乃曰古制，不亦謬哉！又

---

① 浦鏜云："'西面'誤'南北面'。"

② 孫校云："'休'上奪'何'字。此何氏《左氏膏肓》語，亦見《左傳·昭二十六年》疏。"按"何"字未必脫訛，下文引鄭玄《箴左氏膏肓》亦但稱"玄"。

③ "媵"字原作"勝"，據阮本改。

大夫不世，如并爲公卿通計嗣之禮^①，《左氏》爲短。”玄箴之曰：“立適固以長矣，無適而立子固以貴矣，今言無適則擇立長，謂貴均如立長，王不得立愛之法^②。年均，則會羣臣、羣吏、萬民如詢之^③，有司以序進而問，大衆之中非君所能掩^④，是王不得立愛之法也。《禮》有詢立君，示義在此，距之言謬^⑤，失《春秋》與《禮》之義矣。公卿之世立者有功德，先王之命有所不犯^⑥。”如是，此中“卜立君”亦是年均、德均也。云“卜大封，謂竟界侵削，卜以兵征之，若魯昭元年，‘秋，叔弓帥師疆鄆田’是也”，案彼莒、魯爭鄆，故魯叔弓往定其疆界，以其出兵，故須卜知吉凶也。云“視高，以龜骨高者可灼處示宗伯也”者，以鄭言示宗伯，則“示”字不得爲“視”。但古字通用，以目視物、以物示人同爲視也。知“大事宗伯臨卜”者，案《大宗伯》云：“祀大神、享大鬼、祭大示，帥執事而卜日。”官尊，故知涖卜也。云大事宗伯臨，則小事不使宗伯，故下文云“凡小事，涖卜”，是大卜臨之也。云“卜用龜之腹骨，骨近足者其部高”者，言龜近四足其下腹骨部然而高^⑦，高處灼之也。先鄭云“貞，問也”者，謂正意問龜，非謂訓貞爲問也。云“國有大疑，問於蓍龜”者，義取《尚書•洪範》云“女則有大疑，謀及乃心，謀及卜筮”是也。云“作龜，謂鑿龜令可爇也”者^⑧，案下《菙氏》云：“凡卜，以明火爇燋。”鑿即灼也，故云令可爇也。“玄謂《易》曰：師，貞丈人，吉”者，此《師卦》彖辭。丈人者，嚴莊之辭，則法須嚴莊則吉。云“作龜，謂以火灼之，以作其兆也”者，作謂發使璺坼。云“春灼後左”已下，並取義於《禮記•中庸》。故彼云：“國家將興亡，見於蓍龜，動於四體。”鄭注云：“四體，龜之四足。”亦云“春占後左，夏占前左，秋占前右，冬占後右”。彼云“占”，此云“灼”，即灼而占之，亦一也。云《士喪禮》者，彼謂卜葬日。引之，證有示高、作龜之事。彼云士，宗族長尊，故云臨卜也。**大祭祀，則眂高、命龜。**注命龜，告龜以所卜之事。不親作龜者，大

---

① 浦鏜云：“‘計’疑‘繼’字誤。”孫校徑據《左傳》疏改正。

② “得”字原作“特”，據阮本改。賈疏下文又云“是王不得立愛之法也”，可資比勘。

③ “如”字阮本作“而”。加藤云：“‘而’、‘如’同義。”

④ 浦鏜云：“‘口’誤‘中’，從《左傳》疏校。”

⑤ 孫校云：“‘距’當爲‘短’，因何言《左氏》義短，故駁之。”

⑥ 孫校云：“‘犯’當爲‘絶’，據《詩•文王》疏校。”

⑦ “下”字原作“卜”，據阮本改。

⑧ “龜令”二字原作“龜”，阮本作“令”。按據注“龜令”當兩有，下文云“故云令可爇也”，“令”字尤不可省，茲據補。

祭祀輕於大貞也。《士喪禮》曰①："宗人即席西面坐，命龜。"○釋曰：云"不親作龜者，大祭祀輕於大貞也"者，大貞之内有立君、大封，大卜作龜不命龜；此大祭祀不作龜，進使命龜，作龜是勞事，故云大祭祀輕於大貞也。引《士喪禮》"宗人即席西面坐，命龜"者，證天子命龜處所與士禮同。**凡小事，涖卜。注**代宗伯。○釋曰：凡大事卜，小事筮。若事小，當入九筮，不合入此大卜，《大卜》云"小事"者，此謂就大事中差小者，非謂《筮人》之小事也。小事既大卜涖卜，則其餘仍有陳龜已下，則陳龜、貞龜、命龜、視高皆卜師爲之，其作龜則卜人也。大宗伯六命卿，小宗伯四命中大夫，大卜亦四命下大夫，卜師上士，卜人中士。其大宗伯涖卜，大卜視高、作龜，其中陳龜、貞龜、命龜皆小宗伯爲之。下文"大遷、大師"，大卜貞龜；貞龜上有涖卜，亦大宗伯爲之，陳龜亦宜小宗伯也；其命龜、視高，卜師；作龜，卜人。次下云"凡旅，陳龜"，則涖卜仍是大宗伯；貞龜、命龜、視高，皆卜師；亦卜人作龜。次下云"凡喪事，命龜"，命龜之上有陳龜、貞龜，亦小宗伯；涖卜還是大宗伯；視高、作龜，卜師也。**國大遷、大師，則貞龜。注**正龜於卜位也。《士喪禮》曰"卜人抱龜燋，先奠龜，西南"是也②。又不親命龜，亦大遷、大師輕於大祭祀。○釋曰："正龜於卜位"，卜位即閾外席上也，故引《士喪禮》爲證也。云"又不親命龜，亦大遷、大師輕於大祭祀"者，以命龜在貞龜後而爲勞，故云輕於大祭祀也。**凡旅，陳龜。注**陳龜於饌處也。《士喪禮》曰"卜人先奠龜于西塾上，南首"是也。不親貞龜，亦以卜旅祭非常輕於大遷、大師。○釋曰：云"陳龜於饌處也"者，饌處謂在西塾南首，故引《士喪禮》爲證也。云"亦以卜旅祭非常輕於大遷、大師"者，案《大宗伯》："國有故，旅上帝及四望。"則祀天亦是大祭祀，而輕於大遷、大師退在下者，鄭以旅爲非常祭故也。**凡喪事，命龜。注**重喪禮，次大祭祀也。士喪禮則筮宅、卜日，天子卜葬兆。凡大事，大卜陳龜、貞龜、命龜、視高，其他以差降焉。○釋曰：云"重喪禮，次大祭祀也"者，大祭祀大卜非直命龜，兼視高；此喪事亦命龜，與大祭祀同，但不兼視高，即輕於大祭祀也，但以喪事爲終，故文退在"凡旅"下也。云"士喪禮則筮宅、卜日，天子卜葬兆"者，欲見此經天子法，卜葬日與士同，其宅亦卜之，與士異。《孝經》云："卜其宅兆。"亦據大夫已上，若士則筮宅也。云"凡大事，大卜陳龜、貞龜、命龜、視高"者，據此大卜

---

① "士"字原作"上"，據婺本、金本、阮本改。

② "西南"二字婺本、金本、阮本作"西面"。孫校云："'西面'當依《士喪禮》作'西首'。'西南'尤誤。"

所掌皆是大事，故大卜或陳龜，或貞龜，或視高。雖不言作龜，於大貞亦作龜，不言之者，在“其他以差降”之中。云其他以差降者，更有臨卜已下至作龜，官之尊卑以次爲之是也。案上所解陳龜在前，重於命龜，而《士喪禮》卜人卑而陳龜、宗人尊而命龜在後者①，士之官少，故所執不依官之尊卑也。

卜師掌開龜之四兆：一曰方兆，二曰功兆，三曰義兆，四曰弓兆。**注** 開，開出其占書也。經兆百二十體，此言四兆者②，分之爲四部，若《易》之二篇。《書·金縢》曰“開籥見書”，是謂與？其云方、功、義、弓之名，未聞。○釋曰：云“開，開出其占書也”者，鄭意兆出於龜，其體一百二十③，今云用“龜之四兆”，謂開出其占兆之書，“分爲四部，若《易》之二篇”，故引《金縢》爲證也。云“開籥見書”，謂啓匱以籥乃見其書。云“是謂與”者，但開出占兆書爲四兆以意言④，無正文，故云“是謂與”以疑之。云“其云方、功、義、弓之名，未聞”者，但名此四部爲方、功、義、弓必有其義，但無文以言，疑事無質，故云未聞也。凡卜事，眡高。**注** 示湆上也。○釋曰：案上《大卜》而言，則大貞使大卜眡高，今云“凡卜，眡高”者，謂大卜不眡高者皆卜師眡高，以龜高處示臨卜也。揚火以作龜，致其墨。**注** 揚猶熾也。致其墨者，熟灼之，明其兆。○釋曰：“致其墨者，熟灼之，明其兆”者，案《占人》注“墨，兆廣也。墨大，坼明，則逢吉”，坼稱明，墨稱大；今鄭云“熟灼之，明其兆”以解“墨”者，彼各偏據一邊而言，其實墨大兼明乃可得吉，故以明解墨。凡卜，辨龜之上下左右陰陽，以授命龜者而詔相之。○釋曰：卜師辨此龜“上下左右陰陽”六種“授命龜者”。據《大卜》，命龜之人無定，俱是命龜⑤，即辨而授之。**注** 所卜者當各用其龜也。大祭祀、喪事大卜命龜，則大貞小宗伯命龜，其他卜師命龜，卜人作龜。卜人作龜則亦辨龜以授卜師。上，仰者⑥。下，俯者也。左，左倪也。右，右倪也。陰，後弆也。陽，前弆也。詔相，告以其

---

① “命”字原作“令”，據阮本改。
② “此”字婺本、金本同，阮本作“今”。
③ “百”字原作“者”，據阮本改。
④ “四”字原作“卜”，據阮本改。
⑤ 孫校云：“‘俱’疑‘但’字誤。”
⑥ “者”下婺本、金本、阮本有“也”字，與賈疏述注及上下文例合。

辭及威儀。○釋曰：云"所卜者當各用其龜也"者，即"上下左右陰陽"者是也。云"大祭祀、喪事"已下，皆據《大卜》而言。鄭知"大貞小宗伯命龜"者，以其大貞大卜下大夫視高，視高之上有命龜、貞龜、陳龜，小宗伯中大夫，尊於大卜，卑於大宗伯，故知大貞小宗伯命龜也。云"其他卜師命龜"者，其他謂"凡小事"大卜臨卜、"大遷、大師"大卜貞龜、"凡旅"大卜陳龜，如此之輩則卜師命龜。卜師命龜則"卜人作龜"，卜人灼龜"則亦辨龜以授卜師"。案《序官》"卜人，中士八人"，於此不列其職者，以其與卜師同職，不見之也。云"上，仰者也"者，《爾雅》云："仰者謝。"言此經"上"即《爾雅》云"仰者"也。此已下皆據《爾雅》及下文而言。案《爾雅》云："龜，俯者靈，行頭低；仰者謝，行頭仰；前弇諸果，甲前長；後弇諸獵，甲後長；左倪不類，行頭左庳；右倪不若，行頭右庳。"故鄭據而言焉。云"詔相，告以其辭及威儀"者，辭，謂命龜之辭；威儀者，謂若《士喪禮》卜日在廟門外，臨卜在門東西面，龜在闑外席上西首，執事者門西東面，行立皆是威儀之事也。

龜人掌六龜之屬，各有名物：天龜曰靈屬，地龜曰繹屬，東龜曰果屬，西龜曰靁屬，南龜曰獵屬，北龜曰若屬。各以其方之色與其體辨之。○釋曰：云"各有名物"，物，色也，六方之龜各有其名，其色各異也。注屬，言非一也。色，謂天龜玄、地龜黃、東龜青、西龜白、南龜赤、北龜黑。龜俯者靈，仰者繹，前弇果，後弇獵，左倪靁，右倪若，是其體也。東龜、南龜長前後，在陽，象經也。西龜、北龜長左右，在陰，象緯也。天龜俯，地龜仰，東龜前，南龜卻[1]，西龜左，北龜右，各從其耦也。杜子春讀果爲臝。○釋曰：云"龜俯者靈"已下，鄭亦取《爾雅》云"俯者靈"、此云"天龜曰靈屬"爲一物。但天在上法之，故向下低也。《爾雅》云"仰者繹"，此云"地龜曰繹"，同稱，故爲一物。但地在下法之，故向上仰。《爾雅》云"前弇果"，此云"東龜曰果"，同稱果，故爲一物。但在陽方，故甲向前長而前弇也。云"後弇獵"者，《爾雅》云"後弇獵"，此云"南龜曰獵"，故爲一物。亦在陽方，故甲後長而後弇。云"左倪靁"者，《爾雅》云"左倪不類"，不類即雷，一也。以其在陰方，故不能長前後，而頭向左相睥睨然。云"右倪若"者，《爾雅》云"右倪不若"，不若即若也，同稱若，故爲一物。亦在陰方，故亦不長前後，而頭向右睥睨然。云"是其體也"者，體有二法：此經"體"據頭甲而言；《占人》云"君占體"，體謂兆象，與此異也。云"東龜、南龜長前後，在陽，象經也"者，

① "卻"字原作"郤"，婺本、金本同，據阮本改。

據甲而言。凡天地之間，南北爲經，東西爲緯。云“西龜、北龜長左右，在陰，象緯也”者，據頭爲説。此解稱果、獵之意。云“天龜俯，地龜仰，東龜前，南龜卻，西龜左，北龜右，各從其耦”者，此鄭解兩兩相對爲長短低仰之意也。杜子春“讀果爲臝”者，此龜前甲長，後甲短，露出邊爲臝露。得爲一義，故鄭引之在下。**凡取龜用秋時，攻龜用春時，各以其物入于龜室。**注六龜各異室也。秋取龜，及萬物成也。攻，治也。治龜骨以春，是時乾解不發傷也。○釋曰：云“各以其物入于龜室”，龜有六室，物，色也，六龜各入於一室。以其薺龜歲易，秋取春攻訖，即欲易去前龜也。**上春釁龜，祭祀先卜。**注釁者，殺牲以血之，神之也。鄭司農云：“祭祀先卜者，卜其日與其牲。”玄謂先卜，始用卜筮者。言祭言祀，尊焉天地之也。《世本•作》曰：“巫咸作筮。”卜未聞其人也。是上春者，夏正建寅之月，《月令》孟冬云“釁祠龜策”，相互矣。秦以十月建亥爲歲首，則《月令》秦世之書，亦或欲以歲首釁龜耳。○釋曰：云“釁者，殺牲以血之，神之也”者，謂若《禮記•雜記》云“廟成則釁之”，廟用羊，門、夾室用雞之類，皆是神之，故血之也。先鄭云“祭祀先卜者，卜其日與其牲”，後鄭不從者，以其此官不主卜事，故不從也，故解“先卜，始用卜筮者”。云“言祭言祀，尊焉天地之也”者，案《大宗伯》天稱“禋祀”、地稱“血祭”，是天地稱祭祀；今此“先卜”是人，應曰“享”，而云“祭祀”，與天地同稱，故曰尊焉天地之也。云“《世本•作》曰：巫咸作筮。卜未聞其人也”者，《曲禮》云：“卜筮者，先聖王之所以信時日。”其《易》所作，即伏犧爲之矣。但未有揲著之法，至巫咸乃教人爲之，故巫咸得作筮之名。未聞其源[1]，《世本》又不言其人，故云未聞其人也。云“是上春者，夏正建寅之月，《月令》孟冬云‘釁祠龜策’，相互矣”者，然周與秦各二時釁龜策：《月令》孟冬釁，則周孟冬亦釁之；周以建寅上春釁，秦亦建寅上春釁之。故云相互也。云“秦以十月建亥爲歲首，則《月令》秦世之書，亦或欲以歲首釁龜耳”者，據此注，則周、秦各一時釁。此鄭兩解。案《月令》注云：“《周礼•龜人》‘上春釁[2]，謂建寅之月。秦以其歲首，使大史釁龜策，與周異矣。”彼注與此後注義同也。**若有祭事[3]，則奉龜以往。**注奉猶送也，送之所當於卜。○釋曰：此云“祭事”，不辨外

---

① 浦鏜疑“未聞”上脱“至於龜卜”四字。

② “釁”下阮本有“龜”字，與傳本《月令》鄭注合。

③ “祭事”二字原作“祭祀”，阮本同，據婺本、金本改。賈疏述經阮本作“祭事”不誤，底本亦誤作“祭祀”。

内，則外内俱當卜，皆"奉龜以往"所當卜處。**旅亦如之，喪亦如之。**○釋曰："旅"，謂祈禱天地及山川。"喪"，謂卜葬宅及日。皆亦奉龜往卜處也。案《爾雅》有十龜，"一曰神龜"，龜之最神明者。"二曰靈龜"，涪陵郡出大龜，甲可以卜，緣中文似瑇瑁[1]，俗呼爲靈龜，即今大觜蠵龜也，一曰靈蠵[2]，能鳴也。"三曰攝龜"，小龜也，腹甲曲折，解能自張閉[3]，好食蛇，江東呼爲陵龜也。"四曰寶龜"，大寶龜也。"五曰文龜"，甲有文采者也。《河圖》曰："靈龜負書，丹甲青文。""六曰筮龜"，常在蓍叢下也。"七曰山龜，八曰澤龜，九曰水龜，十曰火龜"，山澤水火皆説生出之處所也，火龜猶火鼠也。

菙氏掌共燋契，以待卜事。注杜子春云："燋讀爲'細目燋'之燋，或曰如'薪樵'之樵，謂所爇灼龜之木也，故謂之燋[4]。契，謂契龜之鑿也。《詩》云：'爰始爰謀，爰契我龜。'"玄謂《士喪禮》曰："楚焞置于燋，在龜東。"楚焞即契，所用灼龜也。燋謂炬，其存火。○釋曰：子春讀"燋"、"樵"二者，皆依俗讀。爲"柴樵"之樵，後鄭不從，依音爲"雀"，意取《莊子》"爝火"之義，焭焭然也。"玄謂《士喪禮》曰：楚焞置于燋，在龜東"者，謂陳龜於西塾上，龜南首，燋在龜東，置楚焞于上。言楚焞者，謂荊爲楚，用之焞龜開兆，故云楚焞也。**凡卜，以明火爇燋，遂歙其焌契，以授卜師，遂役之。**○釋曰：云"遂吹其焌契，以授卜師"者，謂若大卜視高已上則卜師作龜，故以焌契授卜師；若差次使卜人作龜，則授卜人。言"遂役之"者，因事曰遂，以因授契訖，即受卜師所役使也。注杜子春云："明火，以陽燧取火於日。焌讀爲'英俊'之俊，書亦或爲俊。"玄謂焌讀如"戈鐏"之鐏，謂以契柱燋火而吹之也。契既然，以授卜師，用作龜也。役之，使助之。○釋曰：子春云"明火，以陽燧取火於日"者，此《秋官·司烜氏職》文，謂將此明火以燒爇燋使然也。云"焌讀爲英俊之俊"者，意取荊樵之中英俊者爲楚焞[5]，用之灼龜也。後鄭讀"焌"爲"戈鐏"之鐏者，讀從《曲禮》云"進戈者前其鐏"，意取鋭頭以

---

① 加藤引郝懿行説云："'文'當作'叉'，字形之誤。"

② "曰"字阮本作"名"，與傳本《爾雅》郭璞注合。

③ "閉"字原作"閑"，據阮本改。

④ "燋"字婺本同，金本、阮本作"樵"，孫疏云："杜意'燋'即析楚木爲薪以爇火灼龜者，故取薪樵爲義。其説與《禮經》不合，故鄭不從。'樵'宋婺州本作'燋'，則是取爇灼爲義，與鄭讀同，亦通。"按賈所見本鄭注似作"樵"，故云"爲柴樵之樵"。

⑤ "樵"字原作"燋"，據阮本改。

灼龜也。云"謂以契柱燋火而吹之也"者，解經"遂吹其煥契"，謂將此煥契以柱於燋火，吹之使熾也。

占人掌占龜，以八簭占八頌，以八卦占簭之八故，以眡吉凶。

注占人亦占筮，言掌占龜者，筮短龜長，主於長者。以八筮占八頌，謂將卜八事，先以筮筮之。言頌者，同於龜占也。以八卦占筮之八故，謂八事不卜而徒筮之也。其非八事則用九筮，占人亦占焉。○釋曰：云"占人亦占筮，言掌占龜者，筮短龜長，主於長者"，占筮即此經云"以八筮占八頌"，又云"以八卦占筮之八故"，並是占筮，故首云"掌占龜"①，不云"占筮"，故云主於長者也。鄭知筮短龜長者，案左氏僖四年《傳》云："初，晉獻公欲以驪姬爲夫人，卜之，不吉；筮之，吉。公從筮。卜人曰：'筮短龜長，不如從長。'"是龜長筮短之事。龜長者，以其龜知一二三四五天地之生數，知本；《易》知七八九六之成數，知末。是以僖十五年《傳》韓簡云："龜，象也；筮，數也。物生而後有象，象而後有滋，滋而後有數。"故象長。如《易》，歷三聖而成，窮理盡性，云短者，以其《易》雖窮理盡性，仍六經並列；龜之繇辭譬若讖緯圖書，不見不可測量，故爲長短。馬融曰云"筮史短"②，龜史長"者，非鄭義也。云"以八筮占八頌，謂將卜八事，先以筮筮之"者，凡大事皆先筮而後卜，此八者還是上文大事之八也。凡筮之卦自用《易》之爻占之，龜之兆用頌辭占之，今言"八筮占八頌"者，鄭云"同於龜占也"，以其吉凶是同，故占筮之辭亦名頌，故云同於龜占，則繇辭是也③。云"以八卦占筮之八故，謂八事不卜而徒筮之也"者，此出人君之意。此八事即《大卜》大事之八，故令先筮後卜。今人君欲得徒筮吉凶，吉則行之，不假更卜，故云占筮之八故。云"非八事則用九筮，占人亦占焉"者，此云"九筮"，即下《筮人》所云"九筮"是也。知占人亦占焉者，以其占人於此占筮，明下"九筮"亦占可知也。凡卜筮，君占體，大夫占色，史占墨，卜人占坼。注體，兆象也。色，兆氣也。墨，兆廣也。坼，兆釁也。體有吉凶，色有善惡，墨有大小，坼有微明。尊者視兆象而已，卑者以次詳其餘也。周公卜武王，占之曰"體，王其無害"。凡

---

① 浦鏜云："'故'當'發'字誤。"按此言"發首"特指職首，説詳《地官·鼓人職》。
② "曰"、"云"二字似可删其一。
③ "則"字阮本作"龜占則"。

卜象吉①，色善，墨大，坼明，則逢吉。○釋曰：此"君占體"已下皆據"卜"而言，而兼云"筮"者，凡卜皆先筮，故連言之。云"體，兆象也"者，謂金木水火土五種之兆。言體言象者，謂兆之墨縱橫，其形體象似金木水火土也②。凡卜，欲作龜之時灼龜之四足，依四時而灼之，其兆直上向背者爲木兆，直下向足者爲水兆，邪向背者爲火兆，邪向下者爲金兆，橫者爲土兆，是兆象也。云"色，兆氣也"者，就兆中視其色氣似有雨及雨止之等，是兆色也。"墨，兆廣也"者，據兆之正釁處爲兆廣。"坼，兆釁"者，就正墨旁有奇釁罅者爲兆釁也。云"體有吉凶，色有善惡，墨有大小，坼有微明"者，據鄭後云"象吉，色善，墨大，坼明，則逢吉"，若然，則此四者各舉一邊而言，則善與大及明皆是吉，惡、小及微皆凶也。引"周公卜武王"，是《尚書·金縢》。彼爲武王有疾，不愈，恐死，周公欲代武王死，爲三壇，因告大王、王季、文王以請天，未知天之許不，故壇所即卜，云："三龜，一習吉。啓籥見書，乃并是吉。周公曰：'體，王其無害。'"引之者，證君占體之事也。**凡卜筮既事，則繫幣以比其命。歲終，則計其占之中否。**○釋曰："既事"者，卜筮事訖。卜筮皆有禮神之幣及命龜筮之辭，書其辭及兆於簡策之上，并繫其幣，合藏府庫之中。至"歲終"，揔計"占之中否"而句考之。**注**杜子春云："繫幣者，以帛書其占，繫之於龜也。"玄謂既卜筮，史必書其命龜之事及兆於策，繫其禮神之幣而合藏焉。《書》曰："王與大夫盡弁，開金縢之書，乃得周公所自以爲功代武王之説。"是命龜書。○釋曰：子春云"繫幣者，以帛書其占，繫之於龜也"者，後鄭不從。云"書其命龜之事及兆於策"者，云"既卜筮"③，即筮亦有命筮之辭及卦，不言者，舉龜重者而略筮，不言可知。或可筮短龜長④，直據龜而言，其筮則否。《書》曰已下，亦《金縢》文。案彼武王崩後，周公將攝政，遭管蔡流言，成王未寤，遭雷風之變，"王與大夫盡弁"，弁謂爵弁，應天變之服，"以啓金縢之書，乃得周公所自以爲功"之事也，事謂請命之事，故云"代武王之説"，"是命龜書"也。引之，證"比其命"藏之事也。

---

① 浦鏜云："'體'誤'象'，疏同。"孫校云："《士喪禮》疏引正作'體'，則此自是傳寫之誤。"
② "似"字阮本作"以"。
③ "卜"字原作"十"，據阮本改。
④ "可"字阮本作"有"。

簭人掌三《易》，以辨九簭之名：一曰《連山》，二曰《歸藏》，三曰《周易》。九簭之名：一曰巫更，二曰巫咸，三曰巫式，四曰巫目，五曰巫易，六曰巫比，七曰巫祠，八曰巫參，九曰巫環。以辨吉凶。○釋曰：此簭人"掌三《易》"者，若卜用三龜，此簭人用三《易》，故云掌三《易》也。注此九巫讀皆當爲簭，字之誤也。更，謂簭遷都邑也。咸猶僉也，謂簭衆心歡不也。式，謂簭制作法式也。目，謂事衆簭其要所當也。易，謂民衆不説簭所改易也。比，謂簭與民和比也。祠，謂簭牲與日也。參，謂簭御與右也。環，謂簭可致師不[①]。○釋曰：鄭破"巫"爲"簭"者，此簭人掌簭，不主巫事，故從簭也。云"更，謂簭遷都邑也"者，此遷都謂公、卿、大夫之都邑。鄭荅趙商："若武王遷洛、盤庚遷殷之等則卜，故《大卜》有卜大遷之事。"云"咸猶僉也，謂簭衆心歡不也"者，謂國有營建之事，恐衆心不齊，故簭之也。云"式，謂簭制作法式也"者，式是法式，故知制作法式也。云"目，謂事衆簭其要所當也"者，是要目之事，故《論語》顔回云"請問其目"，鄭云："欲知其要。"顔回意，以禮有三百三千，卒難周備，故請問其目；此云"事衆"，故亦簭其要目所當者也。云"易，謂民衆不説簭所改易"者，改易之事上既有"更"爲遷都邑，故以此"易"爲民衆不和説須簭改易政教之事。云"比，謂簭與民和也"者，比是相親比之事，故《比卦》云："建萬國，親諸侯。"故知比爲簭與民和比。云"祠，謂簭牲與日也"者，案大卜大祭祀而卜之，今此祀不卜而簭者，彼大祀用卜，此謂小祭祀，故用簭也。云"參，謂簭御與右也"者，云"參"，謂參乘之事，故知是御及車右勇力與君爲參乘，故簭之也。云"環，謂簭可致師不"者，此環與環人字同，彼環人主致師[②]，引宣公十二年"楚許伯御樂伯，攝叔爲右，以致晉師"之事，明此經"簭環"亦是主致師以卜之事也[③]。趙商問："僖十五年秦晉相戰[④]，晉卜右，慶鄭吉。襄二十四年晉致楚師，求御於鄭，鄭人卜宛射犬[⑤]，吉。皆用卜。今此用簭何？"鄭荅："天子具官，有常人，非一人，致簭可使者；諸侯兼官，無常人，故臨時卜之也。""且此云'簭'，是國之大事先簭而後卜。《曲禮》注引《春秋》'獻公卜娶

---

① "不"下據全書體例當空一格，底本補一"也"字，婺本、金本無，與賈疏述注合，兹據删。阮本亦衍。

② "主"字阮本作"注"。

③ "卜"字原作"不"，據阮本改。

④ "秦"字原作"奏"，據阮本改。"戰"字原漫漶不可辨識，此據阮本。

⑤ "犬"字原作"大"，據阮本改。

驪姬①，不吉，公曰筮之’，請明所據。又《尚書》‘龜從’。”②凡國之大事，先簭而後卜。注當用卜者先筮之，即事漸也③。於筮之凶，則止不卜。〇釋曰：此“大事”者，即《大卜》之“八命”及“大貞”、“大祭祀”之事。大卜所掌者皆是大事，皆先筮而後卜，故鄭云“當用卜者先筮之”。“即事漸也”者，筮輕龜重，賤者先即事，故云即事漸也。云“於筮之凶，則止”者，《曲禮》云：“卜筮不相襲。”若筮不吉而又卜，是卜襲筮，故“於筮凶，則止不卜”。案《洪範》云：“龜從筮逆。”又云：“龜筮共違於人。”彼有先卜後筮，筮不吉又卜，與此經違者，彼其箕子所陳④，用殷法，殷質，故與此不同。上春，相簭。注相，謂更選擇其蓍也⑤。蓍龜歲易者與？〇釋曰：“上春”，謂建寅之月，歲之始，除舊布新，故“更選擇其蓍”，易去其舊者。據此，則“蓍歲易”也，兼云“龜”者，《龜人》云“攻龜用春時”，明亦以新易故，故知龜亦歲易。此龜之歲易者謂《龜人》天地四時之龜，若大寶龜等非常用之龜，不歲易。凡國事，共簭。

占夢掌其歲時觀天地之會，辨陰陽之氣。注其歲時，今歲四時也。天地之會，建厭所處之日辰。陰陽之氣，休王前後。〇釋曰：鄭云“其歲時，今歲四時也”者，但“天地之會”、“陰陽之氣”年年不同，若今歷日，今歲亦與前歲不同，故云今歲四時也。云“天地之會，建厭所處之日辰”者，建謂斗柄所建，謂之陽建，故左還於天；厭謂日前一次，謂之陰建，故右還於天。故《堪輿》天老曰：假令正月，陽建於寅，陰建在戌⑥。日辰者，日據幹，辰據支。云“陰陽之氣，休王前後”者，案《春秋緯》云：“王者休⑦，王所勝者死，相所勝者囚。”假令春之三月，木王，水生木，水休；木勝土，土死。木王，火

---

① “驪”字原作“麗”，據阮本改。

② “且此云筮”以下至“請明所據”，蓋亦趙商問辭，唯“龜從”之下文意不完。浦鐺疑下經“凡國之大事，先簭而後卜”疏“案洪範云龜從”六字本當此“且此”至“龜從”四十一字，近是。

③ “即事漸也”四字金本同，婺本“事”下剜補“有”字，與阮本合。賈疏述注無“有”字。

④ “其”字阮本作“是”，加藤謂“其”字誤。

⑤ “選”字原作“撰”，據婺本、金本、阮本改。

⑥ “戌”字原作“戊”，據阮本改。

⑦ 阮校云：“‘王’上當脱‘生’。”

相，王所生者相①。相所勝者囚，火勝金，春三月金囚。以此推之，火王、金王、水王義可

知。觀此建厭所在，辨陰陽之氣，以知吉凶也。**以日月星辰占六夢之吉凶。**

〇釋曰："六夢"者，即下云"一曰"、"二曰"是也。"以日月星辰占"，知者，謂夜作夢，旦

於日月星辰以占其夢，以知吉凶所在。注日月星辰，謂日月之行及合辰所在。《春秋》昭

三十一年："十二月辛亥朔，日有食之。是夜也，晉趙簡子夢童子倮而轉以歌，旦而日

食，占諸史墨。對曰：'六年及此月也，吳其入郢乎，終亦弗克。入郢必以庚辰，日月在

辰尾。庚午之日，日始有適。火勝金，故弗克。'"此以日月星辰占夢者。其術則今八會

其遺象也，用占夢則亡。〇釋曰：張逸問："《占夢》注云：'《春秋》昭三十一年十二月辛

亥朔，日有食之。是夜也，趙簡子夢童子倮而轉以歌，旦而日食，占諸史墨。對曰：六年

及此月也，吳其入郢乎，終亦弗克。入郢必以庚辰，日月在辰尾。庚午之日，日始有

適。火勝金，故弗克。此以日月星辰占夢者。'不知何術占之，前問不了。"答曰："日月

在辰尾，夏之九月，辰在房，末有尾星，建戌厭寅。寅與申對，辰與戌對，申近庚，辰與戌

對，故知庚辰。辰下爲主人，故午爲主人②。金侵火，故不勝。雖不勝即復，故云弗克。

日有適氣，時九月節者，以庚午在甲子篇，辛亥在甲辰篇也，中有甲戌、甲申、甲午，成一

月也。從庚午以下四日，從甲辰至辛亥八日，并之十二日，通同四十二日。"如是，庚午

之日當在八月十九日，故言時得九月節也。言雖不勝即復者，以其庚金午火位相連，故

云雖不勝即復也。言雖不勝者，吳君臣爭宮，秦救復至，不能定楚，是其不勝；不能損

吳，是其即復也。問曰："何知有此厭對之義乎？"答曰："案《堪輿》黃帝問天老事云：'四

月，陽建於巳，破於亥；陰建於未，破於癸。'是爲陽破陰，陰破陽，故四月有癸亥爲陰陽

交會，十月丁巳爲陰陽交會。言未破癸者，即是未與丑對而近癸也。交會惟有四月、十

月也。若有變異之時，十二月皆有建厭對配之義也。"云"則今八會其遺象也"者，案《堪

輿》，大會有八也，小會亦有八。服氏云："是歲歲在析木，後六年在大梁，大梁水宗。十

一月，日在星紀，爲吳國分。楚之先，顓頊之子老童。童子楚象③，行歌象楚走哭姬姓

日。日在星紀，星紀之分姬姓吳也。楚衰則吳得志，吳世世與楚怨，楚走去其國，故曰

---

①　"相"字原作"死"，據阮本改。

②　"午"字原作"干"，阮本作"于"，阮校云："監、毛本'于'作'干'，皆'午'之訛。"兹
據改。

③　"童子"二字原作"老童"，阮本同，阮校云："惠校本'老童'作'童子'。"孫疏據
改，兹從之，"童子"與下文"行歌"皆據趙簡子之夢而云然。

‘吳其入郢’。吳屬水，水數六，十月水位，故曰‘六年及此月也’。有適而食，故知吳終亦不克。”又彼注云：“後六年，定四年。十一月閏餘十七，閏在四月後。其十一月晦，晦庚辰，吳入郢。在立冬後①，復此月也。十二月辛亥，日會月於龍尾而食。庚午，日初有適，故曰庚辰。一曰：日月在辰尾，尾爲亡臣。是歲吳始用子胥之謀以伐楚，故天垂象。”又注云：“午，火；庚，金也。火當勝金，而反有適，故爲不克。晉，諸侯之霸，與楚同盟。趙簡子爲執政之卿，遠夷將伐同盟，日應之食，故夢發簡子。”服氏以庚午之日日始適，火勝金，故不克，入楚必以庚辰，此與鄭義别，其餘略相依也。問曰：“周之十二月，夏之十月，日夏體正應在析木，而云在星紀何？”荅曰：“據此月中有十一月節，故舉言之。”成長以爲誤也。此六夢，蓋三王同有六夢法也。**一曰正夢，**注無所感動，平安自夢。〇釋曰：鄭知“無感動，平安自夢”者，以其言“正”，是平安之義，故知無所感動，平安自夢。**二曰噩夢，**注杜子春云：“噩當爲‘驚愕’之愕，謂驚愕而夢。”〇釋曰：以其言“噩”，噩是驚愕之意，故子春讀“噩”從“驚愕”解之。**三曰思夢，**注覺時所思念之而夢。〇釋曰：以其“思”是思念之意，故解云“覺時所思念而夢”也。**四曰寤夢，**注覺時道之而夢②。〇釋曰：以其字爲“覺寤”之字，故知覺寤時道之，睡而夢也。**五曰喜夢，**注喜説而夢。〇釋曰：以其字爲“喜説”之字，故知未睡心説，睡而爲夢。**六曰懼夢。**注恐懼而夢。〇釋曰：以其字爲“恐懼”之字，故云“恐懼而夢”。**季冬，聘王夢，獻吉夢于王，王拜而受之。**〇釋曰：“季冬”，歲終除舊惡，擬來歲布新善，故問王夢之善惡。夢惡者贈去之，下文是也。“獻善夢於王”者③，歸美於王。注聘，問也。夢者事之祥，吉凶之占在日月星辰。季冬日窮于次，月窮于紀，星迴于天，數將幾終，於是發幣而問焉，若休慶之云爾。因獻羣臣之吉夢於王，歸美焉。《詩》云：“牧人乃夢，衆維魚矣，旐維旟矣。”此所獻吉夢。〇釋曰：云“夢者事之祥”者，若對文，禎祥是善，妖孽是惡；散文，祥中可以兼惡。夢者有吉有惡，故云“夢者事之祥”也。云“吉凶之占在日月星辰”者，即上文“以日月星辰占六夢之吉凶”是也。云“季冬日窮于次，月窮於紀，星迴於天，數將幾終”者，皆《月令》文。日窮於次者，次謂日辰所在，季冬

---

① “立冬”二字原作“位東”，據阮本改。
② 阮校云：“《廣韻》引此‘時’下有‘所’。按上‘思夢’注云‘覺時所思念之而夢’，則此亦當有‘所’字，今本脱也。”
③ “善”字阮本作“吉”，與經文合。

日月會于玄枵，是日窮於次。月窮於紀，謂星紀，日月五星會聚之處。月謂斗建所在，十二月斗建丑，故云月窮於紀①。星迴於天者，星謂二十八宿，十三月復位，此十二月未到本位，故直云星迴於天。數將幾終者，幾，近也，至此十二月，歷數將終。云“於是發幣而問焉，若休慶之云爾”者，鄭以禮動不虛，必以幣帛行禮乃始問王，故云發幣而問焉。休，美也，問王夢若美慶云爾。云“因獻羣臣之吉夢於王，歸美焉”者，君吉夢由於羣臣，君統臣功，故獻吉夢歸美於王也。《詩》云：牧人乃夢，是《無羊》美宣王詩也。“牧人乃夢，衆維魚矣，旐維旟矣”者，牧人謂牧牛羊之人。彼注：“衆維魚矣，豐年之祥。旐旟，所以聚衆。”引之者，證獻吉夢之事。**乃舍萌于四方，以贈惡夢。** 注杜子春讀萌爲明，又云：“其字當爲明，明謂毆疫也②，謂歲竟逐疫置四方。書亦或爲明。”玄謂舍讀爲釋，舍萌猶釋采也。古書釋采、釋奠多作舍字。萌，菜始生也。贈，送也。欲以新善去故惡。○釋曰：子春之説“舍萌”爲“毆疫”，案下文自有“毆疫”，於此以“舍萌”爲之，其義不可，故後鄭不從。“玄謂舍萌猶釋采也”者，案《王制》有釋采奠幣之事，故從之。云“萌，菜始生也”者，案《樂記》“區萌達”，鄭注云：“屈生曰區，芒而直出曰萌。”故知萌，菜始生者。云“欲以新善去故惡”者，舊歲將盡，新年方至，故於此時贈去惡夢。

遂令始難毆疫。 ○釋曰：因事曰“遂”，上經“贈惡夢”，遂令方相氏“始難毆疫”。注令，令方相氏也。難，謂執兵以有難卻也③。方相氏蒙熊皮，黃金四目，玄衣朱裳，執戈揚盾，帥百隸爲之毆疫癘鬼也。故書難或爲儺。杜子春儺讀爲“難問”之難，其字當作難。《月令》：“季春之月，命國儺④，九門磔禳，以畢春氣。仲秋之月，天子乃儺，以達秋氣。季冬之月，命有司大儺，旁磔，出土牛以送寒氣。”○釋曰：云“令⑤，令方相氏”，以方相氏專主難者⑥，故先令方相氏⑦。云“難，謂執兵以有難卻也”者，所引“方相氏”以下是也。杜子春云“儺讀爲難問之難”者，以其難去疫癘，故爲此讀。又引《月令》云“季春之月，命國儺”，案彼鄭注：“此月之中，日行歷昂，昂有大陵積尸之氣，氣佚則癘鬼隨而

---

① “於”字原作“放”，據阮本改。
② 孫疏云：“毆疫不得謂之明，此‘明’上疑當有‘舍’字。”
③ “卻”字原作“邵”，阮本同，據婺本、金本改。下疏中“卻”字底本亦誤。
④ 阮校謂“儺”字當作“難”，下文“儺”字並同。按賈疏多作“難”。
⑤ “云”字原作“先”，據阮本改。
⑥ “者”字原作“去”，據阮本改。
⑦ “故先”二字阮本同，阮校云：“閩本作‘故云’，當據正。”

出行。”故難之。云命國難者,唯天子、諸侯有國者令難。云“九門磔攘”者①,九門,依彼注,路門、應、雉、庫、皋、國、近郊、遠郊、關。張磔牲體,攘去惡氣也。云“以畢春氣”者,畢,盡也。季春行之,故以盡春氣。云“仲秋之月,天子乃儺,以達秋氣”者,案彼鄭注云:“陽氣左行,此月宿直昴畢,昴畢亦得大陵積尸之氣,氣伏則癘鬼亦隨而出行。”故難之以通達秋氣。此月難陽氣,故唯天子得難。云“季冬之月,命有司大難,旁磔,出土牛以送寒氣”者,案彼鄭注:“此月之中,日歷虚危,虚危有墳墓四司之氣,爲癘鬼將隨强陰出害人也。”故難之。命有司者,謂命方相氏。言大難者,從天子下至庶人皆得難。言旁磔者,謂四方,於四方之門皆張磔牲體。云出土牛以送寒氣者,鄭彼注云:“出猶作也。作土牛者,丑爲牛,牛可牽可止②。送猶畢也。”故作土牛以送寒氣。此子春所引雖引三時之難,唯即季冬大難。知者,此經“始難”文承“季冬”之下,是以《方相氏》亦據季冬大難而言。

眡祲掌十煇之灋,以觀妖祥,辨吉凶。○釋曰:案下十等唯“一曰”言“祲”,故據“一曰”以爲官首。言“掌十煇之法”者,“一曰”以下十等多是日旁之氣,言煇亦是日旁煇光,故摠以煇言之。**注**妖祥,善惡之徵。鄭司農云③:“煇,謂日光炁也。”○釋曰:云“妖祥,善惡之徵”者,祥是善之徵,妖是惡之徵,故言善惡之徵。此妖、祥相對;若散文,祥亦是惡徵,“亳有祥桑”之類是也。鄭司農云“煇,謂日光氣也”者,就十等之中“五曰闇”,闇謂日食,則無光氣,而云十煇皆謂日光氣者,據多而言。一曰祲,二曰象,三曰鑴,四曰監,五曰闇,六曰瞢,七曰彌,八曰叙,九曰隮,十曰想。**注**故書彌作迷,隮作資。鄭司農云:“祲,陰陽氣相侵也。象者,如赤鳥也。鑴,謂日旁氣四面反鄉如煇狀也。監,雲氣臨日也。闇,日月食也。瞢,日月瞢瞢無光也。彌者,白虹彌天也。叙者,雲有次序如山在日上也。隮者,升氣也。想者,煇光也。”玄謂鑴讀如“童子佩鑴”之鑴,謂日旁氣刺日也。監,冠珥也。彌,氣貫日也。隮,虹也。《詩》云:“朝隮于西。”想,雜氣有似可形想。○釋曰:此經十事先鄭皆解之,後鄭從其六,不從其四。先鄭云“祲,陰陽氣相侵也”者,赤雲爲陽,黑雲爲陰,如《春秋

---

① “攘”字阮本作“禳”,與注合,傳本《月令》作“攘”。按“攘”即“禳”之假借字。
② 孫校謂《月令》注無下“可”字。
③ “司”字原脱,據婺本、金本、阮本補。

傳》云“赤黑之祲在日旁”。云“象者，如赤鳥也”者，楚有雲如衆赤鳥在日旁者也。云“鑴，謂日旁氣四面反鄉如煇狀也”者，後鄭不從。云“監，雲氣臨日也”者，後鄭亦不從。云“闇，日月食也”者，以其日月如光消故闇朦也。云“瞢，日月瞢瞢無光也”者，以其瞢瞢，無光之貌，故知無光。云“彌者，白虹彌天也”者，此從故書爲“迷”，後鄭不從。云“叙者，雲有次叙如山在日上也”者，以其此十煇皆在日旁，叙爲次叙之字，故知叙者，雲氣次叙如山在日上。云“隮者，升氣也”者，以其隮訓爲升，故隮者是升氣也。此後鄭不破，增成其義。云“想者，煇光”，此後鄭亦不從。“玄謂鑴讀如童子佩鑴之鑴，謂日旁氣刺日也”者，此讀從《芄蘭》詩“童子佩鑴，能不我知”，鑴是錐類，故爲雲氣刺日。云“監，冠珥也”者，謂有赤雲氣在日旁如冠耳，珥即耳也，今人猶謂之日珥。云“彌，氣貫日也”者，以其言彌，故知雲氣貫日而過。云“隮，虹也”者，即《爾雅》“螮蝀謂之虹”，日在東則西邊見，日在西則東邊見，故引《詩》云“朝隮于西”爲證也。云“想，雜氣有似可形想”者，以其雲氣雜，有所象似，故可形想。**掌安宅叙降。**注宅，居也。降，下也。人見妖祥則不安，主安其居處也。次序其凶禍所下，謂禳移之。○釋曰：“掌”，主也。此官主安居者。“人見妖祥”則意不安，“主安其居處”①，不使不安，故“次叙其凶禍所下”之地，“禳移之”，其心則安。**正歲則行事，**注占夢以季冬贈惡夢，此正月而行安宅之事，所以順民。○釋曰：民心欲得除惡樹善，占夢之官以季冬贈去惡夢，至此歲之正月行是“安宅之事”，順民心也。**歲終則弊其事。**注弊，斷也。謂計其吉凶然否多少。○釋曰：占夢之官見有妖祥，則告之吉凶之事，其吉凶或中或否，故至歲終斷計其吉凶也。云“然否多少”者，然謂中也，知中否多少而行賞罰。

---

① “其居”二字原作“居其”，阮本同，阮校引浦鏜説謂當作“其居”，孫疏據改，兹從之。

周禮疏卷第二十九

唐朝散大夫行大學博士弘文館學士臣賈公彦等撰

大祝掌六祝之辭，以事鬼神示，祈福祥，求永貞：一曰順祝，二曰年祝，三曰吉祝，四曰化祝，五曰瑞祝，六曰筴祝。○釋曰：云"掌六祝之辭"者，此六辭皆是祈禱之事，皆有辭説以告神，故云六祝之辭。云"以事鬼神示"者，此六祝皆所以事人鬼及天神、地祇。云"祈福祥，求永貞"者，禱祈者皆所以祈福祥、求永貞之事。案"一曰"已下，其事有六，"祈福祥"即"三曰吉祝"是也，"求永貞"，"二曰年祝"是也，今特取此二事爲揔目者，欲見餘四者亦有此福祥、永貞之事故也。注永，長也。貞，正也。求多福、歷年得正命也。鄭司農云："順祝，順豐年也。年祝，求永貞也。吉祝，祈福祥也。化祝，弭災兵也。瑞祝，逆時雨、寧風旱也。筴祝，遠罪疾。"○釋曰：云"求多福、歷年得正命也"者，經"祈福祥，求永貞"，祈亦求也；今鄭云求多福，即經"祈福祥"也；歷年得正命，即經"求永貞"也。"歷年"之上宜有"求"，鄭不言之者，"多福"之上一"求"，鄭則該此二事，故鄭"歷年"之上略不言"求"。鄭司農云"順祝，順豐年"已下，皆約《小祝》而説。《小祝》有"順豐年"，此言"順祝"，故知當《小祝》"順豐年"也。云"年祝，求永貞也"者，以祈永貞是命年之事[1]，故知"年祝"當"求永貞"也。云"吉祝，祈福祥也"者，以其《小祝》有"祈福祥"之事，此上揔目亦有"祈福祥"，福祥是吉慶之事，故知"吉祝"當"祈福祥"也。云"化祝，弭災兵也"者，弭，安也，安去災兵是化惡從善之事，《小祝》有"弭災兵"，故知"化祝"當之。云"瑞祝，逆時雨、寧風旱也"者，《小祝》有"逆時雨，寧風旱"，此逆時雨即寧風旱，寧風旱即逆時雨，對則異，理則通。此二者似若天之應瑞，故揔謂之"瑞祝"。云"筴祝，遠罪疾"者，自此已上差次與《小祝》不同，唯有"筴祝"與《小祝》"遠罪疾"相當，宜爲一也。此六祝有"求永貞"，《小祝》不言之者，《大祝》已見，故《小祝》略不言也。此六祝"一曰順祝"已下差次與《小祝》次第不同者，欲見事起無常，故先後有異。掌六祈，以同鬼神示：一曰類，二曰造，三曰禬，四

---

[1]　"永"字原作"求"，據阮本改。

曰禜，五曰攻，六曰説。○釋曰：上經“六祝”、此云“六祈”皆是祈禱之事，別見
其文者，案小祝重掌六祝，云“將事侯禳禱祠之祝號”①，鬼神雖和同，爲事禱請；此六祈，
爲百神不和同即六癘作見而爲祈禱，故云“以同鬼神祇”，是以別見其文。注祈，嘰也。
謂爲有災變，號呼告神以求福。天神、人鬼、地祇不和則六癘作見，故以祈禮同之。故
書造作竈。杜子春讀竈爲“造次”之造，書亦或爲造，造祭於祖也。鄭司農云：“類、造、
禬、禜、攻、説，皆祭名也。類，祭于上帝。《詩》曰‘是類是禡’，《爾雅》曰：‘是類是禡，師
祭也。’又曰‘乃立冢土，戎醜攸行’，《爾雅》曰：‘起大事，動大衆，必先有事乎社而後出，
謂之宜。’故曰‘大師，宜于社，造于祖，設軍社，類上帝’。《司馬法》曰：將用師，‘乃告于
皇天上帝、日月星辰，以禱于后土、四海神祇、山川冢社，乃造于先王，然後冢宰徵師于
諸侯曰：某國爲不道，征之，以某年某月某日，師至某國。’禜，日月星辰、山川之祭也。
《春秋傳》曰：‘日月星辰之神，則雪霜風雨之不時，於是乎禜之；山川之神，則水旱癘疫
之災②，於是乎禜之。’”玄謂類、造，加誠肅，求如志。禬、禜，告之以時有災變也。攻、
説，則以辭責之。禜，如日食以朱絲縈社。攻，如其鳴鼓然。董仲舒救日食，祝曰“炤炤
大明，瀸滅無光，奈何以陰侵陽，以卑侵尊”，是之謂説也。禬，未聞焉。造、類、禬、禜皆
有牲③，攻、説用幣而已。○釋曰：云“謂爲有災變，號呼告神以求福”者，鄭知號呼者，
見《小祝》云“掌禱祠之祝號”，故知此“六祈”亦號呼以告神。云“天神、人鬼、地祇不和
則六癘作見，故以祈禮同之”者，鄭知鬼神祇不和者，見經云“掌六祈，以同鬼神祇”，明
是不和設六祈以和之。案《五行傳》云“六沴作見”，云：“貌之不恭，惟金沴木。視之
不明，惟水沴火。言之不從，惟火沴金。聽之不聰，惟土沴水。思之不睿，惟金木水火
沴土。”五行而沴有六者，除本五，外來沴己則六。彼云“沴”，此云“癘”者，沴有六，則癘
鬼作見，故變沴言癘。杜子春云“造謂造祭於祖”，知者，《禮記》云“造于祖”，故後鄭從
之。先鄭云“類、造、禬、禜、攻、説，皆祭名”者，以其祈禱皆是祭事。案後鄭“類、造、禬、
禜皆有牲，攻、説用幣而已”，用幣非祭，亦入祭科之中。云“類，祭于上帝”，知者，《禮

---

① “禳”字原脱，據阮本補。

② 阮校云：“賈疏云：《傳》文‘癘疫之災，於是乎禜之’，此云‘不時’者，鄭君讀《傳》
有異。孫志祖云：據疏當作‘水旱癘疫之不時’，兼有《邲人》注可證，今本作‘災’，是從人
據《左傳》改。”

③ 孫校云：“賈疏述注‘造類’作‘類造’，《禮記·祭法》疏引此注亦同，與正文敘次
合，疑今本誤。”

記·王制》及《尚書·泰誓》皆云“類于上帝”，故知類祭上帝也。引《詩》云已下至“師至某國”，以類、造爲出軍之祭。後鄭皆不從矣。所以不從者，但出軍之祭自是求福，此經“六祈”皆爲鬼神不和同設祈禮以同之，不得將出軍之禮以解之，故後鄭不從。先鄭引《大雅·皇矣》詩，即引《爾雅》者，所以釋此詩故也。云“又曰：乃立冢土，戎醜攸行”者，《大雅·緜》詩。云“《爾雅》曰：起大事”以下，亦釋此詩故也，“又曰乃立”，引以相副①。“故大事宜于社，造于祖，設軍社，類于上帝”，並是此《大祝》下文。云《司馬法》曰“將用師”三字，司農語。云“禜，日月星辰、山川之祭也”者，引《春秋》爲證。《春秋傳》曰”者，昭元年《左氏傳》云，鄭子產聘晉，晉侯有疾，問於子產，子產對此辭。案彼《傳》文“癘疫之災，於是乎禜之”，此云“不時”者，鄭君讀《傳》有異。“玄謂類、造，加誠肅，求如志”者，欲明天神、人鬼、地祇不得同名類、造，故云“加誠肅，求如志”。云“禬、禜，告之以時有災變也”者，《春秋》所云“雪霜風雨水旱癘疫之不時，於是乎禜之”；禬雖未聞，禬是除去之義，故知禬亦災變。云“攻、説，則以辭責之”者，引《論語》及董仲舒皆是以辭責之。云“禜，如日食以朱絲縈社”者②，案莊公二十五年：“六月辛未朔，日有食之，鼓，用牲于社。”《公羊傳》云：“日食則曷爲鼓用牲于社？求乎陰之道也。以朱絲縈社，或曰脅之，或曰爲闇，恐人犯之，故縈之。”何休云：“朱絲縈之，助陽抑陰也。或曰爲闇者，恐人犯歷之，故縈之。然此説非也。記或傳者，示不欲絕異説爾。先言鼓、後言用牲者，明先以爲尊命責之，後以臣子禮接之，所以爲順也。”鄭引《公羊傳》者，欲見“禜”是縈之義。云“攻，如其鳴鼓然”者，此是《論語·先進》篇孔子責冉有爲季氏聚斂之臣，故云“小子鳴鼓而攻之可”。彼是以辭攻責之，此攻責之亦以辭責，故引以爲證。引董仲舒者，是漢禮救日食之辭，以證經“説”是以辭責之。云“禬，未聞焉”者，經傳無文，不知禬用何禮，故云未聞。鄭知“類、造、禬、禜皆有牲”者，案《禮記·祭法》云“埋少牢於泰昭，祭時也”，下云“幽禜祭星，雩禜祭水旱”，鄭注云：“凡此以下，皆祭用少牢。”禜既用牲，故知類、造皆亦有牲，故云皆有牲也。云“攻、説用幣而已”者，知攻、説用幣者，是日食伐鼓之屬，天災有幣無牲，故知用幣而已。既云天災有幣無牲，其類禮以亦是天災，得有牲者，災始見時無牲，及其災成之後即有牲，故《詩》云“靡愛斯牲”是也。**作六辭，以通上下親疏遠近：一曰祠，二曰命，三曰誥，四曰會，五曰禱，六曰誄。**

---

① 加藤云：“疑此當有譌誤。”
② “縈”字原作“榮”，據阮本改。

○釋曰:此六者唯“一曰”稱辭,自餘“二曰”已下不稱辭,而六事皆以“辭”目之者,“二曰”已下雖不稱辭,命、誥之等亦以言辭爲主,故以辭苞之。云“以通上下親疏遠近”者,此六辭之中皆兼苞父祖子孫,上則疏而遠,下則親而近,故云以通上下親疏遠近也。注鄭司農云:“祠當爲辭,謂辭令也。命,《論語》所謂‘爲命,卑諶草創之’。誥,謂《康誥》、《盤庚之誥》之屬也。盤庚將遷于殷,誥其世臣卿大夫,道其先祖之善功,故曰以通上下親疏遠近。會,謂王官之伯命事於會,胥命于蒲①,主爲其命也。禱,謂禱於天地、社稷、宗廟,主爲其辭也。《春秋傳》曰:‘鐵之戰,衛大子禱曰:曾孫蒯聵敢昭告皇祖文王、烈祖康叔、文祖襄公,鄭勝亂從,晉午在難,不能治亂,使鞅討之。蒯聵不敢自佚,備持矛焉。敢告無絶筋,無破骨,無面夷,無作三祖羞。大命不敢請,佩玉不敢愛②。’若此之屬。誄,謂積累生時德行以賜之命,主爲其辭也。《春秋傳》曰:‘孔子卒,哀公誄之曰:閔天不淑,不憖遺一老,俾屏余一人以在位,煢煢予在疚。嗚呼哀哉,尼父!無自律。’此皆有文雅辭令,難爲者也,故大祝官主作六辭。或曰誄,《論語》所謂‘《誄》曰:禱爾于上下神祇’。”杜子春云:“誥當爲告,書亦或爲告。”玄謂一曰祠者③,交接之辭。《春秋傳》曰:“古者諸侯相見,號辭必稱先君以相接。”辭之辭也。會,謂會同盟誓之辭。禱,賀慶言福祚之辭。晉趙文子成室,晉大夫發焉,張老曰:“美哉輪焉!美哉奐焉!歌於斯,哭於斯,聚國族於斯。”文子曰:“武也得歌於斯,哭於斯,聚國族於斯,是全要領以從先大夫於九京也。”北面再拜稽首。君子謂之善頌善禱。禱是之辭④。○釋曰:先鄭破“祠”爲“辭”,“謂辭令”者,一以其目云“六辭”,明知爲“言辭”之字,不得爲禱祠。言爲辭令者,則玄謂增成之,云“交接之辭”是也。云“命,謂《論語》所謂爲命卑諶草創之。誥,謂《康誥》、《盤庚之誥》之屬也”者,《盤庚》雖不言誥,亦是誥臣遷徙之事,故同爲誥。又云“盤庚將遷于殷,誥其世臣卿大夫,道其先祖之善功”者,即《盤庚》云“乃祖乃父,世選爾勞”是也。此命、誥之議後鄭從之⑤。云“會,謂王官之伯命事於會,胥命于蒲,主爲其命

---

① 孫疏云:“‘胥命’上疑當有‘若’字。”

② “玉”字原作“王”,據婺本、金本、阮本改。

③ 阮校云:“賈疏引注作‘玄謂一曰辭者’。按鄭君從司農改‘祠’爲‘辭’,故下云‘辭之辭也’,此仍作‘祠’,非。”

④ 孫疏云:“‘是禱之辭’舊本誤作‘禱是之辭’,今據汪道昆本及明注疏本正。謂《檀弓》趙文子之語即此‘六辭’之禱也。”

⑤ 浦鏜云:“‘義’誤‘議’,從《通解續》校。”

也”者，後鄭不從之者，案《公羊傳》云：“胥命者何？相命也。何言乎相命？近正也。此其爲近正奈何？古者不盟，結言而退。”又見昭四年楚椒舉云：“商湯有景亳之命，周穆王有塗山之會。”以此觀之，胥命于蒲與會有異，今先鄭以胥命解“會”，於義不可，故不從。云“禱，謂禱於天地、社稷、宗廟，主爲其辭也”，又引《春秋》“鐵之戰”，事在哀二年。案哀二年，“衛靈公卒。六月乙酉，晉趙鞅納衛大子于戚。秋八月，齊人輸范氏粟，鄭子姚、子般送之。趙鞅禦之，衛大子爲右”，衛大子禱而爲此辭①。言“曾孫”者，凡祭外神，皆稱曾孫。言“昭告于皇祖文王”，皇，君也。衛得立文王廟，故云君祖文王。“烈祖康叔”者，衛之始封君，有功烈之祖。云“鄭勝亂從”者，勝，鄭伯名。助范氏亂，故云亂從。云“晉午在難”者，午，晉定公名。范氏等作亂，與君爲難，故云在難。云“備持矛焉”者，蒯聵與趙鞅爲車右，車右執持戈矛，故云備持矛焉。云“無作三祖羞”者，三祖謂文王、康叔、襄公。戰不克則以爲三祖羞辱。先鄭此義後鄭皆不從之者，此六辭皆爲生人作辭，無爲死者之事，故不從。云“誄，謂積累生時德行以賜之命”，而引《春秋傳》曰者，哀公十六年《傳》辭。此義後鄭從之。引《論語》者，爲孔子病，子路請禱，孔子問曰：“有諸？”子路對此辭。生人有疾亦誄，列生時德行而爲辭，與哀公誄孔子意同，故引以相續。“玄謂一曰辭”者，司農云“謂辭令”，無所指斥，故後鄭相事而言。引《春秋傳》曰者，案莊四年《公羊傳》云：“古者諸侯必有會聚之事，相朝聘之道，號辭必稱先君以相接。”是此之“辭”也。彼無“相見”二字，鄭以義增之。云“會，謂會同盟誓之辭”，會中兼有誓盟者，以其盟時皆云“公會某侯某侯盟于某”，以此出會中含有盟。其誓必因征伐，案《春秋》征伐皆云“公會某侯某侵某”②，既有士卒，當有誓辭，故出會中兼有誓也。云“禱，賀慶言福祚之辭”者，破先鄭禱鬼神之事。云“晉趙文子成室”者，《禮記·檀弓》文。案彼文云：“晉獻文子成室。”鄭注云：“獻猶賀也。”晉君賀文子成室，此言“晉趙文子成室”，引文略。趙文子則趙武也。“晉大夫發焉”，見文子室成，卿大夫皆發幣以往慶賀之。“張老”者，亦晉大夫。云“美哉輪焉”者，謂輪囷高大③。云“美哉奐焉”者，謂奐爛有文章。云“歌於斯”者，斯，此也，謂作樂饗宴之處。云“哭於斯”，謂死於適寢之處。“聚國族於斯”，謂與族人族食宴之處。張老言此者，譏其奢泰。一室兼此數事，防其更爲。云“文子曰：武也”者，武，文子名。謂武“得歌於斯，哭於斯，聚國族於斯，是全要領

---

① “衛”下原衍“爲”字，阮本同，阮校引浦鏜説以爲衍字，兹據刪。
② “某侯”原作“案侯”，據阮本改。
③ “困”字原作“困”，據阮本改。

以從先大夫於九京也”，古者有要斬、領斬，故“要領”並言。案彼注：“九京當爲九原。晉卿大夫之墓地在九原。”故言以從先大夫於九原。云“北面再拜稽首”者，平敵相於並列則頓首，臣於君作稽首，今文子作稽首者，時晉君在焉，北面向君拜，故作稽首。云“君子謂之善頌善禱”者，君子謂知禮之人。彼注云：“善頌，謂張老之言。善禱，謂文子之言。”云“是之辭”者①，是經“禱”之辭也。此六者皆以“辭”解之。辨六號：一曰神號，二曰鬼號，三曰示號，四曰牲號，五曰齍號，六曰幣號。注號，謂尊其名更爲美稱焉。神號，若云皇天、上帝。鬼號，若云皇祖伯某。祇號，若云后土、地祇。幣號，若玉云嘉玉，幣云量幣。鄭司農云：“牲號，爲犧牲皆有名號②。《曲禮》曰：‘牛曰一元大武，豕曰剛鬛，羊曰柔毛，雞曰翰音。’粢號，謂黍稷皆有名號也。《曲禮》曰：‘黍曰香合，粱曰香萁，稻曰嘉疏。’《少牢饋食禮》曰：‘敢用柔毛、剛鬛。’《士虞禮》曰：‘敢用絜牲剛鬛、香合。’”○釋曰：云“號，謂尊其名更爲美稱焉”者，謂若尊天地人之鬼神示，不號爲鬼神示，而稱皇天、后土及牲幣等，皆別爲美號焉。云“神號，若云皇天、上帝”者，《月令》季夏云：“以養犧牲，以供皇天、上帝。”皇天謂北辰曜魄寶，上帝謂大微五帝③。云“鬼號，若云皇祖伯某”者，謂若《儀禮·少牢》、《特牲》祝辭稱“皇祖伯某”。云“祇號，若云后土、地祇”者，《左氏傳》云：“君戴皇天而履后土。”地祇，謂若《大司樂》云“若樂八變，地祇皆出”。云“幣號，若玉云嘉玉，幣云量幣”，此並《曲禮》文。經無玉號，鄭兼言玉者，祭祀禮神有玉，《曲禮》亦有玉號，案《小行人》“合六幣：圭以馬，璋以皮”，玉得與幣同號，故鄭兼言玉也。先鄭云“牲號，爲犧牲皆有名號”，引《曲禮》曰“牛曰一元大武”者，鄭彼注：“元，頭也。武，迹也。”一頭大迹。“豕曰剛鬛”者，豕肥則鬃鬛剛強。“羊曰柔毛”者，羊肥則毛柔潤。“雞曰翰音”者，翰，長也。音，鳴也。謂長鳴雞。“齍號，謂黍稷皆有名號”，引《曲禮》“黍曰香合”者，言此黍香合以爲祭。云“粱曰香萁”者，鄭注云：“萁，辭也。”言此粱香可祭。云“稻曰嘉疏”者，言稻下萊地所生，嘉，善也，疏，草也，言此稻善疏草可祭。云“《少牢饋食禮》云：敢用柔毛、剛鬛”者，大夫少牢祭，故號此二牲。云“《士虞禮》曰：敢用絜牲剛鬛”者，士祭用特豕，故號一牲。言“香合”者，據《曲禮》黍之號也。故彼鄭注云：“黍也。大夫、士於黍稷之號合言普淖而已，此言香合，

------

① 浦鏜謂“是”下脱“禱”字。
② 阮校云：“賈疏引注‘爲’作‘謂’，此誤，諸本同。”按賈疏述注亦作“爲”。
③ “五”字原作“王”，據阮本改。

蓋記者誤耳。"此連引之耳，無所取證。此《士虞·記》文，而云《禮》者，《記》亦是《禮》。

辨九祭：一曰命祭，二曰衍祭，三曰炮祭，四曰周祭，五曰振祭，六曰擩祭，七曰絕祭，八曰繚祭，九曰共祭。　○釋曰：此九祭，先鄭自"周祭"已上皆是祭鬼神之事，"振祭"已下皆是生人之祭食之禮。後鄭不從之者，祭天神、地祇、人鬼大宗伯辨之，大祝不須別列；且生人祭食不合與祭鬼神同科，故皆以爲生人祭食法。　注杜子春云："命祭，祭有所主命也。振祭，振讀爲慎，《禮》家讀振爲'振旅'之振。擩祭，擩讀爲'虞芮'之芮。"鄭司農云："衍祭，羨之道中①，如今祭殤，無所主命。周祭，四面爲坐也。炮祭，燔柴也。《爾雅》曰：'祭天曰燔柴。'擩祭，以肝肺菹擩鹽醢中以祭也。繚祭，以手從肺本循之至于末，乃絕以祭也。絕祭，不循其本，直絕肺以祭也。重肺賤肝，故初祭絕肺以祭，謂之絕祭；至祭之末禮殺之後，但擩肝鹽中，振之，擬之若祭狀，弗祭，謂之振祭。《特牲饋食禮》曰：'取菹擩于醢，祭于豆間。'《鄉射禮》曰：'取肺坐，絕祭。'《鄉飲酒禮》曰：'右取肺，左卻手執本②，坐，弗繚，右絕末以祭。'《少牢》曰：'取肝擩于鹽，振祭。'"玄謂九祭皆謂祭食者。命祭者，《玉藻》曰"君若賜之食，而君客之，則命之祭然後祭"是也。衍字當爲延，炮字當爲包，聲之誤也。延祭者，《曲禮》曰"客若降等，執食興辭，主人興辭於客，然後客坐，主人延客祭"是也。包猶兼也，兼祭者，《有司》曰"宰夫贊者取白、黑以授尸，尸受，兼祭于豆祭"是也。周猶徧也，徧祭者，《曲禮》曰"殽之序，徧祭之"是也。振祭、擩祭本同，不食者擩則祭之，將食者既擩必振乃祭也。絕祭、繚祭亦本同，禮多者繚之，禮略者絕則祭之③。共猶授也，王祭食，宰夫授祭。《孝經説》曰："共綏執授。"○釋曰：杜子春云"命祭，祭有所主命也"者，凡祭祀，天子、諸侯木主，大夫、士有幣帛主其神，《曾子問》以幣帛皮圭以爲"主命"，當主之處。此子春之意亦當以幣帛謂之主命，但此經文皆是祭食法，不得爲主命，故後鄭不從之。又讀"振"爲"慎"，或爲"振旅"之振，或讀"擩"爲"虞芮"之芮，此讀皆無義意，故後鄭皆不從之。鄭司農云"衍祭，羨之道中，如今祭殤，無所主命"者，此據生人祭食法，而云

---

①　孫疏云："'衍祭羨之道中'疑當作'衍祭祭羨之道中'，今本挩一'祭'字。'祭羨之道中'者，謂祭於墓道中。"按"羨道"不必介以"之"字，"之"疑重文符號之訛，又與"羨"字互乙，疑此注當作"衍祭祭羨道中"。

②　"卻"字原作"邻"，金本同，據婺本、阮本改。又孫疏云："'左卻'，盧文弨校依《鄉飲酒禮》作'卻左'是也。"

③　"絕"字原作"紀"，據婺本、金本、阮本改。

“如今祭殤”，故後鄭亦不從之。云“周祭，四面爲坐也”，謂若祭百神，四面各自爲坐。“炮祭，燔柴”，以其炮是燔燒之義，故爲燔柴祭天。此皆生人祭食法，非祭鬼神，故後鄭亦不從之。云“擩祭，以肝肺菹擩鹽醢中以祭也”者，案《特牲》、《少牢》墮祭之時，皆有以菹擩醢中以祭；主人獻尸時，賓長以肝從，尸以肝擩鹽中以祭。故先鄭云以肝肺菹擩鹽醢中以祭。彼無云用肺擩鹽醢中①，先鄭連引之耳。案彼肝擩鹽中以振祭，嚌之，加于胏俎，此則是振祭，司農云以初時擩于鹽②，即同擩祭解之，於義不可。云“繚祭，以手從肺本循之至于末，乃絕以祭也”者，此據《鄉飲酒》而言。云“絕祭，不循其本，直絕肺以祭也”者，據《鄉射》而言。云“重肺賤肝，故初祭絕肺以祭，謂之絕祭；至祭之末禮殺之後，但擩肝鹽中，振之，擬之若祭狀，弗祭，謂之振祭”，云“重肺”者，此繚祭、絕祭二者皆據肺而言，周貴肺，故云重肺。云“賤肝”者，司農意，上云以肝擩于鹽，據《特牲》、《少牢》尸食後賓長以肝從之意。云“故初祭絕肺以祭，謂之絕祭”者，此絕祭，依《特牲》、《少牢》無此絕祭之事，於義不可。云“至祭之末禮殺之後，但擩肝鹽中，振之，擬之若祭狀”者，此還據《少牢》擩肝祭，而云“若祭狀，弗祭”，於義不可。引《特牲饋食禮》曰“取菹擩于醢，祭于豆間”者，此據授祭而言也。引《鄉射禮》及《鄉飲酒禮》，證有絕祭之事。引《少牢禮》，證有振祭之事。此先鄭所引四文，後鄭皆從，故增成其義。但先鄭所引《特牲》、《少牢》皆據一邊而言，案《特牲》、《少牢》皆擩祭、振祭兩有。“玄謂九祭皆謂祭食者”，謂生人將食，先以少許祭先造食者，故謂之祭食。“命祭”引《玉藻》，彼注云：“侍食不祭。”其侍食之人而君賓客之，雖得祭，待君“命之祭然後祭”，是命祭也。云“衍字當爲延，炮字當爲包”者，衍與炮於義無所取，故破從延與包。“延祭者，《曲禮》曰：賓若降等，執食興辭”，鄭彼注云：“辭者，辭主人之臨己食，若欲食於堂下然。”云“《有司》曰：宰夫贊者取白、黑以授尸”者，彼注云：“白謂稻，黑謂黍。”又引《曲禮》曰“‘殽之序，徧祭之’是也”者，凡祭者皆盛主人之饌，故所設殽羞次第徧祭。案《公食大夫》：“唯魚、腊、湇、醬不祭。”以其薄故也。其餘皆祭，故謂之周祭。云“振祭、擩祭本同”者，皆擩，但振者先擩復振，擩者不振。言“不食者擩則祭之”者，《特牲》、《少牢》皆有授祭，授祭，未食之前以菹擩于醢，祭于豆間，是不食者擩則祭之。云“將食者既擩必振乃祭也”者，《特牲》、《少牢》皆有主人獻尸，賓長以肝從，尸右取肝擩于鹽，振祭，嚌之，加于菹豆，是謂振祭。言將食者，振訖嚌之，是將食也。云“絕祭、繚祭亦本同”者，同者絕之，但絕者

---

① “用”字原作“肝”，據阮本改。
② “時”字阮本作“祭”。

不繚，繚者亦絕，故云本同。云"禮多者繚之"者，此據《鄉飲酒》鄉大夫行鄉飲酒賓賢能之禮，故云禮多。所繚之法即司農所引"右取肺"已下是也。云"禮略者絕則祭之"者，此據《鄉射》州長射則士禮，故云禮略者絕則祭之。祭法即上先鄭所引《鄉射禮》"取肺坐，絕祭"是也[1]。云"共猶授也，王祭食，宰夫授祭"者，此則《膳夫職》云王祭食則授是也。王謂之膳夫，而謂之宰夫者，據諸侯是宰夫。云"《孝經說》曰：共綏執授"者，《孝經緯》文。漢時禁緯，故云說。云共綏執授者，謂將綏祭之時共此綏祭以授尸。引之者，證共爲授之義。**辨九撍：一曰稽首，二曰頓首，三曰空首，四曰振動，五曰吉撍，六曰凶撍，七曰奇撍，八曰褒撍，九曰肅撍，以享右祭祀。**

〇釋曰：此九拜之中，四種是正拜，五者逐事生名，還依四種正拜而爲之也。"一曰稽首，二曰頓首，三曰空首"，此三者相因而爲之。空首者，先以兩手拱至地，乃頭至手，是爲空首也。以其頭不至地，故名空首。頓首者，爲空首之時引頭至地，首頓地即舉，故名頓首。一曰稽首，其稽"稽留"之字[2]，頭至地多時，則爲稽首也。此三者，正拜也。稽首拜中最重，臣拜君之拜。二曰頓首者，平敵自相拜之拜。三曰空首拜者，君荅臣下拜。知義然者，案哀十七年："公會齊侯，盟於蒙，孟武伯相。齊侯稽首，公則拜。齊人怒。武伯曰：'非天子，寡君無所稽首。'""公如晉，孟獻子相。公稽首。知武子曰：'天子在，而君辱稽首，寡君懼矣。'孟獻子曰：'以敝邑介在東表，密邇仇讎，寡君將君是望，敢不稽首。'"《郊特牲》曰："大夫之臣不稽首，非尊家臣，以避君也。"如是，相禮諸侯于天子、臣于君，稽首禮之正。然諸相於大夫之臣及凡自敵者，皆當從頓首之拜也。如是差之，君拜臣下當從空首拜。其有敬事亦稽首，故《大誓》云："周公曰：'都懋哉，予聞古先哲王之格言以下。'大子發拜手稽首。"是其君于臣稽首事。《洛誥》云"周公拜手稽首：'朕復子明辟。'成王拜手稽首：'公不敢不敬天之休'"者，此即兩相尊敬，故皆稽首。"九曰肅拜"者，拜中最輕，唯軍中有此肅拜，婦人亦以肅拜爲正。其餘五者，附此四種正拜者，"四曰振動"附稽首，"五曰吉拜"附頓首，"六曰凶拜"亦附稽首，"七曰奇拜"附空首，"八曰褒拜"亦附稽首。"以享侑祭祀"者，享，獻也，謂朝踐獻尸時拜侑，侑食，侑勸尸食時而拜。此九拜不專爲祭祀，而以祭祀結之者，祭祀事重，故舉以言之。**注**稽首，拜頭至地也。頓首，拜頭叩地也。空首，拜頭至手，所謂拜手也。吉拜，拜而後稽顙，謂齊衰

---

① "所引"二字原作"引所"，據阮本乙。

② 浦鏜謂"其稽稽留之字"六字當從《儀禮經傳通解》作"稽是稽留之義"。

不杖以下者。言吉者，此殷之凶拜，周以其拜與頓首相近，故謂之吉拜云。凶拜，稽顙而後拜，謂三年服者。杜子春云：“振讀爲‘振鐸’之振，動讀爲‘哀慟’之慟。奇讀爲‘奇偶’之奇，謂先屈一膝，今雅拜是也。或云奇讀曰倚，倚拜謂持節、持戟拜，身倚之以拜。”鄭大夫云：“動讀爲董，書亦或爲董。振董①，以兩手相擊也②。奇拜，謂一拜也。褒讀爲報，報拜，再拜是也。”鄭司農云：“褒拜，今時持節拜是也。肅拜，但俯下手，今時撎是也。介者不拜，故曰‘爲事故，敢肅使者’。”玄謂振動，戰栗變動之拜。《書》曰：“王動色變。”一拜，荅臣下拜。再拜，拜神與尸。享，獻也，謂朝獻、饋獻也。右讀爲侑，侑勸尸食而拜。○釋曰：“稽首，拜頭至地。頓首，拜頭叩地也”者，二種拜俱頭至地，但稽首至地多時，頓首至地則舉，故以叩地言之，謂若以首叩物然。云“空首，拜頭至手，所謂拜手也”者，即《尚書》“拜手稽首”。云“吉拜，拜而後稽顙，謂齊衰不杖以下者”，此謂齊衰已下喪拜，而云吉者，對凶拜爲輕。此拜先作稽首，後作稽顙。顙還是頓首③，但觸地無容，則謂之稽顙。云齊衰不杖已下者，以其杖齊衰入凶拜中，故《雜記》云“父在，爲妻不杖，不稽顙”，明知父没爲妻杖而稽顙，是以知此吉拜謂齊衰不杖已下。云“言吉者，此殷之凶拜”者，案《檀弓》云：“拜而後稽顙，頹乎其順也。稽顙而後拜，頎乎其至也。三年之喪，吾從其至者。”鄭注云：“自期如殷可。”言自期，則是齊衰不杖已下用殷之喪拜④，故云此殷之凶拜也。云“周以其拜與頓首相近，故謂之吉拜”者，言相近者，非謂文相近⑤，是拜體相近，以其先作頓首，後作稽顙，稽顙還依頓首而爲之，是其拜體相近。以其約義，故言“云”以疑之。云“凶拜，稽顙而後拜，謂三年服者”，此《雜記》云：“三年之喪，即以喪拜。非三年喪，以其吉拜。”又《檀弓》云“稽顙而後拜，頎乎其至”，孔子云：“三年之喪，吾從其至者。”若然，上吉拜齊衰不杖已下，則齊衰入此凶拜中。鄭不言之者，以《雜記》云“父在，爲妻不杖，不稽顙”，父卒乃稽顙，則是適子爲妻有不得稽顙時，故略而不言。但適子妻，父爲主，故適子父在不稽顙，則衆子爲妻，父在亦稽顙。不據衆子常稽顙者，據《雜記》成文。杜子春云“振讀爲振鐸之振”者，讀從《小宰職》“振木鐸

---

①　孫疏云：“賈疏述注作‘書亦或爲董振之董’，疑賈所見本‘振’下誤衍‘之’字，遂失其句讀。段玉裁云：‘書亦或爲董’句絶，疏誤。”

②　“擊”字原作“繫”，據婺本、金本、阮本改。下疏中“云以兩手相擊”底本亦誤。

③　孫校云：“‘先作稽首’當作‘先作頓首’，下文亦曰‘先作頓首，後作稽顙’。‘顙還’上當依下文增‘稽’字。”

④　“是”字原作“之”，據阮本改。

⑤　“文”字阮本同，阮校引浦鏜説云：“‘義’誤‘文’，從《儀禮通解續》校。”

于朝"之振。云"動讀爲哀慟之慟"者,謂從孔子哭顔回哀慟之慟。云"奇讀爲奇耦之奇"者,謂從《郊特牲》"鼎俎奇,籩豆耦"之奇①。已上讀字後鄭皆從之。云"先屈一膝,今雅拜是也。或云奇讀曰倚,倚拜謂持節、持戟拜,身倚之以拜",此二者後鄭皆不從之。鄭大夫云"動讀爲董,書亦或爲董振之董"者,此讀從《左氏》"董之以威",是董振之董。云"以兩手相擊",此後鄭皆不從。云"奇拜,謂一拜也"者,一拜者,謂君拜臣下。案《燕禮》、《大射》有一拜之時,君荅一拜,後鄭從之。云"襃讀爲報,報拜,謂再拜是也",後鄭亦從。鄭司農云"襃拜,今之持節拜是也"者,後鄭不從。云"肅拜,但俯下手,今時揖是也",案《儀禮·鄉飲酒》,賓客入門有揖入門之法②。推手曰揖,引手曰揖。云"介者不拜,故曰'爲事故,敢肅使者'",案成十六年晉楚戰於鄢陵,楚子使工尹襄問郤至以弓。郤至見客,免胄承命,又云:"不敢拜命。"注云:"介者不拜。"又云:"君命之辱,爲事故,敢肅使者。"三肅使者而退。是軍中有肅拜法。案成二年鞌之戰,獲齊侯,"晉郤至投戟,逡巡再拜稽首"。軍中得拜者,《公羊》之義,將軍不介胄,故得有拜法。"玄謂振動,戰栗變動之拜。《書》曰:王動色變",案《中候·我膺》云:"季秋七月甲子③,赤雀衝丹書入酆,至昌户,再拜稽首受。"案今文《大誓》,得火烏之瑞,"使上附以周公書,報誥於王,王動色變"。雖不見拜文,與文王受赤雀之命同爲稽首拜也。云"一拜,荅臣下拜。再拜,拜神與尸",此二者增鄭大夫之義。知再拜拜神與尸者,案《特牲禮》,"祝酌,奠於鉶南。主人再拜,祝在左"也;再拜於尸謂獻尸,"尸拜受,主人拜送"是也。天子、諸侯亦當然。或解一拜荅臣下亦據祭祀時,以其宴禮君荅拜臣或再拜時故也。云"享,獻也,謂朝獻、饋獻也"者,以祭祀二灌之後唯有朝踐、饋獻稱獻,故知享獻據朝踐、饋獻時也。云"右讀爲侑,侑勸尸食而拜"者,案《特牲》"尸食,祝侑,主人拜",《少牢》"主人不言,拜侑",故知侑尸時有拜。

　　凡大禋祀、肆享、祭示,則執明水火而號祝;注明水火,司烜所共日月之氣。以給爁享執之④,如以六號祝,明此圭絜也。禋祀,祭天神也。肆享,祭宗廟也。故書祇爲祊。杜子春云:"祊當爲祇。"○釋曰:知"明水火,司烜所共日月之氣"

①　"籩"字原作"邊",據阮本改。
②　"入"字原作"人",據阮本改。
③　孫校云:"'我膺'《詩·文王》疏、《公羊》隱元年疏並作'我應',又'七月'並作'之月'。案七月不當係季秋,當據孔、徐引正。"
④　孫疏云:"賈疏讀'執之'屬上'以給爁享'爲句,失之。"兹暫據賈疏之説標點。

者，案《司烜氏職》云：“以夫遂取明火於日，以鑒取明水於月。”彼雖不云“氣”，此水火皆由日月之氣所照得之，故以氣言之。云“以給焫享執之，如以六號祝，明此圭絜也”者，經云“執明水火而號祝”，明知六號皆執之明絜也。號祝執明水火，明主人圭絜之德。云“禋祀，祭天神也”者，《大宗伯》昊天稱“禋”、日月稱“實柴”、司中之等稱“槱燎”，通而言之，三者之禮皆有禋義，則知禋祀天神通星辰已下。云“肆享，祭宗廟也”者。案《宗伯》宗廟之祭六等皆稱“享”，則此含六種之享。杜子春云“祊當爲祇”，《宗伯》“血祭”已下是也。**隋釁、逆牲、逆尸，令鍾鼓，右亦如之**；注隋釁，謂薦血也。凡血祭曰釁。既隋釁，後言逆牲，容逆鼎。右讀亦當爲侑。○釋曰：鄭云“隋釁，謂薦血也”，賈氏云“釁，釁宗廟”，馬氏云“血以塗鍾鼓”，鄭不從而以爲薦血祭祀者，下文云“既祭，令徹”，則此上下皆是祭祀之事，何得於中輒有釁廟、塗鼓？直稱釁，何得兼言隋？故爲祭祀薦血解之。鄭云“凡血祭曰釁”者，此經文承上“禋祀、肆享、祭祀”之下，即此血祭之中含上三祀，但天地薦血于座前，宗廟即血以告殺，故言凡血祭曰釁。云“既隋釁，後言逆牲，容逆鼎”者，凡祭祀之法，先逆牲，後隋釁，今“隋釁”在前、“逆牲”在後者，以其鼎在門外，薦血後乃有爛孰之事①，逆鼎而入，故云容鼎②。知鼎在門外者，案《中霤禮》竈在廟門外之東，主人迎鼎事③。云“右讀亦爲侑”者，亦上九拜之下“享右”之字，皆爲侑。**來瞽，令皋舞**；注皋讀爲“卒嘷呼”之嘷。來、嘷者，皆謂呼之入。○釋曰：“皋讀爲卒嘷呼之嘷”者，依俗讀。云“來、嘷者，皆謂呼之入”者，經云瞽人，擬升堂歌；舞，謂學子舞人。瞽人言“來”，亦呼之乃入，“皋舞”，令呼亦來入，故鄭云來、嘷皆謂呼之入也。**相尸禮**；注延其出入，詔其坐作。○釋曰：凡言“相尸”者，諸事皆相，故以“出入坐作”解之④。尸出入者，謂祭初延之入，二灌訖，退出坐于堂上，南面；朝踐、饋獻訖，又延之入室。言“詔其坐作”者，《郊特牲》云：“詔祝於室，坐尸于堂。”饋獻訖，又入室坐；言作者，凡坐皆有作，及與主人荅拜，皆有坐作之事，故云詔其坐作也。**既祭，令徹**。○釋曰：祭訖，尸謖之後，大祝命徹祭器，即《詩》云“諸宰君婦，廢徹不遲”是也。

---

① “爛”字原作“爛”，據阮本改。
② 孫校云：“‘容’下當有‘逆’字。”
③ 孫校云：“賈引《中霤禮》，據《月令》孟夏注也。然彼無‘主人迎鼎事’，此疑有誤字。”
④ “坐”字原脱，據阮本補。

大喪，始崩，以肆鬯涗尸，相飯，贊斂，徹奠；注肆鬯，所爲陳尸設鬯也。鄭司農云：“涗尸，以鬯浴尸。”○釋曰：此經皆是大祝之事。云“始崩，以肆鬯涗尸”者，肆，陳也。涗，浴也。王喪始崩，陳尸，以鬯浴尸，取其香美。云“相飯”者，浴訖即飯含，故言相飯也。不言相含者，《大宰》云：“大喪，贊贈玉、含玉。”此故不言。云“贊斂”者，小斂十九稱，在户内；大斂百二十稱，在阼階。冬官主斂事，大祝贊之。“徹奠”者①，《小祝》注云“奠，奠爵也”，謂正祭時；此文承“大喪”之下，故奠爲始死之奠，小斂、大斂奠並大祝徹之。言甸人讀禱；付、練、祥，掌國事。○釋曰：既殯之後，大祝爲禱辭與甸人，“言”猶語也，故言語甸人讀禱辭，代王受眚災。云“付、練、祥，掌國事”者，祔謂虞卒哭後祔祭於祖廟，練謂十三月小祥練祭，祥謂二十五月大祥除衰杖，此三者皆以國事，大祝掌之，故云掌國事也。注鄭司農云：“甸人主設復梯，大祝主言問其具梯物。”玄謂言猶語也。禱，六辭之屬禱也。甸人喪事代王受眚災，大祝爲禱辭語之，使以禱於藉田之神也。付當爲祔，祭於先王以祔後死者。掌國事，辨護之②。○釋曰：先鄭云“甸人主設復梯，大祝主言問其具梯物”者，此文承“贊斂”之下，則是既殯之事，始云設復梯者，故後鄭不從。“玄謂禱，六辭之屬禱也”者，此經“讀禱”則六辭之中“五曰禱”，故云六辭之禱也。云“甸人喪事代王受眚災”者，案《甸人職》云：“喪事，代王受眚災。”案彼注云：“粢盛者，祭祀之主也。今國遭大喪，若云此黍稷不馨，使鬼神不逞於王。既殯，大祝作禱辭授甸人，使以禱籍田之神③，受眚災，弭後殃。”彼注與此意同。言弭後殃者，今王已崩，雖無救，爲後王而謝過，故云弭後殃。鄭知既殯後者，此文承“贊斂”之下，斂訖則殯，故知此“讀禱”在既殯之後也。云“付當爲祔，祭於先王以祔後死者”，案《喪服小記》以孫祔于祖，以其昭穆同。先王即祖也，故云祭於先王祔後死者。云“掌國事，辨護之”者，辨護之，《中候》文。案《中候·握河紀》云：“堯受河圖時，伯禹進迎，舜契陪位，稷辨護。”注云：“進迎，接神也。稷，官名，謂棄。辨護者，供時用，相禮儀。”引之以證“掌國事”，則此大祝於祔、練、祥之時，共其祭用之物及相其禮儀也。國有大故、天烖，彌祀社稷，禱祠。注大故，兵寇也。天烖，疫癘水旱也。彌猶徧也，徧祀社稷及諸

---

① “奠”字原無，阮本同，加藤謂當據殿本增“奠”字，兹據補。
② “辦”字婺本同，金本、阮本作“辨”。按“辦”即“辨”之俗字。
③ “籍”字阮本作“藉”。按“藉”、“籍”因俗書艹、竹混用而相亂。

所禱，既則祠之以報焉。○釋曰：鄭知“大故，兵寇也”者，下列云“天災”①，故知“大故”直是兵寇也。知“天裁，疫癘水旱”者，見《宗伯》云“以荒禮哀凶札”，鄭注云：“荒，人物有害。”又云“弔禮哀禍災”，注云：“禍災，謂水火。”此皆是天災流行，故云天災謂疫癘水旱。云“弭猶彌也，徧祀社稷及諸所禱”，案《小祝》云“弭災兵”，弭爲安；此弭爲徧不同者，義各有所施：彼是災兵之事，故弭爲安；此禱祀之事，靡神不舉，以彌爲徧。云“既則祠之以報焉”者，以其始爲曰禱，得求曰祠，故以報賽解“祠”。大師，宜于社，造于祖，設軍社，類上帝，國將有事于四望，及軍歸獻于社，則前祝。○釋曰：此經六事皆大祝所掌。言“大師”者，王出六軍，親行征伐，故曰大師。云“宜于社”者，軍將出，宜祭於社，即將社主行，不用命戮於社。云“造於祖”者，出必造，即七廟俱祭，取遷廟之主行，用命賞于祖。皆載於齊車。云“設軍社”者，此則據社在軍中，故云設軍社。云“類上帝”者，非常而祭曰類。軍將出，類祭上帝，告天將行。云“國將有事於四望”者，謂軍行所過山川，造祭乃過。“及軍歸獻于社”者，謂征伐有功，得因俘而歸，獻捷于社。案《王制》云：“出征，執有罪反，以釋奠于學。”注云：“釋菜奠幣，禮先師也。”引《詩》“執訊獲醜”。則亦獻于學。云“則前祝”者，此經六事皆大祝前辭。注鄭司農說設軍社以《春秋傳》曰所謂“君以師行，被社釁鼓，祝奉以從”者也。則前祝，大祝自前祝也。玄謂前祝者，王出也、歸也，將有事於此神，大祝居前，先以祝辭告之。○釋曰：司農引《春秋傳》者，定四年《左氏傳》②。案彼祝佗云“君以軍行”者，“師”則軍也。故《尚書》云“大巡六師”，《詩》云“六師及之”，皆以師名軍。引之者，證社在軍謂之軍社之事。“玄謂前祝者，王出也、歸也，將有事於此神”，據此經“四望”已上爲出時，“獻於社”爲歸時，皆大祝前祝，以辭告之。案《尚書·武成》“丁未祀于周廟，庚戌柴望”，皆是軍歸告宗廟、告天及山川，即此經出時告之、歸亦告之。此經上帝、四望不見歸時告③，故鄭摠云“王出也、歸也，而將有事於此神”以該之。大會同，造于廟，宜于社，過大山川，則用事焉；反行，舍奠。○釋曰：“大會同”者，王與諸侯時見曰會，殷見曰同，或在畿内，或在畿外，亦告廟而行。云“造”者，以其非時而祭，造次之意，即上文“造于祖”，一也。云“反行，舍奠”者，《曲禮》云：“出必告，反必面。”據生時人子

① 孫校云：“‘列’當作‘則’。”
② “四”字原作“六”，據阮本改。
③ “告”上阮本有“所”字。

出入之法。今王出行時造于廟，將遷廟主行，反行還祭七廟。非時而祭曰奠，故云“反行，舍奠”也。**注**用事，亦用祭事告行也。《玉人職》有宗祝以黃金勺前馬之禮，是謂過大山川與？《曾子問》曰：“凡告必用牲、幣，反亦如之。”○**釋**曰：言“用事，亦用祭事告行也”者，言亦如上經“大師”用祭事告行。引《玉人職》者，案《玉人職》：“大璋、中璋九寸，邊璋七寸，射四寸，厚寸，黃金勺，青金外，天子以巡守，宗祝以前馬。”此云“有宗祝以黃金勺前馬之禮”，非是彼正文，義略言之耳①。云“是謂過大山川與”者，彼不云過山川，此言過大山川，此不言用黃金勺，彼言以黃金勺，以義約爲一，故言“與”以疑之。彼注云：“大山川用大璋，中山川用中璋，小山川用邊璋。”此直見“過大山川”，不見中、小者，欲見中、小山川共大山川一處直告大山川，不告中、小，故不見中、小山川；各自別處則用中璋、邊璋。此所過山川非直用黃金勺酌獻而已，亦有牢，故《校人職》云：“將有事於四海山川，則飾黃駒。”注云：“四海猶四方。王巡守過大山川，則有殺駒以祈沈之禮與？”是其牲牢也。引《曾子問》曰“凡告必用牲、幣，反亦如之”者，案彼注破“牲”爲“制”，此“用牲、幣”不破之者，彼文不取牲義，直取出告反亦告而已，故破“牲”爲“制”；於此經皆用牲，知者，《王制》云“歸假于祖禰，用特”，《堯典》亦云“歸格于藝祖，用特”，《校人》有“飾黃駒”之文，則知此經出入皆有牲禮，故不破“牲”爲“制”。**建邦國，先告后土，用牲、幣。注**后土，社神也。○**釋**曰：案《大宗伯》：“王大封，則先告后土。”注云：“后土，土神。”則社神也②。案《孝經緯》云：“社者，五土之摠神。”《郊特牲》云：“社祭土而主陰氣。”故名社爲土神。勾龍生爲后土之官，死則配社，故舉配食人神以言社，其實告社神也。以其“建邦國”土地之事，故“先告后土”。雖告祭非常，有牲有幣，禮動不虛故也。**禁督逆祀命者。**○**釋**曰：王者有命命諸侯祭祀之事，不使上僭下逼，謂之禮。若有違者，即謂之逆命。大祝掌鬼神之官，故“禁正逆祀命”也。**注**督，正也。正王之所命諸侯之所祀，有逆者則刑罰焉。○**釋**曰：經直云“禁督逆祀命”，鄭以“諸侯”解之者，承上“建邦國”，故知據諸侯。云“有逆者則刑罰焉”者，大祝主諸侯逆祀，告上與之刑罰，不得自施刑罰。**頒祭號于邦國、都鄙。注**祭號，六號。○**釋**曰：“邦國”，謂畿外諸侯。“都鄙”，畿內三等采地。大祝主“祭號”，故大祝頒之。

---

① “義”字阮本同，其上宜補一“以”字，下文“以義約爲一”是其比例。

② “則”字阮本作“土神則”。

六號之中兼有天地，諸侯不得祭天地，而鄭云“祭號，六號”，鄭據大祝掌六號，據上成文而言。魯與二王之後得祭所感帝，兼有“神號”。

小祝掌小祭祀將事侯禳禱祠之祝號，以祈福祥，順豐年，逆時雨，寧風旱，彌烖兵，遠辠疾。○釋曰：“掌小祭祀”者，即是“將事侯禳”已下禱祠之事是也。“小祭祀”與“將事侯禳”已下作目，“將事侯禳禱祠祝號”又與“祈福祥，順豐年”已下爲目：“祈福祥，順豐年，逆時雨”三者皆是侯，“寧風旱，彌烖兵，遠辠疾”三者即是禳，求福謂之禱，報賽謂之祠，皆有祝號，故摠謂之“禱祠之祝號”。“祈福祥”已下不言“一曰”、“二曰”者，《大祝》已言訖，小祝佐大祝行事，故略而不言。亦欲見事起無常，故不言其次第。注侯之言候也，候嘉慶，祈福祥之屬。禳，禳卻凶咎①，寧風旱之屬。順豐年而順爲之祝辭。逆，迎也。彌讀曰敉，敉，安也。○釋曰：“侯之言候也，候嘉慶，祈福祥之屬”者，之屬中兼有順豐年、逆時雨。嘉，善也，此三者皆是善慶之事，故設祈禱候迎之。云“禳，禳卻凶咎，寧風旱之屬”者，之屬中兼有彌災兵、遠辠疾。三者是凶咎之事，故設禱祠禳卻之。云“順豐年而順爲之祝辭”者，案《管子》云：“倉廩實，知禮節。衣食足，知榮辱。”意皆欲如此，是豐年順民意也。故設祈禮以求豐年而順民，故云爲之祝辭也。云“彌讀曰敉，敉，安也”者，案《洛誥》云：“亦未克敉公功。”注云：“敉，安也。”故知此“彌”讀曰“敉”，敉，安也。**大祭祀，逆齍盛，送逆尸，沃尸盥，贊隋，贊徹，贊奠。**○釋曰：云“逆齍盛”者，祭宗廟饋獻後尸將入室食，小祝於廟門外迎饎人之齍盛，於廟堂東實之，薦於神座前。“送逆尸”者，爲始祭迎尸而入，祭末送尸而出，《祭義》云“樂以迎來，哀以送往”是也。云“沃尸盥”者，尸尊不就洗，案《特牲》、《少牢》尸入廟門盥於盤，其時小祝沃水。云“贊隋”者，案《特牲》、《少牢》，尸始入室，拜妥尸，尸隋祭，以韭菹擩于醢，以祭於豆間。小祝其時贊尸以授之。云“贊徹”者，《大祝》云：“既祭，命徹。”諸宰君婦徹時小祝贊之。云“贊奠”者，大祝酌酒奠于鉶南，則《郊特牲》注“天子奠斝，諸侯奠角”，小祝其時贊。注隋，尸之祭也。奠，奠爵也。祭祀奠先徹後，反言之者，明所佐大祝非一。○釋曰：主人受尸酢時亦有隋祭，但此經“贊隋”文承“逆尸”、“沃尸”之下，故“隋”是“尸之祭也”。云“奠，奠爵也”者，則《特牲》“祝酌，

---

① “卻”字原作“郤”，金本同，據婺本、阮本改。下疏中“卻”字底本皆誤。

奠于銅南”是也。云“祭祀奠先徹後”者，奠爵在尸食前，徹在尸謖後，故云奠先徹後。云“反言之者”，經先言“徹”，後言“奠”，反言之者，欲見“所佐大祝非一”，故倒文以見義。**凡事，佐大祝。** 注 唯大祝所有事。○釋曰：經云“凡事”，諸有事皆佐大祝，故鄭云“唯大祝所有事”乃佐之。據《大祝職》不言之者，或佐餘官，或小祝專行之也。若然，“佐大祝”不在職末言之，於此見文者，欲自此已上有佐大祝者①，自此已下唯“大喪，贊湉”佐大祝，“設熬”以下小祝專行。**大喪，贊湉，** 注 故書湉爲攝，杜子春云：“當爲湉，湉謂浴尸。”**設熬，置銘；** ○釋曰：“熬”，謂熬穀。殯在堂時設於棺旁，所以惑蚍蜉。云“置銘”者，銘謂銘旌，書死者名。既殯，置於階西上②，所以表柩。 注 銘今書或作名。鄭司農云：“銘，書死者名於旌，今謂之柩。《士喪禮》曰：‘爲銘各以其物。亡則以緇，長半幅；頳末，長終幅，廣三寸。書名于末，曰某氏某之柩。竹杠長三尺，置于西階上。’重木置于中庭，參分庭一在南。粥餘飯，盛以二鬲，縣于重，冪用葦席。取銘置于重。”杜子春云：“熬，謂重也。《檀弓》曰：‘銘，明旌也。以死者爲不可別，故以其旗識之③，愛之斯錄之矣，敬之斯盡其道焉爾。重，主道也。殷主綴重焉，周主徹重焉。奠以素器，以主人有哀素之心也。’”玄謂熬者，棺既蓋，設於其旁，所以惑蚍蜉也。《喪大記》曰：“熬，君四種八筐，大夫三種六筐，士二種四筐，加魚、腊焉。”《士喪禮》曰：“熬，黍、稷各二筐，有魚、腊，饌于西坫南。”又曰：“設熬，旁一筐，乃塗。”○釋曰：“銘今書或作名”者，非古書出，見今《周禮》或作“名”。以其銘書死者名，亦得通一義，故司農以名解之。司農云“銘，書死者名於旌，今謂之柩”者，銘所以表柩，故漢時謂銘爲柩。“《士喪禮》曰：爲銘各以其物”者，謂爲銘旌用生時旌旗，但沾而小。案《士喪禮》注，王則大常，諸侯則建旂，孤、卿建旝，大夫、士建物。云“亡則以緇，長半幅”者，亡，無也，爲生時無旌旗，子、男之士不命是也。生時無旌旗，故用緇。長半幅，長一尺。云“頳末，長終幅，廣三寸”者，依《爾雅》，一入赤汁謂之緅，再入謂之頳。頳，赤色繒也。長終幅，長二尺。云“書名于末”者，書死者名於頳末之上。云“曰某氏某之柩”者，某氏是姓，下某是名。此謂士禮，案《喪服小記》云，周天子、諸侯、大夫書銘並與士同。云“竹杠長三尺”

---

① 浦鏜云：“‘欲’下當脱‘見’字。”

② 浦鏜謂“階西”二字誤倒。

③ 阮校云：“《釋文》‘旗識’下重‘識’字，云：‘並傷志反，一讀下識如字。’《漢讀考》云：子春所引《檀弓》與鄭君注《士喪》皆云‘故以旗識識之’，今本《周禮》注少一‘識’字，《釋文》獨爲善本。”按“傷志反”者，“幟”字之音也。“識”、“幟”古今字。

者，依《禮緯》，天子旌旗之杠九仞，諸侯七仞，大夫五仞，士三仞；今士三尺者①，則天子
以下皆以尺易仞。云“置于西階上”者，始死即作銘，倚于重；殯訖置於西階上屋宇下。
云“重木”以下，亦《士喪禮》文。經雖不言“重”，《士喪禮》有“取銘置于重”，是以因“銘”
兼解“重”。言“粥餘飯”者，飯米與沐米同。案《喪大記》：“君沐粱，大夫沐稷，天子之士
沐粱，諸侯士沐稻。”天子當沐黍，飯米之餘以爲粥。“盛以二鬲”②，案鄭注《士喪禮》，鬲
與甑同差，天子八，諸侯六，大夫四，士二。云“取銘置于重”者，謂未殯以前，殯訖則“置
于西階上”是也。杜子春云“熬，謂重也”者，以《士喪禮》云“取銘置於重”與此經云“設
熬，置銘”亦謂設熬訖置銘於熬上事相當，故以熬爲重。故鄭以熬與重所設不同③，故不
從也。引《檀弓》者，子春既解“熬”爲重，遂引銘與重爲證耳。云“銘，明旌也”者，謂神
明死者之旌，故云明死者之銘。云“愛之斯録之矣，敬之斯盡其道焉爾”，鄭彼注：“謂重
與奠。”則“斯録之”據重，“斯盡其道”據奠。以是子春引證重，則取“愛之斯録之”，不取
“敬之斯盡其道”，連引之耳。云“重，主道也”者，始死作重，葬後乃有主，是始死雖未有
主，其重則是木主之道，故云“重，主道也”。云“殷主綴重焉”者，鄭彼注云：“殷人作主，
而聯其重懸諸廟也。去顯考，乃埋之。”謂始死作重之時，至葬後作木主，乃綴連重之鬲
懸於祖廟。大祥遷廟，乃埋重於廟門外之左。故云殷主綴重焉。云“周主徹重焉”者，
周人不綴重，亦死始作重，至葬朝廟，重先柩從入祖廟。朝廟訖，明旦將葬，重先出，倚
于道左。葬後既虞，埋於所倚之處。故鄭注云：“周人作主，徹重埋之。”云“奠以素器，
以主人有哀素之心也”者，杜子春連引，於經無所當。“玄謂熬者，棺既蓋，設於其旁”者，
約《士喪禮》而知。云“所以惑蚍蜉也”者，無正文，鄭君以意解之。以其熬穀似蚍蜉，蚍
蜉見之，不至棺旁，故言惑。云“《喪大記》曰：熬，君四種八筐”者，黍、稷、稻、粱各二
筐。云“大夫三種六筐”者，黍、稷、粱各二筐。云“士二種四筐”者，黍、稷各二筐。云
“加魚、腊焉”者，君、大夫、士同。云“《士喪禮》曰：熬，黍、稷各二筐，有魚、腊，饌于西坫
南”者，堂西南隅謂之坫，饌於此者，據未用時，加之蓋後設於棺旁。云“又曰：設熬，旁
一筐，乃塗”者，此皆所設之處。言旁一筐，則首足各一筐。大夫亦旁各二筐，首足各一
筐。君八筐，左右各二筐，首足亦各二筐。鄭君引此者，將以破子春爲重。**及葬，設**
道齎之奠，分禱五祀。　○釋曰：“齎”，送也，送道之奠謂將葬於祖廟之庭設大遣

---

① “今”字原作“令”，據阮本改。
② “盛”字原作“成”，據阮本改。
③ 浦鏜云：“‘故’當‘後’字誤。”

奠遺送死者，故謂之送道之奠①。因分此奠以告"五祀"②，言王去此宫中也。注杜子春云："齋當爲粢③，道中祭也。漢儀每衡路輒祭。"玄謂齋猶送也，送道之奠謂遣奠也。分其牲體以祭五祀，告王去此宫中不復反，故興祭祀也。王七祀，祀五者，司命、大厲平生出入不以告。〇釋曰：子春云讀"齋"爲"粢"，粢謂黍稷，以爲"道中祭也"者，引漢法爲證。後鄭不從者，案《既夕禮》祖廟之庭禮，道中無祭法④。"玄謂齋猶送也，送道之奠謂遣奠也"者，案《既夕禮》，祖廟之庭厥明設大遣奠，包牲取下體是也。云"分其牲體以祭五祀，告王去此宫中不復反"者，言分牲體者，包牲而取其下體，下體之外，分之爲五處祭也。云"王七祀"者，《祭法》文。云"司命、大厲平生出入不以告"者，案《月令》，春祀户，夏祀竈，季夏祀中霤，秋則祀門，冬則祀行。此並是人之以所由從之處，非直四時合祭，所以出入亦宜告之。案《祭法》，王七祀之中有司命、大厲。此經"五祀"與《月令》同，《月令》不祭司命及大厲之等，此不祭則可知。《既夕》士禮，亦云"分禱五祀"者，鄭注云："博求之。"依《祭法》，士二祀。**大師，掌釁祈號祝。**〇釋曰：言"掌釁"者，據《大師氏》之文而言耳⑤，則唯爲以血釁鼓。"祈號祝"者，將出軍禱祈之禮皆小祝號以讀祝辭，蓋所以令將軍祈而請之也。此皆小事，故大師用小祝以讀祝耳。注鄭司農云："釁，謂釁鼓也。《春秋傳》曰：'君以軍行，祓社釁鼓，祝奉以從。'"〇釋曰：引《春秋傳》曰者，定四年祝佗辭。引之者，證軍師有釁鼓之事。所引之辭者，將以登軍師有必取威於天下⑥，欲使敵人畏之也。所以必有征伐四方之事，故須用血以釁於鼓，故有釁鼓之事。**有寇戎之事，則保郊，祀于社。**注故書祀或作禩。鄭司農云："謂保守郊祭諸祀及社，無令寇侵犯之。"杜子春讀禩爲祀，書亦或爲祀。玄謂保、祀互文，郊、社皆守而祀之，彌裁兵。〇釋曰：先鄭云"謂保守郊祭諸祀及社"者，先鄭之義，經之"祀"謂祀神，故云祭諸祀及社。後鄭不從者，以其經"祀"爲諸祀，"祀"與"社"文孤，不見祭事，故"祀於社"共爲一事解之。"玄謂保、祀互文"者，郊言保守，亦祀，社言祀，亦保守，故云

---

①　"故"字原作"放"，據阮本改。
②　"祀"字原作"記"，據阮本改。
③　"齋"字原作"齊"，據婺本、金本、阮本改。
④　孫校云："疑'既夕禮祖廟之庭'七字或涉下文而衍，賈疏本云'按禮，道中無祭法'，文義已足。"
⑤　浦鏜云："'氏'當衍字。"阮校疑爲"職"字之誤。
⑥　浦鏜云："'引之辭'疑'以釁鼓'之誤，'將登有'三字疑衍文。"

"郊、社皆守而祀之"。云"彌裁兵"者，經言"有寇戎之事"，則一是裁兵[1]，故引《小祝》"彌裁兵"而解之。**凡外内小祭祀、小喪紀、小會同、小軍旅，掌事焉。**

〇釋曰："外内小祭祀"者，案《小司徒》："小祭祀，奉牛牲。"鄭注云："小祭祀，王玄冕所祭。"案《司服》羣小祀用玄冕，鄭注云："小祭祀，謂林澤、四方百物。"是外小祭祀也。其内小祀謂宫中七祀之等。"小喪紀"者，王后以下之喪。"小會同"，謂諸侯遣臣來，王使卿大夫與之行會同之禮。"小軍旅"者，王不自行，遣卿大夫征伐。"掌事"者，此數事皆小祝專掌其事也。

---

① "一"字阮本作"亦"。

周禮疏卷第三十

唐朝散大夫行大學博士弘文館學士臣賈公彥等撰

喪祝掌大喪勸防之事。**注**鄭司農云："勸防，引柩也。"杜子春云："防當爲披。"玄謂勸，猶倡帥前引者。防，謂執披備傾虧[①]。○釋曰：先鄭云"勸防，引柩"，後鄭不從者，但引者天子千人執六引在柩車前，防謂披，在柩車傍備傾虧，二者別，司農共爲一，故不從。子春云"防當爲披"，義無所取，故不從。"玄謂勸，猶倡帥前引者"，即下經"御柩"，一也。謂執纛居柩路前却行，左右車脚有高下則以纛詔告執披者，使持制之不至傾虧。倡，先也，故云倡帥前引者。云"防，謂執披備傾虧"者，案《夏官・司士》"作六軍之士執披[②]"，故以執披解"防"。恐柩車傾側，故云備傾虧。此經"勸防"，因言所掌事及其行事，下文"及朝，御柩"是也。**及辟，令啓。** **注**鄭司農云："辟，謂除菆塗椁也。令啓，謂喪祝主命役人開之也。《檀弓》曰：'天子之殯也，菆塗龍輴以椁，加斧于椁上，畢塗屋，天子之禮也。'"○釋曰：先鄭云"辟，謂除菆塗椁也"者，天子七月而葬，七日殯，殯時以椁菆塗其棺，及至葬時，故"命役人開之"。引《檀弓》曰"天子之殯也，菆塗龍輴以椁"者，天子、諸侯殯用輴車，天子畫輔爲龍，先置龍輴於西階之上，又置四重棺於輴車之中。大斂於阼階訖，奉尸入棺，加蓋，乃置熬於棺傍。乃於椁攢其四面，與棺平。乃加斧於棺上以覆棺，上更加之以椁材。乃畢塗之，如四面霤屋。故云"菆塗龍輴以椁，加斧於椁上[③]，畢塗屋，天子之禮也"。加斧於椁上者，案《檀弓》云："布幕衛，綢幕魯。"布幕諸侯法，綢幕天子禮。刺以黼文，謂之斧者，形如大斧文。言上者，加斧訖乃

---

① "虧"字婺本、金本、阮本作"戲"。孫疏云："《釋文》'戲，音虧'，賈疏述注作'傾虧'。《既夕禮》云'乃載，商祝飾柩，設披'，注云：'披絡柳棺上，貫結於戴，人居旁牽之，以備傾虧。'又'商祝執功布以御柩，執披'，注云：'居柩車之前，若道有低仰傾虧，則以布爲抑揚左右之節，使引者執披者知之。'據彼注，則疏作'傾虧'是也。《檀弓》'設披'孔疏亦云'傾虧'。傾戲、傾虧聲近義同。"

② "士"字原脱，阮本同，阮校引浦鏜説云："'之'下脱'士'。"兹據補。

③ "椁"字原脱，據阮本補。

攢塗其上,故言加斧於椁上。 **及朝,御匶,乃奠。** ○釋曰:言"及朝"者,及猶至也,謂侵夜啓殯,昧爽朝廟,故云及朝。云"御樞"者,發殯宮輴車載至廟,其時喪祝執藟居前以御正柩也。云"乃奠"者,案《既夕禮》朝廟之時,"重先,奠從,燭從,柩從"。彼奠,昨夜夕奠,至廟下棺於廟兩楹之間,棺西設此宿奠[①];至明徹去宿奠,乃設此朝廟之奠於柩西,故云乃奠。 **注** 鄭司農云:"朝,謂將葬朝於祖考之廟而後行,則喪祝爲御樞也。《檀弓》曰:'喪之朝也,順死者之孝心也。其哀離其室也,故至於祖考之廟而後行。殷朝而殯於祖,周朝而遂葬。'故《春秋傳》曰'凡夫人不殯于廟,不祔于姑,則弗致也'。'晉文公卒,將殯于曲沃',就宗廟,晉宗廟在曲沃,或曰'曲沃,君之宗也',又曰'丙午,入于曲沃。丁未,朝于武宮'。"玄謂乃奠,朝廟奠。○釋曰:先鄭解朝廟法,後鄭皆從之不改。引《檀弓》云"殷朝而殯於祖"者,殷人殯於廟,始死斂訖,即以柩朝廟而殯之,故云殷朝而殯於祖。云"周朝而遂葬"者,周人不殯於廟,故始死殯於路寢,七月而葬,以次朝七廟,先禰而後祖,廟別一宿,後朝始祖廟,遂出葬於墓,故云周朝而遂葬。云"故《春秋傳》曰凡夫人不殯于廟"者,此僖八年《左氏傳》:"秋七月,禘于大廟,用致夫人。"《傳》曰:"秋,禘而致哀姜焉,非禮也。凡夫人不薨于寢,不殯于廟,不赴于同,不祔于姑,則弗致也。"注云:"寢,小寢。同,同盟。"言諸侯夫人有罪[②],不以禮終,不當致。云"晉文公卒,將殯于曲沃",此《左氏》僖公三十二年:"晉文公卒,庚辰,將殯於曲沃。""就宗廟"已下,鄭君解義語。"晉宗廟在曲沃"者,晉承桓叔之後,桓叔本在曲沃,故晉宗廟在曲沃。云"故曰'曲沃,君之宗也'"者,莊二十八年《左氏傳》"驪姬欲立其子,賂外嬖梁五與東關嬖五,使言於公曰:'曲沃,君之宗也,不可以無主。'夏,大子居曲沃"是也。"又曰'丙午,入于曲沃。丁未,朝于武宮'",此僖二十四年:"二月壬寅,公子重耳入於晉。丙午,入曲沃。丁未,朝於武宮。"案趙商問:"周朝而遂葬,則是殯于宮,葬乃朝廟。案《春秋》'晉文公卒,殯于曲沃',是爲去絳就祖殯,與《禮記》義異,未通其記[③]?"答曰:"葬乃朝廟,當周之正禮也,其末世諸侯國何能同也?《傳》合不合,當解《傳》耳,不得難經。"何者?《既夕》:"將葬,遷于祖,用軸。"《既夕》是周公正經,朝廟乃葬,故云"不得難經"。孔子發凡,言"不薨于寢,不殯于廟,不祔于姑,則不致",明正禮約殯于廟,發凡

---

① "棺"字原脱,據阮本補。

② "侯"字原作"候",據阮本改。

③ 浦鏜云:"'記'當'說'字誤。"

則是關異代。何者？孔子作《春秋》，以通三王之禮。先鄭引之者，欲見《春秋》之世諸侯殯于廟，亦當朝廟乃殯。"玄謂乃奠，朝廟奠"者，以經文"奠"在"朝"下，明不據初來宿奠，是據厥明所設朝廟之奠。**及祖，飾棺，乃載，遂御①。**○釋曰：言"及祖"者，及，至也。初朝禰，次第朝親廟四②，次朝二祧③，次朝始祖后稷之廟，至此廟中設祖祭。案《既夕禮》"請祖期，曰日側"，是至祖廟之中而行祖。祖，始也，爲行始。言"飾棺，乃載"者，既載乃飾。案《既夕禮》，遂匠納車於階間，却柩而下棺，乃飾棺，設帷荒之屬；飾訖，乃還車向外，移柩車去載處，至庭中，車西設祖奠。天子之禮亦是先載乃飾棺，此先云"飾棺"、後言"乃載"者，直取便文，非行事之次第。云"遂御"者，加飾訖，移柩車，喪祝執纛却行御正柩，故云遂御之。注鄭司農云："祖，謂將葬祖於庭，象生時出則祖也，故曰事死如事生，禮也。《檀弓》曰：'飯於牖下，小斂於户内，大斂於阼，殯於客位，祖於庭，葬於墓，所以即遠也。'祖時喪祝主飾棺乃載。遂御之，喪祝爲柩車御也。或謂及祖，至祖廟也。"玄謂祖爲行始。飾棺，設柳、池、紐之屬。其序，載而後飾，既飾當還車鄉外，喪祝御之。御之者，執翿居前卻行爲節度④。○釋曰：先鄭解"祖"及"飾棺"，其義是，故後鄭從之，增成其義。云"將葬祖於庭"者，《檀弓》文。云"象生時出則祖也"者，《詩》云"仲山甫出祖"是也。云"故曰事死如事生，禮也"者，案《祭義》云："文王之祭也，事死如事生。"義出於彼。以其生時出有祖，故死亦有祖。《檀弓》曰：飯於牖下"至"即遠也"，案《檀弓》：曾子弔於負夏氏，主人既祖，奠徹，推柩而反之。曾子從者怪主人推柩而反，問於曾子。曾子對曰："胡爲其不可？"從者問子游，子游對此辭。云"飯於牖下"者，謂始死於北牖下，遷尸於南牖下，沐浴訖即飯含，故云飯於牖下。"小斂於户内"，小斂十九稱，在户内。"大斂於阼"者，士三十稱，大夫五十稱，諸侯百稱，天子百二十稱，皆於阼階，故言大斂於阼。"殯於客位"者，夏后氏殯於阼階，殷人殯兩楹間，周人殯於西階，故云殯於客位。"祖於庭"者，行祖祭在祖廟之庭。"葬於墓"者，行祖祭訖，至明旦行大遣奠，既奠，引柩向壙，故云葬於墓。"所以即遠也"者，此子游之意從"飯於牖下"至"葬於墓"，即，就也，節級皆是就遠，不合反來。引之者，證此經"祖"是爲行始向遠之

---

① 王引之謂"御"下當有"之"字，先後鄭注、賈疏皆可證。
② "四"字原作"囘"，據阮本改。
③ "朝"字原作"廟"，據阮本改。
④ "卻"字原作"郤"，金本同，據婺本、阮本改。此經疏及下經疏中"卻"字並底本並誤。

義。云“祖時喪祝主飾棺乃載”者，重解“祖”及“飾”、“載”之事。云“遂御之，喪祝爲柩
車御也”者，後鄭增成之。云“或謂及祖，至祖廟也”者，以其飾載在祖廟中，故以祖爲祖
廟解之。後鄭雖不從，亦通一義。“玄謂祖爲行始”，此後鄭增成先鄭前解“祖”也。云
“飾棺，設柳、池、紐之屬”者，《喪大記》文。柳者諸色所聚，帷荒之屬是。池、紐者，君三
池、繅紐六之屬是也。《司士》云“作六軍之士執披”，彼引《喪大記》具，於此略言也。云
“其序”者，鄭見經先言“飾棺”，後言“乃載”車向外，於文到，故依《既夕禮》先載而後
飾。“當還車向外”，以其載時車北向，飾訖當還車向外，“喪祝御之”。“御之者，執蠲居前
卻行爲節度”者，恐柩車傾虧，以蠲告之，故云爲節度也。**及葬，御匶，出宮乃**
代。注喪祝二人相與更也。○釋曰：“及”，至也。謂於祖廟厥明大奠後引柩車出，喪
祝於柩車前卻行御柩車。“出宮乃代”者，案《序官》云“喪祝，上士二人”，故鄭云“二人相
與更也”。**及壙，說載，除飾。**　○釋曰：“及”，至也，至壙“脫載”，謂下棺於地。“除
飾”，謂除去帷荒。下棺於坎訖，其帷荒還入壙，張之於棺。**注**鄭司農云：“壙，謂穿中
也。說載，下棺也。除飾，去棺飾也，四翣之屬。令可舉移安錯之。”玄謂除飾，便其空
爾。周人之葬，牆置翣。○釋曰：云“四翣之屬”者，案襄公二十五年，齊崔杼弑莊公，不
以君禮葬之。案《喪大記》及《禮器》，士二翣，大夫四翣，諸侯六翣，天子八翣。今用四
翣，是不成君禮也。云“令可舉移安錯之”者，除去棺飾者，令可舉移安錯於壙中。“安
錯”之言出《孝經》。“玄謂周人之葬，牆置翣”者，《檀弓》云：“殷人棺椁，周人牆置翣。”牆
謂帷荒，與柩爲鄣，若牆然，故謂之牆。言置翣者，翣在道柩車傍，人執之入壙，置之於
椁傍，故云置也①。引之者，證飾既除還入壙設之義也。**小喪亦如之。**　○釋曰：“小
喪”，王后、世子已下之喪。自“掌勸防”已下至“除飾”皆據王喪，其小喪亦有勸防已下
之事，故云“亦如之”。**掌喪祭祝號。注**喪祭，虞也。《檀弓》曰：“葬日虞，不忍一日
離也，是日也，以虞易奠。卒哭曰‘成事’，是日也，以吉祭易喪祭。”○釋曰：引《檀弓》
云“葬日虞，不忍一日離也”者，葬日設大遣奠而出葬訖，反，日中而虞。送形而往，迎魂
而反，虞者安也，葬日虞祭所以安神，不使父母一日離散，故設虞祭也。云“是日也，以
虞易奠”者，葬日反，日中而虞。奠者，自未葬已前始死之後皆是，今既葬，是以虞易奠
也。云“卒哭曰成事，是日也，以吉祭易喪祭”者，喪中自相對，虞爲喪祭，卒哭爲吉祭。

---

①　“云”字原脫，據阮本補。

《士虞禮》始虞曰“哀薦祫事”，再虞曰“哀薦虞事”①，三虞曰“哀薦成事”。卒哭祝辭亦稱
“成事”也。祭以吉爲成，故云“是日也，以吉祭易喪祭”。引之者，證經“喪祭”是虞也。
王弔，則與巫前。　○釋曰：“王弔”者，諸侯、諸臣死，王就室弔之，喪祝與男巫在王
前也。**注**鄭司農云：“喪祝與巫以桃茢執戈在王前。《檀弓》曰：‘君臨臣喪，以巫、祝桃
茢執戈②，惡之也，所以異於生也。’《春秋傳》曰：‘楚人使公親襚，公使巫以桃茢先祓殯，
楚人弗禁，既而悔之。’君臨臣喪之禮，故悔之。”○釋曰：先鄭云“喪祝與巫以桃茢執戈
在王前”者，桃者鬼所惡；茢，萑帚，所以埽不祥。桃茢二者祝與巫執之，執戈者是小臣
也。案《喪大記》：“小臣二人執戈立於前，二人立於後。”彼是諸侯法。王弔亦然，故兼
言執戈。《檀弓》曰：君臨臣喪，以巫、祝桃茢執戈，惡之”，是天子之禮，故引之。言“惡
之也，所以異於生也”者，死者之傍有凶邪之氣，故須桃茢以惡之，是異於生。“《春秋傳》
曰”者，是襄二十九年《左傳》文。案《傳》，襄公朝於荊，康王卒，楚人使公襚。襚者臣子
之事③，欲使公行臣禮。“公使巫以桃茢祓殯”。“楚人弗禁”者④，不知禮，故不禁。“既而悔
之”者，後覺始悔，是“君臨臣喪之禮，故悔之”。引之者，證經喪祝與巫前有桃茢之事。
案《檀弓》云“使公襚”，《左傳》云“襚”，不同者，襚即襲也。襲時未殯，而云祓殯者，名尸
爲殯耳。**掌勝國邑之社稷之祝號，以祭祀禱祠焉。**　○釋曰：“以祭祀禱
祠”者，祭祀謂春秋正祭；禱祠謂國有故祈請求福曰禱⑤，得福報賽曰祠。**注**勝國邑，所
誅討者。社稷者，若亳社是矣⑥。存之者，重神也。蓋奄其上而棧其下，爲北牖。○**釋**
曰：云“勝國邑，所誅討者”，古者不滅國，有違逆被誅討者，更立其賢子弟，還得事其社
稷。今云“勝國之社稷”者，爲據武王伐紂，取其社稷而事之，故云“若亳社是矣”也。據

---

①　“虞”字原作“成”，據阮本改。
②　阮校引段玉裁説云：“此及下二‘茢’字當本同上作‘厲’，如《縫人》注改‘罷’爲
‘翣’之類。《釋文》音上‘桃厲’云《記》作茢’，正謂與此注不同也。”
③　“子”字阮本作“賤”。
④　“禁”字原作“楚”，據阮本改。
⑤　“故”字原作“國”，據阮本改。
⑥　“亳”字原作“亳”，金本同，據婺本、阮本改。

其地則曰亳，據彼國喪亡即爲亡國之社稷，此注勝之即爲勝國之社稷①。是以《郊特牲》云“喪國之社”，《春秋》謂之“亳社”也。云“存之者，重神也”者，君自無道被誅，社稷無罪，故存之，是重神也。云“蓋弇其上而棧其下，爲北牖”者，案哀公四年：“夏六月辛丑，亳社災。”《公羊傳》曰②：“亡國之社，蓋揜其上而柴其下③。”爲北牖者，《郊特牲》文。《郊特牲》：“喪國之社必屋之，爲北牖，不受天陽，使陰明。”《公羊》云“揜其上”即“屋之”，一也④。棧其下者，非直不受天陽，亦不通地陰。**凡卿大夫之喪，掌事而斂飾棺焉。**○釋曰：言“掌事”者，雖禮有降殺，“勸防”以下皆掌之。兼主斂事，故揔云“掌事而斂飾棺焉”。

甸祝掌四時之田表貉之祝號。　○釋曰：言“掌四時之田表貉之祝號”者，四時田即《大司馬》所云春蒐、夏苗、秋獮、冬狩。案《大司馬》大閱禮云：“既陳，乃設驅逆之車，有司表貉於陳前。”當此貉祭之時，田祝爲號。**注**杜子春讀貉爲“百爾所思”之百，書亦或爲禡，貉，兵祭也。甸以講武治兵，故有兵祭。《詩》曰“是類是禡”，《爾雅》曰：“是類是禡，師祭也。”玄謂田者習兵之禮，故亦禡祭，禱氣埶之十百而多獲。　○釋曰：子春云讀“貉”爲“百爾所思”之百，讀從《毛詩》。後鄭從之，增成其義。云“書亦或爲禡”者，《毛詩》、《爾雅》皆爲此字。云“貉，兵祭也”者，《爾雅》云“禡，師祭”是也。引《詩》云“是類是禡”者，《大雅·皇矣》之詩也。“玄謂田者習兵之禮，故亦禡祭”者，《詩》與《爾雅》“禡”⑤，出征之祭；田是習兵，故亦禡祭。云“禱氣埶之十百而多獲”者，應十得百，望多獲禽牲。此解禡字之意。**舍奠于祖廟，禰亦如之。**　○釋曰：天子將出，告廟而行。言“釋奠於祖廟”者，非時而祭即曰奠，以其不立尸。奠之言停，停饌具而

---

①　“注”字阮本同，加藤疑當據殿本作“往”。按“注”蓋“往”之形訛字，《春官·媒氏職》賈疏謂“勝國之社”有四名：其一爲勝國之社，“若此往勝得彼國，將社來，謂之勝國”；其二爲亡國之社，當此疏“據彼國喪亡即爲亡國之社稷”及下引《公羊傳》“亡國之社”；其三、其四即此疏下引《郊特牲》“喪國之社”及《春秋》“亳社”。彼疏“若此往勝得彼國”與此疏“此往勝之”全同。又參《秋官·士師職》疏。

②　“羊”字原脱，據阮本補。

③　“柴”字阮本同，阮校云：“閩、監、毛本‘柴’改‘棧’，非，此注作‘棧’，《公羊傳》作‘柴’，柴亦棧也。”

④　“一”字阮本作“是”。

⑤　“禡”字阮本作“據”，屬下讀。阮校謂“據”是而“禡”非。

已。七廟俱告，故“祖”、“禰”并言。注舍讀爲釋，釋奠者，告將時田，若將征伐。鄭司農云：“禰，父廟。”○釋曰：“舍讀爲釋”者，《周禮》、《禮記》多爲“舍”字，鄭讀皆爲“釋”。云“釋奠者，告將時田，若將征伐”者，此經上下唯言時田，不言征伐；案《大祝》“大師，造于祖。大會同，造于廟”，皆造祖禰，故兼言征伐。師甸，致禽于虞中，乃屬禽；及郊，饁獸，舍奠于祖禰，乃斂禽①。禂牲、禂馬，皆掌其祝號。注師田，謂起大衆以田也。致禽於虞中，使獲者各以其禽來致于所表之處。屬禽，別其種類。饁，饋也。以所獲獸饋於郊，薦于四方羣兆，入又以奠于祖禰，薦且告反也。斂禽，謂取三十入腊人也②。杜子春云：“禂，禱也。爲馬禱無疾，爲田禱多獲禽牲。《詩》云‘既伯既禱’，《爾雅》曰：‘既伯既禱，馬祭也。’”玄謂禂讀如“伏誅”之誅，今“侏大”字也。爲牲祭求肥充，爲馬祭求肥健。○釋曰：云“致禽於虞中，使獲者各以其禽來致於所表之處”者，若田獵在山，山虞植旗；田獵在澤，澤虞植旌。名旌旗爲表③，故解“致禽于虞中”者，使獲者各以其禽來致於所表之處也。云“屬禽，別其種類”者，禽獸既致於旌旗之所，甸祝分別其種類，麋、鹿之類各爲一所。云“饁，饋也。以所獲獸饋於郊，薦於四方羣兆”者，案《小宗伯》：“兆五帝於四郊，四類、四望亦如之。兆山川、丘陵各於其方。”是其四郊皆羣神之兆④。今田獵在四郊之外，還國必過羣兆，故將此禽獸薦於羣兆，直以禽祭之，無祭事。云“入又以奠於祖禰，薦且告反也”者，上經“舍奠於祖廟”謂出時，今此“舍奠”在“饁獸”之下，是告反也。言薦者，又以所獲禽牲薦廟也。云“斂禽，謂取三十”者，案《穀梁》每禽擇取三十。知“入腊人”者，案《腊人》云：“掌凡田獸之脯、腊。”案《王制》：“一爲乾豆，二爲賓客，三爲充君之庖。”此入腊人者，據上殺者乾之以爲豆實供祭祀⑤，其餘入賓客、庖廚。直入腊人者，據祭祀重者而言。脯非豆實，而言乾豆者，以脯爲醢，故《醢人》注云“作醢及臡者，先膊乾其肉，乃後莝之，雜以粱麴及鹽，漬以美酒，塗置甀中，百日則成矣”是也。杜子春云“禂，禱也。爲馬禱無疾”已下，後鄭皆不從者，以凡言“牲”者，卜日曰牲，據祭祀之牲，不得據田獵之獸。又“禂”不得

---

① “斂”字原脱，據婺本、金本、阮本補。
② “也”字婺本、金本同，阮本作“焉”。
③ “名旌”二字阮本作“各植”。
④ “其”字阮本作“以”。
⑤ “據”字阮本作“按”。

爲禱祈字。“玄謂禂讀如伏誅之誅”者，此俗讀也。時有人甘心惡伏誅，故云伏誅之誅，此從音爲誅。云“今侏大字也”者，今漢時人傍侏是“侏大”之字，此取肥大之意，故云“爲牲祭求肥充”，解經“禂牲”；云“爲馬祭求肥健”，釋經“禂馬”。鄭既解“禂”爲大，知此皆有祭者，以其言“皆掌其祝號”，是有祭事。

詛祝掌盟、詛、類、造、攻、説、檜、禜之祝號。注八者之辭，皆所以告神明也。盟、詛主於要誓，大事曰盟，小事曰詛。○釋曰：此八者之内，“類、造”已下是《大祝》《六祈》。大祝不掌祝號，故此詛祝與盟同爲“祝號”。秋官自有司盟之官，此詛祝兼言之者，司盟直掌盟載之法，不掌祝號與載辭，故使詛祝掌之。云“大事曰盟，小事曰詛”者，盟者盟將來，《春秋》諸侯會，有盟無詛；詛者詛往過，不因會而爲之。故云“大事曰盟，小事曰詛”也。作盟詛之載辭，以叙國之信用，以質邦國之劑信。○釋曰：云“作盟詛之載辭”者，爲要誓之辭載之於策。人多無信，故爲辭對神要之，使用信，故云“以叙國之信用”。云“以質邦國之劑信”者，質，正也、成也，亦爲此盟詛之載辭以成正諸侯邦國之劑。謂要券①，故對神成正之，使不犯。注載辭，爲辭而載之於策，坎用牲，加書于其上也。國，謂王之國；邦國，諸侯國也。質，正也、成也。文王脩德而虞、芮質厥成。鄭司農云載辭以《春秋傳》曰“使祝爲載書”②。○釋曰：言“爲辭而載之于策”者，若然，則策載此辭謂之載。云“坎用牲，加書于其上也”者，案襄二十六年《左氏傳》云：宋寺人伊戾坎用牲，加書，爲世子痤僞與楚客盟。《司盟》注具引此文，於此注略也。引《春秋》者，據載書而言③。知者，案《司盟》“掌盟載之法”，彼注云：“載，盟辭也。盟者書其辭於策。”即是此載辭也。又注云：“殺牲取血，坎其牲，加書於上而埋之，謂之載書。”即引《春秋》宋寺人之事。明此“坎用牲，加書於其上”據載書而言。以此言之，則書辭於策謂之載辭，加書於牲上謂之載書。司盟掌載書，詛祝掌載辭④。此注兼言坎用牲加書之事者，事相因，故兼解之。云“國，謂王之國；邦國，諸侯國也”者，《周禮》體例，單言“國”者，皆據王國，“邦國”連言者，皆據諸侯，故爲此解。云“文王脩

①　浦鏜疑“謂”上脱“信劑”二字。
②　阮校云：“‘云’當作‘説’。”
③　“書”字原作“出”，據阮本改。
④　“祝”字原作“記”，據阮本改。

德而虞、芮質厥成"者,《大雅·文王》詩也。彼訓質爲成,成爲平,謂成其平和之事。引之者,證質爲成義。先鄭引《春秋傳》曰者,案哀二十六年《左氏傳》云:"宋大尹使祝爲載書。"司農之意,以載辭與載書爲一。得通一義,故引之在下。

司巫掌羣巫之政令。若國大旱,則帥巫而舞雩。○釋曰:"掌羣巫之政令"者,下文男巫、女巫皆掌之。云"若國大旱,則帥巫而舞雩"者,謂帥女巫已下,是以《女巫職》云"旱暵,則舞雩",亦據脩雩而言也。**注**雩,旱祭也。天子於上帝,諸侯於上公之神。鄭司農云:"魯僖公欲焚巫尪,以其舞雩不得雨。"○釋曰:言"雩,旱祭也"者,經云"國大旱而舞雩",明雩是旱祭,是以《春秋緯·考異郵》云:"雩者,呼嗟求雨之祭。"云"天子於上帝,諸侯於上公之神",知者,案《禮記·月令》"大雩帝,習盛樂",據天子雩五帝;案彼下文"命百縣雩祀百辟卿士",百縣謂畿內鄉遂,明畿外諸侯亦雩祀百辟卿士,即古上公句龍、柱、棄之等[1]。是天子祀上帝,諸侯祀上公。若魯與二王後得祀天者亦得雩祭天[2]。鄭司農云"魯僖公欲焚巫尪,以其舞雩不得雨"者,案僖二十一年:"夏,大旱,公欲焚巫尪。"尪不必舞雩,故《檀弓》云:"魯穆公云:'吾欲暴尪而奚若?'又云:'吾欲暴巫而奚若?'縣子曰:'天則不雨,而暴人之疾,子虐,無乃不可與?'"鄭注云:"尪者面鄉天,覬天哀而雨之。"明非舞雩之人。司農兼引尪者,挾句連引之,其實非舞者。若四月正雩,非直有男巫、女巫。案《論語》曾晳云:"春服既成,童子六七人,冠者五六人。"兼有此等。故《舞師》云"教皇舞,帥而舞旱暵之祀",舞師謂野人能舞者[3],明知兼有童子、冠者可知。國有大菑,則帥巫而造巫恒[4]。**注**杜子春云:"司巫帥巫官之屬會聚常處以待命也[5]。"玄謂恒,久也。巫久者,先巫之故事。造之當案視所施爲。○釋曰:子春之意,"帥巫"者,巫則女巫。"恒"訓爲常,故云"會聚常處"。後鄭不從。"玄謂恒,久也。巫久者,先巫之故事",後鄭之意,以"恒"爲先世之巫久故所行之事,今司巫見國大菑,則帥領女巫等往造所行之事,案視舊所施爲而法之。祭祀,

---

① "柱"字原作"杜",據阮本改。
② "後"上阮本有"之"字。
③ "師"字原作"帥",據阮本改。又浦鏜云:"'謂'當'教'字誤。"阮校云:"'謂'當'誨'字之誤。"
④ "而"字原脱,據婺本、金本、阮本補。
⑤ "待"字原作"侍",據婺本、金本、阮本改。

則共匰主及道布及蒩館。<u>注</u>杜子春云：“蒩讀爲鉏。匰，器名。主，謂木主也。道布，新布三尺也。鉏，藉也。館，神所館止也。書或爲‘蒩館’，或爲‘租飽’。或曰布者以爲席也。租飽，茅裹肉也[1]。”玄謂道布者，爲神所設巾。《中霤禮》曰：“以功布爲道布，屬于几也。”蒩之言藉也，祭食有當藉者。館所以承蒩，謂若今筐也。主先匰，蒩後館，互言之者，明共主以匰，共蒩以筐，大祝取其主、蒩，陳之，器則退也。《士虞禮》曰：“苴，刌茅長五寸，實于筐，饌于西坫上。”又曰：“祝盥[2]，取苴降，洗之，升，入設於几東席上，東縮。”○釋曰：子春所解及讀字，唯解“匰，器名”一事後鄭從之，自餘並義無所取，後鄭不從。“玄謂道布者，爲神所設巾[3]”，即引《中霤禮》“以功布爲道布，屬於几”是也。云“蒩之言藉也，祭食有當藉者”，謂常藉所當之食。云“館所以承蒩，謂若今筐也”者，筐所以盛蒩者也。云“主先匰，蒩後館，互言之者”，謂“主先匰”器在上者，欲見以匰器盛主來向祭所，大祝取得主，匰器即退；“蒩”後言“館”器，欲見大祝取得蒩，館器退，明亦初以館盛蒩來[4]。互言之，是以鄭云“明共主以匰，共蒩以筐，大祝取其主、蒩，陳之，器則退也”，二事雙解之。引《士虞禮》曰“苴，刌茅長五寸，實於筐，饌于西坫上”者[5]，刌，切也，切之長五寸，又陳之西坫者[6]，堂西南隅謂之坫，饌陳於此，未用前。“又曰：祝盥，升，取苴降，洗之，升，入設於几東席上，東縮”者，《士虞禮》設席於奧禮神，東面右几，放設于几東席上[7]。東縮，縮，縱也。據神東面爲正，東西設之，故言東縮。引之者，見苴是藉祭之物。<u>凡祭事，守瘞。</u><u>注</u>瘞，謂若祭地祇有埋牲、玉者也。守之者，以祭禮未畢，若有事然。祭禮畢則去之。○釋曰：案《爾雅》：“祭天曰燔柴，祭地曰瘞埋。”又案《肆師》：“立大祀，用玉、帛、牲牷。”故鄭云“瘞，謂若祭地祇有埋牲、玉者也[8]”。鄭不言帛，亦有帛可知。云“守之者，以祭禮未畢，若有事然”者，但祭地埋牲與禋祀同節，作樂下神之後即有埋牲之事，以後更有祭祀之節事，故使司巫守埋，是以鄭

---

① “茅”字原作“芧”，據婺本、金本、阮本改。下疏中“苴刌茅長五寸”底本亦誤。
② 賈疏述注“祝盥”下有“升”字，與《士虞禮》原文合，故孫疏疑無者誤挩。
③ “巾”字原作“中”，據阮本改。
④ “明”字原作“門”，據阮本改。
⑤ “于”字原作“子”，據阮本改。
⑥ “陳”字原作“束”，據阮本改。
⑦ “放”字阮本同，加藤謂當據殿本等作“故”。
⑧ “玉”字原作“王”，據阮本改。

云有祭事然①。云"祭祀畢即去之"者②,以其無事,故去之不復守也。**凡喪事,掌巫降之禮。** 注降,下也,巫下神之禮。今世或死既斂,就巫下禓,其遺禮。○釋曰:人死,骨肉下沈於地,精魂上歸於天,天地與神人通,故使巫"下神"。云"今世或死既斂,就巫下禓,其遺禮"者,案《郊特牲》"鄉人禓",鄭注云:"禓,彊鬼。"彼逐疫癘之事,故以禓爲彊鬼;此禓,當家之鬼,非彊鬼也。

　　男巫掌望祀、望衍授號旁招以茅。 ○釋曰:云"望祀"者,類、造、禬、禜,遙望而祝之。云"望衍"者,衍,延也。是攻、説之禮,遙望延其神,以言語責之。云"授號"者,此二者皆詛祝授以神號。云"旁招以茅"者③,旁謂四方。此男巫於地官祭此神時④,則以茅招之於四方也。注杜子春云:"望衍,謂衍祭也。授號,以所祭之名號授之。旁招以茅,招四方之所望祭者。"玄謂衍讀爲延,聲之誤也。望祀,謂有牲、粢盛者。延,進也,謂但用幣致其神。二者詛祝所授類、造、攻、説、禬、禜之神號,男巫爲之招。○釋曰:子春所云,皆無依據,故後鄭不從。玄謂破"衍"爲"延"者,衍字於六祈義無所取,故破從延。云"望祀,謂有牲、粢盛者",注《大祝》已云"類、造、禬、禜皆有牲,攻、説用幣而已",有牲則有黍稷,故此兼云粢盛者也。云"延,進也,謂但用幣致其神"者,此即"攻、説用幣而已"是也。云"二者詛祝所授類、造、攻、説、禬、禜之神號,男巫爲之招"者,以其"授號"文承二者之下,故知此六神皆授之號之。授號知是詛祝者,案《詛祝》而知也。**冬堂贈,無方無筭。** 注故書贈爲矰。杜子春云:"矰當爲贈,堂贈謂逐疫也。無方,四方爲可也。無筭,道里無數,遠益善也。"玄謂冬歲終以禮送不祥及惡夢皆是也。其行必由堂始。巫與神通言,當東則東,當西則西,可近則近,可遠則遠,無常數。○釋曰:子春以"堂贈"爲"逐疫",後鄭不從者,逐疫,方相氏及占夢,不合在此,故不從⑤。云"無筭,道里無數,遠益善也",後鄭不從者,既言"無數",遠近由人,不得云遠益善,故不從。玄謂知"堂贈"是"送不祥及惡夢"者,見《占夢》云"舍萌于四方,以贈

---

① 浦鏜云:"'若有'誤'有祭'。"按賈疏雜揉經注而言"有祭事然",並無不通。
② 阮云:"'祀'當作'禮'。"按"祀"當"礼"字形訛。
③ "茅"字原作"芧",據阮本改。此經鄭注、賈疏中"茅"字皆誤作"芧"。
④ 浦鏜云:"'地'當'他'字誤。"
⑤ "故"字原脱,據阮本補。

惡夢”，故知。鄭云“當東則東，當西則西”，不言南北，舉東西可知。此解“無方”。“可近則近，可遠則遠，無常數”，此解“無筭”。**春招弭，以除疾病。**注招，招福也。杜子春讀弭如“彌兵”之彌。玄謂弭讀爲敉，字之誤也。敉，安也，安凶禍也。招、敉皆有祀、衍之禮。○釋曰：子春讀“弭”如“彌兵”之彌，讀從《小祝》“彌災兵”之彌。“玄謂弭讀爲敉，字之誤也”，案《小祝》後鄭注“彌讀曰敉”，於此云“爲敉”，從子春之説。云“敉，安也，安凶禍也”者，以經云“除疾病”，故知所安者凶禍。知“招、敉皆有祀、衍之禮”者，此招、敉爲招福安禍，與“侯禳”意同，侯禳在六祝有祭之法①，故知此二者亦有望祀、望衍之禮可知②。**王弔，則與祝前。**注巫、祝前王也。故書前爲先，鄭司農云：“爲先非是也。”○釋曰：案上《喪祝》云：“王弔，則與巫前”，此《男巫》“與祝前”，故二官俱在王前。

　　女巫掌歲時祓除、釁浴。注歲時祓除，如今三月上巳如水上之類。釁浴，謂以香熏草藥沐浴。○釋曰：“歲時祓除”者，非謂歲之四時，唯謂歲之三月之時，故鄭君云“如今三月上巳”解之。一月有三巳，據上旬之巳而爲祓除之事，見今三月三日水上戒浴是也。云“釁浴，謂以香薰草藥沐浴”者，若直言“浴”，則唯有湯，今兼言“釁”，明沐浴之物必和香草，故云以香薰草藥。經直云“浴”，兼言沐者，凡絜静者沐浴相將，故知亦有沐也。**旱暵，則舞雩。**○釋曰：此謂五月已後脩雩，故有“旱暵”之事。旱而言暵者，暵謂熱氣也。注使女巫舞旱祭，崇陰也。鄭司農云：“求雨以女巫，故《檀弓》曰：‘歲旱，繆公召縣子而問焉，曰：吾欲暴巫而奚若？曰：天則不雨，而望之愚婦人，無乃已疏乎？’”○釋曰：司農引“繆公”者，魯繆公，春秋後事。“縣子”者，魯大夫。“欲暴巫”者，以其舞雩不得雨。引之者，證使女巫舞雩之事。**若王后弔，則與祝前。**○釋曰：此《女巫》云“與祝前”，則與天官女祝前后。注女巫與祝前后，如王禮。○釋曰：云“女巫與祝前后，如王禮”者，案前男巫與喪祝前王執桃茢，此女巫與女祝前后亦巫執桃、祝執茢，故云如王禮。**凡邦之大烖，歌哭而請。**○釋曰：大烖言“歌哭

---

① “六祝”二字阮本同，孫疏引作“小祝”，蓋是也。

② “祀”字原作“祝”，據阮本改。

而請”，則“大烖”謂旱暵者①。注有歌者，有哭者，冀以悲哀感神靈也。○釋曰：案林碩難曰：“凡國有大烖，歌哭而請。魯人有日食而哭，《傳》曰‘非所哭’。哭者哀也，歌者是樂也。有哭而歌，是以樂烖。烖而樂之，將何以請？哀未失所②，禮又喪矣。孔子曰：‘哭則不歌。’歌哭而請，道將何爲？”“玄謂日食異者也，於民無困，哭之爲非。其所烖害，不害穀物，故歌必禮也。董仲舒曰：‘雩，求雨之術，呼嗟之歌。《國風·周南》《小雅·鹿鳴》，燕禮、鄉飲酒、大射之歌焉。’然則《雲漢》之篇亦大旱之歌。《考異郵·集二十四旱志》曰③：‘玄服而雩，緩刑理察④，挺罪赦過，呼嗟哭泣，以成發氣。’此數者，非大烖歌哭之證也？多烖，哀也。歌者，樂也。今喪家輓歌，亦謂樂非？‘孔子哭則不歌’，是出何經？”《論語》曰：“子於是日哭則不歌。”謂一日之中既以哀事哭，又以樂而歌，是爲哀樂之心無常，非所以譏此禮。若然，此云“歌”者，憂愁之歌，若《雲漢》之詩是也。

大史掌建邦之六典以逆邦國之治，掌灋以逆官府之治，掌則以逆都鄙之治。注典、則亦法也。逆，迎也。六典、八法、八則，冢宰所建以治百官，大史又建焉，以爲王迎受其治也。大史，日官也。《春秋傳》曰：“天子有日官，諸侯有日御。日官居卿以厎日⑤，禮也。日御不失日，以授百官于朝。”居猶處也，言建六典以處六卿之職。○釋曰：云“典、則亦法也”者，案《大宰》注：“典、法、則，所用異，異其名也。”其實典、則與法一也，故云典、則亦法也。云“六典、八法、八則，冢宰所建以治百官”者，《冢宰職》“八法”云“治官府”是也。云“大史又建焉，以爲王迎受其治也”者，鄭言此者，欲見大史重掌此三者非是相副貳，大宰既掌此，大史迎其治職文書。云“大史，日官也”者，以其掌曆數，故云日官。引《春秋傳》者，桓十七年：“冬十月朔，日有食之。不書日，官失之。天子有日官，諸侯有日御。”服氏注云：“日官、日御，典曆數者也。”“日

---

① “大”字原作“天”，據阮本改。
② 孫校云：“‘未’當作‘樂’。”
③ “曰”字原在“集”字之上，阮本同，孫校云：“《集二十四旱志》是《考異郵》篇名，義詳《禮記·月令》中夏疏，‘曰’字疑當在‘志’下。或本無此字，後人誤益之。”兹據前一説乙。
④ “玄服而雩緩”五字原作“立服而緩雲”，阮本同，據孫校改正。
⑤ “厎”字原作“底”，阮本同，金本作“底”，據婺本改。阮校云：“《釋文》作‘厎’，曰‘音旨’，當據正。此本疏中引作‘底’，非。”

官居卿以厎日,禮也。日御不失日,以授百官于朝。"服注云:"是居卿者,使卿居其官以主之,重曆數也。"案鄭注"居猶處也,言建六典以處六卿之職",與服不同。服君之意,大史雖下大夫,使卿家居之治大史之職①,與《堯典》云"乃命羲和,欽若昊天,曆象日月星辰",是卿掌曆數,明周掌曆數亦是日官。鄭意以五帝殊時,三王異世,文質不等,故設官不同。五帝之時使卿掌曆數,至周使下大夫爲之,故云建六典處六卿之職以解之。**凡辨灋者攷焉②,不信者刑之。** ○釋曰:案上文大史既受邦國、官府、都鄙治職文書,其三者之内有争訟來正之者,大史觀其辨法得理,考之。"不信者刑之"者,事理妄冒不信者刑罰之。**注**謂邦國、官府、都鄙以法争訟來正之者。 ○釋曰:鄭知此事是"邦國、官府、都鄙"者,以其文承上文三者之下,故知之。**凡邦國、都鄙及萬民之有約劑者藏焉,以貳六官、六官之所登。** ○釋曰:上文邦國、官府、都鄙三者俱充此約;不言官府者③,此舉"邦國、都鄙及萬民"在外者而言,其實官府約劑亦藏之。云"以貳六官"者,六官各有一通④,此大史亦副寫一通,故云以貳六官。云"六官之所登"者,約劑相續不絶,在後六官更有約劑,皆副寫一通上於大史以藏之。**注**約劑,要盟之載辭及券書也。貳猶副也。藏法與約劑之書⑤,以爲六官之副。其有後事,六官又登焉。 ○釋曰:鄭知"約劑,要盟之載辭及券書"者,案《司盟》:"凡邦國有疑會同,則掌其盟約之載。"故知"約劑"中有盟要之載辭。言及券書者,此經"萬民約劑"無盟要載辭,唯有券書,故别言券書。鄭知所藏之中有"法"者,案《司盟》云"掌盟載之法",下又云"及其禮儀,北面詔明神",此既掌辭,明并法亦藏之。**若約劑亂,則辟灋,不信者刑之。** **注**謂抵冒盟誓者。辟法者,考案讀其然不。 ○釋曰:盟誓要辭藏在府庫,在後抵冒其事,不依要辭,謂之"約劑亂"也。"則辟法"者,辟,開也。法,則約劑也。則爲之開府庫,"考案其然否"。不信者不依約劑,與之刑罪,故云"不信者刑之"。**正歲年以序事,頒之于官府及都鄙,** ○釋曰:云"正歲年"者,謂造曆正

---

① "家"字阮本作"來"。
② 孫疏云:"經典辯訟字通作'辯',宋以來版本並作'辨',誤,今據唐石經正。"下經"辨事者攷焉"孫疏説同。
③ "官府"二字原作"府官",據阮本乙。
④ "官"字原脱,據阮本補。
⑤ "與"字原作"有",據婺本、金本、阮本改。

歲年以閏,則四時有次序,依歷授民以事,故云"以序事"也。云"頒之于官府及都鄙"者,官府據在朝,都鄙據三等采地。先近及遠,故先言官府,次言都鄙,下乃言邦國。**注**中數曰歲,朔數曰年。中、朔大小不齊,正之以閏,若今時作曆日矣。定四時以次序,授民時之事。《春秋傳》曰:"閏以正時,時以作事,事以厚生,生民之本於是乎在。"○釋曰:云"中數曰歲,朔數曰年"者,一年之内有二十四氣,正月立春節,啓蟄中,二月雨水節,春分中,三月清明節,穀雨中,四月立夏節,小滿中,五月芒種節,夏至中,六月小暑節,大暑中,七月立秋節,處暑中,八月白露節,秋分中,九月寒露節,霜降中,十月立冬節,小雪中,十一月大雪節,冬至中,十二月小寒節,大寒中,皆節氣在前,中氣在後。節氣一名朔氣。朔氣在晦則後月閏,中氣在朔則前月閏。節氣有入前月法,中氣無入前月法。中氣帀則爲歲,朔氣帀則爲年。假令十二月中氣在晦①,則閏十二月,十六日得後正月立春節,此即朔數曰年。至後年正月一日得啓蟄中,此中氣帀,此即是中數曰歲。云"中、朔大小不齊,正之以閏"者②,周天三百六十五度四分度之一,日一日行一度,月一日行十三度十九分度之七。二十四氣通閏分之,一氣得十五日,二十四氣分得三百六十度,仍有五度四分度之一。一度更分爲三十二,五度爲百六十;四分度之一者又分爲八分,通前爲百六十八分。二十四氣分之,氣得七分。若然,二十四氣,氣有十五日七分。五氣得三十五分,取三十二分爲一日,餘三分推入後氣,即有十六日氣者。十五日七分者,故云中、朔大小不齊。正之以閏者,月有大小,一年三百五十四日而已,自餘仍有十一日,是以三十三月已後中氣在晦③,不置閏則中氣入後月,後須置閏以補之④,故云正之以閏。是以云"若今時作曆日矣"。云"定四時以次序"者,《堯典》"以閏月定四時"解經中"序",故云定四時以次序。云"授民時之事"者,亦取《堯典》"敬授民時"解經中"事"。"《春秋傳》曰"者,文公六年:"冬,閏月不告朔,非禮也。閏以正時,時以作事,事以厚生,生民之道於是乎在。不告閏朔,棄時正也,何以爲民?"彼譏文公不告閏朔。引之者,證閏歲年之事也。**頒告朔于邦國。注**天子班朔于諸侯,諸侯藏之祖廟,至朔朝于廟,告而受行之。鄭司農云:"頒讀爲班,班,布也。以十二月朔布告天下諸侯,故《春秋傳》曰:'不書日,官失之也。'"○釋曰:鄭云"天子班朔於諸侯,諸侯

---

① "中氣在晦"當作"節氣在晦",下文"中氣在晦"同。
② "以"字原脱,據阮本補。
③ "在"字原作"有",據阮本改。
④ "後"字阮本作"故"。

藏之於祖廟"者,案《禮記·玉藻》:"諸侯皮弁聽朔於大祖。"大祖即祖廟也。"至朔朝於廟,告而受行之"者,諸侯約天子,故縣之於中門,帀日斂之,藏之於祖廟,月月用羊告而受行之①。此經及《論語》稱"告朔",《玉藻》謂之"聽朔",《春秋》謂之"視朔"。視者,人君入廟視之;告者,使有司讀祝以言之;聽者,聽治一月政令。所從言之異耳。鄭司農云"以十二月朔布告天下諸侯"者,言朔者,以十二月曆及政令,若《月令》之書,但以受行,號之爲朔。"故《春秋傳》曰"者,還是桓十七年《傳》文。《春秋》之義,天子班曆於諸侯,日食書日;不班曆於諸侯,則不書日。其不書日者,猶天子日官失之不班曆②。引之,證經天子有班告朔之事。**閏月,詔王居門終月。**〇釋曰:明堂、路寢及宗廟皆有五室、十二堂、四門③,十二月聽朔於十二堂,閏月各於時之門④,故大史詔告王居路寢門。若在明堂告事之時,立行祭禮,無居坐之處。若在路寢堂與門聽事之時,各居一月,故立"居門終月"⑤。**注**門,謂路寢門也。鄭司農云:"《月令》十二月分在青陽、明堂、總章、玄堂左右之位,唯閏月無所居,居于門,故於文'王'在'門'謂之閏。"〇釋曰:鄭知此經"門"是"路寢門"者,案《玉藻》云"閏月,則闔門左扉,立於其中",不云"居",又不云"終月";此經言"居門終月"⑥,故知路寢門。先鄭云"《月令》十二月",據《月令》而言。案《月令》是秦時書,明堂路寢有九室,大室在中央,四角各有二堂,隔之爲个堂。大室正東之堂謂之"青陽",正南之堂謂之"明堂",正西之堂謂之"總章",正北之堂謂之"玄堂"。云"左右之位"者,青陽、明堂、總章、玄堂各有左右之位,《月令》謂之左右个,故《月令》孟春云青陽左个⑦,仲春居青陽,季春云居青陽右个⑧;孟夏云明堂左个,仲夏居明堂,季夏云居明堂右个;孟秋云居總章左个,仲秋居總章,季秋云居總章右个;孟冬居玄堂左个,仲冬居玄堂⑨,季冬居玄堂右个。《月令》皆云"居",故鄭以大寢解之,是以

---

①　浦鏜云:"'月月'疑'每月'或'月朔'之誤。"加藤云:"作'月月'可也。"
②　浦鏜云:"'猶'當'由'字誤。"孫疏據改。按"猶"、"由"二字古多通用。
③　"明"字原作"門",據阮本改。
④　"各"字原作"冬",據阮本改。
⑤　孫校云:"'立'當爲'云'。"
⑥　"經"字原作"終",據阮本改。
⑦　阮校云:"'云'當'居'字之誤,下孟夏同。此引《月令》十二月,原文皆有'居'無'云'。"
⑧　阮校云:"此'云'字當衍,下季夏、孟秋、季秋同。"
⑨　"居"字原作"居居",誤衍一字,據阮本删。

先鄭引之證此大寢之禮。云"唯閏月無所居,居於門"者,以其十二月居十二堂,故云"閏月無所居,居於門"。云"故於文王在門謂之閏"者,解"閏"字之意。以閏月王在門中,故制文字亦"王"在"門"中謂之"閏"也。

大祭祀,與執事卜日;注執事,大卜之屬。與之者,當視墨。○釋曰:知"執事,大卜之屬"者,大卜掌卜事,故知執事是大卜。言之屬者,兼有卜師及卜人。知"當視墨"者,案《占人》云:"君占體,大夫占色,史占墨,卜人占坼①。"彼言史者即此大史,故知當視墨。戒及宿之日,與羣執事讀禮書而協事;注協,合也,合謂習錄所當共之事也。故書協作叶。杜子春云:"叶,協也。書亦或爲協,或爲汁。"○釋曰:"戒及宿之日"者,戒謂散齊七日,宿謂致齊三日。云"與羣執事讀禮書而協事"者,當此二日之時,與羣執事預祭之官讀禮書而協事,恐事有失錯、物有不供故也。祭之日,執書以次位常,注謂校呼之,教其所當居之處。○釋曰:言"執書"者,謂執行祭祀之書,若今儀注。"以次位常"者,各居所掌位次。常者,此禮一定,常行不改,故云常也。辨事者攷焉,不信者誅之。注謂抵冒其職事。○釋曰:此謂助祭之人。大史掌禮,知行事得失。所行依注謂之事②。則與人考焉,"抵冒職事"詐欺不信者刑誅之。大會同朝覲,以書協禮事,注亦先習錄之也。○釋曰:天子與諸侯不錄。及將幣之日,執書以詔王。注將,送也。詔王,告王以禮事③。○釋曰:"將幣之日"者,則上經所習會同之事,至此得朝覲之時則有三享之禮。將,送也。幣,謂璧帛之等。故云將幣之日。云"執書以詔王"者,王與諸侯行禮之時,大史執禮書以告王,使不錯誤。大師,抱天時,與大師同車。○釋曰:云"大師"者,大起軍師也。云"抱天時"者,大史知天道④。天時謂天文見時候者。史抱此天時,與大師瞽人知天道者同在一車之上,共察天文,故"同車"也。注鄭司農云:"大出師則大史主抱式,以知天時,處吉凶。史官主知天道,故《國語》曰'吾非瞽、史,焉知天道',《春秋傳》曰'楚有雲如衆赤鳥,夾日以飛,楚子使問諸周大史',大史主天道⑤。"玄謂瞽即大師,大師瞽

---

① "坼"字原作"拆",據阮本改。
② 浦鏜云:"'依注'當'儀注'誤。"
③ "事"字原作"畢",據婺本、金本、阮本改。
④ "史"字原作"師",據阮本改。
⑤ "大"字原空闕一格,據婺本、金本、阮本補。

官之長。○釋曰：先鄭云“大出師則大史主抱式，以知天時，處吉凶”者，云抱式者，據當時占文謂之式。以其見時候有法式，故謂載天文者爲式。知天時處吉凶者，候天時，知吉凶，以告王，故云處吉凶。《國語》者，案《周語》單子謂魯成公：“吾非瞽、史，焉知天道？”《春秋傳》者，在哀六年。“玄謂瞽即大師”者，此足先鄭之義，《周語》云“瞽”者即此經“大師”，一也。云“大師瞽官之長”者，案春官瞽人之内，立其賢者爲大師之官，故云瞽官之長。**大遷國，抱瀍以前。**注①法，司空營國之法也。抱之以前，當先王至，知諸位處。**大喪，執瀍以涖勸防，**注鄭司農云：“勸防，引六綍。”**遣之日，讀誄。**注遣，謂祖廟之庭大奠，將行時也。人之道終於此。累其行而讀之，大師又帥瞽廞之而作謚。瞽、史知天道，使共其事，言王之誄謚成於天道。○釋曰：遣謂大遣奠，故以“遣謂祖廟之奠”。云“人之道終於此”者，以其未葬已前，孝子不忍異於生，仍以生禮事之。至葬，送形而往，迎魂而反，則以鬼事之。故既葬之後當稱謚，故誄生時之行而讀之，此經“誄”即“累”也。云“大師又帥瞽廞之而作謚”者，案《大師職》：“凡大喪，帥瞽而廞作柩謚。”云“言王之誄謚成於天道”者，案《禮記·曾子問》：“唯天子稱天以誄之。”注云：“以其無尊焉。”彼又引《公羊傳》“制謚於南郊”。瞽、史既知天道，又於南郊祭天之所稱天以誄之，是王之謚成於天道也。若然，先於南郊制謚，乃於遣之日讀之，葬後則稱謚。**凡喪事，攷焉。**注攷有得失。**小喪，賜謚。**注小喪，卿大夫也。○釋曰：大史雖賜之謚，不讀，使小史讀之，故《小史職》云：“卿大夫之喪，賜謚讀誄。”彼注云：“其讀誄亦以大史賜謚爲節，事相成。”其卿大夫將作謚之時，其子請於君，君親爲之制謚。謚成，使大史將往賜之，小史至遣之日往爲讀之。知義然者，見《禮記·檀弓》云：“公叔文子卒，其子戍請謚於君曰：‘日月有時，將葬矣，請所以易其名者。’君曰：‘昔者夫子脩其班制，以與四鄰交，衛國之社稷不辱，不亦文乎？’”是其事也。明主禮亦當然②。其諸侯之法，案《曾子問》云：“賤不誄貴，幼不誄長。諸侯相誄，非禮。”《春秋》之世，卑謚於尊，不得如禮。案《曲禮》：“言謚曰類。”以其象聘問之禮，見天子乃使大史賜之謚，小史不讀之，以其諸侯自有史。若然，此直言小喪賜之謚，則三公、諸侯亦

---

① “注”字原脱，據全書體例擬補。下經“注”字同。

② “主”字阮本無。加藤云：“呼大夫爲主，作‘主’似可。”按《檀弓》所云爲諸侯之卿大夫卒後賜謚之事，賈疏引之以況此經天子禮，故云“明王禮亦當然”，“主”蓋“王”之形訛字。

在焉。凡射事，飾中，舍筭，執其禮事。○釋曰：言"凡射事"者，則大射、賓射、燕射之等，皆使大史爲此三事。"飾中"者，謂飾治使絜静。"舍筭"者，射有三番，第一番三耦射，不釋筭，第二、第三番射乃釋筭。"執其禮事"者，大史主禮者，天子、諸侯射，先行燕禮，後乃射，其中禮事皆大史掌之。注舍讀曰釋。鄭司農云："中，所以盛筭也。"玄謂設筭於中，以待射時而取之，中則釋之。《鄉射禮》曰："君國中射則皮豎中，於郊則閭中，於竟則虎中。大夫兕中，士鹿中。"天子之中未聞。○釋曰：先鄭云"中，所以盛筭也"者，司農之意，所有射筭皆盛於中，故後鄭不從。"玄謂設筭於中，以待射時而取之，中則釋之"者，案《鄉射》、《大射》，筭皆於中西，設八筭於中内，偶升將射，大史取中之八筭執之，待射中則更設於中，待第二耦射、第三耦已下皆然。"《鄉射禮》曰"已下，是《鄉射·記》文。云"君國中射皮豎中"者，謂燕射在寢則以皮豎獸形爲中。云"於郊則閭中"者，謂大學之射。云"於竟則虎中"者，謂與鄰國君射也。云"大夫兕中，士鹿中"者，大夫、士各一中，故大夫以兕獸爲中，士以鹿獸爲中。云"天子之中未聞"者，經記不言故也。

小史掌邦國之志，奠繫世，辨昭穆。若有事，則詔王之忌諱。

○釋曰："小史掌邦國之志"者，"邦國"連言，據諸侯。志者，記也。諸侯國内所有記録之事皆掌之。云"奠繫世"者，謂定帝繫、世本。云"辨昭穆"者，帝繫、世本之上皆有昭穆親疏[1]，故須辨之。云"若有事"者，謂在廟中有祈祭之事。云"則詔王之忌諱"者，謂小史告王以先王之忌諱也。注鄭司農云："志，謂記也。《春秋傳》所謂《周志》、《國語》所謂《鄭書》之屬是也。史官主書，故韓宣子聘于魯，觀書大史氏。繫世，謂帝繫、世本之屬是也。小史主定之，瞽矇諷誦之。先王死日爲忌，名爲諱。"故書奠爲帝。杜子春云："帝當爲奠，奠讀爲定，書帝亦或爲奠。"玄謂王有事祈祭於其廟。○釋曰：古者記識物爲志，《春秋傳》所謂《周志》者皆是。《左氏傳》殽之役："晉襄公縛秦囚，來駒失戈[2]，狼瞫取戈斬囚，遂爲車右。箕之役，先軫黜之，而立續簡伯。其友曰：'盍死之？'瞫曰：'吾未獲死所。'其友曰：'吾與汝爲難。'瞫曰：'《周志》有之：勇則害上，不登於明堂。'"引之者，證"志"爲記識之義也。引"韓宣子"者，案昭公二年《左氏傳》："晉韓起來聘，觀

①　"上"字阮本作"中"，"皆"下有"自"字。
②　浦鏜云："'萊'誤'來'。"

書於大史氏,見《易象》與《魯春秋》。"引之者,證史官掌邦國之志。此經小史掌志,引大史證之者,大史史官之長,共其事故也。云"繫世,謂帝繫、世本之屬是也"者,天子謂之帝繫,諸侯謂之世本。云"瞽矇諷誦之"者,案《瞽矇職》云"掌諷誦詩,世奠繫,鼓琴瑟"是也。云"先王死日爲忌,名爲諱"者,告王當避此二事。**大祭祀,讀禮灋,史以書叙昭穆之俎簋。** ○釋曰:此言"叙昭穆之俎簋",則非外神耳,則"大祭祀"唯謂祭宗廟三年一祫之時,有尸主,兼序昭穆俎簋也。**注**讀禮法者,大史與羣執事。史,此小史也。言讀禮法者,小史叙俎簋以爲節。故書簋或爲几[①]。鄭司農云:"几讀爲軌,書亦或爲簋,古文也[②]。大祭祀,小史主叙其昭穆,以其主定繫世。祭祀史主叙其昭穆、次其俎簋,故齊景公疾,欲誅於祝、史。"玄謂俎簋,牲與黍稷。以書次之,校比之。○釋曰:鄭知"讀禮法"是"大史與羣執事"者,《大史職》云:"大祭祀,戒及宿之日,與羣執事讀禮書而協事。"彼云"禮書"即此"禮法"也[③]。云"言讀禮法者,小史叙俎簋以爲節"者,謂大史讀禮法之時,小史則叙昭穆及俎簋,當依禮法之節"校比之"[④],使不差錯,故俎及簋云爲節也。"齊景公"事,在昭二十年《左氏傳》。彼《傳》:公有疾,語晏子曰:"據與款謂寡人能事鬼神,故欲誅於祝、史。"是其事也。**大喪、大賓客、大會同、大軍旅,佐大史。凡國事之用禮灋者,掌其小事。** ○釋曰:此數事皆大史掌之,小史得佐之。**卿大夫之喪,賜諡讀誄。** **注**其讀誄亦以大史賜諡爲節,事相成。○釋曰:案《大史》云:"小喪,賜諡。"注云:"小喪,卿大夫之喪。"注取此文。彼不云"讀誄",今此云"卿大夫之喪,賜諡讀誄",賜諡是大史之事,非小史,但小史於大史賜諡之時須誄列生時行跡而讀之,故云"其讀誄亦以大史賜諡爲節"。云"事相成"者,諡法依誄爲之,故云事相成。

---

① 段考校改"几"字爲"九":"'簋'字古音同'九',其古文作'軌','軌'古音亦同'九'也。《公食大夫禮》'宰夫設黍稷六簋',注:'古文簋皆爲軌。'蓋古文字少,假借車轍之字爲之。若《周禮》故書作'九',則更古矣。今本注'九'譌作'几',非其聲類。"

② 段考校改爲"九讀爲軌,書亦或爲軌,簋古文也":"大鄭易'九'爲'軌'者,依《儀禮》古文,且《周禮》書亦或爲'軌'也。云'簋古文'者,謂此'軌'字乃'簋'之古文也。不徑易'九'爲'簋'者,簋蓋秦時小篆,必從周人作'軌'也。其不徑從故書作'九'何?漢時經典古籍皆用'軌'爲'簋',用'九'字者絶少也。今本脱一'軌'字,不可讀。"

③ "書"字原作"奮",據阮本改。

④ "法"字原作"出",據阮本改。

馮相氏掌十有二歲、十有二月、十有二辰、十日、二十有八星之位，辨其叙事，以會天位。　○釋曰：云"十有二歲"者，歲謂大歲，左行於地，行於十二辰，一歲移一辰者也。云"十有二月"者，謂斗柄月建一辰，十二月而周，故云十有二月。云"十有二辰"者，謂子丑寅卯之等十有二辰也。"十日"者，謂甲乙丙丁之等也。云"二十八星"者，東方角亢氐房心尾箕，北方斗牛之等，爲二十八星也。若指星體而言，謂之星；日月會於其星，即名宿，亦名辰，亦名次，亦名房。云"之位"者，摠五者皆有位處也。云"辨其叙事"者，謂五者皆與人爲候之，以爲事業次叙，而事得分辨，故云辨其序事也。"以會天位"者，五者在天會合而爲候也，此謂之五者也。**注**歲，謂大歲。歲星與日同次之月，斗所建之辰。《樂説》説歲星與日常應大歲月建以見[1]，然則今曆大歲非此也。歲、日、月、辰、星宿之位，謂方面所在。辯其叙事，謂若仲春辯秩東作，仲夏辯秩南僞[2]，仲秋辯秩西成，仲冬辯在朔易。會天位者，合此歲、月、日、辰、星宿五者[3]，以爲時事之候，若今曆日大歲在某月某日某甲朔日直某也[4]。《國語》曰："王合位于三五。"《孝經説》曰："故勑以天期四時，節有晚早，趣勉趣時，無失天位。"皆由此術云。○釋曰：云"歲，謂大歲。歲星與日同次之月，斗所建之辰"者，此大歲在地，與天上歲星相應而行。歲星爲陽，右行於天，一歲移一辰，又分前辰爲一百四十四分而侵一分[5]，則一百四十四年跳一辰，十二辰币，則摠有千七百二十八年，十二跳辰币。以此而計之，十二歲一小周，謂一年移一辰故也；千七百二十八年一大周，十二跳币故也。歲左行於地，一與歲星跳辰年數同[6]，此則服虔注《春秋》"龍度天門"是也。以歲星本在東方謂之

---

① 王引之謂"常應"上涉上句"歲星與日同次"而衍"與日"二字："'歲星與日同次之月，斗所建之辰'，此大歲建辰之一法也，其月歲星與日同次而不見者也。'《樂説》説歲星常應大歲月建以見'，此大歲建辰之又一法也，其月歲星與日隔次而晨見者也。今上云'同次'，下云'見'，殆失之矣。"

② "僞"字婺本、金本、阮本作"譌"。阮校云："葉鈔《釋文》作'南僞'，余本載音義同，此本及閩、監本'譌'字皆剜改，蓋本作'僞'。"按婺本、金本亦剜改。

③ "月日"二字婺本、金本同，阮本作"日月"。

④ 孫疏云："'大歲在'下當重'某'字，今本挩。"

⑤ "四十四"三字原作"三十四"，阮本同，孫校云："'三'當爲'四'。"兹據改。

⑥ "數"字阮本作"歲"。

龍，以辰爲天門，故以歲星跳辰爲龍度天門也①。云“歲星與日同次之月，斗所建之辰”者，以歲星爲陽，人之所見；大歲爲陰，人所不覩。既歲星與大歲雖右行、左行不同，要行度不異，故舉歲星以表大歲。言歲星與日同次之月，一年之中唯於一辰之上爲法。若元年甲子朔旦冬至，日月五星俱起於牽牛之初②，是歲星與日同次之月，十一月斗建子，子有大歲。至後年，歲星移向子上③，十二月日月會於玄枵，十二月斗建丑，丑有大歲。自此已後皆然。引《樂説》者，證大歲在月建之義也。云“然則今曆大歲非此也”，以今曆大歲、歲星北辰④，大歲無跳辰之義，非此經大歲者也。云“歲、日、月、辰、星宿之位，謂方面所在”者，此五物皆依四方四面十二辰而見，故云方面所在。云“謂若仲春辯秩東作”已下者，案《尚書》皆作“平秩”，不爲“辯秩”，今皆云“辯秩”，據《書傳》而言，辯其平也。注引《國語》者，《周語》文。云“王合位于三五”者，案彼武王伐紂之時，歲在鶉火，月在天駟，日在析木之津，辰在斗柄，星在天元⑤。引之者，證經五者各於其位。**冬夏致日，春秋致月，以辨四時之叙。**〇釋曰：此經欲知人君政之得失之所致，觀日月之景“以辨四時之叙”，若政教得所則四時之景依度，若依度則四時之叙得正矣。必“冬夏致日，春秋致月”者，以日者實也，故於長短極時致之也；月者闕也，故於長短不極時致之也。**注**冬至日在牽牛，景丈三尺；夏至日在東井，景尺五寸。此長短之極。極則氣至，冬無愆陽⑥，夏無伏陰。春分日在婁，秋分日在角，而月弦於牽牛、東井，亦以其景知氣至不。春秋冬夏氣皆至，則是四時之叙正矣。〇釋曰：鄭知“冬至景丈三尺”者，案《易緯·通卦驗》云：“冬至日，置八神，樹八尺之表，日中視其影，如度者歲美人和，晷不如度者歲惡人僞，言政令之不平⑦。”注⑧：“神讀如引，言八引者，樹杙於地，四維四中引繩以正之，故因名之曰引。立表者先正方面，於視日審矣。”“晷進則水，晷退則

---

① “星”字原作“日”，阮本同，阮校引浦鏜説云：“‘日’當‘星’字誤。”孫疏據改，兹從之。
② “起”字原作“赴”，阮本同，阮校引浦鏜説云：“‘起’誤‘赴’。”孫疏據改，兹從之。
③ “歲”字原脱，據阮本補。
④ 孫校云：“‘北’疑‘比’之誤。比辰即不超辰也。”
⑤ 浦鏜云：“‘黿’誤‘元’。”
⑥ “愆”字藝本、金本、阮本作“僽”，皆“愆”之俗字。
⑦ 孫校云：“‘政令’下奪‘爲’字。”
⑧ “注”字原作“法”，阮本同，阮校引浦鏜説云：“‘注’誤‘法’。”兹據改。

旱。進尺二寸則月食，退尺二寸則日食①。"注云："晷進，謂長於度，日之行黃道外則晷長，晷長者陰勝，故水。晷短於度者，日之行入進黃道内，故晷短，晷短者陽勝，是以旱。進尺二寸則月食者，月以十二爲數，以勢言之，宜爲月食。退尺二寸則日食者，日之數備于十②。晷進爲盈，晷退爲縮。""冬至晷長丈三尺。"注云："所立八尺之表陰長丈三尺③，長之極。"彼雖不言夏至尺五寸景，以冬至影丈三尺反之④，致景唯尺五寸景也。是以鄭注《考靈耀》云："日之行，冬至之後漸差向北，夏至之後漸差向南。日差大分六⑤，小分四。大分六者，分一寸爲十分⑥；小分四者，分一分爲十分⑦。一寸千里，則差六百四十里。"案《大司徒職》云："日至之景尺有五寸，謂之地中。"從夏至之後差之，至冬至得丈三尺景。又案《天文志》："春秋分日在婁、角⑧，而晷中。立八尺之表，而晷景長七尺三寸六分。"云"極則冬無愆陽，夏無伏陰"者，愆陽伏陰者，昭四年申豐辭。以其德政所致，而四時之景合度，故陰陽和也。云"春分日在婁，秋分日在角，而月弦於牽牛、東井，亦以其景知氣至不"者，案《通卦驗》云："夫八卦氣驗常不在望，以入月八日、不盡八日候諸卦氣。"注云："入月八日、不盡八日，陰氣得正而平。"以此而言，明致月景亦用此日矣。若然，春分日在婁，其月上弦在東井，圓於角，下弦於牽牛；秋分日在角，上弦於牽牛，圓於婁，下弦東井。故鄭并言月弦於牽牛、東井。不言圓望，義可知也。此以三月諸星復，若不在三月，則未到本位，大判皆以合昏星體在酉而言。以其二月春分婁星昏在酉，秋分角星昏亦在酉，以是推之皆可知。案《天文志》云"月有九行"，云"黑道二⑨，出黃道北；赤道二，出黃道南；白道二，出黃道西；青道二，正出黃道東。立春、春分，月東從青道云云，然則用之，決房中。赤、青出陽道，白、黑出陰道。月失節度而行，出陽道則旱風，出陰道則雨"。此云九行，則通數黃道也。進入黃道南，別謂之赤

---

① 孫校改"退尺二寸"爲"退尺"："據下引注説月數十二、日數十，則此文當作'進尺二寸則月食，退尺則日食'審矣。"然則下引注説"退尺二寸"亦當作"退尺"。

② "于"字原作"千"，據阮本改。

③ 浦鏜云："'景'誤'陰'。"

④ "影"下阮本有"長"字。

⑤ "差"字原作"美"，據阮本改。

⑥ "十分"二字原作"十分分"，阮本同，阮校云："'分'字不當重。"兹據刪。

⑦ "一分"二字原作"一寸"，阮本同，阮校引浦鏜説云："'一分'誤'一寸'。"孫疏據改，兹從之。

⑧ "角"字原無，浦鏜、孫校並謂脱"角"字，兹據補。

⑨ 孫校云："'行'下'云'字，疑當從《漢志》作'者'。"按作"云"亦可通。

道。夏時月在黄道南,謂之赤道;進入黄道北,謂之黑道。東西自相對。春時月行黄道東,謂之青道;進入黄道西,謂之白道。秋時月在黄道西,謂之白道;進入黄道東,謂之青道。此皆不得其正,故曰出陽道則旱風,出陰道則雨。若在黄道,是其正,亦如日然。故《星備》云:“明王在上,則日月五星皆乘黄道。”又云:“《黄帝占》曰:‘天道有三,黄道者,日月五星所乘。’”問曰:“案鄭《駁異義》云,《三光考靈耀書》云‘日道出于列宿之外,萬有餘里’,謂五星則差在其内,何得與日同乘黄道?”及問曰①:“日何得在婁、角、牽牛、東井乎?”荅曰:“黄道數寬廣,雖差在内,猶不離黄道,或可以上下爲外内。”又案《天文志》云:“春秋分日在婁、角,去極中,而晷中。立八尺之表,而晷景長七尺三寸六分也。”若然,《通卦驗》云“春秋晷長七尺二寸四分”者,謂晷表有差移,故不同也。

周禮疏卷第三十一

唐朝散大夫行大學博士弘文館學士臣賈公彥等撰

保章氏掌天星，以志星、辰、日、月之變動，以觀天下之遷，辨其吉凶。○釋曰：上馮相氏掌日、月、星、辰不變依常度者，此官掌日、月、星、辰變動與常不同，以見"吉凶"之事。**注**志，古文識，識，記也。星，謂五星。辰，日月所會。五星有贏縮圜角[1]，日有薄食暈珥，月有虧盈朓側匿之變。七者右行列舍，天下禍福變移所在皆見焉。○釋曰：云"志，古文識，識，記也"者，古之文字少，"志意"之志與"記識"之志同，後代自有"記識"之字，不復以"志"爲"識"，故云"志，古文識，識即記也"。云"星，謂五星"者，案《天文志》謂東方歲，南方熒惑，西方太白，北方辰，中央鎮星。云"辰，日月所會"者，《左氏傳》士文伯對晉侯之辭也。云"五星有贏縮"者，案《天文志》云："歲星所在，其國不可以伐人。起舍如前出爲贏，贏爲客[2]；晚出爲縮，縮爲主人。故人有言曰：'天下大平，五星循度，亡有逆行。日不蝕朔，月不蝕望。'"云"圜角"者，《星備》云："五星更王相休廢，其色不同。王則光芒，相則内實，休則光芒無角不動搖，廢則少光。色順四時，其國皆當也。"又云："立春，歲星王七十二日，其色有白光，角芒；土王三月十八日，其色黄而大，休則圓，廢則内虛。立夏，熒惑王七十二日，色赤角芒；土王六月十八日，其色黄而大。立秋，大白王七十二日，光芒無角；土王九月十八日，其色黄而大。立冬，辰星王七十二日，其色白芒角；土王十二月十八日，其色黄而大。星當王相不芒角，其邦大弱，強國取地，大弱失國亡土也。"云"日有薄蝕暈珥"者，此則《視祲職》具釋其事也。云"月有虧盈"者，此則《禮運》所云"三五而盈，三五而闕"也。云"朓側匿之變"者[3]，案《尚書五行傳》云："晦而月見西方謂之朓，朔而月見東方謂之側匿。

---

① "贏"字原作"嬴"，金本同，據婺本、阮本改。

② "歲星"以下至"贏爲客"，孫校謂當據《漢書・天文志》原文作"歲星所在，其國不可伐，可以伐人。超舍而前爲贏，退舍爲縮。凡五星，早出爲贏，贏爲客"。

③ "側"字原作"則"，據阮本改。

側匿則侯王其肅,朓則侯王其舒。"云"七者右行列舍"者,七謂日月五星,皆右行於天,留伏順逆,以見吉凶,故云"天下禍福變移所在皆見焉"。若然,經有"辰",鄭云"日月所會"直釋辰名,不解辰之禍福者,但辰與二十八星隨天左行,非所以見吉凶。已見《馮相氏》,而此言之者,星辰是相將之物,挾句而言^①,故鄭不釋爲禍福之事也。**以星土辨九州之地所封封域,皆有分星,以觀妖祥。** ○釋曰:此經論北斗及二十八宿所主九州及諸國封域之妖祥所在之事,故云"以星土"也。云"辨九州之地"者,據北斗而言。云"所封封域"者,據二十八星而説。云"皆有分星"者,摠解九州及諸國也。云"以觀妖祥"者,據星見徵應所在以觀妖祥之事也。**注**星土,星所主土也。封猶界也。鄭司農説星土以《春秋傳》曰"參爲晉星""商主大火"、《國語》曰"歲之所在,則我有周之分野"之屬是也。玄謂大界則曰九州,州中諸國中之封域於星亦有分焉^②。其書亡矣,《堪輿》雖有郡國所入度,非古數也。今其存可言者,十二次之分也:星紀,吴、越也;玄枵,齊也;娵訾,衛也;降婁,魯也;大梁,趙也;實沈,晉也;鶉首,秦也;鶉火,周也;鶉尾,楚也;壽星,鄭也;大火,宋也;析木,燕也。此分野之妖祥主用客星彗字之氣爲象。○釋曰:先鄭所引《春秋傳》者,案昭元年《左氏傳》鄭子産云:"辰爲商星,參爲晉星。"又襄九年《左氏傳》云:"辰爲商主大火。"此所引及《國語》皆據諸國而言,故增成其義,并釋九州之土也。後鄭云"大界則曰九州"者,此解經"九州之地"。案《春秋緯·文耀鉤》云:"布度定記,分州繫象。華、岐以龍門、積石^③,至三危之野,雍州,屬魁星。則大行以東,至碣石、王屋、砥柱,冀州,屬樞星。三河、雷澤東,至海岱以北,兗州、青州,屬機星。蒙山以東,至南江、會稽、震澤^④,徐、揚之州,屬權星。大別以東,至雷澤、九江^⑤,荊州,屬衡星。荊山西南,至岷山,北崛鳥鼠^⑥,梁州,屬開星。外方、熊耳以至泗水、陪尾^⑦,豫州,屬搖星。"此九州屬北斗。星有七,州有九,但兗青、徐揚并屬二州,故七星主

---

① "挾"字原作"扶",據阮本改。
② 孫疏引孔繼汾説云:"'國'下衍'中'字,《大司徒》'土宜'疏引此注亦無'中'字。"
③ 孫校據《開元占經·石氏中官占篇》引《文耀鉤》謂"以"下當補"北"字、"石"下當補"西"字。
④ 孫校謂"至南江"當作"至羽山南至江"。
⑤ 孫校謂"雷澤"當作"雲澤"、"九江"下當補"衡山"二字。
⑥ 孫校謂"崛"當作"距"。
⑦ 孫校謂"以"下當補"東"字。

九州也。周之九州差之，義亦可知。云"州中諸國"已下，別釋經"所封封域"。古黄帝時《堪輿》亡，故"其書亡矣"。云《堪輿》雖有郡國所入度，非古數"者，謂後代有作《堪輿》者，非古數。雖非古數，時有可言者，故云"今其存可言者，十二次之分也"者①。但吴、越在南，齊、魯在東，今歲星或北或西②，不依國地所在者，此古之受封之日歲星所在之辰國屬焉故也。吴、越二國同次者，亦謂同年度受封，故同次也。云"此分野之妖祥主用客星彗孛之氣爲象"者，案《公羊傳》昭十七年："冬，有星孛于大辰。孛者何？彗星也。"何休云："孛彗者，邪亂之氣，掃故置新之象。"《左氏》："申繻曰：'彗所以除舊布新。'"如是，彗、孛一也。時爲宋、衛、陳、鄭裁。《天文志》，彗長丈二。言用客星者，彗非位，奔實而入他辰者也。**以十有二歲之相觀天下之妖祥。**○釋曰：此經又以大歲以觀妖祥之異耳。**注**歲，謂大歲。歲星與日同次之月，斗所建之辰也③。歲星爲陽，右行於天，太歲爲陰，左行於地，十二歲而小周。其妖祥之占，《甘氏歲星經》其遺象也。鄭司農云："太歲所在，歲星所居。《春秋傳》曰'越得歲而吴伐之，必受其凶'之屬是也。"○釋曰：云"歲，謂大歲"者，上文已説五星訖，以文次而推知非歲星，故知是在地之大歲也。其推大歲所在以下，於上《馮相氏》釋訖，鄭恐人不曉，故重言之也。先鄭云"大歲所在，歲星所居"者，亦欲見推大歲之處。云歲星所居，亦是歲星與日同次之月也。大歲所在，亦是斗所建之辰下有大歲也。云"越得歲而吴伐之，必受其凶之屬"者，案昭三十二年："夏，吴伐越。史墨曰：'不及四十年，越其有吴乎？越得歲而吴伐之，必受其凶。'"案昭十三年蔡復之歲歲在大梁，至昭三十二年④，正應在析木。而越得歲者，案彼服注："歲星在星紀，吴、越之分野。蔡復之歲歲在大梁，距此十九年。昭十五年有事於武宫之歲龍度天門⑤。龍，歲星也。天門在戌⑥，是歲越過，故使今年越得歲。龍，東方宿，天德之貴神，其在所之國兵必昌⑦，向之以兵則凶。吴、越同次，吴先舉兵⑧，故

---

① "二"字原作"一"，據阮本改。
② 孫校云："'歲'當作'分'。"
③ "建"字原作"達"，據婺本、金本、阮本改。
④ "昭"字原作"罪"，據阮本改。
⑤ "宫"字原作"官"，據阮本改。
⑥ "戌"字原作"成"，據阮本改。
⑦ 浦鏜云："'所在'字誤倒。"
⑧ "舉"字原作"奉"，據阮本改。

凶也。或歲星在越分中，故云得歲。史墨知不及四十年越有吳者，以其歲星十二年一周天，存亡之數不過三紀。三者天地人之數，故歲星三周星紀至玄枵。哀二十二年，越滅吳，至此三十八年。”鄭君之義則不然，故《春秋志》云：“五星之期各用數，有氣者期遠而禍大，無氣者期近而禍小。吳越以夏①，周之孟夏建卯，仲夏建辰，木用事之時。木數三，木用事則歲星王，當從遠期，以三乘十二爲三十六，歲星復其所，而三十七過其次，而歲星去矣，故伐越亦後。至哀二十二年，積三十八年，冬十一月丁亥，而越滅吳。案越興在哀二十年，吳惡未周，故不滅也。”此鄭義與服小異大同。案《括地象》：“天不足於西北。”則西爲天門。昭十五年，歲星正應在鶉首，越一次當在鶉火，是以昭三十二年得在星紀。若然，天門不在戌者，但龍度天門正應在五月，日體在鶉首，與歲星同次，日沒於戌，歲星亦應沒，由度戌至酉上見而不沒，故云龍度天門。**以五雲之物辨吉凶、水旱降豐荒之祲象。**○釋曰：“物”，色也，此五色之雲以“辨吉凶”也。云“水旱降豐荒”者，水旱降爲荒，凶也；風雨降爲豐，吉也。云“之祲象”者，祲謂日旁雲氣，以見五色之雲則知吉凶也。**注**物，色也。視日旁雲氣之色。降，下也。知水旱所下之國。鄭司農云：“以二至二分觀雲色，青爲蟲，白爲喪，赤爲兵荒，黑爲水，黃爲豐。故《春秋傳》曰：‘凡分至啓閉，必書雲物，爲備故也。’故曰‘凡此五物，以詔救政’。”○釋曰：鄭知“視日旁雲氣之色”者，以其《視祲職》十者皆視日旁雲氣之色，此云“祲象”，故知所視五雲亦視日旁雲氣之色也。鄭“知水旱所下之國”者，以其云“降”，明據日旁雲氣則知當十二辰之分野所下之國有豐荒也。鄭“以二至二分觀雲色”者，即所引《春秋》者是。云“青爲蟲”已下，蓋據陰陽書得知。案僖五年《左氏傳》云：“春王正月辛亥朔，日南至。公既視朔，遂登觀臺以望。而書，禮也。凡分至啓閉，必書雲物，爲備故也。”注云：“分，春、秋分。至，冬、夏至。啓，立春、立夏。閉，立秋、立冬。”據八節而言也。先鄭引下文“凡此五物”者，欲見《春秋》與此相當故也。**以十有二風察天地之和、命乖別之妖祥。**○釋曰：此一經，欲見十二辰頭律氣以知妖祥之事。**注**十有二辰皆有風，吹其律以知和不，其道亡矣。《春秋》襄十八年，楚師伐鄭，師曠曰：“吾驟歌北風，又歌南風，南風不競，多死聲，楚必無功。”是時楚師多凍，其命乖別審矣。○釋曰：鄭知“十二風”是十二辰氣爲風者，師曠云“歌北風、南風”皆據十二辰之氣爲風，故

---

① 加藤云：“殿本‘吳’下增‘伐’，孫本承之。”

知風即氣也。云"吹其律以知和不，其道亡"者，鄭亦案師曠吹律而知此氣亦當吹律也，今無吹律之法，故云其道亡。引"襄十八年"者，是時鄭屬晉，不復事楚，楚師伐之。晉爲盟主，欲救之，故師曠吹律，以觀楚强弱。案彼服注："北風，無射、夾鍾以北。南風，沽洗以南①。"云"命乖別審矣"者，以南風弱，即知楚無功，是其命楚師乖離別審矣。案《考異郵》曰："陽立于五，極于九，五九四十五且變②，以陰合陽，故八卦主八風，距同各四十五日。艮爲條風，震爲明庶風，巽爲清明風，離爲景風，坤爲涼風，兌爲閶闔風，乾爲不周風，坎爲廣莫風。"案《通卦驗》云：冬至廣莫風；十二月大寒、小寒皆不云風至；立春條風至，雨水猛風至；二月驚蟄不見風至③，春分明庶風至；清明雷鳴雨下清明風至玄鳥來，穀雨不見風；立夏清明風至，小滿不見風；五月芒種不見風，大暑不見風④；立秋涼風至，處暑不見風；白露不見風，秋分涼風至⑤；寒露、霜降皆不見風；立冬不周風至，小雪、大雪皆不見風。如是，無十二風，何云十二月皆有風乎？案《通卦驗》云三月、六月、九月、十二月皆不見風，惟有八以當八卦。八節云十一月者⑥，則乾之風漸九月，坤之風漸八月⑦，艮之風漸十二月，巽之風漸三月。故清明節次云清明風，立夏復云清明風，是清明風主三月復主四月。則其餘四維之風主兩月可知。雨水猛風與條風俱在正月，則猛風非八卦之風亦不如之⑧。**凡此五物者，以詔救政，訪序事。**注訪，謀也。

見其象則當豫爲之備，以詔王救其政，且謀今歲天時占相所宜，次序其事。○釋曰：此經摠計上五經文。云"凡此五物"者，謂從"掌天星"以下五經並是已見之物有此五事。云"詔"者，詔，告也，告王改脩德政以備之，以救止前之惡政。云"訪序事"者，謂事未至

---

① 孫校據《大師職》賈疏謂"沽洗"下當補"南呂"二字。

② 阮校云："惠校本作'五九四十五日一變風'，此誤并'日一'作'且'，又脱'風'。"

③ "月"字原脱，阮本同，阮校云："毛本'二'下有'月'字。"兹據補。

④ 孫校謂"大暑"上當補"夏至景風至小暑"七字："此引《通卦驗》二十四義之風，獨遺夏至、小暑之氣，蓋傳寫奪之。"

⑤ 孫校云："秋分'涼風'與上立秋重，據《通卦驗》當作'閶闔風至'。"

⑥ 按"十一月"當作"十二月"，此自答上文"何云十二月皆有風乎"。

⑦ 按"八月"當作"六月"，此"九月"、"六月"等與上文"案《通卦驗》云三月、六月、九月、十二月皆不見風"相照應。

⑧ 阮校云："惠校本作'亦可知之'。按上云'則其餘四維之風主兩月可知'，故此云'亦可知'也。"

者預告王，"訪謀今年天時占相所宜①，次叙其事"，使不失所也。

内史掌王之八枋之灋以詔王治：一曰爵，二曰禄，三曰廢，四曰置，五曰殺，六曰生，七曰予，八曰奪。注大宰既以詔王，内史又居中貳之。○釋曰：案《大宰》有"誅"無"殺"，此有"殺"無"誅"者，誅與殺相因，欲見爲過不止則殺之。假令過失已麗於法，内之圜土，《司圜職》云"掌收教罷民"，又云"不能改而出圜土者殺之"，是因過而致殺也。八者不與《大宰》次第同者，亦欲見事起無常，故不依本也。**執國灋及國令之貳，以攷政事，以逆會計。**○釋曰：以内史掌爵、禄、殺、生之事，故"執國法及國令之貳"者。國法大宰掌其正；國令，謂若凡國之政令，故亦掌其貳。國即句考其"政事"及"會計"②，以知得失善惡而誅賞也。注國法，六典、八法、八則。○釋曰：案《大宰》"則"皆訓爲"法"③，故知"國法"中含有"六典、八法、八則"也。**掌叙事之灋受納訪，以詔王聽治。**注叙，六叙也。納訪，納謀於王也。六叙六曰以叙聽其情。○釋曰：云"叙，六叙也"者，案《小宰職》有"六序"，六序之内云"六曰以序聽其情"，是其"聽治"之法也。**凡命諸侯及孤、卿、大夫，則策命之。**○釋曰：周法爵及士，餘文更不見命士之法，明士亦内史命之，不言者，以其賤，略之也。注鄭司農説以《春秋傳》曰"王命内史興父策命晉侯爲侯伯"。策，謂以簡策書王命。其文曰："王謂叔父，敬服王命，以綏四國，糾逖王慝。"晉侯三辭，從命，受策以出。○釋曰：此事見僖二十八年《左氏傳》，以晉文公敗楚於城濮，王命爲侯伯之辭。案《曲禮》云："大國曰伯父，州牧曰叔父。"晉既大國，而云叔父者，王以州牧之禮命之故也。**凡四方之事書，内史讀之。**○釋曰：言"四方之事書"者，諸侯爲事有書奏白於王，内史讀示王。注若今尚書入省事。○釋曰：漢法奏事讀之，故舉以況之也。**王制禄，則贊爲之，以方出之。**注贊爲之，爲之辭也。鄭司農云："以方出之，以方版書而出之。上農夫食九人，其次食八人，其次食七人，其次食六人，下農夫食五人，庶人在官者其禄以是爲差。諸侯之下士視上農夫，禄足以代其耕也。中士倍下士，

---

① "謀"字原作"設"，"占"字原作"也"，皆據阮本改。

② 孫校云："'國即'當作'因即'。"

③ "則皆"二字阮同，其上宜補一"典"字。

上士倍中士，下大夫倍上士，卿四大夫禄，君十卿禄。”杜子春云：“方，直謂今時牘也。”玄謂《王制》曰：“王之三公視公、侯，卿視伯，大夫視子、男，元士視附庸。”○釋曰：先鄭云“上農夫”已下，皆《禮記・王制》文。案彼所釋，凡地有九等。案《遂人》注：“有夫有婦乃成家，自二人以至十人爲九等。”則地有上上、上中、上下、中上、中中、中下、下上、下中、下下。若然，上地之中有上上之地食十人、上中食九人，今言“上農夫食九人”，不言上上食十人者，欲取下士食九人禄與上中之地食九人同，故據上中已下而言也。云“其次食八人”，據上下之地。云“其次食七人”者，據中上之地。云“其次食六人”者，據中中之地。云“其次食五人”者，據中下之地。又不言下上之地食四人以下者，欲見八人以下至五人有四等，當庶人在官者有府、史、胥、徒，其禄以是爲差，故不言四人以下也。若然，則府食八人，史食七人，胥食六人，徒食五人，故云“庶人在官者其禄以是爲差”也[1]。云“諸侯之下士視上農夫，禄足以代其耕也”者，欲見從下士以上禄轉多，故以此爲本以增之。杜子春云“方，直謂今時牘也”者，古時名爲方，漢時名爲牘，故舉以説之。“玄謂《王制》曰”已下，以先鄭不言者，故引之以增成其義，欲見此經所云據王臣爲本，故先鄭、後鄭内外兼見。**賞賜亦如之。** ○釋曰：此謂王以恩惠賞賜臣下之禄亦以方書贊爲之辭。案《司勳職》：“凡賞無常，輕重視功。”功多則多，功少則少耳。**内史掌書王命，遂貳之。** 注 副寫藏之。○釋曰：謂王有詔勑頒之事則當副寫一通藏之，以待勘校也。

　　外史掌書外令，注 王令下畿外。○釋曰：經典凡言“四方”及“外”者，據畿外而言。經言“外”，故知王下畿外之命也。**掌四方之志，** 注 志，記也。謂若魯之《春秋》、晉之《乘》、楚之《檮杌》。○釋曰：“謂若魯之《春秋》”之等，《孟子》文。名《春秋》者，謂四時之書，春爲陽之首，秋爲陰之先，故舉春秋以苞四時也。云“晉謂之《乘》”者，《春秋》爲出軍之法，甸方八里出長轂一乘，故名《春秋》爲《乘》也。云“楚謂之《檮杌》”者，檮杌謂惡獸。《春秋》者直史，不避君之善惡，事同檮杌，故謂《春秋》爲《檮杌》也。皆是國異故史異名也。引之者，欲見《春秋》是記事云，與“四方之志”爲一故也。**掌三皇五帝之書，** 注 楚靈王所謂《三墳》、《五典》。○釋曰：案《孝經緯》云：“三皇無文，

---

① “庶”字原空闕一格，據阮本補。

五帝畫象，三王肉刑。”又《世本·作》云：“蒼頡造文字。”蒼頡，黃帝之史，則文字起於黃帝。今此云“五帝之書”爲可，而云“三皇之書”者，三皇雖無文，以有文字之後仰録三皇時事，故云“掌三皇之書”也。案昭十二年，楚靈王謂左史倚相能讀《三墳》、《五典》、《八索》、《九丘》。彼《三墳》，三皇時書；《五典》，五帝之常典；《八索》，三王之法①；《九丘》，九州亡國之戒。下有延叔堅、馬季長等所説不同，惟孔安國《尚書序》解《三墳》、《五典》與鄭同。以無正文，故所解有異。**掌達書名于四方。**注謂若《堯典》、《禹貢》，達此名使知之。或曰古曰名，今曰字，使四方知書之文字，得能讀之。○釋曰：《尚書》有《堯典》、《舜典》、《禹貢》之等，是書之篇名。《聘禮·記》云：“百名以上，書之於策。不滿百名，書之於方。”是文字之書名。俱是書名，此經直云“書名”，未知何者之書名，故鄭兩解之。云“古曰名，今曰字”，古者之文字少，直曰名，後代文字多，則曰字。字者滋也，滋益而名，故更稱曰字。正其名字，使四方知而讀之也。**若以書使于四方，則書其令。**注書王令以授使者。

御史掌邦國、都鄙及萬民之治令，以贊冢宰。注王所以治之令。冢宰掌王治。○釋曰：天官冢宰六典治邦國，八則治都鄙及畿内萬民之治令②，此御史亦掌之以贊佐，故同其事。**凡治者受灋令焉。**注爲書寫其治之法令③，來受則授之。○釋曰：言“凡”，語廣，謂外内官所有治職者，皆御史書王之法令授與受者，故言凡以該之也。**掌贊書。**注王有命，當以書致之，則贊爲辭，若今尚書作詔文。○釋曰：謂若今出詔勑之書，是王有命頒下於外，其詔勑書則御史贊王爲此書，故云“掌贊”也。**凡數從政者④。**注自公、卿以下至胥、徒凡數及其見在空缺者。鄭司農讀言“掌贊書數”，書數者，經禮三百，曲禮三千，法度皆在。玄以爲不辭，故改之云。○釋

---

① 浦鏜云：“‘八王’誤‘三王’。”
② “令”字阮本作“今”，屬下讀。
③ “令”字原作“今”，據婺本、金本、阮本改。
④ 孫疏云：“‘凡數’《釋文》作‘數凡’。阮元云：《釋文》從司農讀也，賈疏作‘凡數’。孔繼汾云：‘數’字本在‘凡’字上，與上文‘書’字相屬，故先鄭得讀爲‘掌贊書數’；後鄭改者其句讀，非改其文也。至注言‘凡數’，乃指其所數自公、卿以下至胥、徒凡從政者之凡數，非疊經文發訓也。似當從《釋文》爲得。”

曰：“自公、卿已下至胥、徒”在王朝者皆是“凡數”，又是從政之人，故云“凡數從政者”也。先鄭所云，以“掌贊書數”爲句讀之。“玄以爲不辭，故改之云”者，“掌贊書數”，書數既爲三百、三千，有何可贊也？且書數得三百、三千[①]，下別言“從政者”，有何義意乎？故後鄭以爲不辭而改之也。

巾車 掌公車之政令，辨其用與其旗物而等叙之，以治其出入。

○釋曰：云“公車之政令”者，以下“辨其用”及“等叙”、“出入”皆是政令，故先言其摠也。出入，謂若下文“凡車之出入則會之”，冬官造車訖來入巾車，又當出封同姓之等亦是也。**注** 公猶官也。用，謂祀、賓之屬。旗物，大常以下。等叙之，以封同姓異姓之次叙。○釋曰：云“公猶官也”者，謂若言公，似據三公及諸侯；若言官，則王家皆是，故從官也。云“用，謂祀、賓之屬”者，其中仍有朝及田、戎之等，故言之屬以摠之。云“大常以下”，仍有大旂、大赤、大白、大麾之等，故云以下。云“等叙之，以封同姓異姓之次叙”者，周人先同姓，次異姓，後云四衛、蕃國以下，故云次叙也。

王之五路：一曰玉路，錫[②]，樊纓十有再就，建大常十有二斿，以祀；○釋曰：云“王之五路”[③]，此言與下爲摠目。“一曰”已下，析別言之。云“以祀”者，以下諸路皆非祭祀之事，則一名外內大小祭祀皆用此一路而已。**注** 王在焉曰路。玉路，以玉飾諸末。錫，馬面當盧，刻金爲之，所謂鏤錫也。樊讀如“鞶帶”之鞶，謂今馬大帶也。鄭司農云：“纓，謂當胷。《士喪禮下篇》曰‘馬纓三就’。《禮》家説曰：纓，當胷，以削革爲之。三就，三重三匝也。”玄謂纓，今馬鞅。玉路之樊及纓皆以五采罽飾之十二就。就，成也。大常，九旗之畫日月者。正幅爲縿，斿則屬焉。○釋曰：言“王在焉曰路”者，謂若路門、路寢、路車、路馬，皆稱路，故廣言之云王在焉曰路。路，大也，王之所在，故以大爲名，諸侯亦然。《左氏》義以爲行於道路，故以路名之。若然，門寢之等豈亦行於路乎？云“玉路，以玉飾諸末”者，凡言玉路、金路、象路者，皆是以玉、金、象爲飾，不可以玉、金爲路，故知玉、金等飾之。言諸末者，凡車上之材，於末頭皆飾之，故云諸

---

① “得”下阮本有“爲”字，加藤謂無者脱訛。

② “錫”字原作“錫”，金本同，據婺本、阮本改。此卷內“錫”字多誤作“錫”，今不一一出校。

③ “五”字原作“玉”，據阮本改。

末也。云“錫，馬面當盧，刻金爲之”者，眉上曰錫，故知當額盧。案《韓奕》詩“鉤膺鏤錫”，金稱鏤，故知刻金爲之，故鄭引《詩》云“所謂鏤錫也”。彼詩毛傳亦云：“金鏤其錫。”鄭箋云：“眉上曰錫，刻金飾之。”云“樊讀如鞶帶之鞶”者，案《易•訟卦•上九》云：“或錫之鞶帶。”注云：“鞶帶，佩鞶之帶。”但《易》之“鞶”謂鞶囊，即《内則》云“男鞶革”是也；此“鞶”謂馬大帶，音字同，故讀從之，是以鄭即云“馬大帶也”。先鄭云“繆，謂當胷”，引《士喪禮下篇》“馬繆”，“以削革爲之”；賈、馬亦云“鞶繆，馬飾，在膺前，十有二币，以毛牛尾金塗十二重[①]”。後鄭皆不從之者，以鞶爲馬大帶，明繆是夾馬頸，故以“今馬鞅”解之也。後鄭云“玉路之樊及繆皆以五采罽飾之”者[②]，案《爾雅•釋言》云：“氂，罽也。”郭氏云：“毛氂所以爲罽。”如是，罽染毛爲之。鄭必知罽飾之者，蓋以今時所見擬之。必知用五采者，案《典瑞》云：“鎮圭繅五采五就。”則知王者就飾用五采，惟有《外傳》小采以朝月者用三采耳。繅藉五采即云五就，則一采一币爲一就。此中“樊繆十二就”之屬就數雖多，亦一采一币爲一就，如《玉藻》十二就然。“大常，九旗之畫日月者”，案《司常》云“日月爲常”是也。云“正幅爲縿”者，《爾雅》文。知“斿則屬焉”者，《爾雅》云：“繡帛縿，練旒九。”縿、旒用物不同，旒又有數，明知別屬可知也。**金路，鈎，樊繆九就，建大旂，以賓，同姓以封**；○釋曰：上玉路云“一曰”，此已下皆不云“二曰”、“三曰”之等者，若據王而言，玉路言一曰，則金路已下二曰、三曰之等可知；若據諸侯言之，從此金路已下，所受得各自爲上，故此已下略不言二曰、三曰之等也。云“同姓以封”者，周人先同姓，故得金路，賜異姓已下則用象路之等。同姓雖尊，仍不得玉路。玉路以祭祀，故不可分賜。**注**金路，以金飾諸末。鈎，婁頷之鈎也。金路無錫有鈎，亦以金爲之。其樊及繆以五采罽飾之而九成。大旂，九旗之畫交龍者。以賓，以會賓客。同姓以封，謂王子母弟率以功德出封，雖爲侯、伯，其畫服猶如上公，若魯、衛之屬；其無功德，各以親疏食采畿内而已。故書鈎爲拘，杜子春讀爲鈎。○釋曰：云“金路，以金飾諸末”者，亦如玉路所飾也。云“鈎，婁頷之鈎也”者，《詩》云“鉤膺鏤錫”，鈎連言膺，明鈎在膺前。以今驗古，明鈎是馬婁頷也。云“金路無錫有鈎”者，以玉路、金路二者相參知之。何者？玉路云“錫”，金路云“鈎”，明知金路有鈎無錫；上得兼下言之，則玉路直言錫，兼有鈎可知。云“亦以金爲之”者，錫用金，明鈎亦用金爲飾也。云

---

①　孫校云：“‘毛’當爲‘旄’，下‘革路’疏引馬氏文作‘旄’。”

②　“采”字原作“宋”，據阮本改。

"九成"者,亦如上一采斸爲一成,凡九就九成也。云"大斾,九旗之畫交龍者",《司常職》文。云"以賓,以會賓客"者,案齊右會同賓客前齊車,故知"以賓"是以會賓客。至於載主,亦同焉,故《曾子問》云:"天子巡守,以遷廟主行,載于齊車。"注云:"齊車,金路。"若王弔,亦乘金路,是以《士喪禮》注云:"君弔蓋乘象路。"謂得金路之賜者弔時降一等乘象路。明知王有玉路①,弔時降一等乘金路可知。云"同姓以封,謂王子母弟率以功德出封,雖爲侯、伯,其畫服猶如上公,若魯、衛之屬"者,周之法二王之後稱公,王之同姓例稱侯、伯而已,若魯、衛稱侯,鄭稱伯,故兼云雖爲侯、伯也。知畫服如上公者,《典命》云:"上公九命,車旗、衣服以九爲節。"是上公九命服袞冕。又云:"侯、伯七命,車旗、衣服以七爲節。"則服鷩冕爲異姓侯、伯。若魯、衛、鄭,雖爲侯、伯,則服袞,受五百里之封,是以《明堂位》魯侯服袞冕,是雖爲侯、伯,服如上公也。言此者,欲見二王後上公雖是異姓、庶姓乘金路,今同姓王子母弟以衣服與上公同,明乘金路亦同矣。云"其無功德,各以親疏食采畿内而已"者②,天工不可私,非其才,其無功德,不可輒授之以職。《禮運》云:"天子有田以處其子孫。"故封之於畿内而已。是以《司裘》云"諸侯則共熊侯、豹侯",是王子母弟封於畿内者也。言親疏食采者,案《載師職》:"家邑任稍地,小都任縣地,大都任疆地。"其中非直有公、卿、大夫食采,若親王母弟則與公同食大都百里,稍疏者與卿同食小都五十里,更疏者與大夫同食二十五里耳,故云各以親疏食采畿内而已。 **象路,朱,樊纓七就,建大赤,以朝,異姓以封;注**象路,以象飾諸末。象路無鉤,以朱飾勒而已。其樊及纓以五采斸飾之而七成。大赤,九旗之通帛。以朝,以日視朝。異姓,王甥舅。○釋曰:"象路,以象飾諸末"者,此所飾亦如玉、金矣,但用象爲異也。云"象路無鉤,以朱飾勒而已"者,經不云"鉤",明無鉤;經直云"朱",鄭知以朱飾勒者,見下文革路云"龍勒",明知此朱同爲飾勒也。云"大赤,九旗之通帛"者,《司常職》文。"以日視朝"者,謂於路門外常朝之處乘之③。此雖據常朝而言,至於三朝皆乘之。案《司常》云:"道車建旞。"鄭注云:"道車,象路也。王以朝夕燕出入。"乘此象路則建旞。若在朝廷,大赤也,其車則同也。云"異姓,王甥舅"者,謂先王及今王有舅甥之親,若陳國、杞國,則別於庶姓,故乘象路之車也。 **革路,龍勒,鞗**

----

① "玉"字原作"王",據阮本改。
② "内"字原空闕一格,據阮本補。
③ "門"字原作"明",據阮本改。

纓五就，建大白，以即戎，以封四衛；注革路，鞔之以革而漆之，無他飾。龍，
駹也。以白黑飾韋雜色爲勒。絛讀爲絛。其樊及纓以絛絲飾之而五成。不言樊字，蓋
脫爾。以此言絛，知玉路、金路、象路飾樊纓皆不用金、玉、象矣。大白，殷之旗，猶周大
赤，蓋象正色也^①。即戎，謂兵事。四衛，四方諸侯守衛者，蠻服以内。○釋曰：云“革
路，鞔之以革而漆之，無他飾”者，自玉路、金路、象路，四者皆以革鞔，則《冬官》云“飾車
欲侈”者也。但象路以上更有玉、金、象爲飾，謂之他物，則得玉、金、象之名；此革路亦
用革鞔，以無他物飾，則名爲革路也。鄭知“駹”是“白黑飾韋雜色爲勒”者，以《繢人》云
“白與黑謂之黼”，黑白相形之物；且下有“駹車”，邊側有黑漆爲駹，此革路既素，又有大
白之旗，故以白黑駹爲雜也。云“以此言絛，知玉路、金路、象路飾樊纓皆不用金、玉、象
矣”者，上玉路鞶纓十有二就，馬氏以爲“旄牛尾金塗十二重”，有此嫌，故微破之也。云
“大白，殷之旗，猶周大赤，蓋象正色也”者，《明堂位》云：“殷之大白，周之大赤。”相對而
言，故云猶周大赤。周以十一月爲正，物萌色赤；殷以十二月爲正，物牙色白。是象正
色。無正文，故云“蓋”。云“即戎，謂兵事也”者，《司服》“兵事，韋弁服”，車服相配，俱
是即戎，故云謂兵事也。趙商問：“《巾車職》云‘建大白以即戎’，注云‘謂兵事’。《司馬
職》仲秋辨旗物以治兵，王載大常，下注云‘凡班旗物，以出軍之旗則如秋’。不知《巾
車》‘大白以即戎’爲在何時？”荅曰：“殷之正色者^②。或會事^③，或勞師，不親將，故建先
王之正色，異於親自將。”又案《司馬法》云：“章，夏以日月，上明；殷以虎，上威；周以龍，
上文。”不用大常者，周雖以日月爲常，以龍爲章，故《郊特牲》云“龍章而設日月”。又案
《周本紀》“武王遂入，至紂之死所，王射之，三發，而后下車，以輕劍斬紂頭，懸於大白之
旗”，不用大常者，時未有《周禮》，故武王雖親將，猶用大白也。云“四衛，四方諸侯守衛
者，蠻服以内”者，此四衛非謂在衛服者。以其諸侯非同姓，與王無親，即是庶姓，在四
方六服已内衛守王。《大司馬》以要服爲“蠻服”，故云蠻服以内也。木路，前樊鵠
纓，建大麾，以田，以封蕃國。注木路，不鞔以革，漆之而已。前讀爲“緇翦”之
翦，翦，淺黑也。木路無龍勒，以淺黑飾韋爲樊，鵠色飾韋爲纓。不言就數，飾與革路
同。大麾不在九旗中，以正色言之則黑，夏后氏所建。田，四時田獵。蕃國，謂九州之

① “也”字剜擠，與阮本合，婺本、金本無。按賈疏述注有“也”字。
② 孫校云：“‘殷之正色者’當依《大司馬職》疏引《鄭志》作‘白者殷之正色’。”
③ 浦鏜云：“‘命將’誤‘會事’。”

701

外夷服、鎮服、蕃服。杜子春云："鵠或爲結。"〇釋曰：鄭知"木路，不鞔以革"者，以其言木，則木上無革可知。必知有漆者，以其喪車尚有漆者，況吉之乘車？有漆可知。云"前讀爲緇翦之翦"者，讀從《既夕》文也。彼爲"加茵，用疏布，緇翦，有幅，亦縮二橫三"，鄭云："翦，淺也。"此"前"亦取淺義，故讀從之。知"木路無龍勒"者，以經不云勒，明降於革路，無龍勒可知。云"大麾不在九旗中"者[1]，上大白亦不在九旗之中，而不言者，九旗之中雖無大白，仍有"雜帛爲物"，兼有殷正色，故此特言之。云"以正色言之則黑，夏后氏所建"者，此亦以正色言之，上文大赤據周，大白據殷，則此大麾當夏之正色黑，故言夏后氏所建也。案《明堂位》："有虞氏之旂，夏后氏之綏。"鄭注云："有虞氏當言綏，夏氏當言旂。"若然，則夏后氏有旂無綏。今此大麾則綏，而爲夏后氏所建者，彼以前代質、後代文差之，則綏當有虞氏，旂當夏后氏；但旌旂皆上有綏，夏之旂去旒旐而用之即是綏[2]，故以正色推之當夏也。云"田，四時田獵"者，趙商問："《巾車職》曰'建大麾以田'，注云'田，四時田獵'。商案《大司馬職》曰四時皆建大常，今又云建大麾以田，何？"答曰："麾，夏之正色。雖習戰，春夏尚生，其時宜入兵。夏本不以兵得天下，故建其正色以春田[3]。秋冬出兵之時乃建大常。"故《雜問志》云："四時治兵王自出，《禮記》'天子殺則下大綏'，《司馬職》'王建大常'，足相參正。"云"蕃國，謂九州之外夷服、鎮服、蕃服"者，案《司馬職》，要服已內爲九州，其外更有三服夷、鎮、蕃，摠而言之皆號蕃國，是以此文及《大行人》謂之"蕃國"也。杜子春云"鵠或爲結"者，案馬氏云："前樊結纓謂再重，樊纓在前，有結在後，往往結革以爲堅，且飾節良。"以爲樊纓皆有采就，則前與鵠亦可以爲飾。而賈氏謂前纓有結，其義非。今子春爲結，後鄭引之在下，得通一義故也。凡五等諸侯所得路者，在國祭祀及朝天子皆乘之。但朝天子之時乘至天子館則舍之於館，是以《覲禮・記》云"偏駕不入王門"，謂舍之於客館，乘墨車龍旂以朝，鄭云："在旁與己同曰偏。"若兩諸侯自相朝，亦應乘之。若齊弔及朝并朝夕燕出入，可降一等。若在軍，皆乘廣車。若以田以鄙，則乘木路也。若五等諸侯親迎，皆乘所賜路。以其士親迎攝盛乘大夫車，則大夫已上尊則尊矣，不可更攝盛轉乘在上之車，當乘所賜車，與祭祀同，則王乘玉路可也。若然，同姓金路無錫，韓侯受賜得有鏤錫者，正禮雖不得，後有功特賜有之也。若如鄭注"同姓雖爲侯、伯，畫服如上公"，得乘金路；若爲子、

---

① "麾"字原空闕一格，據阮本補。
② 孫校云："'旂'據《明堂位》疏當作'綏'。"
③ 阮校引孫志祖説云："《大司馬》疏'春'下有'夏'字。"

男，似不得，當與異姓同乘象路也。異姓象路則降上公，以其上公雖庶姓亦乘金路，其異姓侯、伯、子、男皆乘象路也。言四衛革路者，亦謂庶姓侯、伯、子、男。蕃國木路者，夷狄惟有子、男，同木路也，無問祀、賓已下皆乘之。

王后之五路：重翟，鍚面朱總；厭翟，勒面繢總；安車，彫面鷖總。皆有容蓋。〇釋曰：言"王后之五路"，亦是揔目之言也。凡言"翟"者，皆謂翟鳥之羽，以爲兩旁之蔽。言"重翟"者，皆二重爲之。"厭翟"者，謂相次以厭其本。下有"翟車"者，又不厭其本也。凡言"總"者，謂以總爲車馬之飾。若婦人之總，亦既繫其本，又垂爲飾，故皆謂之總也。案下翟車尊於安車，而進安車在上者，以其翟車有幄無蓋，安車、重翟同無幄而"有容蓋"，故進安車與重厭之車同在上也。注重翟，重翟雉之羽也。厭翟，次其羽使相迫也。勒面，謂以如王龍勒之韋爲當面飾也。彫者，畫之，不龍其韋。安車，坐乘車。凡婦人車皆坐乘。故書朱總爲䰀，鷖或作緊。鄭司農云："鍚，馬面鍚。䰀當爲總，書亦或爲總。鷖讀爲'鳧鷖'之鷖[①]。鷖總者，青黑色，以繒爲之，總著馬勒直兩耳與兩鑣。容，謂幨車，山東謂之裳幃，或曰潼容[②]。"玄謂朱總、繢總其施之如鷖總，車衡輨亦宜有焉。繢，畫文也。蓋，如今小車蓋也。皆有容有蓋，則重翟、厭翟謂蔽也。重翟，后從王祭祀所乘。厭翟，后從王賓饗諸侯所乘。安車無蔽，后朝見於王所乘，謂去飾也。《詩·國風·碩人》曰"翟蔽以朝"，謂諸侯夫人始來乘翟蔽之車以朝見於君，盛之也，此翟蔽蓋厭翟也。然則王后始來乘重翟乎？〇釋曰：云"勒面，謂以如王龍勒之韋爲當面飾也"者，案上龍勒不言"面"，此勒言"面"，則所施之處不同：則上言勒者，馬之轡飾，皆是不在面；此言勒面，則在面矣。用物則同，故鄭引龍勒以釋此也。云"安車，坐乘車。凡婦人車皆坐乘"者，案《曲禮上》云："婦人不立乘。"是婦人坐乘，男子立乘。《曲禮上》："大夫七十而致事，若不得謝，則必賜之几杖，乘安車。"則男子坐乘亦謂之安車也。若然，此王后五路皆是坐乘[③]，獨此得安車之名者，以餘者有重翟、厭翟、翟車、輦車之名可稱，此無異物之稱，故獨得安車之名也。云"鷖讀爲鳧鷖之鷖"者，從

---

① 段考謂上"鷖"字當作"緊"："故書或作'緊'，司農易'緊'爲'鷖'，鄭君從司農說，今本作'鷖讀爲'，誤也。"

② "潼"字婺本同，金本、阮本作"幢"。阮校云："嘉靖本、毛本及《漢制考》'幢'皆作'潼'。按葉鈔《釋文》作'湩容'，云'本亦作潼'，余本載音義同，今通志堂本改作'幢容'，俗字。《周禮》注'幢'字皆從木作'橦'，賈疏本作'潼容'。"按婺本剜改。

③ "此"字阮本作"則"。

《毛詩·鴟鴞》之篇名。鴞者，取鳥之鴞色"青黑"爲義。知"以繒爲之，總著馬勒直兩耳與兩鑣"者[①]，先鄭蓋見當時以況古也。云"容，謂幨車，山東謂之裳幃，或曰潼容"者，案《昏禮》云："婦車亦如之，有裧。"注云："裧[②]，車裳幃，《周禮》謂之容。"又《衛詩》云："漸車幃裳。"毛氏亦云"童容"。是容、潼容與幨及裳幃爲一物也。"玄謂朱總、繢總其施之如鴞總，車衡輈亦宜有焉"者，後鄭取先鄭"總著馬勒直兩耳與兩鑣"爲本，其於車之衡輈亦宜有焉，以其皆是革飾之事，故兼施於車也。云"蓋，如今小車蓋也"者，此舉漢法小車有蓋以況周。凡蓋所以表尊，亦所以禦雨，故三者皆有之也。云"皆有容有蓋，則重翟、厭翟謂蔽也"者，案馬氏等云"重翟爲蓋，今之羽蓋是也"，爲有此嫌，故微破之。若重翟、厭翟是蓋，何須下文云"皆有容蓋"乎？是以後鄭約下"王之喪車五乘"皆有蔽[③]，明后之車言翟者亦謂蔽也。云"重翟，后從王祭祀所乘"者，此約王之五路，則重翟當玉路。后無外事，惟祭先王、先公、羣小祀，皆乘此重翟也。云"厭翟，后從王賓饗諸侯所乘"者，案《內宰職》云："賓客之祼、獻、瑤爵，皆贊。"注云："謂王同姓及二王之後，王祼賓客，亞王而禮賓。獻，謂王饗燕，亞王獻賓也。"此時后乃乘厭翟，故云從王賓饗諸侯也。不言祼者，文略耳。云"安車無蔽，后朝見於王所乘，謂去飾也"者，以其安車不言翟，明無蔽；以其朝王質，故去飾也。引《詩·國風·碩人》曰："'翟蔽以朝'，謂諸侯夫人始來乘翟蔽之車以朝見於君，盛之也，此翟蔽蓋厭翟也"者，彼是衛侯之夫人，當乘厭翟，則上公夫人亦厭翟。以其王姬下嫁於諸侯，車服不繫於其夫[④]，下王后一等，不得乘重翟，則上公與侯、伯夫人皆乘厭翟可知。若子、男夫人，可以乘翟車，至於祭祀及嫁皆乘之。云"然則王后始來乘重翟乎"者，王姬下嫁下后一等，及諸侯夫人皆乘厭翟，則王后自然始來乘重翟可知。若然，王之三夫人與三公夫人同乘翟車，九嬪與孤妻同乘夏篆，二十七世婦與卿妻同乘夏縵，女御與大夫妻同乘墨車，士之妻攝盛亦乘墨車，非嫁攝盛則乘棧車也。諸侯已下夫人祭祀、賓饗、出桑、朝君，差之皆可知也[⑤]。若然，諸侯夫人亦當有安車以朝君也。**翟車，貝面組總，有握；**○釋曰：上言"朱總"、"繢

總”、“鷖總”，彼皆以繒爲之；今此言“組總”，則以組絛爲之。總亦施於勒及兩耳、兩鑣并車衡輈焉。**注**翟車，不重不厭，以翟飾車之側爾。貝面，貝飾勒之當面也。有握，則此無蓋矣，如今軿車是也。后所乘以出桑。○釋曰：“翟車，不重不厭”，明“以翟飾車之側”可知。云“貝面，貝飾勒之當面也”者，貝，水物，謂餘泉、餘蚳之貝文，以飾勒之當面者也。云“有幄①，則此無蓋矣”者，但蓋所以禦雨，無幄乃施之，今既有幄，故知無蓋矣。云“如今軿車是也”者，漢法軿車無蓋，故舉以況之。云“后所乘以出桑”者，案《月令》“三月薦鞠衣於先帝”，又“后妃親桑於東郊”，二者后皆乘此翟車。以其告先帝非祀，親桑又非大事，故知乘翟車也。**輦車，組輓，有翣，羽蓋。注**輦車不言飾，后居宮中從容所乘②，但漆之而已③。爲輇輪，人輓之以行。有翣，所以禦風塵。以羽作小蓋，爲翳日也。故書翣爲馺，杜子春云：“當爲翣，書亦或爲馽。”○釋曰：“輦車不言飾”者，以其不言翟，又不言面、總之等，是不言飾也。此無所供事，直是“后居宮中從容所乘”車也。知“漆之”者，凡吉之車器之等皆漆之，明此亦有漆也。知“爲輇輪”者，案《禮記》云：“載以輲車。”輲車，載柩之車，則《地官》“蜃車”，人輓之以行。此輦車組輓，亦是人輓行者。案《雜記》注引許氏《説文解字》曰：“有輻曰輪，無輻曰輇。”則人輓行者皆是無輻曰輇。案《上雜記》注：“輇崇蓋半乘車之輪。”乘車高六尺六寸，則此當三尺三寸。云“有翣，所以禦風塵”者，翣即扇也，扇所以爲障蔽，亦所以禦風塵也。云“以羽作小蓋，爲翳日也”者，翣既禦風塵，明羽蓋所以翳日可知也。

---

① “幄”字阮本作“握”，與注合，然賈疏下文皆亦作“幄”。
② “宮”字原作“官”，據婺本、金本、阮本改。下疏中“后居宮中”底本亦誤。
③ “漆”字原作“次”，據婺本、金本、阮本改。鄭注髤桼字皆作“漆”。

周禮疏卷第三十二

唐朝散大夫行大學博士弘文館學士臣賈公彥等撰

王之喪車五乘：木車，蒲蔽，犬褾尾橐疏飾，小服皆疏；~~注~~木車，不漆者。鄭司農云："蒲蔽，謂蠃蘭車以蒲爲蔽，天子喪服之車。漢儀亦然。犬褾，以犬皮爲覆笭。"故書疏爲揟。杜子春讀揟爲沙。玄謂蔽，車旁禦風塵者。犬，白犬皮。既以皮爲覆笭，又以其尾爲戈戟之弢。麤布飾二物之側爲之緣，若攝服云。服讀爲韍①，小服，刀劍短兵之衣②。此始遭喪所乘，爲君之道尚微，備姦臣也。《書》曰"以虎賁百人逆子釗"，亦爲備焉。〇釋曰：云"木車，不漆者"，喪中無飾，後至禫乃漆之，此明木車及下素車等皆未漆也。若然，上王之"木路"鄭注云"不革鞔，漆之而已"，彼亦稱木③，而有漆者，彼此各有所對：上文木路對革路有革又有漆，則木路漆之而已，據吉時言耳；此木路對禫始有漆④，明此木路不漆飾，指木體而言也。先鄭云"謂蠃蘭車"者，此舉漢時有蠃長蘭乘不善之車，故舉以説之也。云"犬褾，以犬皮爲覆笭"者，古者男子立乘，須馮軾，軾上須皮覆之，故云犬褾。子春"讀揟爲沙"，於義無所取，故不從也。"玄謂蔽，車旁禦風塵者"，上文重翟、厭翟之等爲蔽皆是禦風塵，故知此蔽亦是禦風塵也。云"犬，白犬皮"者，以喪無飾，明用犬之白者，是以《士喪·記》"主人乘惡車，白狗幦"是也。云"既以皮爲覆笭，又以其尾爲戈戟之弢"者⑤，以經云"犬褾尾橐"，明褾與橐共用犬⑥，橐則弢也。云"麤布飾二物之側爲之緣"者，案《喪服》齊衰已下皆稱疏，禮之通例，凡言疏布者皆據大功布而言。若然，此則以八升布爲二物之緣也。云"若攝服"者，案《既夕·

---

① "韍"字婺本、金本同，阮本作"韠"。孫疏云："漢隸从艸、从竹字多互通，'韍'即'韠'之别體。"
② "短"字原作"矩"，據婺本、金本、阮本改。
③ "彼"字原作"破"，據阮本改。
④ "禫"字原作"禪"，據阮本改。
⑤ "弢"字原作"弣"，據阮本改。下文"橐則弢"同。
⑥ "犬"字原作"大"，據阮本改。

記》云：“貳車，白狗攝服。”注云：“攝猶緣也。狗皮緣服，差飾。”引之者，證此二物爲緣之事也。“小服，刀劍短兵之衣”者，此小服即《既夕·記》云“主人乘惡車，白狗幦，蒲蔽犬服”，鄭彼注云“笭間兵服，以犬皮爲之”是也。云“此始遭喪所乘”者，此喪車五乘貴賤皆同乘之，是以《士喪禮》“主人乘惡車”，鄭注引《雜記》曰：“‘端衰、喪車皆無等。’然則此惡車，王喪之木車也。”是其尊卑同也。云“爲君之道尚微，備姦臣也”者，案《士喪》有大服①，則此小服亦是其常，今言“爲君之道尚微，備姦臣”者，此言非爲小兵服，以戈戟人君乃有之，然則“備姦臣”爲尾橐戈戟而言也。引《書》曰者，《顧命》文。彼以成王崩，“子釗”，康王也，康王常在尸所，以爲適子，故使康王出鄉門外，“以虎賁百人”，更以大子之禮迎之，別於庶子。必用虎賁，備姦臣。引之者，證人君有戈戟亦是備姦臣。**素車，芬蔽，犬褈素飾，小服皆素**；**注**素車，以白土堊車也。芬讀爲蕡，蕡麻以爲蔽。其褈服以素繒爲緣。此卒哭所乘，爲君之道益著，在車可以去戈戟。○釋曰：鄭知“素車，以白土堊”者，以上有木車，下有漆車，中有駹、藻、素，三者非漆非木，皆以所飾爲名②，明素是白土飾之也。《爾雅·釋宫》云：“地謂之黝，牆謂之堊。”堊謂以白土爲飾③，則此素車亦白土爲飾可知。云“芬讀爲蕡，蕡麻以爲蔽”者，芬字非所以飾物之事，故破“芬”爲“蕡”，義取用麻“爲蔽”之意。云“其褈服以素繒爲緣”者，禮之通例，素有二種：其義有色飾者，以素爲白土；義有以繒爲飾者，即以素爲繒。故鄭釋二“素”，以白、繒別釋之也。云“此卒哭所乘”者，案《士虞禮》，卒哭，“大夫説絰帶于廟門外④，婦人説首絰，不説帶”，是卒哭變服，變服即易車。案《喪服·大功章》注云：“凡天子、諸侯、卿、大夫既虞，士卒哭，而受服。”此鄭云卒哭，據士而言也。云“爲君之道益著，在車可以去戈戟”者，以經不云“尾橐”，明去戈戟，故爲此解也。**藻車，藻蔽，鹿淺褈革飾**；**注**故書藻作藚。杜子春藚讀爲“華藻”之藻⑤，直謂華藻也。玄謂藻，水草，蒼色。以蒼土堊車，以蒼繒爲蔽也。鹿淺褈，以鹿夏皮爲覆笭⑥，又以所治去毛者緣之。此既練所乘。○釋

---

① 孫校云：“‘大服’疑‘犬服’，或以大對小言之。”
② “名”字原作“多”，據阮本改。
③ “白”字原作“句”，據阮本改。
④ “大夫”二字阮本同，阮校引浦鏜説云：“‘丈’誤‘大’。”
⑤ 段考云：“杜云‘讀爲華藻之藻’，疑當作‘讀爲藻率之藻’，與《典瑞》、《司几筵》‘繅’注同。下文‘直謂華藻也’，乃竟伸其義。”
⑥ “皮”字原作“反”，據婺本、金本、阮本改。

曰：後鄭云“藻，水草”者，就足子春藻爲“華藻”也。鄭爲“蒼色”者，上文素車爲白色，下文駹車邊側有漆，差之此當蒼色，且藻之水草見爲蒼艾色也。云“鹿淺幭，以鹿夏皮爲覆笭”者，夏時鹿毛新生爲淺毛，故鄭云鹿夏皮爲覆笭也。云“又以所治去毛者緣之”者，以經云“革飾”，皮去毛曰革，故以去毛言之。云“此既練所乘”者，王喪十三月練，是變除之節，故知此即既練所乘也。**駹車，藿蔽①，然幭髤飾；注**故書駹作龍，髤爲軟②。杜子春云：“龍讀爲駹，軟讀爲‘桼垸’之桼，直謂髤桼也。”玄謂駹車，邊側有漆飾也。藿，細葦席也。以爲蔽者，漆則成藩③，即吉也。然，果然也。髤，赤多黑少之色韋也。此大祥所乘。○釋曰：“故書駹作龍”，上文“龍勒”後鄭以破“龍”爲白黑之色，故此注從子春爲“駹”。“髤爲軟”，於義無所取，故不從。子春以“軟”爲“桼”，亦不從也。後鄭知“駹”爲“邊側之飾”者，以下文漆車全有漆，則此時未全爲漆，故知駹是邊側少有漆也。云“漆則成藩”者，下文藩蔽者因此舊蔽而漆之④，則藩者以此爲本，故云漆則成藩也。云“然，果然也”者，果然，獸名，是以賈氏亦云“然，獸名也”。云“髤，赤多黑少之色韋也”，知色如此者，案下注“雀，黑多赤少”，故知此髤是赤多黑少者也。云“此大祥所乘”者，以二十五月大祥除服之節，故知此車是大祥所乘也。**漆車，藩蔽，豻幭雀飾。注**漆車，黑車也。藩，今時小車藩，漆席以爲之。豻，胡犬。雀，黑多赤少之色韋也。此禫所乘。○釋曰：知“漆”是“黑”者，凡漆不言色者皆黑。且大夫所乘黑車及篆、縵之飾⑤，直得黑名，是凡車皆黑漆也。鄭知“漆席以爲之”者，以其席即上文“雀”⑥，上注云“漆即成藩”是也。云“豻，胡犬”者，謂胡地之野犬。或作狐字者，謂狐與犬合所生之犬也。云“雀，黑多赤少之色韋也”者，鄭以目驗雀頭黑多赤少，雀即繳也。“此禫所

---

①　孫疏謂“藿”字當作“萑”，與《司几筵職》“其柏席用萑黼純”字同：“‘萑’今本並作‘藿’，唐石經初刻同，磨改作‘萑’，葉鈔《釋文》亦作‘萑’。案此正字當作‘萑’，萑、藿並字別，於義無取。”按《夏官·川師職》鄭注“澤之萑蒲”金本亦作“藿”。

②　“軟”字原作“軟”，金本同，據婺本、阮本改。段考云：“古音‘次’同‘桼’。‘軟’字蓋本無車旁，轉寫加之耳。《巾車》此條，則杜易‘軟’爲‘桼’。”孫疏申補云：“經注例皆作‘漆’，不作‘桼’。”按下文“軟”字阮本亦誤作“軟”。

③　阮校云：“余本、監、毛本‘蕃’作‘藩’。按賈疏作‘藩’，引下經‘藩蔽’釋之，余本是也。”

④　“舊蔽”二字疑當據經文作“萑蔽”，此無取於新舊義。

⑤　“及”字孫疏引作“無”。

⑥　阮校云：“‘雀’蓋‘萑’之訛。”

乘”者，以二十七月釋祥之節素縞麻衣，而服禫服朝服綅冠，故知當禫所乘也。案下文“大夫乘墨車，士乘棧車”，皆吉時所乘之車。既言天子至士喪車五乘尊卑等，則大夫、士禫亦得乘漆車。所以大夫、士禫即乘漆車與吉同者，禮窮則同也。

服車五乘：孤乘夏篆，卿乘夏縵，大夫乘墨車，士乘棧車，庶人乘役車。注服車，服事者之車。故書“夏篆”爲“夏緣”。鄭司農云：“夏，赤也[1]。緣，緣色。或曰夏篆，篆讀爲‘圭瑑’之瑑，夏篆轂有約也。”玄謂夏篆，五采畫轂約也。夏縵，亦五采畫，無瑑爾。墨車，不畫也。棧車，不革鞔而漆之[2]。役車，方箱，可載任器以共役。○釋曰：云“服車，服事者之車”者，其孤、卿以下皆是輔佐之臣服事於上，故以服事之車解之也。先鄭云“夏，赤也。緣，緣色”，後鄭不從者，夏翟是采，五采備乃爲夏，而以夏爲赤，而從古書篆爲色，於義不可，故後鄭解之以夏爲“五采”也。云“或曰夏篆，篆讀爲圭瑑之瑑”者，以篆爲“轂約”，後鄭從之。云“夏縵，亦五采畫，無瑑爾”者，言縵者，亦如縵帛無文章，故云無瑑也。以其“篆”爲轂約，則言“縵”者無約也[3]。云“墨車，不畫也”者，言墨，漆革車而已，故知不畫也。“棧車，不革鞔而漆之”者，此則《冬官》“棧車欲弇”，恐有坏壞，是不革鞔者也。此已上尋常所乘；若親迎，則士有攝盛，故《士昏禮》“主人乘墨車，婦車亦如之”，“有裧”爲異耳。王后別見車五乘，此卿、孤已下不見婦人車者，婦人與夫同，故《昏禮》云“婦車亦如之”。但大夫以上尊則尊矣，親迎不假攝盛轉乘上車也。知士車有漆飾者，案《唐傳》云：“古之帝王必有命，民於其君得命，然後得乘飾車騈馬，衣文騈錦。”注云：“飾，漆之。騈，併也。”是其事。云“役車，方箱，可載任器以共役”者，庶人以力役爲事，故名車爲役車。知方箱者，案《冬官》乘車、田車橫廣前後短，大車、柏車、羊車皆方，故知庶人役車亦方箱，是以《唐傳》云“庶人木車單馬衣布帛”。此役車亦名棧車，以其同無革鞔故也，是以《何草不黃》詩云“有棧之車[4]，行彼周道”，注云“棧車，役車”是也。凡良車、散車不在等者，其用無常。○釋曰[5]：云“凡”者，以其衆多故也。此“良車、散車”二者皆不在於“服車五乘”之等列，作之有精

---

① 阮校云：“‘也’當‘色’譌。”

② “鞔”字原作“鞔”，婺本、金本、阮本同，阮校謂當依嘉靖本作“鞔”，兹據改。賈疏述注作“鞔”不誤。

③ “縵”字原作“謾”，據阮本改。

④ “草”字原作“車”，據阮本改。

⑤ 此節賈疏底本脫訛，據阮本補。

灥，故有良、散之名。注給遊燕及恩惠之賜。不在等者，謂若今輻車後户之屬。作之有功有沽。○釋曰：云"給遊燕及恩惠之賜"者，君臣遊燕歡樂，或有賜言及恩惠之賜；雖非遊燕，君於臣有恩好而惠及之者亦有賜。此釋經"其用無常"。云"不在等者，謂若今輻車後户之屬"者，漢時輻車與古者從軍所載輜重財貨之車皆車後開户，故舉以説之。云"作之有功有沽"者，釋經"良車、散車"：精作爲功，則曰良；灥作爲沽，則曰散也。

凡車之出入，歲終則會之。注計其完敗多少。○釋曰："車之出"，謂出給官用。"車之入"，謂用罷歸官。於當時録爲簿帳，至"歲終"則揔會計"完敗多少"以入計會也。凡賜闕之。注完敗不計。○釋曰：以其賜人以後完敗隨彼受賜之人，在官不復須知，故"闕之"不計會。毁折，入齎于職幣。注計所傷敗入其直。杜子春云："齎讀爲資，資謂財也。乘官車毁折者，入財以償繕治之直。"○釋曰：謂"乘官車"者毁損有折壞其車不堪乘用者[1]，或全輸價直入官，或計所損處酬其價直入官，皆入其資，資即貨物也，以此貨物入於職幣。職幣主受給官物所用之餘，此之財物亦授之。職幣既得此物，還與冬官繕治之，故鄭云"以償繕治之直"也。大喪，飾遣車，遂廞之，行之；○釋曰："大喪"，謂王喪。"遣車"，謂將葬遣送之車，入壙者也。言"飾"者，還以金、象、革飾之，如生存之車，但灥小爲之耳。注廞，興也，謂陳駕之。行之，使人以次舉之以如墓也[2]。遣車一曰鸞車。○釋曰：後鄭訓"廞"爲"興"，即言"謂陳駕之"者，解廞爲陳駕也。案下《車僕》云："大喪，廞革車。"彼廞謂作之。此文既言"飾遣車"，已是作，更言"遂廞之"，故以陳駕解廞也。云"行之，使人以次舉之以如墓也"者，案《檀弓》云："諸侯大牢苞七个，遣車七乘；大夫亦大牢苞五个，遣車五乘。"鄭注云："諸侯不以命數，喪數略。天子當大牢苞九个，遣車九乘。"此時當在朝廟之時，於始祖廟陳器之明旦大遣奠之後，則使人以次抗舉，人各執其一以如墓也。云"遣車一曰鸞車"者，案《冢人》云[3]："及葬，言鸞車象人。"是名遣車爲鸞車，以其遣車亦有鸞鈴故也。及葬，執蓋從車，持旌；○釋曰："及葬"者，謂至葬時將向壙。云"執蓋從車"者，謂此巾車之官執蓋以隨柩車之後。云"持旌"者，亦使巾車之官執持銘旌。此在柩車之前，而

---

① "毁損有折壞"不辭，疑當作"有毁損折壞"，"毁損折壞"釋鄭注"毁折"。

② "次"上原脱"以"字，據婺本、金本、阮本補。按婺本、金本似皆剜補。

③ "冢"字原作"家"，據阮本改。

文在下者，以執蓋是巾車①，因言持旌耳，非謂持旌亦從車也。以車銘旌表柩，象殯時在柩前，是以《既夕禮》云“祝取銘置于茵”，注云：“以重不藏，故於此移銘加於茵上。”若然，茵既行時在柩車前，明銘旌亦與茵同在柩車前可知也。**注**　從車，隨柩路。持蓋與旌者，王平生時車建旌，雨則有蓋，今蜃車無蓋，執而隨之，象生時有也。所執者，銘旌。

○**釋曰**：云“從車，隨柩路”者，鄭欲以經“車”爲蜃車柩路解之。云“今蜃車無蓋，執而隨之，象生時有也”者，蓋所以表尊，亦執而隨之，所以禦雨；今蜃車既設帷荒，不得設蓋，是以執而隨柩車，雖無用，但象生時有。云“所執者，銘旌”者，將葬之旌。士有二旌，大夫已上皆有三旌。知者，以《既夕禮》是士禮，而有乘車所建旐，是攝盛，故用孤、卿所建通帛之旐也；又有銘旌，以其士無遣車，故無廞旌也。大夫以上有乘車所建旌，卿已上尊矣，無攝盛，以尋常所建旌。王則大常，孤、卿建旐，大夫亦應攝盛用旐，是一也。又有廞旌，又有銘旌也。**及墓，嘑啓關，陳車。**　**注**　關，墓門也。車，貳車也。《士喪禮下篇》曰：“車至道左，北面立，東上。”○**釋曰**：鄭知“車”是“貳車”者，以其遣車在明器之中，案《既夕》陳明器在道東西面，此不言明器，而別“陳車”，是貳車可知。天子貳車象生時，當十二乘也。“《士喪禮下篇》曰”者，是《既夕禮》也，而言《士喪禮下篇》者，以其《士喪禮》論初死并在殯之事，《既夕禮》論葬時事；《既夕》之下同有一《記》記《士喪》及《既夕》不備之事，惣爲一《記》，故鄭以《既夕》連《士喪》而言下篇。此所引者，引《記》。彼云“車至道左，北面立，東上”者，士無貳車，惟據乘車、道車、槀車三乘；此王禮，亦有此三乘車，於後別有貳車十二乘。若然，則此“車”非止貳車而已②，鄭直云貳車者，舉其《士喪禮》不見者而言耳。**小喪，共匶路與其飾。**　**注**　柩路，載柩車也。飾，棺飾也。○**釋曰**：言“小喪”者，上言“大喪”據王，不別言后與世子，則此小喪中可以兼之。鄭云“柩路，載柩車也”者，即蜃車也。云“飾，棺飾也”者，即帷荒、柳翣、池紐之屬，皆是棺之飾。**歲時更續，共其弊車。**　**注**　故書“更續”爲“受讀”。杜子春云：“受當爲更，讀當爲續。更續，更受新。共其弊車，歸其故弊車也。”玄謂俱受新耳：更，易其舊；續，續其不任用。共其弊車，巾車既更續之，取其弊車共於車人，材或有中用之。○**釋曰**：言“歲時更續”者，謂一歲四時皆有受官車。更謂車雖未破，日月已久

---

① “巾車”二字疑當作“從車”，賈疏下文“非謂持旌亦從車也”即承此而云“亦”。
② “貳”字原作“二”，據阮本改。

舊畫者^①，更易以新者；續謂雖未經久，其有破壞不中用者，復以新車續之。云“共其弊車”者，此言爲二者而設：以其既易、續以新車，其本或舊、或壞，皆是弊車，巾車受取，以共冬官車人耳。子春以爲“更續”謂“更受新”，若然，則更續共爲一事，不當經旨，故後鄭不從也。云“共其弊車，歸其故弊車”者，此言亦不從也。後鄭以爲“俱受新”者，謂更與續二者於彼用車之人俱受其新車也。云“更，易其舊”者，釋“更”也。云“續，續其不任用”者，別釋“續”也。云“共於車人”者，此巾車不專主車人所造大車、柏車而已，兼主輪人、輿人所造乘車、兵車，而云共車人者，則車人謂造車之人，兼輪人、輿人等造車人也。**大祭祀，鳴鈴以應雞人。**注雞人主呼旦，鳴鈴以和之，聲且警衆^②。必使鳴鈴者，車有和鸞相應和之象。故書鈴或作軨，杜子春云：“當爲鈴。”○釋曰：云“雞人主呼旦”，《雞人職》文。案《韓詩》云：“升車則馬動，馬動則鸞鳴，鸞鳴則和應。”是“車有和鸞相應之象”，故鳴鈴以應雞人。

典路掌王及后之五路，辨其名物與其用說。○釋曰：上巾車已主王、后之五路，今此又掌之者，以其冬官造得車訖以授巾車，飾以玉、金、象之等，其王及后所乘者又入典路別掌之。注用，謂將有朝、祀之事而駕之。鄭司農云：“說，謂舍車也。《春秋傳》曰：‘雞鳴而駕，日中而說。’用，謂所宜用。”○釋曰：此經雖不言所用之處^③，典路所掌還依《巾車》“朝”、“祀”所用，故鄭依《巾車》而言也。先鄭所引《春秋》者，在《左氏傳》宣十二年楚與晉戰於邲之事。云“用，謂所宜用”者，還是朝、祀之等也。**若有大祭祀，則出路，贊駕說。**注出路，王當乘之。贊駕說，贊僕與趣馬也。○釋曰：案上《巾車》“玉路以祀”，此云“若有大祭祀，則出路”，鄭云“王當乘之”，惟出玉路也。案下文“大喪、大賓客亦如之”，注云“亦出路當陳之”，不言“王乘之”者，以此惟云“大祭祀則出路”，據王所乘之，亦當陳之爲華國；下注云“當陳之”，謂陳之以華國，亦有當乘之法，但大賓客王乘金路也，其大喪則無乘吉時路，故注陳之而說也。知“贊僕與趣馬”者，夏官大馭、戎僕、齊僕之等及趣馬之官主駕說，故知所“贊駕說”者，贊僕與趣馬也。**大喪、大賓客亦如之。**注亦出路當陳之。鄭司農說以

① “畫”字阮本作“壞”，加藤謂當依殿本移“壞”字於上文“破”之下。
② “且”字金本、阮本同，婺本作“旦”。阮校引段玉裁説云：“‘且’當是‘旦’之誤。”
③ “之”字原空闕一格，據阮本補。

《書·顧命》曰“成王崩，康王既陳先王寶器”，又曰：“大路在賓階面，贅路在阼階面，先路在左塾之前，次路在右塾之前。”漢朝《上計律》陳屬車於庭。故曰大喪、大賓客亦如之。○釋曰：先鄭引《顧命》云“康王既陳先王寶器”者，案彼上文云陳寶及列玉五重、大訓之等，乃陳車乘，故云既陳先王寶器。云“又曰：大路在賓階面”，注云：“大路，玉路。”云“贅路在阼階面”，注云：“贅，次。次在玉路後。”謂玉路之貳也。云“先路在左塾之前”，注云：“先路，象路。門側之堂謂之塾。”謂在路門內之西，北面，與玉路相對也。云“次路在右塾之前”，注云：“象路之貳，與玉路之貳相對，在門內之東，北面。”云“漢朝《上計律》陳屬車於庭”者，漢朝集使上計律法謂上計會之法，《禮記·射義》注亦謂之計。然大祭祀亦陳車乘，但古典無陳列之事，故不引之也。**凡會同、軍旅、弔于四方，以路從。**注王出於事無常，王乘一路，典路以其餘路從行，亦以華國。○釋曰：鄭云“王出於事無常，王乘一路，典路以其餘路從行”者，案經“會同”、“軍旅”及“弔”有三事，則是衣裳之會及弔王乘金路，兵車之會及軍旅王乘革路，是王出於事無常也。王雖乘一路，典路以其餘路皆從，惟玉路祭祀之車，尊不出，其餘皆出“以華國”也。

車僕掌戎路之萃、廣車之萃、闕車之萃、苹車之萃、輕車之萃。注萃猶副也。此五者皆兵車，所謂五戎也。戎路，王在軍所乘也。廣車，橫陳之車也。闕車，所用補闕之車也。苹猶屏也①，所用對敵自蔽隱之車也。輕車，所用馳敵致師之車也。《春秋傳》曰“公喪戎路”，又曰“其君之戎分爲二廣”，則諸侯戎路、廣車也；又曰“帥旃闕四十乘”。《孫子》八陳有苹車之陳，又曰“馳車千乘”。五者之制及萃數未盡聞也。《書》曰：“武王戎車三百兩。”故書苹作平。杜子春云：“‘苹車’當爲‘軿車’。其字當爲萃，書亦或爲萃。”②○釋曰：云“此五者皆兵車”者，以其廣、闕之等皆在軍所用，故知皆兵車。云“所謂五戎也”者，凡言“所謂”者，謂他成文。檢諸文不見更有五兵車爲五戎之文，惟有《月令》季秋云“以習五戎”，鄭彼注以五戎爲“弓矢、殳、矛、戈、戟”，不爲五兵車解之，則未知鄭“所謂五戎”者所謂何文。或可鄭解彼五戎或爲此五兵解之③，以五

---

① “屏”字原作“并”，據婁本、金本、阮本改。

② 孫疏謂杜注當據孔繼汾、徐養原校作“平車當爲軿車。其字當爲苹，書亦或爲苹”，杜注易故書“平車”爲“軿車”，“苹”、“萃”則形近而訛。

③ 孫校云：“‘五兵’下當有‘車’字。”

戎之事無正文，故鄭兩解之也。云“戎路，王在軍所乘也”者，此言“戎路”，則《巾車》所云“革路”即戎路，故知戎路是王在軍所乘也。若然，此車僕惟掌五戎之萃，其五戎之正不言所掌者，巾車雖掌五戎之一①，其下四戎之正亦巾車掌之矣。其廣車、闕車、苹、輕四者所解無正文，皆鄭據字以意釋之也。云《春秋傳》者，是莊九年齊魯戰於乾時，“我師敗績，公喪戎路，傳乘而歸”。“又曰”下，是宣十二年楚與晉戰於邲：“楚子爲乘廣三十乘，分爲左右。右廣雞鳴而駕，日中而説。左則受之，日入而説。楚子使潘黨率游闕四十乘，從唐侯爲左拒。樂武子曰：‘楚，其君之戎分爲二廣。’”是也。云“則諸侯戎路、廣車也”者，以時楚雖僭號，其兵車仍號爲廣，故知餘諸侯兵車並以廣車爲之，避天子，不得以戎路也。云“又曰帥游闕四十乘”者，即是潘黨所帥者也。云“《孫子》八陳有苹車之陳”者，是《孫子兵法》有此言也。云“又曰馳車千乘”者，亦是兵書之言。引之以證廣、闕、苹、輕爲兵車之義也。云“五者之制及萃數未盡聞也”者②，言未盡聞，則亦有聞者，其“游闕四十乘”及“馳車千乘”并“戎車三百兩”等略得少聞之，其餘未聞，故云未盡聞也。“《書》曰”者，是《牧誓》武王伐紂戰於牧野之事也。**凡師，共革車，各以其萃。** 注五戎者共其一以爲王，優尊者所乘也，而萃各從其元焉。○釋曰：知戎惟“共其一”者，案《巾車》，王所乘惟“革路”而已，即此上文“戎路”是也，是王惟乘一路耳。今此經不云革路，總云“共革車”，則革車之言所含者多，五戎皆是，則王雖乘一路，四路皆從，是“優尊所乘也”。云“而萃各從其元”者，元即五戎車，之下皆云“之萃”，明萃皆從其元可知。**會同亦如之。** 注巡守及兵車之會則王乘戎路，乘車之會王雖乘金路，猶共以從，不失備也。○釋曰：鄭知“巡守及兵車之會王乘戎路”者，以《戎僕》云“掌馭戎車，凡巡守及兵車之會亦如之”。云“乘車之會王雖乘金路，猶共以從，不失備也”者，上經“凡師”摠云“共革車”，此文亦云共，明無問巡守、乘車之會皆從，以“不失備”故也。**大喪，廞革車。** 注言興革車，則遣車不徒戎路，廣、闕、苹、輕皆有焉。○釋曰：經不云“戎路”、“革路”而云“革車”，亦是五戎之摠名，故知“不徒戎路，廣、闕、苹、輕皆有”可知。若然，王喪遣車九乘，除此五乘之外，加以金、玉、象、木四者則九乘矣。**大射，共三乏。** 注鄭司農云：“乏讀爲‘匱乏’之乏。”○釋曰：乏一名容，則《射人》云“三獲三容”是也。以其爲革車用皮，其乏亦用皮，故因使爲之。若然，直云“大射共

---

①　“五”字原作“正”，阮本同，加藤謂當作“五”，兹據改。

②　“者”字原作“㲉”，據阮本改。

乏”，至於賓射、燕射之等，則亦使共乏矣，舉大射尊者而言。先鄭讀“乏”爲“匱乏”之乏者，以其矢於侯匱乏不去，故讀從之。

司常掌九旗之物名，各有屬，以待國事：日月爲常，交龍爲旂，通帛爲旜，雜帛爲物，熊虎爲旗，鳥隼爲旟，龜蛇爲旐，全羽爲旞，析羽爲旌。注物名者，所畫異物則異名也。屬，謂徽識也，《大傳》謂之徽號。今城門僕射所被及亭長著絳衣，皆其舊象。通帛，謂大赤，從周正色，無飾。雜帛者，以帛素飾其側。白，殷之正色。全羽、析羽皆五采，繫之於旞、旌之上，所謂注旄於干首也。凡九旗之帛皆用絳。○釋曰：鄭云“所畫異物則異名也”者，案九旂之中有旜、物、旞、旌之等不畫異物，而鄭所揔云畫異物者，鄭據名者而揔言之①，非謂九旂皆畫異物也。云“屬，謂徽識也”者，謂在朝在軍所用小旂，故以屬言之。鄭引《大傳》者，欲見此“屬”與《大傳》徽識爲一物②，則《詩》所云“識文鳥章”亦一物。引今漢法，欲見古有此物遺及漢時也。云“通帛，謂大赤”者，《巾車》及《明堂位》皆明大赤也③。云“從周正色，無飾”者，以周建子，物萌色赤，今旌旟通體盡用絳之赤帛，是用周之正色，無他物之飾也。云“雜帛者，以帛素飾其側。白，殷之正色”者，殷以建丑爲正，物牙色白，今用帛素飾其側者，明以先王正道佐職，故兼用白雜之也。云“全羽、析羽皆五采，繫之於旞、旌之上”者，案《序官》“夏采”注云：“夏采，夏翟羽色。《禹貢》徐州貢夏翟之羽，有虞氏以爲緌，後世或無，故染鳥羽象而用之，謂之夏采。”若然，冬官鍾氏染鳥羽，是周法染鳥羽爲五色，故鄭云皆五采羽繫之於旞、旌之上。云“所謂注旄於干首也”者，言所謂者，謂《爾雅》之文也。若然，則此旞、旌非直有羽，亦有旄，故鄭引《爾雅》“注旄”以證旞、旌，明其兩有。是以《干旄》詩云“孑孑干旄”、“孑孑干旌”，鄭彼注云：“《周禮》‘孤、卿建旂，大夫建物’，首皆注旄焉。”明干首旄羽皆有之。此雖據旞、旌旄羽並有，至於大常已下，首皆有旄羽，故衛之臣子雖旂、物而有旄羽，則大常已下皆有明矣。故《夏采》云：“乘車建綏復於四郊。”注：“綏以旄牛尾爲之，綴於橦上，王祀四郊，乘玉路，建大常，今以之復，去其旒，異之於生。”是其旌首皆有旄之驗也。云“九旗之帛皆用絳”者，以周尚赤，故《爾雅》云“繼帛緌”也。案全羽、析羽直有羽而無帛，而鄭云九旗之帛者，據衆有者而言。或解以

① 孫校云：“‘名’當爲‘多’。”
② 浦鏜云：“‘識’當作‘號’。”
③ 浦鏜云：“‘皆明’當‘皆名’誤。”

爲旛、旌之下亦有旄旒而用絳帛也。其旆之下旆似不用絳，故《爾雅》云：“緇，廣充幅，長尋曰旐，繼旐曰旆。”《詩》云：“白旆央央。”旆即左氏定四年《傳》云“分康叔以少帛、綪茷、旃旌”，是旌旆色異也。《爾雅》別云“素錦綢杠，素陞龍，練旒九”，彼施於喪葬之旐也。**及國之大閱，贊司馬頒旗物：王建大常，諸侯建旂，孤、卿建旜，大夫、士建物，師都建旗①，州里建旟，縣鄙建旐，道車載旞，斿車載旌。**○釋曰：案大司馬仲春教振旅，仲夏教茇舍，仲秋教治兵，仲冬教大閱，大閱謂仲冬無事大簡閱軍禮，司常主旗物，故“贊司馬頒旗物”也。此九旗發首雖揔爲“大閱”而言，其“道車載旞”、“斿車載旌”非爲軍事也②。注仲冬教大閱，司馬主其禮，自王以下治民者，旗畫成物之象。王畫日月，象天明也。諸侯畫交龍，一象其升朝，一象其下復也。孤、卿不畫，言奉王之政教而已。大夫、士雜帛，言以先王正道佐職也。師都，六鄉六遂大夫也。謂之師都，都，民所聚也。畫熊虎者，鄉遂出軍賦，象其守猛，莫敢犯也。州里、縣鄙，鄉遂之官，互約言之。鳥隼，象其勇捷也③。龜蛇，象其扞難辟害也。道車，象路也，王以朝夕燕出入。斿車，木路也，王以田以鄙。全羽、析羽五色④，象其文德也。大閱，王乘戎路，建大常焉，玉路、金路不出。○釋曰：案《大司馬》云：“主四時軍法。”故云“司馬主其禮”也。云“自王以下治民者，旗畫成物之象”者，謂自王以下至諸侯并鄉遂之官是也。云“王畫日月，象天明也”者，聖人與日月齊其明，故旌旗畫日月象之。案桓二年臧哀伯云：“三辰旂旗，昭其明也。”三辰日月星則此大常之畫日月者也。此直言“日月”不言“星”者，此舉日月，其實兼有星也。云“諸侯畫交龍，一象升朝，一象下復也”者，以衣服不言交龍，直云袞龍，則衣服直有升龍，無降龍。以其天子之衣無日月星，直有龍，龍有升龍降龍，則諸侯不得與天子同，故直有升龍也。至於天子旌旂，有日月星辰，故諸侯旌旂無日月星，故龍有升降也。象升朝天子，象下復還國也。云“孤、卿不畫”者，謂不畫異物，帛而已。云“言奉王之政教而已”者，以其直有時王政教，故云奉王之政教而已。云“大夫、士雜帛”者，謂中央赤旁邊白。白是先王殷之正色，而在旁，故云“以先王正道佐職也”。云“師都，六鄉六遂大夫也。謂之師都，都，民之所聚

① 段考、王引之皆據《説文》引《周禮》“率都建旗”而謂“師都”當作“帥都”，《夏官·大司馬職》“師都建旜”，“師”字亦當爲“帥”。
② “斿”字阮本作“游”，“斿”即“游”之省。此經鄭注之賈疏“斿”字同。
③ “捷”字原作“捷”，據婺本、金本、阮本改。
④ “析羽”二字原作“析月”，據婺本、金本、阮本改。

也”者，以師，衆也；都，聚也。主鄉遂民衆所聚，故謂之師都也。六鄉大夫皆卿，六遂大夫皆大夫也，卿合建旟，大夫合建物，今捴建旗，以其領衆在軍爲將，故同建熊虎之旗，故鄭云“畫熊虎者，鄉遂出軍賦①，象其守猛，莫敢犯也”。云“州里、縣鄙，鄉遂之官”者，州是鄉之官，里與縣鄙是遂之官，故捴言鄉遂之官。云“互約言之”者，遂之里是下士，得與鄉之州中大夫同建旟，則知鄉之閭亦得與遂之縣同建旟也；遂之鄙得與縣同建旟，鄉之黨亦得與州同建旟可知：是互也。言約者，鄉之族上從黨同建旟，比上從閭同建旟也；遂之鄶上從鄙同建旟，鄰上從里同建旗：是約也。但族師已下并鄙師已下皆是士官，雖與在上大夫同建，其刃數則短，當三刃已下。云“鳥隼，象其勇捷也”者，熊虎、龜蛇皆二物相對，則此鳥隼亦別物。若然，則鄭以勇解隼，故《王制》云“鷹隼擊，然後罻羅設”，是隼勇也；以捷解鳥，鳥亦謂捷疾者也。云“龜蛇，象其扞難避害也”者，龜有甲，能扞難；蛇無甲，見人避之，是避害也。云“道車，象路也”者，案《巾車》云：“象路建大赤以朝。”朝所以行道，故謂象路爲道車。是以《士冠·記》及《郊特牲》皆云“牟追，夏后氏之道。章甫，殷道。委貌，周道”，是其在朝服乘者皆從道②，故知道車是象路。但在朝則建大赤，今“以朝夕燕出入”則建旜也。鄭知“斿車”是“木路”者，《巾車》云：“木路以田。”是斿樂之所。《囿人》：“掌囿斿之獸禁。”是知斿車是木路也。但正田獵時建大麾，今以小小田獵及巡行縣鄙則建旟爲異耳。云“全羽、析羽五色，象其文德也”者，此羽是鍾氏所染鳥羽，象翟羽而用，故知皆五色，以象文德也。云“大閱，王乘戎路，建大常焉，玉路、金路不出”者，鄭據此文“大閱”之時王乘戎路，金、玉之路不出；其祀帝於郊及乘車之會，金路、玉路皆出也。**皆畫其象焉，官府各象其事，州里各象其名，家各象其號。**○釋曰：上云旌旗之大，此言旌斿之細者也③。云“皆畫其象焉”，與下爲目，此則“官府”已下三“象”是也。<u>注</u>事、名、號者，徽識，所以題別衆臣，樹之於位，朝各就焉。《覲禮》曰：“公、侯、伯、子、男皆就其斿而立。”此其類也。或謂之事，或謂之名，或謂之號，異外內也。三者旌旗之細也。《士喪禮》曰：“爲銘各以其物。亡則以緇，長半幅；赬末，長終幅，廣三寸，書名於末。”此蓋其制也。徽識之書則云某某之事、某某之名、某某之號。今大閱禮象而爲之④。兵、凶事，若有死事者，亦當以相別也。杜

---

① “鄉”字原作“出”，據阮本改。
② “服”字原作“股”，據阮本改。
③ “斿”字阮本作“旗”，與注合。
④ “今”字原作“令”，據婺本、金本、阮本改。

子春云："畫當爲書。"玄謂畫，畫雲氣也。異於在國，軍事之飾。○釋曰：鄭云"事、名、號者，徽識"者，《大傳》云"殊徽號"，昭公二十一年宋廚人濮曰"揚徽者，公徒也"，是名徽也；《詩·六月》云"識文鳥章"，箋云"識，徽識"，是名識也。今鄭合而言之，故云徽識也。云"所以題別衆臣"者，此經雖爲軍事而言，而云題別衆臣者，亦據在朝位而言也，故鄭即言"樹之於位，朝者各就焉"，而引《覲禮》爲證也。案《覲禮》，秋覲在廟，諸侯前期皆受舍於朝，文王廟外上介樹君之旂於位；明日，公、侯、伯、子、男入，各就其旂而立。即此經"象"，故云"此其類"。云"或謂之事，或謂之名，或謂之號，異外内也"者，官府在朝，是内；其州里在百里、二百里，家在三百、四百里、五百里①，並是外也。云"三者旌旗之細也"者，對上"大常"已下爲旌旗之大者也。云《士喪禮》曰："爲銘各以其物"者，謂爲銘旌各以生時物，王則大常已下爲之。云"亡則以緇，長半幅"者，謂不命之士生時無旌旗者，故云亡也。以緇繒長半幅，長一尺也。云"頳末，長終幅，廣三寸"者，以赤繒爲之，長二尺，廣三寸。云"書名於末"者，書死者名於廣三寸之上。云"此蓋其制也"者，此在朝表朝位，其銘旌制亦如此。案《禮緯》云："天子之旌高九刃，諸侯七刃，大夫五刃，士三刃。"案《士喪禮》"竹杠長三尺"，則死者以尺易刃，天子九尺，諸侯七尺，大夫五尺，士三尺，其旌身亦以尺易刃也。若然，在朝及在軍綴之於身亦如此，故云蓋其制也。云"徽識之書則云某某之事"者，官府天官在軍當云大宰之下某甲之事，地官之下當云大司徒之下某甲之事，餘四官之下皆然。云"某某之名"者，此據州里而言：假令六鄉之下，則言某鄉之下某甲之名；若六遂之下，當云某遂之下某甲之名也。云"某某之號"者，此據都家之内：假令三百里大夫家之下，當云某家之下某甲之號。此三者則徧其畿内矣。云"今大閲禮象而爲之"者，此在軍之旌綴於身，大小象銘旌及在朝者爲之②。云"兵，凶事"者，隱公《傳》云："兵，凶器。戰，危事。"危事亦是凶事也。杜子春破"畫"爲"書"，後鄭不從，還從"畫雲氣"者，案《鄉射·記》云："凡畫者丹質。"則射侯之等皆有畫雲氣之法，明此經所云"畫"者，畫雲氣也。云"異於在國，軍事之飾"者，《覲禮》及銘旌皆不云畫，以其在國質故也；惟在軍畫之，故云軍事之飾文也。**凡祭祀，各建其旗。注**王祭祀之車則玉路③。○釋曰：鄭云"王祭祀之車則玉路"者，偏據王而言。云乘玉路則建大常，經云"各建其旗"，則諸侯已下所得路各有旗。案上文"諸侯建

① "三百"二字阮本同，孫校云："'三百'下疑奪'里'字。"
② "小"字原作"山"，據阮本改。
③ "玉"字原作"三"，據婺本、金本、阮本改。

旗”①，《大行人》云“建常九旒”，雖言常，皆是交龍爲旂，散文通，故名旂爲常。孤、卿則旃，大夫則物，故言各建其旗也。**會同、賓客亦如之，置旃門。**注賓客、朝覲宗遇，王乘金路；巡守、兵車之會，王乘戎路。皆建其大常。《掌舍職》曰：“爲帷宮、設旃門。”○釋曰：鄭知“賓客、朝覲宗遇，王乘金路”者，見《齊僕》云“掌馭金路以賓”，又《齊右》亦云“會同、賓客前齊車”，齊車即金路，朝覲宗遇即會同，故摠以金路解之也。知“巡守、兵車之會，王乘戎路”者，以其同是軍事，故知亦皆乘戎路也。知“皆建其大常”者，此大閱禮王建大常，即知巡守、兵車之會皆建大常也。云“《掌舍職》曰：爲帷宮、設旃門”者，彼注云：“謂王行晝止②，則樹旃以爲門。”彼官樹之，此官供旃。**大喪，共銘旌，**注銘旌，王則大常也。《士喪禮》曰：“爲銘各以其物。”**建廞車之旌，及葬亦如之。**○釋曰：此謂在廟陳時建之，謂以廞旌建於遣車之上。“及葬亦如之”，此謂入壙亦建之。注葬云建之，則行廞車解說之。○釋曰：鄭云“葬云建之，則行廞車解說之”者，此釋經“及葬亦如之”。在廟陳時云建，葬時亦建，則惟有在道去之，使人各執遣車，又當各執廞旌，是行廞車解說之也。**凡軍事，建旌旗；及致民，置旗，弊之。**○釋曰：云“凡軍事，建旌旗”者，當大司馬欲致衆之時司常建之。此言爲“及致”而設。注始置旗以致民，民至仆之③，誅後至者。○釋曰：云“始置旗以致民”者，解經“及致民，置旗”也。又云“民至仆之③，誅後至者”，釋經“弊之”。**甸亦如之。**○釋曰：上云“軍事”謂出軍征戰，今此云“甸”，謂四時田獵。言“亦如之”者，亦如上“建旌”、“及致”與“弊之”也。**凡射，共獲旌。**○釋曰：言“凡射”者，則大射、賓射及燕射皆共之④。注獲旌，獲者所持旌。○釋曰：謂若大射服不氏唱獲所持之旌，三侯皆有獲旌也。**歲時共更旌。**注取舊予新。○釋曰：謂受官旌旗用之者歲之四時來換易，則司常取彼之舊，與此之新也。

---

① “旗”字阮本同，孫疏引作“旂”，因交龍爲旂、熊虎爲旗不同，此疏下文亦皆據旂而言也。

② “晝”字原作“畫”，阮本作“晝”，阮校云：“毛本‘晝’作‘畫’，當據正。”茲據改。

③ “仆”字原作“什”，據阮本改。

④ “則”字原作“言”，據阮本改。

都宗人掌都祭祀之禮。凡都祭祀，致福于國。**注**都或有山川及因國無主九皇六十四民之祀，王子弟則立其祖王之廟，其祭祀王皆賜禽焉。主其禮者①，警戒之，糾其戒具。其來致福，則帥而以造祭僕。○釋曰：知"都"有"山川"者，見《祭法》云"山川、丘陵能興雲雨，諸侯在其地則祭，無其地則不祭"，都祀畿內諸侯②，明亦祭境內山川也。云"及因國無主九皇六十四民之祀"者，案《王制》云："天子、諸侯祭因國之在其地而無主後者。"注云："謂所因之國先王、先公有功德，宜享世祀，今絕無後爲之祭主者。"案《史記》，伏羲已前九皇六十四民並是上古無名號之君③，絕世無後，今宜主祭之也。云"王子弟則立其祖王之廟"者④，《左氏傳》莊二十八年云："邑有先君之主曰都。"明天子禮亦然，故知都內王子弟有祖王之廟也⑤。云"其祭祀王皆賜禽焉"者，見《祭僕》云"王所不與，則賜之禽，都家亦如之"，玄謂："王所不與，同姓有先王之廟。"是賜禽法。云"其來致福，則帥而造祭僕"，知者，見《祭僕》云"凡祭祀致福者，展而受之"，是造祭僕之事。**正都禮與其服。注**禁督其違失者。服，謂衣服及宮室、車旗。○釋曰：鄭云"禁督其違失者"，解經"正都禮"，禮中所含者多，故揔以違失解之。云"服，謂衣服及宮室、車旗"者，解經"與其服"。鄭并言宮室、車旗者，經雖直舉"其服"，服中可以兼宮室、車旗，是以下文《家宗人》兼言"宮室、車旗之禁"，明衣服之外揔須正之⑥。**若有寇戎之事，則保群神之壝。注**守山川、丘陵、墳衍之壝域。○釋曰：此經所云據寇戎從外而入故先保在郊之神位而言，是以鄭云"守山川、丘陵、墳衍之壝域"也。案《小宗伯》云兆山川、丘陵於四郊，彼雖不言墳衍，墳衍之位亦在四郊，皆須保之。言"壝"者，謂於中爲壇，四畔爲壝，舉壝則壇見矣。**國有大故，則令禱祠；既祭，反命于國。注**令，令都之有司也。祭，謂報塞也。反命，還白王。○釋曰：鄭知所"令，令有司"者，此都宗人是王家之官，王命使禱祠是都內之事，明所令令都內之有司有事於神者也。云"祭，謂報塞也"者，凡祈福曰禱，至於得福則曰祭，當與正

---

① "主"字原作"生"，據婺本、金本、阮本改。
② 孫校云："'祀'當爲'是'。"
③ "是"字原作"巳"，據阮本改。
④ "祖王"二字原作"祖三"，據阮本改。
⑤ "內"字原作"知"，據阮本改。
⑥ "明"字原作"注"，據阮本改。

祭同名祭，則是經言“祭”據報塞而言也。云“反命，還白王”者，本以禱祠爲奉王命，今祭訖，反以王命還白於王，故言還白王也。

家宗人掌家祭祀之禮。凡祭祀，致福。**注**大夫采地之所祀與都同。若先王之子孫，亦有祖廟。○釋曰：鄭云“大夫采地之所祀”者，則“家”止謂大夫，不通公、卿也。故《載師職》云“家邑任稍地，小都任縣地，大都任疆地”，是大夫采地稱家，在三百里之内。卿爲小都，在四百里，公爲大都，在五百里，則上都宗人所主是也。言“所祀與都同”者，據山川、九皇六十四民在其地者。云“若先王之子孫，亦有祖廟”者，亦如上都宗人。但天子與諸侯禮異：諸侯之卿、大夫同姓，邑有先君之主則曰都，無曰邑；天子之臣同姓大夫雖有先君之主，亦曰邑也。此不言“凡家祭祀，致福于國”者，舉“都”而言，此“家”從可知。**國有大故，則令禱祠，反命。祭亦如之。注**以王命令禱祠，歸白王[1]；於獲福，又以王命令祭之，還又反命。○釋曰：云“則令禱祠，反命”者，王以命令禱祠，禱祠訖反命於王，則與上文《都宗人》“既祭，反命于國”爲一也。此更言“祭亦如之”者，與上異，則此是禱祠訖王復更有命祭，祭訖亦反命。然彼此無異，但文有詳略，則彼亦有此王命更祭之法，文不具也。**掌家禮與其衣服、宮室、車旗之禁令。注**掌亦正也。不言寇戎保羣神之壝，則都、家自保之，都宗人所保者謂王所祀明矣。○釋曰：云“掌亦正”者，《都宗人》云“正”，故知此“掌”與彼“正”同。云“不言寇戎保羣神之壝，則都、家自保之”者，此鄭都、家自解者[2]，鄭欲釋經二處互見其文。何者？彼經言“若有寇戎之事，則保羣神之壝”者，據王所命祀者而言；則此家宗人亦有王所命祀者，家宗人亦保之可知。此家宗人不言寇戎保羣神之壝者，是王所不祀家宗人自保之；則都宗人亦有王不祀者，都宗人自保之可知。故鄭二者雙言之。云“都宗人所保者謂王所祀明矣”者，以王所不祀宗人不保之，明宗人保者王所祀也。

---

① “白”字原作“曰”，據婺本、金本、阮本改。

② 阮校引盧文弨説云：“‘自’疑當作‘摠’。”按“自”或“雙”之壞字，賈疏下文即云“故鄭二者雙言之”，可資參證。

凡以神仕者[①]，掌三辰之灋以猶鬼神示之居，辨其名物。○釋曰：《序官》注云：“神士者，男巫之俊。”知是巫者，此中“掌三辰之法以猶鬼神祇之居”，案《外傳》云“在男曰覡，在女曰巫，使制神之處位次主之度”，與此文合，故知此神仕是巫。**注**猶，圖也。居，謂坐也。天者羣神之精，日月星辰其著位也。以此圖天神、人鬼、地祇之坐者，謂布祭衆寡與其居句。《孝經説》郊祀之禮曰：“燔燎埽地，祭牲繭栗，或象天酒旗、坐星，厨、倉具黍稷，布席，極敬心也。”言郊之布席象五帝坐，禮祭宗廟序昭穆亦又有似虛危，則祭天圜丘象北極，祭地方澤象后妃，及社稷之席皆有明法焉。《國語》曰：“古者民之精爽不攜貳者，而又能齊肅中正，其知能上下比義，其聖能光遠宣朗，其明能光照之，其聰能聽徹之，如是則神明降之，在男曰覡，在女曰巫，是之使制神之處位次主，而爲之牲器時服。”巫既知神如此，又能居以天法，是以聖人用之。今之巫、祝既闇其義，何明之見？何法之行？正神不降，或於淫厲，苟貪貨食，遂誣人神[②]，令此道滅，痛矣。○釋曰：云“天者羣神之精，日月星辰其著位也”者，鄭以經直見“三辰”，不言天者，天體無形，人所不覩，惟覩三辰，故鄭云天者羣神之精，日月星辰是其著位者也。云“以此圖天神、人鬼、地祇之坐者，謂布祭衆寡與其居句”者，鄭意鬼神祇之居止是布祭於神，神有衆寡多少，或居方爲之，或句曲爲之也。引《孝經説》“郊祀”者，《援神契》文，《敢問章》云：“周公郊祀后稷以配天。”云“郊祀之禮，燔燎掃地”已下至“敬心”之言，釋之也。“言郊之布席”已下是鄭君語。云“郊之布席象五帝坐”者，案天文有五帝坐星，東方蒼帝靈威仰，南方赤帝赤熛怒，中央黄帝含樞紐，西方白帝白招拒，北方黑帝汁光紀，各於其面，是布神坐也。云“禮祭宗廟序昭穆”者[③]，文二年“大事於大廟”，毀廟之主陳於大祖，未毀廟之主皆升合食，昭南面，穆北面，是人鬼之席坐也。云“亦又有似虛危”者，虛危有墳墓四司，又爲宗廟布席象之，故云又有似虛危也。云“則祭天圜丘象北極”者，北極有三星，則中央明者爲大一常居，傍兩星爲臣子位焉。云“祭地方澤象后妃”者，天有后妃四星。天子象天，后象地，后妃是其配合也。云“及社稷”者，天有天社之

---

① 阮校云：“唐石經‘仕’作‘士’，然‘士’字獨小，蓋本作‘仕’，後磨改作‘士’。《序官》經注疏作‘士’。沈彤《周官禄田考》云：當作‘仕’，賈疏於他職皆引作‘神仕’。孫志祖云：案《旄人》云‘凡四方之舞仕者屬焉’，則當作‘仕’，《序官》作‘士’者誤也。”

② “遂誣”二字原作“誣遂”，據婺本、金本、阮本乙。

③ “者”字原作“者者”，誤衍一字，據阮本删。

星①，祭社之位象焉，故云"及社稷之席"。"之席"之言，結"五帝"已下也。《孝經說》云"祭牲繭栗"者，據祭地。"或象天酒旗、坐星"，酒旗，星名。云"廚、倉具黍稷"者，廚、倉，亦星名，言廚、倉所以具黍稷以祭祀。云"布席②，極敬心也"者，摠結語也③。"《國語》曰"以下者，欲見巫能制神之處位者心由精爽之意。云"精爽不攜貳"者，言其專一也。云"上下比義"者，上謂天神，下謂地神④，能比方尊卑大小之義，言聖能通知神意。云"神明降之"者，正謂神來降於其身。言"在男曰覡，在女曰巫"者，男子陽，有兩稱，名巫、名覡；女子陰，不變，直名巫，無覡稱。言"今之"已下，欲言今世邪巫誑惑世間之事，故鄭痛之。**以冬日至致天神、人鬼，以夏日至致地示、物魅，以禬國之凶荒、民之札喪。**○釋曰：言"以冬日至、夏日至"，此則《大司樂》云"冬日至於地上之圜丘奏之，若樂六變，天神皆降。夏日至於澤中之方丘奏之，地祇皆出"是也。但其時天之神、地之祇皆降⑤，仍於祭天之明日更祭此等小神祇，故於此別之也。注天、人，陽也；地、物，陰也。陽氣升而祭鬼、神，陰氣升而祭地祇、物魅，所以順其爲人與物也。致人鬼於祖廟，致物魅於壇墠，蓋用祭天地之明日。百物之神曰魅。《春秋傳》曰："螭魅魍魎。"杜子春云；"禬，除也。"玄謂此禬讀如"潰癰"之潰。○釋曰：鄭云"天、人，陽也"者，此解冬日至祭天神、人鬼之意，以其陽，故十一月一陽生之月當陽氣升而祭之也。云"地、物，陰也"者，此解夏日至祭地示之意，以其陰，故五月一陰生之日當陰氣升而祭之也。云"所以順其爲人與物也"者，各順陰陽而在冬、夏至也。云"致人鬼於祖廟，致物魅於壇墠"，此鄭惟釋"人鬼""物魅"、不言致"天神"之處者，文略，亦當在壇墠也。云"蓋用祭天地之明日"者，當冬至、夏至之日正祭天地之神示，事繁，不可兼祭。此等雖無正文⑥，鄭以意量之，故云蓋用祭天地之明日也。云"百物之神曰魅。《春秋傳》曰：螭魅魍魎"者，案《左氏》宣公三年："楚子問鼎之大小輕重，王孫滿對曰：'夏之方有德也，遠方圖物，貢金九牧，鑄鼎象物。故民入川澤、山林，不逢不若，螭魅罔兩，莫能逢之。'"

---

① "天有"二字原作"又有"，據阮本改。

② "布"字原作"在"，據阮本改。

③ "孝經說"以下至"摠結語也"五十八字，加藤疑錯簡，本當在上文"至敬心之言釋之也"之下。

④ "地神"二字阮本同，阮校云："閩、監、毛本改'地祇'。"加藤謂"地祇"是。

⑤ "祇"字原作"祇"，據阮本改。

⑥ "正"字阮本無。

服氏注云：“螭，山神，獸形。魅，怪物。罔兩，木石之怪。”文十八年注：“螭，山神，獸形。或曰如虎而噉虎。或曰魅，人面獸身而四足，好惑人，山林異氣所生，爲人害。”如賈、服義，與鄭異。鄭君則以螭魅爲一物，故云百物之神曰魅，引《春秋》“螭魅”以證之。經無魍魎，連引之。以《國語》“木石之怪夔魍魎”，賈、服所注是也。杜子春云“禬，除也”，後鄭云“此禬讀如潰癰之潰”者，就足子春之義，以其癰潰則濃血除，故讀從之。云此禬讀從潰，言“此”以對彼，彼《大祝》云“類造禬禜”之禬，禬爲會合之義，不爲潰也。

周禮疏卷第三十三

唐朝散大夫行大學博士弘文館學士臣賈公彥等撰

夏官司馬第四鄭云："象夏所立之官。馬者武也，言爲武者也。夏整齊萬物。天子立司馬，共掌邦政。政可以平諸侯，正天下，故曰'統六師，平邦國'。"

惟王建國①，辨方正位，體國經野，設官分職，以爲民極。乃立夏官司馬，使帥其屬而掌邦政，以佐王平邦國。注政，正也，政所以正不正者也。《孝經説》曰："政者正也，正德名以行道。"〇釋曰：爲"正"者，取平正之義。大司馬主六軍，所以正諸侯違王命不正者，故鄭云"所以正不正"。是以康子問政，孔子云："子帥以正，孰敢不正？"《孝經説》者，是《孝經緯》文。云"政者正也，正德名以行道"者，亦是正者先自正己之德名以行道，則天下自然正，引之以證"正不正"之事。

政官之屬：大司馬，卿一人；小司馬，中大夫二人；軍司馬，下大夫四人；輿司馬，上士八人；行司馬，中士十有六人，旅下士三十有二人，府六人，史十有六人，胥三十有二人，徒三百有二十人。〇釋曰：此《序官》從"大司馬"至"府六人"，其數與諸官同。自史以下則異，諸官皆云"史十二人，胥十二人，徒百二十人"，獨此官"史十有六人，胥三十二人，徒三百二十人"與諸官異者，以大司馬大摠六軍，軍事尚嚴，特須監察，故胥、徒獨多。是以襄公三年六月晉悼公會諸侯，盟于雞澤②。秋，晉侯之弟揚干亂行於曲梁，魏絳戮其僕。晉侯怒，對曰："使臣斯司馬，臣聞師衆以順爲武。"是其尚嚴也。注輿，衆也。行，謂軍行列。晉作六軍而有三行，取名於此。〇釋曰："輿，衆"者，案《左氏傳》僖二十八年："晉侯聽輿人

---

① "惟王建國"以下，其餘《天官》、《地官》等底本皆提行，唯此《夏官》直接上鄭玄《三禮目録》之下。

② "于"字原作"乎"，據阮本改。

之誦。”是輿爲衆之義也。云“行，謂軍行列”者，《詩》云：“寘彼周行。”是行得爲行列。云“晉作六軍而有三行，取名於此”者，《左氏》僖二十八年云：“晉侯作三行以禦狄。”注云：“晉置上中下三軍，今復增置三行，避天子六軍之名。”以所加三軍者謂之三行，彼名軍爲行，取於此行司馬之名也。

　　凡制軍①，萬有二千五百人爲軍，王六軍，大國三軍，次國二軍，小國一軍，軍將皆命卿；二千有五百人爲師，師帥皆中大夫②；五百人爲旅，旅帥皆下大夫；百人爲卒，卒長皆上士；二十五人爲兩，兩司馬皆中士；五人爲伍，伍皆有長。○釋曰：云此“大國”、“次國”、“小國”者，皆以命數同者軍數則同，則上公爲大國，侯、伯爲次國，子、男爲小國也。魯是侯爵，而《魯頌》云“公徒三萬”，注云：“萬二千五百人爲軍。大國三軍，合三萬七千五百人。言三萬者，舉成數也。”然當僖公之時其實二軍③，故襄公十一年“作三軍”，則前無三軍矣。若僖公時有三軍，則中間應有合文④。注《詩》爲三軍者，作詩之人舉魯盛時而言。若然，魯公伯禽之時則三軍矣。《魯語》季武子爲三軍，叔孫昭子曰“不可”，又云“今我小侯也”，明大侯之時有三軍矣。鄭苔林碩爲二萬之大數者⑤，以實言之也。此言“軍將皆命卿”及“師帥皆中大夫”、“旅帥皆下大夫”、“卒長皆上士”、“兩司馬皆中士”、“伍皆有長”者，皆據在鄉爲鄉大夫、州長、黨正、族師、閭胥、比長時尊卑命數而言。伍皆有長是比長下士，不言“皆下士”者，以衆多官卑，故略而不言也。注軍、師、旅、卒、兩、伍，皆衆名也。伍一比，兩一間，卒一族，旅一黨，師一州，軍一鄉，家所出一人。將、帥、長、司馬者，其師吏也。言軍將皆命卿，則凡軍帥不特置，選於六官、六鄉之吏。自鄉以下，德任者使兼官焉。鄭司農云：“王六軍，大國三軍，次國二軍，小國一軍，故《春秋傳》有大國、次國、小國，又曰：‘成國不過半天子之軍，周爲六軍，諸侯之大者三軍可也。’《詩・大雅・常武》曰：‘赫赫明明，王命卿士，南仲大祖，大師皇父。整我六師，以脩我戎。既徹既戒，惠此南國。’《大雅・文王》曰：‘周王于邁，六師及之。’此周爲六軍之見于經也。《春

① “凡制軍”云云底本不提行，孫疏云：“此經宋以爲版本並不跳行，今從唐石經。孔繼汾謂若《地官》鄉老、鄉大夫、鄉吏之比，是也。”
② “師”字原脱，據婺本、金本、阮本補。按金本此處挒擠一字，似原亦脱“師”。
③ “僖”字原脱，阮本同，據浦鏜説校補。
④ 阮校云：“‘合’當爲‘舍’之訛。”
⑤ 阮校引盧文弨説云：“《詩・閟宮》正義‘二萬’作‘二軍’，是。”

秋傳》曰：‘王使虢公命曲沃伯以一軍爲晉侯。’此小國一軍之見于傳也。百人爲卒，二十五人爲兩，故《春秋傳》曰：‘廣有一卒，卒偏之兩①。’”〇釋曰：鄭以經“伍”、“兩”、“卒”、“旅”、“師”、“軍”皆據在鄉內民數而言者，以其凡出軍皆據六鄉爲數，是以《小司徒》云“凡起徒役，無過家一人”，是以鄭據在鄉之數而以“家出一人”結之也。鄭云“言凡軍將皆命卿，則凡軍帥不特置，選於六官、六鄉之吏”者②，鄭言選於六官者，謂王朝六卿，此六軍之將還選六卿中有武者爲軍將也；又別言六鄉之吏者，據六鄉大夫及州長、黨正、族師、閭胥、比長中有武者，今出軍之時還遣在鄉所管之長爲軍吏也。鄭必知還遣本長爲軍吏者，見《管子》云“因內政寄軍令”，且經並據在鄉時尊卑而言，故知因遣其鄉之官而領之也。是以《州長職》注云：“掌其戒令賞罰，則是於軍因爲師帥。”自黨已下，注皆云“因爲旅帥”、“因爲卒長”；閭胥以下雖不言“因”，爲義可知。又云“自鄉已下，德任者使兼官焉”者，案《大司馬》云：“師都載旟，鄉遂載物。”鄭云：“鄉遂大夫或載旟，或載物，衆屬軍吏，無所將。”則自鄉已下至伍長有武德堪任爲軍之吏者乃兼官。兼官者，在鄉爲鄉官，在軍爲軍吏。若無武德，不堪屬任爲軍吏者，則衆屬他軍吏，身不得爲軍吏，是無所將也。是以《詩》云“駜輪有奭，以作六師”，鄭云：“諸侯世子除三年之喪，未遇爵命，服士服而來。時有征伐之事，天子以其賢，任爲軍將。”是代爲軍將之事，則王朝之官有武德者皆可代爲軍吏也。先鄭云“王六軍”已下，復引諸文者，以當時有不信《周禮》者，故引爲證。言“《春秋》有大國、有次國、有小國”者，此非春秋正文。成三年：“冬十一月，晉侯使荀庚來聘，衛侯使孫良夫來聘，公問諸臧宣叔曰：‘中行伯之於晉，其位在三。孫子之於衛也，位爲上卿。將誰先？’對曰：‘次國之上卿當大國之中，中當其下，下當其上大夫。小國之上卿當大國之下卿，中當其上大夫，下當其下大夫。上下如是，古之制也。衛在晉不得爲次國，晉爲盟主，其將先之。’丙午盟晉，丁未盟衛。”蓋指此爲大國、次國、小國也。云“又曰：成國不過半天子之軍，周爲六軍，諸侯之大者三軍可也”者，襄十四年：“晉侯舍新軍，禮也。成國禮不過半天子之軍③，周爲六軍，諸侯之大者三軍可也。”晉雖爲侯爵，以其爲霸主，得置三軍，故爲“禮也”。云“此周爲六軍之見于經也”者，此引《春秋》及《大雅·常武》與《文王》皆是正經，故云之見于經也。此經言“軍”，而《詩》云“師”者，此皆軍也。故鄭荅林碩云：“軍者，兵之大名。軍禮重言

---

① “兩”下原衍“下”字，據婺本、金本、阮本刪。按此似用以補齊雙行小注。

② “六官”二字原作“官”，脫“六”字，據阮本補。

③ 孫校謂當依《左傳》刪“禮”字。

軍，爲其大悉，故《春秋》之兵雖有累萬之衆皆稱師，《詩》云‘六師’即六軍也。”然軍、旅、卒、兩皆衆名，獨舉師者，案《易·師·彖》云：“師，貞丈人，吉，無咎。”軍二千五百人爲師，丈之言長也，以法度爲人之長，故吉無咎。謂天子、諸侯而主軍，軍將皆命卿，天子六軍，兵衆之名移矣，正言師者，出兵而多以軍爲名，次以師名，少旅爲名①，言衆②，舉中言之也。由此言之，故以師爲大名。不言軍，爲其大悉；不言旅，爲其中③。故以師表名，見其得中以兼上下。言多以軍爲名④，謂征伐；次以師爲名，謂君行師從；少以旅爲名，謂卿行旅從之時也。云“《春秋傳》曰：‘王使虢公命曲沃伯以一軍爲晉侯。’此小國一軍之見於傳”者，莊十六年《傳》文。以其新并晉國，雖爲侯爵，以小國軍法命之，故一軍也。云“故《春秋傳》曰：廣有一卒，卒偏之兩”者，宣十二年欒武子説楚之軍法云“其君之戎分爲二廣”，服氏云：“左右廣各十五乘。”“廣有一卒”，服氏云：“百人爲卒，言廣有一卒爲承也。”“卒偏之兩”，服氏云：“五十人曰偏，二十五人曰兩。廣既有一卒爲承，承有偏，偏有兩，故曰卒偏之兩。”引之以證卒是百人、兩爲二十五人意也。**一軍則二府，六史，胥十人，徒百人。** ○釋曰：此非常也，有軍則置之，無則已。府、史不言“府二人，史六人”，而逆言其數者，欲見所置非常，故到言以見義也。

司勳，上士二人，下士四人，府二人，史四人，胥二人，徒二十人。 ○釋曰：此已下六十官，以大司馬主軍法，所有軍事及武勇、官爵、賞賚、整齊之等皆屬焉。《序官》前後亦不據尊卑，直取事急者居前，事緩者居後，是以司勳及馬質已下皆士官而居前，射人、諸子、司士之等大夫官而居後也。但司馬主征伐，軍無賞，士不往，凡軍以賞爲先。故僖二十八年秋七月⑤，晉文公獻俘，授馘，飲至，大賞；武王入殷，封功臣謀士，師尚父爲首。故司勳列位在前。“上士二人”爲官，“下士四人”爲之佐，“府二人”主藏文書，“史四人”作文書草，“胥二人”爲十長，“徒二十人”給徭役。**注** 故書勳作勛。鄭司農云：“勛讀爲勳，勳，功也。此官主功賞，故曰‘掌六鄉賞地之法以等其功’。” ○釋曰：先鄭不從古書“勛”而從“勳”者，勛是古字，從今之勳也。云“掌六鄉賞

---

① 浦鏜謂“師”下脱“爲”字，“旅”上脱“以”字。

② 浦鏜云：“‘師者’誤‘言衆’。”按賈疏本諸《周易》鄭注，加藤云：“《械樸》正義引作‘師者舉中之言’。”

③ 浦鏜云：“‘中’當‘大少’二字之誤。”

④ “多”字原作“軍”，阮本同，據浦鏜説校改。

⑤ “七”字原作“十”，據阮本改。

地之法以等其功”者，《司勳職》文。

　　馬質，中士二人，府一人，史二人，賈四人，徒八人。注質，平也，主買馬平其大小之賈直。○釋曰：司馬者主以供軍之用，馬質主平馬賈買之，故亦列職居前也。然不使與校人相近而在此者，平馬“大小賈直”，故使與量人相近故也。以其主司馬，故屬夏官。

　　量人，下士二人，府一人，史四人，徒八人。注量猶度也，謂以丈尺度地。○釋曰：在此者，以其掌營軍之壘舍，量其市朝州塗、軍社之所里，其中雖有餘事，要以軍事爲重，故亦列職於此也。

　　小子，下士二人，史一人，徒八人。注小子主祭祀之小事。○釋曰：在此者，以其職有掌小祭祀羞羊肆、釁軍器、師田掌斬牲徇陳之事①，故屬此也。

　　羊人，下士二人，史一人，賈二人，徒八人。○釋曰：羊人在此者，以其職有掌羊牲及祭祀割牲等之事。羊屬南方火，司馬火官，故在此。案《說卦》云：“兌爲羊。”注云：“其畜好剛鹵。”又《易說》云：“大山失金雞，西嶽亡玉羊②。”玉羊者西嶽之精，而羊不在西方者，羊有二義：案《五行傳》云“視之不明，則有羊禍”，注云“羊，畜之遠視者”，屬視，故列於夏官；兌爲羊，又屬西方也。

　　司爟，下士二人，徒六人。注故書爟爲燋。杜子春云：“燋當爲爟，書亦或爲爟，爟爲私火。”玄謂爟讀如“予若觀火”之觀。今燕俗名湯熱爲觀③，則爟火謂熱火與？○釋曰：在此者，案其職有行火之政令，火屬南方，故在此也。子春不從古書“燋”還從“爟”，“爟爲私火”者，民間理爨之火爲私火，亦如後鄭爲熱火也。後鄭“讀如予若觀火”者，盤庚告其羣臣不欲徙而匿情者“予若觀熱”也，我有刑罰如熱火可畏，故引燕俗以“湯熱爲觀”④，亦取熱火之義。後鄭云“謂熱火與”者，對秋官司烜氏以夫燧取火於日中爲明者爲冷火。破字爲疑，故云“與”也。孔安國以觀爲視，“我觀汝情如視火”，與

----

①　“其”字原作“共”，據阮本改。
②　“亡”字原作“云”，據阮本改。
③　阮校云：“‘觀’當作‘爟’。”按段考云：“‘讀如予若觀火之觀’者，擬其音也；‘今燕俗’以下，說其義也。燕俗名湯熱爲觀，此即涫字。涫，灡也，今俗語滾水是也。古音觀、涫、爟三字同音官。因湯熱爲涫，知熱火謂之爟。”然則作“觀”並無不妥。
④　“湯”字原作“傷”，據阮本改。

鄭義異也。若然，司烜氏不在此者，彼取金義，故在秋官也。

掌固，上士二人，下士八人，府二人，史四人，胥四人，徒四十人。注固，國所依阻者也。國曰固，野曰險。《易》曰："王公設險，以守其國。"○釋曰：鄭云"固，國所依阻者也"者，欲見"固"據在國而言。云"國曰固，野曰險"者，對下文司險是在野之義也。以其《掌固職》云"掌脩城郭、溝池、樹渠之固"，並據國而言；《司險職》云"周知山林、川澤之阻，而達其道路"，皆據在野而言，故知在野曰險。又引《易》者，《易·坎卦·象》云："天險不可升，地險山川丘陵，王公設險，以守其國。"引之，證固是在國，王公設之以守國。若然，《易》云"王公設險"①，險即此固，以其言王公設之，非是在野自然之險者也。是對文則險、固異②，散則險、固通名也。掌固、司險在此者，取整齊之義故也。

司險，中士二人，下士四人，史二人，徒四十人。

掌疆，中士八人，史四人，胥十有六人，徒百有六十人。注疆，界也。○釋曰：在此者，案其職闕，雖未知其事，蓋掌守疆界，亦是禁戒之事，故在此也。

候人，上士六人，下士十有二人，史六人，徒百有二十人。注候，候迎賓客之來者。○釋曰：在此者，案其職云"各掌其方之道治與其禁令，以設候人"，是"候迎賓客"之事。故《詩》云"彼候人兮，荷戈與祋"，亦是武事，故在此也。

環人，下士六人，史二人，徒十有二人。注環猶卻也，以勇力卻敵。○釋曰：在此者，案其職云"掌致師，察軍慝"，皆是軍師之事也，故在此也。

挈壺氏，下士六人，史二人，徒十有二人。注挈讀如"絜髮"之絜。壺，盛水器也。世主挈壺水以爲漏。○釋曰：在此者，案其職云"掌挈壺以令軍井，挈轡以令舍，挈畚以令糧"，又云"凡軍事，懸壺以序聚檍"，皆爲軍事，故在此也。鄭讀"挈"如"絜髮"之絜者，《詩》云"總角之宴"，毛傳云："總角，結髮。"此鄭依毛傳絜即結之義也。鄭云"世主挈壺水以爲漏"者，以其稱"氏"，此則官有世功則以官爲氏，故以世主解之也。

射人，下大夫二人，上士四人，下士八人，府二人，史四人，胥

---

①　"王"字原作"主"，據阮本改。
②　"文"字原作"之"，據阮本改。

二人，徒二十人。○釋曰：在此者，以其主射事，射即武事，故在此也。

服不氏，下士一人，徒四人。注服不，服不服之獸者。○釋曰：在此者，以其“服不服之獸”，象王者伐叛柔服之義，故在此也。

射鳥氏，下士一人，徒四人。○釋曰：在此者，案其職云“掌射鳥”，亦是武事，在此宜也。

羅氏，下士一人，徒八人。注能以羅罔捕鳥者。《郊特牲》曰：“大羅氏，天子之掌鳥獸者。”○釋曰：在此者，案其識云“掌羅鳥鳥”，亦是武事，故在此也。引《郊特牲》云“大羅氏，天子之掌鳥獸者”，案彼云：“大羅氏，天子之掌鳥獸者，諸侯貢屬焉。”彼大羅氏則此羅氏①，爲一。彼稱大，對諸侯；此直曰羅氏，此無所對，故不稱大。此職唯羅鳥，不主獸，彼兼言獸者，諸侯所貢，鳥獸屬焉，則兼掌所貢之獸也。

掌畜，下士二人，史二人，胥二人，徒二十人。注畜，謂斂而養之。○釋曰：在此者，案其職云“掌養鳥而阜蕃教擾之”，是專養鳥。其職注“謂鵝鶩之屬”，是“斂而養之”。鳥是羽蟲，屬南方，故在此也。

司士，下大夫二人，中士六人，下士十有二人，府二人，史四人，胥四人，徒四十人。○釋曰：在此者，以其職云“掌以德詔爵，以功詔祿”，與《大司馬》云“進賢興功”同，故列職於此也。

諸子，下大夫二人，中士四人，府二人，史二人，胥二人，徒二十人。注諸子，主公、卿、大夫、士之子者。或曰庶子。○釋曰：在此者，案其職云“若有甲兵之事，則授之車甲”，故亦在此也。鄭云“諸子，主公、卿、大夫、士之子”者，案其職云“掌國子之倅”，倅，副代父者，是公、卿、大夫、士之適子皆是倅，故鄭歷言之。云“或曰庶子”者，案《禮記·燕義》稱此諸子爲庶子，故言或曰。以其《燕禮》有庶子執燭之事，彼據諸子謂之庶子②，故《燕義》兼説天子諸子之事，諸、庶爲一，皆掌公、卿、大夫、士之適，故通謂之庶子也。

司右，上士二人，下士四人，府四人，史四人，胥八人，徒八十

----

① “此”字原作“比”，據阮本改。

② “據”字阮本作“稱”。按此句疑當作“彼據諸侯謂之庶子”，諸侯庶子與下句天子諸子相對，傳寫誤“諸侯”爲“諸子”，又改“據”爲“稱”。

人。注右，謂有勇力之士充王車右。○釋曰：在此者，王車之右執干戈以衛王，亦是武事，故在此也。鄭知"勇力"者，其職云"國之勇力之士能用五兵者屬焉"，鄭云："選右當於中。"是用勇力充之者也。

虎賁氏，下大夫二人，中士十有二人，府二人，史八人，胥八十人，虎士八百人。注不言徒，曰虎士，則虎士徒之選有勇力者。○釋曰：在此者，亦衛守王，在此宜也。鄭云"不言徒，曰虎士，則虎士徒之選有勇力者"，以其在"胥"下例皆是"徒"，今不言徒而曰"虎士"，明先是徒之選有勇力者乃爲之以當徒處。

旅賁氏，中士二人，下士十有六人，史二人，徒八人。○釋曰：在此者，案其職云"掌執戈盾夾王車而趨，左八人，右八人，車止則持輪"。言"旅"，見其衆；言"賁"，見其勇。亦是衛守王事，故在此也。

節服氏，下士八人，徒四人。注世爲王節所衣服。○釋曰：在此者，案其職云"郊祀，二人執戈，送逆尸從車"，亦是武事，故在此也。鄭云"世爲王節所衣服"者，以其著服與王爲節而稱"氏"，故知官有世功則曰官族。然凡稱"氏"者，鄭雖不釋爲世功，但注有詳略，從可知也。

方相氏，狂夫四人。注方相猶言放想，可畏怖之貌。○釋曰：在此者，案其職云"蒙熊皮，黃金四目，玄衣朱裳，執戈揚盾"，可畏怖亦是武事，故在此也。鄭云"方相猶言放想"者，漢時有此語，是"可畏怖之貌"，故云方相也。

大僕，下大夫二人；小臣，上士四人；祭僕[①]，中士六人；御僕，下士十有二人，府二人，史四人，胥二人，徒二十人。注僕，侍御於尊者之名，大僕其長也。○釋曰：在此者，凡言"僕"、"御"者是武衛之事。又《大僕職》"凡軍旅、田役，贊王鼓"，是凡僕、御皆連類在此也。大僕已下四官因仍同府、史之等者，大僕已下至御僕乃是別職同官，故同府、史也。《小臣》其職云"掌王之小命，詔相王之小法儀"，《祭僕》其職云"掌受命於王以視祭祀"，《御僕》其職云"掌羣吏之逆及庶民之復"，大僕爲長，故連類此。若然，府、史、胥、徒在御僕下者，是四官別職同官，故共府、史、

---

① "祭僕"云云及下"御僕"云云底本皆提行，阮校云："唐石經諸本皆合大僕爲一節，與注合，宋本、嘉靖本祭僕、御僕皆提行分節，非。按此亦《春官》大師、樂師、瞽矇、眡瞭合爲一條之例，以府、史、胥、徒四職所同也。此府、史、胥、徒亦大僕、祭僕、御僕所同。"

胥、徒也。

　　隸僕，下士二人，府一人，史二人，胥四人，徒四十人。^注此吏而曰隸，以其事褻。○釋曰：在此者，以僕皆在此，故亦在此。但所掌事褻，故別官職，不屬大僕。鄭云“此吏而曰隸，以其事褻”者，此經言“下士二人”即是吏。案《秋官》有“罪隸”已下是奴稱隸，以其掌褻，故與賤同稱隸也。

　　弁師，下士二人，工四人，史二人，徒四人。○釋曰：在此者，以夏物長大而盛壯，人年長大乃冠，以象夏，故不同司服在春官而在此也。^注弁者，古冠之大稱。委貌、緇布曰冠。○釋曰：案《禮記·郊特牲》及《士冠·記》皆云“夏收、殷冔、周弁”，三代皆祭冠，則弁亦冕也，即是六冕皆得稱弁。若然，皮弁、爵弁自然是弁，故鄭云“弁者，古冠之大稱也”。云“委貌、緇布曰冠”者，此二者對皮弁、爵弁、六冕唯曰冠；若散文，亦得言弁，故《司服》云“凡田，冠弁服。凶事，服弁服”，皆得言弁也。

　　司甲，下大夫二人，中士八人，府四人，史八人，胥八人，徒八十人。^注甲，今之鎧也。司甲，兵戈盾官之長。○釋曰：在此者，其職雖闕，但甲者軍師所用，在此宜也。言“甲，今之鎧”者，今古用物不同，其名亦異。古用皮謂之甲，今用金謂之鎧，從金為字也。云“司甲，兵戈盾官之長”者，以其此官下大夫，又在上，已下皆士官，故云長也。

　　司兵，中士四人，府二人，史四人，胥二人，徒二十人。○釋曰：在此者，案其職云“掌五兵、五盾，及授兵，從司馬之法”，此亦為軍事，在此宜也。

　　司戈盾，下士二人，府一人，史二人，徒四人。○釋曰：在此者，案其職云“祭祀，授旅賁殳、故士戈盾，授舞者兵”，皆武事，故在此也。^注戈，今時句子戟。○釋曰：案冬官冶氏為戈戟^①，戈則兩刃，長六尺六寸，戟則三刃，長丈六尺。形既不同，鄭云“戈，句子戟”，而為一物解之者，鄭舉漢法以況之。漢時見戈有旁出者為句子，亦名胡子^②，故號戈為句子戟也。

　　司弓矢，下大夫二人，中士八人，府四人，史八人，胥八人，徒

____

① “冶”字原作“洽”，據阮本改。
② “子”字原作“子”，據阮本改。

八十人。注司弓矢①，弓弩矢箙官之長。○釋曰：在此者，案其職云"掌六弓、四弩、八矢"，給武之所用，在此宜也。云"司弓矢，弓弩矢箙官之長"者，司弓矢下大夫，已下繕人、槀人皆士官，故得與之爲長也。鄭云"司弓弩"，即繕人也。

繕人，上士二人，下士四人，府一人，史二人，胥二人，徒二十人。注繕之言勁也、善也。○釋曰：在此者，案其職云"掌王之用弓、弩、矢、箙"，亦是武事，故在此也。云"繕之言勁也、善也"者，以其所掌弓弩有堅勁而善堪爲王用者乃入繕人以共王②，故鄭爲此解之也。

槀人，中士四人，府二人，史四人，胥二人，徒二十人。注鄭司農云："槀讀爲'芻槀'之槀，箭幹謂之槀③。此官主弓弩箭矢，故謂之槀人。"○釋曰：在此者，職云"掌六弓、八矢、四弩"，是軍事所用，故在此也。先鄭云"箭幹謂之槀"，案《冬官·矢人》云："以其笴厚爲之羽深。"後鄭云："笴讀爲槀，謂矢幹，古文假借字。"則此槀人非直掌矢槀，兼主弓弩矢服等④，而云槀人者，以槀爲主耳，故云"此官主弓弩箭矢，故謂之槀人"。

戎右，中大夫二人，上士二人。注古者參乘⑤。此充戎路之右，田獵亦爲之右焉。○釋曰：此戎右并下僕馭在此者，皆是防衛之官，故皆在此。云"古者參乘"者，若在軍爲元帥則將居鼓下，將在中，御者在左；若凡平兵車則射者在左，御者居中；若在國則尊者在左，御者亦中央。其右是勇力之士，執干戈常在左右⑥，故云古者參乘也。云"此充戎路之右，田獵亦爲之右"者，案《巾車》王路有五，案下文僕亦有五，唯此

---

① "弓"字原脱，據婺本、金本、阮本補。

② "共"字原作"失"，據阮本改。

③ 阮校謂下三"槀"字當作"槀"："'枯槀'之槀从木，'讀爲芻槀之槀'，則易其字矣。禾槀者，莖也，箭幹亦莖也，故箭幹之槀即禾槀引伸之義也，作枯槀字則無義矣。槀，枯也，又木名也。易爲'槀'字而後曰'箭幹謂之槀'，注例如此。"又參《地官·叙官》"槀人"。

④ "服"字阮本作"箙"。

⑤ "古"字婺本同，金本、阮本作"右"。阮校云："余本、嘉靖本、毛本'右'作'古'，當據以訂正。此本及毛本疏中引注亦作'古'，惠校同。"孫疏云："'右'舊本並作'古'，蓋涉下'齊僕'注而誤。"

⑥ 孫校云："'左'字疑衍。"

戎右已下有三,不見玉路祀路之右[①],又不見木路田路之右,故以田、戎相類,齊、祀相因,故以類相兼,故戎右兼田右,齊右兼祀右。若然,僕有五不兼者,僕難於右,是以六藝之中有五御而不言右也。案《巾車》玉路居前、戎路在後,此右在前;又戎右大夫[②],齊右下大夫,道右上士,戎右官人尊者[③],夏官主事尚威武,故戎右居前,使官尊也。

　　齊右,下大夫二人。**注**充玉路、金路之右。○釋曰:“充金路”爲主[④],故云齊。案《曲禮》云:“立如齊。”注:“齊,謂祭祀時。”則齊雖施於祭前,當祭時亦名齊,故得兼金、玉二路。而鄭不言,亦以其齊同故也。

　　道右,上士二人。**注**充象路之右。○釋曰:在朝所以行道,是以名車爲道車。以《巾車》五路差之,上已有玉、金、革、木之等,此道右當“充象路之右”可知。不兼而官卑者,以其上四事行事簡,故使兼;此道右日日視朝,行事繁,故不兼。以其事卑於齊、戎之等,故官亦卑也。

　　大馭,中大夫二人。**注**馭之最尊。○釋曰:在此者,亦是衛守之事,在此宜也。云“馭之最尊”者,以其御玉路以祀,故云最尊。以是特尊,不與下同名“僕”,而謂之“大馭”也。若然,戎右在前,尚威武,此戎僕在前者[⑤],以其僕雖駕馭爲難,仍非武事,故退戎僕於後,進大馭於前也。仍尊戎僕在齊僕之上,而使中大夫爲之,與戎右尊卑同也。

　　戎僕,中大夫二人。**注**馭言僕者,此亦侍御於車。○釋曰:上大僕已下言“僕”,並是侍御之官稱僕;今此馭車之人亦言“僕”者[⑥],在車亦是侍御之類,故云“亦侍

----

①　“路”字原無,阮本同,孫校云:“‘玉路祀’下當奪‘路’字。”兹據補。
②　浦鏜謂“大夫”上脫“中”字。
③　孫校云:“‘人’當爲‘又’。”
④　“金”字阮本同,阮校云:“監、毛本‘金’作‘玉’,當據正。”孫疏云:“齊車以金路爲主,故本職注亦云:‘齊車,金路,王自整齊之車也。齊右與齊僕同車,而有祭祀之事則兼玉路之右。’蓋金、玉二路雖同右,而馭則齊僕專馭金路,其玉路別爲大馭所掌,明齊右充金路是其正,玉路自是兼充。賈謂‘充玉路爲主’,非鄭恉也。”按上“戎右”賈疏已明言夏官三右之中“不見玉路祀路之右”而以“齊右兼祀右”,此若曰“充玉路爲主,故云齊”,豈非自相矛盾?阮校殊未達賈疏恉趣,宜其反以不誤爲誤。孫疏所論極精,惜未見善本,乃誤駁賈疏。至於齊右得以兼充玉路祀路之右的原因,賈疏下文據《曲禮》鄭注解釋云:“齊雖施於祭前,當祭時亦名齊。”
⑤　孫校云:“‘前’當作‘後’。”
⑥　“今”字原作“令”,據阮本改。

御於車"也。

齊僕，下大夫二人。注古者王將朝覲、會同，必齊，所以敬宗廟及神明。
○釋曰：齊而敬神明者，案《曲禮下》注云："春夏受贄於朝，受享於廟，秋冬一受之於廟。"是"朝覲敬宗廟"。案《覲禮》及《司儀》，會同之時設方明於壇上，設六玉以禮方明之神，是"會同敬神明"。《巾車》云："金路建大旂以賓。"則金路主爲賓路，賓路則諸侯與王行朝覲、會同之禮，故鄭以朝覲、會同以釋齊也。

道僕，上士十有二人。注王朝朝莫夕，主御王以與諸臣行先王之道[1]。
○釋曰：案上齊右已下至齊僕皆二人，唯戎右與道僕人數多者，則戎右有所斬殺，故《左氏傳》晉縛秦囚，萊駒爲右，使萊駒斬之，故人多也；道僕所以特多者，以朝夕在朝，來往駕脱難而且煩，故人最多也。鄭云"王朝朝莫夕主御"者，此釋人多之意。云"王以與諸臣行先王之道"者，此釋稱"道"之言也。

田僕，上士十有二人。○釋曰：人亦多者，王有四時之田，兼有園囿遊獵及取鮮獸之等，亦是事繁而難，故亦特多也。

馭夫，中士二十人，下士四十人。○釋曰：案其職云"掌馭貳車、從車、使車"之等，馭僕之類，故亦在此。馭夫揔六十人，案《校人》"三乘爲皁，皁一趣馬。三皁爲繫，繫一馭夫"，則馬三十六匹一馭夫，計良二千一百六十匹則六十馭夫；又"駑六麗一師，六師一趣馬，六趣馬一馭夫"，則一馭夫主四百三十二匹，駑千二百九十六匹則馭夫三人，并前六十三人。與此不合者，蓋此《序官》脱三人也。

校人，中大夫二人，上士四人，下士十有六人，府四人，史八人，胥八人，徒八十人。○釋曰：在此者，以馬共軍所用，故其職云"凡軍事，物馬而頒之"，故在此。官特尊而多者，以王馬多故也。注校之爲言校也，主馬者必仍校視之。校人，馬官之長。○釋曰：云"校之爲言校也"者，讀從《曲禮》與《少儀》"效馬"、"效羊"，取效見義。以其養官畜者必效見之，故鄭云"主馬者必仍校視之"，仍者，相仍有時數數程見之也[2]。云"校人，馬官之長"者，與下趣馬至圉人爲長，有事皆取長官法度。

---

① 孫疏云："'御'當作'馭'。凡五馭字經注並作'馭'，與侍御字異，各本並誤。"

② 孫校云："'程'當作'呈'，《曲禮》注云'效猶呈見'，即賈所本。"

趣馬，下士皁一人，徒四人。注趣馬，趣養馬者也。鄭司農説以《詩》曰“蹶惟趣馬”。○釋曰：在此者，案其職云“掌正良馬而齊其飲食”，是以鄭云“趣馬，趣養馬者”，故在此也。先鄭説以《詩》云“蹶惟趣馬”者，彼詩是刺幽王之詩，其詩臣名蹶①，唯作趣馬之官，權寵之例，引以證趣馬是官名也。

巫馬，下士二人，醫四人，府一人，史二人，賈二人，徒二十人。○釋曰：“巫”知馬祟，“醫”知馬病，故連類在此也。有“賈”者，治馬死生，須知馬價，故有賈人也。注巫馬，知馬祖、先牧、馬社、馬步之神者。馬疾若有犯焉則知之，是以使與醫同職。○釋曰：“馬祖”之等並在下文。有人犯者與爲祟，巫則知之，爲之謝過。必“與醫同職”者，巫言無祟，則是時氣及損傷，付醫治之，故二官同職也。

牧師，下士四人，胥四人，徒四十人。注主牧放馬而養之②。○釋曰：在此者，案其職云“掌牧地”，是“放馬”，故與校人連類在此也。

廋人，下士閑二人，史二人，徒二十人。注廋之言數。○釋曰：在此者，案其職云“掌十有二閑之政，阜馬、佚特”之等，故與馬官連類在此也。

圉師，乘一人，徒二人。圉人，良馬匹一人，駑馬麗一人。○釋曰：在此者，以其掌養馬也。注養馬曰圉。四馬爲乘。良，善也。麗，耦也。○釋曰：在此者，案其職云“掌養馬芻牧之事，以役圉師”，亦是爲馬，故亦連類在此也。

職方氏，中大夫四人，下大夫八人，中士十有六人，府四人，史十有六人，胥十有六人，徒百有六十人。注職，主也，主四方之職貢者。職方氏，主四方官之長。○釋曰：在此者，司馬主九畿，職方制其貢，事相成，故在此。官尊而人多，以其主天下人民貢賦之事，事繁故也。云“主四方官之長”者，與下諸言“方”者爲長也。

土方氏，上士五人，下士十人，府二人，史五人，胥五人，徒五十人。注土方氏主四方邦國之土地。○釋曰：在此者，案其職云“以土地相宅，而建邦國、都鄙”，與職方連類在此也，故“主四方邦國之土地”。

---

① 孫校云：“‘詩’當作‘時’。”

② “主”字原脱，據婺本、金本、阮本補。

懷方氏,中士八人,府四人,史四人,胥四人,徒四十人。注懷,來也,主來四方之民及其物。○釋曰:在此者,案其職云"掌來遠方之民,致方貢,致遠物",故與職方連類在此也。

合方氏,中士八人,府四人,史四人,胥四人,徒四十人。注合方氏主合同四方之事。○釋曰:在此者,案其職云"掌達天下之道路,通其財利,同其數器",故注云"主合同四方之事",故亦連類在此也。

訓方氏,中士四人,府四人,史四人,胥四人,徒四十人。注訓,道也,主教道四方之民。○釋曰:在此者,案其職云"掌道四方之政事與其上下之志①,誦四方之傳道",故注云"教導四方之民",故連類在此也。

形方氏,中士四人,府四人,史四人,胥四人,徒四十人。注形方氏主制四方邦國之形體。○釋曰:在此者,案其職云"掌制邦國之地域,而正其封疆",故注云"主制四方邦國之形體",故連類在此②。

山師,中士二人,下士四人,府二人,史四人,胥四人,徒四十人。○釋曰:在此者,案其職云"掌山林之名,辨其物與其利害,而頒之于邦國,使致其珍異之物"。案《王制》云:"名山大澤不以封。"故天子立山師以遙掌之使貢,故與職方亦連類在此也。

川師,中士二人,下士四人,府二人,史四人,胥四人,徒四十人。○釋曰:在此者,案其職與山師同,故亦連類在此。

邍師,中士四人,下士八人,府四人,史八人,胥八人,徒八十人。注邍,地之廣平者。○釋曰:在此者,案其職云"掌四方之地名③,辨其丘陵、墳衍、原隰之名",故連類在此也。注云"邍,地之廣平者",《爾雅》文也。

匡人,中士四人,史四人,徒八人。注匡,正也,主正諸侯以法則。○釋曰:在此者,案其職云"掌達法則匡邦國而觀其慝,使無敢反側④,以聽王命"。注云"主

---

① "上"字原作"土",據阮本改。
② "連"字原作"其",據阮本改。
③ "方"字原作"万",據阮本改。
④ "敢"字原作"牧","側"字原作"則",皆據阮本改。

正諸侯以法則”，故連類在此也。

撢人，中士四人，史四人，徒八人。注撢人主撢序王意以語天下。○釋曰：在此者，案其職云“掌誦王志，道國之政事，以巡天下之邦國而語之”，故注云“主撢序王意以語天下”，故連類在此也。

都司馬，每都上士二人，中士四人，下士八人，府二人，史八人，胥八人，徒八十人。○釋曰：言“每都上士二人”已下者，此王自以臣爲司馬遙掌都内，故其職云“掌都之士庶子及其衆庶、車馬、兵甲之戒令，聽於國司馬”，既是軍，故在此也。注都，王子弟所封及三公采地也。司馬主其軍賦。○釋曰：鄭據何知“都”唯有“王子弟所封及三公采地”[1]，不通卿、大夫者，案《司裘》云：“諸侯則共熊侯、豹侯，卿、大夫則共麋侯。”卿不入諸侯之中，故知義然。云“司馬主其軍賦”者，即《司馬法》云“成出士十人，徒二十人”之等，並是都司馬所主也。

家司馬，各使其臣以正於公司馬[2]。注家，卿、大夫采地。正猶聽也。公司馬，國司馬也。卿、大夫之采地王不特置司馬，各自使其家臣爲司馬主其地之軍賦，往聽政於王之司馬。王之司馬其以王命來有事則曰國司馬。○釋曰：云“家，卿、大夫采地”者，案《載師職》“家邑任稍地”謂大夫采地，“小都任縣地”謂卿之采地，“大都任疆地”[3]謂三公采地，則卿入小都中；今此經直言“家”[4]，而小都入家中不在上都中者，司馬主軍事，嚴凝爲主，須辨尊卑，故依《司裘》卿與大夫不得稱諸侯者爲家，又不使王臣爲之也。若然，都宗人、家宗人及都士、家士皆使王臣爲之者，都、家宗人有祖王之廟、九皇六十四民王所當祭，故使王臣爲之；都、家之士以獄訟刑罪王政之重，非王臣不決，故亦使王臣爲之，但非嚴凝，故卿入都耳。云“王之司馬其以王命來有事則曰國司馬”者，其職云“以聽於國司馬”，對此從下向上則曰公司馬。

---

①　“據何”二字阮本同，據賈疏體例疑爲衍文。

②　阮校引沈彤《周官禄田考》云：“以《序官》‘家司馬各使其臣以正於公司馬’之文移在《都司馬》本職後，《都司馬》本職後‘家司馬亦如之’之文移在《序官》都司馬後，是‘家司馬亦如之’即謂每家上中下士、府史胥徒如都司馬之數矣。蓋此本與《春官》家宗人、《秋官》家士二目同例，而其簡與職互錯也。”

③　“任”字原作“征”，據阮本改。

④　“此”字原作“北”，據阮本改。

大司馬之職，掌建邦國之九灋，以佐王平邦國：注平，成也、正也。
○釋曰：此"九法"已下皆言"邦國"，則施於諸侯爲主，故云邦國也。云"以佐王平邦
國"者，九法以糾察諸侯使之"成""正"，故以平言之也。但此九法據殷同之時建之，故
《大行人》云"殷同以施天下之政"，注云："政，謂邦國之九法。"則殷同之時司馬明布告
之，故云建也。制畿封國以正邦國，注封，謂立封於疆爲界。○釋曰：謂制諸侯
五百、四百里之等各有封疆，界分乃得正，故云"以正邦國"。設儀辨位以等邦國，
注儀，謂諸侯及諸臣之儀。辨，別也，別尊卑之位。○釋曰：鄭知"儀"中有"諸侯及諸
臣"者，以此經云"等邦國"。案《大行人》云："以九儀辨諸侯之命，等諸臣之爵。"鄭云：
"九儀，謂命者五，公、侯、伯、子、男也；爵者四，孤、卿、大夫、士也。"知九儀中唯有諸侯諸
臣，無天子之臣。案《大宗伯》云："以九儀之命正邦國之位。"注云："每命異儀。"則九儀
之中謂一命以至九命之儀①，其中有六命、八命并九命作伯兼有王臣，則與此異也。進
賢興功以作邦國，注興猶舉也。作，起也，起其勸善樂業之心，使不惰廢。○釋
曰："進賢"，謂臣舊在位有德行者、在草萊有德行未遇爵命者進之，使稱才任用。"興"，
舉也。臣有功者舉之，亦使任用。"作"②，起也，以臣有賢、有功舉之興官，則起邦國之內
"勸善樂業之心"，"使不惰廢"善業也。建牧立監以維邦國，注牧，州牧也。監，
監一國③，謂君也。維猶聯結也。○釋曰：二百一十國以爲州，州有牧，使維持諸侯。
又一國立一監④，以監察一國。上下相維，故云"以維邦國"也。此則《大宰》云"建其牧，
立其監"，亦一也。制軍詰禁以糾邦國，注詰猶窮治也。糾猶正也。○釋曰：案
上文，"大國三軍，次國二軍，小國一軍"也。"詰禁"者，案《士師》有"五禁"，天子禮；此諸
侯國，亦當有五禁以相"窮治"、相"糾正"，故云"以糾邦國"也。施貢分職以任邦
國，注職，謂賦稅也。任猶事也，事以其力之所堪。○釋曰："施貢"多少據國地大小，
故《地官》大國貢半、次國三之一、小國四之一皆由天子施之。此《大宰》"九貢"并《小行

---

① "一"字原作"人"，據阮本改。

② "作"字原作"行"，據阮本改。

③ 阮校云："《釋文》出'監國'二字，則'一'爲衍文，當刪正。"孫疏則謂《釋文》所見
本脫"一"字。按《天官·大宰職》"立其監"鄭注云"監，謂公、侯、伯、子、男各監一國"，孫
說蓋是。

④ "又"字原作"人"，據阮本改。

人》“春令入貢”皆是歲之常貢，與《大行人》因朝而貢者異也①。“分職”者，即《大宰》所云“九職”是也。彼據畿内，此據諸侯。諸侯邦國亦由天子分之，使民有職業，因使税之。所税者市之以充貢。若然，言貢，據向天子而言；云税，據民所爲爲説。事相因，皆所以任邦國，故云“以任邦國”也。**簡稽鄉民以用邦國，**注簡，謂比數之。稽猶計也。〇釋曰：注云“簡，謂比數之。稽猶計也”，謂比數計會鄉民而用之，故云“以用邦國”也。**均守平則以安邦國，**注諸侯有土地者均之，尊者守大，卑者守小。則，法也。〇釋曰：言“均守”，謂五等諸侯有五等受地五百里已下，是均守也。“平則”者，“則，法也”，謂五等職貢之等皆有常法，則邦國獲安②，故云“以安邦國”。**比小事大以和邦國**③。注比猶親，使大國親小國，小國事大國，相合和也。《易·比·象》曰：“先王以建萬國，親諸侯。”〇釋曰：案《司儀》有五等諸侯自相爲賓，亦有五等諸侯之臣相爲國客，案《春秋》有小國朝大國、大國聘小國，故鄭云“使大國親小國”，釋經“比小”也；云“小國事大國”，釋經“事大”。使“相合和”，故云“以和邦國”也。引《易·比·象》者，其卦坤下坎上，坤爲土，坎爲水，水得土而流，土得水而柔，是水土和合，故象“先王建萬國，親諸侯”，謂法卦行事，使諸侯相親。引之者，證比小事大之義。**以九伐之灋正邦國：**注諸侯有違王命，則出兵以征伐之，所以正之也。諸侯之于國，如樹木之有根本，是以言伐云。〇釋曰：鄭云“諸侯有違王命，則出兵以征伐之，所以正之也”者，此經與下文爲目，則下九者皆是違王命者也。若然，案下文九者唯有“賊賢害民”一者稱伐，其餘八者皆不言伐，此經摠言伐者，侵、滅二者亦是伐之例，其餘六者皆先以兵加其境，服乃眚之、墠之、削之、正之、殘之、杜之，故皆以伐言之。云“諸侯之於國，如樹木之有根本，是以言伐云”者，案《月令》孟夏云：“無伐大樹。”孔子云：“伐一木不以其時，非孝子。”是樹木稱伐。此九伐施於邦國，在於時會之時，是以《大行人》云“時會以發四方之禁”，注云：“禁，謂九伐之法。”是當時會者也。**馮弱犯寡則眚之，**注馮猶乘陵也。言不字小而侵侮之。眚，猶人眚瘦也④。《王霸記》曰：“四面削其地。”〇釋曰：云“馮

---

① “人”字原空闕一格，據阮本補。
② “則”字阮本無。
③ “大”字原作“火”，據婺本、金本、阮本改。
④ “瘦”字原作“廋”，據婺本、金本、阮本改。又孫疏疑“眚瘦”二字當作“省瘦”。

弱”，據以强陵弱。云“犯寡”，據以大侵小。如此者“眚瘦”其地，使不得强大也。引《王霸記》者，其記王及霸事者。云“四面削其地”者，對下文“削之”者不四面削之爲異也。

賊賢害民則伐之，注《春秋傳》曰：“粗者曰侵，精者曰伐。”又曰：“有鍾鼓曰伐。”則伐者兵入其竟，鳴鍾鼓以往，所以聲其罪。○釋曰：云“賊賢”者，亂王所任，任同己者，如此則賊虐諫輔，故云賊賢也。云“害民”者，以君臣俱惡，重賦多徭，其民被害，故曰害民。如此者則聲鍾鼓伐之也。引《春秋傳》者，案莊十年：“二月，公侵宋。”《公羊傳》曰：“觕者曰侵，精者曰伐。”何休云：“觕，麤也。”彼不言粗，此言粗者，鄭讀《傳》與何異，觕即粗，義亦同也。“又曰：有鍾鼓曰伐”者，此莊二十九年：“夏，鄭人侵許。”《左氏傳》曰：“凡師，有鍾鼓曰伐，無曰侵。”引此二者，皆證侵輕伐重之義也。**暴内陵外則壇之，**○釋曰：“暴内”，即上云“賊賢害民”是也。“陵外”，即上云“馮弱犯寡”是也。上二文各有其一，故“伐之”、“眚之”，不奪其位；此則外内之惡兼有，故“壇之”，奪其位，立其次賢。注内，謂其國。外，謂諸侯。壇讀如“同壝”之壝。《王霸記》曰：“置之空壝之地。”鄭司農云：“壇讀從‘憚之以威’之憚，書亦或爲墠[①]。”玄謂置之空壝，以出其君，更立其次賢者。○釋曰：鄭云“讀如同壝之壝”，從《金縢》“三壇同壝”之壝，取其除地曰壝，謂置之空地。先鄭“讀從憚之以威之憚”，此罪既重，而直憚之，於義不可，故後鄭還從《王霸記》爲正。鄭知“立其次賢者”，以其古者不滅國，故知更立次已下賢子弟。**野荒民散則削之，**注荒，蕪也。田不治[②]，民不附，削其地，明其不能有。○釋曰：古者量地以制邑，度地以居民，地邑民居必參相得，無曠土，無遊民。今言“野荒民散”，由君政惡，民並適彼樂國，故民散而野荒，是其君不能有，故“削之”。**負固不服則侵之，**○釋曰：謂倚恃險固，不服事大國，則以兵“侵之”，使弱其勢也。注負猶恃也。固，險可依以固者也。不服，不事大也。侵之者，兵加其竟而已，用兵淺者。《詩》曰：“密人不恭，敢距大邦。”○釋曰：云“固，險可依以固者也”者，謂若僖四年楚屈完云：“楚國方城以爲城，漢水以爲池，雖君之衆，無所用之。”是其“負固不服”也。云“不服，不事大”，即上云“比小事大”是其服者也。云“用兵淺者”，對“伐”是用兵深者。以其罪輕，

---

① 段考謂“或爲墠”當作“或爲憚”：“鄭司農讀從‘憚’，云‘從’者，以書有作‘憚’者也。鄭君因《王霸記》之語而闡明之，不從‘憚’也。‘憚之以威’見《左氏傳》昭十三年。”按注云“書亦或爲某”者，或本之字與所讀之字正合。

② “田”字原作“曰”，據婺本、金本、阮本改。

直侵之而已也。“《詩》云”者，《大雅·皇矣》篇。引之者，證不服也。**賊殺其親則正之，注**正之者，執而治其罪。《王霸記》曰：“正，殺之也。”《春秋》僖二十八年：“冬，晉人執衛侯，歸之于京師。”坐殺其弟叔武。○釋曰：鄭云“正之者，執而治其罪”者，其正未必即是殺，但賊殺其親其罪尤重，故以正爲殺解之，是以《王霸記》以正爲殺也。引“晉人執衛侯，歸于京師”，京師據洛邑而言也。云“坐殺其弟叔武”者，案彼《傳》，晉侯伐衛，衛侯出奔楚，晉侯敗楚於城濮。其弟以受盟，既受盟，國則無罪，衛侯即入。將入，與弟叔武爲期。衛侯先期入，叔武將沐，聞君至，喜，捉髮走出，前驅歂犬射而殺之[1]。衛侯知其無罪，枕之股而哭之。元咺舊在國，是叔武黨，見衛侯殺弟，遂訴衛侯於晉。晉以衛侯有罪，諸侯不相治罪，遂執衛侯歸於京師。時使醫衍酖衛侯，甯俞貨醫衍，薄其酖，不死。是坐殺弟合正之事也。**放弒其君則殘之，注**放，逐也。殘，殺也。《王霸記》曰：“殘滅其爲惡。”○釋曰：鄭以“逐”解“放”，則若季氏逐昭公之類是也。鄭雖不解“弒”，弒其君則若慶父弒二君及崔杼弒君之類是也。鄭云“殘，殺”者，以殺解殘也。經本不云殺、不云滅，云殘者，蓋取殘賊殺之，殺之苦毒。故《尚書·梓材》云“戕敗人宥”，注：“戕，殘也。”又云“無胥戕，無胥虐”，注云：“無相殘賊，無相暴虐。”是戕爲殘賊也。《異義》[2]，鄭君以爲《左氏》宣十八年秋七月云“邾人戕鄫子于鄫”，《傳》曰“凡自内虐其君曰弒，自外曰戕”，即邾人戕鄫子是也。自内弒其君曰弒者，“晉人弒其君州蒲”是也。雖他國君不加虐亦曰殺，若加虐殺之，乃謂之戕之，取殘賊之意也。若自上殺下及兩下自相殺之等，皆曰殺。若然，此經云“殘”者，是加虐殺之。雖非他國君，至於賊臣，亦云殘也。**犯令陵政則杜之，注**令猶命也。《王霸記》曰：“犯令者，違命也。”陵政者，輕政法不循也。杜之者，杜塞使不得與鄰國交通。○釋曰：鄭訓“令”爲“命”者，欲就《王霸記》之“命”解之，爲王命之意也。但“犯命陵政”是不受上命，不通之事，故還杜塞之，使不與四鄰交通。**外内亂鳥獸行則滅之。注**《王霸記》曰：“悖人倫，外内無以異于禽獸，不可親百姓，則誅滅去之也。”《曲禮》曰：“夫唯禽獸無禮，故父子聚麀。”○釋曰：“外亂”，謂若齊襄公淫於妹魯桓夫人文姜之等是也。“内亂”，謂家内，若衛宣公上烝父妾、下納子妻之等是也。引《曲禮》者，鹿之“父子聚麀”，獸之亂。不言鳥

---

① “犬”字原作“大”，據阮本改。
② 加藤引陳壽祺説謂“異義”當作“駁異義”。按賈疏或稱“異義駁”。

之亂，義可知，故略而不言也。案《春秋公羊》、《左氏》説，凡征戰有六等，謂侵、戰、伐、圍、入、滅。用兵麤恥，不聲鍾鼓，入境而已，謂之侵。侵而不服，則戰之，謂兩陳交刃。戰而不服，則伐之，謂用兵精而聲鍾鼓。伐而不服，則圍之，謂币其四郭。圍而不服，則入之，謂入其四郭，取人民，不有其地。入而不服，則滅之，謂取其君。此皆舉重而言，假令先入後滅，書入舉重，已外盡然。

正月之吉，始和布政于邦國、都鄙，乃縣政象之灋于象魏，使萬民觀政象，挾日而斂之。注以正月朔日布王政於天下，至正歲又縣政法之書。挾日，十日也。〇釋曰：“正月”，謂周正建子之月。“之吉”，謂朔日。“始和”，凡政有故，言始和者，若改造云耳。“布政于邦國、都鄙”者，謂上“九法”、“九伐”并下“凡令”以下皆此時布之。邦國據畿外，都鄙據畿内，不言鄉遂及公邑，布政可知，此則徧天下也。云“乃縣”已下，亦謂正歲乃縣之，一與《大宰》同，不復具釋也。乃以九畿之籍施邦國之政職：方千里曰國畿，其外方五百里曰侯畿，又其外方五百里曰甸畿，又其外方五百里曰男畿，又其外方五百里曰采畿，又其外方五百里曰衛畿，又其外方五百里曰蠻畿，又其外方五百里曰夷畿，又其外方五百里曰鎮畿，又其外方五百里曰蕃畿。〇釋曰：“乃以九畿之籍”者，謂以面五千里爲九畿，皆有典籍之書，今大司馬以此籍書施其政職之事於邦國諸侯也。云“方千里曰國畿”者，此據王畿内千里而言，非九畿之畿。但九畿以此國畿爲本，向外每五百里加爲一畿也。云“侯”者，候也，爲天子伺候非常也。云“甸”者，爲天子治田以出賦貢。云“男”者，任也，任王者之職事。云“采”者，采取美物以共天子。云“衛”者，爲天子衛守。云“蠻”者，縻也，以近夷狄，縻繫之以政教。自此已上六服是中國之九州，自此已外是夷狄之諸侯。此蠻服與《大司徒》云“要服”亦一也，言要者，亦見要束以文教也。云“夷”者，以夷狄而得夷稱也。云“鎮”者，去中國稍遠，理須鎮守。云“蕃”者，以其最遠，故得蕃屏之稱。此三服摠號蕃服，故《大行人》云“九州之外謂之蕃國，世一見”，指此三服也。此九者，衛服之内各舉一邊而言，其實通稱，唯蠻服以外直據彼爲號，不通中國之名也。注畿猶限也。自王城以外五千里爲界，有分限者。九籍[①]，其禮差之書也。政職，所共王政之職，謂賦税也。故書畿爲近。鄭司農

① 孫校云：“注‘有分限者九’句斷，賈讀‘九籍’相屬，失之。”

云："近當言畿。《春秋傳》曰：'天子一畿，列國一同。'《詩•殷頌》曰：'邦畿千里，維民所止。'"○釋曰：云"王城以外五千里爲界"者，兩面相距則方萬里，此則《易》之一君二民之地。若然，堯舜之時固應萬里，而五服面二千五百里，兩面相距止有五千里，無萬里者，此據未治洪水時服各五百里，至禹治洪水之後弱成五服，服加五百，則亦萬里。若孔君義則不然：若據鳥飛直路，此周之九服亦止五千；若隨山川屈曲，則《禹貢》亦萬里，彼此不異也。云"九籍，其禮差之書也"者，諸侯賦貢多少有常，則大國貢半，次國三之一，小國四之一，是其禮差也。云"政職，所共王政之職，謂賦稅也"者，案《大宰》云"以九職任萬民"，據畿內；此九職亦施與邦國，則此"政職"也，但施職事與之，使萬民勤職而出賦稅，諸侯得之，以半與三之一、四之一市取土毛以貢之，則《禹貢》"篚貢"是也。據民而出謂之賦稅，據諸侯所送謂之貢也。引《春秋傳》者，案襄二十五年鄭子產對晉云："昔天子之地一圻，列國一同。今大國多數圻矣，若無侵小，何以至焉？"《殷頌》"邦畿千里"，是《殷頌•玄鳥》詩之言。引此二者，證王畿千里之義。**凡令賦，以地與民制之：上地食者參之二，其民可用者家三人；中地食者半，其民可用者二家五人；下地食者參之一，其民可用者家二人。** 注賦，給軍用者也。令邦國之賦亦以地之美惡、民之衆寡爲制，如六遂矣。鄭司農云："上地，謂肥美田也。食者參之二，假令一家有三頃，歲種二頃，休其一頃。下地食者參之一，田薄惡者所休多。"○釋曰：此文承上"邦國"之下而云"令賦"，是還據邦國諸侯而說也。此經有三等之地，案《小司徒》注云："有夫有婦然後爲家，自二人以至於十人爲九等，七、六、五者爲其中。"則地有上中下，各分爲三等，九等則十口食上上，九口食上中，八口食上下，七人食中上，六人食中中，五人食中下，四人食下上，三人食下中，二人食下下。又案《遂人》，上地夫一廛，田百晦，萊五十晦，中地家二百晦，下地家三百晦，與此"上地食者參之二"合，故鄭云邦國"如六遂矣"。若然，則上地是上下之地，應家八人，一人爲家長，可任者當二家七人，今云"家三人"者，經欲互舉以明義，故以中地之上家七人見出上地之下八人者，明亦有上地之中、上地之上。又言"下地食者參之一，其民可用者家二人"，地即據下地之上、人即據中地之下家五人者，亦是互舉以明義，故地舉其下，人舉其中，欲見亦有下內三等其地及人也。先鄭云"食者參之二，假令一家有三頃，歲種二頃，休其一頃"者，舉上地只應云一頃五十晦，而云三頃者，直取參之二舉整言之，或并二家而說也。

　　中春，教振旅，司馬以旗致民，平列陳，如戰之陳。注以旗者，立旗期民於其下也。兵者守國之備，孔子曰：“以不教民戰，是謂棄之。”兵者凶事，不可空設，因蒐狩而習之。凡師出曰治兵，入曰振旅，皆習戰也。四時各教民以其一焉。春習振旅，兵入收衆專於農①。平猶正也。○釋曰：鄭云“以旗者，立旗期民於其下也”者，謂大司馬素有田獵之期日，今至期日，立熊虎之旗於期處以集衆，故云期民其下②。云“兵者守國之備”者，鄭欲解田獵者所以習兵，故云兵是守國之備③。引孔子語，欲見須田獵以教戰。云“兵者凶事”者，隱公《傳》文。云“不可空設，因蒐狩而習之”者，蒐狩是田獵之名。欲行蒐狩，先芟草萊，教戰訖乃入防田獵，故云因蒐狩而習之。是以《書傳》文④：“戰鬬不可空習，故於蒐狩以閑之。閑之者，習之。”是其習兵因蒐狩也。云“凡師出曰治兵，入曰振旅，皆習戰”者，案莊公八年：“正月，師次於郎。甲午，祠兵。”《公羊傳》曰：“祠兵者何？出曰祠兵。”注云：“禮，兵不徒使，故將出兵，必祠於近郊，陳兵習戰，殺牲饗士卒。”又曰：“入曰振旅，其禮一也，皆習戰也。”《左氏》說：“治兵於廟，禮也。”注云：“三年而治兵，與秋同名。兵革將出，故曰治兵。”《穀梁傳》亦云：“出曰治兵，習戰也。入曰振旅，習戰也。”鄭玄於《異義駁》不從《公羊》云“祠兵”，故云：“祠兵者，《公羊》字之誤，因而作說之。”亦不從《左氏》說治兵爲授兵於廟，云：“於周《司馬職》曰仲夏教茇舍、仲秋教治兵，其下皆云如戰之陳；仲冬教大閱脩戰法，虞人萊所田之野乃爲之。如是，治兵之屬皆習戰，非授兵於廟，又無祠五兵之禮。”是以《爾雅・釋天》云：“出爲治兵，尚威武也。入爲振旅，反尊卑也。”言反尊卑者，出則壯者在前，老弱在後；入則壯者在後，老弱在前。是以鄭此云“振旅，兵入收衆專於農”也。云“四時各教民以其一焉”者，春教振旅，夏教茇舍，秋教治兵，至冬大閱，是各教民以一也。**辨鼓鐸鐲鐃之用：王執路鼓，諸侯執賁鼓，軍將執晉鼓，師帥執提，旅帥執鼙，卒長執鐃，兩司馬執鐸，公司馬執鐲。**○釋曰：此春夏秋三時各教其一，必春辨鼓鐸者，鼓，雷之類，象仲春雷發聲於外。言“辨鼓鐸鐲鐃之用”者，此句與下

---

① “收”字原作“牧”，據婺本、金本、阮本改。
② “民”下阮本有“於”字，與注合。
③ “是”字阮本作“者”。
④ 浦鏜云：“‘文’當‘云’字誤。”

文爲揔目也。注《鼓人職》曰："以路鼓鼓鬼享,以賁鼓鼓軍事①,以晉鼓鼓金奏,以金鐃止鼓,以金鐸通鼓,以金鐲節鼓。"鄭司農云："辨鼓鐸鐲鐃之用,謂鉦鐸之屬。鐲讀如'濁其源'之濁,鐃讀如'讙嘵'之嘵。提讀如'攝提'之提,謂馬上鼓,有曲木提持鼓立馬髦上者,故謂之提。"杜子春云："公司馬,謂五人爲伍,伍之司馬也。"玄謂王不執賁鼓,尚之於諸侯也。伍長謂之公司馬者,雖卑,同其號②。○釋曰:鄭引《鼓人職》者,欲見鼓人有六鼓四金,據本各依所用,今此所用或有不依本者,以其唯"賁鼓鼓軍事"是依本,"王執路鼓"、"軍將執晉鼓"等並不依本用,而在軍兼用也。先鄭云"辨鼓鐸鐲鐃之用,謂鉦鐸之屬"者,案《司馬法》云："十人之長執鉦,百人之師執鐸,千人之師執鼙③,萬人之主執大鼓。"義與此同,故引之爲證也。云"鐲讀如濁其源之濁"者,此讀取音同之義。濁其源者,《淮南子》云："濁其源,其流不清。"故讀從之。云"鐃讀如讙嘵之嘵"者,從《毛詩》云"以謹讙嘵"。云"提讀如攝提之提"者,從《爾雅》云"寅爲攝提格",取音同而已。云"提謂馬上鼓"者,此先鄭蓋據當時已有單騎,舉以況周。其實周時皆乘車,無輕騎法也。後鄭云"王不執賁鼓,尚之於諸侯也"者,案《鼓人職》"賁鼓鼓軍事",計王在軍自爲元帥自合執賁鼓,今不執賁鼓者,見諸侯因朝而來,與王爲賓客,故讓之使執賁鼓,故云尚之於諸侯。王既不用賁鼓而用路鼓者,以其雷鼓、靈鼓祭天地之鼓,不敢用,故用祭宗廟之路鼓也。軍將用晉鼓者,是鼓金奏與諸相應故也。不用鼛鼓者,鼓役事之鼓,故不用。云"伍長謂之公司馬者,雖卑,同其號"者,案諸官,大夫乃與大官同號,宰夫已下并上士、中士、下士皆不得與大官同號;今於《序官》"大司馬"之下,上士得號"行司馬",及在軍二十五人長中士號"兩司馬"、五人長下士號"公司馬",皆與大官同號者,以司馬主軍,軍事主嚴,雖卑得同號也。**以教坐作進退疾徐疏數之節。**注習戰法。○釋曰:案下大閱禮備軍法,"虞人萊所田之野"下又云"中軍以舉令鼓④,鼓人皆三鼓",已下有此"坐作進退疾徐疏數之節"。彼大閱具言,於此略説有此坐作之法。此於教戰之處爲之,故鄭云"習戰法"也。**遂以蒐田,有司表貉,誓民,鼓,遂圍禁,火弊,獻禽以祭社。** ○釋曰:案下大閱禮"遂以狩田"以下云"以旌爲

---

① "鼓鼓"二字原作"鼓",脱一字,據婺本、金本、阮本補。
② "號"下據全書體例當空一格,底本補一橫劃。
③ 孫校謂賈疏引《司馬法》二"師"字並當作"帥",襄十三年《左傳》孔疏可證。
④ 浦鏜云:"'鼙'誤'舉'。"

左右和之門，羣吏各帥其車徒以叙和出，左右陳車徒，有司平之。既陳，乃設驅逆之車，有司表貉于陳前”，此亦當如彼，但春非大備，故亦略言也。言“誓民”者，即下大閲禮“羣吏聽誓於陣前”，鄭引《月令》“司徒北面誓之”是也。云“鼓”者，即下文“中軍以鞞令鼓，鼓人皆三鼓”已下是也。云“遂圍禁”者，既誓，令鼓而圍之。云“火弊”者，謂田止也。云“獻禽以祭社”者，此因田獵而祭，非《月令》仲春祭社也。　注春田爲蒐。有司，大司徒也，掌大田役治徒庶之政令。表貉，立表而貉祭也。誓民，誓以犯田法之罰也。誓曰：“無干車，無自後射，立旌遂圍禁，旌弊争禽而不審者罰以假馬。”禁者，虞衡守禽之屬禁也。既誓，令鼓而圍之，遂蒐田。火弊，火止也。春田主用火，因焚萊除陳草。皆殺而火止。獻猶致也、屬也。田止虞人植旌，衆皆獻其所獲禽焉。《詩》云：“言私其豵，獻豜于公①。”春田主祭社者，土方施生也。鄭司農云：“貉讀爲禡，禡謂師祭也，書亦或爲禡。”○釋曰：云“春田爲蒐”者，蒐，搜也，春時鳥獸孚乳，搜擇取不孕任者，故以蒐爲名。云“有司，大司徒也”者，即《大司徒職》云“大田役，治其徒庶之政令”，故知有司是大司徒也。云“表貉，立表而貉祭也”者，此即《詩》及《尔雅》云“類”也、“禡”也，師祭是也。云“誓民，誓以犯田法之罰也”者，當司徒北面誓之時，小子斬牲以左右巡陳。云“誓曰：無干車，無自後射”者，此據《漢田律》而言。無干車，謂無干犯他車②。無自後射，象戰陳不逐奔走。又一解云：前人已射中禽，後人不得復射。彼又云“無面傷”之等，象降者不逆擊之。云“立旌遂圍禁”者，旌則下文大閲禮云“旗居卒間”者是也。云“旌弊”者，弊，仆也，田止旌則仆。云“争禽而不審者罰以假馬”者，謂獲禽所筭之籌，罰者，謂效功時争禽不審即罰去其籌。云“禁者，虞衡守禽之屬禁也”者，案《山虞》皆云使地之民守其屬禁③，謂遮屬之，禁不得非時入也。若然，案《地官·川衡》小田獵之所無屬禁之事，言衡者，川林或有與山澤連者，則亦有屬禁之事，故連言之也。

---

① “豜”字娶本、金本、阮本作“肩”，阮校云：“監本‘肩’作‘豜’，據《毛詩》妄改。《釋文》云：‘獻肩，《詩》作豜。’知《禮》注無作‘豜’者。”按本職下文鄭注引《詩》亦云“獻肩于公”。

② “車”字原作“事”，阮校謂當從“車”爲正，兹據改。

③ 浦鏜云：“‘山虞’下當脱‘林衡’二字，‘使地’云云約經文。”

周禮疏卷第三十四

唐朝散大夫行大學博士弘文館學士臣賈公彥等撰

中夏，教茇舍，如振旅之陳。羣吏撰車徒，讀書契，辨號名之用：帥以門名，縣鄙各以其名，家以號名，鄉以州名，野以邑名，百官各象其事，以辨軍之夜事。其他皆如振旅。○釋曰："如振旅之陳"者，四時各教其一，故春教振旅，夏教茇舍，但設經不可文文具設，故云如振旅之陳，皆轉相如也。云"羣吏撰車徒"者，羣吏謂軍將至伍長，各有部分，皆選擇其在車甲士三人、步徒七十二人之等。云"讀書契"者，書契謂兵士簿書之要契，此《小宰》之"八成"云"師田以簡稽"，一也。云"辨號名"者，此"帥以門名"已下是也。注茇讀如"萊沛"之沛。茇舍，草止之也①。軍有草止之法。撰讀曰算，算車徒謂數擇之也。讀書契，以簿書校錄軍實之凡要。號名者，徽識，所以相別也。鄉遂之屬謂之名，家之屬謂之號，百官之屬謂之事，在國以表朝位，在軍又象其制而爲之，被之以備死事。帥，謂軍將及師帥、旅帥至伍長也。以門名者，所被徽識如其在門所樹者也。凡此言"以"也、"象"也，皆謂其制同耳。軍將皆命卿，古者軍將蓋爲營治於國門，魯有東門襄仲，宋有桐門右師，皆上卿爲軍將者也。縣鄙，謂縣正、鄙師至鄰長也。家，謂食采地者之臣也。鄉以州名，亦謂州長至比長也。野，謂公邑大夫。百官，以其職從王者。此六者皆書其官與名氏焉，門則襄仲、右師明矣，鄉則南鄉甄、東鄉爲人是也，其他象此，云某某之名、某某之號、某某之事而已，未盡聞也。鄉遂大夫文錯不見，以其素信于民，不爲軍將，或爲諸帥，是以闕焉。夜事，戒夜守之事。草止者慎於夜，於是主別其部職。○釋曰："茇讀如萊沛之沛"者，案《王制》云："居民山川沮澤。"注云："沮謂萊沛。"時俗有水草謂之萊沛，故讀從之也。云"茇舍，草止之也"者，以草釋茇，以止釋舍，故即云"軍有草止之法"。

---

① 孫疏云："《詩·召南·甘棠》孔疏引此注作'草止也'，無'之'字，《小雅·車攻》疏及《玉燭寶典》引竝同，疑今本涉下而衍。"

云“數擇之也”者，以解“撰”爲數擇取其善者。云“軍實之凡要”者，凡軍有三種[1]：或以俘囚爲軍實，或以戈盾弓矢爲軍實，或以禽牲爲軍實。今此所云軍實者，據兵器爲軍實。凡要即名籍之揔名也。云“號名者，徽識”者，即上注“三者旌旗之細者也”。云“所以相別也”者，皆綴之於膊上，以別死者也。云“鄉遂之屬謂之名”者，言之屬，即經云“縣鄙”是遂之屬，從縣、鄙至鄰、里；“州”是鄉之屬，從州至比長。故言之屬以揔之。云“家之屬謂之號”者，謂都家之内，從大夫至士。云“百官之屬謂之事”者，從王朝六卿已下至下士。“野以邑名”鄭雖不言，亦在鄉遂之例，以其同是溝洫之人，出軍、出貢又等，故知亦入“名”中也。其號也、名也、事也，三者據經而言。云“在國以表朝位”者，即《覲禮》云“上介各奉其君之旂置于宮”者是也。云“凡此言以也、象也，皆謂其制同耳”者，以，謂若經云“帥以門名”已下至“野以邑名”已上，五者皆言“以”也，惟百官云“象”，是以也、象也。此六者“以”、“象”雖異，其制則同，皆小旌旗也。云“軍將皆命卿”者，欲解“帥以門名”之意，止由卿居於國門，使爲軍將，故軍將得以門爲名。云“古者軍將蓋爲營治於國門”者，此解軍將得以門爲名者，只由非常之急要在於門，故使卿在門住而營治其門故也。云“魯有東門襄仲”者，案昭三十二年《左傳》云：“魯文公薨，而東門遂殺適立庶，魯君於是乎失國。”公子遂字襄仲，號爲東門，只由居東門。“宋有桐門右師”者，案《春秋左氏傳》昭二十五年：“春，叔孫婼聘於宋，桐門右師見之。”注云：“右師，宋卿樂大心也。其室居桐門，故曰桐門右師。”是宋有桐門右師也。引之，證將帥得以門名之事。經直云“縣鄙”，鄭知“鄰長”者，以其在軍之時從遂大夫已下至鄰長皆在，今略言“縣鄙”，明皆有也。云“家，謂食采地者之臣也”者，食采地是公、卿、大夫，其身在朝，其臣在采地，若公山弗擾之類，今隨主在軍，故以其號爲名也[2]。“鄉以州名，亦謂州長至比長”者，亦如六遂，自鄉大夫已下至比長皆在，今略舉“州”爲首也。云“野，謂公邑大夫”者，謂爲四等公邑，若《載師職》公邑自甸以出至五百里，其長二百里、三百里如州長，四百里、五百里如縣正，長下皆有屬官，在軍者皆以邑爲名。云“百官，以其職從王者”，謂三百六十官各以其職事從王在軍，若大宰下六十官隨其長從王，皆以事爲號也。云“此六者皆書其官與名氏焉”者，六者謂經五“以”、一“象”。假令爲官，則云大司徒下某官姓名某也。云“門則襄仲、右師明矣”者，經直云“帥以門名”[3]，恐直以門爲名，不加官與

---

① 浦鏜云：“‘軍’下當脱‘實’字。”
② “其”字阮本作“家”。
③ “帥”字原作“師”，據阮本改。下文“經在軍吏帥以門名之内”同。

名字;諸官皆須名氏,明門亦有官與氏名,故云明矣。云"鄉則南鄉甄、東鄉爲人是也"者,甄與爲人皆當時鄉名,故舉以爲況。云"其他象此"者,此鄭略舉門名與鄉名,其他仍有縣鄙與家、野、百官,亦依此而稱焉。云"某某之名"者,即經云門、縣鄙、鄉、野四者皆是某某之名,謂若門名,當云桐門右師之下某官某姓某甲之名。三者皆放此。云"某某之號"者,即經云"家以號名"是也,謂若魯之費邑,即云費邑之下某官某姓某甲之號。云"某某之事"者,即經云"百官各象其事",謂若地官之下,則云大司徒之下某官某姓某甲之事。云"未盡聞也"者,鄉來所釋六者①,略聞"帥以門名"、"鄉以州名",舉以爲況,其餘未聞,故云未盡聞也。云"鄉遂大夫文錯不見"者,此經六遂直云縣鄙,不言遂;六鄉言以州名,雖見鄉,亦不見鄉大夫之身。其文交錯,不見鄉遂大夫,故云文錯不見也。云"以其素信於民"者,兵書《孫子》云"素信者,與衆相得"是也。舊素與民相信者必情義相得,故鄉遂之官還使爲軍吏。云"不爲軍將,或爲諸帥,是以闕焉"者,《孟子》云"因内政寄軍令"②,則鄉遂大夫已下至比長、鄰長皆因爲軍吏以領本民。在上或別使人爲軍將,則鄉遂大夫別領人爲師帥、旅帥以下,經在軍吏"帥以門名"之内,故闕鄉遂大夫也。必知有別使人爲軍將法者,見《外傳》穆叔云"天子作師,公帥之以征不德",《詩》曰"周公東征,四國是遑",此並上公爲軍將;《詩》云"鞞韐有奭,以作六師",此乃諸侯世子爲軍將;田獵亦容如此,於是時鄉遂大夫則爲諸帥也。若然,案下文云"師都載旜,鄉遂載物",注云"鄉遂大夫或載旜,或載物,衆屬軍吏,無所將也"者,謂鄉遂大夫全無武用,則諸帥亦不爲,則是衆屬他軍吏,己身全無所將,故或載旜,或載物,不載旗,義與此不違也。云"於是主別其部職"者,釋經"以辨軍之夜事",分別其當部當職,不與外交雜也。**遂以苗田,如蒐之灋,車弊,獻禽以享礿。**○釋曰:在教戰之處辨號名,既訖,遂入防行"苗田"之法。云"如蒐之法"者,如上蒐時有司表貉、誓民、令鼓、遂圍禁之等。云"車弊"及"以享礿",二者則與春異,以其春時火弊祭社,此時車弊享礿也。**注**夏田爲苗,擇取不孕任者,若治苗去不秀實者。云車弊,驅獸之車止也。夏田主用車,示所取物希。皆殺而車止。《王制》曰:"天子殺則下大綏,諸侯殺則下小綏,大夫殺則止佐車,佐車止則百姓田獵。"礿,宗廟之夏祭也。冬夏田主于祭宗廟者,陰陽始起,象神之在内。○釋曰:以

---

① "來"字原作"未",據阮本改。
② "孟子"二字阮本同,阮校云:"當從毛本作'管子'。"

其春夏爲陽,主其生長,故春田爲蒐,搜取不孕任者;"夏田爲苗,若治苗去不秀實者①",其義但春時主孚乳,故以"不孕任"解之也。"云車弊,驅獸之車止也者。夏田主用車,示所取物希"者,《春秋左氏傳》云:"彼徒我車,懼其侵軼我也。"是車行遲,取獸少,故知用車示取物希也。引《王制》曰"天子殺則下大綏"已下,據殺訖而言。《毛詩傳》云"天子發抗大綏,諸侯發抗小綏"者,據始殺而言也。云"大夫殺則止佐車",《王制》注:"佐車,驅逆之車。"案《田僕》云:"掌佐車之設驅逆之車②。"佐車似與驅逆之車別者,但《王制》"佐車"與《田僕》"驅逆之車"爲一,其《田僕》"佐車"自是田車之貳曰佐,"佐"文雖同,其義則異也。若然,驅逆之車言佐者,能逐禽,故以佐言之。云"礿,宗廟之夏祭也"者,《大宗伯》文。云"冬夏田主於祭宗廟,陰陽始起,象神之在内"者,仲冬一陽生,仲夏一陰生,是陰陽在内,故神象之而行祭也。此祭因田獵獻禽爲祭,若正祭自在孟月。

中秋,教治兵,如振旅之陳。○釋曰:言"教治兵"者,凡兵出曰治兵,入曰振旅,春以入兵爲名,尚農事;秋以出兵爲名,秋嚴尚威故也。云"如振旅之陳"者,如春振旅時坐作進退疾徐疏數之法也。辨旗物之用:王載大常,諸侯載旂,軍吏載旗,師都載旃③,鄉遂載物④,郊野載旐,百官載旟,各書其事與其號焉。其他皆如振旅。○釋曰:案下文注"以出軍之旗則如秋",則此經是在軍旗也。云"各書其事與其號焉"者,此二者即是仲夏"百官各象其事"及"號名"之等,此秋雖不具辨號名,亦略舉之,見四時皆有此物也。云"其他皆如振旅"者,亦謂坐作進退疾徐之法如振旅之陳也。注軍吏,諸軍帥也。師都,遂大夫也。鄉遂,鄉大夫也。或載旃,或載物,衆屬軍吏,無所將也。郊,謂鄉遂之州長、縣正以下也⑤。野,謂公邑大夫。載旐者,以其將羨卒也。百官,卿、大夫也。載旟者,以其屬衛王也。凡旌旗,有軍衆者畫異物,無者帛而已。書當爲畫,事也、號也皆畫以雲氣。○釋曰:云"軍吏,諸軍帥也"者⑥,亦謂從軍將至下伍長皆是軍吏也。云"師都,遂大夫也。鄉遂,鄉大夫

---

① "去"字原作"云",據阮本改。
② 浦鏜謂"佐車之"下脱"政"字。
③ "師都"當作"帥都",説詳《春官·司常職》。
④ 阮校云:"唐石經原刻作'遂',後磨改爲'家'。按賈疏是'遂'字。《漢讀考》云:此當從石經作'鄉家',假令是'鄉遂',則注不得云'鄉大夫'也。"
⑤ "以"字原脱,據婺本、金本、阮本補。
⑥ "帥"字原作"師",據阮本改。

也”者，案《司常》云：“孤、卿建旃，大夫、士建物。”則鄉大夫是卿，建旃是其常，“師都載
旃”不嫌無鄉大夫，故鄭直舉遂大夫也。云“鄉遂，鄉大夫”者，以其遂大夫是中大夫，建
物是其常，今“鄉遂建物”不嫌無遂大夫，故鄭直舉鄉大夫也。云“或載旃，或載物，衆屬
軍吏，無所將也”者，鄉遂大夫若爲軍將，則在“軍吏載旗”，軍中領衆來時亦載旗；今載
旃、載物不載旗，故知己之所管之衆屬他軍吏，己無所將，以其己無武用，非直不爲軍
將，亦不爲諸帥，故全無所將，以是載旃、載物而已。若然，既不爲軍吏，遂大夫上得與
卿同載旃，鄉大夫則是卿，下得與大夫同載物也，以鄉遂大夫掌衆同，故同載物也。俱
兩載者，以其不爲軍將，又不任鄉職，卿、大夫尊卑之常當載旃、載物而已，故容其兩載
也。云“郊，謂鄉遂之州長、縣正以下也”者，郊內有六鄉州長已下，郊外有六遂縣正已
下，故知言“郊”有此二等人也。云“野，謂公邑大夫”者，案《載師職》云：“公邑之田任甸
地。”郊外曰甸，甸則郊外曰野，故以野言之。但公邑自甸以出至疆五百里有四等公
邑①，皆有大夫治之，故《司馬法》云：“二百里如州長②，四百里、五百里如縣正。”是公邑
大夫也。云“載旟者，以其將羨卒也”者，以其六鄉之內上劑致民，一家一人爲正卒，其
餘皆爲羨卒；六遂之內下劑致氓③，家一人爲正卒④，一人爲羨卒，其餘爲餘夫。正卒既
屬軍吏，其餘羨卒使此州長已下等不爲軍吏者領之。但公邑之內雖不見有出軍之法，
若出軍，亦當與鄉遂同，以其得爲溝洫法故也。若出軍，亦正卒使大夫等爲軍吏，其餘
羨卒亦使不爲軍吏者領之。云“百官，卿、大夫也。載旟者，以其屬衛王也”者，以其天
地四時之卿、大夫其屬各六十，有選當行衛守王者即是有衆，故載鳥隼之旟。云“凡旌
旗，有軍衆者畫異物”者，即經“天子”、“諸侯”、“軍吏”、“郊野”、“百官”是也。云“無者
帛而已”者，鄉遂載旃、物是也。云“書當爲畫，事也、號也皆畫以雲氣”者⑤，事即上百官
言事，號即上家言號。不言名，此亦有名，文略耳。云畫以雲氣者，鄭解經典言“畫”者
皆以雲解之，謂畫五色雲也。**遂以獮田，如蒐田之灋⑥，羅弊，致禽以祀**
祊。　○釋曰：上文教戰班旗物訖，遂入防行“獮田”之禮，其法“如蒐田之法”。云“羅

---

①　“疆”字原作“彊”，阮本同，加藤謂當作“疆”，兹據改。
②　浦鏜謂“二百里”下脱“三百里”三字。
③　“氓”字阮本作“民”。
④　“人”字原脱，據阮本補。
⑤　“者”字原作“者者”，誤衍一字，據阮本刪。
⑥　阮校云：“唐石經無下‘田’。按中夏云‘遂以苗田，如蒐之灋’，無下‘田’，則此爲衍
文無疑。”

弊，致禽以祀祊"者，秋田主用羅，羅止田畢，入國過郊之神位，乃致禽以祀四方之神。**注**秋田爲獮，獮，殺也。羅弊，罔止也。秋田主用罔，中殺者多也。皆殺而罔止。祊當爲方，聲之誤也。秋田主祭四方，報成萬物。《詩》曰："以社以方。"○釋曰：云"祊當爲方，聲之誤也"者，以祊乃是廟門之外內惟因祭宗廟及明日繹祭乃爲祊祭，今既因秋田而祭，當是祭四方之神，故云誤也。云"秋田主祭四方，報成萬物"者，以秋物成四方神之功，故報祭之。云"《詩》曰：以社以方"者，《詩·大雅》，引之證方是四方之神也。

中冬，教大閱。○釋曰：以冬時農隙，故大簡閱軍實之凡要也。**注**春辨鼓鐸，夏辨號名，秋辨旗物，至冬大閱簡軍實。凡頒旗物，以出軍之旗則如秋，以尊卑之常則如冬，司常佐司馬時也。大閱備軍禮，而旌旗不如出軍之時，空辟實。○釋曰：云"春辨鼓鐸"已下，欲見春夏秋各教其一，至冬大閱之時揔教之，故云"至冬大閱軍實"。云"凡頒旗物，以出軍之旗則如秋，以尊卑之常則如冬，司常佐司馬時也"者，以其王與諸侯所建秋冬同，又秋云"軍吏建旗，師都載旜，鄉遂載物，郊野載旐，百官載旟"，不言旝、旌二者，以其是出軍之法，故不言道車、游車所載；大閱之時見尊卑之常，故《司常》云"孤、卿建旜，大夫、士建物，師都建旗，州里建旟，縣鄙建旐，道車載旝，游車載旌"，此爲異也。鄭云"大閱備軍禮，而旌旗不如出軍之時，空辟實"者，大閱雖備禮，是教戰，非實出軍法，是其空也；秋教治兵，治兵是出軍法，故寄出軍之旗於彼，是冬之空辟實出軍法者也。趙商問："《巾車職》'建大麾以田'，注'田，四時田獵'。商案《大司馬職》四時皆建大常，何？"鄭荅曰："麾，夏之正色。田雖習戰，春夏尚生，其時宜入兵。夏本不以兵得天下，故建其正色以春夏田，至秋冬出兵之時乃建大常。"趙商又問："《巾車職》曰'建大白以即戎'，注云'謂兵車'[1]。《司馬職》仲秋辨其物以治兵，王建大常[2]，注'凡頒旗物，以出軍之旗則如秋'。不知'大白以即戎'爲何時？"荅曰："白者，殷之正色。王即戎者或命將，或勞師，不自親將，故建先王之正色，異於親自將也。"前期，羣吏戒衆庶脩戰灋。**注**羣吏，鄉師以下。○釋曰：言"前期"者，謂若《大宰職》云"前期十日"，此亦在教戰前，不必要十日前也。知"羣吏，鄉師以下"者，見《鄉師職》云"凡四時之田，前期，出田法于州里，簡其鼓鐸、旗物、兵器，脩其卒伍"，是其事也。言鄉師以下，則不

---

① 浦鏜云："'事'誤'車'。"

② 阮校云："惠校本'其'作'旗'，'建'作'載'。"孫疏據改。按《春官·巾車職》賈疏亦引此《鄭志》，與惠校合。

及鄉，鄉是鄉大夫，則卿也；則可及州長，故《州長職》云“若國作民而師田、行役之事，則帥而致之，掌其戒令與其賞罰”，《黨正》云“凡作民而師田、行役，則以其法治其政事”，《族師》亦云“若作民而師田、行役①，則合其卒伍，簡其兵器，以鼓鐸、旗物帥而至”，是其“以下”之事也。**虞人萊所田之野，爲表，百步則一，爲三表，又五十步爲一表。田之日，司馬建旗于後表之中，羣吏以旗物鼓鐸鐲鐃各帥其民而致。質明弊旗，誅後至者。乃陳車徒如戰之陳，皆坐。**○釋曰：“虞人”者，若田在澤，澤虞；若田在山，山虞。謂使其地之民於可陳之處芟除草萊，故云“萊所田之野”。云“爲表，百步則一，爲三表”者，案下注引《月令》“司徒北面以誓之”，此經云“司馬建旗於後表之中，車徒皆坐”，則此於可陳之中從南頭立表②，以北頭爲後表也。**注**鄭司農云：“虞人萊所田之野，芟除其草萊，令車得驅馳。《詩》曰：‘田卒污萊。’”玄謂萊，芟除可陳之處。後表之中，五十步表之中央。表所以識正行列也。四表積二百五十步，左右之廣當容三軍，步數未聞。致，致之司馬。質，正也。弊，仆也。皆坐，當聽誓。○釋曰：先鄭云“虞人萊所田之野，芟除其草萊，令車得驅馳”者，謂芟除其田獵之處，故云令車得驅馳。引《詩》者，證田處草萊。案《王制》云：“昆蟲未蟄，不以火田。”則仲冬之時放火田獵，何須芟除草萊？是以《車攻》詩毛傳云：“大芟草以爲防，然後焚而射焉。”是田處不得芟草萊，故後鄭易之，以爲“芟除可陳之處”。云“後表之中，五十步表之中央”者，謂從南表至北表③。云“表所以識正行列也”者，於可陳之中央立此四表，表兩相各有三軍之衆，至表則間一而坐，坐而更起，是表正行列也。云“積二百五十步”者，以三表之間有二百步，又加一表五十步，故揔爲二百五十步也。云“左右之廣當容三軍”者，天子六軍，左右之地各容三軍，此鄭據天子六軍整數而言。其實兼羨卒之等，故《小司徒職》云：“凡起徒役，無過家一人，惟田與追胥竭作。”鄭云：“國人盡行。”是非止六鄉之民六軍而已。云“步數未聞”者，但先南北二百五十步，東西不言步數，故云未聞也。云“皆坐，當聽誓”者，下文即云“聽誓於陳前”，故先當聽誓也。**羣吏聽誓于陳前，斬牲以左右徇陳，曰：“不用命者斬之。”**○釋曰：云“羣

---

① “而師”二字原作“師而”，據阮本乙。
② “可”字原作“司”，據阮本改。
③ “從”字原作“後”，據阮本改。

吏聽誓於陳前”者，士卒皆於後表北面坐，羣吏諸軍帥皆在士卒前南向立以聽誓①。云“斬牲以左右徇陳”者，從表左右向外以徇陳。<注>羣吏，諸軍帥也。陳前，南面鄉表也。《月令》：“季秋，天子教于田獵，以習五戎，司徒搢扑，北面以誓之。”此大閲禮實正歲之中冬，而説季秋之政於周爲中冬，爲《月令》者失之矣。斬牲者，小子也。凡誓之大畧，《甘誓》、《湯誓》之屬是也。○釋曰：云“羣吏，諸軍帥”者，從軍將以至伍長，謂象軍吏建旗者也②。引《月令》者，證所誓者是司徒。使司徒誓者，此軍吏及士本是六鄉之民，今雖屬司馬，猶是己之民衆，故使司徒誓之也。云“此大閲禮實正歲之中冬”者，周雖建子爲正，及其行事，皆用夏之正歲，則此經“中夏”、“中春”、“中秋”、“中冬”皆據夏法也。云“而説季秋之政於周爲中冬，爲《月令》者失之矣”，吕不韋作《月令》者，以爲此經“中冬”爲周之中冬，當夏之季秋，故説於季秋，是失之矣。案《月令》季秋云“是月也，天子乃教於田獵，以習五戎，班馬政”云云，注引“中秋教治兵法，王載大常”已下爲證，不云失，至此乃以《月令》是中冬教大閲法而言爲《月令》者失，鄭君兩解之：以其彼云司徒誓衆與此誓衆之等同，故爲大閲；彼爲治兵法者，以彼文“授車以等級”及“命主祠祭于四方”文與“中秋治兵”者同③，故彼爲治兵法也。云“斬牲”者，《小子職》云“凡師田，斬牲以左右徇陳”是也。云“凡誓之大略，《甘誓》、《湯誓》之屬是也”者，《甘誓》是啟與有扈戰、《湯誓》是湯伐桀誓衆辭，言之屬者，仍有《泰誓》、《粊誓》之等④，故云之屬。**中軍以鼙令鼓，鼓人皆三鼓，司馬振鐸，羣吏作旗，車徒皆作；鼓行，鳴鐲，車徒皆行，及表乃止；三鼓，摝鐸，羣吏弊旗，車徒皆坐。**○釋曰：此經摠説聽誓既已，將欲向南第二表，象戰陳初發面敵。此即仲春振旅疾徐坐作之事，一也。<注>中軍，中軍之將也。天子六軍，三三而居一偏。羣吏既聽誓，各復其部曲。中軍之將令鼓，鼓以作其士衆之氣也。鼓人者，中軍之將、師帥、旅帥也。司馬，兩司馬也。振鐸以作衆。作，起也。既起，鼓人擊鼓以行之，伍長鳴鐲以節之。伍長一曰公司馬。及表，自後表前至第二表也。三鼓者，鼓人也。鄭司農云：“摝讀如弄。”玄謂如“涿

---

① “向”字阮本作“面”。
② 孫校云：“‘象’疑‘衆’之誤。”
③ “文與”二字阮本作“又與”。
④ “粊”字原作“柴”，阮本作“費”。按《秋官·雍氏職》鄭注引《書·粊誓》，《粊誓》即《費誓》，清人多謂唐以前作“粊”，至衞包乃改作“費”。“柴”當是“粊”之形訛字，兹徑改。

鹿”之鹿。掩上振之爲攟。攟者，止行息氣也。《司馬法》曰：“鼓聲不過闒，鼙聲不過闒①，鐸聲不過琅。”○釋曰：“中軍，中軍之將也”者，此六軍，三軍居一偏，皆自有中軍也，是以鄭云“天子六軍，三三而居一偏”也。言三三者，非謂如筭法云三三而九者，直是兩箇三，爲三而復三而已也。云“羣吏既聽誓命，各復其部曲”者，軍吏本各主其部分曲別，謂若伍長主五人、兩司馬主二十五人、卒長主百人之等，皆是部曲。至於誓之時，出向衆前，聽誓訖各復其部伍本處，故云復其部曲也。云“中軍之將令鼓”者，經云“中軍以鼙令鼓”，故知中是中軍之將也②。云“鼓以作其士衆之氣”者，《春秋左氏》曹劌云：“一鼓作氣，再而衰，三而竭。”是鼓以作士衆之氣也。云“鼓人者，中軍之將、師帥、旅帥也”者，案左氏成二年《傳》：晉與齊戰于鞌，“郤克傷於矢，曰：‘余病矣。’張侯曰：‘師之耳目，在吾旗鼓，進退從之。’於是右援枹而鼓之。”時郤克擊鼓。哀二年《左傳》：鐵之戰，趙簡子云：“伏弢嘔血，鼓音不衰。”是皆將居鼓下。知兼有師帥、旅帥者③，案上文春辨鼓鐸云“軍將執晉鼓，師帥執提，旅帥執鼙”，皆是鼓人，故知是軍將、師帥、旅帥也；其“卒長執鐃”已下皆金，非鼓也。云“司馬，兩司馬也”者，以其上文云“兩司馬執鐸”，故知此經云“司馬振鐸”者是兩司馬。云“以作衆”者，金雖非鼓，振之者亦是以作衆也。云“作，起也。既起，鼓人擊鼓以行之”者，釋經“車徒皆作，鼓行”也。云“伍長鳴鐲以節之”者，上文云“公司馬執鐲”，《鼓人職》云“金鐲節鼓”，故云伍長鳴鐲以節之也。云“伍長一曰公司馬”者，上文云“公司馬執鐲”是伍長，故云一曰公司馬也。先鄭云“攟讀如弄”者，直以攟、弄聲相近，以振鐸謂之弄也。“玄謂如涿鹿之鹿”者，謂從《史記》“黃帝與蚩尤戰于涿鹿”之鹿，直取音同，不從義也，此是鹿鹿然作聲也。云“掩上振之”者，以手在上向下掩而執之。云“止行息氣也”者，案《鼓人》云：“金鐸通鼓，金鐃止鼓。”則金鐸是通鼓，而云止行息氣者，見經云“攟鐸”即云“羣吏弊旗”，故知金鐸亦得止行息氣也。《司馬法》“鼓聲不過闒”以下者，證鼓、鼙與鐸聲之有異也。又三鼓，振鐸，作旗，車徒皆作；鼓進，鳴鐲，車驟徒趨，及表乃止，坐作如初。注趨者，赴敵尚疾之漸也。《春秋傳》曰：“先人有奪人之心。”及表，自第二前至第三。○釋曰：昭二十一年：“冬十月，華登以吳師救華氏。宋厨人濮曰：‘《軍志》有之：先人有奪人之

---

① “鼙”字原作“聲”，據嫈本、金本、阮本改。此蓋涉下“聲”字類化而訛。
② “故知中是中軍之將也”九字阮本同，上“中”字疑衍。
③ “旅帥”二字原作“旅師”，據阮本改。

心。’”注云：“戰氣未定故也。”“後人有待其衰。”注云：“待敵之衰乃攻。”是其事也。乃鼓，車馳徒走，及表乃止。注①及表，自第三前至前表。鼓戒三闋，車三發，徒三刺。注鼓戒，戒攻敵。鼓壹闋，車壹轉，徒壹刺②，三而止，象服敵。○釋曰：經并言“三闋，三發，三刺”，鄭歷言“鼓一闋，車一轉，徒一刺，三而止”者，鄭據實而言，非是一時而三故也。乃鼓退，鳴鐃且卻，及表乃止，坐作如初。○釋曰：此言“乃鼓退”者，謂至南表，軍吏及士卒迴身向北，更從南爲始也。云“鳴鐃且卻”者，此鳴鐃且卻據初至南表退軍之時，象在軍軍退亦鳴鐃。是以左氏哀公《傳》：鐵之戰，陳子云：“吾聞鼓不聞金。”亦是鳴鐃退軍法。及其向北，即更爲習戰之事，故云“及表乃止，坐作如初”，故鄭云“習戰之禮出入一也”。注鐃所以止鼓。軍退，卒長鳴鐃以和衆，鼓人爲止之也。退，自前表至後表。鼓、鐸則同，習戰之禮出入一也；異者，廢鐲而鳴鐃。○釋曰：云“鐃所以止鼓”者，《鼓人職》云“金鐃止鼓”是也。知“卒長鳴鐃”者，春辨鼓鐸云“卒長執鐃”是也。云“退，自前表至後表”者，經略言表，則“及表乃止，坐作如初”者摠向北三表，故鄭云自前表至後表也。云“鼓、鐸則同”者，鼓人三鼓、兩司馬執鐸與向南時同，以其“習戰之禮出入一也”。云“異者，廢鐲而鳴鐃”者，前向南時云“鼓行，鳴鐲”，此北向不言“鳴鐲”而言“鼓退，鳴鐃”，以其雖習戰出入一，猶衆退軍③，故鳴鐃也。遂以狩田，以旌爲左右和之門，羣吏各帥其車徒以叙和出，左右陳車徒，有司平之。旗居卒間以分地，前後有屯百步，有司巡其前後。險野人爲主，易野車爲主。○釋曰：此一節，摠論教戰訖入防田獵之事，故云“遂以狩田”也。云“以旌爲左右和之門”者，六軍分三軍，各處東西爲左右，各爲一門。云“以叙和出”者，以教戰處内，故以田處出。云“旗居卒間”者，軍吏各領己之士卒執旗以表之，故旗居卒間也。注冬田爲狩，言守取之，無所擇也。軍門曰和，今謂之壘門，立兩旌以爲之。叙和出，用次第出而門也。左右，或出而左，或出而右。有司平之，鄉師居門，正其出入之行列也。旗，軍吏所載。分地，調其部曲疏數。前後有屯百步，車徒異羣相去之數也。車徒畢出和門，鄉師又巡其行陳。鄭司農云：“險野人

---

① “注”字原脱，據全書體例擬補。
② 阮校云：“注中不當用古字，諸本作‘壹’，非，疏中皆作‘一’。”
③ 孫校云：“‘衆’當爲‘象’。”

爲主，人居前；易野車爲主①，車居前。”○釋曰②：云“冬田爲狩，言守取之，無所擇”者，對春夏言蒐、言苗有所擇③，又秋名獮，中殺者多；對此圍守之，此又多於獮，故得守名也。云“軍門曰和”者，《左氏傳》云：“師克在和不在衆。”田獵象戰伐，故其門曰和門也。云“今謂之壘門”者，漢時軍壘爲門名曰壘門，與古和門同，故舉爲説。云“立兩旌以爲之”者，昭八年《穀梁傳》云：“秋，蒐於紅，正也。”又云：“刈蘭以爲防，置旃以爲轅門，以葛覆質以爲槷。”注云：“質，椹也。槷，門中臬。”又云：“流旁握，御轚者不得入。”注：“流旁握，謂車兩轊頭各去門邊容握。握四寸也④。”又《車攻》詩傳云：“大艾草以爲防，或舍其中。褐纏旃以爲門⑤，裘纏質以爲槷⑥，門容握，驅而入，轚則不得入⑦。左者之左，右者之右，然後焚而射焉。”又云：“古者戰不出頃，田不出防。”是其事也。云“有司平之⑧，鄉師居門，正其出入之行列也”者，案《鄉師職》云：“巡其前後之屯，而戮其犯命者，斷其爭禽之訟。”故知此經云“有司”皆是鄉師也。云“車徒異羣”者，出軍之時一車甲士三人、步卒七十二人，車徒同羣；今在軍行列之時則車徒異羣，故車人有異也。

既陳⑨，乃設驅逆之車，有司表貉于陳前。○釋曰：前經論陳車徒訖⑩，故此云“既陳”。云“乃設驅逆之車”，設訖即爲表貉之祭於陳前也⑪。**注**驅，驅出禽獸使趨田者也。逆，逆要不得令走。設此車者，田僕也。○釋曰：云“驅，驅出禽獸使趨田者”，案《王制》云：“天子發，諸侯發。”皆不云佐車者，其實天子、諸侯田時皆有驅逆之佐車，直於大夫言之者，據終而言也。知“設此車”是“田僕”者，見《田僕職》云“設驅逆之車”，故知也。**中軍以鼙令鼓，鼓人皆三鼓，羣司馬振鐸，車徒皆作；遂**

---

① “主”字原作“王”，據婺本、金本、阮本改。
② “釋”字原作“繹”，據全書體例改正。
③ “擇”字原作“釋”，據阮本改。
④ “寸”字原作“十”，據阮本改。
⑤ “纏”字原作“躔”，據阮本改。
⑥ “槷”字原作“槸”，據阮本改。按底本“埶”、“執”二旁多相混用。
⑦ “轚”字阮本同，阮校云：“閩、監本同，誤也。惠校本‘轚’作‘轚’，當據正。《説文》：‘轚者，車轄相擊也。’”按《地官·保氏職》賈疏引此毛傳亦作“轚”，與傳本毛傳相同。
⑧ “司”字原作“同”，據阮本改。
⑨ “陳”字原作“陣”，據婺本、金本、阮本改。“陣”爲“陳”之俗字，底本通作“陳”。
⑩ “車”字原作“束”，據阮本改。
⑪ “訖”字原作“訧”，據阮本改。

鼓行，徒銜枚而進。大獸公之，小禽私之，獲者取左耳。○釋曰：此"令鼓"之事與上文教戰時大同，惟"徒銜枚"爲異。注羣司馬，謂兩司馬也。枚如箸，銜之，有繣結項中。軍法止語，爲相疑惑也。進，行也。鄭司農云："大獸公之，輸之於公；小禽私之，以自畀也。《詩》云：'言私其豵，獻肩于公。'一歲爲豵，二歲爲豝，三歲爲特，四歲爲肩，五歲爲慎。此明其獻大者於公，自取其小者。"玄謂慎讀爲麎。《爾雅》曰："豕生三曰豵，豕牝曰豝，麋牝曰麎。"獲，得也。得禽獸者取左耳，當以計功。○釋曰：鄭知"羣司馬，謂兩司馬"者，上文春辨鼓鐸云"兩司馬振鐸"，故知之也。云"枚如箸，銜之，有繣結項中"者，雖無正文，以意言之。繣即兩頭繫也，既有兩繫，明於項後中央結之。先鄭引《詩》云"'言私其豵，獻肩于公。'一歲爲豵"已下，鄭皆不從者，《豳詩》毛傳云"三歲曰豜"，此云"四歲爲肩"；《爾雅》云"豕生一曰特，二曰師，三曰豵"；又《爾雅》云"麋牝曰麎"，無"五歲爲慎"；又《魏詩》云"三歲曰特"。先鄭皆無可依據，故不從也。若然，豜還是鹿之絶有力者也。及所弊，鼓皆駴，車徒皆譟。○釋曰：云"及所弊"者，各徒弊止之處[1]，謂百姓獵止。注鄭司農云："及所弊，至所弊之處。"玄謂至所弊之處[2]，田所當於止也。天子、諸侯蒐狩有常，至其常處，吏士鼓譟，象攻敵剋勝而喜也。疾雷擊鼓曰駴。譟，讙也。《書》曰"前師乃鼓鼗譟"，亦謂喜也。○釋曰：引《書》曰者，《書傳》文，彼説武王伐紂時事。徒乃弊，致禽饁獸于郊，入獻禽以享烝。○釋曰：云"致禽饁獸于郊"者，亦謂因田過郊之神位而饋之。注徒乃弊，徒止也。冬田主用衆，物多衆得取也。致禽饁獸于郊，聚所獲禽，因以祭四方神於郊。《月令》季秋，天子既田，"命主祠祭禽四方"是也。入又以禽祭宗廟。○釋曰："《月令》季秋，天子既田"云云者，證彼祭禽於四郊與此饁獸于郊爲一物。其實彼一解以爲是仲秋祭禽以祠祊爲一也。

　　及師，大合軍，以行禁令，以救無辜、伐有罪。注師，所謂王巡守若會同，司馬起師合軍以從，所以威天下、行其政也。不言大者，未有敵，不尚武。○釋曰：云"師，所謂王巡守若會同"者，以對下文云"若大師"是出軍法，故鄭云"未有敵，不尚武"也。若大師，則掌其戒令，涖大卜，帥執事涖釁主及軍器[3]；○釋

---

① "各"字阮本作"冬"。
② "玄謂至所弊之處"七字原脱，據婺本、金本、阮本補。
③ "帥"字原作"師"，據婺本、金本、阮本改。

760

曰:云"帥執事涖釁主及軍器"者,案《小子職》云:"釁邦器及軍器。"彼官釁之,而大司馬
臨之。**注**大師,王出征伐也。涖,臨也。臨大卜,卜出兵吉凶也。《司馬法》曰:"上卜下
謀,是謂參之。"主,謂遷廟之主及社主在軍者也。軍器,鼓、鐸之屬。凡師既受甲,迎主
于廟及社主,祝奉以從,殺牲以血塗主及軍器,皆神之。○**釋**曰:鄭知"臨大卜"者,案
《大卜》云:"掌龜之八命:一曰征。"故知也。云"《司馬法》曰:上卜下謀,是謂參之"者,
卜在廟①,又龜有神,故云上卜;謀人在下,故云下謀;君居其中,故云參也。云"主,謂遷
廟之主及社主在軍也"者,《曾子問》云:"軍行則以遷廟之主行。"《左傳》祝佗云:"軍行,
祓社釁鼓,祝奉以從。"《尚書》云:"用命賞于祖,不用命戮于社。"皆是在軍者也。**及
致,建大常,比軍衆,誅後至者;注**比或作庀。鄭司農云:"致,謂聚衆也。庀,
具也。"玄謂致,鄉師致民於司馬。比,校次之也。○**釋**曰:先鄭云"庀,具也"者,先鄭
從古書"庀"。後鄭不從,以爲"校次"者,凡物有數者皆須校次乃知具不,故不從具也。
"玄謂致,鄉師致民於司馬"者,據《鄉師職》知之。且司馬用王"大常"者②,以上文"大
師"王親御六軍,故司馬用王之大常致衆。若王不親,則司馬自用大旗致之。**及戰,
巡陳,眂事而賞罰。注**事,謂戰功也。○**釋**曰:"巡陳"者,司馬當戰對陳之時巡
軍陳,眂其戰功之事,知其有功無功而行"賞罰"也。**若師有功,則左執律,右秉
鉞,以先愷樂獻于社;**○**釋**曰:云"若師有功,則左執律,右秉鉞,以先"者,謂戰
陳,知有勝功訖乃執律者,示此律聽軍聲尅勝耳;右秉鉞,示威也。**注**功,勝也。律所以
聽軍聲,鉞所以爲將威。先猶道也。兵樂曰愷。獻于社,獻功于社也。《司馬法》曰:
"得意則愷樂、愷歌,示喜也。"鄭司農云:"故城濮之戰,《春秋傳》曰'振旅,愷以入于
晉'。"○**釋**曰:云"律所以聽軍聲"者,《大師職》文。彼初出軍時大師執聽,至此尅勝,
司馬執之。先鄭引"城濮之戰"者,僖二十八年晉文公敗楚於城濮,兵入曰振旅,整衆而
還,歌愷樂而入晉。彼諸侯法,與此天子禮同,故引爲證也。趙商問:"《夏官》'師有功,
則獻于社',《春官·大司樂》'王師大獻,則令奏愷樂',注云'大獻,獻捷於祖'。不達異
意。"鄭荅曰:"司馬主軍事之功,故獻於社。大司樂,宗伯之屬,宗伯主宗廟③,故獻于

① "卜"字原作"十",據阮本改。
② "且"字阮本作"具",孫校云:"'具'當作'其'。"
③ 浦鏜謂"宗廟"下脫"之禮"二字。按《春官·大司樂職》賈疏亦引此《鄭志》,與浦
說合。

祖。”若然，軍有功二處俱獻，以其出軍之時告于祖，宜于社，故反必告也。**若師不功，則厭而奉主車。**注鄭司農云：“厭，謂厭冠，喪服也。軍敗則以喪禮，故秦伯之敗於殽也，《春秋傳》曰‘秦伯素服郊次，鄉師而哭’。”玄謂厭，伏冠也。奉猶送也，送主歸於廟與社。○釋曰：《春秋》秦伯事，《左傳》僖三十三年秦師襲鄭之事。案彼僖三十年，秦晉圍鄭，鄭使燭之武說秦伯，秦師退，使杞子、逢孫、楊孫戍鄭。至僖三十三年，秦使孟明視、白乙丙、西乞術襲鄭。將至鄭，逢商人弦高將市于周，詐之，秦師還至殽。晉師與姜戎敗之，獲三帥，囚之於晉。晉舍三帥還，“秦伯素服郊次，鄉師而哭之”。是其事也。“玄謂厭，伏冠也”者，案《下曲禮》云：“厭冠不入公門。”彼差次當緦小功之冠。以義言之，五服之冠皆厭，以其喪冠反吉冠，於武上向内縫之[1]，喪冠於武下向上縫之。以伏冠在武，故得厭伏之名。案《檀弓》注：“厭冠，喪冠，其服亦未聞。”若然，先鄭引秦伯素服者，彼據在國向外哭，此則從外向内，不同，故云其服未聞。後鄭不破者，已有《檀弓》注，此從破可知。**王弔勞士庶子，則相。**注師敗，王親弔士庶子之死者，勞其傷者，則相王之禮。庶子，卿、大夫之子從軍者，或謂之庶士。○釋曰：案《宮伯》云：“掌宮中士庶子。”注：“士，適子；庶子，其支庶。”與此注云“庶子”爲“卿、大夫之子”，適庶俱兼，則經中“士”爲卿、大夫士之身。與《宮伯》注不同者，彼宮正掌卿、大夫、士身，宮伯別掌士庶子，士庶子爲適子、支庶明矣；此惟一文云“弔勞士庶子”，不見別有弔勞卿、大夫、士身，故分之。鄭望經爲注，故不同也。若然，此注不云士之子者，以其卿、大夫之適子爲王與后與士同，故親弔勞之；士之子如衆人，不得爲王及后如士，故不弔勞之也。

　　大役，與慮事屬其植，受其要，以待攷而賞誅。○釋曰：此謂築城邑之時，封人慮事計功，大司馬雖不掌徒役，亦得與謀也。“屬其植”者，屬，謂屬聚徒役，計其人數，賦其丈尺，以課其功也；植者，版榦之屬，計其人事，各使備足也。注大役，築城邑也。鄭司農云：“國有大役，大司馬與謀慮其事也。植，謂部曲將吏。故宋城，《春秋傳》曰‘華元爲植，巡功’。屬，謂聚會之也。要者，簿書也。考，謂考校其功。”玄謂慮事者，封人也。於有役，司馬與之。植，築城楨也。屬，賦丈尺與其用人數。○釋曰：先鄭以爲“與慮事”大司馬與在謀慮其事中，後鄭從之，增成其義。案宣十一年：“楚令尹蒍艾獵城沂，使封人慮事，以授司徒。”注云：“封人，司徒之屬官。”是封人慮事，司馬與在謀

---

①　孫校云：“‘喪冠反吉冠’句斷，下當重‘吉冠’二字，今本脱去，遂不可解。”

慮中也。《春秋》宋華元者，案宣二年《左氏傳》云："宋城，華元爲植，巡功。"注云："植，將主也。"先鄭云"植，謂部曲將吏。屬，謂聚會之"，後鄭不從，以爲"植，築城楨也。屬，賦丈尺與其用人數"者，案昭三十二年"晉士彌牟營成周，計丈數，揣高卑，度厚薄，仞溝洫"，又云"以令役於諸侯，屬役賦丈"，又宣十一年計慮用人功之數，以此知"屬"謂賦丈尺與人數也[①]。**大會同，則帥士庶子而掌其政令。**　注帥，帥以從王。○釋曰：知"帥，帥以從王"者，案《諸子職》云："若會同、賓客，作羣子從。"注云："從，從王。"是其事也。**若大射，則合諸侯之六耦。**　○釋曰：王大射之時，有諸侯來朝在京師者，大司馬令之爲六耦。注大射，王將祭，射于射宮以選賢也。王射三侯，以諸侯爲六耦。○釋曰：云"大射，王將祭，射于射宮以選賢也"者，案《禮記·射義》云："古者天子之制，諸侯歲獻貢士於天子，天子試之於射宮，而中多者得與於祭。"《大射禮》亦射於郊學宮中，皆是爲祭選士，故云選賢也。云"王射三侯"者，《司裘》云"王大射，則共虎侯、熊侯、豹侯"是也。此大射是將祭而射，故用"諸侯爲六耦"。若賓射，射人亦用六耦，但不用諸侯，當用卿、大夫爲之。燕射三耦，自然用卿、大夫已下爲之。**大祭祀、饗食，羞牲魚，授其祭。**　○釋曰："大祭祀"，謂天地、宗廟。此大祭據祭廟而言，其中、小之祭祀亦爲之矣。"饗食"，謂諸侯來朝上公三饗三食之等，行之在廟，故與大祭祀同，皆羞進魚牲。注牲魚，魚牲也。祭，謂尸、賓所以祭也。鄭司農云："大司馬主進魚牲。"○釋曰：云"祭，謂尸、賓所以祭也"者，大祭祀授尸祭，饗食授賓祭。祭者魚之大臠，即《少牢下篇》云"主人、主婦、尸、侑各一魚[②]，加膴祭於其上"，膴謂魚之反覆者；《公食大夫》亦云"授賓祭"。故云祭謂尸、賓所以祭。若王祭，則《膳夫》云"授王祭"是也。先鄭云"大司馬主進魚牲"者，必使司馬進之者，司馬夏官，夏陰氣所起，魚水物，亦陰類，故使司馬進之也。**大喪，平士大夫。**　○釋曰：必使司馬平之者，司馬之屬有司士主羣吏，今王喪，不得使司士[③]，故司馬平之。注鄭司農云："平，一其服也。"玄謂平者，正其職與其位。○釋曰：先鄭云"平，一其服也"者，後鄭不從者，小宗伯已懸衰冠，故後鄭以爲"平者，正其職與其位"也。**喪祭，奉詔馬牲。**　注王喪之以馬祭者，蓋遣奠也。

---

① "知"字原脱，據阮本補。

② "主婦"二字原作"王婦"，據阮本改。

③ "得"字原空闕一格，據阮本補。

奉猶送也。送之至墓，告而藏之。○釋曰：鄭知"喪祭"是大遣奠者，以其喪奠、反虞、卒哭祭之等無奉送詔告，惟有大遣奠入壙之時有奉送之事①，故知喪祭是大遣奠耳。

小司馬之職，掌。注此下字脱滅，札爛又闕，漢興，求之不得，遂無識其數者。○釋曰：鄭知"脱滅，札爛又闕"者，見《天官・小宰》、《地官・小司徒》、《春官・小宗伯》之等"職掌"下其文多矣，"凡小祭祀"之言皆是於下揔結，以此知此下脱滅②，札爛又闕也。言脱滅者，直據"職掌"下一經脱滅；札爛又闕者，以其下經簡札爲韋編折爛闕落。知"漢興，求之不得"者，此闕與《冬官》所亡同日，皆爲遭暴秦燔滅典籍，漢興，購求遺書不得也③。云"遂無識其數者"，以其無文，遂無記識"職掌"以下之數耳。

凡**小祭祀**、**會同**、**饗射**、**師田**、**喪紀**，掌其事，如大司馬之灋。○釋曰：云"小祭祀"已下至"喪紀"，皆蒙此"小"字，對《大司馬》"大祭祀"之等。大司馬之"小會同"④，謂諸侯使卿、大夫來聘，王使卿、大夫與之會同。言"饗射、師田"，皆是諸侯卿、大夫來聘，王還使卿、大夫與饗燕及射、師田之等也。"小喪紀"者，三夫人已下。云"掌事如大司馬之法"，亦如大司馬羞魚牲、授其祭之等也。

軍司馬。闕。

輿司馬。闕。

行司馬。闕。○釋曰：軍司馬當宰夫、肆師之等，皆下大夫四人。輿司馬當上士八人。行司馬當中士十六人。餘官皆無異稱，此獨有之者，以軍事是重，故特生別名。此等皆與上同闕落之。

---

① "大"字原作"火"，據阮本改。
② "知此"二字原脱，據阮本補。
③ "遺"字原作"遣"，據阮本改。
④ "大司馬之"四字阮本同，孫疏引徑删。

周禮疏卷第三十五

唐朝散大夫行大學博士弘文館學士臣賈公彥等撰

司勳掌六鄉賞地之灋以等其功：<u>注</u>賞地，賞田也。在遠郊之內，屬六鄉焉。等猶差也，以功大小爲差。○釋曰：知“賞地”是“賞田在遠郊之內”者，以《載師職》云“牛田、賞田任遠郊之地”，故知也。知“屬六鄉”者，以其遠郊內置六鄉故也。云“以功大小爲差”者①，以下文云“輕重視功”，則賞地大小不定，故知以功大小爲差。**王功曰勳，**<u>注</u>輔成王業，若周公。○釋曰：知據“王業”者，以其言“王”，繼王身而言，明據王之位業而説耳。以周公攝政，相幼君，致大平，還政成王，是“輔成王業”之事，故以周公託之。但經之所云不得專爲周公、伊尹之等，故皆云“若”比擬之耳。**國功曰功，**<u>注</u>保全國家，若伊尹。○釋曰：鄭知“保全國家”者，以其言國，繼國而言，故知是保全國家者也。以伊尹比之者，以湯時天下大平，湯崩，孫大甲即位，不明政事，伊尹爲數篇書以諫之，諫既不入，乃放之桐宮，三年思庸，復歸於亳，國家得全，故以伊尹擬之耳。**民功曰庸，**<u>注</u>法施於民，若后稷。○釋曰：知“法施於民”者，以其言民，繼民言之。先王之業，以農爲本。以后稷比之者，周之先祖棄，爲堯之稷官，農人植嘉穀，天下爲烈，豈一手一足哉！“庸”亦功也。以法施於民有功，故以后稷擬之。**事功曰勞，**<u>注</u>以勞定國，若禹。○釋曰：知“以勞定國”者，以其言“勞”，據勤勞施國而言。堯遭洪水，下民昏墊，國家不定，命禹治之，手足胼胝，三過門不入，弼成五服，國乃獲安，故以禹擬之也。**治功曰力，**<u>注</u>制法成治，若咎繇。○釋曰：以其言“治”、言“力”，故知“制法成治”，出其謀力。案《虞書》帝謂咎繇云：“蠻夷猾夏，寇賊姦宄，汝作士，五刑有服。”是咎繇制其刑法，國家治理，故以咎繇擬之。**戰功曰多。**<u>注</u>尅敵出奇，若韓信、陳平。《司馬法》曰：“上多前虜。”○釋曰：知“多”是“尅敵出奇”者，以其言多，是於

---

① “功大小”原作“大小小”，據阮本改。

衆之中比校多少之事，故知是剋敵出奇，比彼爲多者也。漢之二將是剋敵出奇之人，故以擬之耳。云“《司馬法》曰：上多前虜”者，彼亦是戰以功多爲上，居於陳前虜獲俘囚，故引以證多爲戰功者也。此上六者皆對文爲義，若散文則通。是以《春秋左氏》云“舍爵策勳”，彼戰還而飲至，不云“舍爵策多”，是通也。《明堂位》云：“周公爲有勳勞於天下。”是周公德大，有勳兼勞者也。**凡有功者，銘書於王之大常，祭於大烝，司勳詔之。**○釋曰：云“凡有功”，謂上六者，故云凡以該之。使“司勳詔之”者，以其司勳知功之有無大小故也。詔之謂詔司常書之，又以辭使春官告神。**注**銘之言名也，生則書于王旌，以識其人與其功也；死則於烝先王祭之。詔，謂告其神以辭也。盤庚告其卿大夫曰“茲予大享于先王[1]，爾祖其從與享之”是也[2]。今漢祭功臣於廟庭。○釋曰：言“生則書於王旌，以識其人與其功也”者，以王建大常，故云王旌。必於王旌識功與人者，王車上建之，就旌上書之，欲取表顯示人故也。引“盤庚告其卿大夫”者，盤庚，殷王，欲遷往亳，殷臣民有不肯者，故告之云“我不掩爾善”，所以者何？“茲予大享於先王”之時，“爾祖其從”先王與在享祭之中，況爾見在，不掩可知，何不從我遷乎？引漢法，欲見古者“祭功臣在廟庭”也。必祭功臣在冬之烝祭者，烝者衆也，冬時物成者衆，故祭功臣。案彼《書》注以“大享”爲烝嘗者，此舉冬祭物成者衆而言，其嘗時亦祭之也。或可周時直於烝時祭功臣，殷時烝嘗俱祭，禮異故也。**大功，司勳藏其貳。注**貳猶副也。功書藏於天府，又副於此者，以其主賞。○釋曰：鄭知“功書藏於天府”者，《天府職》文也。**掌賞地之政令。注**政令，謂役賦。○釋曰：鄭以“政”爲“征”，征，稅也。賞地在六鄉之内，亦從溝洫貢天子法[3]，其民亦從鄉之徭役之法。**凡賞無常，輕重眡功。注**無常者，功之大小不可豫。○釋曰：賞地在遠郊之内，有疆界未給者空之待有功，乃隨功大小給之，故云“不可豫”也。**凡頒賞地，參之一食，注**鄭司農云：“不以美田爲采邑。”玄謂賞地之稅參分計稅，王食其一也，二全入於臣[4]。○釋曰：先鄭意，以“參之一食”者謂以下地可食三之一，似下地再易，家得三

---

① “盤”字阮本同，婺本、金本作“般”。阮校云：“余本、岳本、嘉靖本‘盤’作‘般’，《釋文》亦作‘般庚’，當據正。”
② “與”字原作“預”，據婺本、金本、阮本改。
③ 孫校云：“‘天’字後人所加，‘溝洫貢子法’見《匠人》疏。”
④ “二”字原作“一”，據婺本、金本、阮本改。

頃，歲種一頃食之，故云“不以美田爲采邑”，又以賞田與采邑爲一物。後鄭不從者，“不以美田爲采邑”亦無文以言之；又案《載師職》“家邑任稍地，小都任縣地，大都任疆地”，自三百里已外爲之，其賞田任在遠郊之內，何得爲一物？故鄭不從也。後鄭云“賞地之稅參分計稅，王食其一也，二全入於臣”者，采地之稅四之一，與小國入天子同；今賞田三之一，一分入天子，與次國三之一入天子同。**唯加田無國正。**　○釋曰：言“無國征”①，無稅入天子法，其民出稅入主則有之。但加田未知所在，或可與賞田同處，以其仕田在近郊，加田在遠郊可知也。**注**加田，既賞之，又加賜以田，所以厚恩也。鄭司農云：“正，謂稅也。禄田亦有給公家之賦貢，若今時侯國有司農、少府錢穀矣，獨加賞之田無正耳。”○釋曰：知“加田，既賞之，又加賜以田”者，以其文承賞田之下即云“加田”，故知賞田之外所加賜之田可知。先鄭云“禄田亦有給公家之賦貢”，舉漢法“侯國有司農、少府錢穀”者，漢法穀入司農，錢入少府，故舉以爲況。禄田即采地之稅及賞田之等是也。加田是加恩厚，又不稅入天子。凡大夫、士賜地有四種：大夫已上有采，家邑任稍地之等是也；又有賞田及加田；《載師》又有“仕田”及《王制》“圭田”，圭田即仕田。是有四種。《禮記·王制》云：“大夫、士有田則祭，無田則薦。”《少牢》、《特牲》是大夫有田者，是知士亦有田之法也。

馬質掌質馬。馬量三物，一曰戎馬，二曰田馬，三曰駑馬，皆有物賈。　○釋曰：云“馬質”者，質，平也，主平馬力及毛色與賈直之等。**注**此三馬買以給官府之使，無種也。鄭司農曰：“皆有物賈，皆有物色及賈直②。”○釋曰：云“此三馬買以給官府之使，無種”者，馬有六種，此三者無種，買以給官府，餘三者仍有種馬、齊馬、道馬。其齊馬、道馬亦無種，不買之者，其種馬上善似母者，其齊馬、道馬雖非上善似母者，亦容國家所蓄育，不買之也。**綱惡馬。注**鄭司農云：“綱讀爲‘以亢其讎’之亢，書亦或爲亢。亢，御也，禁也，禁去惡馬不畜也。”玄謂綱，以麋索維綱狎習之。　○釋曰：先鄭讀爲“以亢其讎”之亢者，案僖二十八年晉子犯曰“背惠食言，以亢其讎”是也，謂“禁去惡馬不畜”。後鄭不從者，此馬質所掌皆買之無種，何有惡馬禁去之類，故不從也。**凡受馬於有司者，書其齒、毛與其賈；馬死，則旬之內更，旬之**

---

① “征”字阮本作“正”，一據經文，一據鄭注之破讀，賈疏並有其例。

② “直”字原作“真”，據婺本、金本、阮本改。

外入馬耳,以其物更,其外否。注鄭司農云:"更,謂償也。"玄謂旬之内死者,償以齒、毛與賈,受之日淺,養之惡也。旬之外死,入馬耳,償以毛色,不以齒、賈,任之過其任也。其外否者,旬之外踰二十日而死,不任用,非用者罪。○釋曰:後鄭云"旬内死者,償以齒、毛與賈,受之日淺,養之惡也"者,所受之馬謂給公家之使,旬之内雖任之過其任,若養之善,未能致死,以其日少故也;若養之惡,雖不重任,亦能致死。云"旬之外死,入馬耳,償以毛色,不以齒、賈,任之過其任也"者,以其筋力既竭,雖善養之,任載過多,可以致死,故云過其任也。云"其外否者,旬之外踰二十日死,不任用,非用者罪"者,以其行使二十日以外,馬力既竭,雖齊其任、養之善,容得致死,故不償。鄭見有三等之法,下復云"以任齊其行",以意量之,以爲此解。馬及行,則以任齊其行。注識其所載輕重及道里,齊其勞逸,乃復用之。○釋曰:鄭知"識其所載輕重及道里"者,以其經云"馬及行",明授行者所載輕重及道里,須"齊勞逸,乃復用之",不得并其勞逸也。若有馬訟,則聽之。注訟,謂賣買之言相負。○釋曰:知"賣買之言"者,以馬質主買馬,故知之也。禁原蠶者。注原,再也。天文辰爲馬。《蠶書》:"蠶爲龍精,月直大火則浴其種。"是蠶與馬同氣。物莫能兩大,禁再蠶者,爲傷馬與?○釋曰:云"天文辰爲馬"者,辰則大火,房爲天駟,故云辰爲馬。云"《蠶書》:蠶爲龍精,月值大火則浴其種"者,月值大火謂二月,則浴其種則《内宰》云"仲春,詔后帥外内命婦始蠶于北郊"是也。若然,《祭義》云:"大昕之朝,奉種浴於川。"注云:"大昕,季春朔日之朝。"是建辰之月又浴之者。蓋蠶將生,重浴之,故彼下文即云"桑於公桑之事"是也。云"是蠶與馬同氣"者,以其俱取大火,是同氣也。云"物莫能兩大"者,此莊二十二年《左傳》文。案彼:"陳敬仲奔齊,齊侯使敬仲爲卿。敬仲其少也,周史有以《周易》見陳侯者,陳侯使筮之,遇觀之否,曰:'是謂觀國之光,利用賓于王。此其代陳有國乎?不在此,其在異國乎?'"下云:"若在異國,必姜姓也。姜,大嶽之後也,山嶽則配天。物莫能兩大,陳衰,此其昌乎?"引此者,是無並大之義也。云"禁再蠶者,爲傷馬與"者,二者既同氣,不可兩大,而禁再蠶,明恐傷馬。無正文,故云"與"以疑之也。

　　量人掌建國之濾,以分國爲九州①,營國城郭,營后宮,量市朝

道巷門渠。造都邑亦如之。○釋曰：云"掌建國之法"者，以其建國當先知遠近廣長之數故也。云"以分國爲九州"者，分國謂分諸侯之國爲九州。假令土廣萬里，中國七千，七七四十九，方千里者四十九，其一爲畿內，其餘四十八，八州各得方千里者六，是爲九州也。至於中平，通夷狄七千，中國五千；衰世，通夷狄五千，中國三千，計皆可知。故分國爲九州，州各有疆界。故《詩》云"帝命式於九圍"，是州各有圍限也。云"營國城郭"者，即《匠人》云"營國方九里"之類也。云"營后宮"者，謂若《典命》注"公之宮方九百步，天子千二百步"之類也。云"量市朝道巷"者，謂若《匠人》云"市朝一夫"、"經塗九軌"；巷及"門渠"亦有尺數，謂若門容"二轍三个"之等。云"造都邑亦如之"者，謂造三等采地亦有城郭、宮室、市朝之等，故云如之。但與之制度大小，未必身往耳。注建，立也。立國有舊法式，若《匠人職》云。分國，定天下之國分也。后，君也。言君，容王與諸侯。○釋曰：云"立國有舊法式，若《匠人職》云"者，案《匠人》有"營國方九里"、"夏后民世室"及"左祖右社，面朝後市，市一夫"之等[①]。云"分國，定天下之國分也"者，以經云"分國"謂爲諸侯國，諸侯國有五百里、四百里已下；言"爲州"謂九州有分界也。云"后，君也"，知非王后之宮者，以其不得先言后，故以后爲君也。云"言君，容王與諸侯"者，以其言"分國"，是諸侯；若云王，即不容諸侯，故變王云后，欲容王與諸侯兩含故也。營軍之壘舍，量其市朝州涂、軍社之所里。○釋曰：此爲出軍之時所營量度之事。注軍壁曰壘。鄭司農云："量其市朝州涂，還市朝而爲道也。"玄謂州，一州之衆二千五百人爲師，每師一處，市也、朝也、州也皆有道以相之。軍社，社主在軍者。里，居也。○釋曰：云"軍壁曰壘"者，軍行之所擬停之處皆爲壘壁，恐有非常，故云軍壁曰壘也。先鄭云"量其市朝州塗，還市朝而爲道也"者，先鄭意，還市朝而爲道，不釋"州"義，故後鄭不從，以一州則一師，每一師各自一處，各立市朝，州即師也，師皆有道以相湊之。若然，未必環遶爲路也。云"軍社，社主在軍者。里，居也"者，在軍不用命戮於社，故將社之石主而行，所居皆有步數，故職在量人。邦國之地與天下之涂數皆書而藏之。注書地，謂方圓山川之廣狹；書涂，謂支湊之遠近。○釋曰：鄭以"地"中有平廣兼山川之等，故云"書地，謂方圓山川之廣狹也"。云"書涂，謂支湊之遠近"者，支謂支分，湊謂臻湊，道塗有支分及相臻湊遠近者也。凡祭祀、饗

賓，制其從獻脯燔之數量。○釋曰：云“凡”者，以其天地、宗廟、饗食事廣，故云凡以該之。“饗賓”，謂若《大行人》“上公三饗九獻”之等。饗賓獻有脯從，若《燕禮》獻賓薦脯醢是也[1]。祭禮獻以燔從，故揔之言也[2]。注鄭司農云：“從獻者，肉殽從酒也。”玄謂燔，從於獻酒之肉炙也。數，多少也。量，長短也。○釋曰：先鄭云“從獻者，肉殽從酒也”，後鄭不從者，以肉殽從酒《禮》所不言。案《特牲》、《少牢》云：“主人獻尸以肝從，主婦獻尸以燔從。”故後鄭據此以爲從獻以燔。《詩》云：“載燔載烈。”毛云：“傅火曰燔。貫之加於火曰烈。”燔雖不貫，亦是炙肉，故鄭云“炙肉”。“數，多少也。量，長短也”者，案《儀禮》：“脯十脡，各長尺二寸。”是多少長短。膰之數量未聞。掌喪祭奠竁之俎實。○釋曰：諸於“喪祭”多據虞祭而言，此“喪祭”文連“奠竁”，竁是壙内，故鄭以喪祭爲大遣奠解之。是以《大司馬》“喪祭”亦爲遣奠也。注竁亦有俎實，謂所包遣奠。《士喪禮下篇》曰：“藏苞筲於旁。”○釋曰：案《冢人》云：“請度甫竁。”竁，穿壙之名。此言“奠竁”，則奠入於壙，是以云“所包遣奠”也。引《士喪禮下篇》者，即《既夕禮》是也。云“藏包筲於旁”者，包謂包牲取下體、葦包二是也[3]。藏筲者，即《既夕禮》云“筲三，黍稷麥”，並藏之於棺旁。引之者，證喪祭奠入壙之事也。凡冡祭，與鬱人受斝，歷而皆飲之[4]。○釋曰：云“凡冡祭”者，冢宰攝祭非一，故云凡也。注言冡祭者，冢宰佐王祭，亦容攝祭。鄭司農云：“斝讀如‘嫁娶’之嫁。斝，器名。《明堂位》曰：‘爵，夏后氏以琖，殷以斝，周以爵。’”玄謂斝讀如“瘕尸”之瘕。宰，冢宰。○釋曰：鄭云“冡宰佐王祭，亦容攝祭”者，義得兩含。案《大宗伯》云：“若王不與祭祀，則攝位。”注云：“王有故，代行其祭事。”重掌者，此據宗伯亦有故則冡宰攝之。先鄭云“斝讀如嫁娶之嫁”，直取音同。引《明堂位》者，證斝是器名。周獻用玉爵，無用斝，故後鄭云“斝讀如瘕尸之瘕”，讀從《少牢》尸瘕主人。《郊特牲》云：“瘕者，長也、大也。”謂使主人受長大

---

① “禮”字原作“行”，阮本同，阮校引浦鏜説云：“‘行’當‘禮’字誤。”孫疏據改，兹從之。

② “之言”二字阮本同，加藤謂當據殿本作“言之”。

③ 阮校云：“‘二’當作‘一’。”按《既夕禮》有“苞二”之文，鄭注云：“所以裹奠羊冡之肉。”蓋即賈疏所本，故加藤謂“二”是也。阮校蓋誤讀《既夕禮·記》“葦苞，長三尺，一編”，此爲“苞二”之説明。

④ 按賈疏以“歷”爲遍歷之意，故云“謂鬱人與量人歷皆飲之也”，是以“斝”字句絶。後人多破“歷”爲“瀝”，以“斝歷”爲舉斝之餘瀝，詳孫疏。

之福,疏已具於《鬱人職》。但此有"歷"字者,謂鬱人與量人歷皆飲之也。

小子掌祭祀羞羊肆、羊殽、肉豆。注鄭司農云:"羞,進也。羊肆,體薦、全烝也。羊殽,體解節折也。肉豆者,切肉也。"玄謂肆讀爲鬄,羊鬄者,所謂豚解也。○釋曰:先鄭云"羊肆,體薦、全烝也"者,既不爲豚解,則先鄭讀爲"肆陳"之肆,又爲"賜"音也。先鄭爲"體薦、全烝"後鄭不從者,以此經祭用羊,是用大牢,爲宗廟之祭,非祭天。案《外傳》云:"禘郊之事,則有全烝。王公立飫,則有房俎。"是以知宗廟之祭不得全烝也。是故《禮運》云:"腥其俎,孰其殽。"注云:"腥其俎,豚解而腥之。孰其殽,體解而爓之。"又云:"退而合亨,體其犬豕牛羊①。"是祭宗廟不得有全烝也。是以後鄭讀"肆"從"鬄","羊鬄者,所謂豚解也"。所謂者,所謂《士虞禮·記》云"主人不視豚解"。豚解之法則《士喪禮》"特豚,四鬄去蹄",謂四段解之②,殊肩髀如解豚,故名豚解。若然,大夫、士祭自饋孰始,正祭即體解爲二十一體;喪事略,則有豚解。其天子、諸侯之祭有腥、有爓、有孰,故初朝踐有豚解而腥之,饋獻則有體解而爓之,酳尸乃有孰,與大夫、士不同也。而掌珥于社稷,祈于五祀。注故書祀作禩。鄭司農云:"禩讀爲祀,書亦或爲祀。珥社稷,以牲頭祭也。"玄謂珥讀爲衈,祈或爲刉。刉衈者,釁禮之事也。用毛牲曰刉,羽牲曰衈。衈刉社稷、五祀,謂始成其宮兆時也。《春官·肆師職》祈或作幾,《秋官·士師職》曰"凡刉衈則奉犬牲",此刉衈正字與?○釋曰:先鄭云"珥,以牲頭祭",漢時祈禱有牲頭祭。後鄭不從者,案《禮記·雜記》釁廟之禮云"門、夾室用雞,其衈皆於屋下",衈既爲釁禮,此刉與衈連文,則刉亦是釁禮,非祭祀之法,何得爲牲頭祭乎③?是以後鄭爲釁法解之。"玄謂珥讀爲衈,祈或爲刉"者,以釁法無取於玉珥及祈禱之義,故依《士師》"刉衈"爲正也。鄭知"刉衈"爲"釁禮之事",約《雜記》而知也。云"用毛牲曰刉,羽牲曰衈"者,此相對而言;《雜記》廟用羊、門用雞皆云"衈",散文通也。知"刉衈"是"社稷、五祀始成其宮兆時也"者④,凡物須釁者皆謂始成時,是以《雜記》云"廟成則釁之"是也。云"《春官·肆師職》祈或作幾"者,鄭欲見字有參

① "犬"字原作"大",據阮本改。
② "段"字原作"叚",阮本同,阮校謂當從"段"爲正。按此"叚"實爲"段"之俗字,底本凡"腵"、"鍛"等從"段"旁者亦作"叚"旁。
③ "乎"字原作"平",據阮本改。
④ "宮"字原作"官",據阮本改。

差非一之義。云“《秋官·士師職》曰凡刉珥則奉犬牲,此刉珥正字與”者,刉從刀,珥從血,於義合,故以此爲正字也。**凡沈辜、侯禳,飾其牲。** **注**鄭司農云:“沈,謂祭川。《爾雅》曰:‘祭川曰浮沈。’辜,謂磔牲以祭也。《月令》曰:‘九門磔禳,以畢春氣。’侯禳者,候四時惡氣禳去之也①。”○釋曰:先鄭云“沈,謂祭川”,是以引《爾雅》爲證。案《爾雅》曰:“祭山曰庪縣,祭川曰浮沈。”此浮沈之祭當祭天之煙、祭社之血,亦謂歆神節。先鄭引《月令·季春令》者,證辜是辜磔牲體之義。鄭彼注“九門”者,王之五門外有國門、近郊門、遠郊門、關門,爲九。云“侯禳”者,謂“候四時惡氣”禳除去之也。**釁邦器及軍器。** **注**邦器,謂禮樂之器及祭器之屬。《雜記》曰:“凡宗廟之器,其名者成,則釁之以豭豚。”○釋曰:鄭以“軍器”別言,即云“邦器”者是“禮樂之器”也。鄭云禮器者,即射器之等;樂器,即鐘鼓之等;祭器,即籩豆俎簠尊彝器皆是。引《雜記》“宗廟器成,釁之以豭豚”者,證此等所釁亦用豭豚也。**凡師田,斬牲以左右徇陳。** **注**示犯誓必殺之。○釋曰:此即上文誓衆之時“斬牲以左右徇陳”,是此職也。**祭祀,贊羞,受徹焉。**○釋曰:“贊羞”,謂若上文《大司馬職》云“祭祀羞魚牲”之等此官即贊之。云“受徹焉”者,謂祭畢諸宰君婦廢徹之時則此官受之。

羊人掌羊牲。凡祭祀,飾羔。**注**羔②,小羊也。《詩》曰:“四之日其蚤③,獻羔祭韭。”○釋曰:凡正祭皆用成牲,今言“祭祀飾羔”,則非正祭用羔,是以鄭引《詩》爲證。云“四之日”者,謂用建子爲正,至建卯四月,夏之二月之日,公始用冰。欲開冰之時,先“獻羔祭韭”而啓冰室,乃出冰也。**祭祀,割羊牲,登其首。** **注**登,升也。升首,報陽也。升首于室。○釋曰:知“升首於室”者,見《郊特牲》云:“用牲於庭,升首於室。”注云:“制祭之後,升牲首於北墉下。”云“報陽”者,首爲陽,對足爲陰。祭祀之時三牲之首俱升,此特言羊者,以其羊人所升,不升餘牲,故言羊也。**凡祈珥,共其羊牲。** **注**共猶給也。○釋曰:犬人共犬,此云“共羊”,或羊或犬俱得爲釁,故兩

---

① “候”字原作“侯”,據婺本、金本、阮本改。
② “羔”字原作“羊”,據婺本、金本、阮本改。
③ “蚤”字金本同,婺本、阮本作“蚤”。

職各共之也①。賓客，共其灋羊。注灋羊，殽饔積膳之羊②。○釋曰：鄭知"灋羊"是爲此等者，以其言法，即是依法度多少送於賓館及道路，是以掌客致於賓館有上公殽五牢、饔餼九牢及殷膳大牢，致於道路有五積之等。其饗食及燕速賓自饌陳者，不言之也。凡沈辜、侯禳、釁積③，共其羊牲。注積故書爲眦。鄭司農云："眦讀爲漬，謂釁國寶、漬軍器也。"玄謂積，積柴，禋祀、楢燎、實柴④。○釋曰：先鄭不從故書"眦"，故讀從水漬。後鄭不從"漬軍器"者，以此羊人所共，共小子職，彼云"釁邦器及軍器"，以此知不得爲漬軍器也。後鄭云"積，積柴，禋祀、楢燎、實柴"，歷引此三者，以互而相通，皆須積柴、實牲幣、煙氣上聞故也。但祭天用犢，其日月已下有用羊者，故《我將》詩云："惟牛惟羊，惟天其祐之。"彼亦據日月以下及配食者也。若牧人無牲，則受布于司馬，使其賈買牲而共之。注⑤布，泉。

　　司爟掌行火之政令，四時變國火，以救時疾。○釋曰：云"掌行火之政令"者，即"四時變國火"及"季春出火"等皆是也。云"四時變國火，以救時疾"者，火雖是一，四時以木爲變，所以禳去時氣之疾也。注行猶用也。變猶易也。鄭司農説以《鄹子》曰"春取榆柳之火，夏取棗杏之火，季夏取桑柘之火，秋取柞楢之火，冬取槐檀之火"。○釋曰：先鄭引《鄹子書》，《論語》注引《周書》，不同者，《鄹子書》出於《周書》，其義是一，故各引其一。言"春取榆柳"之等，舊師皆以爲取五方之色同，故用之。今案棗杏雖赤，榆柳不青，槐檀不黑，其義未聞。季春出火，民咸從之；季秋内火，民亦如之。注火所以用陶冶，民隨國而爲之。鄭人鑄刑書，火星未出而出火，後有災。鄭司農云："以三月本時昏心星見于辰上⑥，使民出火。九月本黄昏心星伏在戌上，使民内火。故《春秋傳》曰：'以出内火。'"○釋曰：鄭知"出火"、"内火"據"陶冶"火者，

----

　①　"職"字原作"識"，據阮本改。

　②　"灋"字婺本同，金本、阮本作"法"，阮校云："嘉靖本'法'作'灋'，非。"蓋謂此爲經用古字、注用今字之例。"膳"字原作"善"，據婺本、金本、阮本改。

　③　"辜"字原作"辠"，《龍龕手鏡•羊部》："辠辜，二誤，正作辜字。"兹據婺本、金本、阮本作"辜"。下凡"辜"字徑改不出校。

　④　孫疏云："'楢'即'櫄'之訛。"下疏中"楢"字同。

　⑤　"注"字原脱，據全書體例擬補。

　⑥　孫疏云："'時昏'《詩•唐風•綢繆》孔疏引作'昏時'，是也，當據校乙。"

以其上經"四時變國火"據食火,明此"春"、"秋"據陶冶,故引《春秋傳》爲證也。云"民隨國而爲之"者,釋"民咸從之"義。云"鄭人"已下,案《左氏》昭六年①:"三月,鄭人鑄刑書。士文伯曰:'火見,鄭其災乎?火未出而作火。'六月丙戌,鄭災。"是其"後有災"。昭十七年梓慎曰:"火出,於夏爲三月,於商爲四月,於周爲五月。夏數得天正。"先鄭云"三月本時昏心星見於辰上,使民出火。九月本昏心星伏在戌上,使民内火"者,心星則大火辰星是也。三月諸星復在本位,心星本位在卯,三月本之昏心星始時未必出見卯南,九月本始之黄昏心星亦未必伏在戌上,皆據月半後而言。云"《春秋傳》曰:以出内火"者,《左氏傳》襄公九年文。**時則施火令。** 注焚萊之時。○釋曰:上言"行火政",此又言"施火令",則不掌火禁,故鄭云"焚萊之時"。其火禁者則《宮正》云"春秋以木鐸脩火禁",注云:"火星以春出,以秋入,因天時而以戒。"《司烜》亦云:"仲春,以木鐸脩火禁于國中。"彼二官直掌火禁,不掌火令。**凡祭祀,則祭爟。** 注報其爲明之功,禮如祭爨。○釋曰:鄭云"禮如祭爨"者,祭爨祭老婦也,則此祭爟謂祭先出火之人。**凡國失火、野焚萊,則有刑罰焉。** 注野焚萊,民擅放火。○釋曰:"國失火",謂在國中民失火。"有罰",若今民失火有杖罰。"野焚萊有罰"者,《大司馬》仲春田獵云"火弊",鄭云:"春田主用火,因除陳生新。"則二月後擅放火則有罰也。

掌固掌脩城郭、溝池、樹渠之固,頒其士庶子及其衆庶之守。

○釋曰:云"掌脩城郭、溝池"者,謂環城及郭皆有溝池②。云"樹渠"者,非直溝池有樹,兼其餘渠上亦有樹也。云"之固"者,揔城郭已下數事皆是牢固之事也。云"頒其士庶子"者,即《宮伯》所云"士,謂卿、大夫、士之適子;庶子,其支庶"。彼據宿衛王宮,此掌固所頒亦據宿衛王宮而言。以其庶子不合城郭之處用之,以掌固是固守之官,故兼掌宿衛之事也。注樹,謂枳棘之屬有刺者也。衆庶,民遞守固者也。鄭司農説樹以《國語》曰"城守之木,於是乎用之"。○釋曰:云"衆庶,民遞守固者也"者,謂使守城郭之所及要塞之處也。先鄭引《國語》者,案《楚語》云:靈王爲章華之臺,五舉諫爲臺榭③,云:"瘠磽之地,於是乎爲之;城守之木,於是乎用之。"是其事。引之者,證城有守法。

---

① "案"字原作"柴",阮本作"按"。"柴"當是"案"之形訛字,"按""案"通用,兹據改。
② "郭"字原脱,據阮本補。
③ "五舉"二字阮本作"伍舉","五""伍"古今字。

設其飾器，注兵甲之屬。今城郭門之器亦然。○釋曰：鄭知經“飾器”是“兵甲之屬”者，以其掌器是防禦之器，故知是兵甲之屬也。云“今城郭門之器亦然”者，漢時城郭門守器所飾，亦若今城郭門傍所執予戟皆有幡飾之等是也。分其財用，均其稍食，注財用，國以財所給守吏之用也。稍食，禄稾。○釋曰：云“財用”者，謂所用之財物分與之，明是“以財所給守吏”爲守事之用者也。云“稍食，禄稾”者，所守之處，官及民合受官食，月給米稾與之^①，故謂之稍食也。任其萬民，用其材器。注任，謂以其任使之也。民之材器，其所用塹築及爲藩落。○釋曰：云“民之材器，其所用塹築及爲藩落”者，對上文“財用”謂官之財物，此云民之材器，明材是材木，用爲楨榦以掘塹築作所用，及不築處即用材爲藩屏籬落以遮障也。凡守者受灋焉，以通守政，有移甲與其役財用，唯是得通，與國有司帥之，以贊其不足者。注凡守者，士庶子及他要害之守吏。通守政者，兵甲役財難易多少轉移相給也。其他非是，不得妄離部署。國有司，掌固也。其移之者又與掌固帥致之。贊，佐也。○釋曰：云“凡守者，士庶子及他要害之守吏”者，此鄭還據上文“士庶子及衆庶之守”而言。云他要害者，謂城郭所守是其常處，除此有要害之處，若敫、皋、河、漢要路之所，皆爲他要害也。云“通守政者，兵甲役財難易多少轉移相給”者，鄭據上文“飾器”而言，變材器言役材者，欲見材器是民役之材，非財用者。云“其他非是，不得妄離部署”者，此則釋經“惟是得通”之言，其餘非所通之外皆不得離其本處也。晝三巡之，夜亦如之，注巡，行也。行守者，爲衆庶之解惰。○釋曰：此乃掌固設法與所守之處，非是掌固自巡行之也。夜三鼜以號戒。○釋曰：此乃掌固設法與所守之處。言“以號戒”者，使擊鼜者所以號呼，使戒守耳。注杜子春云：“讀鼜爲‘造次’之造^②，謂擊鼓行夜戒守也。《春秋傳》所謂‘賓將趣’者與？趣與造音相近，故曰‘終夕與燎’。”玄謂鼜，擊鼜，警守鼓也。三巡之間又三擊鼜。○釋曰：引《春秋》者，案昭二十年：“衛侯如死鳥。齊侯使公孫青聘衛，賓將撤。”注：“謂行夜。”不作“趣”者，彼賈、服讀字與子春意異。云“故曰終夕與燎”者，亦是彼《傳》文。後鄭以“鼜，擊鼜，警守鼓”，不從子春“造音”者，子春

---

① “月”下原衍“禄稾者所守之處守月”九字，阮本同，孫校疑爲衍文，兹據删。
② 孫疏云：“‘讀鼜’上不當有‘云’字，疑今本誤衍。”

已上有注"鼛讀爲憂戚之戚"①,是戒守者使有憂戚,故謂此鼓爲鼛也。**若造都邑,則治其固與其守灋。** 注都邑亦爲城郭。○釋曰:謂三等采地。言"亦爲城郭"者,但戒守爲城郭而言,故亦如上王國然也。**凡國都之竟有溝樹之固,郊亦如之。** 注竟,界也。○釋曰:此經爲上經而設,仍兼見王國而言,故"國都"雙言之。言王國及三等都邑所在境界之上,亦爲溝樹以爲阻固。"郊亦如之",若據王國有近郊、遠郊,亦有溝樹以爲固。**民皆有職焉。** 注職,謂守與任。○釋曰:此亦兼上王國及都。合守之處其民皆職任,使勞逸遞守也。**若有山川,則因之。** ○釋曰:謂上諸有所造溝樹爲固之處值"有山川"之處,"則因之",不須別造。注山川,若殽、梟、河、漢。○釋曰:"殽",謂若殽有二陵。"梟",謂若東城梟②。"漢",謂若楚謂齊云"楚國漢水以爲池"。"河",爲四瀆之險,又齊西有濁河。皆因之爲固可知。

司險掌九州之圖,以周知其山林川澤之阻,而達其道路。○釋曰:《序官》注:"國曰固,野曰險。"是掌固掌在國城郭,則司險掌畿外阻固,故云司險也。注周猶徧也。達道路者,山林之阻則開鑿之,川澤之阻則橋梁之。○釋曰:云"山林之阻則開鑿之"者,謂若禹鑿龍門之類。"川澤之阻則橋梁之"者,謂若十月車梁成之類是也。**設國之五溝五涂,而樹之林,以爲阻固,皆有守禁,而達其道路。** ○釋曰:此"五溝五涂"而言"樹之林,以爲阻固,皆有守禁",則非《遂人》田間五溝五塗,但溝塗所作隨所須大小而爲之,皆準約田間五溝五塗,其溝上亦皆有道路以相湊③,故以五溝五塗而言之也。注五溝,遂、溝、洫、澮、川也。五涂,徑、畛、涂、道、路也。樹之林,作藩落也。○釋曰:"遂溝"至"道路"皆《遂人》文,故《遂人》云"夫間有遂,遂上有徑;十夫有溝④,溝上有畛;百夫有洫,洫上有塗;千夫有澮,澮上有道;萬夫有川,川上有路"是也。**國有故,則藩塞阻路而止行者,以其屬守之,唯有**

---

① "子春"上阮本有"以"字,加藤謂無者脱訛。

② 孫校云:"'城'當爲'成'。"

③ "湊"上空闕一格,阮本爲"之"字,阮校云:"余本無'之',監、毛本改爲'支'。按無者是也。"

④ "有"字原脱,據阮本補。

節者達之。○釋曰："國有故"之時恐有姦寇，故"藩塞阻路而止行者"。云"以其屬守之"者，謂使司險之下胥徒四十人之屬守其要者，其餘使其地之民爲守也。云"有節者達之"者，節謂道路用旌節也。注有故，喪、災及兵也。閉絶要害之道，備姦寇也。○釋曰：鄭知"有故"是"喪、災及兵"者，喪謂王喪，災謂水火，兵謂寇戎之等。有故使守慎惟此而已，故以此三事解之。

掌疆。闕

候人各掌其方之道治與其禁令，以設候人。注①道治，治道也。《國語》曰"候不在竟"，譏不居其方也。禁令，備姦寇也。以設候人者，選士卒以爲之。《詩》云："彼候人兮，何戈與祋。"○釋曰：言"各掌其方之道治與其禁令，以設候人"者，以其上士六人，下士十有二人，徒百二十人，以道路多，故設官及徒亦多也。引《國語》者，案《周語》："定王使單襄公聘於宋，遂假道於陳，以聘於楚。時候不在境，司空不視塗，膳宰不致餼，司里不授館。單子歸，以告王曰：'陳侯不有大咎，國必亡②。'"言"譏"者，正謂"陳侯不有大咎，國必亡"者也。"《詩》云：彼候人兮，荷戈與祋"者，荷，揭也。祋，謂殳也。引此二者，證候人在道之事。鄭言"候人者，選士卒以爲之"者，即徒百二十人皆是甲士與步卒之内爲之也。**若有方治，則帥而致于朝；及歸，送之于竟。**注方治，其方來治國事者也。《春秋傳》曰"晉欒盈過周，王使候人出諸轘轅③"，是其送之。○釋曰："方治，其方來治國事者也"者，謂國有事不能自決，當決於王國，或有國事須報在上，皆是也。引《春秋》者，案襄二十一年："晉欒盈出奔楚，過周，周西鄙掠之。辭於行人，曰：'天子陪臣盈得罪於王之守臣，將逃罪。罪重於郊甸，無所伏竄，敢布其死。昔陪臣書能輸力於王室，若不棄書之力，亡臣猶有所逃。若棄書之力，將歸死於尉氏，惟大君命焉。'王使司徒禁掠欒氏者歸所取焉，使候出諸轘轅。"彼云"候"，鄭君以義言之，故言"候人"也。

---

① "注"字原作"法"，據全書體例改正。
② "亡"字原作"云"，據阮本改。
③ "轘"字原作"轅"，據婺本、金本、阮本改。下疏中"轘"字底本亦誤。

環人掌致師，_注致師者，致其必戰之志。古者將戰，先使勇力之士犯敵焉。《春秋傳》曰："楚許伯御樂伯①，攝叔爲右，以致晉師。許伯曰：'吾聞致師者，御靡旌摩壘而還。'樂伯曰：'吾聞致師者，左射以菆，代御執轡，御下，摍馬掉鞅而還。'攝叔曰：'吾聞致師者，右入壘，折馘執俘而還。'皆行其所聞而復之。"〇釋曰：云"古者將戰，先使勇力之士犯敵焉"者，案文十二年：秦伯伐晉，"秦人欲戰，秦伯謂士會曰：'若何而戰？'對曰：'若使輕者肆焉，其可。'"注云："肆，突，言使輕鋭之兵往驅突晉軍。"隱九年："北戎侵鄭，公子突曰：'使勇而無剛者嘗寇而速去之。'"注云："勇則能往，無剛不恥退。"云《春秋傳》者，宣十二年《左氏傳》晉楚交戰，"楚許伯御樂伯"已下。謂凡平兵車之法，射者在左，御者在中，戈盾在右。"菆"，矢之善者。"摍"，猶飾也。"掉"，猶正也。言"折馘執俘"者，死者取左耳曰馘；生者曰俘；執，取之。云"皆行其所聞而復之"者，去時作言，及晉師②，皆行其所聞之事而復反。此亦勇而無剛之人。引之者，證致師之事也。察軍慝，_注慝，陰姦也。視軍中有爲慝者則執之。〇釋曰：案莊二十五年《左氏傳》云："惟正月朔，慝未作。"彼以慝爲陰氣，則此慝亦是"陰姦"也。欲陰私爲姦，取此軍之事往彼言之，故察而執之。環四方之故，_注卻其以事謀來侵伐者，所謂折衝禦侮。〇釋曰：此則訓"環"爲"卻"，"卻其以事謀來侵伐"此國者也。云"所謂折衝禦侮"者，謂彼國來衝能折服之，彼國來輕侮能禦之，故云折衝禦侮也。巡邦國，搏諜賊，_注諜賊，反間爲國賊。〇釋曰：云"巡邦國"者，謂巡諸侯邦之內，有諜賊搏捉取之。言"諜賊"者，謂間伺此國之善惡③，諜諜然傳道之。言"反間"者，謂間伺反於彼言之也。此"諜賊"即上"軍慝"之類，彼據王國，此據邦國，故異言之。訟敵國，_注敵國兵來，則往之與訟曲直，若齊國佐如師。〇釋曰：云"若齊國佐"者，成公二年晉伐齊，晉師至袁婁，齊侯使國佐致賂，"晉人不可，曰：'必以蕭同叔子爲質，而使齊之封内盡東其畝。'對曰：'蕭同叔子非他，寡君之母也。若以匹敵，則亦晉君之母也。今吾子布大命於諸侯，而曰必質其母以爲信，其若王命何？'"又曰："先王疆理天下，物土之宜，而布其利。"下云："今吾子疆理諸侯，而曰盡東其畝而已，惟吾子戎車是利，無顧土宜，其無乃非先

---

① "御樂伯"三字原脱，據婺本、金本、阮本補。按婺本、金本剜擠三字。
② "及"下阮本有"至"字。
③ "此"字原作"北"，據阮本改。

王之命也乎?”晉於是退師。是“訟敵國”之事,故引爲證也。**揚軍旅,**注爲之威武以
觀敵①。《詩》云:“惟師尚父,時惟鷹揚。”○釋曰:引《詩》者,《大雅·文王》詩。言大公爲
大師,可尚可父。武王伐紂之時,大公奮其威武,惟如鷹之揚擊。是揚威武之事,故引
爲證也。**降圍邑。**注圍邑欲降者受而降之。《春秋傳》曰:“齊人降鄣。”○釋曰:案
《公羊傳》莊公三十年:“秋七月,齊人降鄣。鄣者何?紀人之遺邑也。”是紀入齊之時不
俱至,後乃降。引之,證降是圍邑之事也。

挈壺氏掌挈壺以令軍井②,挈轡以令舍,挈畚以令糧。注鄭司農
云:“挈壺以令軍井,謂爲軍穿井,井成挈壺縣其上,令軍中士衆皆望見,知此下有井。
壺所以盛飲,故以壺表井。挈轡以令舍,亦縣轡于所當舍止之處,使軍望見,知當舍止
于此。轡所以駕舍,故以轡表舍。挈畚以令糧,亦縣畚于所當稟假之處,令軍望見,知
當稟假于此下也。畚所以盛糧之器,故以畚表稟。軍中人多,車騎雜會讙嚻③,號令不
能相聞,故各以其物爲表,省煩趨疾,于事便也。”○釋曰:皆云“挈”者,謂結之於竿首
挈挈然,故云挈也。先鄭注具,不復疏之也。**凡軍事,縣壺以序聚樵;凡喪,縣
壺以代哭者④。皆以水火守之,分以日夜。**注鄭司農云:“縣壺以爲漏。
以序聚樵,以次更聚擊樵備守也。”玄謂擊樵,兩木相敲,行夜時也。代亦更也。禮,未大
斂,代哭。以水守壺者,爲沃漏也。以火守壺者,夜則視刻數也。分以日夜者,異晝夜
漏也。漏之箭晝夜共百刻,冬夏之間有長短焉。大史立成法,有四十八箭。○釋曰:先
鄭云“懸壺以爲漏”者,謂懸壺於上,以水沃之,水漏下入器中,以没刻爲准法。云“以序
聚樵,以次更聚擊樵備守也”者,先鄭意,持更人擊樵。“玄謂擊樵,兩木相敲,行夜時也”
者,謂行夜者擊之。案《脩閭氏》:“掌比國中宿互樵者。”先鄭云:“樵,謂行夜擊樵。”《野
廬氏》云:“若有賓客,則令守塗地之人聚樵之。”司農云:“聚樵之,聚擊樵以宿衛之也。”

---

① 阮校云:“《六經正誤》作‘揚威武以觀敵’。”按賈疏云“是揚威武之事”,“揚威武”
三字蓋述注文,則賈所見本鄭注與《六經正誤》本合。

② “挈壺氏”云云底本不提行。

③ “騎”字原作“時”,據婺本、金本、阮本改。

④ “哭”字原作“器”,據婺本、金本、阮本改。

彼二注後鄭皆從先鄭，及至此注不從先鄭者，以《野廬氏》無夜行者[1]，宿人自擊，故後鄭從之；此文與《脩閭氏》同有行夜者，故此不從先鄭，宿者自擊之，是以《宮正》云"夕擊柝而比之"[2]，注云："行夜以比直宿者。"先鄭云："柝，戒守者所擊也。"是亦爲行夜者所擊也。云"代亦更也。禮，未大斂，代哭"者，未殯已前，無問尊卑皆哭不絕聲。大斂之後[3]，乃更代而哭，亦使哭不絕聲。大夫以官，士親疏代哭。人君尊，又以壺爲漏，分更相代。云"分以日夜，異晝夜漏也"者，若冬至則晝短夜長，夏至則晝長夜短，二分則晝夜等，晝夜長短不同，須分之，故云異晝夜漏也。云"漏之箭晝夜共百刻，冬夏之間有長短焉"者，馬氏云："漏凡百刻，春秋分，晝夜各五十刻；冬至[4]，晝則四十刻，夜則六十刻；夏至，晝六十刻，夜四十刻。"鄭注《堯典》云[5]："日中者，日見之漏與不見者齊。日長者，日見之漏五十五刻，於四時最長也。夜中者，日不見之漏與見者齊。日短者，日見之漏四十五刻，於四時最短。"此與馬義異。以其馬云"春秋分晝夜各五十刻"據日見之漏，若兼日未見、日沒後五刻，晝五十五刻，夜四十五刻。若夏至晝六十刻，通日未見、日沒後五刻，則晝六十五刻，夜三十五刻。一年通閏有三百六十五日四分日之一，四時之間九日有餘校一刻爲率。云"大史立成法，有四十八箭"者，此據漢法而言，則以器盛四十八箭，箭各百刻，以壺盛水，懸於箭上，節而下之水，水淹一刻則爲一刻。四十八箭者，蓋取倍二十四氣也。**及冬，則以火爨鼎水而沸之，而沃之。**注鄭司農云："冬水凍，漏不下，故以火炊水，沸以沃之，謂沃漏也。"〇釋曰："沃"如"沃尸盥"之沃，謂沸水稍熱，澆沃壺中使下也。

---

① 阮校云："'夜行'字當誤倒。"
② "宮"字原作"官"，據阮本改。
③ 孫校云："'大斂'當作'小斂'。代哭在小斂後殯前，大斂與殯事相接，不可云'之後'，且與注'未大斂'之文亦相連，必誤無疑。"
④ "至"字原作"五"，據阮本改。
⑤ "注"字原作"行"，據阮本改。

周禮疏卷第三十六

唐朝散大夫行大學博士弘文館學士臣賈公彥等撰

射人掌國之三公、孤、卿、大夫之位，三公北面，孤東面，卿、大夫西面。其摯，三公執璧，孤執皮帛，卿執羔，大夫鴈①。○釋曰："三公"特"北面"者，君南面荅陽，臣之北面荅君，三公臣中最尊，故屈之使北面，荅君之義。"孤東面"者，西方者賓位，以孤無職，尊而賓客之，故在西也。"卿、大夫西面"者，以其皆有職，故在東，在東近君，居主位也。**注**位，將射始入見君之位。不言士者，此與諸侯之賓射，士不與也。《燕禮》曰："公升，即位于席，西鄉。小臣納卿、大夫，卿、大夫皆入門右，北面東上。士立於西方，東面北上。"《大射》亦云。則凡朝、燕及射，臣見于君之禮同。○釋曰：知"位"是"將射始入見君之位"者，此《射人》唯論射事②，《大射》諸侯禮亦然，故知將射見君始入見君之位也。云"不言士，此與諸侯之賓射，士不與也"者，無臣③，祭無所擇，不得自大射，得與君大射，故《司裘職》大射不言士也。案下文"士豻侯二正"，則士得自行賓射，不得與君賓射矣。引《燕禮》者，欲見天子、諸侯朝、燕、射三者位同之義。云"凡朝、燕及射，臣見於君之禮同"者，以《儀禮》內諸侯有燕朝及射朝，不見正朝；《周禮》內天子有射朝與正朝，不見燕朝。諸侯射朝與燕朝位同，則天子燕朝亦與射朝位同，則諸侯正朝亦與射朝位同。是天子、諸侯三朝各自同，故鄭引《儀禮》見天子、諸侯互見爲義耳。**諸侯在朝則皆北面，詔相其灋；**○釋曰：案《司几筵》云："凡封國、命諸侯、大饗射，王立窹前南鄉。"《司服》云："享先公、饗射則鷩冕。"鄭注云："饗，饗食賓客與諸侯射也。"此云"王與之射"，言在朝當皮弁，又何得有窹？所以然者，彼二者據大射在學，故有著冕在窹之事；此賓射在路門之外朝，故與彼異也。**注**

---

① 王引之、孫疏並謂當據唐石經於"鴈"上補"執"字。加藤云："賈疏標起止云'射人至夫鴈'，則唐初本既無'執'，石經疑係於補增。"

② "唯"字阮本作"主"。

③ 浦鏜謂"無臣"上當脱"士"字。加藤云："《司裘》注云'士無臣，祭無所擇'。"

謂諸侯來朝而未歸[①]，王與之射於朝者。皆北面，從三公位，法其禮儀。○釋曰：云“從三公位”者，諸侯南面之尊，故屈之從三公位也。云“法其禮儀”者，謂在朝進退周旋拱揖之儀也。若有國事，則掌其戒令，詔相其事；注謂王有祭祀之事，諸侯當助其薦獻者也。戒令，告以齊與期。○釋曰：知“國事”是“王有祭祀之事”者，以其諸侯來朝未歸而有戒令詔相之事，《大宗伯》祭事皆云“詔相”，故知是祭祀之事。云“戒令，告以齊與期”者，齊謂散齊，期謂祭日也。掌其治達。注謂諸侯因與王射及助祭而有所治受而達之於王，王有命又受而下之。○釋曰：如鄭注意，則“治達”之中非直諸侯有治于王，王之有治亦下達於諸侯也。

　　以射灋治射儀：王以六耦射三侯，三獲三容，樂以《騶虞》，九節五正；諸侯以四耦射二侯，二獲二容，樂以《貍首》，七節三正；孤、卿、大夫以三耦射一侯，一獲一容，樂以《采蘋》，五節二正；士以三耦射豻侯，一獲一容，樂以《采蘩》，五節二正。注射法，王射之禮。治射儀，謂肆之也。鄭司農云：“三侯，虎、熊、豹也。容者，乏也，待獲者所蔽也。九節，析羽九重設於長杠也。正，所射也。《詩》云：‘終日射侯，不出正兮。’二侯，熊、豹也。豻侯，豻者獸名也，獸有貙豻熊虎。”玄謂三侯者，五正、三正、二正之侯也。二侯者，三正、二正之侯也。一侯者，二正而已。此皆與實射於朝之禮也。《考工·梓人職》曰：“張五采之侯，則遠國屬。”遠國謂諸侯來朝者也。五采之侯即五正之侯也。正之言正也，射者內志正則能中焉。畫五正之侯，中朱，次白，次蒼，次黃，玄居外。三正，損玄、黃。二正，去白、蒼而畫以朱、綠。其外之廣皆居侯中參分之一，中二尺。今儒家云：“四尺曰正，二尺曰鵠。”鵠乃用皮，其大如正，此説失之矣。《大射禮》豻作干，讀如“宜豻宜獄”之豻，豻，胡犬也。士與士射則以豻皮飾侯，下大夫也，大夫以上與賓射飾侯以雲氣，用采各如其正。九節、七節、五節者，奏樂以爲射節之差。言節者，容侯道之數也。《樂記》曰：“明乎其節之志，不失其事，則功成而德行立。”○釋曰：此則賓射在朝之儀。言“射法，王射之禮”者，此經兼有諸侯臣各在家與賓客射法，各自有官掌之，射人但作法與之耳。首云“射法”者，是射人所掌王射之禮。言王射，以別諸侯已下之射

---

① “諸”字原作“譜”，據婺本、金本、阮本改。

也。云“治射儀，謂肄之也”者，言“治”，則非是正射之語①，謂若《大宗伯》云“治其大禮”，皆是習禮法，故鄭云肄之，肄則習也。先鄭云“三侯，虎、熊、豹”，後鄭不從。云“容者，乏也”者，此言“容”，《儀禮·大射》、《鄉射》之等云“乏”，故云容者乏也。言容者，據唱獲者容身於其中，據人而言；云乏者，矢至此乏極不過，據矢而説也。云“九節，析羽九重設於長杠也”者，若是析羽九重設於長杠，即是獲旌，當與“三獲三容”相依，何得輒在《騶虞》之下？既在《騶虞》詩下，明是歌之樂節，故後鄭不從也。云“二侯，熊、豹也”者，後鄭亦不從也。云“豻侯，豻者獸名也，獸有貙豻熊虎”者，此皆獸類②，故舉言之也。“玄謂三侯者，五正、三正、二正之侯也”者，大射、賓射侯數同，皆約《大射》云“大侯九十，糝侯七十，豻侯五十”而言。云“二侯者，三正、二正之侯也”者，謂七十、五十弓者也。云“一侯者，二正而已”者，據大夫、士同一侯二正，五十弓而已。云“此皆與賓射於朝之禮也”者，案《鄉射·記》云：“於境則虎中、龍旝。”謂諸侯賓射之禮。彼又云：“唯君有射國中，其餘臣則否。”注云：“臣不習武事於君側。”則臣皆不得在國射。若然，在朝賓射唯有天子，而云此皆與賓射於朝之禮者，謂諸侯已下賓射在己朝，不謂於天子朝行此賓射之禮也。云“《考工·梓人職》曰：張五采之侯，則遠國屬”已下至“五正之侯也”者，引之者，破先鄭以此“五正”之侯爲虎、熊、豹。但《梓人》有三等侯，云“張皮侯而棲鵠”，及《司裘》云“虎侯、熊侯、豹侯”皆大射之侯也；《梓人》又云“張五采之侯，則遠國屬”，及此“五正”之等皆賓射之侯也；《梓人》又云“張獸侯，則王以息燕”，及《鄉射·記》云“天子熊侯，白質”之等皆燕射之侯也。三射各有其侯，而先鄭以皮侯釋正侯，非也。云“正之言正也，射者内志正則能中焉”者，此意取義於《射義》。《司裘》注更有一釋，正爲鳥名解之也。云“畫五正之侯，中朱”已下，皆以相尅爲次。向南爲首，故先畫朱。知三正去玄黃、二正朱綠者，皆依《聘禮·記》繢藉而言：三采者朱、白、蒼，二采者朱、綠也。云“其外之廣皆居侯中參分之一”者，此亦約《梓人》云“參分其廣而鵠居一焉”。彼據大射之侯，若賓射之侯，亦當參分其廣正居一焉。九十步者，侯中丈八尺；七十步者，侯中丈四尺；五十步者，侯中一丈也。云“今儒家云：四尺曰正，二尺曰鵠。鵠乃用皮，其大如正，此説失之矣”者，賓射射正，大射射鵠，儒家以正、鵠爲一解，故鄭破之云“鵠乃用皮，其大如正”，不得爲一，故云此説失之矣。云“《大射禮》豻作干”者，見《大射》經作“干侯”，彼注亦破從“豻”。云“讀如宜豻宜獄之豻”者，此讀與彼音同。云“豻，胡犬也”者，謂胡地

---

① “正”字阮本作“王”。

② “此”字原作“比”，據阮本改。

之野犬。云“士與士射則以豻皮飾侯，下大夫也，大夫以上與賓射飾侯以雲氣”，知義如此者，此實射正用二采而言“豻侯”，明於兩畔以豻皮飾之，故得豻侯之名。知大夫已上用雲氣者，《鄉射・記》云：“凡畫者丹質。”注云：“賓射之侯、燕射之侯皆畫雲氣於側以爲飾，必先以丹采其地。”是賓射大夫已上皆畫雲氣。其大射之侯兩畔飾以皮，故鄭直言賓射、燕射。云“用采各如其正”者，其側之飾采之數各如正之多少也。云“九節、七節、五節者，奏樂以爲射節之差”者，九節者，五節先以聽；七節者，三節先以聽[1]；五節者，一節先以聽。尊者先聽多、卑者少爲差，皆留四節以乘矢拾發。云“言節者，容侯道之數”者，謂若九節者侯道九十弓，七節者侯道七十弓，五節者侯道五十弓也。云“《樂記》曰：明乎其節之志，不失其事，則功成德行立”者，證侯道遠近亦爲節也[2]。此《射義》文，云《樂記》者，誤也。**若王大射，則以貍步張三侯。**注鄭司農云：“貍步，謂一舉足爲一步，於今爲半步。”玄謂貍，善搏者也，行則止而擬度焉，其發必獲，是以量侯道法之也。侯道者各以弓爲度，九節者九十弓，七節者七十弓，五節者五十弓，弓之下制長六尺，《大射禮》曰“大侯九十，參七十，干五十”是也[3]。三侯者，司裘所共虎侯、熊侯、豹侯也。列國之君大射亦張三侯，數與天子同。大侯，熊侯也。參讀爲糝，糝，雜也。雜者，豹鵠而麋飾，下天子大夫。○釋曰：此射人主賓射，兼主大射之事，故爲大射張侯也。先鄭云“貍步，謂一舉足爲一步，於今爲半步”者，此言於射張侯義無取，故後鄭不從，是以後鄭爲“貍，善搏物”解之。云“侯道者各以弓爲度，九節者九十弓”以下者，案《鄉射・記》：“鄉侯五十弓，弓二寸以爲侯中[4]。”彼據鄉射之侯一侯五十弓者而言。若《大射》三侯云九十、七十、五十，亦是據弓爲數。弓之上制六尺六寸，中制六尺三寸，下制六尺，六尺與步相應，故鄭連引《大射》三侯以義相會。諸侯三侯用物雖不與天子同，侯道則同。但天子侯道無文，約同諸侯，故更引《司裘》天子三侯以會之。諸侯糝侯知“豹鵠而麋飾”者，以《司裘》云“諸侯熊侯、豹侯，卿大夫麋侯”，畿外不得純如天子，近侯已用豻，則大侯不得用虎侯，明大侯用畿內諸侯熊侯爲之，其中豹侯、麋侯則諸侯兼此二侯乃稱糝。豹尊於麋，明以豹、麋爲鵠，以麋爲飾耳。不純用豹麋者，“下天子大夫”故也。王

射，則令去侯，立于後，以矢行告，卒，令取矢。○釋曰①：此文承賓射、大射之下，則“王射”射人皆“令去侯，立於後，以矢行告，卒，令取矢”。注鄭司農云：“射人主令人去侯所而立于後也。以矢行告，射人主以矢行高下左右告于王也。《大射禮》曰：‘大射正立于公後，以矢行告于公，下曰留，上曰揚，左右曰方。’杜子春説‘以矢行告’告白射事于王，王則執矢也。杜子春説不與《禮經》合，疑非是也。卒令取矢，謂射卒射人令當取矢者使取矢也。”玄謂令去侯者，命負侯者去侯也。《鄉射》曰：“司馬命獲者執旌以負侯。”○釋曰：先鄭云“射人主令人去侯所”者，不辨其去侯之人，故後鄭增成其義，其“負侯”之人是服不氏也。又引《鄉射》直云“司馬命負侯”，不言官者，大夫、士家無服不氏，家臣爲之故也。天子射人無其事，故引《大射》之等爲證也。祭侯，則爲位。注祭侯，獻服不，服不以祭侯。爲位，爲服不受獻之位也。《大射》曰：“服不侯西北三步，北面拜受爵。”○釋曰：案《大射禮》使服不氏負侯，將祭侯之時②，先設位於侯西北，北面，服不氏於位受得獻訖，乃於侯所北面祭侯，故引《大射》受獻之位爲證也。與大史數射中，注射中，數射者中侯之筭也③。《大射》曰：“司射適階西，釋弓，去扑，襲，進，由中東立于中南，北面視筭。”○釋曰：數筭大史數之，射人但視之耳，故引《大射》爲證。《大射》諸侯禮，謂之司射，天子謂之射人。司射恒執張弓揩扑，但今將視數筭，故適階西釋去弓并去扑，倚於階西，襲，乃適中南，北面視數筭也。佐司馬治射正。注射正，射之法儀也。○釋曰：射之威儀乃是禮之正，故名射儀爲“射正”也。司馬所主射儀，謂若命去侯、命取矢乘矢之等皆當佐之。言“治”者，亦謂預習之類也。祭祀，則贊射牲，相孤、卿、大夫之灋儀。注烝嘗之禮有射豕者。《國語》曰：“禘郊之事，天子必自射其牲。”今立秋有貙劉云。○釋曰：鄭知“烝嘗之禮有射豕”者，據《逸烝嘗禮》而知④。云“《國語》曰：禘郊之事，天子必自射其牲”者，據祭天之時，牲則犢也。若然，宗廟之祭秋冬則射之，春夏否也；祭天則四時常射，天尊故也。是

---

①　此節賈疏底本脱訛，據阮本補。

②　“侯”字原作“使”，據阮本改。

③　孫疏云：“‘射中’上當有‘數’字，《大史》先鄭注云‘中，所以盛筭也’，則中乃盛筭之器，非即筭也。”

④　“禮”上原有“者”字，據阮本删。孫疏云：“《逸烝嘗禮》，蓋《逸禮》三十九篇之一，中有射豕之文，故引以證大祭祀有射牲之法。”

以司弓矢共王射牲之弓矢，此射人贊射牲也。諸侯已下則不射，《楚語》云“劉羊擊豕”而已①。云“今立秋有貙劉云”者，漢時苑中有貙劉，即《爾雅》“貙，似貍”；劉，殺也；云立秋貙殺物。引之者，證烝嘗在秋有射牲順時氣之法。**會同朝覲，作大夫介凡有爵者。**〇釋曰：“作”，使也。有“會同朝覲”，王使公、卿有事於會同，則射人使大夫爲上介，使“凡有爵者”命士以上爲衆介也。**注**作讀如“作止爵”之作。諸侯來至，王使公、卿有事焉，則作大夫使之介也。有爵者，命士以上。不使賤者。〇釋曰：鄭讀“作”如“作止爵”之作者，讀從《特牲》、《少牢》“三獻作止爵”。案彼主人、主婦二獻尸訖賓長爲三獻尸，爵止。鄭注云：“欲神惠之均於室中。”使主人、主婦致爵訖，三獻則賓長也。賓長作起前所所止之爵，使尸飲之。讀從者，取動作使之義也。**大師，令有爵者乘王之倅車。注**倅車，戎車之副。〇釋曰：“大師”，謂王出征伐，王乘路，副車十二乘皆從王行，則使“有爵者”命士已上乘之。知“倅車，戎車之副”者，《戎僕》云：“掌王倅車之政。”鄭云：“倅，車之副也。”**有大賓客，則作卿大夫從，注**作者，選使從王見諸侯。〇釋曰：“大賓客”不言會同，則是秋冬覲遇并春夏受享在廟之時，“從王見諸侯”也。**戒大史及大夫介。注**戒，戒其當行者。《覲禮》曰：“諸公奉篋服，加命書于其上，升自西階，東面，大史氏右。”〇釋曰：此謂王有命使三公命諸侯及衣服就館賜之時，則射人“戒大史及大夫”，與諸公爲“介”。注引《覲禮》者，證王使諸公就館賜侯氏之法。云“大史氏右”者，謂於西階東面之時大史在公之右命侯氏也。是以《公羊傳》曰：“命者何？加我服。錫者何？賜也。”**大喪，與僕人遷尸，作卿大夫掌事，比其廬，不敬者苛罰之。**〇釋曰：“作大夫掌事”者，謂王喪宜各有職掌。“比其廬”者，謂若《宮正》所云親者貴者居廬，當比其本服親疏及貴賤。**注**僕人，大僕也。僕人與射人俱掌王之朝位也。王崩，小斂、大斂遷尸于室堂，朝之象也。《檀弓》曰：“扶君，卜人師扶右，射人扶左。君薨，以是舉。”苛，謂詰問之。〇釋曰：知“僕人，大僕也”者，見大僕掌內朝，射人掌正朝，掌事是同，《周禮》又更無僕人職，故知是大僕，是以鄭云“僕人與射人俱掌王之朝位也”。云“王崩，小斂、大斂遷尸於室堂”者，始死於北墉下，

---

① 浦鏜云：“‘刉’誤‘劉’。”所校蓋據《國語》原文。加藤云：“‘劉’訓爲殺，‘劉羊’亦通，疑賈氏所見作‘劉羊’。”

遷尸於南牖下,又云"小斂於户内"①,是遷尸於室;小斂訖,遷尸於户外,又遷尸大斂,大斂於阼階,大斂訖,又遷尸於西階以入棺,是遷尸于堂也。云"朝之象也"者,君所在臣朝之,故云朝之象也。引《檀弓》者,證射人與僕人君之疾蒐皆是二人之事。彼鄭云:"卜當爲僕。"即僕人也。

服不氏掌養猛獸而教擾之。注猛獸,虎豹熊羆之屬。擾,馴也,教習使之馴服。王者之教無不服。○釋曰:猛獸云"之屬"者,兼有豺狼貙狋之等,故云之屬。教馴之,象天下皆服,"王者之教無不服"故也。**凡祭祀,共猛獸。**注謂中膳羞者。獸人冬獻狼。《春秋傳》曰:"熊蹯不熟。"○釋曰:上云"養猛獸",則猛獸皆養之;此言祭祀所共,據堪食者,故鄭云"謂中膳羞"。中膳羞唯有熊、狼,故引《獸人》與《春秋》爲證。案《内則》亦云"狼臅膏"可食也。《春秋傳》者,宣公二年晉靈公之時,宰夫胹熊蹯不熟,殺之,趙盾諫之時也②。**賓客之事則抗皮。**注鄭司農云:"謂賓客來朝聘布皮帛者,服不氏主舉藏之。抗讀爲'亢其讎'之亢。"玄謂抗者,若《聘禮》曰"有司二人舉皮以東"。○釋曰:"朝聘布皮帛"者,案《聘禮》行享禮之時皮帛布於庭,使服不氏"舉皮以東","抗"即舉也,故引爲證也。"讀爲亢其讎之亢"者,讀從僖二十八年城濮之戰子犯云"背惠食言,以亢其讎"。引之者,取亢舉之義也。後鄭引《聘禮》者,增成先鄭義。"二人"者,即服不氏也。**射則贊張侯,以旌居乏而待獲。**注贊,佐也。《大射禮》曰:"命量人、巾車張三侯。"杜子春云:"待當爲持,書亦或爲持。乏讀爲'匱乏'之乏,持獲者所蔽。"玄謂待獲,待射者中舉旌以獲。○釋曰:引《大射》者,證服不氏佐"量人、巾車張侯"之事。後鄭云"待獲,待射者中舉旌以獲"者,以獲,則《大射禮》唱獲者居乏中,中則舉旌以宫、下旌以商者是也,故不從子春"待"爲"持"也。

射鳥氏掌射鳥。注鳥,謂中膳羞者,鳧鴈鴿鶉之屬。○釋曰:知"中膳羞"者,以上文猛獸有共祭祀,此下文云"祭祀,馭烏鳶",烏鳶不中膳羞則馭之,此經直云"射鳥",明是中膳羞者也。鄭知"鳧鴈鴿鶉"者,《内則》云:"舒鳧翠,鴈腎,鴿鶉胖。"此

---

① 浦鏜謂"小斂於户内"引《曲禮》。
② "時"字阮本同,加藤謂當據閩本等作"是"。

等去翠、腎、胖，是可膳羞者也。云"之屬"者，兼有雉鶉鷃之等也。**祭祀，以弓矢敺烏鳶①。凡賓客、會同、軍旅，亦如之。** 注烏鳶善鈔盜，便汙人。〇釋曰：賓客、會同"敺烏鳶"者，以其會同皆有盟詛之禮殺牲之事，軍旅亦有斬牲巡陳之事，故須敺烏鳶。**射則取矢，矢在侯高則以并夾取之。** 注鄭司農云："王射，則射烏氏主取其矢。矢在侯高者，矢著侯高，人手不能及，則以并夾取之。并夾，鍼箭具。夾讀爲甲。故《司弓矢職》曰：'大射、燕射共弓矢并夾。'"〇釋曰：射皆三番，第一番唯有六耦、三耦誘射②，雖中不獲；第二、第三皆衆耦共射，皆釋獲。有取矢之法。先鄭引《司弓矢職》直有"大射、燕射"，不言賓射，亦同大射、燕射也。

羅氏掌羅烏鳥。注烏，謂卑居、鵲之屬。〇釋曰：鄭知"烏，卑居"者，見《小弁》詩云"弁彼鸒斯，歸飛提提"，注云："鸒，卑居。卑居，雅烏。"云"鵲"者，即山鵲，卑居之類。云"之屬"者，兼有餘鳥也。**蜡，則作羅襦。** 注作猶用也。鄭司農云："蜡，謂十二月大祭萬物也。《郊特牲》曰：'天子大蜡，謂歲十二月合聚萬物而索饗之。'襦，細密之羅。襦讀爲'縟有衣衱'之縟。"玄謂蜡，建亥之月，此時火伏，蟄者畢矣，豺既祭獸，可以羅罔圍取禽也。《王制》曰："豺祭獸，然後田。"又曰："昆蟲已蟄，可以火田。"今俗放火張羅，其遺教。〇釋曰：先鄭所云，其義得矣，後鄭增成之。言"蜡"者，直取當蜡之月得用細密之罔羅取禽獸，故後鄭云"此時火伏"，十月之時火星已伏在戌，將"蟄者畢矣"。引《王制》者，證十月蜡祭後得火田，有張羅之事。云"今俗放火張羅，其遺教"者，漢之俗間在上放火，於下張羅丞之以取禽獸，是《周禮》之遺教，則知周時亦上放火、下張羅也。**中春，羅春鳥，獻鳩以養國老，行羽物。** 注春鳥，蟄而始出者，若今南郡黃雀之屬。是時鷹化爲鳩，鳩與春鳥變舊爲新，宜以養老助生氣。行，謂賦賜。〇釋曰：此文"仲春行羽物"，案《司裘職》云"仲秋獻良裘，王乃行羽物"，彼注云："仲秋鳩化爲鷹，仲春鷹化爲鳩，順其始殺與其將止，而大班羽物。"若然，則一年二時行羽

---

① "烏"字原作"鳥"，阮校謂"烏"是而"鳥"非，故據婺本、金本、阮本改。下注、疏中除"敺烏鳶者"外底本皆誤作"鳥"。

② "唯"字阮本作"雖"。按《春官·樂師》賈疏云"凡射有三番，前番直六耦、三耦等射，所以誘射故也，第二番六耦與衆耦俱射，第三番又兼作樂"，"直"、"唯"義同，"雖"字誤也。

物。但彼注云"此羽物,小鳥鶉雀之屬鷹所擊者",此注云"春鳥,若今南郡黃雀之屬",不同者,各舉一邊,互見其義。

　　掌畜掌養鳥而阜蕃教擾之。<u>注</u>阜猶盛也。蕃,蕃息也。鳥之可養使盛大蕃息者,謂鷺鶩之屬。○<u>釋</u>曰:云"鳥之可養使盛大蕃息者,謂鷺鶩之屬"者,鶩即今之鴨,民間所畜,故云焉。祭祀,共卵鳥。<u>注</u>其卵可薦之鳥。○<u>釋</u>曰:還謂上經鷺鴨之屬,其雞亦在焉。歲時貢鳥物,<u>注</u>鳲鷳之屬以四時來。○<u>釋</u>曰:不言鷺鶩雞者,所畜非貢物,故以野鳥爲貢者也。共膳獻之鳥。<u>注</u>雉及鶉、鴽之屬。○<u>釋</u>曰:此言堪膳而獻者,唯有此等。是以《內則》及《公食大夫》上大夫二十豆有雉、兔、鶉、鴽。云"之屬"者,更有餘鳥也。

夏官司馬下

　　司士掌羣臣之版,以治其政令,歲登下其損益之數,辨其年歲與其貴賤,周知邦國、都家、縣鄙之數,卿大夫士庶子之數①,○<u>釋</u>曰:云"掌羣臣之版"者,謂畿內朝廷及鄉遂、都鄙羣臣之籍②。云"以治其政令"者,即損益之數、辨其年歲貴賤之等是也。云"歲登下其損益之數"者,三年黜陟者是也。云"辨其年歲"者,知羣臣在任及年齒多少也。云"與其貴賤"者,大夫已上貴,士已下賤也。云"周知邦國、都家"者,邦國謂周之千七百七十三國也;都家謂天子畿內三等采地,大都、小都、家邑是也。先邦國後都家者,尊諸侯故也。亦如《大宰》云"布治于邦國、都鄙",亦先邦國也。"縣鄙"者,謂去王國百里外六遂之中也。不言六鄉者,舉遠以包近。云"卿大夫士"者,即謂朝廷及邦國、都家、縣鄙之臣數,摠言之也。云"士庶子"者,亦如《宮伯》卿大夫之子謂適子;庶子,其支庶。宿衛王宮者也。云"之數"者,"邦國"已下摠

----

①　王引之云:"弟二'數'字,蓋因上下兩'數'字而衍,當以'周知邦國、都家、縣鄙之卿大夫士庶子之數'作一句讀,謂卿大夫士庶子之在邦國、都家、縣鄙者也。"並謂賈疏述經"卿大夫士"本當作"之卿大夫"。

②　"之"字阮本作"名"。

結之也。**注**損益，謂用功過黜陟者。縣鄙，鄉遂之屬。故書版爲班。鄭司農云：“班書或爲版，版，名籍。”○釋曰：云“損益，謂用功過黜陟者”，即三年大比以功過黜陟者也。云“縣鄙，鄉遂之屬”者，縣、鄙屬遂，故云之屬，其中兼鄉中之州、黨，故鄉遂並言也。**以詔王治。注**告王所當進退。○釋曰：知“詔王治”是“告王所當進退”者，司士掌羣臣之數，只爲賞罰進退以勗勵之，故知告王治唯謂進退也。**以德詔爵，以功詔禄，以能詔事，以久奠食。**○釋曰：云“以德詔爵，以功詔禄”者，據賢者試功之後，其德堪用乃詔王授之以正爵，有功乃詔王授之以正禄也。云“以能詔事，以久奠食”者，奠，定也，據能者先試之以事，事成乃定以稍食。其能堪用，乃後亦詔授之以正爵禄。**注**德，謂賢者。食，稍食也。賢者既爵乃禄之，能者事成乃食之。《王制》曰：“司馬辨論官材，論進士之賢者以告於王，而定其論，論定然後官之，任官然後爵之，位定然後禄之。”○釋曰：云“德，謂賢者”者，即《大司徒》云“以鄉三物教萬民而賓興之”，三物謂六德、六行、六藝，有六德、六行即爲賢者，有六藝即爲能者。《鄉大夫》云：“三年則大比，而興賢者、能者。”鄭云：“賢者，有德行者。能者，有道藝者。”云“食，稍食也”者，月給食，不併給，故云稍食也。云“賢者既爵乃禄之”者，以經先云“以德詔爵”後云“詔禄”也；云“能者事成乃食之”者，以經先云“詔事”，久乃定之以食也。此二者互見其事。自古以來，任之者皆試乃爵之。則賢者有先試之以事，乃後詔爵；能者既試有功，亦授之以爵。所以賢者先言正爵、能者先言試事者，欲見尊敬賢者，故先言正爵，卑退能者，先言試事，故鄭云“賢者既爵乃禄之，能者事成乃食之”也。引《王制》者，欲見能者須試乃授正爵之義。云“辨論官材”者，司馬使司士分辨其論、官其材之法。云“論進士之賢者以告於王，而定其論”者，云進士者，謂學中之造士業成可進受官爵，升之於司馬，則曰進士。司馬乃試論量考，知賢者，告王，乃定其論。云“論定然後官之”者，謂試官也。云“任官然後爵之”者，謂正爵也。云“位定然後禄之”者，謂正禄也。此即先試乃爵之事也。**唯賜無常。注**賜多少由王，不如禄食有常品。○釋曰：案《司勳》云：“凡賞無常，輕重視功。”彼謂有勳勞，據功大小與之賞。此不據功，但時王有恩而賜之，故“多少由王”，不由功大小也。云“不如禄食有常品”者，案《王制》“下士視上農夫食九人，中士倍下士，上士倍中士，大夫倍上士”之等，是禄有常品；上云“以久奠食”，稍食亦月月有常品也。

　　正朝儀之位，辨其貴賤之等：王南鄉；三公北面東上；孤東面北上；卿、大夫西面北上；王族故士、虎士在路門之右，南面東上；大僕、大右、大僕從者在路門之左，南面西上。○釋曰：經所云“上”者，皆據近王爲上，不據陰陽左右也。注此王日視朝事於路門外之位。王族故士，故爲士，晚退留宿衛者。未嘗仕，雖同族不得在王宮。大右，司右也。大僕從者，小臣、祭僕、御僕、隸僕。○釋曰：云“此王日視朝事於路門外之位”者，對彼《大僕職》路寢庭有燕朝、《朝士職》庫門外有外朝而言也。但彼外朝斷獄弊訟并三詢之朝，有諸侯在焉，諸侯既在西方右九棘之下，孤避之，在東方羣臣之位西面也，其餘三公、卿、大夫等仍與此位同也。云“王族故士，故爲士”者，此云故爲士，對新升試士未得正爵者爲新士，不得留宿衛也。云“晚退留宿衛”者，宿衛之人皆不得與凡平羣臣同時出，故云晚退留宿衛。必知此故士是宿衛者，以其與虎士同位，明是宿衛者也。云“未常仕^①，雖同族不得在王宮”者，以經稱“王族故士^②”，明非仕者不得在王宮也^③。知“大右”是“司右”者，案司右掌羣右，此云“大右”，是右中之大，明是司右也。知“大僕從”是“小臣、祭僕”之等者，以其云“大僕從者”，謂從大僕，案《大僕職》下即有《小臣》、《祭僕》、《御僕》、《隸僕》等，皆是小臣已下者也。司士擯，注詔王出擯公、卿、大夫以下朝者。○釋曰：知“擯”是“詔王出擯公、卿、大夫以下朝者”，以其王迎諸侯爲擯是大宗伯及小行人、肆師之等，非司士之職；此上文云公、卿、大夫、士等朝事，下文云“王擯”，此中間云“司士擯”，明爲詔王出擯之事也。孤、卿特擯，大夫以其等旅擯，士旁三擯，王還擯門左，擯門右。注特擯，一一擯之。旅，衆也，大夫爵同者衆擯之。公及孤、卿、大夫始入門右，皆北面東上，王擯之乃就位；羣士及故士、大僕之屬發在其位。羣士位東面，王西南鄉而擯之。三擯者，士有上中下。王擯之，皆逡遁，既，復位。鄭司農云：“卿、大夫、士皆君之所擯，《禮》、《春秋傳》所謂‘三擯在下’。”○釋曰：此皆先入應門右，北面。其士入應門即就西方東面位，不待王擯，其大夫已上皆待王擯乃就位也。云“特擯，一一擯之”者，對旅擯衆擯之也。孤得擯，乃就西方東面位；卿得擯，乃就東方西面位；大夫得擯，乃就卿後西面位。云“大夫爵同者衆擯之”者，《序官》有中大夫、下大夫，無問多少，

---

① “常”字阮本同，阮校云：“惠校本‘常’作‘嘗’，此誤。”加藤云：“‘常’、‘嘗’通用，不必爲誤。”

② “族”字原作“故”，據阮本改。

③ “非”字阮本作“未”。

但爵同者衆揖之，爵同中大夫同得一揖，爵同下大夫同得一揖，故云爵同者衆揖之也。云“公及孤、卿、大夫始入門右，皆北面東上”者，此王臣無正文，約《燕禮》、《大射》諸侯禮，卿、大夫皆始入門右北面東上，得揖乃就位，士發在其位，故知王臣亦然，是以鄭云“王揖之乃就位”。“羣士及故士、大僕之屬發在其位”，若在外朝，士從東方西面也。云“羣士位東面，王西南鄉而揖之”者，但上經不見羣士位，鄭知羣士位東面者，亦約《燕禮》、《大射》諸侯之士西廂東面而知；且約故士、虎士宿衛者門西南面，明士不宿衛者東面可知。位既東面，明知旁三揖者西南鄉揖之。云“三揖者，士有上中下”者，《序官》文既有三等，故旁三揖耳。案《禮器》：“有以少爲貴者，諸侯視朝，大夫特，士旅之。”此云大夫旅，與彼不同者，彼諸侯臣少，大夫與卿同特揖，士乃旅揖之；此天子臣多，故大夫亦旅揖，亦是以少爲貴也。云“王揖之，皆逡遁”者，約《鄉黨》而知[1]。云“既，復位”者，謂得揖，乃皆復位也。若然，上文別三公位，及此經不言三公，直言孤、卿者，亦舉輕以明重。孤、卿尚特揖，明三公亦特揖可知，故不見三公也。先鄭引《春秋》者，哀二年《左氏傳》：“初，衛侯遊於郊，子南僕。公曰：‘余無子，將立女。’不對。他日又謂之，對曰：‘郢不足以辱社稷，君其改圖。君夫人在堂，三揖在下，君命祇辱[2]。’”注云：“三揖，卿、大夫、士。”引之者，證所揖尊卑不同。**大僕前，**注前正王視朝之位。○釋曰：鄭知“前”謂“前正王視朝之位”者，以《大僕職》云“王視朝，則前正位而退，入亦如之”。上文引大僕位在門左南面，今云前，明從本位前就王正視朝之位可知也。**王入，內朝皆退。**注王入，入路門也。王入路門，內朝朝者皆退，反其官府治處也。王之外朝則朝士掌焉。《玉藻》曰：“朝服以日視朝於內朝。朝，辨色始入。君日出而視之，退適路寢聽政，使人視大夫[3]，大夫退，然後適小寢。”謂諸侯也。王日視朝皮弁服，其禮則同[4]。○釋曰：王視朝訖，“王入路門”，於路寢聽事，其羣臣等各退向治事之處。云“王之外朝則朝士掌焉”者，鄭欲見天子、諸侯皆有三朝之意。《玉藻》諸侯禮，云“朝于內朝”

---

① 浦鏜云：“‘黨’當‘射’字誤。案《鄉射》‘主人阼階上北面拜，賓少退’，注：‘少退，少逡遁也。’”

② “祇”字原作“祇”，據阮本改。

③ “大”字原作“禮”，據婺本、金本、阮本改。

④ “禮”字原作“大”，據婺本、金本、阮本改。按“大”字與上條“禮”字左右並列，補版時互易。

者,謂路門外朝爲内朝,對臯門内應門外朝爲外朝,通路寢庭朝爲三朝①。故《朝士職》注云:"周天子、諸侯皆三朝。"外朝一,内朝二也。云"王日視朝皮弁服"者,《司服職》文,對諸侯視朝朝服則玄冠、緇布衣、素裳、緇帶、素韠也。云"其禮則同"者,天子、諸侯唯服别,其視朝之禮則同也。

掌國中之士治,凡其戒令。**注**國中,城中。○釋曰:云"國中之士治"者,謂朝庭之臣及六鄉之臣皆是,所有治功善惡皆掌之,以擬黜陟。此"城中"士則卿、大夫摠皆號爲士,若"濟濟多士,文王以寧"之類。但比同士②,士既摠屬,則此一職"士"者皆臣摠號,唯有"作士適四方使,爲介",士者是單士,不兼卿、大夫,故引石尚證,又"作六軍之士"是甲士,自餘皆臣之摠號耳。掌擯士者,膳其摯。**注**擯士,告見初爲士者於王也。鄭司農云:"膳其摯者,王食其所執羔、鴈之摯。"玄謂膳者,入於王之膳人。○釋曰:此云"士",亦是卿、大夫、士摠號爲士。云"擯士,告見初爲士者於王也"者,謂初得命爲卿、大夫、士,執摯見於王,司士擯相之,使得見王也。先鄭云"膳其摯者,王食其所執羔、鴈之摯",後鄭增成其義也,云"膳者,入於王之膳人",故其職云"凡祭祀致福,受而膳之,以摯見者亦如之"是也③。凡祭祀,掌士之戒令,詔相其濿事;及賜爵,呼昭穆而進之。○釋曰:云"凡祭祀,掌士之戒令"者,謂羣臣有事於祭祀,皆掌其齊戒告令也。云"詔相其法事"者,謂告語并擯相其行禮之事。云"及賜爵"者,謂祭未旅酬無筭爵之時皆有酒爵賜及之,皆以昭穆爲序也。**注**賜爵,神惠及下也。此所賜王之子姓兄弟。《祭統》曰:"凡賜爵,昭爲一,穆爲一,昭與昭齒,穆與穆齒。凡羣有司皆以齒,此之謂長幼有序。"○釋曰:鄭知"賜爵,神惠及下"者,《祭統》云祭有十倫之義:"凡賜爵,昭爲一,穆爲一。"是神惠及下也。云"此所賜王之子姓兄弟"者,以其"呼昭穆而進之",云昭穆,明非異姓,是同姓可知。姓,生也,子之所生則孫,及兄弟皆有昭穆。引《祭統》,是諸侯法,明天子亦然。凡言昭穆在助祭之中者,皆在東階之前南陳。假令祖行爲昭,子行爲穆,孫行還爲昭,曾孫行還爲穆。就昭穆之中皆年長者在上,年幼者在下,故云"齒"也。帥其屬而割牲、羞俎豆。○釋曰:此"割牲"兼"羞俎豆"不言祭祀享食之事,則凡有割牲及進俎豆者皆爲之。**注**割牲,制體也。羞,

---

① "三"字原作"二",據阮本改。
② "但比同士"四字阮本同,阮校引浦鏜説云:"'比同'當'此司'之誤。"
③ "如"字原作"知",據阮本改。

進也。○釋曰：言"割牲，制體也"者，若據祭祀，則《禮運》云"腥其俎，孰其殽，體其犬豕牛羊"之類。鄭彼注云"腥其俎，謂豚解而腥之"，爲七體是也[1]；"孰其殽，謂體解而爓之"，爲二十一體是也；"體其犬豕牛羊"，鄭云："謂分別骨肉之貴賤，以爲衆俎也。"更破使多，熟而薦之。若據饗，則《左氏傳》云"王饗有體薦，燕有折俎"是也。**凡會同，作士從。賓客亦如之。**注作士從，謂可使從於王者。○釋曰：云"作士從"者，謂選"可使從於王者"。此士亦謂卿、大夫皆是也。**作士適四方使，爲介。**注士使，謂自以王命使也。介，大夫之介也。《春秋傳》曰："天王使石尚來歸脤[2]。"○釋曰：云"士使，謂自以王命使也"者[3]，此即《行夫職》云"美惡而無禮者"，即有使士特使法，即使士與行夫等共行，是以引石尚之事爲證。云"介，大夫之介也"者，謂《聘禮》大夫爲次介，其餘皆士介。天子使大夫下聘諸侯，亦使士爲介。若使卿、大夫，則射人作之，故《射人》云："有大賓客，作卿、大夫從。"注云："作者，使從王見諸侯。"彼雖不云會同，明會同亦與賓客同可知也。《春秋》者，《左氏》、《公羊》皆有其事，故《公羊》云"石尚者何？天子之士也"，注云"天子上士，以名氏通"是也。**大喪，作士掌事，**注事，謂奠、斂之屬。○釋曰：始死則有奠，及至小斂、大斂、朝夕、朔月、月半、薦新、遷廟、祖奠、大遣奠等，皆是未葬已前，無尸，不忍異於生，皆稱奠。葬後反，日中而虞，有尸，即謂之爲祭。此經直云"事"，不云祭祀，明據"奠、斂之屬"也。**作六軍之士執披。**注作，謂使之也。披，柩車行，所以披持棺者，有紐以結之，謂之戴。鄭司農云："披者，扶持棺險者也。天子旁十二，諸侯旁八，大夫六，士四。"玄謂結披必當棺束，於束繫紐。天子、諸侯載柩三束[4]，大夫、士二束。《喪大記》曰："君纁披六，大夫披四，前纁後玄；士二披，用纁。"人君禮文，欲其數多，圍數兩旁言六耳，其實旁三。○釋曰：云"六軍之士"者，即六鄉之民，以其鄉出一軍，六鄉故名六軍之士也。但鄭以天子千人而云六軍者，以天子千人出自六軍，故號六軍之士，非謂執披有七萬五千人也。云"披，柩車行，所以披持

---

① "七"字原作"十一"，據阮本改。

② "脤"字原作"眅"，據婺本、金本、阮本改。

③ "命"字原作"令"，據阮本改。

④ 阮校云："余本、嘉靖本、毛本同，閩、監本'載'作'戴'。"孫疏云："據賈疏釋注，此條兼引《喪大記》注'戴'字說解，似賈所見本亦作'戴'。然'戴柩'於義不順，今從宋本及嘉靖本。"

棺者”，柩車則屢車。云披者，車兩旁使人持之，若四馬六轡然，故名持棺者爲披也。云“有紐以結之，謂之戴”者，《喪大記》云“纁戴”者是也。先鄭云“披者，扶持棺險者”，先鄭意，屢車行，恐逢道險者有傾覆，故云扶持棺險也。云“天子旁十二，諸侯旁八，大夫六，士四”者，無所依據，後鄭不從。“玄謂結披必當棺束，於束繫紐”者，謂屢車兩旁皆有柳材，其棺皆以物束之，故云“天子、諸侯載柩三束，大夫、士二束”。彼《喪大記》不言天子，此言者，欲見天子無文，約與諸侯同。“謂之戴”者，彼《大記》注云：“戴之言值也，所以連繫棺束與柳材使相值，因而結前後披也。”披結於紐，故引《喪大記》“君纁披六”已下。其屢車柳材與中央棺束數等，人君三，大夫、士二。《大記》云“君纁披六，大夫四披”者，皆是“禮文”，故“圍數兩旁”言六、言四也。士禮小①，無文，故據一旁而言二。若然②，大夫亦圍數兩旁言四，直云“人君”者，據尊者而言也③。**凡士之有守者**④，**令哭無去守。**注守官不可空也。○釋曰：此文承“大喪”之下⑤，“令哭無去守”，則大夫、士有使役守當，雖同爲天子斬衰，不可廢事空官，故令哭不得去守也。**國有故，則致士而頒其守。**注故，非喪，則兵災⑥。○釋曰：知“非喪”者，以上文已言“大喪”，明此是“兵災”，非喪也。**凡邦國，三歲則稽士任而進退其爵禄。**注任，其所掌治。○釋曰：此言“稽士任”文承“邦國”，即是邦國之卿、大夫、士揔曰士也。據其所任治“而進退其爵禄”。但諸侯之臣進退應是諸侯當國爲之，今於天子司士而言者，但司士作法與之，使諸侯自黜陟耳，非謂司士自黜陟也。

諸子掌國子之倅，掌其戒令與其教治，辨其等，正其位。○釋曰：云“掌國子之倅”者，倅謂副代父，則國子爲副代父者也。注故書倅爲卒。鄭司農

---

①　“士”字原作“古”，據阮本改。
②　“然”字原作“然然”，誤衍一字，據阮本删。
③　“而”字原作“者”，據阮本改。
④　“凡”字原脱，據婪本、金本、阮本補。
⑤　“承”字原作“丞”，據阮本改。本職最後一經賈疏“文承邦國”同。
⑥　阮校云：“據疏語，此注祇當云‘故謂兵災’，‘非喪’之言，乃賈氏闡發鄭義語，不當竄入注中也。若如此注，則‘喪’與‘兵災’二者並舉，賈疏不得捨喪專言兵災矣。”孫疏云：“賈説是也。《大司徒》注云‘大故，謂王崩及寇兵也’，《司險》注云‘有故，喪、災及兵也’，則通言之，凡喪事亦爲有故。今此上文已有‘大喪’之文，而别以‘有故’作更端之語，明此‘有故’不兼喪事，則必專指兵災可知，故云‘非喪，則兵災’也。”

云："卒讀如'物有副倅'之倅。國子，謂諸侯、卿、大夫、士之子也。《燕義》曰：'古者周天子之官有庶子官。'與《周官》諸子職同文。"玄謂四民之業而士者亦世焉。國子者，是公、卿、大夫、士之副貳。戒令，致於大子之事。教治，脩德學道也。位，朝位。○釋曰：先鄭云"國子，謂諸侯、卿、大夫、士之子也"者，《王制》云："王大子、王子、羣后之大子、卿大夫元士之適子，皆造焉。"則王大子、王子亦曰國子，不言者，彼不據諸子職而言，故含有王大子、王子，亦以四術成之，故《文王世子》成王猶在學，學君臣、父子、長幼之禮也；此據諸子主國子致與大子使用，故不得通王大子、王子也。引《燕義》云"'古者周天子之官有庶子官'，與《周官》諸子職同文"者，彼《燕義》本釋《燕禮》之事，但《燕禮》有"庶子執燭"及"獻庶子"之文，更不見餘義，故記人欲釋《燕禮》"庶子"之義，故取天子諸子職解庶子。諸、庶俱訓爲衆，天子之諸子、諸侯之庶子皆掌卿、大夫、士之適子，適子衆多，故云"諸"，或言"庶"，諸、庶通名，故天子諸子爲庶子也。"玄謂四民之業而士者亦世焉"者，此《齊語》桓公謂管仲曰："成民之事若何？"管仲對曰："民無使雜處。"公曰："處士農工商若何？"管仲曰："昔者聖王之處士就閑燕，處工就官府①，處商就市井，處農就田野，少而習焉，其心安焉。"桓公曰："士之子恒爲士，農之子恒爲農，工之子恒爲工，商之子恒爲商。"是四民之業爲世也。引之者，見士之子亦入倅色也。案《王制》"大夫不世"，今亦有倅入世者，以大夫有功德亦得世，故《詩》云"凡周之士，不顯亦世"也。云"國子者，是公、卿、大夫、士之副貳"者，增成先鄭義。云"戒令，致於大子之事"者，即下文是也。云"教治，脩德學道也"者，云教，故知修德學道也。經云"辨其等"，謂才藝高下等級也。國子所學道德即《師氏職》"三德"、"三行"并《保氏》"六藝"者是也。云"位，朝位"者，謂朝大子時依父蔭高下爲列也。**國有大事，則帥國子而致於大子，唯所用之。若有兵甲之事，則授之車甲，合其卒伍，置其有司，以軍灋治之。司馬弗正。**○釋曰：云"大事"，下有"兵甲之事"，則此大事謂祭祀也。故《左氏傳》云"國之大事，在祀與戎"，此經二"事"當之也。**注**軍法，百人爲卒，五人爲伍。弗，不也。國子屬大子，司馬雖有軍事，不賦之。○釋曰：軍法從五人爲伍至萬二千五百人爲軍有六節，今注直云"百人"與"五人"，略舉之耳。云"不賦之"，解經"正"爲賦稅，謂不賦田稅、泉稅者也。**凡國正弗及。**○釋曰：上文云"弗正"，謂兵

---

① "工就"二字原作"就工"，據阮本乙。

賦。此云"國正",謂鄉遂之中所有甸徒力征之等①,並不及也。**大祭祀,正六牲之體。** 注正,謂枇載之②。○釋曰:案《特牲》、《少牢》移鼎入陳即有一人鼎中匕出牲體、一人在鼎西北面載之於俎③,既言"正六牲之體",明是此二事也。**凡樂事,正舞位,授舞器。** 注位,佾處。○釋曰:云"凡樂事"者,則諸作樂有舞之處,皆使正舞人八八六十四人之位;并授舞者之器,文舞則授羽籥、武舞授干鏚之等④。云"位,佾處"者,即謂天子八佾、諸公六佾、諸侯四佾之等也。**大喪,正羣子之服位。會同、賓客,作羣子從。** 注從於王。○釋曰:云"大喪,正羣子之服位"者,位謂在殯宮外內哭位也。正其服者,公、卿、大夫之子爲王斬衰,與父同,故《雜記》大夫之子得行大夫禮故也。云"會同、賓客,作羣子從"者,作,使也,使國子"從王"也。**凡國之政事,國子存遊倅,使之脩德學道,春合諸學,秋合諸射,以攷其藝而進退之。** ○釋曰:云"凡國之政事"者,謂國內有繇役之事皆是也⑤。云"國子存遊倅,使之脩德學道"者,謂國有事時,此國子存遊暇無事之倅中,使脩德學道二事也。云"春合諸學"者,謂於大學之中使之學也。云"秋合諸射"者,使在射宮習射也。云"以考其藝"者,考校才藝長短。云"而進退之"者,才藝長,進與官爵;才藝短者,退之,使更服膺受業也。注遊倅,倅之未仕者。學,大學也。射,射宮也⑥。《王制》曰:"春秋教以《禮》《樂》,冬夏教以《詩》《書》。王大子、王子、羣后之大子、卿大夫元士之適子、國之俊選,皆造焉。"○釋曰:"倅"是副代,已是未在仕,復云"游",游是游暇,亦是"未仕"之稱。云"學,大學也"者,《周禮》若言異代之學,則舉其學名,即成均、瞽宗之類;今此直言"學",明是周之大學也。《周禮》文⑦,大學在國中,即夏后氏東序,在王宮之左也。云"射,射宮也"者,《射義》云:"已射於澤,然後射於射宮。"射宮即國之小學,在西郊,則虞庠是也。"《王制》曰:春秋教以《禮》《樂》,冬夏教以《詩》《書》"者,案彼鄭注云:"春夏,陽

---

① "甸"字原作"旬",據阮本改。

② 孫疏云:"枇者,以匕出牲體於鼎也。《士昏禮》注云'匕,所以別出牲體也',《士喪禮》作'枇',枇、匕字同,故《大僕》、《御僕》注並作'匕載'。"

③ "匕"字字形原在"匕"、"上"之間,茲據阮本作"匕"。

④ "干"字原作"于",據阮本改。

⑤ "也"字原作"也也",誤衍一字,據阮本刪。

⑥ "宮"字原作"官",婺本、金本同,據阮本改。

⑦ "文"字阮本作"云",阮校云:"監、毛本'云'誤'文'。"

也。《詩》《樂》者聲，聲亦陽也。秋冬，陰也①。《書》《禮》者事，事亦陰也。因時順氣，於功易成也。"云"王大子、王子、羣后之大子、卿大夫元士之適子、國之俊選，皆造焉"者，若王之子，得適庶俱入學；若羣后畿內諸侯已下，則庶子賤，不得在學，故皆云適子也。引之者，證貴賤皆在教科也。

司右掌羣右之政令。注羣右，戎右、齊右、道右。〇釋曰：知司右主此三右者，案下文云車有五等，右唯三，故下注云"齊右兼玉路之右，戎右兼田右"等也。凡軍旅、會同，合其車之卒伍，而比其乘，屬其右。注合、比、屬，謂次第相安習也。車亦有卒伍。〇釋曰：右"軍旅"②，據征伐。"會同"，謂時見曰會、殷見曰同。三者皆"合車之卒伍"。云"合、比、屬，謂次第相安習也"者，皆謂教習使安隱也③。云"車亦有卒伍"者，案宣十二年《傳》云："其君之戎分爲二廣，廣有一卒，卒偏之兩。"《司馬法》曰："二十五乘爲偏。"又云："以百二十五乘爲伍。"注："伍重，故百二十五乘。"是其車之卒伍也。凡國之勇力之士能用五兵者屬焉，掌其政令。注勇力之士屬焉者，選右當於中。《司馬法》曰："弓矢圍④，殳矛守，戈戟助。凡五兵，長以衛短，短以救長。"〇釋曰：云"勇力之士屬焉者，選右當於中"者，但車右須得勇力之士，若選右不於中，何因屬司右？故鄭爲此釋也。引《司馬法》曰"弓矢圍"者，圍城時也；"殳矛守"者，守城時也；"戈戟助"者，謂圍守皆用戈戟助之。云"凡五兵，長以衛短，短以救長"者，圍者以弓矢爲長，戈戟爲短；守者亦以戈戟爲短，以殳矛爲長。故云長以衛短，短以救長，使力相得也。此五兵據勇力之士所用，下注車之五兵則無弓矢而有夷矛是也。

---

① "陰"字原作"陽"，據阮本改。

② 浦鏜云："'右'當'凡'字誤。"

③ "安隱"二字阮本作"安穩"，"穩"爲後起字，非賈疏原文。

④ 阮校引《九經古義》云："'圍'當作'圉'，字之誤也。古圉、禦通用，今《司馬法》作'禦'，是也。"

周禮疏卷第三十七

唐朝散大夫行大學博士弘文館學士臣賈公彥等撰

虎賁氏掌先後王而趨以卒伍。**注**王出，將虎賁士居前後，雖羣行亦有局分。〇釋曰：鄭云“王出，將虎賁士居前後，雖羣行亦有局分”者，以經云“卒伍”，則是五人爲伍、百人爲卒；又案《序官》云“虎賁氏，下大夫二人，中士十有二人，府二人，史八人，胥八十人，虎士八百人”，是其雖羣行亦有局分，置卒伍是也。**軍旅、會同亦如之。舍則守王閑。注**舍，王出所止宿處。閑，梐枑。〇釋曰：鄭云“舍，王出所止宿處”者，案《掌舍》云：“掌王之會同之舍，則設梐枑再重。”杜子春以爲“行馬”，後鄭云：“行馬再重者，以周衛有外內列。”《校人職》：“養馬曰閑。”是其閑與梐枑皆禁衛之物，故以“閑”爲“梐枑”釋之也。**王在國，則守王宮。注**爲周衛。〇釋曰：在外守王閑“爲周衛”，明在國亦爲周衛也。**國有大故，則守王門。大喪亦如之。注**非常之難要在門。〇釋曰：“大故”，謂兵災。“大喪”，謂王喪。二者皆是“非常之難”，須警備，故云“要在門”也。**及葬，從遣車而哭。注**遣車，王之魂魄所馮依。〇釋曰：“遣車”者，將葬盛所苞奠遣送者之車。其車內既皆有牲體，故云“王之魂魄所馮依”。遣車多少之數天子無文。案《雜記》云：“遣車視牢具。”鄭注云：“多少各如所苞遣奠牲體之數。”案《檀弓》云：“國君七個，遣車七乘；大夫五個，遣車五乘。”鄭云：“諸侯不以命數，喪數略也。”士無遣車，大夫五乘，諸侯七乘，天子宜九乘，故鄭注《雜記》云：“天子大牢苞九個，遣車九乘。”苞肉皆取大遣奠之牲體，天子大牢外更用馬牲，皆前脛折取臂臑，後脛折取骼，苞肉各九個[①]，皆細分其體以充數也。**適四方使，則從士、大夫。注**虎士從使者。〇釋曰：天子有下聘諸侯法，《大行人》所云歲徧問之等，時則使虎賁從行也。**若道路不通有徵事，則奉書以使於四方。注**不

---

① “苞肉”二字阮本作“肩斷”，阮校云：“‘肩斷’是也。”

通，逢兵寇若泥水。奉書，徵師役也。《春秋》隱七年：“冬，戎伐凡伯于楚丘以歸。”○釋曰：云“奉書，徵師役也”者，若“兵寇”則徵師，若“泥水”則徵役。引《春秋》者，案《左氏傳》云：初，戎往朝周，周大夫皆發禮禮戎，唯凡伯不禮焉，後凡伯至魯，戎則要而伐之，故云“戎伐凡伯於楚丘以歸”。是其事也。

旅賁氏掌執戈盾夾王車而趨，左八人，右八人，車止則持輪。**注**夾王車者，其下士也。下士十有六人，中士爲之帥焉。○釋曰：知“夾王車”是“下士十六人”者，見《序官》云“旅賁氏，中士二人，下士十有六人”，此經左右十六人，故知是旅賁氏之下士也。中士是官首，明“爲之帥”也。凡祭祀、會同、賓客，則服而趨。**注**服而趨，夾王車趨也。會同、賓客王亦齊服服袞冕，則此士之齊服服玄端。○釋曰：知“服而趨”是“夾王車”者，約上文“夾王車而趨”，故知也。云“會同、賓客王亦齊服服袞冕”者，見下文《節服氏》云“掌祭祀、朝覲袞冕”，鄭云：“從王服。”朝覲服袞冕，則會同、賓客亦服袞冕，故《覲禮》“天子袞冕負黼扆”是也。云“則此士之齊服服玄端”者，若士助祭服爵弁，此爲會同，故齊服服玄端。喪紀，則衰葛執戈盾。**注**葛，葛絰。武士尚輕。○釋曰：臣爲王貴賤皆斬衰，斬衰麻絰，至葬乃服葛，今王始死即服葛，故云“武士尚輕”。軍旅，則介而趨。**注**介，被甲。○釋曰：在軍爲甲士著甲，餘有不服甲①，但此旅賁勇士衛王，故被甲而趨也。

節服氏掌祭祀、朝覲袞冕六人維王之大常。**注**服袞冕者，從王服也。維，維之以縷。王旌十二旒，兩兩以縷綴連，旁三人持之。禮，天子旌曳地。鄭司農云：“維，持之。”○釋曰：云“服袞冕者，從王服也”者，以其節服氏者世能節王之衣服，明節服所服與王同，故云從王服也。云“維，維之以縷”者，以其言“維”，維是連綴之名，故知用縷連綴之也。云“王旌十二旒”者，《巾車》云：“玉路建大常十有二旒。”經云六人維之，明一畔有三人，三人維六旒，故知“兩兩以縷連，旁三人持之②”。云“禮，天子旌曳地”者，《禮緯文》。引之者，若不遣維持之，則旒曳地故也。諸侯則四人，其

---

① “有”字阮本作“者”。
② “三”字原作“二”，據阮本改。

服亦如之。○釋曰：依《禮緯·含文嘉》云①：“天子旌九仞十二旒②，曳地。諸侯七仞九旒，齊軫。大夫五刃五旒，齊較。士三仞三旒，齊首。”③彼或異代法，故旒不依命數。周之諸侯之旌皆交龍爲之，上公九旒，侯、伯則七旒，子、男則五旒，今揔云“四人”，則不得兩兩維之，但一畔有二人分而維之，見威儀耳。云“其服亦如之”者，節服氏之服亦與諸侯同。諸侯唯二王後與魯得祭天服袞冕，其餘諸侯唯得祭宗廟服玄冕。節服氏皆與君同服，故云其服亦如之。郊祀，裘冕二人執戈，送逆尸從車。注裘冕者，亦從尸服也。裘，大裘也。凡尸服卒者之上服。從車，從尸車送逆之往來。《春秋傳》曰：“晉祀夏郊，董伯爲尸。”○釋曰：尸服與王同大裘，節服氏亦大裘，故二人皆“裘冕執戈，送逆尸”。云“從車”者，送逆皆從尸車後。云“凡尸服卒者之上服”者，案《士虞·記》云：“尸服卒者之上服。”注云④：“上服，如《特牲》士玄端也。不以爵弁服爲上者，祭於君之服，非所以自配鬼神。”彼據臣，卒者上服以家祭上服，不得用助祭服⑤；此據王，自然用卒者家祭上服服大裘也。引《春秋傳》者，是《外傳·晉語》文。

　　方相氏掌蒙熊皮，黃金四目，玄衣朱裳，執戈揚盾，帥百隸而時難，以索室毆疫。注蒙，冒也。冒熊皮者，以驚毆疫癘之鬼，如今魌頭也。時難，四時作方相氏以難卻凶惡也⑥。《月令》：“季冬，命國難。”索，廋也。○釋曰：云“時難⑦，四時”者，案《月令》唯有三時儺，是以《月令》季春云“命國儺”，以季春日歷大梁，有大陵積尸之氣與民爲厲，命有國者儺；仲秋云“天子乃儺”，時斗建酉⑧，亦有大陵積尸之氣，此月儺陽氣，陽氣至此不止，害將及人，唯天子得儺，諸侯亦不得；季冬云“乃命有司大儺”，言大，則及民庶亦儺。唯有此三時儺，鄭云四時者，雖三時亦得云四時，揔言之

---

①　“文”字原作“文文”，誤衍一字，據阮本刪。

②　“仞”字原作“四”，據阮本改。

③　孫校云：“《公羊》襄十八年徐疏引《禮緯·稽命徵》、《含文嘉》作‘大夫五刃七旒，士三刃五旒’，似是。此疏大夫、士與旒數不異，蓋傳寫之誤。”

④　“注”字原脱，據阮本補。

⑤　“用”字原作“周”，據阮本改。

⑥　“卻”字原作“郤”，金本同，據婺本、阮本改。

⑦　“難”字左側似尚有殘損筆畫，蓋原作“儺”，與下文同。阮本亦作“儺”，阮校云：“閩、毛本‘儺’作‘難’，下並同，當據正。”

⑧　“斗”字原作“升”，據阮本改。

也。若然，此經所儺據十二月大儺而言，是以鄭引"季冬"爲證也。《鄉黨》"鄉人儺"，《郊特牲》云"鄉人禓"，亦皆據十二月民庶得儺而言也。**大喪，先匶；注**葬使之道。〇釋曰：喪所多有凶邪，故"使之導"也。**及墓，入壙，以戈擊四隅，毆方良。注**壙，穿地中也。方良，罔兩也[①]。天子之椁柏黃腸爲裏，而表以石焉。《國語》曰："木石之怪夔罔兩。"〇釋曰：必破"方良"爲"罔兩"者，入壙無取於方良之義故也。云"天子之椁柏黃腸爲裏，而表以石焉"者，欲見有罔兩之義，故引漢法爲證。又《檀弓》云："天子柏椁以端，長六尺。"言椁柏，則亦取柏之心黃腸爲椁之裏，故漢依而用之。而表之以石，古雖無言，漢亦依古而來，蓋周時亦表以石，故有罔兩也。云《國語》者，案《國語》："水之怪龍罔象，土之怪夔罔兩。"則知方良當爲罔兩也。

大僕掌正王之服位，出入王之大命。**注**服，王舉動所當衣也。位，立處也。出大命，王之教也。入大命，羣臣所奏行。〇釋曰：云"服，王舉動所當衣也"者，謂王吉服有九，隨事舉動而衣。大僕親近王所之官，故王之衣服及位處恐其不正，故皆正之也。云"位，立處也"者，王之起居無常，或起居行事之時多以立爲正，故以立處言之也。云"出大命，王之教也"者，一日萬機，有其出者皆是王之教也。云"入大命，羣臣奏行"者，謂羣臣奉行王命報奏者皆是也。**掌諸侯之復逆。注**鄭司農云："復，謂奏事也。逆，謂受下奏。"〇釋曰：案《宰夫職》云："諸臣之復，萬民之逆。"先鄭云："復，請也。逆，迎受王命者。"玄謂："復之言報也、反也，反報於王，謂朝廷奏事。自下而上曰逆，逆謂上書。"先鄭彼注與此不同者，先鄭兩解，故彼後鄭不從；至此注先鄭於義是，故後鄭從之。此說先鄭云"復，謂奏事"，即彼後鄭云"復，謂朝廷奏事"，一也；此先鄭云"逆，謂受下奏"，即彼後鄭云"自下而上曰逆，謂上書"，亦一也。**王眡朝，則前正位而退，入亦如之。注**前正位而退，道王，王既立，退居路門左，待朝畢。〇釋曰：云"前正位而退，道王，王既立，退居路門之左，待朝畢"者，此即上《司士》所云"大僕前"，亦一也。大僕本位在路門之左，今進前正位訖還退在本位，故云退居路門左也。云待朝畢者，欲"入亦如之"，王退入路寢聽事時亦前正王位，却位立也。**建路鼓于**

---

① "罔"字原作"冈"，婺本同，金本作"図"，皆"罔"之俗字，茲據阮本作"罔"。下注、疏中"罔"字皆同。

大寢之門外，而掌其政。注大寢，路寢也。其門外則內朝之中，如今宮殿端門下矣。政，鼓節與早晏。○釋曰：此鼓所用，或擊之以聲“早晏”，或有窮遽者擊之以聲冤枉也，故建之於正朝之所也。云“大寢，路寢也”者，欲見在路寢門外正朝之處。云“其門外則內朝之中”者，案《玉藻》云：“視朝於內朝，羣臣辨色始入。”彼諸侯禮，天子亦然。若據《文王世子》，亦得謂之外朝，故《文王世子》云：“其朝於公，內朝，臣有貴者以齒，其在外朝則以官。”彼以路門外爲外朝者，對路寢庭朝爲外朝，其實彼外朝亦內朝耳。以其天子、諸侯皆內朝二、外朝一，既以三槐九棘朝爲外朝一，明此內二者皆內朝也。以待達窮者與遽令，聞鼓聲，則速逆御僕與御庶子。○釋曰：云“以待”者，大僕在王所，恒於路寢之中，若有“窮者”及“遽令”二者來擊此鼓，其御僕、御庶子直在鼓所者則入告大僕①。大僕迎此二官，以所告之事白王，故云“聞鼓聲，則速逆御庶子”也②。注鄭司農云：“窮，謂窮冤失職。則來擊此鼓，以達於王，若今時上變事擊鼓矣。遽，傳也。若今時驛馬軍書當急聞者亦擊此鼓。令聞此鼓聲③，則速逆御僕與御庶子也，大僕主令此二官使速逆窮遽者。”玄謂達窮者，謂司寇之屬朝士，掌以肺石達窮民，聽其辭以告於王。遽令，郵驛上下程品。御僕、御庶子，直事鼓所者。大僕聞鼓聲，則速逆此二官，當受其事以聞。○釋曰：先鄭以“令”字下讀爲句，云“大僕主令此二官使速逆窮遽二者”。後鄭不從者，若使御僕、御庶子迎窮與遽，則二官自白王，不告于大僕，事何得在《大僕職》乎者？以是故後鄭以爲大僕“聽其辭”，自白王。後鄭以“達窮”是“朝士”者，以其《朝士職》有“在肺石達窮民”④，窮民先在肺石，朝士達之乃得擊鼓，故本之也。知“御僕、御庶子，直事鼓所者”，見《御僕》云“以序守路鼓”；云御庶子者，蓋以御僕有下士十二人分之爲御庶子⑤，揔名曰御僕也。

祭祀、賓客、喪紀，正王之服位，詔灋儀，贊王牲事。注詔，告也。牲事，殺割匕載之屬。○釋曰：經三事皆有法度威儀，故須大僕告之。云“牲事，殺割”者，言殺，據祭祀之時王親自射牲，故《司弓矢》云“共王射牲之弓矢”，注云：“射牲，示親

---

① 浦鏜云：“‘事’誤‘在’。”
② 浦鏜謂“御”下脱“僕與御”三字。
③ “聲”字原作“擊”，據婺本、金本、阮本改。
④ 浦鏜云：“‘右’誤‘在’。”孫校引汪文臺説云：“‘以’誤‘在’。”
⑤ “士”字原作“七”，據阮本改。

殺。"殺牲非尊者所親，唯射爲可。殺時大僕及射人、大宰等皆贊之。《國語》云："禘郊之事，天子必親自射牲。"彼據祭天。《司弓矢》云："凡祭祀"，言凡，語廣，則祭社稷、宗廟亦射牲也。知有割牲者，《郊特牲》云："君肉袒親割，敬也。"注云："割，解牲體也。"《禮器》云："君親割牲，夫人薦酒。"注云："親割，謂進牲熟體時。"《祭統》亦云："君執鸞刀，羞嚌。"彼據諸侯，明天子亦然。云"匕載"者，案《易·震卦·象》云："震驚百里，不喪匕鬯。"注云："雷發聲百里者，諸侯之象。"人君於祭祀之禮匕牲、薦鬯而已，其餘不親。彼諸侯親匕[①]，明天子亦然，是以大僕得有贊牲之事。《少牢》不親匕，下人君故也。《特牲》親匕者，士卑不嫌也。**王出入，則自左馭而前驅。注**前驅，如今道引也。道而居左自馭，不參乘，辟王也。亦有車右焉。○釋曰：云"王出入"者，謂朝覲、會同并凡祭祀、巡狩、征伐皆是。大僕則在車左，不敢使人馭，自馭而前驅也。若使人馭，馭在中央，身無事居左，大尊，故自馭也。知"亦有車右"者，以車右恐車傾覆，備非常，雖無尊者，亦宜有車右勇力者也。**凡軍旅、田役，贊王鼓。**○釋曰："軍旅"，謂征伐。"田役"，謂田獵。王皆親鼓，故大僕贊之。**注**王通鼓[②]，佐擊其餘面。○釋曰：云"王通鼓"者，謂王親將軍衆，待王擊乃擊之，謂若《鼓人》云"金鐲通鼓"之類也。云"佐擊其餘面"者，案《大司馬》云："王執路鼓。"路鼓四面鼓，將居鼓下，則前面不得擊之，唯有三面[③]。今之此大僕佐擊一面，《戎右》亦云"贊王鼓"，則亦擊一面，通王自擊一面，是三面也。若然，王與御者并戎右已有三人，今更有大僕，則駟乘。案文十一年："侯叔夏御莊叔，綿房甥爲右，富父終生駟乘[④]。"彼注云："駟乘，四人共車。"與此同也。**救日月亦如之。注**日月食時。《春秋傳》曰："非日月之眚，不鼓。"○釋曰：云"亦如之"者，大僕亦贊王鼓，佐擊其餘面。但日食陰侵陽[⑤]，當與鼓神祀同用雷鼓也。若然，月食當用靈鼓。但《春秋》記日食不記月者，以日食陰侵陽，象臣侵君，非常，故記之；月食陽侵陰，象君侵臣，故不記。此云"救日月"，食時亦擊鼓救可知[⑥]。云《春秋》者，《左氏》莊二十五年："日有食之，鼓，用牲於社。"彼《傳》鼓與牲並譏之，以彼《傳》云："唯正月之朔，慝

---

① "匕"字原作"上"，據阮本改。
② "王"上原衍"注"字，據婺本、金本、阮本删。
③ "面"字原作"囬"，據阮本改。
④ "生"字阮本作"甥"，與傳本《左傳》合。
⑤ "日"字原作"月"，據阮本改。
⑥ "時"字原作"明"，據阮本改。又阮校引盧文弨説云："'食'上當脱一'月'字。"

未作，日月之食①，於是乎用幣于社，伐鼓于朝。”若然，唯四月正陽之月乃擊鼓，彼四月不合擊鼓之月②。天災有幣無牲，故亦譏之也。彼《傳》又云：“‘秋，大水。鼓，用牲于門’，亦非常。”《傳》曰：“非日月之眚，不鼓。”若然，此言爲秋大水擊鼓而故，引之者，欲見日月食時皆合擊鼓，與此文同也。**大喪，始崩，戒鼓，傳達于四方，窆亦如之；**注戒鼓，擊鼓以警衆也。故書戒爲駭。鄭司農云：“窆，謂葬下棺也。《春秋傳》所謂‘日中而偏’③，《禮記》謂之‘封’，皆葬下棺也，音相似，窆讀如‘慶封氾祭’之氾。”○釋曰：言“大喪”，謂王喪。始崩云“戒鼓”，謂擊鼓以警戒，警戒衆人④。“傳達于四方”，謂以鼓聲相傳，聞達四方。窆葬之時亦如始崩也。引《春秋》者，左氏昭公十二年《傳》云“葬鄭簡公”，云：“毀之，則朝而偏；不毀，則日中而偏。”“《禮記》謂之封”者，《喪大記》與《檀弓》皆以下棺爲“封”字。云“音相似”者，字雖不同，皆作“窆”音。云“讀如慶封氾祭之氾”者，慶封，齊大夫，有罪來奔魯，魯以饗食之，祭先，遂覆豆以祭⑤，謂之氾祭。但彼氾字只取廣氾之義，鄭意讀窆與氾爲音同，義則異也。**縣喪首服之灋于宮門。**注首服之法，謂免髽笄總廣狹長短之數。縣其書於宮門，示四方。○釋曰：鄭知“首服之法”是“免髽笄總廣狹長短之數”者，案《小宗伯》已云“縣衰冠之式于路門之外”，注云：“制色宜齊同。”彼云冠，專據男子；云衰，則兼婦人。此云首服，明無衰與男子冠，直是婦人首服，故知唯有免髽笄總耳。但始死將斬衰者男子笄纚深衣、婦人麻髽并笄總，是以《喪服·斬衰章》云：“女子子箭笄髽衰，三年。”將齊衰以下者，始死男子免、婦人布髽也。云廣狹長短者，鄭注《禮記》云：“免，蓋象冠，廣一寸。”婦人笄，齊衰榛木、斬衰箭竹爲之也。云“縣其書於宮門，示四方”者，《小宗伯》云“懸于路門”，此宮門亦路門也。**掌三公、孤、卿之弔勞。**注王使往。○釋曰：此等皆王合親往，今使大僕者，或王有故不得親往，故使大僕也。**王燕飲，則相其灋。**注相，左右。○釋曰：此“燕

---

① 阮校云：“閩、監、毛本作‘日有食之’，此誤。”
② 阮校云：“浦鏜云‘六’誤‘四’。或云‘彼’下應有‘非’。”
③ “偏”字婺本、金本同，阮本作“塴”。按《地官·鄉師職》、《遂人職》先鄭注亦引《春秋傳》，諸本皆有“偏”、“塴”之異，孫疏謂先鄭所據《左傳》蓋與杜預注本從“土”旁者不同。
④ 浦鏜云：“下‘警戒’二字當衍文。”
⑤ “祭”字原脱，據阮本補。

飲”，謂與諸侯燕①，若公三燕、侯伯再燕、子男一燕之等，或王與羣臣燕之等皆是。其法有主人酌酒獻賓、賓酢主人、主人酬賓洗爵升降之法，皆左右相助王，故云“相其法”也。**王射，則贊弓矢。** 注贊，謂授之，受之。○釋曰：此謂大射也。案《大射禮》云：“大射正執弓，小臣授矢於公。既射，大射正受弓。”天子之禮則大僕授受，其法與彼同。必知此禮大射禮者，見《小臣職》云“賓射，掌事如大僕之法”，則知大射此大僕所掌者是也。其小臣所掌賓射亦當授受可知。**王眂燕朝，則正位，掌擯相。** 注燕朝，朝於路寢之庭。王圖宗人之嘉事則燕朝。○釋曰：以其路寢安燕之處，則謂之燕朝，以其與賓客饗食在廟，燕在寢也。但與賓客及臣下燕時亦有朝，鄭必以“王圖宗人嘉事”爲燕朝者，以其因燕而朝賓臣《燕禮》已有成文，圖宗人嘉事者朝不見，故鄭特見之。云圖宗人嘉事者，謂宗人冠婚嘉禮之等皆曰嘉事。**王不眂朝，則辭於三公及孤、卿。** 注辭，謂以王不視朝之意告之。《春秋傳》曰：“公有疾，不視朔。”○釋曰：引《春秋》者，文十六年：“公四不視朔。”時齊有會，公辭疾不往，遂不視朔，故《傳》曰：“公有疾，不視朔。”引之者，證不視朝亦是有故不視之意也②。

小臣掌王之小命，詔相王之小灋儀。注小命，時事所勑問也。小法儀，趨行拱揖之容。○釋曰：《大僕》所云大命及祭祀、賓客詔相之者是大，此小臣，大僕之佐，故掌其小者也。云“趨行拱揖之容”者，謂若趨以《采薺》、行以《肆夏》、天子揖同姓之等皆有容儀，而詔相之。**掌三公及孤、卿之復逆，正王之燕服位。**
○釋曰：諸侯是賓客，其復逆大僕尊官掌之；“三公、孤、卿”是臣在朝廷，故小臣掌也。注謂燕居時也。《玉藻》曰：“王卒食，玄端而居。”○釋曰：云“燕服位”者，謂在路寢中聽事訖適後小寢燕居之時，故引《玉藻》“卒食玄端而居”爲證，彼在路寢中食訖退適燕寢服玄端朱裳而居之。**王之燕出入則前驅。** 注燕出入，若今游於諸觀苑。○釋曰：此私燕出入不要在燕寢中，故鄭引漢法“游於諸觀苑”證之。**大祭祀、朝覲，沃王盥。** ○釋曰：云“大祭祀、朝覲，沃王盥”者，大祭祀，天地、宗廟皆是。王將獻尸，先盥手洗爵，乃酌獻，故小臣爲王沃水盥手也。**小祭祀、賓客、饗食、賓射，掌事**

---

① “諸”字原作“謂”，據阮本改。
② “證”字原作“諑”，“朝”字原作“朔”，皆據阮本改。

如大僕之灋。○釋曰：“祭祀”云“小”，則“賓客、饗食”皆蒙小字。若然，饗還爲小賓客者也，小賓客謂諸侯遣臣聘問天子者也。“賓射”，對大射亦爲小也。注賓射，與諸侯來朝者射。○釋曰：此云“賓射”，與《射人》所云諸侯在朝則皆北面者一也。掌士、大夫之弔勞①。○釋曰：《大僕》“掌三公、孤、卿之弔勞”，注：“王使往。”此不言王使往，亦王使往可知。凡大事，佐大僕②。

　　祭僕掌受命于王以眡祭祀③，而警戒祭祀有司，糾百官之戒具。注謂王有故不親祭也。祭祀有司，有事於祭祀者。糾，謂校錄所當共之牲物。○釋曰：知此上下是“有故”使人祭者，觀此文勢得知，故云“受命於王以眡祭祀，既祭，帥羣有司反命於王，以王命勞之”，明是王合祭有故使人攝之者也。既祭，帥羣有司而反命，以王命勞之，誅其不敬者。大喪，復于小廟。○釋曰：“大喪”，王喪也。王生時所有事之處皆“復”，此祭僕復小廟，其夏采復大廟，其小寢、大寢④，下隸僕復也。注小廟，高祖以下也。始祖曰大廟。《春秋》僖八年：“秋七月，禘于大廟。”○釋曰：其二祧不言復，亦應此祭僕復，但無寢耳。引《春秋》者，證魯以周公爲大廟，其餘爲小廟。凡祭祀，王之所不與，則賜之禽。都家亦如之。注鄭司農云：“王之所不與，謂非郊廟尊祭祀則王不與也。則賜之禽，公、卿自祭其先祖則賜之禽也。”玄謂王所不與，同姓有先王之廟。○釋曰：先鄭云“王之所不與，謂非郊廟尊祭祀則王不與也”，後鄭不從者，案《司服》六冕所祭皆王合親爲，何有非郊廟王不與者乎？故不從之。先鄭以“則賜之禽”謂卿、大夫自祭其先亦賜之禽，後鄭不從者，卿、大夫自祭其先是其常事，何有王皆賜之禽也？故以爲“同姓有先王廟”者。若然，經“都家”謂畿內三等采地，則文云“祭祀”是畿外同姓諸侯魯、衛之屬者也。凡祭祀致福者，展而受之。注臣有祭事，必致祭肉於君，所謂歸胙也。展，謂錄視其牲體數。體數者，大牢則

---

　　①　浦鏜云：“《天官•世婦職》疏引此經有‘致禮同名爲弔’六字注。”孫疏引呂飛鵬説云：“賈氏既於《世婦》疏引之，而本疏不及一字，疑非鄭君注也。”

　　②　“凡大事佐大僕”六字原直接上經文“掌士大夫之弔勞”之下，此據阮本分爲兩節。

　　③　“祭僕”云云底本不提行。

　　④　“其”字阮本無。

以牛左肩臂臑折九个①，少牢則以羊左肩七个，特牲則以豕左肩五个。○釋曰：云“所謂歸胙”者，案《左氏傳》麗姬欲譖申生，謂申生曰齊姜欲食，使大子祭；祭訖歸胙于公，姬置藥而饋公。是有歸胙之事也。云“體數者，大牢則以牛左肩臂臑折九个”已下，並《禮記·少儀》文。凡祭祀，周人尚右，故右胖皆祭，故以左胖致人。祭言大牢，天子大夫已上；少牢，謂天子之士。彼注云：“羊、豕不言臂臑，因牛序之可知。”言肩臂臑折九个者，則一體折爲三段，則牲少體不得全，自外皆然，以人多故也。皆用前體者，前體貴，故先用也。

御僕掌羣吏之逆及庶民之復與其弔勞。注羣吏，府、史以下。○釋曰：大僕掌諸侯復逆，小臣掌三公、孤、卿復逆，此官所云“羣吏”對“庶民”，是“府、史以下”，言以下，兼胥、徒。若然，不見大夫、士者，《小臣》“孤、卿”中兼之矣。**大祭祀，相盥而登。**注相盥者，謂奉槃授巾與②？登，謂爲王登牲體於俎。《特牲饋食禮》：“主人降盥出，舉入乃匕載③。”○釋曰：上《小臣》云“沃”，此又云“盥”，明是“奉盤授巾”。以其《少牢》、《特牲》尸盥時有奉盤授巾之事，故云也。以無正文，故云“與”以疑之也。云“登，謂爲王登牲體於俎”者，以其文承“祭祀”之事，故引《特牲》“匕載”，載即登牲體於俎也。**大喪，持翣。**注翣，棺飾也。持之者，夾晷車。○釋曰：依《喪大記》注引《漢禮》：“翣以木爲匡，廣三尺，高二尺四寸，方，兩角高，衣以白布。”畫者畫雲氣，謂之畫翣；畫之以黼，謂之黼翣之類是也。天子用八，諸侯用六，大夫用四，士用二。在路夾晷車兩旁，入壙則樹之四旁，故云“棺飾”也。**掌王之燕令，**注燕居時之令。○釋曰：以御侍近臣，故使掌“燕居時之令”施之於外也。**以序守路鼓。**注序，更。○釋曰：此即《大僕》所云“速逆御僕與御庶子”者也。“序，更”者，即上鄭云“直事鼓所”者也。

隸僕掌五寢之埽除糞洒之事。注五寢，五廟之寢也。周天子七廟，唯桃無寢。《詩》云“寢廟繹繹”，相連貌也。前曰廟，後曰寢。氾埽曰埽，埽席前曰拚④。

---

① “大”字原作“人”，據婺本、金本、阮本改。
② “授”字原作“投”，金本作“受”，據婺本、阮本改。
③ “匕”字原作“上”，據婺本、金本、阮本改。下疏中“匕載”底本亦誤。
④ 阮校云：“葉鈔《釋文》：‘拚，本又作坋，同。’按坋爲叁之假借字，《說文》：‘叁，埽除也。’俗作拚，非，拚訓撫手。”

洒，灑也。鄭司農云：“洒當爲灑。”玄謂《論語》曰：“子夏之門人，當洒埽應對。”○釋曰：知“周天子七廟，唯祧之無寢”者①，此云“五寢”，下云“小寢、大寢”，不言祧之有寢，明二祧無寢也。引《詩》云“寢廟繹繹”者，欲見前廟後寢，故云“相連之貌也”。案《爾雅·釋宮》云：“有東西廂曰廟，無曰寢。”寢、廟大況是同，有廂無廂爲異耳。必須寢者，祭在廟，薦在寢，故立之。按昭十八年鄭災，“簡兵大蒐。子大叔之廟在道南，其寢在道北”者，彼廟不在宮中，地隘，故廟、寢別處也。云“氾埽曰埽，埽席前曰拚”者，謂埽地遠近之異名。及取《論語》者②，所以證經洒埽之事也③。五寢既隸僕埽除，其廟，案《守祧》注，皆宗伯埽除。**祭祀，脩寢。**注於廟祭寢，或有事焉。《月令》，凡新物先薦寢廟。○釋曰：“祭祀”，則在廟可知，復云“脩寢”者④，寢或有事，不可不脩治之也⑤。引《月令》“薦寢廟”者，欲見寢有事。彼薦只在寢，不在廟，連廟言者，欲見是廟之寢，非生人之寢故也。**王行，洗乘石。**注鄭司農云：“乘石，王所登上車之石也。《詩》云：‘有扁斯石⑥，履之卑兮。’謂上車所登之石。”○釋曰：引《詩》者，是《小雅》刺幽王之詩。言申后乘車履石與王同，故云“有扁斯石，履之卑兮”，謂履之上車與王同，故黜之也。**掌蹕宮中之事。**注宮中有事則蹕。鄭司農云：“蹕，謂止行者清道，若今時儌蹕。”○釋曰：宮中須警備，故有“蹕宮中之事”。**大喪，復于小寢、大寢。**注小寢，高祖以下廟之寢也。始祖曰大寢。○釋曰：以祭隸僕職卑位小，故使之復於小寢也⑦。以其高祖已上廟稱小⑧，始祖廟稱大，故寢亦隨廟爲稱也。

弁師掌王之五冕，皆玄冕朱裏⑨，延，紐，○釋曰：云“皆玄冕”者，古者

① 浦鏜云：“‘之’衍字。”
② “取”字阮本作“處”，阮校云：“毛本‘處’作‘攄’，即‘據’之俗寫，此誤。”
③ “洒埽”二字阮本作“埽洒”，與經文次序合。
④ “脩”字原作“薦”，據阮本改。
⑤ “不可不”三字原作“不可非”，據阮本改。
⑥ “扁”字原作“偏”，據婺本、金本、阮本改。
⑦ “祭隸僕”三字阮本同，“祭”字疑衍。“小寢”二字阮本亦同，疑當作“小寢大寢”，涉上下二“寢”而脱訛。
⑧ “上”字阮本同，阮校云：“惠校本‘上’作‘下’，此誤。”
⑨ “朱裏”二字原作“采裏”，據婺本、金本、阮本改。

績麻三十升布染之，上以玄，下以朱，衣之於冕之上下。云"延"者，即是上玄者。"紐"者，綴於冕，兩旁垂之，武兩旁作孔，以筓貫之，使得其牢固也。凡冕體《周礼》無文①，叔孫通作《漢礼器制度》取法於周，今還取彼以釋之。案彼文，凡冕以版，廣八寸，長尺六寸，以此上玄下朱覆之，乃以五采繅繩貫五采玉垂於延前後，謂之邃延，故《玉藻》云"天子玉藻，前后邃延，龍卷以祭"是也。注冕服有六，而言五冕者，大裘之冕蓋無旒，不聯數也。延，冕之覆，在上，是以名焉。紐，小鼻，在武上，筓所貫也。今時冠卷當簪者廣袤以冠縫②，其舊象與？○釋曰：云"冕服有六"者，案《司服》祭祀六服皆連"冕"言之，今此唯云五冕者，但此弁師所掌冕以旒爲主，祭天用大裘取質，其冕亦當無旒爲質，故此不數之，唯有五冕耳，故云"王之五冕"也。云"延，冕之覆，在上"，案《玉藻》注："延，冕上覆。"言雖不同，義則不異，皆以玄表覆之在冕上也。以爵弁前後平則得弁稱，冕則前低一寸餘得冕名，冕則俛也，以低爲號也。云"紐，小鼻，在武上，筓所貫也"者。若今時冠卷當簪者廣袤以冠縫，其舊象與"者，古之紐武筓貫之處，若今漢時冠卷當簪所貫者，於上下之廣及隨縫之袤以冠縫者，貫簪之處當冠縫之中央③。云舊象者，是周冕垂紐於武貫筓之舊象。言與者，以無正文，故云"與"以疑之。**五采繅十有二，就皆五采玉十有二**④，**玉筓，朱紘。**○釋曰：言"五采藻十有二"者，此據衮冕而言，謂合五采絲爲藻繩十二道爲十二旒也。"就皆五采玉十有二"者，此各據一旒而言，玉有五色，以青赤黄白黑於一旒之上，以此五色玉貫於藻繩之上，每玉間相去一寸，十二玉則十二寸。就，成也，以一玉爲一成，結之使不相并也。"玉筓，朱紘"者，以玉筓貫之，又以組爲紘，仰屬結之也。注繅，雜文之名也。合五采絲爲之繩，垂於延之前後，各十二，所謂邃延也。就，成也。繩之每一帀而貫五采玉，十二旒則十二玉也⑤。每就間蓋一寸。朱紘，以朱組爲紘也。紘一條，屬兩端於武。繅不言皆，有不皆者，此爲衮衣之冕

---

① "體"字原作"体"，即"體"之俗字，茲據阮本改。下凡"体"字徑録作"體"。

② "縫"字原作"縱"，金本同，據婺本、阮本改。

③ "央"字原作"史"，據阮本改。

④ 按鄭注、賈疏以"就"字屬下讀，後人則讀"五采繅十有二就"絶句，詳孫疏。

⑤ 孫疏云："《通典·嘉禮》引此注作'十二斿，斿則十二玉'。案斿即斿之俗，杜氏所據此注蓋重'斿'字。'十二斿'者，鄭嫌經無斿數，故補其義。'斿則十二玉'者，謂每一斿有十二玉，《玉府》先鄭注所謂'冠飾十二玉'是也。今本挽一'斿'字，則似一斿止一玉，義不可通矣。"

十二斿,則用玉二百八十八;鷩衣之冕繅九斿,用玉二百一十六;毳衣之冕七斿,用玉百六十八;希衣之冕五斿,用玉百二十;玄衣之冕三斿,用玉七十二。○釋曰:云"繅,雜文"者,若水草之藻有五采,故云"雜文之名"也。云"所謂邃延也"者,謂《玉藻》文。云"繩之每一帀而貫五采玉,十二斿則十二玉也"者,以其云"就皆五采玉十有二",明十二玉可知也①。云"紘一條,屬兩端於武"者,謂以一條繩先屬一頭於左旁笄上,以一頭繞於頤下,至向上②,於右相笄上繞之。是以鄭注《士冠禮》云:"有笄者,屈組以爲紘,垂爲飾。無笄者,纓而結其條。"彼有笄據皮弁、爵弁,此五冕皆有笄,與彼同。此言屬於武者,據笄貫武,故以武言之,其實在笄。云"繅不言皆,有不皆者",謂王之五冕繅則有十二、有九、有七、有五、有三,其玉斿皆十二,故繅不言皆,有不皆者則九斿已下是也。玉言皆,則五冕斿皆十二玉也。此經十二斿據袞冕而言,是以鄭云"此爲袞衣之冕十二斿",以其十二斿,斿各十二玉,前后二十四斿,故用二百八十八。已下計可知。**諸侯之繅斿九就③,瑉玉三采,其餘如王之事。繅斿皆就,玉瑱,玉笄。**○釋曰:諸公云"繅九就",又云"繅斿皆就",作文與上言"繅十有二,就皆五采玉十有二",繅、玉別文則繅有差降、玉無差降,此諸公繅、玉同文,則唯有一冕而已,故鄭計一冕爲九斿、斿各九玉。據冕九斿,不別計鷩冕已下,以其一冕而已冠五服故也。已下侯、伯、子、男亦皆一冕冠數服也。王不言"玉瑱",於此言之者,王與諸侯互見爲義,是以王言"玄冕朱裏,延,紐"及"朱紘",明諸侯亦有之;諸公言"玉瑱",明王亦有之。是其互有也。**注**侯當爲公,字之誤也。三采,朱、白、蒼也。其餘,謂延、紐皆玄覆朱裏,與王同也;出此則異。繅斿皆就,皆三采也。每繅九成,則九斿也。公之冕用玉百六十二。玉瑱,塞耳者。故書瑉作珉。鄭司農云:"繅當爲藻,繅古字也,藻今字也,同物同音。珉,惡玉名。"○釋曰:鄭知"侯當爲公"者,以下別見"諸侯",又此經云"九就"當上公以九爲節,故知是公也。知"三采,朱、白、蒼"者,《聘禮·記》"公、侯、伯繅藉三采,朱、白、

---

① "二"字原脱,據阮本補。

② "至向上"三字阮本作"至句上"。按《儀禮·士冠禮》鄭注云"有笄者,屈組爲紘,垂爲飾",賈疏云:"言屈組,謂以一條組於左笄上繫定,遶頤下,又相向上,仰屬于笄,屈繫之,有餘因垂爲飾也。"則"向上"蓋是,唯"至"字不可通,似"屈"字之誤。

③ 阮校云:"諸本同,唐石經原刻作'諸侯之繅九就',後刮磨重刻'繅'下增'斿'。按賈疏引經云'諸公之繅九就',無'斿'字,與石經原刻合。此猶上言'王繅十有二就','繅'下不當有'斿'也。"

蒼”，故知三采亦朱、白、蒼也。云“出此則異”者，異，謂天子朱紘、諸侯當青組紘之等不得與王同也。云“繅斿皆就，皆三采也。每繅九成，則九斿也”者，此釋有一冕九斿之意也。云“璪，惡玉名”者，案許氏《説文》：“璪，三采玉①。從玉，無聲。”以其三采，又非瑌珤，故云惡玉名也。《説文》又云：“珉，石之美者。從玉，民聲。”如是，經云“瑉玉三采”當以璪爲正，故先鄭從璪爲惡玉名也。**王之皮弁，會五采玉璂，象邸，玉笄。**

注 故書會作體。鄭司農云：“讀如‘馬會’之會，謂以五采束髮也。《士喪禮》曰：‘檜用組，乃笄。’檜讀與體同，書之異耳。説曰：以組束髮乃著笄謂之檜。沛國人謂反紒爲體。璂讀如‘綦車轂’之綦。”玄謂會讀如“大會”之會，會，縫中也。璂讀如“薄借綦”之綦，綦，結也。皮弁之縫中每貫結五采玉十二以爲飾，謂之綦。《詩》云“會弁如星”，又曰“其弁伊綦”是也。邸，下柢也，以象骨爲之。○釋曰：先鄭以“會”爲“五采束髮”，讀經以爲“皮弁會五采”；引《士喪禮》及沛國之事，後鄭皆不從，故以“會”謂“縫中”解之。先鄭讀從“馬會”，取會結之義；又讀“璂”如“車轂綦”之綦，直取音同，未知何義也。“玄謂會如大會之會”，漢歷有大會、小會，取會聚之義，故爲縫中。又云“璂讀如薄借綦之綦，綦，結也”者，漢時有“薄借綦”之語，故讀從之，亦取結義。“薄借”之語未聞。云“皮弁之縫中每貫結五采玉十二以爲飾，謂之綦”者，天子以十二爲節，約同冕斿也。引《詩》“會弁如星”者，《衛詩》。彼注云：“會，謂弁之縫中，飾之以玉，皪皪而處，狀似星也。”與經義合，故爲證也。“又曰其弁伊綦是也”者，璂既爲玉，又得爲結，義得兩合耳②。云“邸，下柢也”者，謂於弁内頂上以象骨爲柢。**王之弁絰，弁而加環絰。**

注 弁絰，王弔所服也。其弁如爵弁而素，所謂素冠也。而加環絰，環絰者大如緦之麻絰，纏而不糾。《司服職》曰：“凡弔事，弁絰服。”○釋曰：云“弁絰，王弔所服也”者③，《司服》文。又《雜記》云：“凡弁絰，其衰侈袂。”故知弁絰是王弔服。云“其弁如爵弁而素”者，案《曾子問》云：“麻弁絰。”鄭云：“麻弁絰者，布弁而加環絰也。”此不言麻者，皆素爲之，故云而素也。云“所謂素冠”者，《詩》云：“庶見素冠兮。”彼素冠謂祥冠，與此雖義別，同是素爲之。云“而加環絰”者，謂先著素弁於下，乃上加環絰，故云加也。“環絰者大如緦之絰”者，緦麻絰五服之輕者，弔服乃五服之外，故約同之。但緦之絰則兩股，此

---

① “三”字原作“王”，據阮本改。
② “合”字阮本同，孫校疑當作“含”。
③ “王”字原作“玉”，據阮本改。

環絰以一股，“纏之不糾”，麤細同耳。引《司服》者，證弁絰是弔服之絰①。**諸侯及孤、卿、大夫之冕、韋弁、皮弁、弁絰，各以其等爲之，而掌其禁令。**

○釋曰：“諸侯”者，上已言公，則此諸侯據侯、伯、子、男。云“及孤、卿、大夫”者，此文既承“諸侯”之下，故鄭以爲諸侯之孤、卿、大夫解之也。既不別見天子之臣，文中可以兼之。上天子與公不言“韋弁”，此言之，亦是互見之義。云“各以其等爲之”，不言爵而言等，則依命數耳。**注**各以其等，繅斿、玉瑱如其命數也。冕則侯、伯繅七就，用玉九十八；子、男繅五就，用玉五十。繅玉皆三采。孤繅四就，用玉三十二；三命之卿繅三就，用玉十八；再命之大夫藻再就②，用玉八。藻玉皆朱、綠。韋弁、皮弁則侯、伯瑱飾七，子、男瑱飾五，玉亦三采；孤則瑱飾四，三命之卿瑱飾三，再命之大夫瑱飾二，玉亦二采。弁絰之弁其辟積如冕繅之就然。庶人弔者素委貌。一命之大夫冕而無斿，士變冕爲爵弁；其韋弁、皮弁之會無結飾，弁絰之弁不辟積。禁令者，不得相僭踰也。《玉藻》曰：“君未有命，不敢即乘服。”不言冠弁，冠弁兼於韋弁、皮弁矣。不言服弁，服弁自天子以下無飾無等。○釋曰：云“各以其等，謂藻斿、玉瑱如其命數也”者，經云“冕”，故云斿；經云“弁”，故云瑱；如其命數，釋經云“等”也。侯、伯、子、男之冕亦據一冕，如上公矣。侯、伯、子、男“繅玉皆三采”者，亦約《聘禮‧記》“藻三采，朱、白、蒼”而言之。四命已下，皆據《典命》“公之孤四命，公、侯、伯之卿三命，其大夫二命，子、男之卿再命，大夫一命”而言。“二采”、“朱、綠”，亦據《聘禮‧記》“聘臣藻皆二采，朱、綠”而言也。云“弁絰之弁其辟積如冕繅之就然”者，以其弔服非吉，故無飾，故辟積有就也③。云“庶人弔者素委貌”者，此經不云庶人，鄭云此者，以有大夫已上，因言庶人，且欲從下向上因推出“士變冕爲爵弁”之意也。云“一命之大夫冕而無斿”者，此亦無文，鄭知然者，凡冕斿所以爲文飾，一命若有，則止一斿一玉而已，非華美；又見一命大夫衣無章，士又避之變冕爲爵弁，若一命大夫有斿，士則不須變冕爲爵弁，直服無斿之冕矣，故知一命大夫無斿也。若然，爵弁制如冕，但無斿爲異，則無斿之冕亦與爵弁不殊，得謂之冕者，但無斿之冕亦前低一寸餘，故亦得冕名也。云“韋弁、皮弁之會無結飾，弁絰之弁不辟積”者，一命大夫及士冕、弁既無斿，故知無此等。云“禁令者，不得相僭踰”，而引《玉藻》“君未

---

① “弁絰”二字原作“弁經”，據阮本改。
② 孫疏云：“‘藻’當作‘繅’，各本並誤。”下文“藻玉皆朱綠”同。
③ “就”字原作“數”，據阮本改。

有命，不敢即乘服"者，彼諸侯之卿、大夫聘於天子，天子賜之冕服，歸國告君，得君命乃服之，未得君命則爲僭踰，故引爲證也。云"不言冠弁，冠弁兼於韋弁、皮弁矣"者，玄冠、緇布衣、緇帶、素韠，天子以爲田服，即諸侯及臣之朝服，亦皮弁之類，不言之者，兼於韋弁、皮弁也。云"不言服弁"，即衰絰喪服也[①]。云"不言之者，自天子以下無飾無等"者，則喪服自天子達士共一章是也。自此一經，摠苞諸侯及臣，不言天子之臣，但天子三公八命，卿六命，大夫四命，士三命以下，冕、弁之屬亦各以其等爲之可知。

司甲。闕。○釋曰[②]：此亦與《冬官》同時闕也。

司兵掌五兵、五盾，各辨其物與其等，以待軍事。○釋曰：言"各辨其物與其等"者，五兵、五盾各有物色與其善惡、長短、大小之等。云"以待軍事"者，案此下有"舞者兵"及"廞五兵"，直云以待軍事者，五兵、五盾以軍事爲主故也。**注**五盾，干、櫓之屬，其名未盡聞也。等，謂功沽上下。鄭司農云："五兵者，戈、殳、戟、酋矛、夷矛。"○釋曰：鄭云"五盾，干、櫓之屬，其名未盡聞也"者，案《祭統》云："朱干玉戚以舞《大武》。"《秦詩》云："蒙伐有苑。"注云："伐，中干。"《左氏傳》："建大車之輪以爲櫓，而當一隊。"則有朱干、中干及櫓，聞其三者，二者未聞，故云其名未盡聞也。云"等，謂功沽上下"者，功謂善者爲上等，沽謂麤惡者爲下等也。必知有此法者，見《槀人職》云"書其等以饗工，乘其事，試其弓弩，以下上其食"，明兵、盾亦當然。先鄭云"五兵者，戈、殳、戟、酋矛、夷矛"者，此謂車之五兵，故下注云"車之五兵，司農所云者是也"。及授兵，從司馬之灋以頒之。及其受兵輸，亦如之；及其用兵，亦如之。**注**從司馬之法，令師、旅、卒、兩人數所用多少也。兵輸，謂師還有司還兵也。用兵，謂出給衛守。○釋曰：云"授兵從司馬之法"者，司馬主六軍，是一官之長，先受於王命，知多少，乃始出軍，故從司馬法以頒之。鄭知"用兵"是"出給衛守"者，以其既言"授兵"，下別言"用兵"，明是衛守之處須兵者也。祭祀，授舞者兵。**注**授以朱干玉戚之屬。○釋曰：鄭知此"兵"是"朱干玉戚"者，《祭統》云："朱干玉戚以舞《大武》。"則

---

① "即"字阮本作"服弁即"。

② 此節賈疏阮本無，蓋脱訛。

《大武》用朱干玉戚矣。又案下《司戈盾》云："祭祀，授旅賁殳、故士戈盾。"司兵尊於司戈盾，明所授兵據以《大武》朱干玉戚也。其司干所授者又是羽籥之等，非干戚可知也。**大喪，廞五兵。**注故書廞爲淫。鄭司農云："淫，陳也。淫讀爲廞。"玄謂廞，興也[①]，興作明器之役器五兵也。《士喪禮下篇》有甲胄干笮。○釋曰：先鄭一部之内"廞"皆從"淫"，故云淫淫爲陳[②]。後鄭皆不從，皆以爲"廞，興"解之者，見《司服》云"大喪，共其復衣服、斂衣服[③]，掌其陳序"，《圉人職》云"凡賓客、喪紀，牽馬而入陳。廞馬亦如之"，以此言之[④]，廞、陳既别，則廞不得爲陳，以興象爲義也。云"興作明器之役器五兵也"者，案《既夕禮》明器之用器有弓矢，役器之内甲胄干笮。彼雖不具五兵，此既言"五兵"，明五者皆有也，故鄭引《士喪禮下篇》"甲胄干笮"爲證。言《士喪禮下篇》，即《既夕禮》也。言《士喪禮下篇》者，以其《士喪》論葬事，《士喪》與《既夕》二篇同有《記》，皆在《既夕》篇下，故二篇連言之也。案彼注，笮謂矢服也。**軍事，建車之五兵。會同亦如之。**○釋曰：云"建車之五兵"者，凡器在車，皆有鐵器屈之在車較及輿，以兵插而建之，故有出先刃、入後刃之事。注車之五兵，鄭司農所云者是也。步卒之五兵則無夷矛而有弓矢。○釋曰：云"鄭司農所云者是也"，即上文注是也。必知如先鄭義者，見《考工記·廬人》云"戈、殳、戟、酋矛、夷矛"，乃云"六建既備，車不反覆"，注："六建，五兵與人也。"以是故從司農所云也。云"步卒之五兵則無夷矛而有弓矢"者，即《司右》注引《司馬法》所云者是也。有弓矢，是能用五兵者。若前驅所建則有四兵，故《詩》云"伯也執殳[⑤]，爲王前驅"，注引《考工記》車有六等之數，除軫與人四兵爲證是也。

司戈盾掌戈盾之物而頒之。注分與受用[⑥]。○釋曰："分與受用"者，即下文"祭祀"、"會同"之等皆是。祭祀，授旅賁殳、故士戈盾。授舞者兵亦

---

① "興也"二字原脱，據婺本、金本、阮本補。按婺本、金本剜擠二字。
② 阮校云："此當衍一'淫'。"
③ 孫校引汪文臺説謂"斂衣服"下脱"廞衣服"。
④ "以"字原作"此"，據阮本改。
⑤ "故"字原作"反"，據阮本改。
⑥ "受"字婺本、金本同，阮本作"授"。孫疏謂"授"字是："授用謂亦如《司兵》所云'授兵'、'用兵'二事，有當用戈盾者，此官則分而與之。"

如之。**注** 亦頒之也。故士，王族故士也，與旅賁當事則衛王也。殳如杖，長尋有四尺。○**釋曰**：云“故士，王族故士”者，據《司士》而言。云“與旅賁當事則衛王”者，案旅賁氏掌執戈盾而趨，此執殳者，以其與故士同衛王時以爲儀衛，故不執戈盾。知“殳如杖”者，廬人所爲不見有刃，故知如杖。知“尋有四尺”者，“車有六等”云“殳長尋有四尺，崇於人四尺”也①。**軍旅、會同，授貳車戈盾，建乘車之戈盾，授旅賁及虎士戈盾。**○**釋曰**：“軍旅、會同”皆“貳車”，貳皆有車右，故授之以戈盾。云“乘車之戈盾”者，王所乘車有車右，故建戈盾。“授旅賁氏及虎士戈盾”者，衛王故也。**注** 乘車，王所乘車也。軍旅則革路，會同則金路。○**釋曰**：“軍旅乘革路，會同乘金路”，皆《巾車》文，會同則彼“以賓”，一也。**及舍，設藩盾，行則斂之。****注** 舍，止也。藩盾，盾可以藩衛者，如今之扶蘇與？○**釋曰**：案《掌舍》王行止住不言設藩盾者，當宿衛之事非止一重，除彼“樴梐”、“車宮”之外別有此“藩盾”之等也。云“如今扶蘇”者②，舉漢法以況之也。

----

① “人”下“四”字原空闕一格，據阮本補。
② “云”字原作“去”，據阮本改。

周禮疏卷第三十八

唐朝散大夫行大學博士弘文館學士臣賈公彦等撰

司弓矢掌六弓、四弩、八矢之灋，辨其名物，而掌其守藏與其出入。○釋曰：此經與下爲目。“辨其名物”者，六弓、八矢各有名號物色。“出入”者，頒之受之。注法，曲直長短之數。○釋曰：“曲直”者，謂若王弓、弧弓“合九成規”已下，或合七、合五、合三，是曲者合少，直者合多。“長短”者，《弓人》云：“弓之上制六尺六寸，中制六尺三寸，下制六尺。”是其長短也。中春獻弓弩，中秋獻矢箙。注弓弩成於和，矢箙成於堅。箙，盛矢器也，以獸皮爲之。○釋曰：“矢箙，獸皮爲之”者，案《詩》云：“象弭魚箙。”雖不言用獸，蓋魚之似獸者爲之。若然，此獸則魚，一也，唯有《國語》云“檿弧箕箙”不用獸皮也。及其頒之，王弓、弧弓以授射甲革、椹質者，夾弓、庾弓以授射豻侯、鳥獸者，唐弓、大弓以授學射者、使者、勞者。○釋曰：此經六弓强弱相對而言：王、弧直，往體寡，夾、庾曲，往體多，故四者自對先；自唐、大往來若一，故退之在後也。注王、弧、夾、庾、唐、大，六者弓異體之名也。往體寡來體多，曰王、弧；往體多來體寡，曰夾、庾；往體來體若一，曰唐、大。甲革，革甲也。《春秋傳》曰：“蹲甲而射之。”質，正也，樹椹以爲射正。射甲與椹，試弓習武也。豻侯五十步，及射鳥獸皆近射也。近射用弱弓，則射大侯者用王、弧，射參侯者用唐、大矣。學射者弓用中，後習强弱則易也。使者、勞者弓亦用中，遠近可也。勞者，勤勞王事，若晉文侯、文公受王弓矢之賜者。故書椹爲鞎①。鄭司農云：“椹字或作鞎②，非

---

① 孫疏引黃以周説云：“宜云‘故書椹或爲鞎’，今脱‘或’字，司農注明言‘或’矣。”
② “椹字或作鞎”及下文“言鞎質者非”二“鞎”字金本同，婺本、阮本作“鞎”，與上文“故書椹爲鞎”合，金本則亦作“故書椹爲鞎”。阮校云：“以古文假借論之，未見‘鞎’誤也。‘鞎’字不見於《説文》及古書，恐是‘鞎’之誤字，但其誤久矣。”按上下文固不當“鞎”、“鞎”錯見。

是也。《圉師職》曰'射則充椹質'，[1]又此《司弓矢職》曰'澤，共射椹質之弓矢'，言射椹質自有弓，謂王、弧弓也。以此觀之，言艱質者非。"○釋曰：云"六者弓異體之名也"者，即所引《弓人》之職"往體"、"來體"之等是也。此據體而言，若以色而言，即《春秋》、《尚書》所云"彤弓"、"旅弓"之等是也[2]。云"甲革，革甲也"者，欲見甲以革爲之，其實一物也。引《春秋傳》者，事在成十六年，楚之養由基善射之事。云"質，正也，樹椹以爲射正"者，謂若實射之正然也。云"射甲與椹，試弓習武也"者，見《圉人》云"澤則共椹質"，是在澤宮中試弓習武也。云"豻侯五十步，及射鳥獸皆近射也。近射用弱弓，則射大侯者用王、弧，射參侯者用唐、大矣"者，此據諸侯言之。若據天子，則用王、弧射虎侯，用唐、大射熊侯，用夾、庾射豹侯。云"學射者弓用中，後習強弱則易也"者，用中，謂唐、大往來體如一，是中也。云"使者、勞者弓亦用中，遠近可也"者，使有遠有近皆可也。云"勞者，勤勞王事，若晉文侯"者，謂《文侯之命》賜之彤弓、旅弓是也。云"文公"者，謂僖二十八年晉文公敗楚於城濮，襄王賜之以彤弓、旅弓是也。**其矢箙皆從其弓。**

注從弓數也，每弓者一箙百矢。○釋曰：云"從弓數也"者，以經云"矢箙皆從其弓"，故知從弓數也。云"每弓者一箙百矢"者，案《文侯之命》及僖二十八年晉文公受弓矢，皆云"彤弓一，彤矢百"，雖是所賜之弓矢，射之弓矢約同之。案《詩・頌》云："束矢其搜。"毛注云："五十矢爲束。"鄭從之。至此爲百矢者，無正文，鄭兩從不定也。**凡弩，夾、庾利攻守，唐、大利車戰、野戰。注**攻城壘者與其自守者相迫近，弱弩發疾也。車戰、野戰進退非强則不及。弩無王、弧，王、弧恒服弦[3]，往體少者使矢不疾。○釋曰：云"攻城壘者"，城謂城郭，壘謂軍壁，若宣公十二年云"御靡旌摩壘而還"之類也。云"與其自守者"，即城壘也。云"弩無王、弧，王、弧恒服弦"者，案上弓有六等，有王、弧；至此弩以有夾、庾等四種，故云弩無王、弧也。恒服弦者，若弓用則服弦，不用則弛；惟弩則用與不用一張之後竟不弛，故云恒服弦也。若然，恒服弦用弱者，以其强弓久不弛則就弦，弱則隨體不就弦也。又王、弧"往體少"，使之恒服弦則"使矢不疾"，故不用也。**凡矢，枉矢、絜矢利火射，用諸守城、車戰，殺矢、鍭矢用諸近射、田**

獵，矰矢、茀矢用諸弋射，恒矢、庫矢用諸散射。注此八矢者弓、弩各有四焉：枉矢、殺矢、矰矢、恒矢，弓所用也；絜矢、鍭矢、茀矢、庫矢，弩所用也。枉矢者，取名變星飛行有光，今之飛矛是也，或謂之兵矢。絜矢象焉。二者皆可結火以射敵、守城、車戰，前於重後微輕①，行疾也。殺矢，言中則死。鍭矢象焉，鍭之言候也。二者皆可以司候射敵之近者及禽獸，前尤重，中深，而不可遠也。結繳於矢謂之矰，矰，高也。茀矢象焉，茀之言制也。二者皆可以弋飛鳥制羅之也，前於重又微輕，行不低也。《詩》云：“弋鳧與鴈。”恒矢，安居之矢也。庫矢象焉。二者皆可以散射也，謂禮射及習射也，前後訂，其行平也。凡矢之制，枉矢之屬五分，二在前，三在後；殺矢之屬參分，一在前，二在後；矰矢之屬七分，三在前，四在後；恒矢之屬軒輖中，所謂志也。鄭司農云：“庫矢讀爲‘人罷短’之罷。”玄謂庫讀如“痺病”之痺，痺之言倫比②。○釋曰：鄭知“此八矢弓、弩各有四”者，以上文六弓、四弩俱陳，於下揔列八矢，則知八矢爲弓弩所設，故鄭分之四矢屬弓、四矢屬弩也。八矢兩兩相附，必知在上者屬弓、在下者屬弩者，此上文六弓在上，四弩在下，故還以在上配弓，在下配弩也。云“枉矢者，取名變星飛行有光，今之飛矛是也”者，案《矤人》云：“弧旌枉矢，以象弧也。”案《孝經緯·援神契》云：“枉矢射悳。”《考異郵》曰：“枉矢精狀如流星，蛇行有尾見。”③《天文志》曰：“枉矢狀大流星④。”是其妖變之星行時有光，故鄭云“枉矢者，取名變星飛行有光”。漢時名此矢爲飛矛，故舉以爲説也。云“或謂之兵矢”者，《矢人職》文。云“絜矢象焉”者，謂輕重象枉矢也。云“二者皆可結火以射敵、守城、車戰”者，故鄭《矢人職》注以枉、絜二矢俱爲兵矢。云“前於重後微輕，行疾也”者，以殺矢三分一在前，二在後，是最重者；此枉、絜二矢則五分二在前，三在後，云前於重又微輕⑤，微輕對已下矰矢、恒矢等爲最輕也。云“殺矢，言中則死”者，解稱殺矢之名，以其最重，中則死故也。云“鍭矢象焉”者，亦尤重者也。云“二者皆可以司候射敵之近者及禽獸”者，釋經“用諸近射、田獵”之文。云“前尤重，中深，而不可遠也”者，以其三分一在前，二在後，故云尤重；中深，故殺名；不可遠，故用

---

①　阮校云：“程瑤田《通藝録》作‘前於後重微輕’，謂其前於後殺、鍭二矢之尤重者微輕也，轉寫訛互作‘重後’。”

②　孫疏謂三“痺”字當據段考説校改爲“痹”，云：“《説文·疒部》：‘痹，溼病也。’無‘痺’字。”

③　孫校云：“《矤人》疏引《考異郵》無‘精’字。”又據彼疏改“尾見”爲“毛目”。

④　孫校云：“‘狀’《矤人》疏引作‘類’。”

⑤　孫校云：“‘又’當依注作‘後’，若作‘又’，則與後矰矢、恒矢注文相輥。”

之近射也。云“結繳於矢謂之矰，矰，高也”者，繳則繩也，謂結繩於矢以弋射鳥獸者。言“矰，高”者，欲取向上射飛鳥之義也。云“茀矢象焉”者，亦結繳爲射也。云“茀之言制也。二者皆可以弋飛鳥制羅之也”者，解結繳以羅取而制殺之義。云“前於重又微輕”者，此又對枉矢、絜矢五分者是重，此於五分之重又微輕於彼，以此矢七分故也。引《詩》者，證弋是取禽鳥之義也。云“恒矢，安居之矢也”者，案《弓人》有“其人安”、“其弓安”、“其矢安”之文，則此恒矢軒輖訂是安居之矢也。云“庳矢象焉①。二者皆可以散射也者，謂礼射及習射”者，已上六矢皆用之攻守及弋射，唯此矢云“散射”，明散射是礼射也。其礼射者，即大射、賓射、燕射之等皆是②；其習亦於此三射中爲之，故并言之也。云“前後訂，其行平也”者，以矰矢七分三在前、四在後，則知此八分四在前、四在後，即行平也。云“凡矢之制，枉矢之屬”至“四在後”，皆《矢人職》文。云“恒矢之屬軒輖中，所謂志也”者，《既夕·記》云“志一乘，軒輖中”是也。先鄭云“庳矢讀爲人罷短之罷”，此依俗讀，於義无取。“玄謂庳讀爲痹病之痹，痹之言倫比”，倫比則與安居之義同也③。此八矢、六弓、四弩不相配者④，以四矢配四弩，於義爲可，以四矢配六弓，其數參差，不可相當，故不得相配，但依六弓、四弩與矢隨義相當而用之。**天子之弓合九而成規，諸侯合七而成規，大夫合五而成規，士合三而成規，句者謂之弊弓。**　○釋曰：案上注而言王、弧射大侯⑤，夾、庾射豻侯言之，則“天子之弓”，王、弧也，以其往體寡，故“合九成規”；“諸侯”之弓則唐、大，以其往來體若一，故“合七成規”；“大夫”之弓則夾、庾，以其往體多，故“合五成規”也。“士”之弓則六弓之外，句曲，“合三成規”。云“句者謂之弊弓”者，但句之至極無過合三，合三之外雖別言句者，還指合三者而言耳。案天子、諸侯三侯，士與大夫同射近侯，與大夫別侯之法⑥，今以士合三與大夫弓別者，以士與大夫尊卑次，暫以合三者託之于士，其實士無合三之弓也。**注**體往來之衰也。往體寡來體多則合多、往體多來體寡則合少而圜。弊猶惡也。句者惡則直者

---

① “庳”字原作“痹”，據阮本改。下疏中“庳”字底本、阮本亦並皆誤作“痹”。
② “大”字原作“此”，據阮本改。
③ “比”字原作“此”，據阮本改。
④ “配”字原作“酬”，據阮本改。
⑤ “王”字原作“而”，據阮本改。
⑥ 浦鏜云：“‘與’當‘無’字誤。”按“與”字不可省，故孫校云：“‘與大夫別侯之法’上當有‘無’字。”

820

善矣。○釋曰：云“體往來之衰也”者，此皆據角弓及張不被弦而合之①，從合九、合七、合五、合三降殺以兩，故言衰也。云“往體寡來體多則合多”者，據王、弧而言。云“往體多來體寡則合少而圜”者，據夾、庾而説。不言唐、大者，在此二者中間可知。

凡祭祀，共射牲之弓矢。○釋曰：言“凡”，語廣，則天地、宗廟皆有“射牲”之事。注射牲，示親殺也。殺牲非尊者所親，唯射爲可。《國語》曰：“禘郊之事，天子必自射其牲。”○釋曰：言“殺牲非尊者所親，唯射爲可”者，案《禮記》“君親制祭”，《詩》云“執其鸞刀，以啓其毛”，則射外兼爲，而言唯射者，彼亦示行之，非正制之耳。引《國語》者，欲見有射牲之事。彼據祭天而言。澤，共射椹質之弓矢。注鄭司農云：“澤，澤宮也，所以習射選士之處也。《射義》曰：‘天子將祭，必先習射於澤。澤者所以擇士也。已射於澤，而后射於射宮，射中者得與於祭。’”○釋曰：此所共弓矢據王、弧，故上云“王弓、弧弓以射甲革、椹質”。引《射義》，欲見射椹質是試弓習武在澤宮也。大射、燕射，共弓矢如數、并夾。注如數，如當射者之數也。每人一弓乘矢。并夾，矢籋也。○釋曰：知每人四矢者，見《大射》、《鄉射禮》皆人各乘矢也。云“并夾，矢籋也”者，矢籋之言出於漢時。大喪，共明弓矢。注弓矢，明器之用器也。《士喪禮下篇》曰：“用器弓矢。”○釋曰：云“明器之用器也”者，明器中有用器、役器，役器中有甲胄干笮，用器中有弓矢，故鄭還引“用器”爲證也。凡師役、會同，頒弓弩各以其物，從授兵甲之儀。注物，弓弩矢箙之屬②。○釋曰：言“師役”，據王巡狩、征伐而言，與“會同”異，“頒弓弩”則不殊也。田弋，充籠箙矢，共矰矢。注③籠，竹箙也。矰矢不在箙者，爲其相繞亂，將用乃共之。○釋曰：“田”，謂四時田時。“弋”，謂弋鳧與鴈。云“充籠箙矢”者，籠箙皆盛矢物，及矢皆共之。云“共矰矢”者，謂矢之有繳者。云“矰矢不在箙者”，以其“共矰矢”在“箙”下別言之④，故言不在箙也。凡亡矢者，弗用則更。注更，償也。用而棄之則不償。

----

① 孫校云：“‘及’當爲‘反’。”
② “弩”字原作“有”，據婺本、金本、阮本改。
③ “注”字原作“住”，據全書體例改。
④ “矰”字原作“增”，據阮本改。

繕人掌王之用弓、弩、矢、箙、矰、弋、抉、拾。〇釋曰：此繕人所掌"王之用弓、弩"者①，謂司弓矢選擇大善者入繕人以共王用也。**注**鄭司農云："抉者，所以縱弦也。拾者，所以引弦也。《詩》云：'抉拾既次。'《詩》家説或謂抉謂引弦彄也，拾謂韝扞也。"玄謂抉，挾矢時所以持弦飾也，著右手巨指。《士喪禮》曰："抉，用正王棘若檡棘。"則天子用象骨與？韝扞著左臂裏，以韋爲之。〇釋曰：先鄭所解抉、拾二家爲説，前非後是，故後鄭增成其義。引《士喪禮》者，欲見凶時有文，吉時無文，約出吉禮也。無正文，故云"天子用象骨與"。韝用韋，雖不言"與"，亦同疑可知。**掌詔王射，注**告王當射之節。〇釋曰：王射，先行燕禮，以大夫爲賓，賓與王爲耦，所告之事亦如《大射禮》大射正告公之儀。**贊王弓矢之事。注**授之，受之。〇釋曰：案《大射禮》，大射正授弓，小臣授矢；天子禮，繕人"授之，受之"。案大僕職已授之受之，此又爲者，大僕尊，大僕贊時此官助贊也。**凡乘車，充其籠箙，載其弓弩，**〇釋曰②：繕人惟主王所乘之車，而言"凡乘車"，則除革路之外，玉、金、象、木之車車皆有右備制非常，皆"充其籠箙"及所載弓矢。**注**充籠箙者以矢。〇釋曰：以籠是盛矢器，今云充之，明所充實者是矢可知也。**既射則斂之。注**斂，藏之也。《詩》云："彤弓弨兮，受言藏之。"〇釋曰：所斂者，唯據王所乘車上有弓矢者，既射還斂取藏之。引《詩》，證既射弛而藏之義也。**無會計。注**亡敗多少不計。〇釋曰：以其王所費損，故不會計之。

槀人掌受財于職金以齎其工。〇釋曰："掌受財于職金"者，謂有罪人出贖之物金罰、貨罰③，故須財者往受之。**注**齎其工者，給市財用之直。〇釋曰：弓弩矢箙皆是冬官百工造之，故云"齎其工者，給市材用之直"也④。**弓六物爲三等，弩四物亦如之。**〇釋曰：《弓人》唯云弓之長短，不言弩之長短，蓋當與弓同，但無正文，故注亦云"未聞"。**注**三等者，上中下人各有所宜。《弓人職》曰："弓長六尺六寸謂之上制，上士服之；弓長六尺三寸謂之中制，中士服之；弓長六尺謂之下制，下士服之。"

---

① "王"字原作"王王"，誤衍一字，據阮本刪。
② 此節賈疏底本脱訛，據阮本補。
③ "貨罰"二字原作"貨罷"，據阮本改。
④ "材"字阮本作"財"，與注合。

弩及矢、箙長短之制未聞。○釋曰：云“三等者，上中下人各有所宜”者，皆據凡人長短爲上中下士，非謂命數者也。此經唯言“弓”、“弩”，不言矢、箙，以下經有“矢”、“箙”，因此“弩”并云“未聞”。案《矢人》造矢云“五分其長而羽其一”，注云：“羽者六寸。”其羽六寸，則矢長三尺。而此云矢未聞者，彼矢長三尺約而言之，亦無正文；且弓之長短既不同，明矢亦當有差等，其矢之差等未聞，及箙亦未聞也。但“弓六物爲三等”不言皆者，下別言“弩”，故六弓不言皆；下“矢八物皆三等”言皆者，矢八物中兼有弩矢，故須言皆也。**矢八物皆三等，箙亦如之。春獻素，秋獻成。**○釋曰：案《司弓矢》注“弓弩各有四矢”，應作四等，而言“三等”，蓋據長短爲三等法。《矢人》注“矢長三尺”者，假設言之。弩既無長短之文，矢亦未聞長短也。若然，箙隨矢長，則弓之矢箙與弓矢齊，弩之矢箙亦與弩矢齊。但矢既未聞，故箙亦未聞也。**注**矢箙春作秋成。○釋曰：案《士喪禮》明器有“獻素、獻成”，注云：“形法定爲素，飾治畢爲成。”此矢箙亦然。**書其等以饗工。注**鄭司農云：“書工功拙高下之等，以制其饗食也。”玄謂饗，酒肴勞之也。上工作上等，其饗厚；下工作下等，其饗薄。○釋曰：案下文自有“下上其食”①，此文“饗”據以“酒肴”饗之②，先鄭以“饗”爲“食”，非，故後鄭不從。後鄭不言中饗者，舉有上下，明有中可知也。**乘其事，試其弓弩，以下上其食而誅賞。注**鄭司農云：“乘，計也，計其事之成功也。故書試爲考。”玄謂考之而善則上其食，尤善又賞之，否者反此。○釋曰：云“故書試爲考”，後鄭亦從考爲義也。**乃入功于司弓矢及繕人。注**功，成。凡齎財與其出入皆在槀人，以待會而攷之，亡者闕之。**注**皆在槀人者，所齎工之財及弓弩矢箙出入其簿書，槀人藏之。闕猶除也，弓弩矢箙棄亡者除之，計今見在者。○釋曰：數事“皆在槀人”者，以槀人是弓矢官之主③，故皆有“簿書藏之”也。

戎右掌戎車之兵革使。**注**使，謂王使以兵有所誅斬也。《春秋傳》曰：“戰於殽，晉梁弘御戎，萊駒爲右。戰之明日，襄公縛秦囚，使萊駒以戈斬之。”○釋曰：“戎

---

① “自”字原作“與”，據阮本改。
② “以”字原作“比”，據阮本改。
③ “矢”字原作“失”，據阮本改。

右”者，與君同車，在車之右，執戈盾備制非常，并充兵中使役，故云“掌戎車之兵革使”，謂執兵著甲之使也。引《春秋》者，文二年《左傳》文，秦晉戰於殽，時囚呼，萊駒失戈。引之者，證戎右以兵革使事。**詔贊王鼓。**注既告王當鼓之節，又助擊之。○釋曰：大僕已贊王鼓，此亦同，是助擊其餘面也。**傳王命于陳中。**注爲王大言之也。**會同，充革車。**注會同王雖乘金路，猶以革路從行也。充之者，謂居左也。《曲禮》曰：“乘君之乘車，不敢曠左。”○釋曰：知“會同王乘金路”者，《巾車》云“金路以賓”是也。此言“充革車”，故知“猶以革路從”。云“充之者，謂居左也”者，尊者左載，王既不乘，故戎右居左贊王處，是以引《曲禮》爲證，彼注云“君在，惡空其位”是也。**盟，則以玉敦辟盟，遂役之；**注鄭司農云：“敦，器名也。辟，法也。”玄謂將歃血者先執其器，爲衆陳其載辭，使心皆開辟也。役之者，傳敦血授當歃者。○釋曰：先鄭以“辟”爲“法”，此無取於法義，故後鄭爲開辟盟者之心。云“將歃血者先執其器”者，凡盟，先割牛耳盛於珠盤，以玉敦盛血，戎右執此敦血爲陳其盟約之辭，“使心開辟”，乃歃之。**贊牛耳桃茢。**注鄭司農云：“贊牛耳，《春秋傳》所謂執牛耳者。”故書茢爲減。杜子春云：“減當爲厲。”玄謂尸盟者割牛耳取血，助爲之，及血在敦中，以桃茢拂之，又助之也。耳者盛以珠盤，尸盟者執之。桃，鬼所畏也。茢，苕帚，所以埽不祥。○釋曰：引《春秋》者，案哀十七年：“公會齊侯，盟于蒙。孟武伯問於高柴曰：‘諸侯盟，誰執牛耳？’季羔曰：‘鄫衍之役，吳公子姑曹。’”注云：“在七年。”“發陽之役，衛石魋。”注云：“發陽，郖也，在十二年。”“武伯曰：‘然則彘也。’”以其魯於齊爲小國故也。云“玄謂尸盟者割牛耳”者，尸盟即是小國也。云“桃，鬼所畏也。茢，苕帚，所以埽不祥”者，殺牲取血，旁有不祥，故執此二者於血側也。

　　齊右掌祭祀、會同、賓客前齊車，王乘則持馬，行則陪乘。注齊車，金路，王自整齊之車也。前之者，已駕王未乘之時。陪乘，參乘，謂車右也。齊右與齊僕同車，而有祭祀之事則兼玉路之右，然則戎右兼田右與？○釋曰：云“前之者，已駕王未乘之時”者，《曲禮》曰：“僕執策立於馬前。”備驚奔，謂未乘時，此亦未乘之時在馬前備驚奔也。云“陪乘”者，王與僕及車右爲參乘也。云“齊右與齊僕同車，而有祭祀之事則兼玉路之右”者，齊僕同乘金路，唯可據齊時，今此經云“祭祀”不言“齊”，明是兼祭祀乘玉路時爲右可知也。以其王路有五，其右唯有齊右、道右三者[1]，不見祀右及田右；祭祀時亦名齊，田與戰伐俱用兵，可以相通，故知齊右兼玉路右、戎右兼田右也。無正文，故云“與”以疑之也。**凡有牲事，則前馬。注**王見牲則拱而式，居馬前卻行，備驚奔也。《曲禮》曰：“國君下宗廟，式齊牛。”○釋曰：云“王見牲則拱而式”者，凡男子立乘，前視五巂，若有敬事則式，式視馬尾，當須端拱，故云拱而式也。“居馬前卻行，備驚奔也”者，以其王既拱而式，是以齊右居馬前卻行，備驚奔故也。引《曲禮》曰“國君下宗廟，式齊牛”者，案彼經云“國君式宗廟，下齊牛”，此所引不同者，但宗廟尊，宜下，將彼經爲誤，故鄭改之，依正而言也。

道右掌前道車[2]。王出入則持馬陪乘，如齊車之儀。**注**[3]道車，象路也，王行道德之車。○釋曰：《齊右》云“王乘則持馬”，此云“王出入則持馬”，文不同者，爲右之義不異，不同者，互換爲義故也。云“道車，象路也，王行道德之車”者，若言象，據飾爲名；言道，據行道爲稱，是以《大司馬》亦云“道車”。**自車上諭命于從車。注**自，由。○釋曰：案《馭夫》“掌馭貳車、從車”，彼注：“貳車，象路之副。從車，戎路、田路之副。”此所論“從車”即彼“貳車”[4]，與彼“從車”別，同名耳。**詔王之車儀。注**顧、式之屬。○釋曰：《禮》云：“式視馬尾，顧不過轂。”皆是車上威儀，故須詔之。《齊右》不云者，文不具。**王式則下，前馬，王下則以蓋從。注**以蓋從，表尊。○釋曰：蓋有二種：一者禦雨，二者表尊。此則“表尊”之蓋也。

大馭掌馭玉路以祀。及犯軷，王自左馭，馭下祝，登受轡，犯軷，遂驅之。○釋曰：此據祭天之時，故有犯軷之事。云“及犯軷”者，出國門，封土爲山象，祭軷，王在左自馭，“馭下祝”，“登”受取王手之轡，“犯軷，遂驅之”而出。**注**行山曰軷。犯之者，封土爲山象，以菩芻棘柏爲神主，既祭之，以車轢之而去，喻無險難

---

① 浦鏜謂“道右”下脱“戎右”二字。
② “道右”云云底本不提行。
③ “注”字原作“汪”，據全書體例改。
④ “論”字阮本同，加藤謂當據殿本作“諭”。

也。《春秋傳》曰："跋涉山川。"自，由也。王由左馭，禁制馬使不行也。故書軷作罰。杜子春云："罰當爲軷，軷讀爲'別異'之別，謂祖道軷礫犬也。《詩》云：'載謀載惟，取蕭祭脂，取羝以軷。'《詩》家説曰：將出祖道犯軷之祭也。《聘禮》曰：'乃舍軷，飲酒于其側。'《禮》家説亦謂道祭。"○釋曰：言"行山曰軷"者，謂水行曰涉，山行曰軷。云"封土爲山象"者，鄭注《月令》："祀行之禮，爲軷壇，厚三寸，廣五尺。"此道祭亦宜然。云"菩芻棘柏爲神主"者，謂於三者之中但用其一以爲神主則可也。云"既祭之，以車轢之而去，喻無險難也"者，祭天在近郊，雖無險難，審慎故也。引《春秋傳》曰者，案襄二十八年子大叔云："跋涉山川，蒙犯霜露，以逞君心。"是其山行曰軷之事也。子春讀"軷"爲"別異"之別者，蓋取軷訖行去之意。引《聘禮》大夫道祭者，無牲牢，酒脯而已；又於旁飲酒餞別，故云"飲酒於其側"也。**及祭，酌僕，僕左執轡，右祭兩軹，祭軓，乃飲。**○釋曰：此云"及祭，酌僕"者，即上文將犯軷之時，當祭左右轂末及軓前，乃犯軷而去。酌僕者，使人酌酒與僕，僕即大馭也。大馭則左并轡，右手祭兩軹，并祭軓之軾前三處訖[1]，"乃飲"，飲者若祭末飲福酒，乃始轢軷而去。注 故書軹爲軓，軓爲範[2]。杜子春云："文當如此。'左'不當重，重非是。"書亦或如子春言。又云："軓當作軹，軹謂兩轊也。其或言軷亦非是。"又云："軓當爲軓，軓謂車軾前也[3]。或讀軹爲'簪笄'之笄。"○釋曰：云"謂兩轊"者，轊即轂末。云"軓當爲軓，軓謂車軾前也"者，案《少儀》："祭左右軌范，乃飲。"注云："《周禮·大馭》'祭兩軹，祭軓[4]，乃飲'，軌與軹於車同謂轊頭也；範與范聲同，謂軾前也。"若然，此云"軹"，《少儀》作"軌"，軌與車轍之軌同名；此云

---

①　"軓"字原作"軓"，阮本作"軌"，皆"軓"字形訛，兹徑改。

②　段考謂"範"當作"軓"。孫疏云："段據杜説校也。此與下文範、軓錯出，必有一誤。攷《少儀》孔疏及《邶風·匏有苦葉》孔疏引此注並作'範'，則唐本亦與今本同。"

③　段考校改此注爲"軓當爲軓，軓謂車軾前也"："故書軓爲軓，子春言軓當爲軓。鄭君《周禮》作'祭軓'，從杜也。《詩·匏有苦葉》正義引此注云'故書軓爲範，杜子春云：範當爲軓，軓，車軾前'，其所據《周禮》注未誤也，惟'軓'字作'範'爲誤耳。"孫疏云："此承上云'文當如此'，則杜必不從'軓'，今本之誤自無疑義。段校自塙，但《詩》疏所引，與上文'軓爲範'之範字同，蜀石經亦正與彼合，徐（養原）從孔（穎達）謂此當作'範'，亦不爲無據，今未能定其孰是也。"

④　"軓"字原作"軌"，阮本同，與傳本《少儀》鄭注合，孫校改作"軓"，並云下文"範"亦當作"軓"，"軓與范聲同，謂軾前也"乃謂《周禮》"軓"與《少儀》"范"同指軾前。兹改"軌"爲"軓"。

"軓"①,《少儀》云"范",同是軓前也。**凡馭路，行以《肆夏》，趨以《采薺》。**

○釋曰：《樂師》亦有此法，彼下有"車亦如之"，即上云"行"、"趨"者據步迎賓客法；此既"馭路"亦云"行"、"趨"者，此雖馭路，行趨遲疾唯步迎賓客爲法②，故雖車亦行趨也。**注**凡馭路，謂五路也。《肆夏》、《采薺》，樂章也。行，謂大寢至路門。趨，謂路門至應門。○釋曰：此大馭唯馭玉路，而云"謂五路"者，大馭雖馭玉路，以經云"凡"，所含廣，則餘四路亦准玉路爲法，故云五路也。若然，迎賓客唯乘金路，餘四路雖不用迎賓客，至於乘車，皆自內而出，自外而入，經路寢及門，故鄭據大寢爲正也。云"《肆夏》、《采薺》，樂章也"者，《肆夏》在《鍾師》，與九《夏》同是樂章可知；其《采茨》雖逸詩，既與《肆夏》同歌，明亦樂章也。知"行，謂大寢至路門。趨，謂路門至應門"者，《爾雅》云："堂上謂之行，門外謂之趨。"行雖在堂，亦人之行由堂始，故發堂至門皆謂之爲行，故云"行，謂大寢至路門。趨，謂路門至應門"也。鄭注《樂師》云："及入應門、路門亦如之。"③此注不言，亦同於彼也。若然，應門外亦應有樂節，但無文，故鄭亦不言也。**凡馭路儀，以鸞和爲節。**注舒疾之法也。鸞在衡，和在軾，皆以金爲鈴。○釋曰：鄭知"鸞在衡，和在軾"者，鄭見《韓詩傳》云"升車則馬動，馬動則鸞鳴，鸞鳴則和應"，乘車先馬動，次鸞鳴，乃和應，明鸞近馬首，和更近後，故知鸞在衡，和在軾也。且案《秦詩》云"輶車鸞鑣"，毛云："鸞在衡。"鄭云："鸞在鑣。"不從毛義者，鄭以田車鸞在鑣，乘車鸞在衡；此云鸞在衡，據乘車而言故也。云"皆以金爲鈴"者，鼓人掌四金，鈴則四金之類，故知用金爲之乃可得有聲也。

戎僕掌馭戎車。**注**戎車，革路也。師出，王乘以自將。○釋曰：此云"戎車"，《巾車》云"革路建大白以即戎"，故云"戎車，革路也"。**掌王倅車之政，正其服。**注倅，副也。服，謂衆乘戎車者之衣服。○釋曰：鄭注《坊記》云："僕、右恒朝服。"據非在軍時。若在軍，則服韋弁服，"衆乘戎車者之衣服"謂此服也。言衆乘戎車者之服，則副車十二乘及廣、闕、苹、輕之倅皆是也。**犯軷，如玉路之儀。凡巡**

827

守及兵車之會亦如之。注如在軍。○釋曰：云"如在軍"者，謂如其"犯軷"。"巡狩及兵車會"亦乘革路，若乘車之會，即乘金路也。掌凡戎車之儀。注凡戎車，衆之兵車也。《書序》曰："武王戎車三百兩。"○釋曰：云"凡"，語廣，故知"衆兵車"，即"三百兩"也。案武王伐紂時，王自巡六師，則有六軍千乘，及諸戎狄、三分二諸侯①，其車多矣，只有三百兩者，據在陳與紂戰者而言。

齊僕掌馭金路以賓。注以待賓客。○釋曰：此經與下爲目，所"待賓客"即下文是也。朝覲宗遇饗食皆乘金路，其灋儀各以其等爲車送逆之節。注節，謂王乘車迎賓客及送相去遠近之數，上公九十步，侯、伯七十步，子、男五十步。《司儀職》曰："車逆拜辱。"又曰："及出，車送。"○釋曰：受享於廟則迎之，《大行人》云："上公九十步，介九人，擯者五人，廟中將幣三享。"鄭注云："朝先享，不言朝，朝正禮，不嫌有等。"是春夏受贄於朝無迎法，受享則有之。秋冬一受之於廟亦無迎法，故《郊特牲》云："覲禮，天子不下堂而見諸侯。"是受贄、受享皆無迎法。今言"朝覲宗遇饗食皆乘金路"者，謂因此朝覲宗遇而與諸侯行饗食在廟，即有乘金路迎賓客之法也。云"上公九十步"已下，《大行人》文。彼據受享於廟，非饗食禮也。引之者②，欲見饗食迎賓與受享同。《司儀》所云，亦據受饗食之禮也。

道僕掌馭象路以朝夕燕出入③，其灋儀如齊車。注朝夕，朝朝莫夕。○釋曰："朝朝莫夕"在正朝來往，而言"燕"者，以其在宮中行事皆稱燕。掌貳車之政令。注貳亦副。○釋曰：上文《戎僕》"倅車"云"副"，故此云"貳"，"亦副"也。

田僕掌馭田路以田以鄙。注田路，木路也。田，田獵也。鄙，循行縣鄙。

---

① 阮校云："'分'下當脱'有'字。"

② "者"上原衍"○"符，據阮本删。

③ 孫疏云："'朝夕'者，謂王乘車出視朝，自路門外治朝至皋門内外朝皆是。'燕出入'則出入游燕，其地甚廣，不必在三朝。故《小臣》云'王之燕出入則前驅'，注云：'燕出入，或今游於諸觀苑。'是燕出入自專屬游燕，與朝朝夕夕爲二事，賈并爲一，殊誤。"兹暫從賈疏以"朝夕燕出入"五字爲一句讀。

○釋曰：云“田路，木路也”者，案《巾車》云：“木路建大麾以田。”故知田路即木路也。云“田，田獵也”者，據四時田也。云“鄙，循行縣鄙”者，謂在百里外六遂之中。王巡六遂縣鄙，則六鄉州黨巡之可知，舉遠以明近也。**掌佐車之政。**注佐亦副。○釋曰：天子尊，故戎車、田車之貳有別名；諸侯卑，戎車、田車之貳同曰“佐”，無“倅”名。是以《檀弓》云“戰於乘丘，公隊，佐車授綏”，《少儀》注亦云“朝祀之副曰貳，戎獵之副曰佐也”。**設驅逆之車，**注驅，驅禽使前趨獲。逆，衙還之使不出圍。○釋曰：案《王制》云：“大夫殺則止佐車，佐車止則百姓田獵。”彼“佐車”則此“驅逆之車”也。**令獲者植旌，**注以告獲也。植，樹也。○釋曰：案《山虞》“植旗屬禽”，此官又云“植旌比禽”者，彼此共其事，故並見之。**及獻，比禽。**注田弊獲者各獻其禽[1]。比，種物相從次數之。○釋曰：《大司馬》“春火弊，夏車弊，秋羅弊，冬徒弊”，弊，止也。田止，百姓所得禽大獸公之，小禽私之。公之者，獻於旌下。每禽擇取三十，其餘爲主皮之射而取之，故云“比，種物相從次數之”也。**凡田，王提馬而走，諸侯晉，大夫馳。**注提猶舉也。晉猶抑也。使人扣而舉之、抑之，皆止奔也。馳，放不扣。○釋曰：“凡田”，亦謂四時田。天子發抗大綏，諸侯發抗小綏，大夫下君，不得云綏，云大夫發止佐車。其時有提馬、晉馬之事。云“提”，遲於“馳”，皆取尊者躰促之義也[2]。

馭夫掌馭貳車、從車、使車。注貳車，象路之副也。從車，戎路、田路之副也。使車，驅逆之車。○釋曰：知“貳車”是“象路之副”者，以《道僕》云“掌貳車之政令”，故知之也。知“從車”是“戎路、田路之副”者，見《戎僕》與《田僕》俱不言貳，田與戎俱是職煩，故知兼此二者也。不掌玉路、金路之副者，二者事暇[3]，蓋車僕不共掌也。知“使車”是“驅逆”者，以使役勞劇之事，故知是驅逆之車也。**分公馬而駕治之。**注乘調六種之馬[4]。○釋曰：趣馬自主駕脫[5]，故知此“駕治”者是調習之也。

---

①　“各”字原作“冬”，據婺本、金本、阮本改。
②　浦鏜云：“‘尊者’下當脫‘體舒卑者’四字。”又“取”字阮本作“使”。
③　“暇”字阮本作“暇”，《廣韻·禡韻》：“暇，閑也。俗作暇。”
④　“調”字原作“彌”，據婺本、金本、阮本改。
⑤　“趣馬”二字阮本同，此疏據《趣馬職》“掌駕說之頒”而言，“趣”“趨”二字雖古多通用，然此當以作“趣”爲正。

校人掌王馬之政。注政，謂差擇養乘之數也。《月令》曰："班馬政。"○釋曰：此經與下爲目。下亦有"邦國"及"家"，而云"王馬"者，以尊爲主。鄭云"政，謂差擇養乘之數也"者，經"辨六馬"是差擇也，下云"凡頒良而養乘"是養乘也。引《月令》者，謂季秋之令。彼注云："馬政，謂齊其色，度其力，使同乘。"引此職"凡軍事，物馬而班之"。皆是馬政，故引爲證也。辨六馬之屬：種馬一物，戎馬一物，齊馬一物，道馬一物，田馬一物，駑馬一物。注種，謂上善似母者。以次差之，玉路駕種馬，戎路駕戎馬，金路駕齊馬，象路駕道馬，田路駕田馬，駑馬給宮中之役①。○釋曰：六者皆有毛物不同，故皆以"物"言之也。此六者先善後惡，次第而言也。種馬"上善似母"者，以其言"種"，故知似母。但種類亦有似父，而言似母者，以母爲主也。知種馬駕玉路已下差次如此者，以其言"戎"、"道"、"田"，以事爲名，則知戎馬駕戎路，道馬駕道車，田馬駕田路；以此而言②，種馬最在上，駕玉路可知，駑馬最在下，五路之外給役可知。凡頒良馬而養乘之：乘馬一師四圉；三乘爲皁，皁一趣馬；三皁爲繫，繫一馭夫；六繫爲廄，廄一僕夫；六廄成校，校有左右。駑馬三良馬之數，麗馬一圉，八麗一師，八師一趣馬，八趣馬一馭夫。○釋曰：言"頒良馬"，對下別言"駑馬"，養馬有多少不同，故別言良馬也。言"養乘之"者，已下皆四四爲耦，是因養而乘習之。注良，善也。善馬，五路之馬。鄭司農云："四匹爲乘。養馬爲圉，故《春秋傳》曰'馬有圉，牛有牧'。"玄謂二耦爲乘。師、趣馬、馭夫、僕夫，帥之名也。趣馬下士，御夫中士③，則僕夫上士也。自乘至廄，其數二百一十六匹。《易》"乾爲馬"，此應乾之筴也。至校變"爲"言"成"者，明六馬各一廄，而王馬小備也。校有左右，則良馬一種者四百三十二匹，五種合二千一百六十四。駑馬三

---

① 孫疏云："但駑馬二閑不止給王宮中之役，'宮中'當作'官中'，謂給百官府之役也。《穀梁》莊二十九年楊疏引此正作'官'不誤。此與下經'官中之稍食'，'官'誤作'宮'同。"

② "而言"二字阮本作"五者"，阮校云："監、毛本'五者'改'而言'非，疏除駑馬計之，故五者。"加藤云："上皆曰'六者'，至此俄言'五者'，不免唐突。且據戎、道、田三者推論種、駑二者，故云'以此而言'。"

③ "御"字婺本、金本同，阮本作"馭"。加藤云："注例當作'御'。"按鄭注上文亦云"馭夫"，賈疏述注同，經注"駕馭"字與"侍御"字異，加藤說非也。

之，則爲千二百九十六匹。五良一駑，凡三千四百五十六匹，然後王馬大備。《詩》云：
“騋牝三千。”此謂王馬之大數與？麗，耦也。駑馬自圉至馭夫凡馬千二十四匹，與三良
馬之數不相應，“八”皆宜爲“六”，字之誤也。師十二匹，趣馬七十二匹，則馭夫四百三
十二匹矣，然後而三之。既三之，無僕夫者，不駕於五路，卑之也。○釋曰：云“善馬，五
路之馬”者，據上文而言之也。“《春秋傳》曰”者，昭七年楚芋尹無宇執人於王宮，言“馬
有圉，牛有牧”。引之，證“養馬爲圉”也。“玄謂師、趣馬、馭夫、僕夫，帥之名也”者，皆以
寡領衆，故知主帥之名也。云“趣馬下士，馭夫中士，則僕夫上士也”，《序官》有“趣馬，
下士皀一人，徒四人；馭夫，中士二十人”，無僕夫士數之文；以此文官尊者管卑者，馭夫
既中士，明僕夫上士可知。云“自乘至廏，其數二百一十六匹。《易》‘乾爲馬’，此應乾之
筞也”者，案《易》，天一生水北方，地二生火南方，天三生木東方，地四生金西方，天五生
土中央，是謂陽無匹陰無耦；又地六成水北方，天七成火南方，地八成木東方，天九成金
西方，地十成土中央，是謂陽有匹陰有耦。龜取生數一、二、三、四、五，蓍取成數六、七、
八、九、十。若然，東方、南方生長之方，故七爲少陽，八爲少陰；西方、北方成熟之方，故
九爲老陽，六爲老陰。不取十者，中央配四方故也。是以《易》之六爻，卦畫七、八，爻稱
九、六。七、八、九、六既配四方，故九、六皆以四乘之。乾之六爻，以四乘九，四九三十
六，六爻故二百一十六，是爲乾之筞也。云“校有左右，則良馬一種者四百三十二匹”
者，經云“六廏成校”，據一廏言之，“王馬小備”。下云“校有左右”，則十二廏，爲十二
閑。若據一廏，一廏爲二百一十六匹；據兩廏，倍之，故四百三十二匹。種別四百三十
二匹，五種計之自然摠合“二千一百六十匹”。又蓋駑馬三良馬之數[①]，三個四百三十
二，則得“千二百九十六匹”。“五良一駑”，摠計自然“凡三千四百五十六匹”。對前“小
備”，故云“然後王馬大備”也。《詩》云騋牝三千，此衛文公滅而復興，徙而能盛。計諸
侯止合六閑馬，其三千是王馬之數，雖非禮制，國人美之，故鄭云“王馬之大數”。言大
數者，不言四百五十六故也。言“與”者，約同王馬之數，故言“與”以疑之也。云“駑馬
自圉至馭夫凡馬千二十四匹，與三良之數不相應”者，依經“八”計之，得此千二十四匹，
其三良馬有千二百九十六匹，故言不相當。若作“六”，計得千二百九十六匹，與三良馬
數合，故破從“六”也。案此經“乘馬一師四圉；三乘爲皀，皀一趣馬；三皀爲繫，繫一馭
夫”，案《序官》云“趣馬，下士皀一人，徒四十人”，即此以云皀一趣馬合[②]；自師至馭夫，

---

① 浦鏜云：“‘蓋’當‘益’字誤。”
② 浦鏜云：“‘此以’疑‘與此’誤。”

中士二十人，下士四十人，并之六十，正充此良馬之馭夫，又不見駑之馭夫者，或脱也。

天子十有二閑，馬六種；邦國六閑，馬四種；家四閑，馬二種。**注**降殺之差，每廄爲一閑。諸侯有齊馬、道馬、田馬，大夫有田馬，各一閑；其駑馬則皆分爲三焉。○釋曰："天子十二閑，六種"，義已在上。云"諸侯有齊馬、道馬、田馬，大夫有田馬，各一閑；其駑馬皆分爲三焉"者，以駑馬三良之數上下同，故爲此解。趙商問："《校人職》天子有十二閑，六種，爲三千四百五十六匹；邦國六閑，馬四種，爲二千五百九十二匹；家四閑，馬二種，千七百二十八匹。商案：天子之卿，采地食小都，大夫食縣，不審所由當能共此馬數[1]？故《禮記》'家富不過百乘'，謂其多也。《司馬法》論之，甸方八里有戎馬四匹、長轂一乘。今大夫采地四甸，一甸税又給王，其餘三甸纔有馬十二匹。今又就《校人》之職相校甚異，何？"荅曰："邦國六閑四種，其數適當千二百九十六匹。家有四閑二種，又當八百六十四匹。今子以何術計之乎？此馬皆君之所制爲[2]，非謂民賦。畿内百里之國者居四都，五十里之國居四縣，二十五里之國居四甸，而引天子卿食小都、大夫食縣，欲何以難？又《司馬法》甸有戎馬四匹、長轂一乘，此爲民出軍賦[3]，無與於天子國馬之數。事條未理，而多紛紜。"趙商云邦國二千五百九十二匹者，謂三良，一良四百三十二匹；三良千二百九十六匹；駑三，其一種亦千二百九十六匹；故合爲二千五百九十二匹。家四閑馬二種爲千七百二十八匹，謂良馬一種，四百三十二匹；駑馬一種三良馬一種，亦千二百九十六匹；并之千七百二十八匹，正合於數。鄭不從者，天子十二閑分爲左右，一種馬分爲兩廄，故一種馬有四百三十二匹。諸侯及大夫直一廂，不分爲左右，則良馬唯有三廄，三良居三廄，其數六百四十八匹；駑馬亦三，其一種其數亦六百四十八匹；并之千二百九十六匹。家有二種，一良一駑，良居一廄二百一十六匹，駑馬三之爲六百四十八匹；并之爲八百六十四匹。故鄭氏云子以何術計之。

　　凡馬，特居四之一。**注**欲其乘之性相似也。物同氣則心一。鄭司農云："四之一者，三牝一牡。"○釋曰：云"欲其乘之性相似也"者，是使三牝各產其一，通牡爲四，共駕一車，取同氣一心之義。春祭馬祖，執駒。**注**馬祖，天駟也。《孝經説》曰："房爲龍馬。"鄭司農云："執駒無令近母，猶攻駒也。二歲曰駒，三歲曰駣。"玄謂執

---

[1]　阮校引盧文弨説云："《詩·定之方中》正義作'何由能供此馬'，此作'所'誤。"

[2]　浦鏜云："'爲'衍字。"

[3]　浦鏜云："'謂'誤'爲'。"

猶拘也。春通淫之時，駒弱，血氣未定，爲其乘匹傷之。○釋曰：馬與人異，無先祖可尋，而言“祭祖”者，則“天駟”也，故取《孝經說》“房爲龍馬”是馬之祖。春時通淫，求馬蕃息，故祭馬祖。先鄭云“二歲曰駒，三歲曰駣”，《爾雅》文。云“玄謂春通淫之時，駒弱，血氣未定，爲其乘匹傷之”者，《論語》孔子云：“血氣未定，戒之在色。”馬亦如此，故引之而言也。案《月令》仲夏“繫騰駒”，注云：“爲其牝氣有餘相蹄齧。”①彼牝氣有餘相蹄齧繫之，不爲駒弱者，繫有二種，此謂二歲者，彼據馬之大者，故不同也。**夏祭先牧，頒馬，攻特。** 注先牧，始養馬者，其人未聞。夏通淫之後，攻其特，爲其蹄齧不可乘用。鄭司農云：“攻特，謂騬之。”○釋曰：知“先牧”是養馬者，以其言先牧，是放牧者之先，知是“始養馬者”。祭之者，夏草茂，求肥充。云“攻特”者，“夏通淫後，攻其特，爲其相蹄齧不可乘用”故也。**秋祭馬社，臧僕。** 注馬社，始乘馬者。《世本·作》曰：“相土作乘馬。”鄭司農云：“臧僕，謂簡練馭者令皆善也。”玄謂僕，馭五路之僕。○釋曰：“秋祭馬社”者，秋時馬肥盛，可乘用，故祭“始乘馬者”。秋而“臧僕”者，亦秋時萬物成，教之使善。**冬祭馬步，獻馬，講馭夫。** 注馬步，神爲災害馬者。獻馬，見成馬於王也。馭夫，馭貳車、從車、使車者。講猶簡習。○釋曰：馬神稱“步”，謂若玄冥之步、人鬼之步之類，步與醋字異音義同。云“獻馬，見成馬於王也”者，以秋時萬物成，亦獻成馬於王也。云“馭夫，馭貳車、從車、使車者”，《馭夫》文也。云“講猶簡習”者，亦謂秋時物成，講之使成也。

凡大祭祀、朝覲、會同，毛馬而頒之。 注毛馬，齊其色也。頒，授當乘之。○釋曰：此三者皆須馬從王，故知“毛馬而頒之”爲“齊其色”者。案《毛詩傳》云：“宗廟齊豪，尚純也。戎事齊力，尚强也。田獵齊足，尚疾也。”《爾雅》亦云。雖據宗廟，至於田獵、軍旅，既尚疾、尚力，亦尚色也。故下云“凡軍事，物馬而頒之”，是尚力也；《詩》云“四驪彭彭”，武王所乘，又云“四鐵孔阜”，秦襄公以田，是齊色不專據宗廟。**飾幣馬，執扑而從之。** 注鄭司農云：“校人主飾之也。幣馬，以馬遺人當幣處者也。《聘禮》曰：‘馬則北面，奠幣于其前。’《士喪禮下篇》曰：‘薦馬，纓三就，入門北面，交轡，圉人夾牽之，馭者執策立于馬後。’”○釋曰：先鄭“以馬當幣處者”，見經云“飾幣

---

① 孫校云：“‘牝’依宋本《月令》當作‘壯’。賈以彼注言壯，此注言弱，義正相反，故論之。”

馬”，馬可飾，幣非可飾之物；又見下文“凡國之使者，共其幣馬”，注云“使者所用私覿”，則知此直“以馬遺人”，無幣。且王家遺人無庭實，故《覲禮》勞侯氏用璧，無庭實也。引《聘禮》者，案《聘禮》，此謂賓入境展幣時，布幕訖，皮則陳於幕上，馬則於幕南北面，奠幣於其前。引之者，證彼則有幣有馬。引《士喪禮下篇》者，據將葬朝廟時陳設之事，馬爲擬乘車所駕，故薦之。“纓三就”者，謂馬鞅三成舒之。“入門北面”者，陳之於廟庭也。言“交轡”者，士兩馬，二人牽之。引之者，證馬有飾之事也。**凡賓客，受其幣馬。**注賓客之幣馬，來朝聘而享王者。○釋曰：言賓客“來朝享王者”，《大行人》云“廟中將幣三享”者是也；使客“來聘享王者”，《玉人職》“琢圭璋璧琮以覜聘”者也[1]。**大喪，飾遺車之馬；及葬，埋之。**注言埋之，則是馬塗車之芻靈。○釋曰：言“遺車”，則《雜記》注天子九乘，苞大遣奠牲體乘別大牢苞九个，入壙藏之於椁內覨外者。云“塗車之芻靈”者，案《檀弓》孔子云“塗車、芻靈，自古有之”[2]，“謂爲俑者不仁”，俑謂偶人所作。孔子善古而非周，則古以泥塗爲車，芻靈謂以芻草爲人馬神靈。至周，塗車仍存，但刻木爲人馬替古者芻靈。今鄭云塗車之芻靈，則是仍用芻靈，與《檀弓》違者，至周實用俑者，但鄭舉古之芻靈況周耳，非謂周家仍用芻靈也。**田獵，則帥驅逆之車。**注帥猶將也。○釋曰：“驅逆之車”田僕設之，但校人主車馬，帥領田僕而已。**凡將事于四海山川，則飾黃駒。**○釋曰：謂王行所過山川，設祭禮之然後去，則殺黃駒以祭之。山川地神，土色黃，故用黃駒也。注四海猶四方也。王巡守過大山川，則有殺駒以祈沈禮與？《玉人職》有宗祝以黃金勺前馬之禮。○釋曰：云“四海猶四方也”者，王巡守唯至方岳，不至四海夷狄，故以四海爲四方。云“有殺駒以祈沈禮與”者，《爾雅》云：“祭山曰庪縣，祭川曰浮沈。”今鄭云以祈沈者，揔解過山川二事。言與者，《爾雅》據正祭，此則行過之，約與彼同，故云“與”以疑之也。引《玉人職》者，案彼有大璋、中璋、邊璋，過大山川用大璋，過中山川用中璋，過小山川用邊璋；下云“黃金勺，青金外，朱中”，此三璋之勺也。云“黃金勺”者，即彼三璋之勺也。云“前馬之禮”者，以黃金勺酌酒禮山川在馬牲前之禮。引之者，證過山川設禮用馬牲之事也。**凡國之使者，共其幣馬。**注使者所用私覿。○釋曰：言“國之”，謂王使之下聘問諸侯。王行禮

---

① “琮”字原作“宗”，據阮本改。

② 加藤云：“殿本移下文‘芻靈謂以芻草爲人馬神靈’十一字置此下。”

後，乃更以此"幣馬"私與主君相見，謂之"私覿"。諸侯之臣與君同行不得私覿，若特聘則有之，則《聘禮》"私覿"是也。若然，上文"飾幣馬"是以馬遺人法，非聘，故無私覿。前"賓客"來朝聘不言私覿者，諸侯之臣於天子不敢行私覿故也。**凡軍事，物馬而頒之。** 注物馬，齊其力。○釋曰：上朝會言"毛馬"，鄭云"齊其色"，此軍事言"物馬"，鄭云"齊其力"，物即是色，而云齊力，當與上文互以見義，欲見皆有力有色也。**等馭夫之禄、** 注馭夫於趣馬、僕夫爲中，舉中見上下。○釋曰：掌養馬者有趣馬、馭夫、僕夫三者，皆須等其禄，獨云"馭夫"，故鄭云"舉中見上下"。**宫中之稍食①。** 注師、圉府、史以下也。鄭司農云："稍食曰稟。"○釋曰：上云"馭夫"之等，言士已上訖，故知此是"師、圉府、史以下"，中仍有胥、徒之等也。

趣馬 掌贊正良馬，而齊其飲食，簡其六節。注贊，佐也。佐正者，謂校人臧僕、講馭夫之時。簡，差也。節猶量也。差擇王馬以爲六等。○釋曰：鄭云"佐正者，校人臧僕、講馭夫之時"者，以其校人是養馬官之長，校人既有此諸事，而云"佐正"，明佐此二者可知。云"差擇王馬六等"，即上種、戎、齊、道、田、駑是也。**掌駕説之頒，** 注用馬之第次。○釋曰：凡用馬當均勞逸，故"駕説"須依次第，即頒是第次之序，故知是"用馬之第次"也。**辨四時之居治，以聽馭夫。** 注居，謂牧廏所處。治，謂執駒、攻特之屬。○釋曰：云"辨四時之居治"者，謂二月已前、八月已後在廏，二月已後、八月已前在牧，故云四時也。云"牧廏"者，放牧之處皆有廏廏以蔭馬也②。以趣馬下士屬馭夫中士，故云"聽馭夫"。知"治"是"執駒、攻特"者，以是校人之事趣馬當佐之，明是此二事也。

巫馬 掌養疾馬而乘治之，相醫而藥攻馬疾，受財于校人。注③

---

① 孫疏云："吳廷華云：'宫當官字之誤。'方苞引《士師》云'掌官中之政令'，證此'宫'當作'官'。案：吳、方説是也。注疏並不釋'宫中'之義，疑鄭、賈本亦本作'官中'。"

② "廏"字原作"廏"，據阮本改。

③ 此節鄭注原編次於賈疏之後。按全書體例，若經、注不分別疏解，則注文徑接於

乘，謂驅步以發其疾，知所疾處乃治之。相，助也。○釋曰：巫知馬祟[①]，醫知馬疾，疾則以藥治之[②]，祟則辨而祈之，二者相須，故巫助醫也。云"受財"者，謂共祈具及藥直。馬死，則使其賈粥之，入其布于校人。注布，泉也。鄭司農云："賈，謂其屬官小吏賈二人。粥，賣也。"

牧師掌牧地，皆有厲禁而頒之。注頒馬授圉者所牧處。○釋曰：圉人掌養馬者，故《圉人職》云"掌養馬芻牧之事"，言"厲禁"者，謂可牧馬之處亦使其地之民遮護禁止，不得使人輒牧牛馬也。孟春焚牧，注焚牧地以除陳生新草[③]。○釋曰："孟春"，謂夏之孟春建寅之月，草物將出之時。焚燒牧地除陳草生新草也。中春通淫，注中春，陰陽交、萬物生之時，可以合馬之牝牡也。《月令》季春"乃合累牛騰馬[④]，遊牝于牧"，秦時書也，秦地寒涼，萬物後動。○釋曰：案《月令》季春"乃合累牛騰馬，游牝於牧"，彼注云："此月可以合牛馬繫在廄者。其牝欲游，則就牧而合之。"若然，彼不繫在廄亦二月通淫，則與此經合矣。今此注以爲"《月令》秦時書，秦地寒涼，萬物後動[⑤]"，與彼注不同者，鄭君兩解，故彼此不同也。掌其政令。凡田事，贊焚萊。注焚萊者，山澤之虞。○釋曰："焚萊"自是"山澤之虞"，當二月焚萊除陳生新之時，則此官贊山澤之虞也。

廋人掌十有二閑之政教，以阜馬、佚特、教駣、攻駒及祭馬祖、祭閑之先牧及執駒、散馬耳、圉馬。注九者皆有政教焉。阜，盛壯也。《詩》云："四牡孔阜。"杜子春云："佚當爲逸。"鄭司農云："馬三歲曰駣，二歲曰駒。散讀爲'中散大夫'之散，謂聒馬耳，毋令善驚也。"玄謂逸者，用之不使甚勞，安其血氣也。教駣，始乘習之也。攻駒，騬其蹄齧者。閑之先牧，先牧制閑者。散馬耳，以竹括押其耳，頭動摇則括中物，後遂串習不復驚。○釋曰：云"掌十有二閑之政"者，此文與下九者爲

---

① "祟"字原作"崇"，據阮本改。下文"祟"字同。
② "疾"字原不重，脱一字，據阮本補。
③ "草"字婺本同，金本、阮本下有"也"字。
④ "令"字原作"今"，據婺本、金本、阮本改。
⑤ "後"字原脱，據阮本補。

目^①，故鄭云“九者皆有政教焉”。引《詩》者，證“皐”爲“盛”義也。子春以“佚”爲“逸”，後鄭從之，增成其義。先鄭“散讀爲中散大夫之散”，取音同也。“謂眂馬，無令善驚”，後鄭亦增成其義。後鄭云“閑之先牧^②，先牧制閑者”，以其通閑言之也。若然，上云“夏祭先牧”者直是先養馬者，非制閑之人。**正校人員選。注**校人，謂師、圉也。正員選者，選擇可備員者平之。○釋曰^③：知“校人”是“師、圉”者，凡言“正”者，以尊正卑，自趣馬已上並上官，非廋人所正，故知所正者師、圉。**馬八尺以上爲龍，七尺以上爲騋，六尺以上爲馬。注**大小異名。《爾雅》曰：“騋，牝驪牡玄，駒褢驦。”鄭司農説以《月令》曰“駕蒼龍”。○釋曰：引《爾雅》所釋，釋《詩》“騋牝三千”。但《詩》直言牝不言牡，《爾雅》之意，以詩人美衛文公直牝有三千，其實兼有牡，故云騋中所有牝則驪色，牡則玄色，兼有駒褢驦。引之者，證騋是馬色。先鄭引《月令》者，謂春之三月天子聽朔及祀帝皆“駕蒼龍”，順時色，引之以證“龍”是馬也。

圉師掌教圉人養馬，春除蓐、釁廄、始牧，夏庌馬，冬獻馬。射則充椹質，茨牆則翦闔。**注**蓐，馬茲也，馬既出而除之。新釁焉，神之也。《春秋傳》曰：“凡馬，日中而出，日中而入。”故字庌爲訝^④，鄭司農云：“當爲庌。”玄謂庌，廡也，廡所以庇馬涼也。充猶居也。茨，蓋也。闔，苫也。椹質、翦闔，圉人所習也。杜子春讀椹爲齊人言“鈇椹”之椹。椹質，所射者習射處^⑤。○釋曰：圉師即《校人》云“良馬乘一師四圉”者也。云“夏庌馬”者，即《趣馬》“辨四時之居”是也。云“冬獻馬”者，即《校人》“冬獻馬”。尊卑連事相成者也。《春秋傳》者，《左氏》莊二十九年：“新延廄，書，不時。”延廄當於馬時^⑥，故云“凡馬，日中而出，日中而入”，謂春分秋分時，今之孟春新延廄，故云不時也。云“圉人所習也”者，莝，取椹斬莝，則苫蓋之類也，皆圉人所習之事。子春云“椹質，所射者習射處”者，案《司弓矢》云：“澤則共椹質之弓矢。”此云“射則充椹

---

① “目”字原作“自”，據阮本改。
② “後”字原作“從”，據阮本改。
③ “曰”字原作“囗”，據全書體例改。
④ 段考謂“字”當作“書”。
⑤ 段考云：“‘習射處’之上脱‘茨牆’二字，作正義時已然矣。”
⑥ “延廄當於馬時”六字阮本同，孫校云：“當作‘新延廄當於馬出時’，此有脱文。”

質”，皆謂澤宮中試弓習武時所充也。

　　圉人掌養馬芻牧之事，以役圉師。**注**役者，圉師使令焉。○釋曰：乘馬一師四圉，四圉人受圉師之所“使令焉”。**凡賓客、喪紀，牽馬而入陳。注**賓客之馬，王所以賜之者。《詩》云：“雖無予之①，路車乘馬。”喪紀之馬，啓後所薦馬。○釋曰：雖同“牽馬入陳”，“賓客”與“喪紀”所陳有異。何者？若據賓客，則在館，天子使人就館而陳之。若喪紀，則謂將葬朝廟時，《既夕禮》“薦馬，纓三就”者是也。天子朝廟亦當在祖廟中陳設明器之時，亦遣人薦馬及纓入廟陳之。此馬謂擬駕乘車，吉器最先者也。**廞馬亦如之。注**廞馬，遣車之馬，人捧之，亦牽而入陳。○釋曰：此“遣車之馬”，遣車則天子九乘，載所苞遣奠以入壙，皆“人捧之”。云“亦牽而入陳”者，亦於祖廟陳此明器也。但遣車及馬各使人別捧，故上注云“行則解脱之”是也。

　　① “予”字原作“子”，據婺本、金本、阮本改。

周禮疏卷第三十九

唐朝散大夫行大學博士弘文館學士臣賈公彥等撰

職方氏掌天下之圖，以掌天下之地，辨其邦國、都鄙、四夷、八蠻、七閩、九貉、五戎、六狄之人民與其財用、九穀、六畜之數要，周知其利害。○釋曰：此文與下爲目。云“辨其邦國”，據畿外諸侯；“都鄙”，據畿内采地。先邦國，尊諸侯也。云“四夷”者，據四方之夷，揔目諸方，以“九貉”當東夷之處[1]。**注**天下之圖，如今司空輿地圖也。鄭司農云：“東方曰夷，南方曰蠻，西方曰戎，北方曰貉、狄。”玄謂閩，蠻之别也。《國語》曰：“閩，芈蠻矣。”四、八、七、九、五、六，周之所服國數也。財用，泉穀、貨賄也。利，金、錫、竹、箭之屬。害，神姦，鑄鼎所象百物也。《爾雅》曰：“九夷、八蠻、六戎、五狄謂之四海。”○釋曰：《大司徒》云：“掌建邦之土地之圖。”注云：“地之圖[2]，若今司空郡國輿地圖。”此注不言郡國者，彼直掌九州，不言夷狄，九州之内有邦國，故以郡國言之；此職方兼主夷狄，夷狄中漢時不置郡國，惟置校尉掌之，故此注亦不言郡國也。先鄭云“東方曰夷”者，以經云“四夷”即爲東夷也。然夷之數皆言九，於此獨言四，不得即以爲始。此不先言九夷者，以其已有“四夷”之名爲目，不可重言九夷，故先從南數之也。又云“北方曰貉、狄”者，先鄭既以“四夷”爲東方夷，即以貉、狄揔屬北方也。“玄謂閩，蠻之别也。《國語》曰：‘閩，芈蠻矣’”者，案《鄭語》史伯曰：“蠻，芈蠻矣。”注云：“謂上言叔熊避難於濮蠻，隨其俗如蠻人也，故曰蠻。”彼不作“閩”者，彼蓋後人轉寫者誤，鄭玄以“閩”爲正。叔熊居濮，如蠻，後子孫分爲七種，故謂之七閩也。案經“閩”雖與“蠻”七、八别數，本其是一，俱屬南方也。云“四、八、七、

---

① 按賈疏據《鄭志》謂“四夷”爲四方夷之總目，孫疏云：“《鄭志》以釋《師氏》‘四夷之隸’及《鞮鞻氏》‘四夷之樂’則正相當，若此注以四、八、七、九、五、六並舉爲所服國數，又無破先鄭之說，則不以四夷爲四方夷之總目。《象胥》云‘掌蠻、夷、閩、貉、戎、狄之國’，夷在蠻下，則非總目之文可知。依經攷義，此注爲長。”故經文據鄭注標點。

② 浦鏜謂“地”上脱“土”字。

九、五、六，周之所服國數也”者，《鄭志》趙商問：“《職方氏》‘掌四夷、八蠻、七閩、九貉、五戎、六狄之數’，注云‘周之所服國數’。《禮記·明堂位》曰：周公六年制禮作樂，朝諸侯於明堂，有朝位服事之國數，夷九、蠻八、戎六、狄五。《禮》之事異[1]，未達其數。”鄭答：“《職方氏》‘四夷’，四方夷狄也。九貉即九夷，在東方。八蠻在南方，閩其別也。戎、狄之數或六、或五，兩文異。《爾雅》雖有其數耳，皆無別國之名校，文甚明[2]，故不定。”若然，《爾雅》之數與《明堂》同，皆數耳，無別國之名校，其錯可知。今五、六者正是數耳，其事鄭不甚明之，未知何者是，故不定一《禮》，兩《禮》俱從，是以不著其錯誤。案《詩序》云：“《蓼蕭》，澤及四海。”注云：“九夷、八狄、七戎、六蠻謂之四海。”復與《爾雅》及《禮》皆不同者，《蓼蕭》或後人轉寫者誤，當以《爾雅》與《禮》爲正也。云“財用，泉穀、貨賄也”者，財用爲泉穀、貨財，疏已備“九賦”者也。云“利，金、錫、竹、箭之屬”者，案下經其利有金、錫、竹、箭之屬是也。云“害，神姦，鑄鼎所象百物也”者，宣三年楚子問鼎之輕重，王孫滿對云“夏之方有德，遠方圖物，貢金九牧，鑄鼎象物，百物而爲之備，使民知神姦”是也。引《爾雅》者，見數與此不同之意也。

乃辨九州之國，使同貫利。 注貫，事也。○釋曰：職方主九州之事，故須分別“九州之國”。“貫”，事也，使同其事利，不失其所也。**東南曰揚州[3]，其山鎮曰會稽，其澤藪曰具區，其川三江，其浸五湖，其利金、錫、竹、箭，其民二男五女，其畜宜鳥獸，其穀宜稻。** ○釋曰：自此已下陳九州之事，揔爲三道陳之。先從南方起，蓋取尊其陽方。周改《禹貢》，以徐、梁二州合之於雍、青，分冀州地以爲幽、并。東南曰揚州，次正南曰荊州，周之西南不置州，統屬雍州，即次河南曰豫州，爲一道也。次正東曰青州，次河東曰兗州，次正西曰雍州，爲二道。又次東北曰幽州[4]，次河內曰冀州，次正北曰并州，爲三道。若《禹貢》治水則爲二道，又先從下起，與此異也。然既以徐、梁二州合之於雍、青，其二道則以冀、兗、青、徐爲一道，揚、

---

① 浦鏜云：“‘文’誤‘之’。”

② 阮校云：“按下云‘鄭不甚明之’，則此‘文’爲‘不’之訛。”孫校云：“《明堂位》疏正作‘不甚明’。”

③ 阮校云：“《廣韻·二十一震》、《太平御覽》七十二皆引作‘楊州’。蓋州名字本從木，自開成石經定從手旁，後俱作‘揚’，閩、監本作木旁者，又由手旁轉改，非古本如是矣。”

④ “北”字原作“比”，據阮本改。

荊、豫、梁、雍爲二道。云“其山鎮曰會稽”者,九州皆有鎮,所以安地德。一州之内其山川澤藪至多,選取最大者而言,故鄭云“曰其大者”也。注鎮,名山安地德者也。會稽在山陰。大澤曰藪。具區、五湖在吳南。浸,可以爲陂灌溉者。錫,鑞也。箭,篠也。鳥獸,孔雀、鸑、鴳鷞、犀、象之屬。故書箭爲晉。杜子春曰①:“晉當爲箭,書亦或爲箭。”

○釋曰:云“會稽在山陰”,自此以下所説山川之等,一則目驗而知,二則依《地理志》而説,又所曉處所皆舉郡縣而言。云“會稽在山陰”,山陰,郡名。案《夏本紀》:“大史公:‘或言禹會諸侯於江南,計功而崩,因葬焉,命曰會稽。會稽者,會計也。’”《皇覽》曰:“禹冢在山陰會稽山,本苗山,縣南七里。”《越傳》曰:“禹到越,望苗山,會諸侯,爵有德,封有功者,更名苗山曰會稽山。因疾死,葬,棺冢壙深七尺,高三尺,土階三寸三②,周方畝。”《吕氏春秋》云:“禹葬會稽,不煩徒。”《墨子》曰:“禹葬會稽,衣裘三領,桐棺三寸③。”《地理志》云:“山上有禹井,禹傳云一有羣鳥游田焉④。”是説會稽之事也。云“大澤曰藪”者,案《澤虞職》“大澤大藪”注“水鍾曰澤,水希曰藪”,則澤、藪别矣;今此云大澤曰藪,爲一物解之者,但澤、藪相因,亦爲一物,故云大澤曰藪也。云“具區、五湖在吳南”者,吳南,郡名。依《地理志》,南江自吳南⑤,震澤在西。通而言之,亦得在吳南。具區即震澤,一也。云“浸,可以爲陂灌溉者”,謂灌溉稻田者也。云“箭,篠也”,箭一名篠,故《禹貢》云“篠簜”,是一物二名也。云“鳥獸,孔雀、鸑、鴳鷞”者,解“鳥”也;云“犀、象”者,解“獸”也。驗時見有此鳥獸,故據言焉。案《禹貢》云九江,今在廬江、尋陽南,皆東合爲大江。楊州所以得有三江者,江至尋陽南合爲一,東行至楊州入彭蠡,復分爲三道而入海,故得有三江也。**正南曰荊州,其山鎮曰衡山,其澤藪曰雲瞢,其川江、漢,其浸潁、湛,其利丹、銀、齒、革,其民一男二女,其畜宜鳥獸,其穀宜稻。**○釋曰:“其川江、漢”者,楊州云三江不言漢,此荊州直

---

① “曰”字婺本、金本、阮本同,阮校引浦鏜説云:“‘曰’字當依葛本作‘云’。”

② “三寸三”三字阮本同。按賈疏自“皇覽曰”以下至“游田焉”全據《史記集解》,彼注引《越傳》作“土階三等”,與傳本《越絶書》合。“等”字草書與“寸”形近,疑此“寸”字本當作“等”,下“三”字則爲衍文。

③ “桐”字原作“柏”,據阮本改。《史記集解》正作“桐”。

④ 浦鏜云:“‘相’誤‘禹’,‘下’誤‘一’,‘秏’誤‘游’。”

⑤ 阮校謂“吳南”至“吳南”十三字當作“吳者,會稽郡屬縣名。依《地理志》,南江在吳南”。按“吳南郡名”四字或爲“吳者縣名”之誤。

言江不言三，兼云漢者，此州江未分爲三，故直云江；此州有漢水過焉，故江、漢並言也。上文楊州云"其利金、錫、竹、箭"，不云"丹、銀、齒、革"，案《禹貢》荆、楊二州俱云"貢金三品"，則二州通有金、錫也。"其民一男二女"，多於楊州。其"畜"、"穀"與楊州同。**注** 衡山在湘南。雲瞢在華容。潁出陽城，宜屬豫州，在此非也。湛，未聞。齒，象齒也。革，犀兕革也。杜子春云："湛讀當爲人名湛之湛，湛或爲淮。"○釋曰：云"雲瞢在華容"者，案《禹貢》荆州"雲土夢作乂"，得爲澤者，案彼注云："其中有平土丘，水去可爲作畎畝之治。"則此據有水之處，亦得爲澤也。云"潁出陽城，宜屬豫州，在此非也"者，鄭據《地理志》，故知合在豫州。又昭元年王使劉定公勞趙孟于潁，亦在豫州，故破之。云"湛，未聞"者，據《地理志》無文，未知何處也。云"齒，象齒也"者，對則齒、牙別，通而言之，牙亦得爲齒。故《詩·頌》云"元龜象齒"，是牙、齒通也。云"革，犀兕革也"者，以其利則可貢，所貢之革惟用爲甲，故《函人》有"犀"、"兕"，《春秋》云"犀兕尚多"。子春云"湛讀當爲人名湛之湛"，俗讀也。"湛或爲淮"，不從也。河南曰豫州，其山鎮曰華山，其澤藪曰圃田，其川熒、雒，其浸波、溠，其利林、漆、絲、枲，其民二男三女，其畜宜六擾，其穀宜五種。**注** 華山在華陰。圃田在中牟。熒，兗水也，出東垣[1]，入于河，泆爲熒，熒在熒陽。波讀爲播，《禹貢》曰："熒播既都。"[2]《春秋傳》曰："楚子除道梁溠，營軍臨隨。"則溠宜屬荆州，在此非也。林，竹木也。六擾，馬、牛、羊、豕、犬、雞。五種，黍、稷、菽、麥、稻。○釋曰：云"熒，兗水也"者，案《禹貢》濟出王屋，始出兗，東流爲濟，南渡河泆爲熒。《春秋》"戰于熒澤"是也。云"出東垣"者，《地理志》文也。云"波讀爲播"者，案《禹貢》有播水，無波，故引《禹貢》爲證也。《春秋》者，左氏莊四年《傳》文。云"林，竹木也"者，《地官》山林別官，故鄭注云："竹木生平地曰林。"今許州見平地多林木，故云"林，竹木也"。云"六擾，馬、牛、羊、豕、犬、雞"者，此與《爾雅》"六畜"及《周禮》"六牲"一也。必知"五種"是"黍、稷、菽、麥、稻"者，此州東與青州相接，青州有稻、麥，西與雍州相接，雍州有黍、稷，故知有此四種。但此九州不言麻與菽及芑，鄭必知取菽者，蓋以當時目驗而知，故添爲五種也。正東曰青

---

① 段考云："按《地理志》、《郡國志》皆無'東'字，然則'東'字臠也。或云當作'河東垣'，《職方》注例不舉郡名，增'河'字非也。"

② 孫疏云："'熒'段玉裁校並改'熒'，阮元、黃丕烈亦謂注中'熒'字皆'熒'之誤，是也。但《釋文》經作'熒'，而注'熒播'字仍作'熒'。宋刻各本亦經注字異，或鄭於經自從'熒'，於注自從'熒'，若經用古字、注用今字之例，今亦不敢輒改。"

州，其山鎮曰沂山，其澤藪曰望諸，其川淮、泗，其浸沂、沭，其利蒲、魚，其民二男二女，其畜宜雞、狗，其穀宜稻、麥。注沂山，沂水所出也，在蓋。望諸，明都也，在睢陽。沭出東莞。二男二女數等，似誤也，蓋當與兗州同二男三女。鄭司農云：“淮或爲睢，沭或爲洙。”○釋曰：鄭知“沂山，沂水所出”者，沂水出沂山，水乃取名於山，故知沂水出焉。云“在蓋”者，蓋亦縣名。案《禹貢》云：“海岱及淮惟徐州。”又云：“淮沂其乂。”注云：“淮、沂，二水名。”《地理志》沂水出今大山蓋縣。不在青州者，周公以《禹貢》徐州地爲青故也。云“望諸，明都也”者，案《禹貢》云：“導柯澤，被明都。”彼《禹貢》無望諸，故從明都。案《春秋》宋藪澤有孟諸，明都即宋之孟諸者也。經有“淮、泗”，不言者，以上來有“江”及此“淮”并下文“河”，鄭皆不言所在者，以四瀆之名人皆知之，故略而不言也。案《禹貢》淮出桐柏，泗水在魯國，出濟陰乘氏東，又至零陵入淮①，行千二百一十里。沭出東莞，屬瑯琊，南至下邳入泗。云“二男二女數等，似誤也”者，若本有此數等，當言一男一女，明不作二男二女。青州西北與兗州相接，宜“與兗州同二男三女”也。河東曰兗州，其山鎮曰岱山，其澤藪曰大野，其川河、沸，其浸盧、維，其利蒲、魚，其民二男三女，其畜宜六擾，其穀宜四種。注岱山在博。大野在鉅野。“盧維”當爲“雷雍”，字之誤也。《禹貢》曰：“雷夏既澤，雍沮會同。”雷夏在城陽。四種，黍、稷、稻、麥。○釋曰：“博”與“鉅野”皆郡縣之名。破“盧維”爲“雷雍”②，《地理志》、《禹貢》無盧維，又字類雷雍，故破從之，引《禹貢》爲證也。知“四種，黍、稷、稻、麥”者，以其東與青州相接，青州有稻、麥，西與冀州相接，冀州有黍、稷，故知也。正西曰雍州，其山鎮曰嶽山③，其澤藪曰弦蒲，其川涇、汭，其浸渭、洛，其利玉、石，其民三男二女，其畜宜牛、馬，其穀宜黍、稷。注嶽，吳嶽也，及弦蒲在汧。涇出涇陽。汭在豳地，《詩·大雅·公劉》曰“汭坈之即”。洛出懷德。鄭司農云：“弦或爲汧，蒲或爲浦。”○釋曰：雍州云“其利玉、石”，藍田見有玉山，出玉、石以爲利者也。“其穀宜黍、稷”，見雍州

①　孫校云：“‘零陵’依《漢志》當作‘睢陵’。”

②　“盧”字原作“盧”，據阮本改。按阮本經、注作“盧”，疏作“盧”，阮校謂“盧”是。下文“盧”字同。

③　王引之云：“‘嶽’下‘山’字，涉上下文而衍。”

宜麥，不言者，但黍、稷、麥並宜，以黍、稷爲主。云"嶽，吳嶽也，及弦蒲在汧"者，案《地理志》吳山在汧西，有弦蒲之藪，汧水出焉，西北入渭，渭出鳥鼠山也。云"汭在幽地，《詩・大雅・公劉》曰汭坔之即"，若然，汭爲水名。案彼毛傳云："芮，水厓也。"箋云："芮之言內也。水之內曰隩，水之外曰鞫。就澗水之內外而居。"與此義違者，案《詩》上云"夾其皇澗，遡其過澗"，故以芮鞫爲外內；今爲水名者，蓋周公制禮之時以汭爲水名，汭即皇澗，名曰汭耳，猶《禹貢》大岳至周爲霍山也。云"洛出懷德"者[1]，此洛即《詩》云"瞻彼洛矣"，一也，與《禹貢》"導洛自熊耳"者別也，以其彼洛出上洛，經王城至虎牢入河。

東北曰幽州，其山鎮曰醫無閭，其澤藪曰貕養，其川河、泲，其浸菑、時，其利魚、鹽，其民一男三女，其畜宜四擾，其穀宜三種。注醫無閭在遼東。貕養在長廣。菑出萊蕪。時出般陽。四擾，馬、牛、羊、豕。三種，黍、稷、稻。杜子春讀貕爲奚。○釋曰：云"醫無閭在遼東"者，目驗知之。漢光武十三年以遼東屬青州，二十四年還屬幽州。云"貕養在長廣"者，長廣，縣名。《地理志》長廣屬徐州瑯琊，有萊山，周時幽州南侵徐州之地也。知"三種，黍、稷、稻"者，西與冀州相接，冀州有黍、稷，幽州見宜稻，故知三種黍、稷、稻也。河內曰冀州，其山鎮曰霍山，其澤藪曰楊紆，其川漳，其浸汾、潞，其利松、柏，其民五男三女，其畜宜牛、羊，其穀宜黍、稷。注霍山在彘。楊紆所在未聞。漳出長子。汾出汾陽。潞出歸德。○釋曰："其利松、柏"，霍山見有松、柏出焉。云"霍山在彘"者，彘則屬王流于彘，後爲縣名，漢改爲永安縣。案《禹貢》"既脩大原，至于岳陽。覃懷底績，至于衡漳"，注云："岳陽，大原之南[2]，漳水橫流入河。"《地理志》大原，今爲郡名。大岳在河東縣彘東，名霍大山。覃懷爲縣名，屬河內。漳水出上黨沾大黽谷，東北至安平阜城入河，行千六百八十里。始是"長子"，即上黨也。"汾陽"、"歸德"，皆郡名[3]。正北曰并州，其山鎮曰恒山，其澤藪曰昭餘祁，其川虖池、嘔夷，其浸淶、易，其利布、帛，其民二男三女，其畜宜五擾，其穀宜五種。注恒山在上曲陽。昭餘祈在鄔。虖池出鹵城。嘔夷，祁夷與？出平舒。淶出廣昌。易出故安。

---

① "云"字原作"即"，據阮本改。
② 孫校據《詩・唐風譜》疏引《禹貢》鄭注校"大原"爲"大岳"。
③ 浦鏜云："'縣'誤'郡'。"

五擾，馬、牛、羊、犬、豕。五種，黍、稷、菽、麥、稻也。凡九州及山鎮、澤藪言“曰”者，以其非一，曰其大者耳。此州界，楊、荊、豫、兖、雍、冀與《禹貢》略同，青州則徐州地也，幽、并則青、冀之北也，無徐、梁。○釋曰：“上曲陽”、“鄔”、“鹵城”、“平舒”、“廣昌”、“故安”，皆案《地理志》知之。云“五擾，馬、牛、羊、犬、豕”者，六擾中雞爲緩，故去之。云“五種，黍、稷、菽、麥、稻也”者，若饋用六穀則兼有苽，若民之要用則去苽，故知是此五者。周公設經，六擾之内三擾已上則言“擾”，二擾則指獸名，若三、四不滿六者，從下次去之。六穀之内三種已上即言“種”，二者則指穀名。云“凡九州及山鎮、澤藪言曰者，以其非一，曰其大者耳”者，但一州之内山川多少各有其一而言“曰”，故云曰其大者。云“此州界，楊、荊、豫、兖、雍、冀與《禹貢》略同”者，不失本處，雖得舊處，猶有相侵入不得正，故云略同。若周之兖州，於《禹貢》侵青、徐之地；周之青州，於《禹貢》侵豫州之地；周之雍、豫，於《禹貢》兼梁州之地；周之冀州，於《禹貢》小於《禹貢》時冀州，以其北有幽州、并州，故知也。周之九州“無徐、梁”，《禹貢》有徐、梁，無幽、并。《爾雅》云：“兩河間曰冀州，河南曰豫州，濟東曰徐州，河西曰雍州，漢南曰荊州，江南曰楊州，燕曰幽州，濟、河間曰兖州，齊曰營州。”《詩譜》曰：“雍、梁、荊、豫、徐、楊之民咸被其化。”數不同者，《禹貢》所云，堯、舜法；《爾雅》所云，似夏法；《詩譜》所云，似殷法。亦與《禹貢》三代不同，是以州名有異。自古已來皆有九州，惟舜時暫置十二州，至夏還爲九州，故《春秋》云“夏之方有德也，貢金九牧”是也。但自神農已上有大九州柱州、迎州、神州之等，至黃帝以來，德不及遠，惟於神州之内分爲九州，故《括地象》云“崑崙東南萬五千里名曰神州”是也。九州之内所有山川，或有解出其處者；至如江、河、淮、泗、漢、洛等不釋所出者[1]，此等皆《禹貢》有成文，如彼“導洛自熊耳”、“導渭自鳥鼠”、“導河自積石”、“導江自岷山”、“導淮自桐柏”、“導漢自嶓冢”，爲此故不言也。至於《禹貢》雖言，義理不明者，此亦辨之，若《禹貢》“涇屬渭汭”，彼直言涇水入渭，不言導之所從，如此之類皆須釋其所出也。

乃辨九服之邦國：方千里曰王畿，其外方五百里曰侯服，又其外方五百里曰甸服，又其外方五百里曰男服，又其外方五百里曰采服，又其外方五百里曰衛服，又其外方五百里曰蠻服，又其外方五百里曰夷服，又其外方五百里曰鎮服，又其外方五百里曰藩

---

① “如”字阮本無。

服。○釋曰：此言"九服"，仍除"王畿"爲數，故從"其外"已下爲九也。此九服之名言"侯"者，侯之言候，爲王斥候。言"甸"者，甸之言田，爲王治田出税。言"男"者，男之言任也，爲王任其職理。"采"者，事也，爲王事民以供上。言"衛"者，爲王衛禦。言"蠻"者，近夷狄，蠻之言縻，以政教縻來之。自此已下皆夷狄。諸言"夷"者，以其在夷狄中，故以夷言之。言"鎮"者，以其入夷狄深，故須鎮守之。言"藩"者，以其最在外爲藩蘺，故以藩爲稱。蠻服《大司馬》謂之"要服"，言要亦是要束爲義。自侯服已下各舉一邊爲號，皆互而通也。其夷狄三服亦自互而相通，是以《大行人》揔謂之藩國，世一見也。**注** 服，服事天子也。《詩》云："侯服于周。"○釋曰：此揔解"服"之意。引《詩》云"侯服于周"者，見諸侯皆服事于周之義，故稱服也。**凡邦國，千里封公以方五百里則四公，方四百里則六侯，方三百里則七伯，方二百里則二十五子，方百里則百男，以周知天下。** ○釋曰：言"凡邦國"者，畿外要服已内有八州，州别置二百一十國，揔有千六百八十國，故云凡也。云"千里封公以方五百里則四公"者，八州，州别有千里之方六，取一千里以封公，又取一千里以封侯，又取一千里以封伯，又取一千里以封子，又取一千里以封男。一州揔取千里之方充五等諸侯，其不滿二百一十國者，更取餘一千里方作男國者備之使滿，餘剩地作附庸間田。八州皆然，揔結之"以周知天下"。**注** 以此率徧知四海九州邦國多少之數也。方千里者爲方百里者百，以方三百里之積以九約之，得十一有奇，云"七伯"者，字之誤也。周九州之界方七千里，七七四十九，方千里者四十九，其一爲畿内，餘四十八，八州各有方千里者六。周公變殷湯之制，雖小國，地皆方百里，是每事言"則"者，設法也。設法者，以待有功而大其封。一州之中，以其千里封公，則可四；又以其千里封侯，則可六；又以其千里封伯，則可十一；又以其千里封子，則可二十五；又以其千里封男，則可百。公、侯、伯、子、男亦不是過也。州二百一十國，以男備其數焉，其餘以爲附庸。四海之封黜陟之功亦如之，雖有大國，爵稱子而已。鄭司農云："此制亦見《大司徒職》，曰'諸公之地方五百里，諸侯之地方四百里，諸伯之地方三百里，諸子之地方二百里，諸男之地方百里'。"○釋曰：云"以此率"者，八州皆爲此法，故云以此率也。云"徧知四海九州邦國多少之數也"者，釋經"周知天下"也。云"方千里者爲方百里者百，以方三百里之積以九約之，得十一有奇"者，云方千里開方之，百里一截，縱横皆爲十截，十十而百，則得爲方百里者百；云以方三百里之積以九約之者，方三百里，三三而九，用爲方百里者九十九爲十一伯，餘有方百里者一不盡，故云十一有奇也。今經云“方三百里則七伯”，故言“云七伯者，字之誤也”，以“十一”似“七”字，故云字之誤也。云“周九州之界方七千里”者，以先王之作土有三焉：若大平之時，土廣萬里，中國七千；中平之世，土廣七千，中國五千；衰末之世，土廣五千，中國三千。《王制》云“公、侯方百里，伯七十里，子、男五十里”，此是夏制五等爵、三等受地。殷湯承之，合伯、子、男爲一，惟有公、侯、伯三等爵、三等受地，與夏同。武王伐紂，增以子、男，爵地與夏同，以九州之界尚狹故也。至武王崩，成王幼，不能踐阼，周公攝政，六年致大平，制禮，成武王之意，斥大九州，九州方七千里，五等之爵、五等受地，則此經所云者是也，故云周九州之界方七千里。云“七七四十九，方千里者四十九，其一爲畿内，其餘四十八，八州各有方千里者六。周公變殷湯之制，雖小國，地皆方百里”者，若然，殷三等爵、三等受地，地有百里、七十里、五十里。至周公，無問有功無功，皆益滿百里，以其不滿百里不成國故也。既皆滿百里，其餘待有功乃益之地。公有功，益滿五百里；侯有功，益滿四百里；伯有功，益滿三百里；子有功，益滿二百里；男有功，只得百里，更有功乃更進之與子爵。云“是每事言則者，設法也。設法者，以待有功而大其封”者，必知不即封，而言設法以待有功者，以其稱公者惟有二王後及東西大伯，今八州皆言方千里封公則四公，八州豈有三十二公乎？明知五者皆是設法以待有功乃大其封也。若無功，縱本是公爵，惟守百里地，謂若虞公、虢公，舊是殷之公，至周仍守百里國，以無功故也。故注《王制》云：“是以周世有爵尊而國小，爵卑而國大。”云“一州之中，以其千里封公，則可四；又以其千里封侯，則可六；又以其千里封伯，則可十一；又以其千里封子，則可二十五；又以其千里封男，則可百”，鄭云此者，欲計一州須滿二百一十國之意。云“公、侯、伯、子、男亦不是過也”者，五百里已下；若過五百里，則是特賜法，若魯、衞之等是也。云“州二百一十國”者，此據《王制》文。彼下又云：“天子縣内九十三國，凡九州，千七百七十三國。”是通畿内外爲數，並是殷周國數也[1]。既以州有千里之方六，已用五个千里方爲前五等國數，以前公國已得四、侯六、伯十一、子二十五、男百，摠得一百四十六，於二百一十國仍少六十四，鄭云“以男備其數”。必知以男備數者，若不以男備數，則餘千里者一充數不足，何得更餘爲附庸？若然，則更取餘方一千里開方之，得百里之方百。於前侯國六用千里方仍有二百里方一，開方之得四个男國；於前伯國十一用千里方一又得一个男國；得此五國，添前一百四十六爲一百五十一，仍少五十九。更取餘千里方一開方之，得百里之方百，取五十九爲五十九

---

① 阮校云：“當從閩、監、毛本‘周’作‘州’。”

國，前添百五十一得二百一十國，餘仍殘百里之方四十一。鄭云“其餘以爲附庸”者，以附庸不滿百里故也。《王制》兼閑田而言，此直云爲附庸，文略不具。其實人作附庸即受之，無附庸則爲閑田，使大夫治之，以利民税，若周之畿内四等公邑者也。云“四海之封黜陟之功亦如之”者，鄭以上經九服揔言，此經惟言要服已内九州，不言四海夷狄諸侯，故鄭兼見四海夷、鎮、藩。言黜陟之功亦如之者，亦皆有百里、二百里地，有功者進地，得與侯、伯三百、四百同，但不進爵耳；無功有過則退之。云“雖有大國，爵稱子而已”者，《曲禮》云：“其在東夷、北狄、西戎、南蠻，雖大曰子。”鄭注云“雖有侯、伯之地，爵亦無過子，是以同名曰子”是也。**凡邦國，小大相維。**注大國比小國，小國事大國，各有屬，相維聯也。○釋曰：《春秋》之世，小國朝大國，大國聘小國，又有敵國自相聘，是以《司儀》公、侯、伯、子、男相爲賓，又相爲國客。故《易・比・象》云：“先王以建萬國，親諸侯。”又《王制》云：“五國以爲屬，屬有長。十國以爲連，連有帥。三十國以爲卒，卒有正。二百一十國以爲州，州有伯。”彼雖是殷之諸侯，亦是“各有屬，相維聯”之事也，故鄭據而言也。**王設其牧，**注選諸侯之賢者爲牧，使牧理之。○釋曰：此則《大宰》云“建其牧”是也。案《大宗伯》注并《曲禮》注[1]，皆兼“伯”而言，此直言“諸侯”者，以侯爲主，無賢侯乃兼伯可也。**制其職，各以其所能；**注牧、監、參、伍之屬。用能[2]，所任秩次。○釋曰：此則《大宰》云“設官分職”，彼下文又云“施典於邦國，而建其牧，立其監，設其參，傅其伍，陳其殷，置其輔”也。云“用能，所任秩次”者，稱其所任則以次禄秩之。**制其貢，各以其所有。**注國之地物所有。○釋曰：諸侯國無貢於王法，民間得税，大國半，次國三之一，小國四之一，皆市取當國所有以貢於王，即《大宰》“九貢”、《小行人》云“春入貢”及《禹貢》“厥篚”“厥貢”之類是也，故鄭云“國之地物所有”也。**王將巡守，則戒于四方，曰：“各脩平乃守，攷乃職事，無敢不敬戒，國有大刑。”**注乃猶女也。守，謂國竟之内。職事，所當共具。○釋曰：職方氏既主四方諸侯，故至十二年“王將巡守”之時，先以文書戒敕于四方，曰：各脩汝當國所守境内，待王之務，無得失所，又當考校汝所擬供王職事，若不敬戒，國有大刑。大刑謂殺之也。**及王之所行，先道，帥其屬而巡戒令。**注先道，先由王所從

---

① “大”字原作“太”，據阮本改。

② 孫疏疑“用能”當據經文作“所能”。

道居前,行其前日所戒之令。○釋曰:此謂王將發行之時即在王前[①],巡行前日所施戒令豫備之等如前所施以不。**王殷國亦如之。**注殷猶衆也。十二歲王若不巡守,則六服盡朝,謂之殷國。其戒四方諸侯與巡同。○釋曰:王有故不巡守於方岳之下,則春東方盡來,夏南方盡來,秋西方盡來,冬北方盡來。王待之亦各於其時。在國外爲壇,行朝覲盟載之法。若然[②],則王自在國外爲之,而云“亦如之”者,亦如上文戒令四方諸侯者。王殷國所在無常,或在畿內國城外即爲之,或向畿外諸侯之國行之,故有戒令之事也。

土方氏掌土圭之灋以致日景。注致日景者,夏至景尺有五寸,冬至景丈三尺,其間則日有長短。○釋曰:案《玉人職》:“土圭尺有五寸,以致日。”先鄭注《大司徒》以爲於潁川陽城夏日至晝漏半立八尺之表,表北得尺五寸景,適與土圭等,則爲地中,以建王國也;“冬至景丈三尺”者,亦於潁川陽城,晝漏半立八尺表,表北得丈三尺景,亦爲地中。云“其間則日有長短”者,謂冬至日極短,夏至日極長,其極長極短之間,冬至後日漸長,夏至後日漸短。假令冬至日南至之後日漸北之時,日行大分六小分四。大分者,一寸爲十分;小分者,十分寸之一分又爲十分。但日景一寸則於地千里,大分一爲百里,小分一則爲十里,則冬至後日向南行六百四十里。但冬至丈三尺景,除本尺五寸外,加丈一尺五寸。從冬至至春分晝夜等之時,則減五尺七寸半景;從春分到夏至,又減五尺七寸半景;則減晝丈一尺五寸,惟有尺五寸在,以爲夏至之景。南戴日下萬五千里謂之地中,故云其間則日有長短也。**以土地相宅,而建邦國、都鄙。** ○釋曰:上經據建王國度地法,此經據封畿外及畿內都鄙。注土地猶度地。知東西南北之深,而相其可居者。宅,居也。○釋曰:景一寸差千里,一分則百里,但封邦國、都鄙無過五百里已下,則取分,無取於寸。一分則百里,爲男國,亦爲大都;已上差之,二分則二百里[③],子國;已外可知。若小都五十里,則爲小分五分;若大夫二十五里,則爲小分二分半。言“東西南北之深”者,景侵入爲深,地之遠近里數侵入亦爲深也。言“相宅”者,既欲度景,先相所居,乃後度之。**以辨土宜、土化之灋,而授任地**

---

①　後“王”字原作“土”,據阮本改。
②　“若”字原作“云”,據阮本改。
③　“百”上原衍“分”字,據阮本删。

者。○釋曰：既爲土方氏，非直度地相宅，亦當相地所宜，故須“辨土宜”并“土化之法”。“而授任地者”，此謂以書作法授之。注土宜，謂九穀稙穉所宜也。土化，地之輕重糞種所宜用也。任地者，載師之屬。○釋曰：“九穀”之文出於“九職”，言“土宜”，明是土地所宜，故以此解之。云“土化，地之輕重糞種所宜用也”者，謂若《草人職》“掌糞種之法”，地有九種，輕重不同，其所用糞種，若用麋、用牛之等是也。云“任地者，載師之屬”者，《載師》“掌任地事”，下文“廛里”已下皆是任地之事也。王巡守，則樹王舍。注爲之藩羅。○釋曰：謂若掌舍設柴梐枑之時[1]，則此官亦爲王於外周帀樹藩羅。

懷方氏掌來遠方之民，致方貢，致遠物，而送逆之，達之以節。○釋曰：既職名“懷方”，懷，來也，故“來遠方之民”及“致方貢”之等。注遠方之民，四夷之民也。諭德延譽以來之。遠物，九州之外無貢法而至者。達民以旌節，達貢物以璽節。○釋曰：知“諭德延譽以來之”者，經直言“來遠方”，不言別有餘事，故惟曉諭以王之德美，又延引以王之美譽以招來之。云“遠物，九州之外無貢法而至者”，此經上云“致方貢”，謂六服諸侯，又云“致遠物”，宜是藩國。是以《大行人》上云“侯服世一見[2]，其貢祀物”之等，下文云“藩國世一見，各以貴寶爲贄”，文與此相當，故知義然也。知“達民以旌節，達貢物以璽節”者，達民則行道路，貢物即是貨賄，故《掌節》云“道路用旌節，貨賄用璽節”是也。治其委積、館舍、飲食。注續食其往來。○釋曰：案《遺人》云：“十里有廬，廬有飲食；三十里有宿，宿有委；五十里有市，市有積。”《司儀》云：“遂行，如入之積。”是“續食其往來”也。

合方氏掌達天下之道路，注津梁相湊[3]，不得陷絶。○釋曰：官名“合方氏”，當使天下和合，故通達天下道路。通其財利，注懋遷其有無。○釋曰：案《尚書·益稷》云：“懋遷有無化居。”禹治水後，懋勉天下，徙有之無，易其居積，若材木徙川

---

①　“時”字原作“時時”，誤衍一字，據阮本删。

②　浦鏜云：“‘歲’誤‘世’。”

③　“湊”字金本同，阮本作“奏”，婺本此處闕佚。阮校云：“余本、嘉靖本‘奏’作‘湊’。按《釋文》：‘相奏，采豆反，或作湊。’此本與《釋文》正合，古字之僅存者。”按“奏”字或係注疏、《釋文》合刻後據《釋文》而改。孫疏云：“湊、奏字通。”

澤、魚鹽徙山林,是"通其財利"。**同其數器,**注權衡不得有輕重。○釋曰:施教設治之方,先須均其度量權衡,是以天子巡守及王者新升皆爲此事,故《堯曰》及《舜典》、《明堂位》皆陳數器之等。鄭知此"數器"是"權衡"者,下别見"度量",故知義然。**壹其度量,**注尺丈、釜鍾不得有大小。○釋曰:此云"壹",即上"同"也。鄭云"不得有大小"者,案《律曆志》:"以子穀秬黍中者,九十黍黄鍾之長。千二百黍其實一龠,合龠爲合,十合爲升,十升爲斗,十斗爲斛。百黍爲銖,二十四銖爲兩,十六兩爲斤,三十斤爲鈞,四鈞爲石。一黍爲一分,十分爲寸,十寸爲尺,十尺爲丈,十丈爲引。"是五度五量皆有大小也。**除其怨惡,**注怨惡,邦國相侵虐。○釋曰:合方氏欲使人和合,故除其邦國相怨惡,即相侵伐及相虐殺之等也。**同其好善。**注所好所善,謂風俗所高尚。○釋曰:案《孝經》:"樂以移風易俗。"既風、俗别言,則、風俗異矣:風謂政教所施,故曰"上以風化下",又云"風以動之"是也;俗謂民所承襲,故曰"君子行禮,不求變俗"是也。"風所高",解"好";"俗所尚",解"善"也[①]。

訓方氏掌道四方之政事與其上下之志,注道猶言也,爲王説之。四方,諸侯也。上下,君臣也。○釋曰:訓方氏訓四方美惡而向王言之,以其"政事"及君臣"上下"皆有善惡。**誦四方之傳道。**注傳道,世世所傳説往古之事也。爲王誦之,若今論聖德堯舜之道矣。故書傳爲傅。杜子春云:"傅當作傳,書亦或爲傳。"○釋曰:上所云"政事"及"上下之志",知則向王道,未必誦之;此文古昔之善道恒誦之在口,王問則爲王誦之。以其善道可傳,故須誦之。**正歲,則布而訓四方,**注布告以教天下,使知世所善惡。○釋曰:"正歲",謂夏之建寅正月。則布告前所道、所誦之事,"教天下使知世所善惡"也。**而觀新物。**注四時於新物出則觀之,以知民志所好惡,志淫行辟則當以政教化正之。○釋曰:此訓方"觀新物",知民善惡之情,謂若《王制》云"命市納賈,以知民之所好惡,志淫好僻則當以政教化正之",與此爲類,故鄭引以釋經也。

---

① "解"字原脱,據阮本補。

形方氏掌制邦國之地域①，而正其封疆，無有華離之地。○釋曰：形方氏主知四方土地形勢，故使掌作"邦國之地域"大小形勢，又當"正其封疆"，勿使相侵。注杜子春云："離當爲雜，書亦或爲雜。"玄謂華讀爲"�哨"之㿭，正之使不㿭邪離絶。○釋曰：王者地有"㿭邪離絶"，遞相侵入，不正，故今正之。㿭者，兩頭寬中狹；邪者，謂一頭寬一頭狹。云"㿭哨之㿭"者，《投壺禮》主人云"枉矢哨壺"，哨是不正之義，故讀從之。使小國事大國，大國比小國。注比猶親也。《易·比·象》曰："先王以建萬國，親諸侯。"○釋曰：此亦如上《職方氏》云"大小相維"，義同。注言"親諸侯"，使諸侯相親，遞相朝聘是也。

山師掌山林之名，辨其物與其利害，而頒之于邦國，使致其珍異之物。○釋曰：此山師及下川師、原師等皆是遙掌畿外邦國之内山川、原隰之等，使出稅"珍異"以供王家也。注山林之名與物，若岱畎絲枲、嶧陽孤桐矣。利，其中人用者。害，毒物及螫噬之蟲獸②。○釋曰：案《禹貢》青州云"岱畎絲枲"，畎，谷也，岱山之谷有之；徐州云"嶧陽孤桐"，孤，特也，嶧山之陽特生之桐中爲琴瑟。云"害，毒物及螫噬之蟲"者，謂蚖蛇蝮蝎之屬也。岱畎、嶧陽是其"名"，絲枲、孤桐是其"物"也。

川師掌川澤之名，辨其物與其利害，而頒之于邦國，使致其珍異之物。注川澤之名與物，若泗濱浮磬、淮夷蠙珠暨魚、澤之萑蒲。○釋曰：徐州云"泗濱浮磬，淮夷蠙珠暨魚"，注云："泗水涯水中見石，可以爲磬。蠙珠，珠名。淮夷二水出蠙珠與美魚。"

邍師掌四方之地名，辨其丘陵、墳衍、邍隰之名。○釋曰：《爾雅·釋地》："高平曰原。"此雖以原爲主，除山林、川澤四者，餘"丘陵、墳衍、原隰"六者皆主之，故云"辨其丘陵"已下也。案鄭注《大司徒》云："土之高者曰丘，大阜曰陵，水涯曰墳，下平曰衍，高平曰原，下濕曰隰。"皆有"名"。注地名，謂東原、大陸之屬。○釋曰：

---

① "形"字原作"刑"，金本同，婺本此處闕佚，據阮本改。

② 孫疏云："賈疏述注無'獸'字，疏亦不釋獸，疑賈所見本本無此字。"

《尚書·禹貢》有"東原底平"、"大陸既作"，是"地名"也。**物之可以封邑者**①。**注**物之，謂相其土地可以居民立邑。○釋曰：案《小司徒》云"四井爲邑"，據田中②。"千室之邑"，據城。二者皆須其物色善惡，然後封民。

匡人掌達灋則匡邦國而觀其慝，使無敢反側，以聽王命。○釋曰："匡"，正也，所以正人，故掌通達法則於天下邦國，"而觀其慝"，使無慝惡，"使無敢反側"也。**注**法則，八法、八則也，邦國之官府、都鄙亦用焉。慝，姦僞之惡也。反側，猶背違法度也。《書》曰："無反無側，王道正直。"○釋曰：云"法則，八法、八則"者，案《大宰》云："八法治官府③，八則治都鄙。"謂王朝官府及畿內都鄙。今云以法則匡正邦國而觀其慝，即據諸侯下都鄙。外內雖殊，八法、八則治官府、都鄙即同，故治官府、都鄙亦用焉。云"背違法度"者④，則是違法則也。《書》者，《洪範·皇極》之章。

撢人掌誦王志，道國之政事，以巡天下之邦國而語之，**注**道猶言也。以王之志與政事論説諸侯，使不迷惑。○釋曰："誦王志"者，在心爲志，欲得使天下順從，若撢取王之此志，又"道國之政事"，用此二事"以巡國而語之"，"使不迷惑"而向王。**使萬民和説而正王面。****注**面猶鄉也，使民之心曉而正鄉王。○釋曰：以上二事向諸侯説之，使諸侯化民，而萬民正向于王。

都司馬掌都之士庶子及其衆庶、車馬、兵甲之戒令。**注**庶子，卿、大夫、士之子。車馬、兵甲，備軍發卒。○釋曰：此王都司馬，故《序官》注："都，王子弟所封及三公采地也。司馬主其軍賦。"故此云"掌都之士庶子"者。《宮伯》注云："士，適子；庶子，其支庶。"此都之士庶子亦然。云"及其衆庶、車馬、兵甲之戒令"者，若王家有軍事徵兵于采地都鄙，則都司馬以書致於士庶子，有此衆庶、車馬、兵甲之戒令，

---

① 孫疏引俞樾説云："鄭君於'名'字斷句，非也。'之名物之可以封邑者'，兩'之'字皆蒙'丘陵、墳衍、邍隰'而言。"

② "中"字原作"占"，據阮本改。

③ "八"字皆作"入"，據阮本改。下文"八法八則"二"八"字同。

④ "背"字原作"昔"，據阮本改。

士庶子受而依行之。**以國灋掌其政學**，注政，謂賦税也。學，脩德學道。○釋曰：云"政，謂賦税"者，正謂軍之賦税，無田税、泉税之等。知"學"是"脩德學道"，此亦依國子而言，故知亦是脩德學道也。**以聽國司馬**[①]。注聽者，受行其所徵爲也。國司馬，大司馬之屬皆是。○釋曰：都司馬所掌者，受大司馬之法而戒令，令使都之士庶子所有"徵爲"皆取國之大司馬之法。云"大司馬之屬皆是"者，經"國司馬"不云"大"，則小司馬、軍司馬、輿司馬皆得稟其戒令。

家司馬亦如之。注大夫家臣爲司馬者。《春秋傳》曰："叔孫氏之司馬鬷戾。"○釋曰：案《序官》云："家司馬，各使其臣以正於公司馬。"鄭云："家，卿、大夫采地。正猶聽也。公司馬，國司馬也。卿、大夫之采地王不特置司馬，各自使其家臣爲司馬主其地之軍賦，往聽政於王之司馬。其以王命來有事則曰國司馬。"若然，是卿之小都、大夫采地皆家自置司馬之明文。引《春秋》者，《左氏》昭二十五年："叔孫氏之司馬鬷戾言於其衆曰：'若之何？'莫對。又曰：'我，家臣也，不敢知國。'"彼是諸侯卿家自置司馬，此王之卿、大夫之家亦自置，引諸侯家法者，自置是同，故得引以況義也。

---

① 王引之云："'聽國司馬'本作'聽於國司馬'，《序官》疏兩引此文，皆作'聽於國司馬'。"

周禮疏卷第四十

唐朝散大夫行大學博士弘文館學士臣賈公彥等撰

秋官司寇第五①《鄭目録》云："象秋所立之官。寇，害也。秋者，逌也②。如秋義殺害收聚斂藏於萬物也。天子立司寇，使掌邦刑③。刑者所以驅恥惡，納人於善道也。"

惟王建國，辨方正位，體國經野，設官分職，以爲民極。○釋曰：義已具在《天官》。**乃立秋官司寇，使帥其屬而掌邦禁，以佐王刑邦國。**注禁，所以防姦者也。刑，正人之法。《孝經説》曰："刑者侀也，過出罪施。"○釋曰：云"禁，所以防姦者也"者，案《士師》："五禁以左右刑罰。"王者恐民以姦入罪，故先設禁示之，防其姦惡，若有不忌爲姦，然後以刑罪之。云"刑，正人之法"者，刑期於無刑④，以殺止殺，故云"刑，正人之法"也。云"《孝經説》曰"者，《孝經援神契·五刑章》："刑者侀也，過出罪施者，下侀爲著也。行刑，所以著人身體。過誤者出之，實罪者施刑。是以《尚書》云：'眚災肆赦，怙終賊刑。'"引之者，證司寇行刑當審慎也。

刑官之屬：大司寇，卿一人；小司寇，中大夫二人；士師，下大夫四人；鄉士，上士八人，中士十有六人，旅下士三十有二人，○釋曰：自此已下論設官分職之事。云"刑官之屬"者，此一句摠爲刑官六十官爲目，故云之屬。云"大司寇，卿一人"，六命。"小司寇，中大夫二人"，四命。"士師"者，秋官之考，雖"下大夫四人"，亦四命。"鄉士"，其職云"掌國中"，國中兼百里内六鄉，以八人分主六鄉，故謂之鄉士。"上士八人"，三命。"中士十有六人"，二命。"旅下士三十有二人"，一

---

① "第五"二字原脱，據金本、阮本補，婺本誤作"第六"。
② "逌"字原作"道"，據阮本改。
③ "使"字原作"所"，據阮本改。
④ "期"字原作"斯"，據阮本改。

命。下士言旅，旅，衆也，小官理衆事也。注^①士，察也，主察獄訟之事者。鄭司農説以《論語》曰“柳下惠爲士師”。鄉士主六鄉之獄。○釋曰：訓“士”爲“察”者，義取察理獄訟，是以刑官多稱士。先鄭引《論語》“士師”，欲見士官理獄訟之事。案上代以來獄官之名有異，是以《月令》“乃命大理瞻傷察瘡”鄭注云：“有虞氏曰士，夏曰大理，周曰大司寇。”天子、諸侯同，故魯有司寇，晉魏絳亦云“歸死於司寇”。至於衰世，國異政，家殊俗，官名隨意所造，故僖二十八年晉有士榮爲大士^②，文十年楚子西云“臣歸死于司敗”，《論語》云“陳司敗”，昭十四年“士景伯如楚，叔魚攝理”，是後官號不同者也。府六人，史十有二人，胥十有二人，徒百有二十人。○釋曰：在此者，府治藏吏^③，史作文書，胥爲十長，徒給繇役。義已在《天官》疏。自大司寇已下至胥、徒，皆是同官別職，故各有職而同府、史也。

　　遂士，中士十有二人，府六人，史十有二人，胥十有二人，徒百有二十人。注遂士，主六遂之獄者。○釋曰：在此者，其職云“掌四郊”，四郊有六遂之獄故也。鄉士主六鄉之獄，遂士主六遂之獄，所以鄉士使上士，官尊而人少，遂士使中士，官卑而人多者，六遂去王遠，故官卑；以六遂在遠郊外，兼主公邑，地廣人衆，故官多。

　　縣士，中士三十有二人，府八人，史十有六人，胥十有六人，徒百有六十人。注距王城三百里至四百里曰縣。縣士，主縣之獄者。○釋曰：在此者，案其職云“掌野”，謂掌三等公邑之獄^④，故鄭於《縣士職》注云：“二百里以外至三百里曰野，三百里以外至四百里曰縣，四百里以外至五百里曰都。郊外曰野，大揔言之。”故其職云掌野，其六遂之中公邑之獄遂士兼掌之矣。既三處獄並掌，而此注云“距王城三百里至四百里曰縣”，似不主三百里中與五百里中獄者，縣在四百里中，故舉中以言，其實外內皆掌之耳。

　　方士，中士十有六人，府八人，史十有六人，胥十有六人，徒百有六十人。注方士，主四方都家之獄者。○釋曰：在此者，案其職云“掌都家”，鄭

---

①　“注”字原作“三”，據全書體例改。
②　“榮”字原作“榮”，據阮本改。
③　浦鏜云：“‘藏吏’當‘府藏’之誤。”
④　“三”字原作“二”，據阮本改。

彼注云：“都，王子弟及公、卿之采地。家，大夫之采地。”主此三等采地之獄[①]，采地在王城四方，故云“方士”也，是以鄭此注云“方士，主四方都家之獄者”也。

司士，中士八人，府四人，史八人，胥八人，徒八十人。注司，迎也，士官之迎四方賓客。○釋曰：在此者，案其職云“掌四方之獄訟”，非直“迎賓客”，以獄訟爲主，故亦以“士”言之也。

朝士，中士六人，府三人，史六人，胥六人，徒六十人。注朝士主外朝之法。○釋曰：在此者，案其職云“掌建邦外朝之法，左九棘、右九棘”之事。以朝士爲詢衆庶[②]，讞疑獄，故屬秋官。但序官之法，秋官雖爲刑獄所施，至於防禁之屬，皆在秋官；又於賓客是主人所敬，故《鄉飲酒》坐賓於西北，象天地嚴凝之氣始於西南、盛於西北，是以賓客之事亦屬焉。云“朝士主外朝之法”者，天子、諸侯皆三朝：内朝二，路門外與路寢庭是也；外朝一，此朝在臯門内、庫門外是也。

司民，中士六人，府三人，史六人，胥三人，徒三十人。注司民主民數。○釋曰：在此者，案其職云“掌登萬民之數”，凡斷獄弊訟必須知民年幾老幼，是以司民雖非刑獄，連類在此也。

司刑，中士二人，府一人，史二人，胥二人，徒二十人。○釋曰：在此者，案其職云“掌五刑之法，以麗萬民之罪”，故其職在此。

司刺，下士二人，府一人，史二人，徒四人。注刺，殺也，三訊罪定則殺之。○釋曰：在此者，案其職云“掌三刺、三宥、三赦之法”，亦是刑獄之類，故在此。

司約，下士二人，府一人，史二人，徒四人。注約，言語之約束。○釋曰：在此者，案其職云“掌邦國及萬民之約劑”，亦是禁戒之事，故在此。

司盟，下士二人，府一人，史二人，徒四人。注盟，以約辭告神，殺牲歃血，明著其信也。《曲禮》曰：“涖牲曰盟。”○釋曰：在此者，案其職云“掌盟載之法”，亦是禁戒之事，故在此。

職金，上士二人，下士四人，府二人，史四人，胥八人，徒八十

---

① “主”字原無，阮本有“主”字而無其上“地”字。阮校云：“‘地’、‘主’二字當並有。”兹據補。

② “士”字原作“主”，據阮本改。

人。注職，主也^①。○釋曰：在此者，案其職云"掌凡金玉之戒令"，又云"掌受金罰、貨罰"，亦是刑獄之事，故在此。

　　司厲，下士二人，史一人，徒十有二人。注犯政爲惡曰厲。厲士主盜賊之兵器及其奴者。○釋曰：在此者，案其職云"掌盜賊之任器"，又云"其奴，男子入于罪隸"，亦是刑獄之事，故在此也。云"犯政爲惡曰厲"者，厲是惡鬼殺厲之事，故以造惡爲厲也。云"厲士主盜賊之兵器"者，其職文也。

　　犬人，下士二人，府一人，史二人，賈四人，徒十有六人。○釋曰：在此者，案其職云"凡祭祀，共犬牲"，犬是金畜，故《五行傳》云："二曰言，言之不從，則有犬禍。"故連類在此。犬有兩義：案《説卦》"艮爲狗"，艮卦在丑，艮爲止，以能吠守止人，則屬艮；以能言則屬兑，兑爲言故也。

　　司圜，中士六人，下士十有二人，府三人，史六人，胥十有六人，徒百有六十人。○釋曰：在此者，案其職云"掌圜土之刑人"，亦刑獄之事，故在此。注鄭司農云："圜，謂圜土也，圜土謂獄城也。今獄城圜。《司圜職》中言'凡圜土之刑人也'，以此知圜謂圜土也。又《大司寇職》曰'以圜土聚教罷民'，故《司圜職》曰'掌收教罷民'。"○釋曰：先鄭所引皆當其義，故後鄭從之。但"獄城圜"者，東方主規，規主仁恩，凡斷獄以仁恩求出之，故圜也。

　　掌囚，下士十有二人，府六人，史十有二人，徒百有二十人。注囚，拘也，主拘繫當刑殺之者。○釋曰：在此者，案其職云"掌守盜賊、凡囚者"，刑獄之事，故在此也。

　　掌戮，下士二人，史一人，徒十有二人。注戮猶辱也，既斬殺又辱之。○釋曰：在此者，案其職云"掌斬殺賊諜而搏之"，刑罪之事，故在此。

　　司隸，中士二人，下士十有二人，府五人，史十人，胥二十人，徒二百人。○釋曰：在此者，案其職云"掌五隸之法"，五隸皆是罪人，故在此。注隸，給勞辱之役者。漢始置司隸，亦使將徒治道溝渠之役，後稍尊之，使主官府及近郡。○釋曰：以隸是罪人爲奴僕，故知"給勞辱之役"也。又引"漢始置司隸"云云者，以

---

　　① "主"字原作"王"，據婺本、金本、阮本改。

漢時司隸官與周同，故舉以爲況也。

罪隸，百有二十人。注盜賊之家爲奴者。

蠻隸，百有二十人。注征南夷所獲。○釋曰^①：此中國之隸言“罪隸”。古者身有大罪，身既從戮，男女緣坐，男子入於罪隸，女子入於春槀，故注云“盜賊之家爲奴者”也。“蠻隸”已下皆百二十人者，鄭云“凡隸衆矣，此其選以爲役員”者，謂隸中選取善者以爲役之員數爲限，其餘衆者以爲隸民，故《司隸職》云“帥其民而搏盜賊，役國中之辱事”之等，是百二十人外謂之“民”者也。

閩隸，百有二十人。注閩，南蠻之別。

夷隸，百有二十人。注征東夷所獲。

貉隸，百有二十人。注征東北夷所獲。凡隸衆矣，此其選以爲役員，其餘謂之隸民。

布憲，中士二人，下士四人，府二人，史四人，胥四人，徒四十人。注憲，表也，主表刑禁者。○釋曰：在此者，案其職云“掌憲邦之刑禁”，故在此也。知“憲”不爲法而爲表憲者，又案其職云“正月之吉，執旌節以宣布于四方^②，而憲邦之刑禁”，明憲爲表懸示人使知者也。

禁殺戮，下士二人，史一人，徒十有二人。注禁殺戮者，禁民不得相殺戮。○釋曰：在此者，案其職云“掌司斬殺戮者，以告而誅之”，是禁民相殺戮之事，故在此也。

禁暴氏^③，下士六人，史三人，胥六人，徒六十人。○釋曰：此亦謂禁民不得相陵暴。在此者，案其職云“掌禁庶民之亂暴力正者”，亦是防禁之事，故在此也。

野廬氏，下士六人，胥十有二人，徒百有二十人。注廬，賓客行道所舍。○釋曰：在此者，案其職云“掌達國道路”，又云“掌凡道禁”，亦是禁戒之事，故

---

①　此節賈疏阮本編次於“罪隸”經注之下，蓋是。又“蠻隸”經注底本徑接於“罪隸”經注之下，而非如下“閩隸”、“夷隸”、“貉隸”三者皆提行，亦與全書體例不合。

②　“于”字原作“干”，據阮本改。

③　孫疏云：“暴，經例用古字，當作‘虣’。”

在此也。知"廬"是"賓客行道所舍"者，見《遺人》云"十里有廬，三十里有宿"，故知之也。

蜡氏，下士四人，徒四十人。注蜡，骨肉腐臭，蠅蟲所蜡也①。《月令》曰"掩骼埋胔"，此官之職也。蜡讀如"狙司"之狙。○釋曰：在此者，案其職云"掌除骴"，又云"凡國之大祭祀，禁刑者、凶服者"，亦是禁戒之事，故在此。引《月令》"掩骼埋胔"者，案彼注："骨枯曰骼，肉腐曰胔。"掩亦埋，但骼、胔不同，故別言也。言骼、胔者，凡人物皆是。云"蜡讀如狙司之狙"者，俗有"狙司"之言，故讀從音也。若然，《月令》所云是春時，今不在春官者，彼《月令》爲春時陽不欲陰之事②，故在春；此取禁戒之事，故在秋也。

雍氏，下士二人，徒八人。注雍，謂隄防止水者也。○釋曰：在此者，案其職云"掌溝瀆澮池之禁"，亦是禁戒之事，故在此也。

萍氏，下士二人，徒八人。○釋曰：在此者，案其職云"掌國之水禁"，亦是禁戒之事，故在此也。注鄭司農云："萍讀爲蛢，或爲'萍號起雨'之萍。"玄謂今《天問》"萍號"作"萍"。《爾雅》曰："萍，蓱，其大者蘋。"③讀如"小子言平"之平。萍氏主水禁，萍之草無根而浮，取名於其不沈溺。○釋曰：先鄭讀"萍"爲"蛢"，取音同。云"或

---

① 段考據《説文》"蜡"、"胆"二篆説解謂"所蜡也"當作"所胆也"。
② "令"字原作"今"，據阮本改。
③ 段考云："此注轉寫譌誤。云'今《天問》萍號作萍'，此謂今之《天問》與舊《天問》字異，不當皆作'萍'也，疑是'鄭司農云：萍或爲蛢，或爲蓱號起雨之蓱。玄謂今《天問》蓱號作萍'。蓋司農説或作'蚾，蟥蛢'之蛢不可通，故讀爲'蓱號起雨'之蓱。王逸《楚辭》注曰：'蓱，蓱翳，雨師名也。蓱一作萍。'司農易'蛢'爲蓱號字，今不得其解。後鄭則云《天問》'蓱翳'字今本多作'萍翳'。考之《爾雅》，萍與蓱正是一物，而兩字同在古音弟十一部，故《天問》通用。司農既讀'蛢'爲'蓱'，則亦可逕從經作'萍'。"孫疏云："段校近是。陳壽祺改作'今《天問》萍號作蓱'，云'後鄭下引《爾雅》，正明萍、蓱一物'，其説亦通。"蓋後鄭從"蓱"或"萍"皆可通。按段、陳二氏皆謂後鄭引《爾雅》意在證明舊、今《天問》"蓱"、"萍"爲一物，阮校説則不同。阮校云："後鄭增成司農義，而意主'蓱'字，故引今《天問》'蓱號'、《爾雅》'苹，蓱'以證之。'萍蓱'當作'苹蓱'，《釋文》云'萍，本亦作苹'是也。萍、蓱乃一字，不得爲二名。"蓋謂後鄭引《爾雅》"苹"字與經注上下文不必相應，但取其草"無根而浮"之義。考賈疏述注引《爾雅》底本作"苹，萍，其大者蘋"，與《毛詩·召南·采蘋》孔疏引合，"苹"字可證阮説之善。然"萍"字則可見後鄭意主"萍"字，孫疏亦云："諦審注意，疑後鄭以萍爲水草，鄭所見《爾雅》自作'萍'，故引證此經之'萍'，明其不必改'蓱'。"然則段考所校極是，唯鄭注所引《爾雅》"萍蓱"蓋當作"苹萍"。

爲萍號起雨之萍”者,亦《天問》之文①,萍亦浮萍之草也。“玄謂今《天問》”者,《離騷》有《天問》篇,天不可問,故以《天問》爲名。此就足先鄭,音義同。引《爾雅》“苹,萍②,其大者蘋”者,此以義相曉也。云“讀如小子言平之平”者,俗讀,取音同。皆取萍水草無根而浮不沈,禁人使不沈溺如萍也。

司寤氏,下士二人,徒八人。注寤,覺也,主夜覺者。○釋曰:在此者,案其職云“禦晨行者,禁宵行者、夜遊者”,是禁戒之事,故在此也。言“寤,覺也,主夜覺者”,凡人之寐臥恒在寢,得禁之者,人有夜寐忽覺而漫出門者,故謂之爲夜覺也。

司烜氏,下士六人,徒十有二人。注烜,火也,讀如“衛侯燬”之燬。故書燬爲烜③,鄭司農云:“當爲烜。”○釋曰:在此者,案其職云“掌取明火”,又“以木鐸脩火禁”,亦是禁戒之事,故在此也。云“讀如衛侯燬之燬”者,《春秋左氏》:“衛侯燬滅邢。”《詩》云:“王室如燬。”燬,火之別名也。

條狼氏,下士六人,胥六人,徒六十人。○釋曰:在此者,案其職云“掌執鞭以趨辟”,“凡誓僕”及“誓馭”之等,是禁戒之事,故在此也。注杜子春云:“條當爲‘滌器’之滌。”玄謂滌,除也。狼,狼扈道上。○釋曰:云“滌器之滌”者,讀從《特牲》、《少牢》滌祭器等之滌也。云“狼,狼扈道上”者,謂不蠲之物在道,猶今言狼藉也。

脩閭氏,下士二人,史一人,徒十有二人。注閭,謂里門。○釋曰:在此者,案其職云“掌比國中宿互㯺者”,亦是禁戒之事,故在此也。云“閭,謂里門”者,《爾雅》云:“巷門謂之閭。”故知是二十五家之里門也。

冥氏,下士二人,徒八人。○釋曰:在此者,案其職云“掌設弧張,爲阱擭以攻猛獸”,是冥然使之不覺,亦是禁守之事,故在此。注鄭司農云:“冥讀爲《冥氏春秋》之冥。”玄謂“冥方”之冥,以繩縻取禽獸之名。○釋曰:云《冥氏春秋》者,冥氏作《春秋》,書名,若《晏子》、《呂氏春秋》之類,取其音讀也。後鄭云“冥方之冥”,亦取音同。云“以繩縻取禽獸之名”者,解冥是冥然使不覺之意也。

庶氏,下士一人,徒四人。注庶讀如“藥煮”之煮,驅除毒蠱之言。書不

———————

① 阮校云:“‘亦’當誤衍。”

② “苹萍”二字阮本作“萍荓”,參上條。

③ 孫校云:“段玉裁云:或云當作‘故書烜爲垣’。案:段引或説是也。蓋此章注中惟此‘燬’字爲涉上文而誤,此外別無譌文。”

作蠱者,字從聲。○釋曰:在此者,案其職云"掌除毒蠱",是除惡之事,故在此也。云"庶讀如藥煮之煮"者,俗讀,意取以藥煮去病,去毒蠱亦如是。云"書不作蠱者,字從聲"者,除蠱者,庶是去之意,故爲庶不爲蠱也,是其取聲。

穴氏,下士一人,徒四人。注穴搏蟄獸所藏者。○釋曰:在此者,案其職云"掌攻蟄獸"①,是除猛惡之事,故在此也。云"穴搏蟄獸所藏者",凡獸蟄皆藏在穴中,故以穴爲官名,使取蟄獸也。

翨氏,下士二人,徒八人。注翨,鳥翮也。鄭司農云:"翨讀爲'翅翼'之翅。"○釋曰:在此者,案其職云"掌攻猛鳥",亦是除惡之義,故在此。云"翨,鳥翮也"者,羽本曰翮,凡鳥有羽翨者皆有翮,故云"翨,鳥翮也"。凡翼翅皆作"翅"不作"翨",故破從之也。

柞氏,下士八人,徒二十人。○釋曰:在此者,案其職云"掌攻草木",亦是除惡之義,故在此。注柞,除木之名。除木者必先校剝之②。鄭司農云:"柞讀爲音聲'喈喈'之喈、'屋笮'之笮。"○釋曰:知"柞"是"除木之名"者,見《詩》云"載芟載柞",芟是除草,明柞是除木也。云"除木者必先刊剝之"者,見其職云"夏日至,令刊陽木而火之;冬日至,令剝陰木而水之",是先刊剝之。先鄭讀"柞"爲"音聲喈喈之喈"者,讀從《春秋》"行扈喈喈"之喈。又爲"屋笮之笮"者,俗讀,皆從音同也。

薙氏,下士二人,徒二十人。○釋曰:在此者,案其職云"掌殺草",亦是除惡之義,故在此也。注書薙或作夷。鄭司農云:"掌殺草,故《春秋傳》曰'如農夫之務去草,芟夷薀崇之',又俗間謂麥下爲夷下③,言芟夷其麥,以其下種禾豆也。"玄謂薙讀如"鬀小兒頭"之鬀,書或作夷。此皆翦草也,字從類耳。《月令》曰"燒薙行水",謂燒所芟草乃水之④。○釋曰:先鄭從古書"薙"爲"夷",故引古今而爲證也。《春秋》者,《左氏

---

①　"蟄"字原作"蟄",據阮本改。

②　"校"字賈疏述注作"刊",孫疏云:"'刊'舊本作'校',《釋文》同。宋大字本、錢鈔本、明注疏本並作'刊',與賈疏合,今從之。"

③　"又"字金本同,婁本其下剜擠一"今"字,與阮本合。阮校云:"賈疏云'先鄭引古今爲證',當本有'今'字。"又"夷下"二字原作"夷丁",據婁本、金本、阮本改。

④　"謂"上原有"非"字,婁本、金本同,據阮本删。阮校云:"岳本、嘉靖本作'非謂燒所芟草',多一'非'字,係誤衍,詳《漢讀考》。"

傳》隱六年：“夏五月，鄭伯侵陳。往歲鄭伯請成於陳，陳侯不許。五父諫曰：‘親仁善鄰，國之寶也。’”又云：“周任有言曰：‘爲國家者，見惡如農夫之務去草，芟夷蘊崇之。’”注云：“芟，刈。夷，殺。蘊，積。崇，聚。”“玄謂薙讀如鬀小兒頭之鬀”者，俗讀也。云“字從類耳”者，人髮之鬀從髮，薙草還草下爲之，故云類也。《月令》者，仲夏令。引之者，欲見薙草須燒之又須水之意也。

　　薙蔟氏，下士一人，徒二人。○釋曰：在此者，案其職云“掌覆夭鳥之巢”，是除惡之類，故在此。注鄭司農云：“薙讀爲擿。蔟讀爲‘爵蔟’之蔟，謂巢也。”玄謂薙古字，從石，折聲。○釋曰：先鄭讀“薙”爲“擿”，後鄭不從者，先鄭意以爲杖擿破之，故從擿；後鄭意以石物等投擲爲義，故不從。先鄭又讀“蔟”爲“爵蔟”之蔟者，爵蔟是雀窠，後鄭從之。“玄謂薙古字，從石，折聲”者，以石投擲毀之，故古字從石，以折爲聲，是上聲下形字也。

　　翦氏，下士一人，徒二人。注翦，斷滅之言也。主除蠹蠱者。《詩》云：“實始翦商。”○釋曰：在此者，案其職云“掌除蠹物”，故鄭云“翦，斷滅言之也。主除蠹蠱者”，故在此。引《詩》者，證翦是翦除。

　　赤犮氏，下士一人，徒二人。注赤犮猶言拂拔也[1]。主除蟲豸自埋者。○釋曰：在此者，案其職云“掌除牆屋”，注：“除蟲豸藏逃其中者。”《爾雅·釋蟲》云：“有足曰蟲，無足曰豸。”亦是除惡之義，故在此。言“赤犮猶言拂拔”者，拂拔除去之也[2]。

　　蟈氏，下士一人，徒二人。○釋曰：在此者，案其職云“掌去鼃黽”，亦是除惡之義，故在此也。注鄭司農云：“蟈讀爲蟈，蟈，蝦蟇也。《月令》曰‘螻蟈鳴’[3]。故曰‘掌去鼃黽’，鼃黽，蝦蟇屬，書或爲‘掌去蝦蟇’。”玄謂蟈，今御所食蛙也[4]，字從虫，國聲也。蜮乃短狐與？○釋曰：先鄭以“蟈”爲“蟈”，又以蟈爲蝦蟇，後鄭不從。“鼃黽，蝦蟇屬”，是其類也。云“書或爲掌去蝦蟇”者，於義可也。“玄謂蟈，今御所食蛙也”者，蛙、蟈爲一物。云“字從虫，國聲也”者，國與蟈爲聲，所謂左形右聲者也。云“蜮乃短狐與”者，案莊公十八年：“秋，有蜮。”服云：“短狐，南方盛暑所生，其狀如鼈，古無今有。含沙

---

① “犮”字原脱，據婺本、金本、阮本補。
② “拂”字阮本無，阮校云：“閩本同，監、毛本‘拔’上衍‘拂’。”
③ 段考謂“螻蟈鳴”當作“螻蟈鳴”：“司農所據《禮記》蓋作‘螻蟈’。”
④ 孫疏云：“此上文及本職注‘鼃’字竝不作‘蛙’，惟此獨異，疑傳寫之譌。”

射人入皮肉中①，其瘡如疥，徧身中濩濩蟣蟣，故曰災。《禮》臣惑君則有。"案《五行志》，劉向以爲蟣生南越，由齊姜淫惑莊公，故生於魯。

壺涿氏，下士一人，徒二人。○釋曰：在此者，案其職云"掌除水蟲"，亦是除惡之類，故在此也。注壺，謂瓦鼓。涿，擊之也。故書涿爲獨。鄭司農云："獨讀爲'濁其源'之濁，音與涿相近，書亦或爲濁②。"○釋曰：壺乃盛酒之器，非可涿之物，故知是"瓦鼓"。必知是瓦者，雖無正文，《考工記》有陶人、瓬人造瓦器，甒水蟲非六鼓，故知瓦鼓也。先鄭雖讀"涿"爲"濁"，聲轉字誤故爲濁，猶從涿爲義，故後鄭引之在下。"濁其源"，《大玄經》文也。

庭氏，下士一人，徒二人。注庭氏主射妖鳥，令國中絜清如庭者也。○釋曰：在此者，案其職云"掌射國中夭鳥"，亦是除惡之類，故在此也。

銜枚氏，下士二人，徒八人。注銜枚，止言語讙謹也。枚狀如箸，橫銜之，爲之繣結於項③。○釋曰：在此者，案其職云"大祭祀，令禁無讙"，亦是禁戒之事，故在此也。云"狀如箸④，橫銜之，爲之繣結於項"者，繣謂以組爲之，繫著兩頭，於項後結之。

伊耆氏，下士一人，徒二人。○釋曰：在此者，案其職云"掌共杖"，杖，老者所依，秋是長老之方，故在此。注伊耆，古王者號，始爲蜡以息老物。此主王者之齒杖，後王識伊耆氏之舊德而以名官與？今姓有伊耆氏。○釋曰：案《明堂位》云："土鼓、蕢桴、葦籥，伊耆氏之樂也。"鄭注亦云："伊耆氏，古天子有天下之號。"云"始爲蜡以息老物"者，《郊特牲》文。引之者，取息老物證伊耆供杖於老者之事故也。云"此主王者之齒杖，後王識伊耆氏之舊德而以名官與"者，言後王識伊耆氏之舊德，則周家以前爲後王，至周又因之，故不指周而云後王也。

---

① "人入"二字原作"入人"，據阮本乙，阮校謂作"入人"者誤倒。
② 段考謂"書亦或爲濁"當作"書亦或爲涿"。
③ 阮校云："大字本'繣'上無'之'，此衍。"
④ "云"字原作"去"，據阮本改。

大行人，中大夫二人；小行人^①，下大夫四人；司儀，上士八人，中士十有六人；行夫，下士三十有二人，府四人，史八人，胥八人，徒八十人。○釋曰：此四官在此者，皆主賓客嚴凝之事故也^②。亦謂別職同官，故四官各有職司而共府、史、胥、徒。　注行夫主國使之禮。○釋曰：大行人、小行人、司儀皆掌賓客之禮，不見注解，至行夫獨注之，以官獨多於餘官，以“主國使之禮”，至於美惡無禮皆使之，故官多於餘官也。

環人，中士四人，史四人，胥四人，徒四十人。　注環猶圍也。主圍賓客任器，爲之守衞。○釋曰：在此者，案其職云“賓客舍則授館，令聚櫜”，亦是禁守之事，故在此也。云“主圍賓客之任器，爲之守衞”者，其職文也。

象胥，每翟上士一人，中士二人，下士八人，徒二十人。　注通夷狄之言者曰象。胥，其有才知者也。此類之本名，東方曰寄，南方曰象，西方曰狄鞮，北方曰譯，今揔名曰象者，周之德先致南方也。○釋曰：在此者，案其職云“掌四夷之國使，以傳賓主之語”，故亦連類在此也。云“此類之本名，東方”已下，皆《王制》文。云“寄”者，賓主不相解語，故寄中國語於東夷，又寄東夷語於中國，使相領解。云“象”者，傳南方於中國還象中國以傳之^③，與南方人語則還象南方語而傳之。云“狄鞮”者，鄭彼注云：“鞮之言知也。”雖不訓“狄”，狄即敵也，謂言語相敵使之知也。云“北方曰譯”者，譯即易，謂換易言語使相解也。云“揔名曰象”者，四方別稱，經唯有一“象”，故云揔名曰象。云“周之德先致南方也”者，即《詩序》所云“文王之德，被於江漢”是也。又《書序》云“巢伯來朝”，注：“巢伯，殷之諸侯，聞武王克商，慕義而來朝。”此皆致南方，故“象”得揔名也。

掌客，上士二人，下士四人，府一人，史二人，胥二人，徒二十人。○釋曰：在此者，其職云“掌賓客牢禮之陳”，亦是賓客嚴凝象秋，故在此。

掌訝，中士八人，府二人，史四人，胥四人，徒四十人。　注訝，迎

---

① “小行人”云云及下“司儀”云云、“行夫”云云底本皆提行。阮校云：“閩、監、毛本自大行人至行夫并爲一節，非。”孫疏則謂當從上舉明注疏本合爲一節。按大行人、小行人、司儀、行夫四者別職同官，固當合爲一節，孫疏之説是也。

② “客”字原作“先”，“凝”字原作“疑”，皆據阮本改。

③ 前一“中國”二字原作“國中”，據阮本乙。

也。賓客來，主迎之。鄭司農云："訝讀爲'跛者訝跛者'之訝[1]。"○釋曰：在此者，案其職云"掌迎賓客"，故連類在此。先鄭云"跛者訝跛者之訝"，此《公羊傳》文。時晉使郤克聘齊[2]，郤克跛，齊使跛者往御。御亦訝也，故讀從之也。

掌交，中士八人，府二人，史四人，徒三十有二人。注主交通結諸侯之好。○釋曰：在此者，案其職云"掌九禁之難"，有禁戒之事，故在此也。

掌察，四方中士八人，史四人，徒十有六人。

掌貨賄，下士十有六人，史四人，徒三十有二人。○釋曰：在此者，蓋督察邦國之事，及掌邦國所致貨賄。但二官闕，不可强言也。

朝大夫，每國上士二人，下士四人，府一人，史二人，庶子八人，徒二十人。○釋曰：在此者，案其職云"掌都家之國治"，因有邦國賓客在秋，都家之治亦在此。注此王之士也，使主都家之國治，而命之朝大夫云。○釋曰：此云"每國上士二人"，是王朝之士。以其主采地之國治，事重，則名之曰"朝大夫"云。畿內三等采地，地雖有百里、五十里、二十五里，揔謂之國，若《王制》云"九十三國"也。云"庶子"者，蓋亦主采地之諸子。今在府、史之下，蓋官長所自辟除也。

都則，中士一人，下士二人，府一人，史二人，庶子四人，徒八十人。注都則，主都家之八則者也。當言"每都"，如朝大夫及都司馬云。○釋曰：此官已闕，鄭知"主八則"者，《大宰》云"八則治都鄙"，此經云"都則"，故知則，八則也。

都士，中士二人，下士四人，府二人，史四人，胥四人，徒四十人。

家士亦如之。注都家之士，主治都家吏民之獄訟以告方士者也。亦當言"每都"。○釋曰：在此者，此官雖闕，義理可言，以其稱"士"，則知主獄，故鄭云"都家之士，主治都家吏民之獄訟以告方士者也"。必知王家不置都士而云都家之士者，以其都司馬使王臣爲之，家司馬家自置司馬，以司馬主軍，事重，故王置都司馬[3]；此刑事輕於

---

① 阮校云："賈疏釋此注云'時晉使郤克聘齊，郤克跛，齊使跛者往御。御亦迎也，故讀從之'。按賈氏所據《公羊傳》'訝'作'御'。"

② "郤"字原作"卻"，據阮本改。下文"郤"字同。

③ "故"字原作"重"，據阮本改。

軍，故都家王皆不置都士，但已有方士主其獄，故使都家之士以獄告也。

大司寇之職，掌建邦之三典，以佐王刑邦國，詰四方：〇釋曰：《大司寇》云"佐王刑邦國，詰四方"，不言"刑王國，詰畿内"者，王官不嫌不刑、詰在内，故舉外以見内也。《大宰》云"以六典治邦國"，今此更言"建三典"者，彼六典自是六官之典，此三典自是刑之三典，與彼别，故司寇别施之。**注**典，法也。詰，謹也。《書》曰："王耗荒①，度作詳刑，以詰四方。"〇釋曰："典，法也"，案《大宰》注云："典、法、則，所用異，異其名也。"故云"典，法也"。引《書》者，《吕刑》篇文："吕侯訓夏贖刑，王耄荒，度作詳刑，以詰四方。"謂周穆王年老耄亂荒忽，猶能用賢量度詳審之刑以詰謹四方。引之者，證"詰"爲"謹"義也。**一曰刑新國用輕典，注**新國者，新辟地立君之國。用輕法者，爲其民未習於教。〇釋曰：云"新國者，新辟地立君之國"者，謂若世衰，夷狄内侵，國君誅滅，聖人後作，日辟國百里；既攘夷狄，國空無主，民不獨治，須立君化之，則是新辟地立君之國者也。趙商問："《族師職》曰'四閭爲族②，八閭爲聯，使之相保相受，刑罰慶賞相及③'，在《康誥》曰'父不慈，子不孝，兄不友，弟不恭，不相及也'。《族師》之職，鄰比相坐；《康誥》之云，門内尚寬。不知《書》、《禮》是錯，未達指趣。"荅曰："《族師》之職，周公新制禮，使民相拱勑之法④；《康誥》之時，周法未定天下，又新誅三監，務在尚寬，以安天下。先後量時，各有云爲，乃謂是錯也？"若然，言周公之時未定天下，即是新國，更云新誅三監，假令周法先定，新誅之國亦是新國，故此云新辟地立君也。**二曰刑平國用中典，注**平國，承平守成之國也。用中典者，常行之法。〇釋曰：云"平國，承平守成之國也"者，謂先君受封，後君承前平安，守持成立之國。民已被化，則用"常行之法"以治之。**三曰刑亂國用重典。注**亂國，篡弑叛逆之國。用重典者，以其化惡伐滅之。〇釋曰：云"亂國，篡弑叛逆之國"者，謂若州吁篡國、崔杼弑君、臧紇叛魯，

---

①　"耗"字金本、阮本同，婺本作"旄"。阮校云："'耗'當作'秏'。《羣經音辨·禾部》引《書》'王秏荒'，鄭康成讀。蓋賈氏所據。北宋本《釋文》作'秏荒也'，今《釋文》作'旄荒'。"按"秏"即"秏"之後出俗字。

②　"曰"字原作"此"，據阮本改。

③　"罰"字原作"賞"，據阮本改。

④　浦鏜云："'共'誤'拱'。"孫校云："《族師》疏引正作'共'。"

此皆逆亂之國。如此之國，民起惡心，故於常法之外爲惡者則當"伐滅之"也。**以五刑糾萬民：**注刑亦法也。糾，猶察異之。○釋曰：此"五刑"與尋常正五刑墨、劓之等别，"刑亦法也"，此五法者，或一刑之中而含五，或此五刑全不入五刑者。云"糾，猶察異之"者，謂萬民犯五刑，察取與之罪，使别異善惡，則《尚書・畢命》云"旌别淑慝，表厥宅里"是也。**一曰野刑，上功糾力；**注功，農功。力，勤力。○釋曰：以其言"野"，則國外，若《鄉大夫》云"野自六尺"之類。既言在野爲功，故知"功"是"農功"，"力，勤力"也。**二曰軍刑，上命糾守；**注命，將命也。守，不失部伍。○釋曰：以其在"軍"，梱外之事將軍裁之，故知"命"是"將命"也。軍行必有部分卒伍，故云"不失部伍"也。**三曰鄉刑，上德糾孝；**注德，六德也。善父母爲孝。○釋曰：謂在鄉中之刑。《大司徒》云："以鄉三物教萬民。一曰六德：知、仁、聖、義、忠、和。"既言在"鄉"，故知"德"是"六德"教民者，非教國子三德、咎繇九德者也。"善父母爲孝"，《爾雅・釋訓》文。**四曰官刑，上能糾職；**注能，能其事也。職，職事修理。○釋曰：知"能"是"能其事"、"職，職事修理"者，以其言"官"，官中見能、見職，明知義然。**五曰國刑，上願糾暴①。**注願，愨慎也。暴當爲恭，字之誤也。○釋曰：知爲"恭"不作"暴"者，以其上四刑皆糾察其善，不糾其惡，以類言之，故知是恭。恭又似暴字，故云"字之誤也"。**以圜土聚教罷民。**注圜土，獄城也。聚罷民其中，困苦以教之爲善也。民不愍作勞，有似於罷。○釋曰：此已下説"罷民"。云"教之"者，正謂夜入圜土，晝則役之司空，困苦則歸善，鄭云"困苦以教之爲善"。云"民不愍作勞，有似於罷"者，罷爲困極罷弊②。此圜土被囚而役，是不愍强作勞之民，有似罷弊之民也。**凡害人者，寘之圜土而施職事焉，以明刑恥之。**注害人，謂爲邪惡已有過失麗於法者。以其不故犯法，寘之圜土繫教之，庶其困悔而能改也。寘，置也。施職事，以所能役使之。明刑，書其罪惡於大方版，著其背。○釋曰：云"害人，謂爲邪惡已有過失麗於法者"，案《司救職》云："凡民之有衺惡者③，三讓而罰，三罰而士加明刑，恥諸嘉石④，

---

① "願"字原脱，據婺本、金本、阮本補。"糾"字原作"斜"，據婺本、金本、阮本改。疏中"糾"字底本亦誤。
② "爲"字阮本作"謂"。
③ "衺"字原作"袤"，據阮本改。
④ "諸"字原作"諳"，據阮本改。

役諸司空。”即此下文者是也，此謂語言無忌、侮慢長老，過淺，直坐之嘉石，不入圜土者也。彼下文又云：“其有過失者，三讓而罰，三罰而歸于圜土。”此謂抽拔兵劍誤以傷人，罪重，不坐嘉石①，徑入圜土，晝日亦役之司空，夜入圜土者也。此罷民本無故心，直是過誤，比入五刑者爲輕②，比坐嘉石者爲重③，故云“已麗於法”，麗於法，乃入圜土者也④。**其能改者，反于中國，不齒三年；**○釋曰：云“能改”，正謂在圜土不出，自思己過，是能改也。注反于中國，謂舍之還於故鄉里也。《司圜職》曰：“上罪三年而舍，中罪二年而舍，下罪一年而舍。”不齒者，不得以年次列於平民。○釋曰：言“反于中國”者，《虞書》有“五宅三居”，彼不在中國⑤，此則反還於“故鄉里”也。引《司圜職》已下，見舍之遠近。此所舍鄉，則《玉藻》所謂“垂綏五寸，惰游之士也”是也。**其不能改而出圜土者⑥，殺。**注出，謂逃亡。○釋曰：云“不能改”，正謂不能伏思己過而“出圜土”也。**以兩造禁民訟，入束矢於朝，然後聽之；**○釋曰：此并下二經論禁民獄訟不使虛誣之事。言“禁”者，謂先令“入束矢”，不實則没入官。若不入，則是自服不直，是禁民省事之法也。注訟，謂以財貨相告者。造，至也。使訟者兩至，既兩至，使入束矢，乃治之也。不至、不入束矢，則是自服不直者也。必入矢者，取其直也。《詩》曰：“其直如矢。”古者一弓百矢，束矢其百个與⑦？○釋曰：云“訟，謂以貨財相告者”，以對下文“獄”是相告以罪名也。此相對之法；若散文則通，是以衛侯與元咺訟，是罪名亦曰訟。云“古者一弓百矢”者，《尚書•文侯之命》平王賜晉文侯及僖二十八年襄王賜晉文公皆云“彤弓一，彤矢百”，故知一弓百矢。云“束矢其百个與”者，彼是所賜，此乃入官，約同之，故云“與”以疑之。《泮水》詩云：“束矢其搜。”毛云：“五十矢曰束。”彼鄭從之者，彼或據在軍矢數⑧，與受賜者異，故從毛傳也。**以兩劑禁民獄，入鈞金，三日乃致于朝，然後聽之。**○釋曰：此一經聽爭罪之事，與上聽訟有異。

---

① “石”字原作“右”，據阮本改。
② “比”字原作“此”，阮本同，阮校云：“當從監、毛本‘此’作‘比’。”兹據改。
③ “比”字原作“此”，據阮本改。
④ “乃”字阮本作“是”。
⑤ “在”字原作“左”，據阮本改。
⑥ “改”字原作“其”，據婺本、金本、阮本改。
⑦ “矢”字原脱，據婺本、金本、阮本補。
⑧ “軍”字原作“弓”，據阮本改。

此則各遺持劑之書契，又“入金”不入矢，“三日乃致于朝”者，皆謂以獄事重於訟事，故鄭云“重刑”也。注獄，謂相告以罪名者。劑，今券書也。使獄者各齎券書，既兩券書，使入鈞金，又三日乃治之，重刑也。不券書、不入金，則是亦自服不直者也。必入金者，取其堅也。三十斤曰鈞。○釋曰：云“獄，謂相告以罪名者”，對前相告以財貨爲訟也。云“劑，今券書也”者，《小宰》：“聽賣買以質劑。”《質人》云①：“大市以質，小市以劑。”鄭《小宰》注云：“簿書之最目，獄訟之要辭，皆曰契。”則劑謂券書者，謂獄訟之要辭，若“王叔氏不能舉其契”是也。“三十斤曰鈞”，《律曆志》文。以嘉石平罷民。注嘉石，文石也。尌之外朝門左。平，成也，成之使善。○釋曰：此嘉石、肺石在《朝士職》，朝士屬大司寇，故見之耳。云“嘉石，文石也”者，以其言嘉，嘉，善也，有文乃稱嘉，故知文石也。欲使罷民思其文理以改悔自脩。“樹之外朝門左”，《朝士》文也。凡萬民之有罪過而未麗於灋而害於州里者，桎梏而坐諸嘉石，役諸司空：重罪旬有三日坐②，朞役；其次九日坐，九月役；其次七日坐，七月役；其次五日坐，五月役；其下罪三日坐，三月役。使州里任之，則宥而舍之。注有罪過，謂邪惡之人所罪過者也③。麗，附也。未附於法，未著於法也。木在足曰桎，在手曰梏。役諸司空，坐日訖，使給百工之役也。役月訖，使其州里之人任之，乃赦之。宥，寬也。○釋曰：云“未麗於法”，祇謂入圜土爲法，此坐嘉石之罷民未入圜土，差輕故也。云“害於州里”者，謂語言無忌、侮慢長老。云“桎梏而坐諸嘉石”者，謂坐時。坐日滿，“役諸司空”，則無桎梏也。此已下輕重有五節，皆就語言、侮慢之中斟酌爲輕重分五等也。云“使州里任之”者，仍恐習前爲非而不改，故使州長、里宰保任，乃舍之。以稍輕，入鄉則得與鄉人齒④，亦無“垂綏五寸”之事也。鄭云“木在足曰桎，在手曰梏”，知者⑤，無正文，見《掌囚》云“上罪梏拳而桎”，拳謂兩手共一木，梏與拳

---

① “質”字原作“貨”，據阮本改。

② 王引之云：“‘旬有三日坐’，‘三’當爲‘二’，因下文‘三日坐’而誤也。朞役者，十二月，役以十二月，則坐當以十二日，猶下文九日坐九月役、七日坐七月役、五日坐五月役、三日坐三月役也。”

③ 孫疏云：“‘所罪過’於義難通，疑當作‘近罪過’，《司救》注亦云‘過失近罪’，近者，未麗於罪之言也。”

④ “人”字原作“知”，據阮本改。

⑤ “知”字原作“人”，據阮本改。按“人”字與上條“知”字左右並列，補版時互易。

連言^①，故知梏在手、桎在足也。《廣雅》云：“手間之梏械，足間之桎械^②。”亦是手曰梏、足曰桎。《易志》冷剛問：“《大畜·六四》‘童牛之梏，元吉’，注‘巽爲木，互體震，震爲牛之足，足在艮體之中。艮爲手，持木以就足，是施梏’。又《蒙·初六》注云‘木在足曰桎，在手曰梏’。今《大畜·六四》施梏于足，不審桎梏手足定有別否？”荅曰：“牛無手，故以足言之。”**以肺石遠窮民。**〔注〕肺石，赤石也。窮民，天民之窮而無告者。○釋曰：云“肺石，赤石也”者，陰陽療疾法，肺屬南方火，火色赤，肺亦赤，故知名肺石是赤石也。必使之坐赤石者，使之赤心不妄告也。云“窮民，天民之窮而無告者”，《王制》文。彼上文云：“少而無父者謂之孤，老而無子者謂之獨，老而無妻者謂之鰥，老而無夫者謂之寡。此四者，天民之窮而無告者也，皆有常餼。”**凡遠近惸獨老幼之欲有復於上而其長弗達者，立於肺石，三日，士聽其辭，以告於上，而罪其長。**○釋曰：言“遠近”者，無有遠近，畿外畿內之民皆有“惸獨老幼”之等。云“欲有復於上而其長弗達者”，謂長官不肯通達審知其貧困者，故須復報於上，如此之類是上“窮民”，即來立於石也。〔注〕無兄弟曰惸。無子孫曰獨。復猶報也。上，謂王與六卿也。報之者，若上書詣公府言事矣。長，謂諸侯若鄉遂大夫。○釋曰：鄭知“惸”是“無兄弟”者，《王制》已有孤、獨、鰥、寡，不見惸，則惸是無兄弟可知也。是以《尚書·洪範》亦云：“無虐惸獨，而畏高明。”孔云：“惸，單無兄弟也。無子曰獨。”云“無子孫曰獨”者，案《王制》唯云“老而無子曰獨”，今兼云孫者，無子有孫不爲獨，故兼云無孫也。鄭不釋經“老幼”者，老則無夫無妻、幼則無父可知，故不釋也。知“上”是“王與六卿”者，六卿並知國政，皆得受冤怨，故兼六卿言之。云“長，謂諸侯若鄉遂大夫”者，冤訴之人天下皆是，故“長”亦兼天下，故以畿外諸侯及畿內鄉遂大夫皆得爲長也。若然，不言二等采地之主及三公邑大夫者^③，在“長”中可知，故舉外內以包之也。

　　正月之吉，始和布刑于邦國、都鄙，乃縣刑象之灋于象魏，使萬民觀刑象，挾日而斂之。○釋曰：“正月之吉”者，謂建子之月正月一日也。言

---

①　“梏”字原作“足”，據阮本改。

②　“足”字原作“梏”，據阮本改。按“梏”字與上條“足”字左右並列，補版時互易。

③　“二”字阮本同，當爲“三”字之誤。按公邑有四等，而賈疏云“三公邑”者，因鄭注已言“遂大夫”，則六遂餘地之公邑可以不論。然三等采地盡在六遂之外，不得如公邑亦減一等而云“二等采地”。孫疏引作“三”，所校改極是。

"始和"者，《大宰》注："凡治有故，言始和者，若改造云爾。"其實不改也。云"布刑于邦國、都鄙"者，正月和，即以此月布于天下。云"乃縣刑象之法于象魏"者，謂建寅正歲邦國及都鄙并王家雉門皆一時縣之。"斂之"者，天子斂藏於明堂，諸侯斂藏於祖廟，日月受而行之①，謂之聽朔。注正月朔日布王刑於天下，正歲又縣其書，重之。○釋曰：鄭云"天下"，即"邦國、都鄙"也。云"正歲又縣其書，重之"，知正歲乃縣者，亦約《小司寇》知之也。**凡邦之大盟約，涖其盟書，而登之于天府；**○釋曰：云"凡邦之大盟約"者，謂王與諸侯因大會同而與盟所有約誓之辭。云"涖其盟書，而登于天府"者，既臨其盟書②，因即登此盟書于天府。注涖，臨也。天府，祖廟之藏。○釋曰：云"天府，祖廟之藏"者，《天府職》文。**大史、内史、司會及六官皆受其貳而藏之。**注六官，六卿之官也。貳，副也。○釋曰："大史、内史、司會"掌事皆與六卿同，故皆有副貳盟辭而藏之，擬相勘當也。**凡諸侯之獄訟，以邦典定之；**注邦典，六典也。以六典待邦國之治。○釋曰：云"邦典，六典也"者，案《大宰職》："以典待邦國之治。"故邦國有獄訟之事來詣王府，還以邦典定之。**凡卿大夫之獄訟，以邦法斷之；**注邦法，八法也。以八法待官府之治。○釋曰：案《大宰》云："以八法治官府。"是以卿大夫有獄訟，還以邦之八法斷之。若然，《大宰》有"八則治都鄙"，此不言都鄙有獄訟以八則斷之者，都鄙有獄訟，都家之士告于方士治之，故此不言也。**凡庶民之獄訟，以邦成弊之。**注邦成，八成也。以官成待萬民之治。故書弊爲憋。鄭司農云："憋當爲弊。邦成，謂若今時決事比也。弊之，斷其獄訟也，故《春秋傳》曰'弊獄邢侯'。"○釋曰：《大宰》云："以官成待萬民之治。"是以庶民有獄訟，還以邦成弊之。"弊"亦斷也，異其文耳。云"邦成，八成也"者，則《小宰》云"一曰聽征役以比居③，二曰聽師田以簡稽"已下是也。先鄭云"邦成，謂若今時決事比也"者，此八者皆是舊法成事品式，若今律，其有斷事，皆依舊事斷之，其無條，取比類以決之，故云決事比也。《春秋傳》者，《春秋左氏傳》："晉邢侯與雍子爭鄐田，邢侯不勝，乃弊獄邢侯。"引之者，證弊

---

① 孫校據《大宰職》及《大司徒職》賈疏校"日月"爲"月月"。
② "臨"字原脱，據阮本補。
③ "征"字阮本作"政"，與《小宰職》文合。按彼後鄭注云"政謂賦也。凡其字或作政，或作正，或作征，以多言之，宜從征，如《孟子》'交征利'云"，故此疏引作"征"。賈疏往往如此，作"政"未必爲賈疏原文。

爲斷，義同也。

　　大祭祀，奉犬牲。注奉猶進也。○釋曰：犬屬西方金，犬既當方之畜，故司寇奉進“犬牲”也。**若禋祀五帝，則戒之日涖誓百官，戒于百族。**○釋曰：禋之言煙，“煙祀五帝”謂迎氣於四郊及摠享五帝於明堂也。云“戒之日”者，謂前十日卜之日，卜吉即戒之使散齊。云“涖誓百官”者，謂餘官誓百官之時大司寇則臨之。云“戒於百族”者，大司寇親自戒之。其百官所戒者當大宰爲之，是以《大宰》云“祀五帝，前期十日，帥執事而卜日，遂戒”，故知大宰戒百官也。若然，《大宰》云“祀五帝，則掌百官之誓戒”，《大宰》雖云掌百官誓戒，戒則親爲之，誓則掌之而不親誓。何者？此司寇卑於大宰，此云涖誓百官，豈司寇得臨大宰乎？故知大宰掌之，餘小官誓之，司寇臨之也。注戒之日，卜之日也[①]。百族，謂府、史以下也。《郊特牲》曰：“卜之日，王立于澤，親聽誓命，受教諫之義也。獻命庫門之內，戒百官；大廟之內，戒百姓。”○釋曰：鄭知“百族，府、史以下”者，以其王之百姓亦同大宰戒之，故知百族府、史、胥、徒也。引《郊特牲》者，欲見百族非王之親，是府、史以下也。云“獻命庫門之內，戒百官也”者，王自澤宮而還入臯門，至庫門之內，大宰獻命，命即戒百官；又於庫門內而東入廟門[②]，廟門之內戒百姓[③]。彼注云：“百姓，王之親也。”以親，故入廟乃戒之。**及納亨，前王。祭之日亦如之。**注納亨，致牲。○釋曰：鄭云“納亨，致牲”者，謂將祭之辰[④]。“祭之日”，謂旦明也。此二者大司寇爲王引道，故云“亦如之”。**奉其明水火。**注明水火，所取於日月者。○釋曰：司烜氏以陽燧取火於日中，以陰鑑取水於月中。“明”者，絜也。主人明絜，水火乃成可得，是“明水火，所取於日月者”也。奉此水火者，水以配鬱鬯與五齊，火以給爨亨也。**凡朝覲會同，前王。大喪亦如之。**○釋曰：“朝覲”不言大，則四時朝也。“會同”，謂時見曰會，殷見曰同。此者皆司寇在王前爲導也。其“大喪亦如之”，亦導王也。注大喪所前，或嗣王。○釋曰：知“嗣王”者，以經云“大喪”是王喪，復云“前王”，明是嗣王也。言“或”者，大喪或是先后及王世子，皆是大喪。若先后及世子大喪，則王爲正王也。既言前王，明以先后、世子爲正，故

---

① “卜”字原作“上”，據婺本、金本、阮本改。
② “内”字阮本無，阮校云：“監、毛本‘庫門’下衍‘内’。”加藤云：“不必衍。”
③ “廟”字原作“庫”，據阮本改。
④ 浦鏜云：“‘晨’誤‘辰’。”

云或嗣王也。凡大喪之禮有三:《大宰》云“大喪,贊贈玉、含玉”,《大司馬》云“大喪,平士、大夫”[1],此主謂王喪;《大宗伯》云“朝覲會同,則爲上相。大喪亦如之”,注云“王后、世子”,及此“大喪亦如之”,二者容有先后及后、世子;又《宰夫》云“大喪、小喪,掌小官之戒令”,注云“大喪,王后、世子也。小喪,夫人以下”,然則大喪與小喪相連,則不容有王喪。大軍旅,涖戮于社。注社,謂社主在軍者也。鄭司農説以《書》曰“用命賞于祖,不用命戮于社”。○釋曰:鄭知“社,謂社主在軍者也”者,以其“大軍旅”非在國,故先鄭引《書》爲證。彼《書》謂《甘誓》,啟與有扈戰于甘之野,誓士衆辭。社是陰,殺亦陰,賞是陽,祖是遷主亦陽,故各於其所。必於祖、社主前者,尊祖嚴社之義也。凡邦之大事,使其屬蹕。注屬,士師以下也。故書蹕作避。杜子春云:“避當爲辟,謂辟除姦人也。”玄謂蹕,止行也。○釋曰:云“凡邦之大事”者,言凡,語廣,則國有大事王動行,皆“使其屬蹕”。鄭知其屬是“士師以下”者,見《士師職》云“諸侯爲賓,則帥其屬而蹕于王宫”,注云:“諸侯來朝若饗食時。”《士師》云帥其屬,則士師以下上士、中士、下士皆蹕。知者,以此注云“士師以下”故也。

---

[1] “平”字原作“晉”,據阮本改。

周禮疏卷第四十一

唐朝散大夫行大學博士弘文館學士臣賈公彥等撰

小司寇之職，掌外朝之政，以致萬民而詢焉：一曰詢國危，二曰詢國遷，三曰詢立君。○釋曰：外朝之職朝士專掌，但小司寇既爲副貳長官，亦與朝士同掌之耳，故云“掌外朝之政”。“以致萬民”者，案下文“羣吏”並在內，而此經獨云致萬民者，但羣吏在朝是常，萬民不合在朝，惟在大事及疑獄乃致之，故特言之也。**注**外朝，朝在雉門之外者也。國危，謂有兵寇之難。國遷，謂徙都改邑也。立君，謂無冢適選於庶也。鄭司農云：“致萬民，聚萬民也。詢，謀也。《詩》曰：‘詢于芻蕘。’《書》曰：‘謀及庶人。’”○釋曰：“外朝，在雉門之外”，則亦在庫門之外也。云“國危，謂有兵寇之難”者，謂鄰國來侵伐，與國爲難者也。云“國遷，謂徙都改邑也”者，謂王國遷徙，若殷之盤庚遷殷之類。若遷卿、大夫都邑，不在詢限。云“立君，謂無冢適選於庶也”者，冢適雙言。案《內則》而言，謂適后所生最長者爲冢。若無冢，適后所生次冢以下爲適，則適者非一。若無適，則於衆妾所生擇立之。衆妾所生非一，是以須與衆人共詢可否。此三者皆採衆心，衆同乃可依用也。**其位：王南鄉，三公及州長、百姓北面，羣臣西面，羣吏東面。**注羣臣，卿、大夫、士也。羣吏，府、史也。其孤不見者，孤從羣臣。鄉大夫在公後①。○釋曰：案《射人》及《司士》孤位皆西方東面北上，今此獨在東方西面從羣臣之位者，孤無職，尊之如賓，恒在西；但此三詢之朝即朝士所掌之位，案《朝士》外朝云“左九棘，孤、卿、大夫位焉，羣士在其後；右九棘，公、侯、伯、子、男位焉，羣吏在其後。面三槐，三公位焉，州長衆庶在其後”，以此故知“孤從羣臣”之位。“三公北面”者，案《郊特牲》：“君之南鄉，荅陽之義也。臣之北面，荅君也。”三公臣中之尊，北面屈之，荅君之意。知“鄉大夫在公後”

---

① “鄉”字原作“卿”，婺本、金本同，據阮本改。阮校云：“諸本皆誤作‘卿大夫’，惟此本不誤。按賈疏‘鄉大夫’有申釋之辭。”

者,以州長眾鄉之屬在公後,又二鄉公一人,鄉大夫亦在公後可知也①。每鄉大夫皆別命卿爲之,六卿別也。**小司寇擯以叙進而問焉,以眾輔志而弊謀。**○釋曰:云"以叙進"者,案《小宰》"六叙"皆先尊後卑,則此言以叙進謂先公、卿,以次而下。**注**擯,謂揖之使前也。叙,更也。輔志者,尊王賢明也。○釋曰:此既在朝立定而問之,明擯者無別相見之禮,故知以次一一"揖之使前"問之。云"輔志者,尊王賢明也"者,專欲難成,捨己稽眾,聖人無心,以百姓心爲心,今能以眾輔成己志,是尊王賢明者也。

　　以五刑聽萬民之獄訟,附于刑,用情訊之。至于旬,乃弊之,讀書則用灋。○釋曰:云"附于刑,用情訊之"者,以因所犯罪附於五刑,恐有枉濫,故用情實問之,使得真實。云"至于旬,乃弊之"者,緩刑之意,欲其欽慎也。云"讀書則用法"者,謂行刑之時當讀刑書罪狀,則用法刑之。**注**附猶著也。故書附作付。訊,言也。用情理言之,冀有可以出之者。十日乃斷之,《王制》曰:"刑者侀也,侀者成也,一成而不可變,故君子盡心焉。"鄭司農云:"讀書則用法,如今時讀鞫已乃論之。"○釋曰:引《王制》云"刑者侀也"者,上刑爲法,下侀爲著,謂行法著人身體;又訓爲"成"者,意取"一成不可變",死者不可復生,斷者不可更續,是其不可變也。"故君子盡心焉",不可濫,此釋"用情訊之"也。漢時"讀鞫已乃論之"者,鞫謂劾囚之要辭,行刑之時,讀已乃論其罪也。**凡命夫命婦,不躬坐獄訟。注**爲治獄吏褻尊者也。躬,身也。不身坐者,必使其屬若子弟也。《喪服傳》曰:"命夫者,其男子之爲大夫者;命婦者,其婦人之爲大夫妻者②。"《春秋傳》曰:"衛侯與元咺訟,甯武子爲輔,鍼莊子爲坐,士榮爲大理。"○釋曰:古者取囚要辭皆對坐,治獄之吏皆有嚴威,恐獄吏"褻尊",故不使命夫命婦親坐。若取辭之時不得不坐,當使"其屬或子弟"代坐也。引《喪服傳》者,《喪服》經有"大夫命婦",子夏《傳》解之云:"大夫者,其男子之爲大夫者也。"今此云"命夫者,其男子之爲大夫者",誤,當以彼爲正。云《春秋傳》者,《左氏》僖二十八年衛侯坐殺弟叔武,元咺訴於晉,晉使人斷之。引之者,證命夫命婦不身坐獄訟之事。若然,元咺、甯子、鍼莊子皆大夫得坐訟者,大夫身不得與士坐訟,若兩大夫或代君,皆得坐無嫌。以是衛侯不得坐,使莊子與元咺對坐也。若然,觀此文"命夫命婦"惟據大夫,不通士。案

<hr />

①　"鄉"上阮本有"明"字。

②　"妻"上婺本、金本、阮本有"之"字,阮校云:"大字本、錢鈔本、嘉靖本、閩本同,監、毛本作'大夫妻',脫'之'。"

《内宰》云：“佐后使治外内命婦。”先鄭云：“外命婦，卿、大夫之妻。”後鄭云：“士妻亦爲命婦。”又《閽人》云：“凡外内命夫命婦。”注：“内命夫，卿、大夫、士之在宫中者。”如是，士及士妻亦得爲命夫命婦者，彼皆據王臣而言，王之士有三命、二命、一命，皆得王命；此文兼諸侯臣，子、男士則不命，以是此文命夫命婦惟據大夫爲文，不通士也。**凡王之同族有罪，不即市。**注鄭司農云：“刑諸甸師氏。《禮記》曰：‘刑于隱者，不與國人慮兄弟。’”○釋曰：此因上論斷獄之事，故説“王之同族有罪，不即市”者，不與國人慮兄弟也，故先鄭云當“刑諸甸師氏”，故《甸師》云“王之同姓有辠，則死刑焉”是也。必於甸師者，甸師掌耕耨王藉，其場上多屋，就隱處刑之。引《禮記》者，《文王世子》文，彼據諸侯法。云“刑于隱者”，謂就屋中。云“不與國人慮兄弟”者，若在市朝刑殺，國人見之，亦謀慮兄弟，是與國人慮兄弟；若不於市朝，是不與也。天子之禮亦然，故引爲證也。**以五聲聽獄訟，求民情：**○釋曰：案下五事惟“辭聽”一是聲，而以“五聲”目之者，四事雖不是聲，亦以聲爲本故也。案《吕刑》云：“惟貌有稽，在獄定之後。”則此五聽亦在要辭定訖，恐其濫失，更以五聽觀之，以“求民情”也。**一曰辭聽，**注觀其出言，不直則煩。○釋曰：直則言要理深，虚則辭煩義寡，故云“不直則煩”。**二曰色聽，**注觀其顔色，不直則赧然。○釋曰：理直則顔色有厲，理虚則顔色愧赧①。《小爾雅》云：“不直失節，謂之慙愧。面慙曰赧，心慙曰惄②，體慙曰悛。”**三曰氣聽，**注觀其氣息，不直則喘。○釋曰：虚本心知，氣從内發，理既不直，吐氣則喘。**四曰耳聽，**注觀其聽聆，不直則惑。○釋曰：《尚書》云：“作德心逸日休，作僞心勞日拙。”觀其事直，聽物明審；其理不直，聽物致疑。**五曰目聽。**注觀其牟子視，不直則眊然。○釋曰：目爲心視，視由心起。理若直實，視眄分明；理若虚陳，視乃眊亂。**以八辟麗邦灋，附刑罰：**○釋曰：案《曲禮》云：“刑不上大夫。”鄭注云：“其犯法則在八議輕重，不在刑書。”若然，此“八辟”爲不在刑書，若有罪當議，議得其罪乃附邦法，而“附于刑罰”也。注辟，法也。杜子春讀麗爲羅。玄謂麗，附也。《易》曰：“日月麗于天。”故書附作付③。附猶著也。○釋曰：以“辟”爲“法”，謂八者之法。子春“讀麗爲羅”，後鄭不從，

---

① “虚”字阮本作“曲”。
② “赧心”二字僅佔一格，又有修版剜改痕迹，蓋原作“惄”。
③ “付”字原脱，據婺本、金本、阮本補。

謂"麗,附也",破子春爲羅。若作羅,則入羅網,當在刑書,何須更議之也?後鄭以不在刑書,故須議,議訖乃附邦法。"《易》曰:日月麗于天",但天自然無形,而得附著者,天者自然之氣,日月本在虛空①,而附自然之氣,故得爲附著也。**一曰議親之辟**,注鄭司農云:"若今時宗室有罪先請是也。"○釋曰:"親",謂五屬之內及外親有服者,皆是議限。親不假貴、故、賢、能及功、勤②,若貴亦不假餘賢、能之等,各據一邊則得入議。假令既有親,兼有餘事,亦不離議限。**二曰議故之辟**,注故,謂舊知也。鄭司農云:"故舊不遺,則民不愉③。"○釋曰:此故舊據王爲言,是以《大宗伯》注:"故舊朋友,謂共在學者。"若《伐木》詩,亦是故友之類。先鄭引《論語》"故舊不遺,則民不偷",言民不偷,上行下效,亦據人君而説,故引爲證議故也④。**三曰議賢之辟**,注鄭司農云:"若今時廉吏有罪先請是也。"玄謂賢,有德行者。○釋曰:先鄭舉漢"廉吏"爲"賢",後鄭足成,故言"賢,有德行者",謂若《鄉大夫》"興賢者、能者",賢即有六德六行者也。**四曰議能之辟**,注能,謂有道藝者。《春秋傳》曰:"夫謀而鮮過,惠訓不倦者,叔向有焉,社稷之固也,猶將十世宥之,以勸能者。今壹不免其身,以棄社稷,不亦惑乎?"○釋曰:云"能,謂有道藝者",此即《鄉大夫》"興能者",能有道藝,若《保氏》云"掌養國子以道,而教之六藝",是國子與賢者有德行兼道藝;若能者,惟有道藝,未必兼有德也。引《春秋傳》者,《左氏》襄二十一年叔向被囚,祁奚作此辭以諫晉侯,使赦小罪存大能。引之者,證以能議也。**五曰議功之辟**,注謂有大勳力立功者。○釋曰:此即司勳所掌王功、國功之等,皆入此"功"色,是以彼皆言"功"爲首也。**六曰議貴之辟**,注鄭司農云:"若今時吏墨綬有罪先請是也。"○釋曰:先鄭雖引漢法"墨綬"爲貴,若據周,大夫以上皆貴也。墨綬者,漢法丞相中二千石金印紫綬、御史大夫二千石銀印黃綬⑤、縣令六百石銅印墨綬是也。**七曰議勤之辟**,注謂憔悴以事國。○釋曰:案《詩》云:"或憔悴以事國。"自此已上七者雖以王爲主,諸侯一國之尊,賞罰自制,亦應有此議法,是

---

① "月"字原脱,據阮本補。

② "故"下原有"親"字,阮本同。加藤云:"殿、孫本删'親'。"茲據删。

③ "愉"字婪本、金本、阮本作"偷"。阮校謂"偷"即"愉"之俗字。

④ "爲"字阮本同,加藤謂當據殿本等作"以"。按"爲"字不必改,《地官・川衡》賈疏云"故引爲證川奠也",是其比。

⑤ 孫校云:"'黃綬'《漢書・百官表》作'青綬',《漢制考》不誤。"

以"議能"鄭引叔向之事,是其一隅也。惟"八曰議賓"惟據王者而言,不及諸侯也。八曰議賓之辟。注謂所不臣者,三恪二代之後與?○釋曰:《春秋》襄二十五年《傳》云"虞閼父爲周陶正,而封諸陳,以備三恪"之言[1],《郊特牲》云"尊賢不過二代"之語,故鄭云"三恪二代之後"。案《樂記》云:"武王克殷及商,未及下車而封黃帝之後於薊,封帝堯之後於祝,封帝舜之後於陳,下車而封夏后氏之後於杞,投殷之後於宋。"此皆自行當代禮樂,常"所不臣",爲賓禮禮之,故爲"賓"也。言"與"者,經直云"賓",不斥所據,約彼同之,故云"與"以疑也。以三刺斷庶民獄訟之中:注中,謂罪正所定。○釋曰:此經與下文爲目,但"三刺"之言當是罪定斷訖乃向外朝始行三刺。庶民已上皆應有刺,直言"庶民"者,庶民賤,恐不刺。賤者尚刺,已上刺可知。云"中,謂罪正所定"者,斷獄終始有三刺,刺則罪正所定,即當行刑,故云罪正所定也。一曰訊羣臣,二曰訊羣吏,三曰訊萬民。注刺,殺也,三訊罪定則殺之。訊,言也。○釋曰:云"羣臣"者,士已上。云"羣吏"者,府、史、胥、徒庶人在官者。云"萬民"者,民間有德行不仕者。云"刺,殺,三刺罪定即殺之",但所刺不必是殺,餘四刑亦當三刺,直言"殺"者,舉漢重者而言[2],其實皆三刺。是以下文云"聽民之所刺宥,而施上服下服之刑",是兼輕重皆刺也。聽民之所刺宥,以施上服下服之刑。注宥,寬也。民言殺,殺之;言寬,寬之。上服,劓、墨也。下服,宮、刖也。○釋曰:"墨、劓"施於面,故爲"上服";"宮、刖"施於下體,故爲"下服"。凡行刺[3],必先以物規之,如衣服,乃施刑,故言服也。

　　及大比,登民數,自生齒以上登于天府。注大比,三年大數民之衆寡也。人生齒而體備。男八月而生齒,女七月而生齒。○釋曰:小司寇至三年大案比之時,則使司民之官登上民數,"自生齒已上"皆登之,小司寇乃"登於天府"。云"男八月、女七月而生齒"者,案《家語·本命》:"男子八月生齒,八歲而亂齒。女子七月而生齒,七歲而亂齒。男子陽,得陰而生,得陰而落。女子陰,得陽而生,得陽而落。故男偶女奇也。"內史、司會、冢宰貳之,以制國用。注人數定而九賦可知,國用乃可制

---

① 阮校謂"云"字當據閩、監、毛本作"有",下文"郊特牲云"同。
② 孫校云:"'漢重'疑誤,或當爲'法重'。"
③ 孫校云:"依《司刺》注,'刺'當作'刑'。"

耳。〇釋曰："内史"掌八柄之等，"司會"主計會，"冢宰"所主兼設，故皆取副貳民數簿書，得民數乃"制國用"，以其國用出於民故也。云"人數定九賦可知，國用乃可制"者，鄭偏據九賦而言，至九貢、九功亦可知也。

　　小祭祀，奉犬牲。注奉猶進也。〇釋曰：大祭祀自大司寇奉犬牲，若"小祭祀"王玄冕所祭，則小司寇奉進犬牲也①。**凡禋祀五帝，實鑊水，納亨亦如之。**注納亨，致牲也。其時鑊水當以洗解牲體肉②。〇釋曰：云"禋祀五帝"者，祭天曰燔柴，即禋祀也，故云禋祀五帝。五帝所祀謂四時迎氣、揔享明堂。"實鑊水"，以擬洗肉所用也。"納亨亦如之"，"納亨，致牲"，謂將祭享祭之晨③，實以水亨牲也。鄭知"實鑊水"爲"洗解牲肉"者，以下云"納亨亦如之"是實鑊水亨煮肉，故知此是洗肉也。《封人》云"共其水稾"，亦謂洗牲肉也。**大賓客，前王而辟。**注鄭司農云："小司寇爲王道，辟除姦人也，若今時執金吾下至令尉奉引矣。"〇釋曰：下《士師》云："諸侯爲賓，帥其屬蹕於王宮。"饗燕時。此小司寇爲王辟，亦謂於宮中饗燕在寢及廟時也。云"若今時執金吾下至令尉奉引"者，漢時執金吾及令尉爲帝奉引，猶如小司寇爲王導，故引以爲況。**后、世子之喪亦如之。**〇釋曰：謂"后、世子之喪"，當朝廟之時王出入，亦爲王而辟也。**小師，涖戮。**注小師，王不自出之師。〇釋曰：謂"王不自出"，使卿大夫出軍。闑外之事將軍裁之，軍將有所斬戮於社主前，則小司寇"涖戮"也。**凡國之大事，使其屬蹕。**注屬，士師以下。〇釋曰：此"國之大事"，即《士師》云"諸侯爲賓"是也。《士師》云"帥其屬"，則"士師已下"皆蹕，故此據而言之。

　　孟冬，祀司民，獻民數於王，王拜受之，以圖國用而進退之。〇釋曰：前文"大比，登民數於天府"，據三年大比而言。此則據年年民數皆有增減，於"孟冬"春官祭司民之時，小司寇以民數多少獻於王也。注司民，星名，謂軒轅角也。小司寇於祀司民而獻民數於王，重民也。進退猶損益也。國用民衆則益，民寡則損。

---

① "犬"字原作"大"，據阮本改。

② 阮校引盧文弨説云："《通考》引此'時'作'實'，按疏云'鄭知實鑊水爲洗解牲肉者'，據疏本作'實'字。"

③ 浦鏜云："'享祭'毛本作'亨祭'，二字當衍文。"阮本亦作"亨祭"，孫校云："'鄉祭之晨'本《大宰》'納亨'注，'鄉'誤'亨'，不可通。"

○釋曰：案《星經》，軒轅角有大民、小民之星，是“軒轅角也”。云“國用民衆則益，民寡則損”者，國家所用財物由民上而來，是以國用多少要由民衆寡，故民衆則益，豐用之，民寡則損，儉用之。**歲終，則令羣士計獄弊訟，登中于天府。**注上其所斷獄訟之數。○釋曰：“羣士”，謂鄉士、遂士已下皆是。必登斷獄之書於祖廟“天府”者，重其斷刑，使神監之。**正歲，帥其屬而觀刑象，令以木鐸，曰：“不用灋者，國有常刑。”令羣士。**注羣士，遂士以下。○釋曰：此所戒應六官各應其所掌，知“羣士”是“遂士以下”者，以其鄉士已入“帥其屬”中，遂士、縣士、方士、訝士等雖是六十官之屬，以其主六遂以外漸遠，恐不在屬中，故經特云“令羣士”，明羣士是遂士以下可知。**乃宣布于四方，憲刑禁。**注宣，徧也。憲，表也，謂縣之也。刑禁，《士師》之“五禁”。○釋曰：此所“宣布”則《布憲》所云者是也，此官主之，彼乃布之，事相成也。**乃命其屬入會，乃致事。**注得其屬之計，乃令致之於王。○釋曰：“命其屬”，謂命己下屬官，使入會計文狀來“乃致事”與王，故云“乃”，乃，緩辭。

士師之職，掌國之五禁之灋以左右刑罰：一曰宮禁，二曰官禁，三曰國禁，四曰野禁，五曰軍禁。皆以木鐸徇之于朝，書而縣于門閭。○釋曰：凡設五刑者，刑期于無刑，以刑止刑，以殺止殺，殺一人使萬人懲，是欲不使犯罪，令於刑外豫施禁，禁民使不犯刑，是“左右助刑罰”，無使罪麗于民也。云“書而縣于門閭”者，《爾雅》云：“巷門謂之閭①。”則縣于處處巷門使知之。注左右，助也。助刑罰者，助其禁民爲非也。宮，王宮也。官，官府也。國，城中也。古之禁書亡矣，今宮門有符籍，官府有無故擅入，城門有離載下帷，野有《田律》，軍有踂謹夜行之禁，其輼可言者。○釋曰：云“宮，王宮也”者，謂臯門也。云“官，官府也”者，謂廬，官人聽事之門。云“國，城中”者，若王城十二門。云“古之禁書亡矣”者，謂在《儀禮》三千條內，而在亡中，故舉漢法以況之。云“離載下帷”者，謂在車離耦，耦載而下帷，恐是姦非，故禁之。云“輼可言”者，古之禁書具，不惟如此，故云輼可言也。**以五戒先後刑罰，毋**

---

① “閭”字原作“閍”，與今本《爾雅·釋宮》合。然賈疏此處不必釋“閍”，《夏官·敘官》“脩閭氏”疏引《爾雅》“巷門謂之閭”，與阮本此疏相同，故據改。

使罪麗于民①：一曰誓，用之于軍旅；二曰誥，用之于會同；三曰禁，用諸田役；四曰糾，用諸國中；五曰憲，用諸都鄙。○釋曰："戒"與"禁"謂典、法、則，亦是所用異，異其名耳，同是告語，使不犯刑罰。**注**先後猶左右也。誓、誥，於《書》則《甘誓》、《湯誓》、《大誥》、《康誥》之屬。禁，則軍禮曰"無干車"，"無自後射"，此其類也②。糾、憲，未有聞焉。○釋曰："先後猶左右也"者，皆是相助之義，異其名而已。云《甘誓》者，啓與有扈戰於甘之野，作《甘誓》。云《湯誓》者，湯將伐桀，以誓衆。云《大誥》者，武王崩，周公作以成王令③，以大義告天下，以誅三監，以作誥。云《康誥》者，周公以成王命封康叔於殷墟，誥康叔以治政之事，故作誥。云"之屬"者，仍有《泰誓》、《費誓》、《召誥》、《洛誥》之等，故言之屬也。凡誥、誓皆因大會乃爲之，故"用之於軍旅"、"用之於會同"也。云"禁，則軍禮曰'無干車'，'無自後射'，比其類也"者④，《易・比》之九五曰："王用三驅，失前禽。"注云："王因天下顯習兵于蒐狩焉，驅禽而射之，三則已，發軍禮⑤。失前禽者，謂禽在前來者不逆而射，傍去又不射，惟其走者順而射之，不中亦已，是皆所失。用兵之法亦如之，降者不殺，奔者不禁，背敵不殺，以仁恩養威之道。"若然，此不自後射亦謂不中之後不重射。前敵不破則有追法，《春秋》"公追戎於濟西"是也。**掌鄉合州黨族閭比之聯與其民人之什伍，使之相安相受，以比追胥之事，以施刑罰慶賞。**○釋曰：士師掌鄉中合聚之法者，以爲有施刑罰也。云"州黨族閭比之聯"，即是"鄉合"之事。云"與其人民之什伍"者，此即"因內政寄軍令"之類，五家爲比，比即一伍也，二伍爲什，據追胥之時。云"使之相安相受"者，宅舍有故，使當比當閭相受寄託，使得安穩也。云"以比追胥"者，以比什伍使追、胥二事也⑥。云"以施刑罰慶賞"者，使鄰伍相及也。**注**鄉合，鄉所合也。追，追寇

---

①　"毋"字原作"母"，據婺本、金本、阮本改。

②　"此"字原作"比"，金本、阮本同，據婺本改。阮校云："禁之凡必多，引此軍禮一條而云'此其類也'，猶上云'之屬'耳，'比'字必是譌字。"按賈疏述注作"比"，又引《易・比卦・九五》爻辭，阮校云："疏引《比・九五》爻辭，以爲'無干車'，'無自後射'之證，於'比其類'無涉也，疏亦未嘗作'比'也。"

③　阮校云："閩本剜改'作以'爲'輔相'，監、毛本從之，則'令'字屬下'以大義告天下'爲句。"

④　"比"字阮本同，當是"此"之形訛字，參上條。

⑤　孫校據桓四年《左傳》孔疏校"發"字爲"法"。

⑥　"比"字原作"此"，據阮本改。

也。脥讀如"宿偦"之偦，偦謂司搏盜賊也。○釋曰：云"追，追寇"者，即"公追戎於濟西"是也。"脥讀如宿偦之偦"者，時有夜宿逐賊謂之偦，即"司搏盜賊"是也。**掌官中之政令。**注大司寇之官府中也。○釋曰：士師所施"政令"惟在當官，故鄭云"大司寇之官府中也"。**察獄訟之辭，以詔司寇斷獄弊訟，致邦令。**注詔司寇，若今白聽正法解也①。致邦令者，以法報之。○釋曰：獄訟辭訴各有司存，謂若鄉士、遂士、縣士、方士各主當司之獄訟，其有不決來問都頭士師者，則士師察審，以告大司寇"斷獄弊訟"也。云"致邦令"者，此即所察獄訟斷訖致與本官，謂之致邦令也。**掌士之八成：**○釋曰："士之八成"言士者，此八者皆是獄官斷事成品式②，士即士師已下是也。注鄭司農云："八成者，行事有八篇，若今時決事比。"○釋曰：先鄭云"成者，行事有八篇，若今時決事比"者，即若《小宰》"八成"，凡言成者，皆舊有成事品式，後人依而行之，決事依前比類決之。**一曰邦汋，**注鄭司農云："汋讀如'酌酒尊中'之酌。國汋者，斠汋盜取國家密事，若今時刺探尚書事。"○釋曰：云"汋讀如酌酒尊中之酌"者，俗讀之。"若今刺探尚書事"者，漢時尚書掌機密，有刺探尚書事，斠酌私知，故舉受爲況也③。**二曰邦賊，**注爲逆亂者。○釋曰：既云"邦賊"，罪無過此，故知爲"逆亂"，若崔杼、州吁之等。**三曰邦諜，**注爲異國反間。○釋曰：異國欲來侵伐，先遣人往間候取其委曲，反來説之，其言諜諜然，故謂之"邦諜"。用兵之策勿善於此，故《孫子兵法》云："興師十萬，日費千金，内外騷動，以爭一日之勝，而受爵祿金寶於人者，非民之將，故三軍之事莫密於反間。殷之興也，伊摯在夏；周之興也，吕牙在殷。惟賢聖將能用間以成，此兵之要者也。"**四者犯邦令，**注干冒王教令者。○釋曰：鄭云"干冒王教令者"，謂"犯邦令"不肯依行。**五曰撟邦令，**注稱詐以有爲者。○釋曰："撟"即詐也，故鄭云"稱詐以有爲者"，謂詐上命營搆僞物之類也。**六曰爲邦盜，**注竊取國之寶藏者。○釋曰：謂若定八年陽貨盜竊寶玉、大弓以出奔之類是也。**七曰爲邦朋，**注朋黨相阿，使政不平者。故書朋作傰。鄭司農云："傰讀爲'朋友'之朋。"○釋

---

①　孫疏云："此亦以漢法爲況。然'白聽正法解'史無其文，未詳其義。蜀石經作'若今時百官聽政法解'九字，疑亦肊改。"

②　孫校云："'事成'當作'成事'，下文可證。"

③　"受"字阮本無。

曰："朋"，謂朋黨阿曲，相阿違國家正法，擅生曲法，"使政不平"，以罔國法，故曰"邦朋"。八曰爲邦誣。注誣罔君臣，使事失實。○釋曰：謂若君臣相得，政教平美，其有佞臣誣以惡事，致使善政失實者。

　　若邦凶荒，則以荒辯之法治之，○釋曰："凶荒"，謂年穀不孰，民皆困苦。"則以荒貶之法治之"，不得用尋常之法。注鄭司農云："辯讀爲'風別'之別。救荒之政十有二，而士師別受其數條，是爲荒別之法。"玄謂辯當爲貶，聲之誤也。遭飢荒則刑罰、國事有所貶損，作權時法也。《朝士職》曰："若邦凶荒、札喪、寇戎之故，則令邦國、都家、縣鄙慮刑貶。"○釋曰：先鄭之言義無所據，故後鄭不從。後鄭破"辯"爲"貶"，從《朝士職》之文也。《朝士職》"慮刑貶"者，彼注謂謀慮緩刑[1]，減損國用，爲民困苦故也。令移民、通財、糾守、緩刑。注移民，就賤救困也。通財，補不足也。糾守，備盜賊也。緩刑，舒民心也。○釋曰："移民，就賤"，謂可移者將身往也。"通財，補不足"，謂不可移者即於豐處將財穀以補不足。凡以財獄訟者，正之以傅別、約劑。注傅別，中別手書也。約劑，各所持券也。故書別爲辯。鄭司農云："傅或爲符。辯讀爲'風別'之別。若今時市買爲券書以別之，各得其一，訟則案券以正之。"○釋曰：此注云"傅別，中別手書也"，《小宰》注"爲大手書於一札，中字別之"，語異義同。此先鄭云"若今時市買爲券書以別之，各得其一"，義與後鄭同，故引之在下。《小宰》注先鄭云"傅著約束於文書[2]。別，別爲兩，兩家各得其一"，後鄭不從先鄭；至此更爲一解，故從之。若祭勝國之社稷，則爲之尸。注以刑官爲尸，略之也。周謂亡殷之社爲亳社。○釋曰：案《鳧鷖》詩，宗廟、社稷、七祀皆稱"公尸"，不使刑官；今"祭勝國之社稷"用士師爲尸，故鄭云"用刑官爲尸，略之也"。云"周謂亡殷之社爲亳社"者，經云"勝國"，注爲"亡殷"，又云"亳社"者，據周勝殷謂之勝；據殷亡即云亡國，即《郊特牲》云"喪國之社必屋之"是也；據地而言即言亳社，《春秋》"亳社災"是也。王燕出入，則前驅而辟。注道王且辟行人。○釋曰："導王"，解"前驅"。"且辟行人"，解"而辟"。言"燕出入"，謂宮苑皆是[3]。祀五帝，則沃尸及王盥，泊鑊水。注泊，謂增其

----

① "緩"字原作"綏"，據阮本改。
② "傅著約束"四字阮本同，"傅"字宜重。
③ "言"字阮本作"王"。又"宮"字原作"官"，據阮本改。

沃汁。○釋曰：案《特牲》、《少牢》尸尊不就洗，入門北面則以盤匜盥手。“王盥”①，謂將獻尸時先就洗盥。“泊鑊水”，“增其沃汁”。鑊在門外之東，亨牲之爨。言須鑊水，就爨增之。亨實鑊水此官增之，示敬而已。此直言“祀五帝，沃尸及王盥”，其餘冬至、夏至及祭先王、先公所沃盥者，案《小祝職》云：“大祭祀，沃尸盥。”《小臣職》云：“大祭祀、朝覲，沃王盥②。”如是，則冬至、夏至及先王、先公小祝沃尸盥、小臣沃王盥。《鬱人》云：“凡祼事，沃盥。”惟在宗廟爲祼時。**凡刉珥，則奉犬牲。** 注珥讀爲衈，刉衈，釁禮之事。用牲，毛者曰刉，羽者曰衈。○釋曰：鄭爲“衈”者，“珥”是玉名，故破從“衈”，取用血之意。知“刉衈”是“釁禮”者，《雜記》云：“成廟則釁之，門、夾室皆用雞，其衈皆於屋下③。”彼雖不言刉，刉衈相將，故知是釁禮。知“用牲，毛者曰刉，羽者曰衈”者，《雜記》雞言衈，即毛曰刉可知。**諸侯爲賓，則帥其屬而躍于王宮。** ○釋曰：《士師》言“帥其屬”，當官下云屬，上士已下皆是也。注謂諸侯來朝若燕饗時。○釋曰：經云“躍于王宮”，饗在廟，燕在寢，言于王宮，故知“燕饗時”也。**大喪亦如之。** ○釋曰：“大喪”在宮中④，謂朝廟，亦在宮中爲躍也。**大師，帥其屬而禁逆軍旅者與犯師禁者而戮之。** ○釋曰：“帥其屬”⑤，亦謂上士已下。在軍而戮，亦謂戮於社主前。注逆軍旅，反將命也。犯師禁，干行陳也⑥。○釋曰：“逆軍旅，反將命”者，王在軍自將，違王命亦是反將命；王不在，梱外之事將軍裁之，亦是反將命。“犯師禁，干行陳”者，干犯軍之行陳。案昭元年晉荀吳敗狄于大原，“將戰，魏絳曰：‘請皆卒，自我始。’荀吳之嬖人不肯即卒，斬以徇。”襄三年雞澤之盟，“晉侯之弟揚干亂行於曲梁，魏絳戮其僕。魏絳曰：‘軍事有死無犯爲敬。’”此二者是反將命、干行陳之事也。**歲終，則令正要會。** 注定計簿。○釋曰：“定計簿”者，年終將考之故也。**正歲，帥其屬而憲禁令于國及郊野。** 注去國百里爲郊，郊外謂之野。○釋曰：“正歲憲禁令”

---

① “盥”字原脱，據阮本補。
② “沃”字原脱，據阮本補。
③ “於”字原作“於於”，誤衍一字，據阮本刪。
④ “宮”字原作“官”，據阮本改。下文“宮”字同。
⑤ “其”字原作“其其”，誤衍一字，據阮本刪。
⑥ “陳”字原作“陣”，婺本同，據金本、阮本改。下疏中“干行陳者”底本亦作“陣”，“陣”爲“陳”之俗字，底本通作“陳”。

者，取除舊布新之義。言"于國及郊野"者，則自國至百里外皆憲縣之也①。云"去國百里曰郊"，《司馬法》文。"郊外謂之野"，《爾雅》文。

鄉士掌國中。○釋曰：鄉士主六鄉之獄，言"掌國中"者，獄居近，六鄉之獄皆在國中。注鄭司農云："謂國中至百里郊也。"玄謂其地則距王城百里內也，言掌國中，此主國中獄也。六鄉之獄在國中。○釋曰：先鄭云"謂國中至百里郊"，後鄭不從者，六鄉地雖在百里郊內，要言"國中"者指獄而言，非通百里爲國中，故不從也，是以"謂其地則距王城百里內，言掌國中，此主國中獄也"。云"六鄉之獄在國中"，對六遂之獄在四郊者也。各掌其鄉之民數而糾戒之，注鄉士八人，言各者，四人而分主三鄉。○釋曰：鄭以"四人分主三鄉"者，若以八人共主六鄉，不得言"各"；既言"各"，則有部分，故以四人分主三鄉解之也。聽其獄訟，察其辭，注察，審也。○釋曰：鄉士主治獄訟之事，故云"聽其獄訟，察其辭"。言"審"者，恐人枉濫也。辯其獄訟②，異其死刑之罪而要之，旬而職聽于朝。○釋曰：云"辨其獄訟"者，辨，別也。獄謂爭罪，訟謂爭財，事既不同，文書亦異。云"異其死刑之罪"者，死與四刑輕重不同，文書亦異。云"而要之"者，文書既得，乃後取其要辭。雖得要實之辭罪定，仍至"十日"乃後以斷刑之職聽斷于外朝。注辨、異，謂殊其文書也。要之，爲其罪法之要辭，如今劾矣。十日乃以職事治之於外朝，容其自反覆。○釋曰：云"要之，爲其罪法之要辭，如今劾矣"者，劾，實也，正謂棄虛從實，收取要辭爲定。"容其自反覆"，恐囚虛承其罪，十日不飜即是其實，然後向外朝對衆更詢，乃與之罪。司寇聽之，斷其獄、弊其訟于朝。羣士司刑皆在，各麗其灋以議獄訟。○釋曰：此即朝衆聽之事。獄言"斷"、訟言"弊"，弊亦斷，異言耳。云"羣士司刑皆在"者，所謂《吕刑》云"師聽五辭"，一也。恐專有濫，故衆獄官共聽之。云"各麗其法"者，罪狀不同，附法有異，當如其罪狀各依其罪，不得濫出濫入，如此以議獄訟也。注麗，附也，各附致其法以成議也。○釋曰：所議者本欲得其實情，故須"各致其法以成其議"，致法行刑當與議狀相依也。獄

---

① "縣"字阮本作"禁"。

② 阮校云："唐石經、大字本、錢鈔本'辯'作'辨'，當據以訂正。按注云'辨、異，謂殊其文書'，是當作辨別字也。"按《説文·辡部》"辯"篆段玉裁注云："俗多與'辨'不別。"

訟成，士師受中。協日刑殺，肆之三日。○釋曰：此經爲上議得其實，欲行刑之時，故云“獄訟成”，成謂罪已成定。云“士師受中”者①，士師當受取上成定中平文書爲案。云“協日刑殺”者，謂鄉士當和合善日行刑及殺之事。云“肆之三日”者，據死者而言。其四刑之類行訖即放，不須肆之。注受中，謂受獄訟之成也。鄭司農云：“士師受中，若今二千石受其獄也。中者，刑罰之中也，故《論語》曰‘刑罰不中，則民無所措手足’。協日刑殺，協，合也、和也。和合支幹善日，若今時望後利日也。肆之三日，故《春秋傳》曰‘三日，棄疾請尸’，《論語》曰‘肆諸市朝’。”玄謂士師既受獄訟之成，鄉士則擇可刑殺之日，至其時而往涖之，尸之三日乃反。○釋曰：云“若今二千石受其獄也”者，漢時受二千石禄稟郡守之等受在下已成之獄。言“支幹善日”者，十二辰子丑之等是支，甲乙丙丁之等是幹，若言甲子、乙丑、丙寅、丁卯之類，皆以支配幹而言。云“若今時望後利日也”者，月大則十六日爲望，月小則十五日爲望。利日即合刑殺之日是也。云“肆之三日”者，肆，陳也，殺訖陳尸也。云《春秋傳》者，襄二十二年楚令尹子南寵觀起，楚人患之，子南之子棄疾爲王御士，王泣告棄疾，言子南罪，遂殺子南于朝。注云：“子南，公子追舒。”“三日，棄疾請尸②。”云《論語》者，《憲問》篇云：“公伯寮愬子路於季孫。子服景伯謂孔子曰：‘吾力猶能肆諸市朝。’”注云：“大夫於朝，士於市。公伯寮是士，止應云肆諸市，連言朝耳。”引之者，皆證肆之三日之事也。“玄謂士師既受獄訟之成，鄉士則擇可刑殺之日③，至其時而往涖之，尸之三日乃反也”者，乃反謂收取其尸。鄭言此者，經云“士師受中，協日刑殺”，文無分別，恐是士師受中，還是士師刑殺，故須辨之。知非士師刑殺者，以其士師是司寇之考，揔攝諸士，所刑殺者鄉士、遂士、縣士、方士各自往涖之，若一一遣士師自行，於理不可，是以鄭爲此解也。若欲免之，則王會其期。注免猶赦也。期，謂鄉士職聽于朝、司寇聽之日。王欲赦之，則用此時親往議之。○釋曰：所司折斷，已得實情，獄案既成④，乃始就朝詳斷，王雖欲免，必無免法。但王者恩深愛物，庶欲免之，恐有濫行，理須親會者也。大祭祀、大喪紀、

---

① “士”字原作“上”，據阮本改。
② “尸”字原作“户”，據阮本改。
③ “刑”字原作“烈”，據阮本改。
④ “獄”字阮本作“狀”，阮校云：“監、毛本‘狀’改‘獄’，非。”加藤云：“監本非妄改，文意亦順，阮説恐非是。”

大軍旅、大賓客，則各掌其鄉之禁令，帥其屬夾道而蹕。注屬，中士以下。○釋曰：此四者六鄉皆有其事。"大祭祀"，若祭天、四時迎氣即於四郊。"大喪紀"，當葬所經鄉道①。"大軍旅"，王出行所經過。"大賓客"，四方諸侯來朝，各由方而入，並過六鄉路。以是故"各掌其鄉之禁令"，當各"帥其屬夾道而蹕"。知屬是"中士以下"者，鄉士身是上士，故云中士以下。三公若有邦事，則爲之前驅而辟，其喪亦如之。○釋曰："三公有邦事"須親自入鄉，則鄉士爲公作前驅引道而辟止行人。云"其喪亦如之"者，謂公、卿、大夫之喪死於此者，及葬，"爲之前驅而辟"。注鄭司農云："鄉士爲三公道也，若今時三公出城②，郡督郵、盜賊道也③。"○釋曰：云"郡督郵、盜賊道也"者，郵謂郵行往來；盜賊謂舊爲盜賊，即不良之人。故郡內督察郵行者是盜賊之人，使之道，以況古鄉士爲道相類也。凡國有大事，則戮其犯命者。○釋曰：國有大事言"戮犯命者"，止謂征伐、田獵之大事，故有犯命刑戮之事也。

　　遂士掌四郊。注鄭司農云："謂百里外至三百里也。"玄謂其地則距王城百里以外至二百里，言掌四郊者，此主四郊獄也。六遂之獄在四郊。○釋曰：先鄭云"百里外至三百里也"者，見《縣士》云"掌野"，去王城四百里曰縣，故曰"小都任縣地"；《方士》云"掌都家"，謂去王城五百里；既以鄉士所掌爲去王城百里內，惟有二百里、三百里二處在，當是此遂士掌之，故爲此解。後鄭不從，"玄謂其地則距王城百里以外至二百里"者，後鄭意，六遂之地則在二百里中，但獄則不在二百里中，當在百里四郊上置之，亦若六鄉地在王城外、獄則在城中然，故更云"言掌四郊，此主四郊之獄。六遂之獄在四郊"也。各掌其遂之民數，而糾其戒令，注遂士十二人，言各者，二人而分主一遂。○釋曰："遂士十二人"，《序官》文。亦如《鄉士》，若揔掌不分，不得云"各"。既言"各掌"，十二人有六遂，是"二人分主一遂"可知。聽其獄訟，察其辭，辨其獄訟，異其死刑之罪而要之，二旬而職聽于朝。司寇聽之，斷其獄、

① "鄉"字阮本無。

② "三"字原作"二"，據婺本、金本、阮本改。

③ 段考云："'盜賊'似衍字。"阮校云："賈疏本有'盜賊'二字，并曲爲之説。"孫疏云："'郡督郵、盜賊道'者，謂督郵與督盜賊二郡吏並爲三公道也。此注云'盜賊'者，即郡督盜賊，以冢上'督郵'，故省文不稱'督'耳。賈疏謬矣。"

弊其訟于朝。羣士司刑皆在,各麗其灋以議獄訟。獄訟成,士師受中。協日就郊而刑殺,各於其遂肆之三日。○釋曰:此一經亦如鄉士獄成就朝聽斷,事有異者,"二旬"與鄉士別,以其去王城漸遠,恐多枉濫,故至二旬容其反覆也。云"就郊而刑殺"者,鄉士之獄在國中,不須言就;此在郊,差遠,故云就郊也。言"各於其遂"者,六鄉之獄并在國中,不得言各;六遂之獄分在四郊之上,故須言各也。注就郊而刑殺者,遂士也。遂士擇刑殺日,至其時往涖之,如鄉士爲之矣。言各於其遂者,四郊六遂,遂處不同。○釋曰:鄭云"就郊而刑殺者,遂士也"者,經云"士師受中"即云"協日就郊刑殺",觀其文勢,亦恐士師刑殺,故云遂士也。云"遂處不同"者,六遂分置四郊之外有六處,獄遷六處置之,故云不同也。若欲免之,則王令三公會其期。注令猶命也。王欲赦之,則用遂士職聽之時命三公往議之。○釋曰:若會其期皆在外朝,但民有遠近,故六鄉獄王自會其期,六遂獄差遠,使"三公會其期"也。云"令猶命"者,上文《鄉士》云"命"[1],此變"命"云"令",令、命義不殊,故云令猶命也。若邦有大事聚衆庶,則各掌其遂之禁令,帥其屬而躍。注大事,王所親也。○釋曰:案上鄉士在四郊内有大祭祀、大喪紀等四事,事多,故須歷陳;此在四郊之外,無大祭祀、大喪紀,惟有大軍旅、大賓客出入所經,二者有聚衆庶之事,故揔云"大事聚衆庶"耳。此雖不言"夾道",亦當夾道躍也。六卿若有邦事,則爲之前驅而辟,其喪亦如之。凡郊有大事,則戮其犯命者。○釋曰:若六鄉近,則使三公有邦事;此六遂差遠,邦事使六卿往。云"其喪亦如之"者,亦謂公、卿、大夫之喪死於其中者,亦"爲之前驅而辟"也。云"郊有大事"者,亦謂六遂之民從軍征伐、田獵,戮其犯命也。

縣士掌野。注鄭司農云:"掌三百里至四百里,大夫所食。晉韓須爲公族大夫,食縣。"玄謂地距王城二百里以外至三百里曰野,三百里以外至四百里曰縣,四百里以外至五百里曰都。都、縣、野之地,其邑非王子弟、公卿大夫之采地則皆公邑也,謂之縣,縣士掌其獄焉。言掌野者,郊外曰野,大揔言之也。獄居近,野之縣獄在二百里上,縣之縣獄在三百里上,都之縣獄在四百里上。○釋曰:先鄭意,遂士既主二百里、三百

---

① 浦鏜云:"'上文鄉士'當'下文縣士'之誤。"孫疏據改。

里，又案《載師職》"小都任縣地"，縣地在四百里中，故云"掌三百里至四百里"。云"大夫所食"、云"晉韓須爲公族大夫，食縣"者，即《載師職》云"小都任縣地"，一也。案昭五年楚蒍啓疆曰："晉韓襄爲公族大夫，韓須受命而使矣。"注云："襄，韓無忌子也，爲公族大夫。須，起之門子，年雖幼，已任出使。"如是，韓須不爲大夫，言受命而使，明時爲公族大夫，但年幼。或此注當爲韓襄。知食縣者，下有"十家九縣"，注云"韓氏七邑"是也。"玄謂地距王城二百里以外至三百里曰野，三百里以外至四百里曰縣，四百里以外至五百里曰都"，鄭言此者，欲明此三處之中有三等公邑，故更云"都都、縣、野之地①，其邑非王子弟、公卿大夫之采地則皆公邑也"者，王子弟依三等臣分爲三處，公在五百里疆地，卿在四百里縣地，大夫在三百里稍地，給此三等采地之外皆是公邑，故云則皆公邑。案《載師》注："使大夫治此公邑之民，二百里、三百里其大夫如州長，四百里、五百里其大夫如縣正。"云"謂之縣，縣士掌其獄焉"者，主三等之獄，摠謂之縣士也。云"掌野者，郊外曰野，大摠言之"者，《爾雅》云"郊外曰野"者，非謂郊外二百里之中，縱四百及五百里皆得謂之野。是以《遂人》亦云"掌野"，野亦謂百里郊外至五百里皆稱野，故鄭彼注及此注皆云"郊外曰野"是大摠而言也。鄭言此者，欲見《縣士》云"掌野"，掌三百里外至五百里三處之獄皆是野耳②。云"獄居近"者，從鄉士掌國中已外，遂士掌四郊，皆據近而言，明此縣士三等獄以次據近而置。云"野之縣獄在二百里上，縣之縣獄在三百里上，都之縣獄在四百里上"者，以三處獄皆名縣者，自三百里外有稍、縣、都，縣居中，故皆以縣獄爲名；言野、縣、都，據本爲稱。若然，云掌野，則三處摠名野；及歷言之，則惟三百里得名野者，以其以外四百里、五百里有縣、都之名，還指本號，三百里中地雖有稍名，《縣士》既言掌野，不得不存一野以爲獄名故也。案《載師》云："公邑在甸地。"則二百里中亦有公邑。縣士惟掌三百里已外，其二百里獄遂士兼掌之矣。**各掌其縣之民數，糾其戒令，而聽其獄訟，察其辭，辨其獄訟，異其死刑之罪而要之，三旬而職聽于朝。司寇聽之，斷其獄、弊其訟于朝。羣士司刑皆在，各麗其灋以議獄訟。獄訟成，士師受中。協日刑殺，各就其縣肆之三日。**注刑殺各就其縣者，亦謂縣士③。○釋

---

① "都都"二字阮本同，疑誤衍一字。
② 孫校改"三百里"爲"二百里"："依注，當自二百里外始。"
③ "士"字婺本同，金本、阮本下有"也"字。

曰：上《鄉士》、《遂士》皆解分人各主之義，至此《縣士》鄭雖不言，案《序官》縣士三十有二人，縣獄既有三處，蓋三百里地狹人少，當十人，四百里、五百里地廣民多，當各十一人，以是故得云“各掌其縣之民數”也。“三旬”者，亦是去王漸遠，故加至三旬容其自反覆。云“亦謂縣士”者，亦以經文勢相連，恐士師刑殺，故須解之。**若欲免之，則王命六卿會其期。**注期，亦謂縣士職聽之時。○釋曰：以其差遠，故不使三公，而使“六卿會其期”也。**若邦有大役聚衆庶，則各掌其縣之禁令。若大夫有邦事，則爲之前驅而辟，其喪亦如之。凡野有大事，則戮其犯命者。**○釋曰：直言“大役”，不言“大事”，又不言“帥其屬而蹕”者，則非王行征伐之事。謂起大役役使民衆，故直“各掌其縣之禁令”而已。“其喪”，亦謂公、卿、大夫之喪有死於此者。云“凡野有大事，則戮其犯命者”，謂有軍事於此而犯命者也。注野，距王城二百里以外及縣、都。○釋曰：上“掌野”雖已解“野”，今此文云“凡野”，恐有別義，故鄭詳言之。云“野，距王城二百里以外及縣、都”者，若如此言，則不通二百里以内，故云距王城二百里以外。從野三百里，縣則四百里，都則五百里，還是縣士獄之所主三處也。

方士掌都家。注鄭司農云：“掌四百里至五百里，公所食。魯季氏食於都。”玄謂都，王子弟及公、卿之采地。家，大夫之采地。大都在畺地，小都在縣地，家邑在稍地。不言掌其民數，民不純屬王。○釋曰：先鄭意，縣士既掌四百里中，故此方士掌五百里之中。云“公所食”者，謂《載師》所云“大都任畺地”者也。引“魯季氏食於都”者，謂諸侯大都與三公同。後鄭不從，謂“都，王子弟及公、卿之采地。家，大夫之采地”者，欲見此經“都”是《載師》“大都任畺地，小都任縣地”、“家”是“家邑任稍地”，王子弟親者與公同百里，稍疏者與卿同五十里，更疏者與大夫同二十五里。引《載師職》“大都在畺地”以下爲證者，是不從先鄭之驗。若先鄭以采地惟在四百里、五百里之中，《載師》何得有三等之差乎？是以後鄭縣士自掌三等公邑之獄，方士自掌三等采地之獄。且縣士掌三等公邑之獄，親自掌之；若方士三等采地之獄，遥掌之，采地自有都家之士掌獄，有事上於方士耳。云“不言掌其民數，不純屬王”者，采地之民雖在王畿之内，屬采地之主，類畿外之民屬諸侯，故云不純屬王。**聽其獄訟之辭，辨其死刑之罪而要之，三月而上獄訟于國。**注三月乃上要者，又變“朝”言“國”，以其自有君，異之。○釋曰：此則上文都家之士自治其獄，獄成上王府，亦於外朝詳聽之事。云"三月"及"言國自有君，異之"者，謂異於鄉士、遂士、縣士之等。**司寇聽其成于朝，羣士司刑皆在，各麗其灋以議獄訟。**○釋曰：上三處直言"司寇聽之"，此獨云"聽其成"者，成謂采地之士所平斷文書，亦是異之類也。**注**成，平也。鄭司農說以《春秋傳》曰"晉邢侯與雍子爭鄐田，久而無成"。○釋曰：云《春秋傳》者，《左氏》昭公十四年之事，言晉邢侯是楚人，時在晉，故與雍子爭鄐田也。引之者，證成是獄成之事。**獄訟成，士師受中，書其刑殺之成與其聽獄訟者。**注都家之吏自協日刑殺，但書其成與治獄之吏姓名，備反覆有失實者①。○釋曰：謂"書其刑殺之成"及"聽獄"人名於上，亦是自有君，異於鄉士之等也。**凡都家之大事聚衆庶，則各掌其方之禁令。**○釋曰：都家云"大事聚衆庶"者，則下文"脩其縣法"是也。**注**方士十六人，言各掌其方者，四人而主一方也。其方以王之事動衆，則爲班禁令焉。○釋曰："方士十六人"，《序官》文。若不分主，則不得云"各掌"，故知分之。**以時脩其縣灋，若歲終，則省之而誅賞焉。**注縣法，縣師之職也，其職掌邦國、都鄙、稍甸、郊野之地域，而辨其夫家、人民、田萊之數及其六畜、車輦之稽。方士以四時脩此法，歲終又省之，則與掌民數亦相近。○釋曰：縣師其職普掌天下，故云"邦國"，據畿外，"都鄙"，據畿內大都五百里、小都四百里，"稍"，據三百里，"甸"，據二百里，"郊野"，據百里，徧天下矣。"夫家"，猶言男女。"人民"，據家之奴婢。云"與掌民數亦相近"者，上《鄉士》之等皆言"民數"，惟《方士》不言，今此《縣師》云"夫家之數"，即與"民數"亦相近。言相近者，依《縣師》而知，故云相近也。**凡都家之士所上治則主之。**注②都家之士，都士、家士也。所上治者，謂獄訟之小事不附罪者也。主之，告於司寇聽平之。○釋曰：以《序》有都士、家士，此云"凡都家之士"，明是彼都士、家士也。云"所上治者，謂獄訟之小事不附罪者"，以其上文已有"士師受中"爲附罪之大事，明此是小事。

---

　　① "覆"字原作"復"，據婺本、金本、阮本改。《鄉士職》鄭注云"容其自反覆"，即"覆"字之證。

　　② "注"字原脱，據全書體例擬補。

訝士掌四方之獄訟，注鄭司農云：“四方諸侯之獄訟。”〇釋曰：案《尚書·呂刑》云：“四方司政典獄。”據諸侯爲言。此《訝士》亦云“掌四方獄訟”，又下文“諭罪刑于邦國”，皆言諸侯之事，故先鄭云“諸侯之獄訟”也。諭罪刑于邦國。注告曉以麗罪及制刑之本意。〇釋曰：“諭”爲曉，故云“告曉以麗罪”。罪者，謂斷獄附罪輕重也。云“及制刑之本意”者，聖人所作刑法止爲息民爲惡①，故云刑期無所刑②，以殺止殺，是制刑之本意。以此二者告曉於諸侯。凡四方之有治於士者造焉。注謂讞疑辨事，先來詣，乃通之於士也，士主謂士師也。如今郡國亦時遣主者吏詣廷尉議者。〇釋曰：謂四方諸侯有疑獄不決，遣使來上王府士師者，故云“四方之有治於士者”。知“士”是“士師”者，以其士師受中，故知疑獄亦士師受之也。云“造焉”者，謂先造詣訝士，乃通之士師也。“讞”，白也，謂諮白疑辨之事。漢時獄官號“廷尉”也。四方有亂獄，則往而成之。注亂獄，謂若君臣宣淫、上下相虐者也。往而成之，猶呂步舒使治淮南獄。〇釋曰：云“君臣宣淫、上下相虐者”，謂若《左氏傳》宣九年陳靈公與孔寧、儀行父共淫徵舒之母夏姬，衷其衵服以戲于朝。又公曰“徵舒似汝”，對曰“亦似君”，泄冶諫，被殺。後徵舒射殺靈公，二子奔楚。楚爲討陳，殺徵舒。是君臣宣淫、上下相虐之事。云“往而成之，猶呂步舒使治淮南獄”者，案《前漢書·儒林傳》，呂步舒事江都相董仲舒，明《春秋公羊》，仕爲丞相長史，于時淮南王劉安與其太子遷謀反，漢武帝詔使宗正劉德與呂步舒窮驗其事。故注者引之。邦有賓客，則與行人送逆之。入於國，則爲之前驅而辟，野亦如之。居館，則帥其屬而爲之躔，誅戮暴客者。客出入則道之，有治則贊之。注送逆，謂始來及去也。出入，謂朝覲於王時也。《春秋傳》曰：“晉侯受策以出，出入三覲③。”入國、入野自以時事。〇釋曰：云“送逆，謂始來及去也”者，以其訝士主以迎送諸侯，故從來至去皆送迎之，禮也。知“出入”是“朝覲於王”者，以其言“出入”，與晉侯稱出入同，故引晉侯事。案僖二十八年襄王策命晉侯爲侯伯，晉侯“受策以出，出入三覲”，注云：“出入猶去

---

① “止”字阮本作“正”，阮校謂“正”是而“止”非。

② 阮校云：“‘所’當衍。”按《地官·司市職》、《夏官·叙官》、《士師職》賈疏並云“刑期於無刑，以殺止殺”，阮校是也。

③ “出入”之“出”字原脱，據婺本、金本、阮本補。

來也。從來至去，凡三見王。"上公廟中將幣三享，王禮再祼而酢，饗禮九獻，食禮九舉，三勞三問，出入三覲，爲行此禮，是出入爲朝覲。云"入國、入野自以時事"者，以其外國至此，入國須有親故相見之法，入野須有採取之宜，並是私事，故云時事也。**凡邦之大事聚衆庶，則讀其誓禁。** ○釋曰："大事"者，自是在國征伐之等。"聚衆庶"，非諸侯之事也。則訝士讀其誓命之辭及五禁之法也。

周禮疏卷第四十二

唐朝散大夫行大學博士弘文館學士臣賈公彥等撰

朝士掌建邦外朝之灋。左九棘，孤、卿、大夫位焉，羣士在其後；右九棘，公、侯、伯、子、男位焉，羣吏在其後；面三槐，三公位焉，州長衆庶在其後。左嘉石，平罷民焉；右肺石，達窮民焉。注樹棘以爲位者，取其赤心而外刺，象以赤心三刺也。槐之言懷也，懷來人於此，欲與之謀。羣吏，謂府、史也。州長，鄉遂之官。鄭司農云："王有五門，外曰皋門，二曰雉門，三曰庫門，四曰應門，五曰路門。路門一曰畢門。外朝在路門外，內朝在路門內。左九棘、右九棘，故《易》曰'係用徽纆，寘于叢棘'。"玄謂《明堂位》説魯公宮曰"庫門，天子皋門；雉門，天子應門"，言魯用天子之禮，所名曰庫門者如天子皋門，所名曰雉門者如天子應門，此名制二兼四，則魯無皋門、應門矣。《檀弓》曰："魯莊公之喪，既葬，而絰不入庫門。"言其除喪而反由外來，是庫門在雉門外必矣。如是，王五門，雉門爲中門。雉門設兩觀，與今之宮門同。閽人幾出入者，窮民蓋不得入也。《郊特牲》譏繹於庫門內，言遠，當於廟門。廟在庫門之內見於此矣。《小宗伯職》曰："建國之神位，右社稷，左宗廟。"然則外朝在庫門之外、皋門之內與？今司徒府有天子以下大會殿，亦古之外朝哉。周天子、諸侯皆有三朝，外朝一，內朝二。內朝之在路門內者或謂之燕朝。○釋曰：云"取其赤心而外刺"者，據三詢、三刺而言。云"槐之言懷也"者，"懷來人於此，欲與之謀"，此亦據三詢而言也。云"州長，鄉遂之官"者，州長是鄉之官，兼言遂者，鄉之官既在此，明六遂之官亦在此，故言遂以苞之。先鄭云"王有五門，外曰皋門，二曰雉門，三曰庫門，四曰應門，五曰路門。路門一曰畢門"者，畢門之言出自《顧命》，故《顧命》云"二人爵弁執惠，立於畢門之內"是也。云"外朝在路門外，內朝在路門內"者，此後鄭皆不從。云"左九棘、右九棘，故《易》曰'係用徽纆，寘于叢棘'"者，證九棘之朝斷罪人之朝也。云"玄謂《明堂位》説魯公宮曰'庫門，天子皋門；雉門，天子應門'，言魯用天子之禮，所名曰庫門者如天子皋門，所名曰雉門者如天子應門，此名制二兼四"，後鄭言此者,欲破先鄭以天子雉門在庫門外爲之。若然,魯作庫門名曰皋門,其制則與天子皋門同,是制一兼二,庫門向外兼得皋門矣;魯作雉門名曰應門,其制與天子應門同,是亦制一兼二,則雉門向内兼得應門矣。是魯制二兼四之事。魯之庫門既向外兼皋門,魯之雉門又向内兼應門,則天子庫門在雉門外,何得庫門倒在雉門内?此爲一明。又引《檀弓》曰“‘魯莊公之喪,既葬,而絰不入庫門。’言其除喪而反由外來,是庫門在雉門外必矣”者,時魯有慶父作亂,閔公遭莊公之喪,既葬之後不得既虞變服,既葬而反則除喪也。服吉而入,以服慶父之心故也。若庫門在内,雉門在外,應云“而絰不入雉門”,何得云“不入庫門”?故鄭云是庫門在雉門外必矣。上以制二兼四推出庫門在雉門外,將爲未大明;更以絰不入庫門乃大明,故言必矣。云“如是,王五門,雉門爲中門”已下,更欲破先鄭外朝在路門外事。雉門既爲中門,“雉門設兩觀”,《公羊傳》文;“與今之宫門同”,舉漢以況周矣。云“閽人幾出入者,窮民蓋不得入也”者,若外朝在路門外、中門内,外朝有右肺石達窮民,中門既有閽人幾,則何得度中門入于路門乎?明外朝在中門外矣。又引《郊特牲》及《小宗伯》者,欲見庫門内、雉門外中間不得置外朝之事。何者?《郊特牲》譏繹于庫門内[1],言遠”,謂譏其大遠。云“當於廟”者,宜在廟門西,故云當於廟也。云“廟在庫間之内見於此矣”者,欲見中門外有廟。又引《小宗伯》者,見社、廟在中門外。既然中門外有社稷、宗廟在於左右,不得置外朝可知。云“然則外朝在庫門之外、皋門之内與”者,無正文,推量爲義,故云“與”以疑之也。舉漢法者,況義耳。云“天子、諸侯皆有三朝,外朝一,内朝二”者,天子外朝一者,即朝士所掌者是也;内朝二者,司士所掌正朝,大僕所掌路寢朝,是二也。諸侯内朝二者,《玉藻》云:“朝于内朝。朝,羣臣辨色始入。君日出而視朝,退適路寢,使人視大夫,大夫退,然後適小寢。”彼亦路門外内二者爲内朝二。閔二年季友將生,卜人云:“間于兩社,爲公室輔。”兩社,周社、亳社。是兩社在大門内、中門外,爲外朝,是諸侯外朝一、内朝二。三文疏已在《射人》。云“在路門内或謂之燕朝”者,《大僕》云“掌燕朝之服位”是也。**帥其屬而以鞭呼趨且辟。**注**趨朝辟行人,執鞭以威之。○釋曰:“其屬”者,案《序官》:“朝士,中士六人,府三人,史六人,胥六人,徒六十人。”云“帥其屬”,當是徒六十人爲之。禁慢朝、錯立、族談者。**注**慢朝,謂臨朝不肅敬也。錯立、族談,違其位傳語也。○釋曰:朝士所禁,則無問貴賤皆禁之。云“錯立、族談者”,族,聚也。云“違其

---

① “郊特牲”三字原作“郊特特”,據阮本改。

位”，解“錯立”。“傅”亦聚也，聚語解“族談”也。**凡得獲貨賄、人民、六畜者，委于朝，告于士，旬而舉之，大者公之，小者庶民私之。**注俘而取之曰獲。委於朝十日，待來識之者。人民，謂刑人、奴隸逃亡者。《司隸職》曰：“帥其民而搏盜賊。”鄭司農云：“若今時得遺物及放失六畜，持詣鄉亭縣廷。大者公之，大物没入公家也。小者私之，小物自畀也。”玄謂人民之小者，未龀七歲以下。○釋曰：經云“告于士”者，得物之人告朝士，乃委之於朝。云“俘而取之曰獲”者，則“得”者非所俘也。所俘即“人民、六畜”，其餘“貨財”之等稱得。云“人民，謂刑人、奴隸逃亡者”，謂所犯大罪身死，男女幼者没入縣官爲奴隸而逃亡者也，即《司隸職》所云者也。云“玄謂人民之小者，未龀七歲以下”者，案《家語·本命》：“男子七歲而齔齒，女子八歲而齔。”此言七歲，據男子，若女子則八歲，皆刑人所生[1]。諸處八歲是男，七歲是女。

凡士之治有期日：國中一旬，郊二旬，野三旬，都三月，邦國朞。期内之治聽，期外不聽。注鄭司農云：“謂在期内者聽，期外者不聽。若今時徒論決滿三月不得乞鞫[2]。”○釋曰：云“凡士之治有期日”者，即上文鄉士聽訟于朝者，鄉士一旬[3]，遂士二旬，期日即上鄉士、遂士之等獄訟成來於外朝職聽，遠近節之皆有期日。云“國中”者，謂獄在國中，據鄉士。云“郊二旬”者，謂獄在郊，據遂士。云“野三旬”者，謂野之縣獄三處皆是野。云“都三月”者，謂方士掌都家。云“邦國朞”者，謂訝士，雖不云期日，差之，邦國當訝士所掌。云“期内之治聽，期外不聽”者，所以省煩息訟也。**凡有責者，有判書以治則聽。**注判，半分而合者。故書判爲辨。鄭司農云：“謂若今時辭訟，有券書者爲治之。辨讀爲別，謂別券也。”玄謂古者出責之息亦如國服與？○釋曰：云“判，半分而合者”，即質劑、傅別分支合同，兩家各得其一者也。云“玄謂古者出責之息亦如國服與”者，案《泉府》云：“凡民之貸者，以國服爲之息。”彼謂貸官物之法。今此是私民，謂出責之法[4]。無正文，約與之同，故云“與”以疑

[1]　孫校引汪文臺説云：“此當云‘男子八歲’、‘女子七歲’，與《家語》及《小司寇》疏合。下疏云‘七歲據男子，若女子則八歲’，‘八’當作‘六’。此謂未龀者，故注云‘未龀七歲以下’。”孫氏云：“汪説甚塙，後《司厲》疏亦不誤。又案：依汪説，則疏末‘諸處八歲是男，七歲是女’十字，當是後人因已誤之本而加校語，非賈氏原文。”

[2]　“乞鞫”二字婺本、金本、阮本作“乞鞫”。孫疏云：“乞鞫即乞鞫，字同。”

[3]　“一”字原空闕一格，據阮本補。

[4]　浦鏜云：“‘謂’疑‘爲’字誤。”阮校引盧文弨説云：“‘謂’疑衍。”孫疏據删。

之。若然，國服者如地之出税，依《載師》“近郊十一”之等，若近郊民取責，一歲十千出一千；“遠郊二十而三”者，二十千歲出三千；已外可知之。國服，依國民服事出税法，故名國服也。**凡民同貨財者，令以國灋行之，犯令者刑罰之。**〇釋曰：云“同貨財者”，謂財主出債，與生利還生[1]，則同有貨財。“令以國法”[2]，國法即國服爲之息利，故云“國法行之”。“犯令者”，違國法也。**注**鄭司農云：“同貨財者，謂合錢共賈者也。以國法行之，司市爲節以遣之。”玄謂同貨財者，富人畜積者多時收斂之，乏時以國服之法出之，雖有騰躍其贏，不得過此[3]。以利出者與取者過此則罰之，若今時加貴取息坐臧[4]。〇釋曰：先鄭所解無所依據，後鄭不從。故云“雖有騰躍其贏”者，謂販易得利多少者爲騰躍其贏，謂其贏利騰踴乘躍而出，故晉灼曰“言市物賤，預買畜之，物貴而出賣之，故使物騰躍”，是其事。“以利出者與取者”，依常契獲利[5]，取者又騰躍所贏，二者俱有利物違國服，則爲犯令得刑。**凡屬責者，以其地傅而聽其辭。**注鄭司農云：“謂訟地畔界者。田地町畔相比屬，故謂之屬責。以地傅而聽其辭，以其比畔爲證也。”玄謂屬責，轉責使人歸之，而本主死亡，歸受之數相抵冒者也。以其地之人相比近能爲證者來，乃受其辭爲治之。〇釋曰：先鄭見經有“地”，即以爲“訟地畔界”解之。後鄭不從，以其經稱“責”，地畔界不得名責。其云“地傅”者，先鄭皆以音“附”爲傅近讀之。云“玄謂屬責，轉責使人歸之”者，謂有人取他責乃別轉與人，使子本依契而還財主。財主死亡者[6]，轉責者或死或亡，後受責之人見轉責者死亡，則詐言所受時少，是“歸受之數相抵冒也”。云“則以其地之人相比近能爲證者來，乃受其辭爲治之”者，謂以其地相比近，委其事實，故引以爲證也。言能爲證者，則有不能爲證之法。地雖相近，有不知者則不能爲證，乃不受其辭而不治之也。**凡盜賊軍鄉邑及家人，殺**

---

① 孫校謂“還生”當作“還主”。

② “令”字原作“今”，據阮本改。

③ 賈疏以“雖有騰躍其贏”六字連讀。孫疏云：“賈説非也。此謂乏時則賈必騰躍，令以國法行之，則雖當賈騰躍之時，其取贏不得過國服之息，所以禁其踰法以求高價也。”則以“其贏”二字屬下“不過過此”爲句。兹暫從賈疏之説標點。

④ 孫疏云：“黄丕烈校改‘加貴’爲‘加責’，云：《司厲》注‘盜賊臧加責没入縣官’，今據正。案：黄校是也，加貴取息謂責取加倍之息也。”

⑤ 浦鏜謂“依”上當脱“與者”二字。按當作“出者”。

⑥ 浦鏜云：“‘財主’當‘而本主’三字誤。”

之無罪。注鄭司農云:"謂盜賊羣輩若軍共攻盜鄉邑及家人者,殺之無罪。若今時無故入人室宅廬舍、上人車船、牽引人欲犯法者,其時格殺之無罪。"○釋曰:"盜賊"並言者,盜謂盜取人物,賊謂殺人曰賊。"鄉",據鄉黨之中。"邑",據郭邑之內。"家人"者,先鄭舉《漢賊律》云"牽引人欲犯法",則言家人者欲爲姦淫之事,故攻之。凡報仇讎者,書於士,殺之無罪。注謂同國不相辟者,將報之,必先言之於士。○釋曰:凡仇人皆王法所當討,得有"報仇"者,謂會赦後使已離鄉,其人反來還於鄉里,欲報之時先"書於士",士即朝士,然後"殺之無罪"。若邦凶荒、札喪、寇戎之故,則令邦國、都家、縣鄙慮刑貶。○釋曰:"凶荒",謂年穀不孰。"札喪",謂疫病及死喪。"寇戎",謂鄰國交侵。"邦國",據畿外。"都家",謂畿內三等采地。"縣鄙",謂六遂之內。不言六鄉,舉六遂則六鄉亦在其中。云"慮刑貶"者,謂國有此事則朝士當謀慮緩刑自貶損之,不得仍依常法也。注故書慮爲憲,貶爲窆。杜子春云:"窆當爲禁。憲,謂幡書以明之。"玄謂慮^①,謀也。貶猶減也。謂當圖謀緩刑且減國用,爲民困也。所貶視時爲多少之法。○釋曰:子春以爲"憲"與"禁",後鄭謂"所貶視時爲多少之法",此經所有之事重,民益困則所貶多,所有之事輕,民困不至甚則所貶少,故云視時爲多少之法也。

　　司民掌登萬民之數,自生齒以上皆書於版,辨其國中與其都鄙及其郊野,異其男女,歲登下其死生。注登,上也。男八月、女七月而生齒。版,今户籍也。下猶去也。每歲更著生去死。○釋曰:云"辨其國中與其都鄙"者,國中據六鄉在城中者,都鄙據三等采地。"及其郊野"者,郊謂六鄉之民在四郊者^②,野謂六遂及四等公邑。是徧畿內矣。云"男八月、女七月而生齒"者,《家語·本命》篇,疏已具於上。及三年大比,以萬民之數詔司寇。司寇及孟冬祀司民之日獻其數于王。王拜受之,登于天府。内史、司會、冢宰貳之,以贊王治。○釋曰:云"及孟冬祀司民之日"者,謂司寇於春官孟冬祭祀司民星之日,以與

---

① "玄"字原作"厷",據婺本、金本、阮本改。

② "六"字原作"居",據阮本改。

司寇爲節，此日司寇“獻其民數于王”。云“王拜受之，登于天府”者，重此民數，民爲邦本故也。云“內史、司會、冢宰貳之”者，以其內史掌八柄，司會掌天下大計，冢宰貳王治事，皆掌大事，故皆寫一通副貳民數藏之，所以贊助王之治民也[1]。**注**鄭司農云：“文昌宮、三能屬軒轅角，相與爲體，近文昌爲司命，次司中，次司禄，次司民。”玄謂司民，軒轅角也。天府，主祖廟之藏者。贊，佐也。三官以貳佐王治者，當以民多少黜陟主民之吏。○**釋曰**：先鄭云“文昌宮、三能屬軒轅角，相與爲體，近文昌爲司命，次司中，次司禄，次司民”，《武陵大守星傳》：“文昌第一曰上將，第二曰次將，第三曰貴相，第四曰司命，第五曰司中，第六曰司禄。”不見有司民。三台六星兩兩相居，起文昌東南，別在大微，亦無司民之事，故後鄭不從。云“司民，軒轅角也”者，案軒轅星有十七星，如龍形，有兩角，角有大民、小民，故依之也。云“黜陟主民之吏”者，即六鄉六遂大夫、公邑大夫、采地之主皆是也。

司刑掌五刑之灋，以麗萬民之罪：墨罪五百，劓罪五百，宮罪五百，刖罪五百，殺罪五百。**注**墨，黥也，先刻其面，以墨窒之。劓，截其鼻也。今東西夷或以墨、劓爲俗，古刑人亡逃者之世類與？宮者，丈夫則割其勢，女子閉於宮中，若今宦男女也。刖，斷足也。周改臏作刖。殺，死刑也。《書傳》曰：“決關梁、踰城郭而略盜者，其刑臏。男女不以義交者，其刑宮。觸易君命，革輿服制度，姦軌盜攘傷人者，其刑劓。非事而事之，出入不以道義，而誦不詳之辭者，其刑墨。降畔、寇賊、劫略、奪攘、撟虔者，其刑死。”此二千五百罪之目略也，其刑書則亡。夏刑大辟二百，臏辟三百，宮辟五百[2]，劓、墨各千。周則變焉，所謂刑罰世輕世重者也。鄭司農云：“漢孝文帝十三年除肉刑。”○**釋曰**：案《尚書·吕刑》有劓、刖、椓、黥，是苗民之虐刑，至夏改爲黥[3]，則黥與墨別，而云“墨，黥”者，舉本名也。云“今東西夷或以墨、劓爲俗，古刑人亡逃者之世類與”者，墨、劓之人亡逃向夷，詐云中國之人皆墨、劓爲俗，夷人亦爲之，相襲不改，故云墨、劓爲俗也[4]。言與者，無正文，鄭以意而言，故言“與”以疑之。云“若今宦男

---

① “民”字阮本無，阮校云：“閩本同，監、毛本‘治’下衍‘民’。”加藤云：“是解‘王治’以‘王之治民’，非衍也。”

② “宮”字原作“官”，據婺本、金本、阮本改。

③ 孫校云：“‘黥’當爲‘墨’。”

④ “故”字原脱，據阮本補。

女也”者，即宫人婦女及奄人使守内閤者也。云“刖，斷足也。周改臏作刖”者，臏本亦苗民虐刑，咎繇改臏作腓，至周改腓作刖。《書傳》云臏者，犖本名也。云“男女不以義交者，其刑宫”者，以義交謂依六禮而婚者。云“觸易君命”者，觸君命令不行及改易之。云“革輿服制度”者，依《典命》，上公九命，國家、宫室、車旗、衣服、禮儀皆以九爲節；侯、伯已下及卿、大夫、士皆依命爲多少之節。是不革，今乃革之，革，改也，謂上僭也。制度即宫室、禮儀制度也。云“姦軌”者，案《舜典》云：“寇賊姦軌。”鄭注云：“强聚爲寇，殺人爲賊，由内爲姦，起外爲軌。”案成十七年長魚矯曰：“臣聞亂在外爲姦，在内爲軌，御姦以德，御軌以刑。”鄭與《傳》不同，鄭欲見在外亦得爲軌，在内亦得爲姦，故反覆見之。或後人轉寫誤，當以《傳》爲正。云“降畔、寇賊、劫略、奪攘、撟虔者，其刑死”者，案《吕刑》云：“寇賊、姦軌、奪攘、撟虔①。”注云：“有因而盜曰攘。撟虔謂撓擾。《春秋傳》‘虔劉我邊垂’，謂劫奪人物以相撓擾也。”云“此二千五百罪之目略也”者，刑書已亡，以此《書傳》之文略言三五，故云罪之目略也。云“夏刑”以下，據《吕刑》而言。案《吕刑》“腓辟五百，宫辟三百”，今此云“臏辟三百，宫辟五百”，此乃轉寫者誤，當以《吕刑》爲正。云“周則變焉”者，夏刑三千，墨、劓俱千，至周減輕刑入重刑，俱五百，是夏刑輕，周刑重。云“刑罰世輕世重”者，《吕刑》文，故云“所謂”。先鄭云“漢孝文帝十三年除肉刑”者，案《文帝本紀》，十三年，大倉令淳于公有罪當刑，徒繫長安；無男，有五女，小曰緹縈，泣遂上書②；上赦肉刑。所赦者唯赦墨、劓與刖三者，其宫刑至隨乃赦也③。案文十八年史克云：“先君周公制禮，曰‘則以觀德’，作《誓命》，曰‘毁則爲賊，竊賄爲盜，在九刑不忘’。”言九刑者，鄭注《堯典》云：“正刑五，加之流宥、鞭、扑、贖刑，此之謂九刑者。”賈、服以正刑一加之以八議。昭六年云“周有亂政，而作九刑”，而云周公作者，《鄭志》云：“三辟之興，皆在叔世。受命之王所制法度時不行耳，世末政衰，隨時自造刑書，不合大中，故叔向譏之。作刑書必重其事，故以聖人之號以神其書耳。”若然，九刑之名是叔世所作，假言周公，其實非周公也。**若司寇斷獄弊訟，則以五刑之**

---

①　“撟”字原作“矯”，據阮本改。按下引《吕刑》鄭注亦作“撟”。

②　“泣遂”二字阮本作“遂泣”。

③　“隨”字阮本作“唐”，阮校云：“《漢制考》及監、毛本‘唐’作‘隋’，當據正。《書·吕刑》正義云：‘隋開皇之初，始除男子宫刑，婦人猶閉於宫’。”按初唐人書隋朝字往往作“隨”。

灋詔刑罰，而以辨罪之輕重。注①詔刑罰者，處其所應不，如今律家所署法矣。○釋曰：司刑主刑書，若於外朝“司寇斷獄”之時，司刑“則以五刑之法詔刑罰”。“刑罰”並言者，刑疑則入罰故也。

　　司刺掌三刺、三宥、三赦之灋，以贊司寇聽獄訟：注刺，殺也，訊而有罪則殺之。宥，寬也。赦，舍也。○釋曰：此經與下爲目。云“贊司寇聽獄訟”者，專欲難成，恐不獲實，衆人共證，乃可得真，故須贊之也。云“訊而有罪則殺之”者，刑有五，一者是殺，餘皆訊之，獨言殺者，立官名“刺”，據重而言故也。**壹刺曰訊羣臣，再刺曰訊羣吏，三刺曰訊萬民**；注訊，言。○釋曰：此三刺之事所施謂斷獄弊訟之時，先“羣臣”，次“羣吏”，後“萬民”，先尊後卑之義。**壹宥曰不識，再宥曰過失，三宥曰遺忘**；注鄭司農云：“不識，謂愚民無所識則宥之。過失，若今律過失殺人不坐死。”玄謂識，審也。不審，若今仇讎當報甲，見乙，誠以爲甲而殺之者。過失，若舉刃欲斫伐而軼中人者。遺忘，若間帷薄，忘有在焉，而以兵矢投射之。○釋曰：先鄭以爲“不識，謂愚民無所識則宥之”，若如此解，則當入三赦惷愚之中，何得入此三宥之內？故後鄭不從也。云“過失，若今律過失殺人不坐死”者，於義是，故後鄭增成之。云“玄謂識，審也”者，不識即不審。云“甲乙”者，興喻之義耳。假令兄甲是仇人，見弟乙，誠以爲是兄甲，錯殺之，是不審也。**壹赦曰幼弱，再赦曰老旄，三赦曰惷愚。**注惷愚，生而癡騃童昏者。鄭司農云：“幼弱、老旄，若今時律令年未滿八歲、八十以上②，非手殺人，他皆不坐。”○釋曰：三赦與前三宥所以異者，上三宥“不識”、“過失”、“遺忘”非是故心，過誤所作，雖非故爲，比三赦爲重，據今仍使出贖；此三赦之等比上爲輕，全放無贖。先鄭云“幼弱、老旄，若今時律令年未滿八歲、八十以上，非手殺人，他皆不坐”者，案《曲禮》云：“八十九十曰耄，七年曰悼，悼與耄雖有罪，不加刑焉。”與此先鄭義合，彼亦謂非手殺人，他皆不坐也。云未滿八歲，則未亂，是七年者，若八歲已亂則不免也。**以此三灋者求民情，斷民中，而施上服下服之罪，然後刑**

殺。○釋曰：云“以此三法者求民情，斷民中”者，謂上三刺、三宥、三赦。若不以此法，恐有入濫者①；由用三法，故斷民得中。云“施上服下服之罪，然後刑殺”者，先規畫可刑之處，乃行刑行殺也。注上服，殺與墨、劓。下服，宮、刖也。《司約職》曰：“其不信者服墨刑。”凡行刑，必先規識所刑之處，乃後行之。○釋曰：古者雖有要斬、領斬，以領爲正，故“殺”入“上服”也。“必先規識所刑之處，乃後行之”，規識在體，若衣服在身，故名規識爲服也。

司約掌邦國及萬民之約劑：治神之約爲上，治民之約次之，治地之約次之，治功之約次之，治器之約次之，治摯之約次之。注此六約者，諸侯以下至於民皆有焉。劑，謂券書也。治者，理其相抵冒、上下之差也。神約，謂命祀郊社、羣望及所祖宗也。夔子不祀祝融，楚人伐之。民約，謂征稅、遷移、仇讎既和，若懷宗九姓在晉、殷民六族七族在魯衛皆是也。地約，謂經界所至、田萊之比也。功約，謂王功、國功之屬賞爵所及也。器約，謂禮樂吉凶車服所得用也。摯約，謂玉帛禽鳥相與往來也。○釋曰：知“此六約，諸侯以下至於民”者，經云“掌邦國及萬民之約劑”，故知也。以諸侯爲主，中亦有王事，但王至尊，設約不及之耳。“神約，謂命祀郊社、羣望及所祖宗也”者，凡命祀，皆天子命之也。郊者，謂若《祭統》成王命魯“外祭則郊社”；常平諸侯直命祀社，故《王制》云“天子祭天地，諸侯祭社稷”，是常也。羣望，諸侯祭三望，故《傳》云“三代命祀，祭不越望”也。祖宗，諸侯五廟，下及士各有差，庶士、庶人祭於寢也。云“夔子不祀祝融，楚人伐之”者，爲其違約不祀，故伐之，事在僖二十六年。云“民約，謂征稅”者，雖諸侯輸於王，萬民征稅是常，此稅要由民出，故曰民約。云“遷移”者，雖君亦有遷移法，若鄭遷於虢之屬是也。云“仇讎既和”者，謂若《調人》云“凡和難，父之讎辟之海外”之屬是也；諸侯亦有和難之法，故曰“君之讎視父”是也。云“若懷宗九姓在晉、殷民六族七族在魯衛皆是也”者，此止以遷移法，不似有仇讎也。定四年祝佗云“分魯公以大路”，又云“殷民六族”，注云：“殷民，祿父之餘民，三十族六姓也。”“條氏、徐氏、蕭氏、索氏、長勺氏、尾勺氏”；又“分康叔以大路”，注云：“復如分周公，欲使康叔以化之。”又云“殷民七族，陶氏、施氏、繁氏、錡氏、樊氏、饑氏、終葵氏”；又云“分唐叔以大路”，又云“懷姓九宗，職官五正”，注云：“五正，五官之長。”是其

---

① “入濫”二字阮本作“濫入”。

遷移法也。以此觀之，亦是和之使遷移耳。云"功約，謂王功、國功之屬"者，民功①，謂若《司寇》云"野刑上功糾力"及《司馬》云"進賢興功"是也。云"器約，謂禮樂吉凶車服所得用也"者，謂自天子以下達庶人皆有之。禮器，籩豆俎簋之屬。樂器，鍾鼓竽笙之屬。吉服，祭服。吉車，《巾車》所云天子至庶人役車皆是。凶之車服，《雜記》云"端衰、喪車無等"是也。云"摯約，謂玉帛禽鳥相與往來也"者，案《大宗伯》"以玉作六瑞，公執桓圭"已下，是玉；又"以禽作六摯，孤摯皮帛，卿羔，大夫鴈，士雉，工商雞，庶人鶩"，皆執以相見，是往來也。**凡大約劑，書於宗彝；小約劑，書於丹圖。注** 大約劑，邦國約也。書於宗廟之六彝，欲神監焉。小約劑，萬民約也。丹圖，未聞，或有彤器簠簋之屬有圖象者與？《春秋傳》曰："斐豹，隸也，著於丹書。"今俗語有鐵券丹書，豈此舊典之遺言②？○釋曰：知"大約劑"是"邦國"者，上言"掌邦國及萬民之約劑"，有此二者，故"大"、"小"據而言之。"六彝"之名，若《司尊彝》云雞、鳥、斝、黃、虎、蜼之等。以畫於宗廟彝尊，故知"使神監焉"③，使人畏敬，不敢違之也。云"或有彤器簠簋之屬有圖象者與"者，此鄭見時有人爲此說者，故云或有。案梓人造器有刻畫祭器，博庶物也，是圖象事亦有似，故云"與"以疑之。云"《春秋傳》曰：斐豹，隸也"者，襄公二十三年文。**若有訟者，則珥而辟藏，其不信者服墨刑。** ○釋曰："訟"，謂争約劑不決者。云"則珥而辟藏"者，謂以血塗户，乃開辟其户，以出本約劑之書勘之。**注** 鄭司農云："謂有争訟罪罰刑書謬誤不正者，爲之開藏，取本刑書以正之。當開時，先祭之。"玄謂訟，訟約，若宋仲幾、薛宰者也。辟藏，開府視約書。不信，不如約也。珥讀曰衈，謂殺雞取血衈其户。○釋曰：司約所掌唯約劑之書，先鄭以爲"争訟罪罰刑書"，及以"珥"爲"祭"，後鄭皆不從，而謂"訟約，若宋仲幾、薛宰"者，案定元年："正月，晉魏舒合諸侯之大夫于狄泉，將城成周。宋仲幾不受功，曰：'滕、薛、郳，吾役也。'薛宰曰：'宋爲無道，絶我小國於周，以我適楚，故我常從宋。晉文公爲踐土之盟，曰：凡我同盟，各復舊職。若從踐土，若從宋，亦惟命。'宋仲幾曰：'踐土固然。'又士彌牟曰：'子姑受功，歸，吾視諸故府。'仲幾曰：'縱子忘之，山川鬼神其忘諸乎？'"此是訟約法，故引之爲證。云"殺

---

① "民功"二字阮本同，"民"字疑衍，或"民功"上脱"之屬中含有"五字，賈疏多有其例。
② 阮校謂當據《漢制考》於"遺言"下補"與"字。
③ 浦鏜云："'欲'誤'使'。"加藤云："'使'、'欲'兩可，'使'字不必誤。"

雞”者，以《雜記》云“割雞，當門①，其咡皆於屋下”，言咡，故知用雞也。**若大亂，則六官辟藏，其不信者殺。** 注大亂，謂僭約，若吳楚之君、晉文公請隧以葬者。六官辟藏，明罪大也。六官初受盟約之貳。○釋曰：云“大亂，謂僭約”者，以其司約者主約，故知僭約也。既言“大亂”，明是“若吳楚之君”僭稱王也，又如“晉文公請隧以葬”亦是也。案僖二十五年晉文公納定襄王，乃請隧以葬。隧者，請掘地通路，上有負土。諸侯已下，上無負土，謂之羨塗。天子有負土，謂之隧。文公請之，欲行天子之禮，故對曰“未有代德，而有二王”，不許之也。“明罪大”，止謂僭者也。云“六官初受盟約之貳”者，以《大司寇》云“凡邦之盟約，大史、司會及六官皆受其貳而藏之”者是也。

司盟掌盟載之灋。○釋曰：盟時坎用牲，加書於牲上，以牲載書於上，謂之“盟載”也。注載，盟辭也。盟者書其辭於策，殺牲取血，坎其牲，加書於上而埋之，謂之載書。《春秋傳》曰：“宋寺人惠牆伊戾坎用牲，加書，爲世子痤與楚客盟。”○釋曰：云“載”者，正謂以牲載此盟書於上，故謂之載也。云“盟者書其辭於策”者，辭即盟辭，若云“爾無我詐，我無爾虞”、“有違此盟，無克祚國”，盟辭多矣，以此爲本。云“宋寺人”之事，案襄二十六年《傳》曰：“宋寺人惠牆伊戾爲大子痤内師，無寵。”注云：“惠牆，氏；伊戾，名。”“秋，楚客聘於晉，過宋。大子知之，請野享之。公使往，伊戾請從之。至，則欲用牲②，加書，徵之，而騁告公曰：‘大子將爲亂，既與楚客盟矣。’”鄭引此者，證坎用牲加書載之事也。**凡邦國有疑會同，則掌其盟約之載及其禮儀，北面詔明神。既盟，則貳之。** ○釋曰：時見曰“會”，殷見曰“同”。若“有疑”，則盟之。注有疑，不協也。明神，神之明察者，謂日月山川也。《覲禮》加方明于壇上，所以依之也。詔之者，讀其載書以告之也。貳之者，寫副當以授六官。○釋曰：云“有疑，不協也”者，“不協”之文出於《春秋》。云“明神，神之明察者，謂日月山川也。《覲禮》加方明于壇上，所以依之也”者，案《覲禮》云：“方明者，木也。方四尺，設六色。”又云：“設六玉：上圭，下璧③，南方璋，西方琥，北方璜，東方圭。”注云：“六色象其神，六玉以禮之。上宜蒼璧，下宜黃琮，而不以者，則上下之神非天地之至貴者也。設玉者，刻其木而著之。”又云：

---

① 浦鏜謂“當門”上脱“門”字。
② “欲”字阮本作“坎”，“坎”與注合，“欲”與傳本《左傳》合。
③ “璧”字原作“壁”，據阮本改。

"天子拜日於東門之外，反祀方明。"注引《司盟職》曰："'北面詔明神。'言北面詔明神，則明神有象也。象者其方明乎？"又曰："禮日於南門外，禮月與四瀆於北門外，禮山川丘陵於西門外。"又云："祭天，燔柴。祭山、丘陵，升。祭川，沈。祭地，瘞。"注云："升、沈必就祭者也，就祭則是王巡守及諸侯之盟祭也。"引《郊特牲》曰："'郊之祭也，迎長日之至也，大報天而主日也。'《宗伯職》曰：'以實柴祀日月星辰。'則燔柴祭天謂祭日也。柴爲祭日，則祭地瘞者祭月也。日月而云天地，靈之也。《王制》曰：'王巡守，至于岱宗，柴。'是王巡守之盟其神主日也①。《春秋傳》曰：'晉文公爲踐土之盟。'而《傳》云'山川之神'，是諸侯之盟其神主山川也。月者，大陰之精，上爲天使，臣道莫貴焉。是王官之伯會諸侯而盟其神主月與？"以此約之，故知明神是日月山川也。如是，王會同四時各祀其神及祀方明，則諸神皆及，故有六色、六玉之位焉。其盟亦然。云"詔之者，讀其載書以告之也"者，謂盟時以其載辭告焉。云"貳之者，寫副當授六官"者，《大司寇職》"凡邦之大盟約，涖其盟書，而登之于天府，大史、内史、司會及六官皆受其貳而藏之"者是也。**盟萬民之犯命者、詛其不信者，亦如之。**〇釋曰：凡言"盟"者，盟將來；"詛"者，詛往過。云"亦如之"者，亦如上文。**注**盟、詛者，欲相與共惡之也。犯命，犯君教令也。不信，違約者也。《春秋傳》曰："臧紇犯門斬關以出，乃盟臧氏。"又曰："鄭伯使卒出豭，行出犬雞，以詛射潁考叔者。"〇釋曰：云"盟、詛者，欲相與共惡之也"者，對神爲驗，是共惡之也。云"犯命，犯君教令也"者，以萬民無餘事，故知犯命謂犯君教令也。云"《春秋傳》曰"者，案襄二十三年②："季武子無適子，公彌長，而愛悼子，欲立之。訪於臧紇，紇爲立悼子，紇廢公鉏③。後孟莊子疾，豐點謂公鉏：'苟立羯，請讎臧氏。'及孟孫卒，季孫至，入，哭，而出，曰：'秩焉在？'公鉏曰：'羯在此矣。孟氏閉門④，告於季孫曰：'臧氏將爲亂，不使我葬。'季孫不信。臧孫聞之，戒。除於東門，甲從己而視之。孟氏又告季孫，季孫怒，命攻臧氏。臧紇斬鹿門之關以出，奔邾。季孫盟。"是其事也。"又曰：鄭伯使卒出豭，行出犬雞，以詛射潁考叔者"，此隱公十一年將伐許，子都與潁考叔爭車；及許，潁考叔先登，子都自下射之，顛；師還，乃詛射潁考叔者。引之者，證

---

①　"王"字原作"主"，據阮本改。
②　"二"字原作"一"，據阮本改。
③　"廢"字原作"癈"，據阮本改。按唐人多以"癈"爲"廢"之俗字，然《周禮》之内，廢爲廢棄字，癈爲癈疾字，二字不相通用。
④　"閉"字原作"閑"，據阮本改。

詛是往過之事。若然，臧紇既出乃盟臧氏者，以臧氏出後盟後人，以臧氏爲盟首，亦是盟將來也。**凡民之有約劑者，其貳在司盟。**註貳之者，檢其自相違約。○釋曰：此謂司約副寫一通來入司盟，檢後相違約勘之。**有獄訟者，則使之盟詛。**註不信則不敢聽此盟詛，所以省獄訟。○釋曰：此"盟詛"，謂將來訟者先使之盟詛，盟詛不信，自然不敢獄訟，所以省事也。**凡盟詛，各以其地域之衆庶共其牲而致焉。既盟，則爲司盟共祈酒脯。**註使其邑閭出牲而來盟，已，又使出酒脯，司盟爲之祈明神，使不信者必凶。○釋曰：盟處無常，但盟則遣其地之民出牲以盟，并出酒脯以祈明神也。

職金掌凡金、玉、錫、石、丹、青之戒令。註青，空青也。○釋曰：此數種同出於山，故職金摠主其"戒令"。若然，地官丱人已主，又職金主之者，彼官主其取，此官主其藏，故二官共主之也。**受其入征者，辨其物之媺惡與其數量，楬而璽之，入其金、錫于爲兵器之府，入其玉、石、丹、青于守藏之府。**○釋曰：此一經摠陳受藏金、玉之事。所送者，謂若荆揚貢金三品、雍州貢球琳琅玕之等[1]，皆職金受而藏之，乃後分配諸府也。入兵器之府言"爲"者，攻金之工須造作，故云爲。守藏之府不造器物，故云"守"也。案《山海經》云："有以金庭之山，多黃金。稷翼之山，多白玉。杻楊之山，其陽多赤金，其陰多白金。吉山，其陽多玉。青乏之山[2]，其陽多玉，其陰多青腴。基之山，多沙石白金。"此類甚多，略言之矣。註爲兵器者，攻金之工六也。守藏者，玉府、内府也。鄭司農云："受其入征者，謂主受采金、玉、錫、石、丹、青者之租税也。楬而璽之者，楬書其數量以著其物也。璽者，印也。既楬書揃其數量，又以印封之。今時之書有所表識謂之楬欒。"○釋曰：云"爲兵器者，攻金之工六也"者，《考工記》文。彼云"築、冶、鳬、栗、段、桃"，築氏爲削，冶氏爲戈戟，鳬氏爲鍾，栗氏爲量，段氏爲鎛，桃氏爲劒也。云"守藏者，玉府、内府也"者，案《玉府》云："掌王之金玉、玩好、兵器，凡良貨賄。"《内府》云："掌受九貢、九賦、九功之貨賄、良兵良器。"故知守藏府是此二者也。先鄭云"主受采金、玉、錫、石、丹、青者之租税也"者，案

① "琳"字原脱，據阮本補。

② 浦鏜云："'青丘'誤'青乏'。"

山虞、澤虞等出税者皆以當邦賦穀税之處，不虛取也。云"既楬書揃其數量"者，楬即今之板書，揃即今録記文書，謂以版記録量數多少并善惡，爲後易分別故也。**入其要。**注要，凡數也。入之於大府。○釋曰：職金既知量數，録要簿入大府。**掌受士之金罰、貨罰，入于司兵。**○釋曰：云"掌受士之金罰"者，謂斷獄訟者有疑即使出贖。既言"金罰"，又云"貨罰"者，出罰之家時或無金，即出貨以當金直，故兩言之。注給治兵及工直也。貨，泉貝也。罰，罰贖也。《書》曰："金作贖刑。"○釋曰：云"貨，泉貝也"者，《漢書·食貨志》云："王莽時有貨布大泉及貨貝。"故知貨中泉貝兩有也。云"《書》曰"者，《舜典》文。《吕刑》云："墨罰疑赦，其罰百鍰。"《考工·冶氏》云："戈戟重三鋝。"夏侯、歐陽説云："墨罰疑赦，其罰百率，古以六兩爲率。"古《尚書》説："百鍰，鍰者率也，一率十一銖二十五分銖之十三也，百鍰爲三斤。"鄭玄以爲古之率多作鍰，鄭注《冶氏》云："許叔重《説文解字》云：'鋝，鍰也。'今東萊稱或以大半兩爲鈞，十鈞爲鍰，鍰重六兩大半兩。若然，鍰、鋝一也。"言大半兩，是三分兩之二。鄭意以此爲正，故不從諸家以六兩爲鍰。且古者言金，金有兩義：若相對而言，則有金、銀、銅、鐵爲異；若散而言之，揔謂之金。是以《考工記》云"六分其金而錫居一"之等皆是銅，是以《禹貢》揚州云"貢金三品"，孔以爲金、銀、銅，鄭以爲銅三色，是對散有異。但古出金贖罪皆據銅爲金，若用黄金百鍰，乃至大辟千鍰，無濟之理[①]。**旅于上帝，則共其金版，饗諸侯亦如之。**注鉼金謂之版。此版所施未聞。○釋曰："旅上帝"，謂祭五天帝於四郊及明堂。"饗諸侯"，謂若《大行人》"上公三饗，侯、伯再饗，子、男一饗"之等。此旅上帝及饗二者皆設"金版"，鄭云"所施未聞"也。**凡國有大故而用金石，則掌其令。**○釋曰：用金石而云"大故"，止謂寇戎，爲禦捍之器有用金石者也。注主其取之令也。用金石者，作槍、雷、椎、椓之屬。○釋曰：職金主受金，則所出之處故"主其取金之令"。云"金石者，作槍、雷、椎、椓之屬"者，皆謂守城禦捍之具。

　　司厲掌盜賊之任器、貨賄，辨其物，皆有數量，賈而楬之，入于司兵。注鄭司農云："任器、貨賄，謂盜賊所用傷人兵器及所盜財物也。入于司兵，若

---

① 阮校謂"濟"爲"齊"字之誤。

今時傷殺人所用兵器、盜賊贓加責没入縣官①。”〇釋曰：云“入於司兵”者，其“任器”多是金刃，所盜貨財雖非金刃，以其賊物，亦入司兵給治兵刃之用，故並入司兵也。先鄭云“若今時傷殺人所用兵器、盜賊贓加責没入縣官”者，其加責者，即今時倍贓者也。**其奴，男子入于罪隸，女子入于舂槀。**〇釋曰：云“男子入於罪隸”者，則《司隸職》中國之隸謂之罪隸百二十人者是也。云“女子入于舂槀”者，地官舂人、槀人是也。**注**鄭司農云：“謂坐爲盜賊而爲奴者，輸於罪隸、舂人、槀人之官也。由是觀之，今之爲奴婢，古之罪人也。故《書》曰‘予則奴戮女’，《論語》曰‘箕子爲之奴’，罪隸之奴也。故《春秋傳》曰‘斐豹，隸也，著於丹書，請焚丹書，我殺督戎’，恥爲奴，欲焚其籍也。”玄謂奴，從坐而没入縣官者，男女同名。〇釋曰：先鄭引《尚書》“予則奴戮女”及《論語》“箕子爲之奴”，皆與此經“奴”爲一。若後鄭義，《尚書》“奴”，奴爲子，若《詩》“樂爾妻奴”，奴即子也。後鄭不破者，亦得爲一義。云《春秋傳》者，《左氏傳》襄公二十三年云：“初，斐豹，隸也，著於丹書。欒氏之力臣曰督戎，國人懼之。斐豹謂宣子：‘苟焚丹書，我殺督戎。’”引之者，證隸爲奴。云“玄謂奴，男女從坐没入縣官者”，謂身遭大罪合死，男女没入縣官。漢時名官爲縣官，非謂州縣也。**凡有爵者與七十者與未齔者，皆不爲奴。注**有爵，謂命士以上也。齔，毀齒也，男八歲、女七歲而毀齒。〇釋曰：云“有爵，謂命士以上也”者，見《典命》公、侯、伯之士皆一命，天子之士皆三命以下可知。云“男八歲、女七歲而毀齒”者，《家語·本命》篇之文也。《曲禮》云：“悼與耄雖有罪，不加刑焉。”是未齔不加刑，又不爲奴；若七十者，雖不爲奴，猶加其刑，至八十始不加刑，以其八十、九十始名耄故也。

犬人掌犬牲。凡祭祀，共犬牲，用牷物。伏、瘞亦如之。**注**鄭司農云：“牷，純也。物，色也。伏，謂伏犬，以王車轢之。瘞，謂埋祭也。《爾雅》曰：‘祭地曰瘞埋。’”〇釋曰：先鄭云“牷，純也”者，案《尚書·微子》云：“犧牷牲用。”注云：“犧，純毛。牷，體完具。”彼牷與犧相對，是犧爲純毛，牷爲體完具；此無犧，故以牷兼純也②。云“伏，謂伏犬，以王車轢之”者，此謂王將祭而出國載道之祭時，即《大馭》所云者是

---

① 阮校云：“《朝士》注云‘若今時加貴取息坐贓’，‘贓’即俗‘臧’字也。”
② “牷”字原作“全”，據阮本改。

也。但軷祭之時犬羊俱得①，故《生民》詩云“取羝以軷”，是以《聘禮》注云“其用牲，犬羊可也”，是其兩用也。云“瘞，謂埋祭也”者，謂祭地之時，故引《爾雅》爲證。若然，經云“用牷物”，既純毛，則《牧人》云“陽祀用騂牲，陰祀用黝牲”之類也。**凡幾珥、沈辜，用駹可也。**　○釋曰：幾珥言“凡”，則宗廟、社稷壇廟新成者皆釁之，故云凡也。云“沈辜”者，沈謂沈牲於水，辜謂磔副牲體以祭。云“用駹”者，駹謂雜色牲，此則《牧人》云“毀事用駹”是也。云“可也”者，用純爲正，用駹亦可也。**注**故書駹作龍。鄭司農云：“幾讀爲庪。《爾雅》曰：‘祭山曰庪縣，祭川曰浮沈。’《大宗伯職》曰：‘以埋沈祭山川、林澤，以罷辜祭四方百物。’龍讀爲駹，謂不純色也。”玄謂幾讀爲刉，珥當爲衈。刉衈者，釁禮之事。　○釋曰：先鄭讀“幾”爲“庪”，雖引《爾雅》，後鄭不從。引《大宗伯》證“沈辜”，於義是也。云“玄謂幾讀爲刉”，從《士師》爲正；“珥讀爲衈”，從《雜記》爲正。云“釁禮之事”者，據《雜記》而知也。**凡相犬、牽犬者屬焉，掌其政治。**　**注**相，謂視擇知其善惡。　○釋曰：犬有三種：一者田犬，二者吠犬，三者食犬。若田犬、吠犬，觀其善惡，若食犬，觀其肥瘦，故皆須“相”之。“牽犬”者，謂呈見之，故《少儀》云“犬則執紲”是也。

司圜掌收教罷民。凡害人者，弗使冠飾而加明刑焉，任之以事而收教之。能改者，上罪三年而舍，中罪二年而舍，下罪一年而舍。其不能改而出圜土者，殺。雖出，三年不齒。　○釋曰：此“罷民”入圜土者，不坐嘉石；《朝士》坐嘉石者，不入圜土。云“收教”者，謂入圜土見收②，使困苦改悔，是收教也。云“害人者”，謂抽拔兵劍誤以傷人者也。云“明刑”者，以版牘書其罪狀與姓名，著於背表示於人，是明刑也。**注**弗使冠飾者，著黑幪③，若古之象刑與？舍，釋之也。鄭司農云：“罷民，謂惡人不從化，爲百姓所患苦，而未入五刑者也，故曰‘凡害人者’。不使冠飾，任之以事，若今時罰作矣。”○釋曰：“著墨幪，若古之象刑與”者，案

---

①　“犬”字原作“大”，據阮本改。

②　“土”字原脱，據阮本補。

③　“黑”字婺本、金本同，阮本作“墨”。阮校云：“《釋文》、大字本、岳本、嘉靖本作‘黑幪’，當據以訂正。”孫疏云：“蜀石經及舊注疏本並作‘墨’，與賈疏合，今從之。”按賈所見本蓋作“墨”。

《孝經緯》云："三皇無文，五帝畫象，三王肉刑。"畫象者，上罪墨象、赭衣、雜屨①，中罪赭衣、雜屨，下罪雜屨而已。畫象刑者②，則《尚書》"象刑"直墨象，略言之，其實亦有赭衣、雜屨。無文，故云"與"以疑之也。**凡圜土之刑人也不虧體，其罰人也不虧財。** ○釋曰：云"刑人不虧體"，對五刑虧體者也。"其罰人不虧財"，對五刑疑出金爲罰虧財者也。**注**言其刑人但加以明刑，罰人但任之以事耳。鄭司農云："以此知其爲民所苦而未入刑者也，故《大司寇職》曰'凡萬民之有罪過而未麗於法而害於州里者，桎梏而坐諸嘉石，役諸司空'，又曰'以嘉石平罷民'。《國語》曰'罷士無伍，罷女無家'，言爲惡無所容入也。"玄謂圜土所收教者，過失害人已麗於法者。○釋曰：先鄭以坐嘉石共入圜土二者爲一，其義不通，故後鄭不從。案《司寇職》及《司救職》皆上論嘉石之罪民，下別云圜土之罰民，分明兩事不同，故後鄭謂"圜土所收教者，過失害人已麗於法者"，與嘉石之罷民是邪惡過淺別也。

掌囚掌守盜賊、凡囚者。上罪梏拳而桎，中罪桎梏，下罪梏，王之同族拳，有爵者桎，以待弊罪。○釋曰：此謂五刑罪人。古者五刑不入圜土③，故使身居三木，掌囚守之。此一經所云④，五刑之人三木之囚輕重著之，極重者三木俱著，次者二，下者一，"王之同族"及"有爵"縱重罪亦著一而已，以其尊之故也。云"待弊罪"者，禁而待斷之也。**注**凡囚者，謂非盜賊，自以他罪拘者也。鄭司農云："拳者，兩手共一木也。桎梏者⑤，兩手各一木也。"玄謂在手曰梏，在足曰桎。中罪不拳，手足各一木耳。下罪又去桎。王同族及命士以上，雖有上罪，或拳或桎而已。弊猶斷也。○釋曰：云"凡囚者，謂非盜賊，自以他罪拘者也"者，以其既言"盜賊"，乃別云"凡囚"，明"凡囚"中無盜賊。盜賊重，故爲罪人之首而言之也。先鄭云"拳者，兩手共一木也"者，於義是，以其拳字共下著手，又與梏共文，故知兩手共一木。以桎與梏同在手則

---

① 浦鏜云："'墨象'疑'墨幪'誤，下同。"
② 阮校云："'刑'字當衍。"
③ "入"字原脱，據阮本補。
④ "所"字原脱，據阮本補。
⑤ "梏"字原作"桎"，據婺本、金本、阮本改。

不可，故後鄭不從，而謂“在手曰梏，在足曰桎”。此無正文，宜以先言梏、後言桎①，故知義然。若然，中罪先言桎、後言梏者，便文，不據先後也。**及刑殺，告刑于王，奉而適朝，士加明梏，以適市而刑殺之。**○釋曰：此經謂欲行刑之日。云“告刑於王，奉而適朝”者，王意欲有所免故也。云“以適市”者，據庶姓又無爵者也，若有爵及王同姓即於甸師也。**注**告刑于王，告王以今日當行刑及所刑姓名也。其死罪則曰“某之罪在大辟”，其刑罪則曰“某之罪在小辟”。奉而適朝者，重刑，爲王欲有所赦，且當以付士，士，鄉士也。鄉士加明梏者，謂書其姓名及其罪於梏而著之也。囚時雖有無梏者，至於刑殺皆設之。以適市，就衆也。庶姓無爵者皆刑殺於市。○釋曰：經云“及刑殺，告刑于王”者，謂死罪、刑罪有二種。鄭知有“姓名”者，以其言“某之罪”，明當有姓名也。云“其死罪”已下，《文王世子》之文。云“且當以付士，士，鄉士也”者，凡囚，鄉士、遂士、縣士、方士各自有獄；推問之時，各於本獄之所；獄成，上於王時則使掌囚掌之；及欲刑殺，掌囚還付士。若然，上皆云“士師受中，協日刑殺”，刑殺各於本獄之所，今此經云“以適市”者，此文止謂六鄉之獄在國中，推問在獄，行刑殺則在市。若遂士以下，自在本獄之處刑殺之，故此云“士，鄉士也”。若遂士已下，於此時掌囚亦當付士也。云“囚時雖有無梏者”，案上經，王之同族及有爵囚時並無梏也。云“以適市，就衆也”者，《王制》云：“刑人於市，與衆弃之。”彼雖據異代法，此六鄉之人亦就衆在市也。云“庶姓無爵者皆刑殺於市”，據下而知之也。此亦據六鄉之人也。**凡有爵者與王之同族，奉而適甸師氏，以待刑殺。****注**適甸師氏，亦由朝乃往也②。待刑殺者，掌戮將自來也。《文王世子》曰：“雖親不以犯有司正術也，所以體異姓也。刑于隱者，不與國人慮兄弟也。”○釋曰：云“適甸師氏，亦由朝乃往也”者，上文庶姓等“適市”文承“適朝”之下；彼此二者隔絕，恐不由朝，故鄭言之。必知此二者亦由朝乃往者，《文王世子》君之親有罪，“雖然，必赦之”事，故知之。云“待刑殺者，掌戮將自市來也”者，凡行刑殺，協支幹善日，有罪者同而行，故待掌戮也。引《文王世子》者，欲見雖親有罪亦當刑殺之事。彼注“體”爲“連結”③，若直刑異姓不刑同姓，異姓怨生，則有逃散之事；

---

① 浦鏜云：“‘宜’當‘直’字誤。”

② “由”字原作“田”，據婺本、金本、阮本改。

③ 孫校云：“《文王世子》注無‘體爲連結’之文，此‘注’字疑誤衍。”按孫氏誤讀賈疏，《文王世子》“外朝以官，體異姓也”鄭注云“體猶連結也”，即賈疏所本。

同姓亦有刑，則異姓歸心，故云體異姓也。

　　掌戮掌斬殺賊諜而搏之。○釋曰：自此經以至“刑盜于市”，以下皆據死罪而言，此經唯據“賊諜”二者而言。二者雖同大罪，仍擇大重者“斬”之，稍輕者“殺”之，“搏之”則同也。**注**斬以鈇鉞，若今要斬也。殺以刀刃，若今棄市也。諜，謂姦寇反間者。賊與諜罪大者斬之，小者殺之。搏當爲“膊諸城上”之膊，字之誤也，膊謂去衣磔之。○釋曰：知“斬以鈇鉞”者，鈇鉞是斬之物。案《魯語》云：“温之役，晉人執衛成公。臧文仲言於僖公曰：‘夫衛君始無罪矣。大刑有五[1]，大刑用甲兵。’”注云：“諸侯逆命，征討之。”“其次用斧鉞。”注云：“謂犯斬罪者。”“中刑用刀鋸。”注云：“用刀以剔之，鋸以笮之。”如是，刀中容棄市。“其次用鑽笮。”注云：“鑽額涅墨。笮，割勢，謂宮刑也。”“薄刑用鞭朴，以威民。故大者陳之原野，小者致之市朝。”是用鈇鉞之事。成二年：“齊侯圍龍，傾公之嬖人盧蒲就魁門焉，龍人殺而膊之城上。齊侯親鼓之，遂滅龍。”是“膊諸城上”之事也。**凡殺其親者，焚之；殺王之親者，辜之。**注親，緦服以内也。焚，燒也。《易》曰：“焚如，死如，棄如。”辜之言枯也，謂磔之。○釋曰：“親”謂五服，五服多，故云“凡殺其親”，據人之親與王之親皆謂五服已内。知者，案僖二十五年：“衛侯燬滅邢。”《公羊傳》曰：“何以名？絕。曷爲絕之？滅同姓也。”滅同姓尚絕之，況殺緦麻之親，得不重乎？以此而言，故知親謂緦已上也。“《易》曰：焚如，死如，棄如”者，案《離卦·九四》：“突如其來如，焚如，死如，棄如。”注云：“震爲長子，爻失正，又互體兌，兌爲附決，注子居明法之家而無正[2]，何以自斷其君父，不志也。突如，震之失正，不知其所如。又爲巽，巽爲進退不知所從。不孝之罪，五刑莫大焉，得用議貴之辟刑之，若如所犯之罪[3]。焚如，殺其親之刑；死如，殺人之刑也；棄如，流宥之刑。”引之者，證焚如是殺其親之刑也。**凡殺人者，踣諸市，肆之三日。刑盜于市。**注踣，僵尸也。肆猶申也、陳也。凡言刑盜，罪惡莫大焉。○釋曰：除上三者之外，皆陳尸於市肆之凡三日也。**凡罪之麗於灋者亦如之，唯王之同族與有爵者殺之于**

---

① 浦鏜云：“‘夫’字誤‘大’。”

② 浦鏜云：“衍‘注’字。”

③ 孫校謂“若”當作“各”。

甸師氏。○釋曰：正刑有五科，條二千五百，"麗"，附也，上附下附，是罪附于法，"法"即五刑是也。云"亦如之"者，合入死者亦蹋之，合入四刑者雖不蹋，亦刑之在市，故捴言亦如之。云"唯王之同族與有爵者殺之于甸師氏"者，謂不蹋。蹋者陳尸使人見之，既刑於隱處，故不蹋之。注罪二千五百條，上附下附，刑五而已。於刑同科者，其刑殺之一也。○釋曰：云"罪二千五百條"者，《司刑》文。云"上附下附，刑五而已"者，《禮記》云"喪多而服五，罪多而刑五，上附下附"是也。云"於刑同科者，其殺刑之一也"者，事雖異，各有五百同科，及其同刑同殺一也。凡軍旅、田役斬殺刑戮亦如之。注戮，謂膊、焚、辜、肆。○釋曰：此云"軍旅、田役斬殺刑戮"，皆使掌戮爲之。案《士師》："大師，帥其屬而禁逆軍旅、犯禁者而戮之。"《鄉士》云："凡國有大事，則戮其犯命者。"《遂士》亦云："凡郊有大事，則戮其犯命。"彼並不使掌戮者，此等皆權時之事，軍旅之間或有臨時即決，不假掌戮者也。是以《戎右職》云："掌戎車之兵革使。"注云："使，謂王使以兵有所誅斬也。"引"戰于殽，襄公縛秦囚，使萊駒以戈斬之"是也。墨者使守門，注黥者無妨於禁御。○釋曰：此人即閽人掌守王中門之禁令者是也。劓者使守關，注截鼻亦無妨以貌醜遠之。○釋曰：此則王畿五百里上面有三關，十二關門劓者守之。宮者使守内，注以其人道絶也，今世或然。○釋曰：此所守則寺人之類守正内五人之等是也。刖者使守囿，注斷足驅衛禽獸無急行。○釋曰：此則"囿遊亦如之"者，墨者守門，刖者於囿中驅禽獸者也。髡者使守積。注鄭司農云："髡當作完，謂但居作三年，不虧體者也。"玄謂此出五刑之中而髡者，必王之同族不宮者。宮之爲翦其類，髡頭而已。守積，積在隱者宜也。○釋曰：先鄭以"髡"爲"完"，"但居作三年，不虧體"，以此爲圜土罷民解之。不從者，掌戮所掌皆虧體，獨以此爲不虧體，於義不可，故後鄭引《文王世子》解之也。"玄謂此出五刑之中而髡者，必王之同族不宮者"，此鄭亦無正文，若合宮者宮之，今案《文王世子》據諸侯法云"公族無宮刑，不翦其類"，王家同族犯淫罪者亦當與諸侯同，不宮之亦是不翦其類之色。案王同族犯餘罪刑於甸師氏，刑於隱處。今同族既不宮，亦當於隱處罰之。此守積亦是隱處，故知"髡者使守積"是王同族不宮者必矣，是以鄭云"守積，積在隱者宜也"。

　　司隸掌五隸之灋，辨其物，而掌其政令。注五隸，謂罪隸、四翟之隸也。物，衣服、兵器之屬。○釋曰：此與下爲目。云“物，衣服、兵器之屬”者，即下文云“使之皆服其邦之服、執其國之兵”是也。**帥其民而搏盜賊，役國中之辱事，爲百官積任器，凡囚執人之事。** 注民，五隸之民也。鄭司農云：“百官所當任持之器物，此官主爲積聚之也。”玄謂任猶用也。○釋曰：云“五隸之民也”者，上《序官》五隸皆百二十員，員外皆是民，故云五隸之民也。云“任猶用也”者，用器，除兵之外，所有家具之器皆是用器也。**邦有祭祀、賓客、喪紀之事，則役其煩辱之事。** 注煩猶劇也。《士喪禮下篇》曰：“隸人涅廁。”○釋曰：引《士喪禮下篇》者，《既夕禮》文。云“涅廁”者，死者不復用，故室涅示不用。引之者，證“煩辱之事”。不言“祭祀、賓客”事者，以無文，意義可知也。**掌帥四翟之隸，使之皆服其邦之服、執其邦之兵，守王宮與野舍之屬禁。** 注野舍，王行所止舍也。屬，遮例也①。○釋曰：云“服其邦之服、執其邦之兵”者，若東方南方衣布帛、執刀劍，西方北方衣氈裘、執弓矢。云“守王宮與野舍”者，即《師氏職》云“帥四夷之隸守王宮，野舍亦如之”者是也。

罪隸掌役百官府與凡有守者，掌使令之小事②。 注役，給其小役。○釋曰：云“小役”者，止謂給其小小勞役之事。謂若大役非隸所共，故以小役解之。**凡封國若家，牛助爲牽徬。** 注鄭司農云：“凡封國若家，謂建諸侯、立大夫家也。牛助爲牽徬，此官主爲送致之也。”玄謂牛助，國以牛助轉徙也，罪隸牽徬之。在前曰牽，在旁曰徬。○釋曰：先鄭不解“牽徬”，故後鄭增成之。“玄謂牛助，國以牛助轉徙也”者，國家以官牛助諸侯及大夫家運物往至任所。云“在前曰牽”者，謂車轅內一牛，前亦一牛，今還遣二隸，前者牽前牛，徬者御當車之牛，故據人而言牽徬也③。**其守王**

---

①　孫疏云：“《釋文》云：‘例，本又作列。’案作‘列’是也。蜀石經亦作‘列’。《山虞》先鄭注云‘厲，遮列守之’，《典祀》、《墓大夫》注亦並作‘列’，‘例’即‘列’之借字。”

②　王引之謂《罪隸職》與下《閩隸職》、《夷隸職》文有錯簡，當云“罪隸掌役百官府與凡有守者，掌使令之小事。凡封國若家，子則取隸焉”、“閩隸掌役掌畜養鳥而阜蕃教擾之，掌與鳥言。其守王宮者與其守屬禁者，如蠻隸之事”、“夷隸掌役牧人養牛，牛助爲牽徬。其守王宮者與其守屬禁者，如蠻隸之事”，“子則取隸焉”上又有脫文。

③　“人”字原作“入”，據阮本改。

宫與其屬禁者①，如蠻隸之事。　○釋曰：蠻隸之事在下文，故云“如蠻隸事”。

　　蠻隸掌役校人養馬。其在王宫者，執其國之兵以守王宫，在野外則守屬禁。　○釋曰：云“掌役校人”者，爲校人所役使以養馬。案《校人》：“良馬乘一師四圉。”不見隸者，蓋是雜役之中。“執其國之兵”，蠻隸、閩隸俱是刀劒也。

　　閩隸掌役畜養鳥而阜蕃教擾之②，掌子則取隸焉。　○釋曰：云“掌役畜養鳥”者，謂若畜鳥氏掌畜猛鳥③。“阜”，盛也。“蕃”，息也。使之盛大滋息，又“教擾”從人意④。注杜子春云：“子當爲祀。”玄謂掌子者，王立世子，置臣使掌其家事，而以閩隸役之。　○釋曰：子春以“子”爲“祀”，後鄭不從者，《司隸職》“祭祀、賓客、喪紀”三者並言，此何得唯言其一？明存“子”解之於義爲允。“玄謂王立世子，置臣使掌其家事”者，言掌家事者⑤，若國事，不使隸；今取隸，故以家事而言也。

　　夷隸掌役牧人養牛馬⑥，與鳥言。　○釋曰：云“掌役牧人”者，爲牧人之所役使牧牛牲。注鄭司農云：“夷狄之人或曉鳥獸之言，故《春秋傳》曰‘介葛盧聞牛鳴，曰：是生三犧，皆用矣’。是以貉隸職掌與獸言。”○釋曰：經唯云“與鳥言”，不言“獸”，先鄭意，解鳥言者亦解獸言，故兼言之也。案僖二十九年：“介葛盧聞牛鳴，曰：‘是生三犧，皆用之矣。’”注云：“言八律之音，聽禽獸之鳴，則知其嗜欲，死可知⑦。伯益明是術，故堯舜使掌朕虞。至周失其道，官又在四夷。”若周未失道，官本不在四夷，無解鳥獸之

---

　　①　“守王”二字原作“中正”，據婺本、金本、阮本改。又王引之謂“王宫”下脱“者”字“與其”下脱“守”字。

　　②　王引之云：“蠻隸役於校人，夷隸役於牧人，貉隸役於服不氏，不應閩隸無所役之官，‘畜’上蓋脱‘掌’字，《周禮新義》謂役於掌畜，是也。”

　　③　“猛”字阮本作“禽”。又孫校云：“‘畜鳥氏’無此官名，疑當作‘掌畜、射鳥氏’。”

　　④　“從”上阮本有“使”字，加藤謂無者脱訛。

　　⑤　“事者”二字原作“者事”，據阮本乙。

　　⑥　王引之云：“養馬乃蠻隸之事，不得屬之夷隸，《夷隸》‘馬’字蓋衍文也。”

　　⑦　孫校謂“死”上脱“生”字。

語者①，何周公盛明制禮，使夷隸、貉隸與鳥獸之言？然者賈、服意誤，不與《禮》合，故爲此説。**其守王宫者與其守厲禁者，如蠻隸之事。**

　　貉隸掌役服不氏而養獸而教擾之②，掌與獸言。注不言皁藩者，猛獸不可服，又不生乳於圈檻也③。○釋曰：夷、貉相近，是以亦解“獸言”。若然，夷隸既鳥獸之言俱解，則此貉隸解獸言亦解鳥言，互見之也。**其守王宫者與其守厲禁者，如蠻隸之事。**

---

①　加藤謂似當據殿本於“無解”上增“四夷”二字。
②　王引之謂上“而”字誤衍。孫疏云：“以上三職文例校之，王説是也。”
③　“於”字原脱，據婺本、金本、阮本補。

周禮疏卷第四十三

唐朝散大夫行大學博士弘文館學士臣賈公彥等撰

秋官司寇下

布憲掌憲邦之刑禁。正月之吉，執旌節以宣布于四方，而憲邦之刑禁以詰四方邦國及其都鄙，達于四海。○釋曰：云"掌憲邦之刑禁"者，此文與"正月"以下爲目，禁者則《士師》之"五禁"，所以左右刑罰，故連刑言之也。云"正月之吉"者，此與《大司寇職》"正月之吉"事同。大司寇布刑之時，此布憲亦布之於四方也；於司寇正歲縣之時，此布憲亦"憲邦之刑禁以詰四方邦國"，以"達于四海"也[①]。布憲爲司寇屬官，於刑禁爲重，故每事共丁寧之也。注憲，表也，謂縣之也。刑禁者，國之五禁，所以左右刑罰者。司寇正月布刑于天下，正歲又縣其書于象魏，布憲於司寇布刑則以旌節出宣令之，於司寇縣書則亦縣之于門閭及都鄙、邦國。刑者王政所重，故屢丁寧焉。詰，謹也，使四方謹行之。《爾雅》曰："九夷、八蠻、六戎、五狄謂之四海。"○釋曰：云"國之五禁，所以左右刑罰者"，《士師職》文。知布憲所縣在"門閭"者，以其司寇所縣在雉門，不可共處；此經云"執旌節"，以爲行道之使，明在巷門之閭可知。云門閭，據在城內，經雖不云城內門閭，舉外以見內，有門閭可知。經先"邦國"後"都鄙"、注先"都鄙"後"邦國"者，以都鄙據畿內三等采地，經後言之者，尊邦國，輕都鄙；注先都鄙者，既見門閭，即先近後遠，乃及四海，故注先都鄙，見從近及遠之義也。引《爾雅》者，見刑禁遠至夷狄。名此夷狄爲"四海"者，海之言晦，晦慢禮儀也[②]。凡邦之大事合衆庶，則以刑禁號令。○釋曰：云"邦之大事合衆庶"者，謂征伐、巡

---

① "達"字原作"逵"，據阮本改。
② 浦鏜云："'闇'誤'慢'。"

守、田獵皆是大事合衆庶也。以其是布禁之官，故於聚衆每皆“以刑禁號令”也。

禁殺戮掌司斬殺戮者、凡傷人見血而不以告者、攘獄者、遏訟者，以告而誅之。注司猶察也，察此四者，告於司寇罪之也。斬殺戮，謂吏民相斬相殺相戮者。傷人見血，見血乃爲傷人耳。鄭司農云：“攘獄者，距當獄者也。遏訟者，遏止欲訟者也。”玄謂攘猶卻也[1]，卻獄者，言不受也。○釋曰：云“司猶察也”者，此禁殺戮之官恒在民間私覘惡事而告於上[2]，執而與之罪，故以司爲察也。知“斬殺戮”是“吏民相斬相殺相戮者”，以傷民云“不以告”，則相殺戮之等盡是不以告，明是吏民自相殺戮也。云“傷人見血，見血乃爲傷人耳”者，恐經“傷人”與“見血”事別，傷人見血連言者是見血乃爲傷人，若不見血，不爲傷人也。若然，跇跌折支之等不見血[3]，豈得不爲傷人乎？然今言見血乃爲傷人者，止爲蹉跌及刃物麗歷應見血之等[4]，不爲餘事而言。先鄭云“攘獄者，距當獄者也”，後鄭不從，此經皆謂未在官司，而先鄭云距獄據在官而言，故不從。云“遏訟者，遏止欲訟者也”者，有人見欺犯，欲向官所訟之，而遏止不使去也。“玄謂攘猶卻也，卻獄者，言不受也”者，謂人有罪過，官有文書追攝，不肯受者。

禁暴氏掌禁庶民之亂暴力正者、撟誣犯禁者、作言語而不信者，以告而誅之。注民之好爲侵陵、稱詐、謾誕，此三者亦刑所禁也。力正，以力强得正也。○釋曰：云“民之好爲”者，此言爲下三事而發，皆是好爲。“侵陵”，釋經“亂暴力正者”也；“稱詐”，釋經“撟誣犯禁者”也；“謾誕”，釋經“作言語而不信者”也，謾誕謂浮謾虛誕也。凡國聚衆庶，則戮其犯禁者以徇。凡奚隸聚而出入者，則司牧之，戮其犯禁者。○釋曰：云“聚衆庶”者，謂征伐之等。云“凡奚隸聚而出入者”，謂國有煩辱之處使奚隸，則有此出入，而“司牧之”。注奚隸，女奴男奴也。其聚出入，有所使。○釋曰：案《司厲》：“其奴，男子入于罪隸，女子入于舂稾。”是

---

① “卻”字原作“卸”，婺本、金本同，據阮本改。下注、疏中“卻”字底本皆誤。
② “間”字原作“門”，據阮本改。
③ “折”字原作“拆”，據阮本改。

男子同坐爲奴①。《天官·酒人》、《漿人》之等皆名女奴爲奚，五隸又是男奴，故云"奚隸，女奴男奴"。

　　野廬氏掌達國道路，至于四畿。注達，謂巡行通之，使不陷絕也。去王城五百里曰畿。○釋曰：云"巡行"者，國之道路使其地之人治之，野廬氏直巡行不通之處，使人治之，"使無陷絕也"。比國郊及野之道路、宿息、井樹。注比猶校也。宿息，廬之屬，賓客所宿及晝止者也。井共飲食，樹爲蕃蔽。○釋曰：此經所云，主爲賓客在道須得供丞守衛之事。"國郊"，謂近郊、遠郊。"野"，謂百里外至畿。"宿"，謂十里有廬、三十里有宿、五十里有市。直言宿者，舉中言之，故云"廬之屬"以苞之。"息"，賓客晝止之處。"井樹"者，賓客所須者也。若有賓客，則令守涂地之人聚橐之，有相翔者誅之②。注守涂地之人，道所出廬宿旁民也。相翔猶昌翔，觀伺者也。鄭司農云："聚橐之，聚擊橐以宿衛之也。有姦人相翔於賓客之側則誅之，不得令寇盜賓客。"○釋曰："守塗地之人，道所出廬宿旁民也"者，道路之旁皆有民，當處有賓客止宿，即使"聚橐之"，不使失脱也。云"相翔猶昌翔，觀伺者也"者，謂昌狂翶翔觀伺賓客。先鄭云"聚橐之，聚擊橐以宿衛之也"者，謂其地之人自聚擊橐，無行夜，故使宿衛自擊。宮正之等使行夜者擊橐校比直宿者③，彼行夜者與此異也。凡道路之舟車轂互者，叙而行之。注舟車轂互，謂於迫隘處也。車有轘轅、坻閣④，舟有砥柱之屬。其過之者⑤，使以次叙之。○釋曰：云"轂互"者，謂水陸之道舟車往來狹隘之所更互相擊，故云轂互者。云"車有轘轅、坻閣"者，案襄二十一年，晉欒盈有罪，適楚，過於周，周西鄙掠之，告於周，使候出諸轘轅⑥。是轘轅也。坻閣⑦，道路之名也。云"舟有砥

---

　　① 孫校云："'男子同坐'疑當作'男女同坐'。"
　　② 阮校云："嘉靖本、閩、監、毛本同，唐石經、大字本、岳本'者'下有'則'，當據以補正。《石經考文提要》引《周禮訂義》有'則'字。"
　　③ "宮"字原作"官"，據阮本改。
　　④ 阮校云："《釋文》作'環轅'，云'本亦作轘，同'。按'轘'當依陸本作'環'，因注云'車有環轅'，故改從車旁也。"按《夏官·候人職》鄭注引《春秋傳》作'轘轅'。
　　⑤ "過"字原作"逈"，據婺本、金本、阮本改。
　　⑥ "使"字原作"便"，據阮本改。
　　⑦ "閣"字原作"閣"，據阮本改。

柱之屬”者，案《禹貢》：“導河積石，至于龍門，南至于華陰，東至於厎柱。”①孔安國云：“厎柱，山名。河水分流，包山而過，山見水中若柱然②，在西虢之界。”是厎柱爲水之隘道者也。**凡有節者及有爵者至，則爲之辟。注**③辟，辟行人。亦使守涂地者。○釋曰：云“凡有節者”，謂若諸侯之使，則有山國用虎節之等；若民自往來，則有道路用旌節之等。“及有爵”已上，皆爲之辟止行人，使無侵犯者也。**禁野之橫行徑踰者。注**皆爲防奸也。橫行，妄由田中。徑踰，射邪趨疾、越隄渠也。○釋曰：言“橫行”者，不要東西爲橫、南北爲縱，但是不依道塗妄由田中④，皆是橫也。“徑”，謂不遵道而“射邪趨疾”。“踰”，越也，謂“越隄渠”者也。**凡國之大事，比脩除道路者。注**比校治道者名，若今次金叙大功⑤。○釋曰：“大事”，謂若征伐、巡守、田獵、郊祀天地，王親行所經，並須“脩除道路”及脩廬，校比民夫使有功效，故云“比校治道者名”也。云“若今次金叙大功”者，謂漢時主役之官官名次金叙，主以丈尺賦功。今俗本多誤爲“次叙大功”也。**掌凡道禁。注**禁，謂若今絶蒙大巾、持兵杖之屬。○釋曰：古時禁書亡⑥，故舉漢法而言也。**邦之大師⑦，則令埽道路，且以幾禁行作不時者、不物者。注**不時，謂不夙則莫者也。不物，謂衣服操持非此常人也⑧。幾禁之者，備奸人内賊及反間。○釋曰：不言“大事”而云“大師”，惟謂征伐者也。云“幾禁之者，備姦人内賊及反間”者，内賊謂賊在内起；反間謂外賊密來覘探，間候國家，反彼論説，案《孫子兵法》云“三軍之事莫密於反間”是也。

---

① “厎”字原作“底”，加藤謂“底”字誤。按底本下文皆作“厎”，兹據改。

② “柱”字原作“往”，據阮本改。

③ 此節鄭注原在賈疏之後。按全書體例，若經、注不分別疏解，則注文徑接於經文後。兹徑乙。

④ “田”字原作“曰”，據阮本改。

⑤ 阮校云：“疏云‘漢時有官名次金叙’，‘叙’字恐衍。蓋賈本作‘次金丈功’，俗本云‘次叙大功’，今本轉寫互誤，各衍一字耳。賈疏有官名次金，亦未可信。此注宜定爲‘若今次叙丈功’，‘金’與‘叙’形之誤，‘大’與‘丈’亦形之誤。”孫疏云：“蜀石經亦作‘次叙大功’，與唐俗本同。此注似當以阮校爲是。又疑當作‘次叙人功’，《匠人》注有‘程人功’之語。”

⑥ “古”字原作“右”，據阮本改。

⑦ 孫疏謂當據唐石經於“大師”上補“有”字。

⑧ 阮校云：“錢鈔本、嘉靖本、毛本‘此’作‘比’，當據以訂正。”

蜡氏掌除骴。**注**《曲禮》①："四足死者曰漬。"故書骴作眷②。鄭司農云："眷讀爲漬，謂死人骨也。"《月令》曰："掩骼埋胔。"③骨之尚有肉者也，及禽獸之骨皆是。〇**釋**曰：《曲禮》者，彼謂四足之獸相漸漬而有疫死；此"骴"謂肉腐④，義理有殊。引之者，直取音同，仍取四足死者即有肉腐之骴也。先鄭云"死人骨也"者，以人骨爲主⑤，其中兼四足之骨也。《月令》者，彼據孟春，春是生氣，骨是死氣，爲死氣逆生氣，故埋之。此官在秋者，是陰，故屬秋。引之者，除骴是同故也。彼注云："骨枯曰骼，肉腐曰胔。"胔言埋，亦掩之；骼言掩，亦埋之。義無異，互言耳，故云"腐骨之尚有肉者也"，則肉腐曰胔，亦一也。云"及禽獸之骨皆是"者，即四足曰漬在其中。案《詩》云："行有死人，尚或殣之。"又下云"若有死於道路者，則令埋之"，令得有死人骨者⑥，近道人見者令埋之，其有死于溝壑者蜡氏除之。**凡國之大祭祀，令州里除不蠲，禁刑者、任人及凶服者，以及郊野。大師、大賓客亦如之。注**蠲讀如"吉圭惟饎"之圭，圭，絜也。刑者，黥、劓之屬。任人，司圜所收教罷民也。凶服，服衰絰也。此所禁除者，皆爲不欲見，人所薉惡也。〇**釋**曰："大祭祀"，謂郊祭天地。"大賓客"，謂諸侯來朝。若據天地，其神位在郊，至"郊"而已；若賓客，則至畿，故兼言"野"。郊外曰野，大摠言也。云"蠲讀如吉圭惟饎之圭"者，《毛詩》云"絜蠲爲饎"，無此言。鄭從三家詩，故不同。云"刑者，黥、劓之屬"者，之屬中含有宮、刖也。云"任人，司圜所收教罷民也"者，經"任人"文承"刑者"之下，則罷民亦刑之類，是以《司圜》云"任之以事"是也。"凶服"，五服皆是，故曰"凶服，服衰絰也"。祭者皆齊，齊者絜靜，不欲見穢惡也。**若有死於道路者，則令埋而置楬焉，書其日月焉，縣其衣服、任器于有**

---

① 阮校云："大字本'曲禮'下有'曰'，此脱。"

② "眷"字原作"養"，據婺本、金本、阮本改。

③ 阮校云："浦鏜云：'胔'下脱一'胔'字。《漢讀考》云：'月令'上當有'玄謂'二字，司農從故書作'眷'而易爲'漬'，鄭君從今書作'胔'而釋其義。按：此引《月令》當本作'掩骼埋胔'，此疏引彼注云'肉腐曰胔'，可證此作'胔'是淺人據今本《月令》所改，當訂正。"按《叙官》"蜡氏"鄭注引《月令》正作"掩骼埋胔"。

④ "肉"字原作"内"，據阮本改。

⑤ "主"字原作"王"，據阮本改。

⑥ "令"字阮本作"今"。

地之官,以待其人。注有地之官,主此地之吏也①。其人,其家人也。鄭司農云:"楬,欲令其識取之,今時楬櫫是也。有地之官,有部界之吏,今時鄉亭是也。"○釋曰:此經主謂行人在路死者。云"有地之官,主此地之吏也"者,謂比、閭、族、黨之等皆有長吏②,若比長、閭胥、里宰之輩皆是,若"今時鄉亭"治事之處。"縣衣服、任器"等,仍使守當③,使不失也。掌凡國之骴禁。注禁,謂孟春掩骼埋胔之屬④。○釋曰:"孟春"者,《月令》文也。

　　雍氏掌溝、瀆、澮、池之禁凡害於國稼者。春令爲阱、擭、溝、瀆之利於民者,秋令塞阱杜擭。○釋曰:"掌溝、瀆、澮、池之禁凡害於國稼者",溝、瀆、澮、池或田間通水,或在田外所須,本爲利民而造,其中有放溢奔流爲害者則禁之。凡害於國稼者,謂水潦之等。"春令爲阱、擭、溝、瀆之利於民者",阱、擭以取禽獸,溝、瀆所以通水,是皆利於民,故春使爲之也。注溝、瀆、澮,田間通水者也。池,謂陂障之水道也。害於國稼,謂水潦及禽獸也。阱,穿地爲塹,所以禦禽獸,其或超踰則陷焉,世謂之陷阱。擭,柞鄂也。堅地阱淺則設柞鄂於其中。秋而杜塞阱擭,收刈之時,爲其陷害人也。《書·粊誓》曰:"敜乃擭,敜乃阱。"時秋也,伯禽以出師征徐戎。○釋曰:云"溝、瀆、澮,田間通水者也"者,案《遂人》、《匠人》惟有遂、溝、洫、澮、川,不見有瀆,此云瀆,亦田間通水者。但注瀆曰川,或可以川爲瀆,舉其類也。云"池,謂陂障之水道也"者,《詩》云:"彼澤之陂。"毛云:"澤障曰陂。"今云陂障之水道,謂障澤爲陂之時,於澤通水入陂之道曰池。云"阱,穿地爲塹"者,此則深爲,不須別設柞鄂;"擭"則堅地不可得深,故須"柞鄂"。柞鄂者,或以爲豎柞於中向上鄂鄂然,所以載禽獸使足不至地,不得躍而出,謂之柞鄂也。《書·粊誓》者,彼云"魯侯伯禽宅曲阜,徐戎並興,伯禽往征",有此塞阱杜擭之事,故引以爲證也。云"時秋也"者,彼不見時節,但此説在秋,明彼亦秋,故得有"敜擭敜阱"之事也。禁山之爲苑、澤之沈者。注爲其就禽獸魚

----

① "此"字原作"比",據婺本、金本、阮本改。下賈疏述注"此"字底本亦誤。
② "閭"字原作"間",據阮本改。
③ "當"字阮本作"掌",加藤謂"當"字非是。按賈疏屢言"主當"、"守當",加藤之説不可遽從。
④ "胔"字當作"骴",説已見上。

螫自然之居而害之。鄭司農云："不得擅爲苑囿於山也。澤之沈者，謂毒魚及水蟲之屬。"○釋曰：先鄭云"不得擅爲苑囿於山"，義雖與後鄭異，得爲一義，故引之在下。又云"沈者，謂毒魚及水蟲之屬"者，謂別以藥沈於水中以殺魚及水蟲。不謂鳩，故不作"鳩"作"沈"也。

萍氏掌國之水禁①。**注**水禁，謂水中害人之處及入水捕魚螫不時。○釋曰："水中害人之處"，或有深泉洪波、沙蟲水弩。云"捕魚鼈不時"者，案《月令》春、秋及冬取魚，夏不合取魚，夏取則不時，故云不時，皆禁之也。**幾酒，注**苛察沽買過多及非時者。○釋曰：萍氏"幾酒"者，酒亦水之類故也。不得"非時"，時，謂若《酒誥》"惟祀兹酒"及鄉飲酒及昏娶爲酒食以召鄉黨寮友，是其時也。**謹酒，注**使民節用酒也。《書·酒誥》曰："有政、有事無彝酒。"○釋曰：此戒謹慎於酒，故引《酒誥》，"有政"之大臣，"有事"之小臣，"彝"，常也，不得常飲，明如上文合飲時乃飲也。**禁川游者。注**備波洋卒至沈溺也。○釋曰："游"，謂浮游不乘橋舡。恐"溺"，故禁之也。

司寤氏掌夜時。**注**夜時，謂夜晚早，若今甲乙至戊②。○釋曰：此文與下爲目，故注云"謂夜晚早"，甲乙則早時，戊亥則晚時也。**以星分夜，以詔夜士夜禁。注**夜士，主行夜徼候者，如今都候之屬。○釋曰：云"以星分夜"者，若今時觀參辰知夜早晚。是以《書傳》云："春昏張中，可以種稷。夏大火中，可以種黍菽。秋虛中，可以種麥。冬昴中，可以收斂蓋藏。"彼雖非"分夜以詔夜士"，亦是以星知早晚之類也。言"行夜徼候者"，若《宮伯》"掌授八次八舍"注云"於徼候便也"，則行夜來往周旋謂徼候者也。**禦晨行者，禁宵行者、夜遊者。注**備其遭寇害及謀非公事。禦亦禁也。謂遏止之，無刑法也。晨，先明也。宵，定昏也。《書》曰："宵中星虛。"《春秋傳》曰："夜中，星隕如雨。"○釋曰：晨亦得名旦，《月令》云"旦尾中"；亦得名曰明，案《三光考靈耀》云"日入三刻爲昏，不盡三刻爲明"。昏亦得名星，故奔喪云"日行百里，

---

① "萍氏"云云底本不提行。

② 孫疏云："蜀石經及舊刻本'戊'並誤'戌'，今據岳珂《刊正九經三傳沿革例》引宋蜀本正。賈疏謂'甲乙則早時，戊亥則晚時'，所據亦誤本也。"

不以夜行，惟父母之喪見星而行，見星而舍"，明見星時即爲夜也。如是，宵亦得名曰昏，"昏參中"是也；亦名曰夜，《爾雅》云"宵，夜也"。然則晨是明之首，不通於前；宵是昏之末[1]，不通於後也。惟"夜"中之時正一名耳。此云"禁晨行者，禁宵行者"，謂在道路中。《禮志》云："男女夜行以燭。"謂在宮中也。晨行、宵行者惟罪人與奔父母之喪。若天子祭天之時，則通夜而行，故《禮記》云："氾埽反道，鄉爲田燭。""禁夜遊者"，禁其無故游者。引《春秋》者，莊公七年"夏四月辛卯，夜中，星隕如雨"是也。

司烜氏掌以夫遂取明火於日，以鑒取明水於月，以共祭祀之明齍、明燭，共明水。**注**夫遂，陽遂也。鑒，鏡屬，取水者，世謂之方諸。取日之火、月之水，欲得陰陽之絜氣也。明燭以照饌陳，明水以爲玄酒。鄭司農云："夫，發聲。明齍[2]，謂以明水淘滌粢盛黍稷。"〇釋曰：云"夫遂，陽遂也"者，以其日者太陽之精，取火於日，故名陽遂。取火於木爲木遂者也。"鑒，鏡屬"者，《詩》云："我心非鑒，不可以茹。"彼鑒是鏡，可以照物。此鑒形制與彼鑒同，所以取水也。云"取水者，世謂之方諸"者，漢世謂之方諸。言取水謂之方諸，則取火者不名方諸，別名陽遂也。明者絜也，日月水火爲"明水"、"明火"，是取日月"陰陽之絜氣也"。云"明燭以照饌陳"者，謂祭日之旦饌陳於堂東，未明，須燭照之。云"明水以爲玄酒"者，鬱鬯五齊以明水配，三酒以玄酒配。玄酒，井水也。玄酒與明水別，而云明水以爲玄酒者，對則異，散文通謂之玄酒。是以《禮運》云"玄酒在堂"，亦謂明水爲玄酒也。先鄭云"明水淘滌粢盛黍稷"者，淘謂淘灑，滌謂蕩滌，俱謂釋米者也。**凡邦之大事，共墳燭、庭燎。**〇釋曰："大事"者，謂若大喪紀、大賓客，則皆設大燭在門外、庭燎在大寢之庭。**注**故書墳爲蕡。鄭司農云："蕡燭，麻燭也。"玄謂墳，大也。樹於門外曰大燭，於門內曰庭燎，皆所以照衆爲明。〇釋曰：先鄭從故書"蕡"爲"麻燭"者，以其古者未有麻燭，故不從。是以《禮記·少儀》云："主人執燭抱燋。"鄭云："未熱曰燋。"是知未有麻燭也。後鄭云"樹於門外曰大燭"者，非人所執也。《燕禮》云："甸人執大燭於庭。"不言樹者，彼諸侯燕禮，不樹於地，使人執。彼注云："庭大燭，爲位廣也。"此言大燭，亦爲位廣，又樹之於地也。云"於

---

①　"末"字原作"来"，據阮本改。

②　阮校云："'明齍'當作'明粢'，《釋文》於經云'明齍，音資，注作粢，同'。"孫校云："蜀石經正作'粢'。"

門內曰庭燎”者,於門內,在庭中,故謂之庭燎。庭燎與大燭亦一也,“皆所以照衆爲明”。是以《詩·庭燎》云:“夜如何其,夜未央,庭燎之光,君子至止,鸞聲將將。”謂宣王待諸侯來朝之事。案《郊特牲》云:“庭燎之百,由齊桓公始也。”鄭云:“庭燎之差,公蓋五十,侯、伯、子、男皆三十。”《大戴禮》文。其百者,天子禮。庭燎所作依慕容所爲,以葦爲中心,以布纏之,飴密灌之①,若今蠟燭。百者,或以百根一處設之,或百處設之。若人所執者,用荊燋爲之,執燭抱燋,《曲禮》云“燭不見跋”是也。**中春,以木鐸脩火禁于國中。** 注爲季春將出火也。火禁,謂用火之處及備風燥。○釋曰:云“爲季春將出火也”者,三月昏時大辰星在卯南見,是火星出,此二月未出,故云爲季春將出火也。**軍旅,脩火禁。邦若屋誅,則爲明竁焉。** ○釋曰:“屋誅”,謂甸師氏屋舍中誅,則王之同族及有爵者也。是以《易·鼎卦》云:“鼎折足,覆公餗,其刑屋。”鄭義以爲餗,美饌;鼎三足,三公象;若三公傾覆王之美道,屋中刑之。與此同。云“爲明竁焉”者,明明刑以板書其姓名及罪狀著於身②。竁,壙中也。 注鄭司農云:“屋誅,謂夷三族。無親屬收葬者,故爲葬之也。三夫爲屋,一家田爲一夫,以此知三家也。”玄謂屋讀如“其刑劇”之劇,劇誅謂所殺不於市而以適甸師氏者也。明竁,若今揭頭明書其罪法也③。司烜掌明竁,則罪人夜葬與?○釋曰:先鄭以“屋”爲“夫三爲屋”者,“謂夷三族”解之,後鄭不從者,夷三族乃是戰國韓信等用商鞅連相坐之法造三夷之誅,既亂世之法,何得以解大平制禮之事乎?鄭知罪人亦有明刑書於木者,見昭二年:“鄭公孫黑作亂,子產數其罪云:‘不速死,大刑將至。’七月壬寅,縊。尸諸周氏之衢,加木焉。”注云:“書其罪於木,以加尸上。”而皋之非禮,故書“殺”以惡黑,知明刑者書可知。知“夜葬”者,以其司烜主明火,掌夜事,既令掌之,則“罪人夜葬”可知。故《曾子問》云“見星而行者惟罪人”,是夜葬之事也。

條狼氏掌執鞭以趨辟。王出入則八人夾道,公則六人,侯、伯則四人,子、男則二人。 注趨辟,趨而辟行人,若今卒辟車之爲也。孔子曰:“富

---

① 孫校云:“‘密’當作‘蜜’。”

② “明明刑”三字阮本作“明用刑”,加藤謂“用”字是。按此經鄭注之賈疏云“罪人亦有明刑書於木”,與此“明刑以板書其姓名及罪狀”義同,加藤之説蓋不可從。

③ “揭”字阮本同,婺本、金本作“楬”。孫校謂當據蜀石經作“楬”。

而可求，雖執鞭之士吾亦爲之。”言士之賤也。○釋曰：案《序官》：“條狼氏，下士六人，胥六人，徒六十人。”今云天子八人，少二人矣，蓋取胥、徒中兼充也。**凡誓，執鞭以趨於前，且命之。誓僕、右曰殺，誓馭曰車轘，誓大夫曰敢不關，鞭五百，誓師曰三百，誓邦之大史曰殺，誓小史曰墨**①。○釋曰：“誓”自有大官，若《月令》田獵，司徒北面以誓之。誓時此條狼氏則爲之大言②，使衆聞知，故云“且命之”。“誓僕、右”者，僕，大僕，與王同車，故《大僕職》云：“軍旅，贊王鼓。”注云：“佐擊其餘面。”通“右”與“馭”，及王四乘也。右謂勇力之士在車右備非常。誓馭，謂與王馭車者也。**注前，謂所誓衆之行前也。有司讀誓辭，則大言其刑以警所誓也。誓者，謂出軍及將祭祀時也。出軍之誓誓左右及馭，則《書》之《甘誓》備矣。《郊特牲》説祭祀之誓曰：“卜之日，王立于澤，親聽誓命，受教諫之義也。”車轘，謂車裂也。師，樂師也。大史、小史，主禮事者**③。鄭司農云：“誓大夫曰敢不關，謂不關於君也。”玄謂大夫自受命以出，則其餘事莫不復請。○釋曰：云“謂出軍及將祭祀時也”者，若“且命”以上，軍旅、祭祀同有此事。僕、右四乘，校軍旅時④；師與大史、小史，皆據祭祀時；大夫敢不關，亦據祭祀須關君。是以鄭引《甘誓》證軍旅、引《郊特牲》證祭祀也。云“《甘誓》備矣”者，案《甘誓》云：“左不攻于左，汝不恭命；右不攻于右，汝不恭命；馭非其馬之正，汝不恭命。用命賞于祖，弗用命戮于社，予則孥戮汝⑤。”是其備也。《郊特牲》者，王將祭之時，故云“卜之日，王立于澤”，謂在澤宮也。澤宮者，擇士可與祭者之宮。親自聽有司誓命，此是“受教諫之義也”。云“車轘，謂車裂也”者，《春秋左氏傳》云“轘觀起於四境”是也。“師”知是“樂師”者，以其下有大史、小史皆掌禮，禮樂相將，故知師是樂師大師，瞽人之長也。鄭司農云“誓大夫曰敢不關，謂不關於君也”，此先鄭義未足，故後鄭增成之。“玄謂大夫自受命以出，則其餘事莫不復請”，言此者，欲見受命出征，梱外之事將軍裁之，不須復請，除此以外其無不復請，皆須請於君乃得行事。是以襄公十九年：“秋七月辛卯，齊侯環卒。晉士匄帥師侵齊，至穀，聞齊侯卒，乃還。”《公羊傳》曰：“還者何？

---

① 王引之謂“大史”、“小史”二“史”皆當爲“事”。

② “條”字原作“滌”，據阮本改。

③ “禮”下原有“之”字，據婺本、金本、阮本刪。底本此處剜擠一字，似原亦無“之”字。

④ 浦鏜云：“‘據’誤‘校’。”

⑤ “予”字原作“于”，據阮本改。

善辭也。何善爾？大其不伐喪也。此受命乎君而伐齊，則何大乎其不伐喪？大夫以君命出，進退在大夫也。”是其不復請君之事也。若《穀梁》，大夫雖在外，猶當復請于君，不敢專，故曰：“還者，事未畢之辭也。受命而誅，生死無所加其怒，不伐喪，善之也。善之，則何爲未畢也？君不尸小事，臣不專大名，善則稱君，過則稱己，則民作讓矣。士匄外專君命，故非之也。然則爲士匄者宜奈何？宜堪帷而歸命乎介。”是其雖在外不得專命之事也。

脩閭氏掌比國中宿互欙者與其國粥，而比其追胥者，而賞罰之。注國中，城中也。粥，養也。國所游養，謂羨卒也。追，逐寇也。胥讀爲偦。故書互爲巨。鄭司農云：“宿，謂宿衛也。巨當爲互，謂行馬，所以障互禁止人也。欙，謂行夜擊欙。”○釋曰：云“掌比國中宿互欙者”，互謂“行馬”，所以爲遮障宿者所守衛；欙者謂宿復擊欙持更也。云“與其國粥”者，謂國家粥養，未入正卒，且爲“羨卒”者。云“而比其追胥者”，使此羨卒追而逐寇、胥爲伺博盜賊二事也。禁徑踰者與以兵革趨行者與馳騁於國中者①。注皆爲其惑衆。○釋曰：以其職作“脩閭”，當脩理門閭，故禁此三者也。邦有故，則令守其閭互，唯執節者不幾。注令者，令其閭內之閭胥、里宰之屬。○釋曰：“邦有故”，謂有寇戎、大喪、札喪皆是②。恐有姦非，則命各遣守閭里巷門③。有“執節”公使者，不幾訶也。但言“閭”惟據鄉內，注兼云“里宰”者，官名脩閭，以六鄉爲主，其實兼主六遂，故言里宰以包之也。

冥氏掌設弧張。注弧張，罿罦之屬，所以扃絹禽獸。○釋曰：“弧”，弓也。謂張弓以取猛獸。云“罿罦之屬”者，《詩》云：“雉罹于罿，雉罹于罦。”並是取禽獸之物。言之屬，仍有兔罝之等，皆是“扃絹禽獸”者也。爲阱擭以攻猛獸，以靈鼓毆之。注靈鼓，六面鼓。毆之，使驚趨阱擭。○釋曰：知“靈鼓六面”者，以《鼓人》云“靈鼓鼓社祭”。晉鼓、鼖鼓等非祭祀之鼓並兩面；路鼓祭宗廟，故知加兩面爲四面；地

---

① “禁徑踰者”以下底本提行，與全書體例不合，茲據婺本、金本、阮本併上爲一節。
② 浦鏜云：“‘札喪’當‘札荒’誤。”
③ “閭里”二字原作“閭閭”，阮本同，阮校云：“惠校本作‘閭里’，此誤。”茲據改。

神尊於宗廟，加兩面爲六面；天尊於地神①，加兩面爲八面。以此差之，知靈鼓六面鼓也。**若得其獸，則獻其皮、革、齒、須、備。**注鄭司農云：“須，直謂頤下須。備，謂掻也。”○釋曰：猛獸有不得之法，故云“若”，以不定之言也。若得猛獸之時，猛獸之肉不堪人噉，故當“獻其皮、革、須、備”也。皮，謂若虎豹熊羆。革，謂無文章者去毛而獻之。齒，即牙也。須、備，如先鄭所説，虎豹有須、備，獻之以擬器物之用也。

庶氏掌除毒蠱，以攻説襘之，嘉草攻之。○釋曰：“除毒蠱”，目言之。“攻説襘之”，據去其神也。“嘉草攻之”，據去其身者也。注毒蠱，蟲物而病害人者。《賊律》曰：“敢蠱人及教令者，弃市。”攻説，祈名，祈其神求去之也。嘉草，藥物，其狀未聞。攻之，謂燻之。鄭司農云：“襘，除也。”玄謂此襘讀如“潰癰”之潰。○釋曰：云“攻説，祈名”者，《大祝》“六祈”有類、造、襘、禜、攻、説，故知也。先鄭云“襘，除也”，後鄭增成其義，“潰癰之潰”，俗讀也。**凡敺蠱，則令之、比之。**注使爲之，又校次之。○釋曰：云“敺”之，止謂用嘉草燻之時并使人敺之。既役人衆，故須校比之。

穴氏掌攻蟄獸，各以其物火之。注蟄獸，熊羆之屬冬藏者也。將攻之，必先燒其所食之物於穴外以誘出之，乃可得之。○釋曰：知“熊羆之屬”者，鄭目驗而知，猛獸之蟄惟有熊羆之屬也。言“以其物火之”，明是“燒其所食之物誘之”，使出穴外，“乃可得”也。**以時獻其珍異皮革。**○釋曰：謂熊羆之皮革及熊蹯之等。

翨氏掌攻猛鳥，各以其物爲媒而掎之。注猛鳥，鷹隼之屬。置其所食之物於絹中，鳥來下則掎其脚。○釋曰：云“各以其物爲媒”者，若今取鷹隼者以鳩鴿置於羅網之下以誘之。云“鷹隼之屬”者，《王制》云：“鷹隼擊，然後罻羅設。”《易》云：“公用射隼於高墉之上。”隼即謂之鶻者也。**以時獻其羽翮。**

柞氏掌攻草木及林麓。注林，人所養者。山足曰麓。○釋曰：此柞氏與

---

① 阮校云：“‘天’下當脱‘神’。”

蒫氏治地,皆擬後年乃種田。但下有蒫氏除草,此柞氏攻木,兼云草者,以攻木之處有草兼攻之,故云草也。云"林,人所養者",若林衡所掌者未必人所養,此乃人所攻治以擬種殖,故知此"林麓"人所養治者也。漆林之征,亦此類也。"山足曰麓",《爾雅》文。林麓謂麓上有林者也。此"掌攻",與下文爲目也。**夏日至,令刊陽木而火之;冬日至,令剥陰木而水之。**○釋曰:"夏日至",謂五月夏至之日爲之也。"令刊陽木而火之",謂先刊削以去其皮乃燒之。"冬日至",謂十一月冬至之日爲之。"剥陰木而水之",亦謂剥去其皮乃水。此文與下文相兼乃足也。必以夏刊陽木、冬剥陰木者,夏至之日則陰生,冬至陽生,陽木得陰而鼓,陰木得陽而發,故須其時而刊剥之也。山虞取其堅刃,冬斬陽,夏斬陰;此欲死之,故夏陽木,冬陰木。**注**刊、剥互言耳,皆謂斫去次地之皮。生山南爲陽木,生山北爲陰木。火之、水之則使其肄不生。○釋曰:云"刊、剥互言耳"者,謂削之亦剥之,剥謂剥去其皮亦削之,故云互也。云"生山南爲陽木,生山北爲陰木"者,《爾雅》云:"山南曰陽,山北曰陰。"云"火之、水之則使其肄不生"者,斬而復生曰肄,若以水火,斬而不復重生,故云使其肄不生也。**若欲其化也,則春秋變其水火。注**化猶生也。謂時以種穀也。變其水火者,乃所火則水之,所水則火之,則其土和美。○釋曰:此覆釋上文。此刊木止欲種田生穀①,故云若欲使前刊木生穀之時②,則當以"春秋變其水火"也。變之者,前文云"夏日至,刊陽木火之"者,至秋以水漬之;前"冬日至,剥陰木以水之"者,至後春以火燒之。如此則地"和美"也。**凡攻木者,掌其政令。注**除木有時。○釋曰:凡國家有欲"攻木"者,皆來取柞氏"政令"。所以取政令者,"除木有時",如上冬夏者也。

薙氏掌殺草。春始生而萌之,夏日至而夷之,秋繩而芟之,冬日至而耜之。**注**故書萌作蕄。杜子春云:"蕄當爲萌,謂耕反其萌牙。書亦或爲萌。"玄謂萌之者,以兹其斫其生者。夷之,以鈎鎌迫地芟之也,若今取茭矣。含實曰繩。芟其繩則實不成孰。耜之,以耜測凍土刲之。○釋曰:此薙氏所掌治地,從春至冬亦一年之事,後年乃可種也。子春云"萌,謂耕反其萌牙",後鄭不從者,此經云"殺草",

---

① "止"字阮本作"正",孫校云:"'正'是'止'非。"
② "生"字阮本作"分"。

則是"萌"謂草始生出地之時，非是十一月草木萌動其色赤，十二月牙其色白，何得耕反其萌牙乎？以是不從子春之説也。"玄謂萌之者，以兹其斫其生者"，漢時兹其即今之鋤也。云"夷之，以鈎鎌迫地芟之也，若今取荄矣"者，見今取荄草亦於夏迫地取之，故舉爲況也。云"含實曰繩"者，秋時草物含實也。云"耜之，以耜測凍土劃之"者，耜廣五寸，謂末頭金。冬時地凍，故以耜附測凍土劃之。如此春種則地和美。**若欲其化也，則以水火變之。**注謂以火燒其所芟萌之草，已而水之，則其土亦和美矣。《月令》季夏"燒薙行水，利以殺草，如以熱湯"，是其一時著之。**掌凡殺草之政令。**

薙蔟氏掌覆夭鳥之巢。注覆猶毁也。夭鳥，惡鳴之鳥[1]，若鴞鵬。○釋曰：《禮記》云"無覆巢"者，謂非"夭鳥"者也，此官覆毁夭鳥之巢窠也。云"鴞鵬"者，鴞之與鵬二鳥俱是夜爲"惡鳴"者也。**以方書十日之號、十有二辰之號、十有二月之號、十有二歲之號、二十有八星之號縣其巢上，則去之。**注方，版也。日，謂從甲至癸。辰，謂從子至亥。月，謂從娵至荼。歲，謂從攝提格至赤奮若。星，謂從角至軫。夭鳥見此五者而去，其詳未聞[2]。○釋曰：云"日，謂從甲至癸"者，據十幹而言。"辰，謂從子至亥"者，據十二支而説。"月，謂從娵至荼。歲，謂從攝提格至赤奮若"者，案《爾雅・釋天》文"太歲在寅曰攝提格[3]，在卯曰單閼，在辰曰執徐，在巳曰大荒落，在午曰敦牂，在未曰協洽，在申曰涒灘，在酉曰作噩，在戌曰閹茂，在亥曰大淵獻，在子曰困敦，在丑曰赤奮若"是也；又云"正月爲陬，二月爲如，三月爲寎，四月爲余[4]，五月爲皋，六月爲且，七月爲相，八月爲壯，九月爲玄，十月爲陽，十一月爲辜，十二月爲除"是也[5]。"星，謂從角至軫"，右旋數之。

翦氏掌除蠹物，以攻禜攻之，以莽草熏之。○釋曰："以攻禜攻之"，

---

① "鳥"字原作"鳴"，據婺本、金本、阮本改。
② "詳"字原作"祥"，金本同，據婺本、阮本改。
③ 浦鏜云："'文'疑'云'誤。"
④ "余"字原作"令"，據阮本改。
⑤ "除"字阮本作"涂"，與傳本《爾雅》合。按馬瑞辰《毛詩傳箋通釋》謂《小雅・小明》"日月方除"之除即《爾雅》"十二月爲涂"之涂："毛傳'除，除陳生新也'，正取歲除之義。"

據祈去其神，故以"六祈"而言之。"以莽草熏之"，據去其身也。**注**蠱物，穿食人器物者，蟲魚亦是也①。攻禜，祈名。莽草，藥物殺蟲者，以熏之則死。故書蠱爲蠱。杜子春云："蠱當爲蠱。"○**釋曰**：云"蟲魚亦是"者，餘蠱物穿食餘器物，至於蠱魚，惟見書内有白魚及白蠱食書，故云亦是也。**凡庶蠱之事。注**庶，除毒蟲者。蠱，蠱之類，或熏以莽草則去。○**釋曰**：翦氏主除蠱物，其蟲毒自是庶氏，今此云"凡庶蠱"者，同類相兼，左右而掌之，故鄭云"庶，除毒蟲者。蠱，蠱之類，或熏以莽草則去"，此鄭解翦氏兼掌蠱之意，以其翦氏有用莽草熏蠱②，是以蠱毒亦使翦氏除之也。

赤犮氏掌除牆屋，以蜃炭攻之，以灰洒毒之。**注**洒，灑也。除牆屋者，除蟲豸藏逃其中者③。蜃，大蛤也。擣其炭以坋之則走，淳之以灑之則死。故書蜃爲晨。鄭司農云："晨當爲蜃，書亦或爲蜃。"○**釋曰**：赤犮氏掌除蟲豸自藏埋者，今不指其蟲豸之名，直云"除牆屋"者，以其蟲豸自埋藏人所不見，故不指蟲而以牆屋所藏之處而已。《爾雅》："有足曰蟲，無足曰豸。""藏逃"之類有此二者。"淳"，即沃也，謂灑沃以汁則死也。"蜃炭"，地官掌蜃以共蜃炭，蜃炭者，謂蜃灰是也。**凡隙屋，除其狸蟲。**○**釋曰**：《禮記》云："如馹之過隙。"隙謂孔穴也。埋藏之蟲在屋孔穴之中，故以"隙屋"言之。**注**狸蟲④，蟨、肌蛷之屬。○**釋曰**："蟨、肌蛷"皆是自狸之蟲也。

蟈氏掌去鼃黽，焚牡蘜，以灰洒之，則死。○**釋曰**："掌去鼃黽"，此文與下爲目也⑤。**注**牡蘜，蘜不華者。齊魯之間謂鼃爲蟈。黽，耿黽也。蟈與耿黽尤怒鳴，爲聒人耳去之。○**釋曰**：云"牡蘜，蘜不華者"，此則《月令》季秋云"蘜有黄花"，牡

---

① 孫疏謂"蟲魚"當作"蠱魚"。按賈疏云"至於蠱魚，惟見書内有白魚及白蠱食書，故云亦是也"，孫説蓋是。至於述注亦作"蟲魚"者，當是轉寫據誤本鄭注校改。

② "蠱"字原作"蠱"，據阮本改。

③ "蟲"字原作"蠱"，據婺本、金本、阮本改。

④ "狸"字原作"狸"，據婺本、金本、阮本改。"狸"即"薶"之假借字。

⑤ "文"字原作"又"，據阮本改。

蜖也①。云"齊魯之間謂電爲蜖"者②，官號蜖氏，及經無云蜖，故鄭以齊魯之言爲證電即蜖③，故名蜖氏也。**以其煙被之，則凡水蟲無聲。**注杜子春云："假令風從東方來，則於水東面爲煙，令煙西行被之水上④。"○釋曰：上文云"焚牡蘜，洒之則死"，此經云"以其煙"，明還用牡蘜之煙"被之水上"也。

壺涿氏掌除水蟲，以炮土之鼓敺之，以焚石投之。注水蟲，狐蜮之屬。故書炮作泡。杜子春讀炮爲"苞有苦葉"之苞⑤。玄謂"燔之炮之"炮⑥，炮土之鼓，瓦鼓也。焚石投之，使驚去。○釋曰：云"水蟲，狐蜮之屬"者，蜮即短狐，一物，南方水中有之，含沙射人則死者也。言之屬者，水蟲衆矣，故云之屬以包之也。子春讀從《詩》"苞有苦葉"之苞者，取其聲同耳，不取義也。"玄謂燔之炮之炮"者，亦讀從《詩》。此取炮燒之義，故云"炮土之鼓，瓦鼓也"。云"焚石投之，使驚去"者，石之燔燒得水作聲，故驚去也。**若欲殺其神，則以牡橭午貫象齒而沈之，則其神死，淵爲陵。**注神，謂水神龍罔象⑦。故書橭爲梓，午爲五。杜子春云："梓當爲橭，橭讀爲枯，枯，榆木名。書或爲樗。"又云："五貫當爲午貫。"○釋曰：云"以牡橭午貫象齒而沈之"者，案《儀禮·大射》云："若丹若墨，度尺而午。"彼物射者所履，記安足之處，十字爲之，今此亦然。"神"，"謂水神龍罔象"也。"橭讀爲枯，枯，榆木名"，以橭爲榦，穿孔，以象牙從橫貫之爲十字⑧，沈之水中，"則其神死，淵爲陵"，所謂"深谷爲陵"是也。

庭氏掌射國中之夭鳥。若不見其鳥獸，則以救日之弓與救月

① "牝"上阮本有"是"字。

② "云"字原作"去"，據阮本改。

③ "即"字阮本作"爲"。

④ 阮校云："大字本'之'作'水'。按：疑作'被水上'，大字本、今本各衍一字。"孫校云："蜀石經正作'被水上'。"

⑤ 段考謂"炮"字當從故書作"泡"。

⑥ 阮校云："'炮之'下當更有'之'字，毛氏居正、岳氏珂所據本並然。"

⑦ "罔"字原作"冈"，婺本同，金本作"罔"，皆"罔"之俗字，兹據阮本作"罔"。下疏中"罔"字同。

⑧ "橫"字阮本作"橭"，阮校云："'橭'當'橫'字之誤。"孫校引汪文臺説云："'橭'不誤，謂從橭孔貫之。"

之矢夜射之。○釋曰：云"掌射國中之夭鳥"者，城郭之所，人聚之處，不宜有夭鳥，故去之。注不見鳥獸，謂夜來鳴呼爲怪者。獸，狐狼屬①。鄭司農云："救日之弓、救月之矢，謂日月食所作弓矢。"玄謂日月之食，陰陽相勝之變也。於日食則射大陰，月食則射大陽與？○釋曰：云"獸，狼狐之屬"，不言鳥者，上文注"鴞鷽"已解也。"玄謂日月之食，陰陽相勝之變也"者，日之食，晦朔之間；月之食，惟在於望。日食是陰勝陽，月食是陽勝陰。未至爲災，故云陰陽相勝之變也。所以救日月用弓矢射之者，鄭以意推量："日食則射大陰"者，以陰侵陽、臣侵君之象，故射大陰是其常，不足可疑；月食是陽侵陰、君侵臣之象，陽侵陰非逆，既用弓，不得不射，若射當射大陽，以是爲疑，故云"月食則射大陽與"以疑之。若神也，則以大陰之弓與枉矢射之。○釋曰："若神也"者，謂不見其身，直聞其聲，非鳥獸之神耳，則以大陰救月之弓與救日枉矢射之。注神，謂非鳥獸之聲，若或叫于宋大廟譆譆出出者。大陰之弓，救月之弓。枉矢，救日之矢與？不言救月之弓與救日之矢者，互言之：救日用枉矢，則救月以恒矢可知也。○釋曰：鄭知"神，謂非鳥獸之聲"者，見宋大廟有聲，非鳥獸之聲，既有聲又非鳥獸之聲，故知是神聲，若"神降于莘"之類是也。云"若或叫於宋大廟譆譆出出者"，《左傳》文。云"大陰，救月之弓。枉矢，救日之矢與"者，大陰之弓爲救月之弓不言"與"，則不疑。不疑者，以其與經云"救日之弓"相對，彼言救日之弓，明此大陰之弓是救月之弓可知。若然，上言"救月之矢"，則此枉矢是救日可知，而言"與"以疑之者，但救日與大陰相對，故不疑；上言救月，此不言大陽之矢，直言枉矢矢名而已，故須疑之。云"不言救月之弓與救日之矢者，互言之"者，若此文云救月之弓與救日之矢，爲文自足，何假須互？既不須互，則上下二文全不見弓矢之名矣，是以互見其文，欲見有弓矢之名故也。互者，上文云救日，明大陰是救月；此文救月是大陰，則上文救日是大陽也。又枉矢見矢名不言救，明有救名；救月之矢見救不見矢名，明亦有名亦是互也。云"救日用枉矢，則救月以恒矢可知也"者，見《司弓矢》枉矢最在前，明救月矢當在枉矢之下，故知救月用恒矢可知。不用庫矢，以其庫矢弩所用故也。

衘枚氏掌司囂。注察囂譁者，爲其聒亂在朝者之言語。○釋曰：以衘枚不得語，是止譁囂之官，故掌司察"囂譁"之事。國之大祭祀，令禁無囂。注令，令

---

① "屬"字金本同，婺本其上剜擠"之"字，與阮本合。加藤謂無者脫訛。

主祭祀者。○釋曰："國之大祭祀",謂天地、宗廟。"令主祭祀"之官,使禁止無得謹蹕,謹蹕則不敬鬼神故也。**軍旅、田役,令銜枚。**注爲其言語以相誤。○釋曰："軍旅、田役"二者,銜枚氏出令使六軍之士皆銜枚,止"言語"也。**禁叫呼歎鳴於國中者、行歌哭於國中之道者**①。注爲其惑衆相感動。鳴,吟也。○釋曰:此經四事皆是在道爲之,"爲其惑衆",釋"叫呼"、"歌"也,"相感動",解"歎鳴"與"哭"也。云"鳴,吟也"者,以鳴與歎相連,則鳴是歎之類,故知"鳴,吟也"。

伊耆氏掌國之大祭祀共其杖咸;注咸讀爲函。老臣雖杖於朝,事鬼神尚敬,去之,有司以此函藏之,既事乃授之。○釋曰:下二文云"授杖",此經惟言"共杖函",止謂祭祀時。臣雖老合杖,但爲祭祀尚敬,暫去之。去杖之時,共杖函盛之。祭祀訖,還與老臣杖之。"老臣雖杖於朝,事鬼神尚敬,去之",謂七十有德君不許致仕者也。《王制》云:"七十杖於國,八十杖於朝。"謂得致仕者,與此異也。**軍旅,授有爵者杖**;注別吏卒,且以扶尊者。將軍杖鉞。○釋曰:此謂在軍之時。"有爵",謂士以上。若然,自伍長下士、兩司馬中士、卒帥上士、旅帥下大夫、師帥中大夫等並得杖。云"別吏卒"者,吏則命士以上,卒謂一乘車步卒七十二人等。若然,甲士三人亦是民之無爵,亦與步卒同無杖也。知"將軍杖鉞"者,今文《泰誓》"師尚父左杖黃鉞,右把白旄",是將軍杖鉞之事也。**共王之齒杖。**注王之所以賜老者之杖。鄭司農云:"謂年七十當以王命受杖者,今時亦命之爲王杖。"②玄謂《王制》曰:"五十杖於家,六十杖於鄉,七十杖於國,八十杖於朝。"○釋曰:既"共王之齒杖",明皆據"王賜老者之杖"而言。若不得王賜者,自杖之也。先鄭惟據"七十",故後鄭增成之,引《王制》爲證也。

---

① "鳴"字原作"鳴",婺本、金本同,據阮本改。阮校云:"閩、監本'鳴'誤'鳴'。"下注、疏中"鳴"字底本皆誤。

② 阮校引盧文弨説云:"《續漢·禮儀志》作'玉杖'。按'玉'字恐訛,《漢制考》亦作'王杖'。名之曰王者,榮所賜也。"又駁之云:"'玉'字是也。《禮儀志》'養老'條中'三老冠進賢,扶玉杖',即此也。作'王杖'不辭。杖飾以鳩,鳩以玉爲之,故曰玉杖。"孫疏則云:"'王杖'《續漢志》作'玉杖',《御覽·玉部》引同,並誤。惠士奇引《論衡·謝短篇》曰'七十賜王杖'爲證,足正今本《續漢志》之誤。蜀石經亦作'王杖'。"按武威出土漢簡有《王杖十簡》。

周禮疏卷第四十四

唐朝散大夫行大學博士弘文館學士臣賈公彦等撰

大行人掌大賓之禮及大客之儀，以親諸侯。○釋曰：此經與下經爲目。大賓言“禮”，亦有儀；大客言“儀”，亦有禮。言禮，據其始爲本；言儀，據威儀爲先。云“以親諸侯”者，《易》云：“先王以建萬國，親諸侯。”則朝聘往來是也。**注**大賓，要服以内諸侯。大客，謂其孤、卿。○釋曰：言“要服以内諸侯”者，對要服已外爲小賓，下文云“九州之外謂之蕃國，世壹見”是也。云“大客，謂其孤、卿”者，謂還是大賓下孤、卿，對《小行人》所云“小客則受幣聽其辭”者爲小客。言孤、卿者，據大國得立孤一人，孤來聘；侯、伯已下無孤，使卿來聘。不言大夫、士者，殷聘使卿，時聘使大夫，士雖不得特聘，爲介來，亦入客中，故下云“諸侯之卿，其禮各下其君二等，大夫、士亦如之”，是皆得爲客，但據大聘略據尊者而言也。此大賓、大客尊卑異，故言“及”以殊之。此賓客相對則别，散文則通。是以《大司徒》云“大賓客，則令野脩道委積”，賓亦名客；《小司徒》云“小賓客，令野脩道委積”，則客亦名賓。是賓客通也。**春朝諸侯而圖天下之事，秋覲以比邦國之功，夏宗以陳天下之謨，冬遇以協諸侯之慮，時會以發四方之禁，殷同以施天下之政。**○釋曰：此六者，諸侯朝覲天子，春秋冬夏、時會殷同各自相對爲文。春秋冬夏雖相對爲文，及其受之處所，則春夏爲陽，秋冬爲陰，以類同處。是以鄭注《曲禮》云“春夏受摯於朝，受享於廟，生氣，文也”，故兩處受之；“秋冬一受之於廟，殺氣，質也”，故一處受之。至於時會、殷同，自在國外爲壇受之耳。**注**此六事者，以王見諸侯爲文。圖、比、陳、協，皆考績之言。王者春見諸侯則圖其事之可否[①]，秋見諸侯則比其功之高下，夏見諸侯則陳其謀之是非，冬見諸侯則合其慮之異同。六服以其朝歲四時分來，更迭如此而徧。時會，即時見也。無

---

① “圖”字原作“國”，據婺本、金本、阮本改。

常期，諸侯有不順服者，王將有征討之事，則既朝，王命爲壇於國外，合諸侯而發禁命事焉。禁，謂九伐之法。殷同，即殷見也。王十二歲一巡守，若不巡守則殷同。殷同者，六服盡朝，既朝，王亦命爲壇於國外，合諸侯而命其政。政，謂邦國之九法。殷同四方四時分來，歲終則徧矣。九伐、九法皆在《司馬職》。《司馬法》曰：“春以禮朝諸侯，圖同事。夏以禮宗諸侯，陳同謀。秋以禮覲諸侯，比同功。冬以禮遇諸侯，圖同慮。時以禮會諸侯，施同政。殷以禮宗諸侯①，發同禁。”○釋曰：云“此六事者，以王見諸侯爲文”者，此六事者有考績之事，故王下見諸侯爲文。《大宗伯》無事相見，故以諸侯見王爲文，故言“春見曰朝，夏見曰宗”之等也。云“圖、比、陳、協，皆考績之言”者，“事”、“功”、“謀”、“慮”、“禁”、“政”是考校功績之語，故知是考績之言也。云“春見諸侯則圖其事之可否”者，以其事由春始，故圖事也。云“秋見諸侯則比其功之高下”者，秋時物成，故校比其功之高下以行賞罰也。云“夏見諸侯陳其謀之是非”者，夏物盛大，形體皆異，可分別，故陳天下諸侯謀之是非。云“冬見諸侯則合其慮之異同”者，冬物伏藏，故合其慮之異同也。此四者皆因四時而爲名也。云“六服以其朝歲四時分來，更迭如此而徧”者，云六服以其朝歲者，以下文依服數來朝，則有不朝之歲，故云以其朝歲也。四時分來更迭而徧者，假令侯服年年朝，春東方來，夏南方來，秋西方來，冬北方來；甸服二歲一見，亦春東，夏南，秋西，冬北；男服三歲一見，當朝之歲亦然；采服、衛服、要服皆然。四方四分，更互遞代來而徧。云“時會，即時見也”者，《大宗伯》云“時見”，故云即時見也。云“無常期，諸侯有不順服者，王將有征討之事，則既朝，王命爲壇於國外，合諸侯而發禁命事焉”者，無常期者，假令一方諸侯或一國或五國謀叛不順，王命餘諸侯並來，并兵衆而至，一則自明服，二則助王討之。云既朝者，諸侯有不當朝歲者則就國外壇朝而已，是以《司儀》與《覲禮》有壇朝之法；若諸侯來者次當朝之歲者，則於國內依常朝之法，既朝，乃向外就壇行盟載之禮也，故云既朝。既朝，當朝歲之諸侯也。云王命爲壇於國外合諸侯而發禁命事焉者，《司儀》所云者是也。云“禁，謂九伐之法”者，《大司馬》所云“九伐”是也。云“殷同，即殷見也”者，《大宗伯》云“殷見曰同”，故云即殷見也。云“王十二歲一巡守，若不巡守則殷同。殷同者，六服盡朝”者，鄭必知王不巡守即行殷同者，下文云“十有二歲王巡守、殷國”，“殷國”與“巡守”連文，明同是十二歲。若王巡守，何須殷同？明不巡守乃殷同也。云“既朝，王亦命爲壇於國外，合諸侯而命其政”者，此

---

① 孫疏云：“宗諸侯，孔繼汾謂‘宗’爲‘同’之誤，是也。殷見之名不宜與夏朝同，賈疏述《司馬法》亦作‘殷同’，足證其誤。”

時六服盡朝於壇，而云既朝者，是當朝歲者在國朝，既朝，乃更於壇朝，如時會然。若然，十二年唯衛服非朝之歲，則既朝者，侯、甸、男、采、要皆是也。云“殷同四方四時分來，歲終則徧矣”者，春東方六服盡來，夏南方六服盡來，秋西方六服盡來，冬北方六服盡來，是歲終則徧矣。云“九伐、九法皆在《司馬職》”者，案《大司馬》云“掌建邦之九法，以佐王平邦國：制畿封國以正邦國”之等是也；九伐者，彼又云“以九伐之法正邦國：馮弱犯寡則眚之”之等是也。“《司馬法》曰”以下，彼四時春云“事”、夏云“謀”、秋云“功”、冬云“慮”，與此同；唯時會言“施同政”、殷同言“發同禁”，二者與此不同者，欲見二者更互而有，故不同也。**時聘以結諸侯之好，殷覜以除邦國之慝。** 注此二事者，亦以王見諸侯之臣使來者爲文也。時聘者，亦無常期，天子有事，諸侯使大夫來聘，親以禮見之[①]，禮而遣之，所以結其恩好也。天子無事則已。殷覜，謂一服朝之歲也。慝猶惡也。一服朝之歲五服諸侯皆使卿以聘禮來覜天子，天子以禮見之，命以政禁之事，所以除其惡行。○釋曰：云“此二事者”言“亦”，亦上諸侯也，是“亦以王見諸侯之臣使來者爲文”。此亦對《宗伯》：彼無考績之事，直相見，故云“時聘曰問，殷覜曰視”，以見王爲文；此有“好”、“慝”之事，故以王下見爲文。云“時聘者，亦無常期”者，亦諸侯云“時會”也。云“天子有事，諸侯使大夫來聘，親以禮見之，禮而遣之，所以結恩好也”者，此謂時會之年當有諸侯不順服，當方諸侯來，餘方無諸侯不順之事，身不來，即大夫來聘天子。亦有兵至助王討逆。云“天子無事則已”者，此聘來爲有事，若王無事則不來也。“殷覜，謂一服朝之歲也”者，案《宗伯》注云：“一服朝在元年、七年、十一年。”以其朝者少，聘者多，故亦得稱殷，殷，衆也。知亦“命以政禁之事”者，以其言“除邦國之慝”，《大司馬》“九法”、“九伐”平正邦國，所以除惡，既言除慝，明亦命以政禁者也。**間問以諭諸侯之志，歸脤以交諸侯之福，賀慶以贊諸侯之喜，致禬以補諸侯之裁。** ○釋曰：此經天子於諸侯之法，即下文云“王之所以撫邦國”已下是也。此云之者，以上二經已言諸侯見王之法，故先略言王施恩於諸侯之禮。注此四者，王使臣於諸侯之禮也。間問者，間歲一問諸侯，謂存、省之屬。諭諸侯之志者，諭言語、諭書名其類也。交，或往或來者也。贊，助也。致禬，凶禮之弔禮、禬禮也。補諸侯裁

---

① 阮校云：“大字本‘親’上有‘王’。按上注云‘此六事者，以王見諸侯爲文’，又‘此二事者，亦以王見諸侯之臣使來者爲文’，故此云‘王親以禮見之’，此‘王’字當有。賈疏引注亦無之。”孫疏云：“此冡上‘天子有事’爲文，則無‘王’字亦通。”

者，若《春秋》"澶淵之會，謀歸宋財"。○釋曰：云"此四者，王使臣於諸侯之禮也"者，對上是諸侯及臣見王之禮，故云"此"以對彼。"間問者，間歲一問諸侯，謂存、省之屬"者，案下文云"歲徧存，三歲徧覜，五歲徧省，七歲屬象胥，九歲屬瞽史，十有一歲達瑞節"，並是間歲之事，故鄭云"之屬"以包之。云"諭諸侯之志者，諭言語、諭書名其類也"者，彼仍有"協辭命"之等，故云其類也。云"交，或往或來者也"者，欲見臣有祭祀之事亦得歸胙於王，故《玉藻》云"臣致膳於君，有葷桃茢"，亦歸胙於王也。案《宗伯》云"脤膰"本施同姓，尊二代之後亦得之，故僖二十四年："宋成公如楚，還，入鄭。鄭伯將享之，間禮於皇武子。對曰：'宋，先代之後也，於周爲客，天子有事膰焉，有喪拜焉。'"僖九年："王使宰孔賜齊侯胙，曰：'天子有事于文武，使孔賜伯舅胙。'"注云："《周禮》'脤膰之禮親兄弟之國'，不以賜異姓。尊齊侯①，客之若先代之後。"是其事也。此言"脤"不言"膰"，文不具。云"致檜，凶禮之弔禮、檜禮也"者，案《宗伯》云："以檜禮哀國敗②。"此災亦云"檜"者，同是會合財貨，故災亦稱檜也。云"澶淵之會，謀歸宋財"者，此事見襄公三十一年《左氏傳》。彼以宋遭災，諸侯大夫謀歸宋財補不足，故取爲證補災之事也。案《宗伯》"賀慶之禮親異姓之國"，此云"諸侯"者，欲見庶姓諸侯有恩亦施及之故也。案《宗伯》嘉禮有六，此唯施二者，但此二者可施與諸侯，其餘飲食、冠婚、饗燕直制法行之，非歸與之禮，故不言也。若然，彼《宗伯》凶禮有五，此唯言弔禮，餘四者不言者，行人唯主弔法，餘禮蓋自有人主之，故此不言也。隱元年："宰咺來歸惠公、仲子之賵。"服氏云："咺，天子宰夫。"是宰夫主賵賵之事③，是其別主之類也。

以九儀辨諸侯之命，等諸臣之爵，以同邦國之禮，而待其賓客。注九儀，謂命者五，公、侯、伯、子、男也，爵者四，孤、卿、大夫、士也。○釋曰：此經與下爲目。下文有五等諸侯，次有"孤執皮帛"，次"諸侯之卿下其君二等"，次有"大夫、士亦如之"，是列五等四命等爵④，故鄭云"命者五，公、侯、伯、子、男也，爵者四，孤、卿、大夫、士也"。上公之禮，執桓圭九寸，繅藉九寸；冕服九章，建常九

---

① "齊"字原空闕一格，據阮本補。

② 阮校云："浦鏜云：'圍'誤'國'。孫志祖云：馬融本作'國敗'，賈疏據馬本引之。"按賈疏不當據馬融本《周禮》。

③ "夫"字原作"天"，據阮本改。

④ "五等四命等爵"六字阮本同，"四命"二字疑誤倒。

斿，樊纓九就，貳車九乘，介九人，禮九牢，其朝位賓主之間九十步，立當車軹，擯者五人，廟中將幣三享；王禮再祼而酢，饗禮九獻，食禮九舉，出入五積，三問三勞。諸侯之禮，執信圭七寸，繅藉七寸；冕服七章，建常七斿，樊纓七就，貳車七乘，介七人，禮七牢，朝位賓主之間七十步，立當前疾①，擯者四人，廟中將幣三享；王禮壹祼而酢，饗禮七獻，食禮七舉，出入四積，再問再勞。諸伯執躬圭，其他皆如諸侯之禮。諸子執穀璧五寸，繅藉五寸；冕服五章，建常五斿，樊纓五就，貳車五乘，介五人，禮五牢，朝位賓主之間五十步，立當車衡，擯者三人，廟中將幣三享；王禮壹祼不酢，饗禮五獻，食禮五舉，出入三積，壹問壹勞。諸男執蒲璧，其他皆如諸子之禮。○釋曰：此一經，揔列五等諸侯來朝天子天子以禮迎待之法。云“上公之禮”至“三問三勞”，徧論上公之禮②，但“上公之禮”一句揔與下爲目。“執桓圭九寸，繅藉九寸”，此主行朝禮於朝所執，其服則皮弁。若行三享，則執璧瑞。自“冕服九章”已下至“將幣三享”，見行三享已前之事。自“王禮”已下至“三勞”，見王禮上公之禮。云“執桓圭九寸”者，以桓楹爲飾。“繅藉九寸”者，所以藉玉。“冕服九章”者，衮龍已下，衣五章裳四章。“建常九斿”者，但對文日月爲常、交龍爲斿；而云常者，常，揔稱，故號斿爲常也。“樊纓九就”者，樊，馬腹帶。纓，馬鞅。以五采罽飾之而九成。“貳車九乘”者，案《覲禮·記》云：“偏駕不入王門。”鄭云：“在傍與己同曰偏。同姓金路，異姓象路，四衛革路，蕃國木路。”此等不入王門，舍於館，乘墨車龍斿以朝。彼據覲禮，覲禮天子不下堂而見諸侯，故諸侯不得申偏駕。今此春夏受贄在朝，無迎法，亦應偏駕不來。今行朝後行三享在廟，天子親迎，並申上服，明乘金路之等。若不申上車，何得有樊纓九就之等？以此知皆乘所得之車也。但貳車所飾無文，未知諸侯貳車得與上車同否，但數依命九乘、七乘、五乘。“介九人”者，陳於大門外，賓北面時介皆西北陳之也。“禮九牢”者，此謂饗餼大禮，朝享後乃陳於館，以數有九，故進之與介同在上。“其朝位賓主之間九十步”者，上

① 阮校引《禮說》云：“侯、伯‘立當前侯’，俗本誤爲‘前疾’。《論語·鄉黨》邢昺疏引《周禮》作‘前侯’，云‘侯、伯立當前侯胡下’，《詩·蓼蕭》孔疏引《大行人》亦作‘前侯’。蓋《說文》疾作‘疒’，古文侯作‘医’，相似易亂，故訛。”
② “徧”字原作“偏”，據阮本改。

公去門九十步，王未迎之時在大門內，與賓相去之數也。“立當車軹”者，軹謂轂末。車轊北向，在西邊，亦去大門九十步，公於車東，東西相望，當轂末。“擯者五人”者，大宗伯爲上擯，小行人爲承擯，嗇夫爲末擯，其餘二人是士。“廟中將幣三享”者，此謂行朝禮在朝訖乃行三享在廟，乃有此迎賓之法也。“王禮”者，此與下爲目，則自此已下皆王禮耳。“再祼而酢”者，大宗伯代王祼賓，君不酢臣故也；次宗伯又代后祼賓；祼訖，賓以玉爵酢王。是再祼而酢也。“饗禮九獻”者，謂後日王速賓，賓來就廟中行饗。饗者亨大牢以飲賓，設几而不倚，爵盈而不飲，饗以訓恭儉。九獻者，王酌獻賓，賓酢主人，主人酬賓，酬後更八獻，是爲九獻。“食禮九舉”者，亦亨大牢以食賓，無酒。行食禮之時，九舉牲體而食畢。“出入五積”者，謂在路供賓，來去皆五積，視殺牽，但牽牲布之於道。“三問”者，案《司儀》諸公相爲賓，云“主國五積三問，皆三辭，拜受，皆旅擯”，注云：“間闊則問，行道則勞。其禮皆使卿、大夫致之。”若然，天子於諸侯之禮亦當使卿、大夫問之，亦有禮以致之，所行三處亦當與三勞同處也。“三勞”者，案《小行人》：“逆勞於畿。”案《覲禮》云：“至于郊，王使人皮弁用璧勞。”注云：“郊，謂近郊。”其遠郊勞無文，但近郊與畿大、小行人勞，則遠郊勞亦使大行人也。案《書傳略說》云：“天子太子年十八，授孟侯。孟侯者，四方諸侯來迎於郊。”①或可遠郊勞使世子爲之，是以《孝經》注亦云“世子郊迎”，郊迎即郊勞也。彼雖據夏法，周亦然。“諸侯之禮”者，餘文云“諸侯”者兼五等，而此“諸侯”惟據單侯也。其禮皆降上公二等。又自“擯者”已下亦皆降殺。注縺藉，以五采韋衣板，若奠玉則以藉之。冕服，著冕所服之衣也。九章者，自山、龍以下；七章者，自華蟲以下；五章者，自宗彝以下也。常，旌旗也。斿，其屬縿垂者也。繁纓，馬飾也。以罽飾之，每一處五采備爲一就，就，成也。貳，副也。介，輔己行禮者也。禮，大禮饗餼也。三牲備爲一牢。朝位，謂大門外賓下車及王車出迎所立處也。王始立大門內，交擯三辭，乃乘車而迎之，齊僕爲之節。上公立當軹，侯、伯立當疾，子、男立當衡，王立當軫與？廟，受命祖之廟也。饗，設盛禮以飲賓也。問，問不恙也。勞，謂苦倦之也。皆有禮，以幣致之。故書祼作果。鄭司農云：“車軹，軹也②。三享，三獻。祼讀爲灌，再灌，再飲公也。而酢，報飲王也。舉，舉樂也。出入五積，謂饋之芻米也。前疾，謂駟

①　孫校據《毛詩·豳風譜》孔疏引《書傳》改“授”字爲“曰”、“來”下補“朝”字。

②　段考云：“此注有誤字，當云‘車軹，轛也’乃合，如今本則不可通矣。《大馭》注云‘軹，謂兩轛也’，《少儀》注云‘軹與軹於車同謂轛頭也’，皆以此軹別於《考工記》‘參分較圍，去一以爲軹圍’之軹。”

馬車轅前胡下垂柱地者。”玄謂三享皆束帛加璧，庭實惟國所有。《朝士儀》曰：“奉國地所出物而獻之[1]，明臣職也。”朝先享，不言朝者，朝正禮，不嫌有等也。王禮，王以鬱鬯禮賓也。《鬱人職》曰：“凡祭祀、賓客之祼事，和鬱鬯以實彝而陳之。”禮者[2]，使宗伯攝酌圭瓚而祼，王既拜送爵，又攝酌璋瓚而祼，后又拜送爵，是謂再祼。再祼實乃酢王也。禮侯、伯一祼而酢者，祼賓，實酢王而已，后不祼也。禮子、男一祼不酢者，祼賓而已，不酢王也。不酢之禮，《聘禮》禮賓是與？九舉，舉牲體九飯也。出入，謂從來訖去也。每積有牢禮米禾芻薪。凡數不同者皆降殺。〇釋曰：云“繅藉，以五采韋衣版”者，案《聘禮·記》云：“公、侯、伯三采，朱、白、倉。子、男二采，朱、綠。”《典瑞》天子乃五采，此諸侯禮而言五采者，此注據三采、二采而言五，非謂得有五采也。云“若奠玉則以藉之”者，案《覲禮》：“侯氏入門右，奠圭，再拜稽首。”此時奠玉則以藉之。若然，未奠之時，於廟門外上介授時已有繅藉矣。云“冕服，著冕所服之衣也”者，凡服皆以冠冕表衣，故言衣先言冕。鄭恐冕服是服此冕，故云著冕所服之衣也。云“九章者，自山、龍以下；七章者，自華蟲以下；五章者，自宗彝以下”，已具於《司服》。云“常，旌旗也”者，鄭欲見常與旌旗皆揔稱，非日月為常者。云“旒，其屬幓垂者也”者，《爾雅》云：“纁帛縿，練旒九。”正幅為縿，謂旌旗之幅也，其下屬旒，故云屬幓垂者也。云“樊纓，馬飾也。以罽飾之，每一處五采備為一就，就，成也”者，此云五采備，即《巾車》注“五采罽”，一也。此等諸侯皆用五采罽與繅藉異，以繅藉之上絢組亦同五采也。云“三牲備為一牢”者，《聘禮》致饔餼云牛一、羊一、豕一為一牢，故知也。云“朝位，謂大門外賓下車及王車出迎所立處也”者[3]，約《聘禮》，在大門外去門有立位、陳介之所。云“王始立大門內”者，亦約《聘禮》。《聘禮》雖後亦不出迎，要陳擯介時主君在大門內。云“交擯三辭，乃乘車而迎之”者，王與諸侯行禮與諸侯待諸侯同，案《司儀》云：“諸公相為賓，及將幣，交擯三辭，車逆拜辱。”玄謂“既三辭，主君則乘車出大門而迎賓”是也。必知天子待諸侯敵禮者，案下文“大國之孤繼小國之君，不交擯，其他皆眡小國之君”，則諸侯於天子交擯，交擯是敵禮也。是以《齊僕》云“朝覲宗遇饗食皆乘金路，其法儀各以其等為車送逆之節”，亦是

---

① “物”上婺本、金本、阮本有“重”字。按婺本、金本此處剜擠一字。又阮校云：“孫志祖云：此見《大戴禮·朝事篇》，‘士’疑當作‘事’。盧文弨曰：‘士’亦與‘事’通。”孫疏據蜀石經改為“事”。

② 孫疏云：“‘禮者’蜀石經作‘禮公者’。案：以後注校之，疑當有‘公’字。”

③ “下車”二字原作“下卑”，據阮本改。

敵禮，故鄭此即取之爲證也。言“王立當輅輿”者，差約小向後爲尊，故疑云“與”也，云“廟，受命祖之廟也”者，此約《覲禮》。覲在文王廟，故《覲禮》云：“前朝，皆受舍于朝。”注云：“受舍，受次於文王廟門之外。”《聘禮》受朝聘於先君之祧，故知王受覲在受命祖廟，在文王廟不在武王廟可知，是於受命祖廟也。云“饗①，設盛禮以飲賓也”者，云盛禮者，以其饗有食有酒，兼燕與食，故云盛禮也。“問，問不羞也”者，羞，憂也，問賓得無憂也。云“皆有禮，以幣致之”者，案《聘禮》勞以幣，《覲禮》使人以璧②，璧則兼幣，是有幣致之也。先鄭云“舉，舉樂也”者，案襄二十六年《左氏傳》云：“將刑，爲之不舉，不舉則徹樂。”後鄭易之以爲“舉牲體”者，但此經“食禮九舉”與“饗禮九獻”相連，故以食禮九舉爲舉牲體。其實“舉”中可以兼樂，以其彼《傳》亦因舉食而言也。先鄭云“前疾，謂駟馬車轅前胡下垂柱地者”，謂若《輈人》“輈深四尺七寸，軓前曲中”是也。“玄謂三享皆束帛加璧，庭實惟國所有”者，《聘禮》與《覲禮》行享皆有庭實。鄭又引《朝士儀》，爲證貢國所有也。云“朝先享，不言朝者，朝正禮，不嫌有等也”者，案《覲禮》行朝訖乃行享，此經“冕服九章”以下唯言“享”，不見朝禮，故鄭言之。云“朝正禮，不嫌有等”者，朝在路門外正君臣尊卑之禮，不嫌有九十、七十、五十步之差等相迎之法，故云不嫌有等也。既無等，故不言之也。“宗伯攝祼”王與后皆同“拜送爵”者，恭敬之事不可使人代也。云“不酢之禮，《聘禮》禮賓是與”者，《聘禮》禮賓用醴，子、男雖一祼不酢，與《聘禮》禮賓同，子、男用鬱鬯不用醴則別。約同之，故云“與”以疑之也。云“九舉，舉牲體九飯也”者，見《特牲饋食禮》尸食舉，尸三飯，佐食舉幹，尸又三飯，舉骼及獸、魚。《公食》不云舉，文不具也。王日一舉亦謂舉牲體，故知生人食有舉法，故爲“九舉，舉牲體”，不爲“舉樂”也。云“出入，從來訖去也”者，謂從來時有積，訖去亦有積，不謂從來訖去共五積。若然，來去皆五積也。知“積”皆“有芻薪米禾”者，《掌客》“積視飧牽”，飧有米禾芻薪，明在道致積有可知。云“凡數不同者皆降殺”者，五等諸侯爲三等者，以依命數爲差故也。**凡大國之孤，執皮帛以繼小國之君，出入三積，不問壹勞，朝位當車前，不交擯，廟中無相，以酒禮之。其他皆眡小國之君。**

○釋曰：案《典命》，上公之國立孤一人，侯、伯已下則無，故云“大國之孤”也。趙商問：“《大行人職》曰‘凡大國之孤執皮帛’，所尊衆多，下云‘其他眡小國之君’，小國之君以

---

① “饗”字阮本作“享”。按《周禮》凡祭享字作“享”，饗燕字作“饗”，至於鄭注、賈疏及其餘經傳，二者相互假借。

② “人”字原作“之”，據阮本改。又浦鏜謂“璧”下當脫“勞”字。

五爲節，今此亦五。下云‘諸侯之卿各下其君二等以下’，注云‘公使卿亦七，侯、伯亦五，子、男三’。不審大國孤五而卿七何？”荅曰：“卿奉君命，七介。孤尊，更自特見，故五介。此有《聘禮》可參之，未之思邪？反怪此更張擯介。又繼小國之君，非私覿也。”然則諸侯之大夫以時接見天子，服總衰於天子，或可有私覿結其恩好，但無文耳。趙商又問：“《大行人職》曰‘孤出入三積’，此即與小國同，宜應視小國之君①，何須特云三積，與例似錯。”荅曰：“三積者，卿亦然，非獨孤也，故不在視小國之中。與例似錯，何所據也？”然則“一勞”者亦是卿亦然，故須見之。若然，牢禮卿亦五，視小國君五牢同，其餘則異。案《聘禮》：“腥牢無鮮腊，醓醢百罋，米百筥，禾四十車，薪芻倍禾。”案《掌客》：“饔餼五牢，米八十筥，醓醢八十罋，米二十車，禾三十車，薪芻倍禾。”有此別，故在視小國之君中。然則孤聘天子既以聘使受禮，又自得禮如是，孤法再重受禮矣也。◎注此以君命來聘者也。孤尊，既聘享，更自以其贄見，執束帛而已，豹皮表之爲飾。繼小國之君，言次之也。朝聘之禮，每一國畢乃前。不交擯者，不使介傳辭交于王之擯，親自對擯者也。廟中無相，介皆入門西上而立不前相禮者，聘之介是與？以酒禮之，酒謂齊酒也，和之不用鬱邑耳。其他，謂貳車及介、牢禮、賓主之間、擯者、將幣、裸酢、饗、食之數。○釋曰：云“此以君命來聘者也”者，畿外之臣，不因聘，何以輒來？故知因君命來聘者也。知“孤尊，既聘享，更自以其贄見，執束帛而已”者，若行正聘，則執瑑圭璋八寸以行聘，何得執皮帛也？但侯、伯已下臣來直行公使執圭璋，無此更見法，以大國孤四命，尊，故天子別見之也。案《宗伯》云“孤執皮帛”，故云“自以其贄見，執皮帛而已”。云“豹皮表之爲飾”者，《宗伯》注云：“天子之孤，飾摯以虎皮。公之孤，飾摯以豹皮也。”云“繼小國之君，言次之也”者，謂行禮次在小國君之後。云“不使介傳辭交於王之擯”者，則諸侯行交擯者使介傳於王擯，傳而下又傳而上是也。云“親自對擯者也”者，則《聘禮》賓來在末介下，東面，上擯亦至末擯下，親相與言者是也。云“廟中無相，介皆入門西上而立不前相禮者，聘之介是與”者，案《聘禮》賓行聘之時，“擯者納賓，賓入門左，介皆入門左，北面西上”，注云：“隨賓入也。介無事，止於此。”是介入廟門西上不相者也。云是與者，彼諸侯法，約同天子禮，故云“與”以疑之也。云“以酒禮之，酒謂齊酒也”者，案《聘禮》禮賓用醴齊，明此亦用醴齊。對文三酒、五齊別，通而言之，齊亦明

---

①　孫校引孔廣林説云：“‘應’疑‘云’之誤。”

酒①，故云齊酒也。云“其他，謂貳車”至“之數”者，此“其他”中之數一准上子、男禮中，即孤之所用者也。若然，子、男用鬯祼，孤用醴，今得入其他中者，祼據小國君而言，以其孤用醴醴之②，不酢，子、男祼亦不酢，祼亦不酢同③，故舉小國君祼而言，不謂孤用祼也。**凡諸侯之卿，其禮各下其君二等以下，及其大夫、士皆如之。**

注此亦以君命來聘者也。所下其君者，介與朝位賓主之間也；其餘則自以其爵。《聘義》曰：“上公七介，侯、伯五介，子、男三介。”是謂使卿之聘之數也。朝位則上公七十步、侯伯五十步、子男三十步與？○釋曰：云“各下其君二等”，則五等諸侯據上文三等命而言，上公以九，侯、伯以七，子、男以五；卿自各下其君二等，若公之卿以七，侯、伯卿以五，子、男卿以三也。云“及其大夫、士皆如之”者，大夫又各自下卿二等；士無聘之介數，而言如之者，士雖無介與步數，至於牢禮之等又降殺大夫。《大行人》首云“以九儀”，注云“九儀，謂命者五、爵者四”，爵者四中有士，故於此連言士；其於此經介與步數則無士也。引《聘義》者，唯卿各下其君二等，仍不見大夫下卿二等。案《聘禮》云小聘使大夫，其禮如爲介，三介。彼侯、伯之大夫三介，則亦三十步。若上公大夫五介五十步，子男大夫一介一十步可知。鄭不言者，舉卿則大夫見矣，故不言之也。

　　邦畿方千里，其外方五百里謂之侯服，歲壹見，其貢祀物。又其外方五百里謂之甸服，二歲壹見，其貢嬪物。又其外方五百里謂之男服，三歲壹見，其貢器物。又其外方五百里謂之采服，四歲壹見，其貢服物。又其外方五百里謂之衛服，五歲壹見，其貢材物。又其外方五百里謂之要服，六歲壹見，其貢貨物。○釋曰：此一經見九州諸侯依服數來朝天子，因朝即有“貢物”。此因朝而貢，與《大宰》“九貢”及下《小行人》“春入貢”者別，彼二者是歲之常貢也。**注**要服，蠻服也。此六服去王城三千五百里，相距方七千里，公、侯、伯、子、男封焉。其朝貢之歲，四方各四分趨四時而來，或朝春，或宗夏，或覲秋，或遇冬。祀貢者，犧牲之屬。故書嬪作頻。鄭司農云：“嬪物，婦人所爲物也。《爾雅》曰：‘嬪，婦也。’”玄謂嬪物，絲枲也。器物，尊彝之屬。服物，玄纁絺繡也。材物，八材也。貨物，龜貝也。○釋曰：云“要服，蠻服也”者，《職方》云“蠻

---

①　孫校云：“‘明’疑‘名’之誤。”
②　“醴之”二字阮本同，加藤謂當據殿本作“禮之”。
③　加藤云：“殿本‘祼亦’二字改‘以’，孫本刪‘祼亦’。”

服”，要、蠻義一也。鄭計“七千里”者，欲見土廣萬里，中國七千里爲九州，有此貢法。下云“九州之外謂之蕃國，以其所貴寶爲摯”，無此貢法也。云“公、侯、伯、子、男封焉”者，對彼蕃國唯有子、男，無五等也。案馬氏之義，六服當面各四分之。假令侯服四分之，東方朝春，南方宗夏，西方覲秋，北方遇冬；南方侯服亦然，西方、北方皆然，甸服已外皆然。是以韓侯是北方諸侯，而言入覲，以其在北方，當方分之在西畔，故云覲。《鄭荅志》云：“朝覲四時通稱，故《覲禮》亦云朝。”若然，鄭不與馬同。觀此注似用馬氏之義者，鄭既不與馬同，今所解云“四方各四分”者，謂四方諸侯六服服各四分趨四時而來，“或朝春”，據王城東方；“或宗夏”，據王城南方；“或覲秋”，據王城西方；“或遇冬”，據王城北方。《大宰》“四曰幣貢”，此中無幣貢者，因朝而貢，三享中已有幣，故不別貢幣也。《大宰》歲歲常貢，此依服數來朝因朝而貢，數既有異，時又不同，故彼此物數不類也。“玄謂器物，尊彝之屬”者，案《大宰》云“器貢”，先鄭以爲“宗廟之器”，後鄭易之以爲“器貢，銀鐵石磬丹漆”，不從先鄭。此云“器物”，後鄭以爲尊彝之屬，與彼先鄭同者，彼是歲之常貢，不合有成器，故破之；此乃因朝而貢，得貢成器，故爲尊彝解之。知因朝得貢成器者，見昭十五年：“六月，大子壽卒。秋八月，穆后崩。十二月，晉荀躒如周葬穆后，籍談爲介。以文伯宴，尊以魯壺，王責之分器。籍談歸，以告叔向。叔向曰：‘王其不終乎？王一歲而有三年之喪二焉，於是乎以喪賓宴，又求彝器。’”以此知因朝得貢成器。云“材物，八材也”者，據《大宰》云“飭化八材”也。云“貨物，龜貝也”者，貨是自然之物，故知龜貝，謂若《禹貢》揚州納錫大龜、厥篚織貝。此注所貢“絲枲”，若青州鹽絺、岱畎絲枲，荆州厥篚玄纁之類。**九州之外謂之蕃國，世壹見，各以其所貴寶爲摯。** 注九州之外，夷服、鎮服、蕃服也。《曲禮》曰：“其在東夷、北狄、西戎、南蠻，雖大曰子。”《春秋傳》曰：“杞，伯也，以夷禮，故曰子。”然則九州之外其君皆子、男也。無朝貢之歲，父死子立及嗣王即位乃一來耳。各以其所貴寶爲摯，則蕃國之君無執玉瑞者，是以謂其君爲小賓，臣爲小客。所貴寶見傳者，若犬戎獻白狼、白鹿是也；其餘則《周書・王會》備焉。○釋曰：云“九州之外，夷服、鎮服、蕃服也”者，此經揔而言之，皆曰“蕃”；分爲三服，據《職方》而言也。云“《曲禮》曰：在東夷、北狄、西戎、南蠻，雖大曰子”，并引《春秋》者，欲見蕃國之內唯有子、男，無五等也。案僖二十七年：“杞桓公來朝，用夷禮，故曰子。”用夷禮猶曰子，況本在彼者也。案《書序》：“武王既勝殷，巢伯來朝。”注云：“巢伯，南方之國，世一見者。”夷狄得稱伯者，彼殷之諸侯，與周異也。云“父死子立及嗣王即位乃一來耳”者，此經“世”中含二：父死子立得受王命，故須來；新王即位,亦須來。故《明堂位》周公朝諸侯于明堂,四夷皆在四門之外。周公攝位與新王同,況成王新即位也。云“各以其所貴寶爲摯,則蕃國之君無執玉瑞者”,既以貴寶爲摯,何得有別摯乎? 是以禹會諸侯,執玉帛者萬國唯謂中國耳。九州爲大賓、大客,夷狄爲“小賓”、“小客”。案《周語》,穆王初伐“犬戎”,祭公謀父諫,不聽,遂往征之,得四“白鹿”以歸。引之者,見是夷狄貴寶。此穆王征之而得,非自來者,亦以此爲贄也。云“《周書•王會》備焉”者,《王會》是《書》之篇名,謂王會諸侯,因有獻物多矣,故云備也。

王之所以撫邦國諸侯者,歲徧存;三歲徧覜;五歲徧省;七歲屬象胥,諭言語,協辭命;九歲屬瞽史,諭書名,聽聲音;十有一歲達瑞節,同度量,成牢禮,同數器,脩灋則;十有二歲王巡守、殷國。

○釋曰:此經並是“王撫諸侯”之事,對上經皆是諸侯上撫王室之事。**注**撫猶安也。存、覜、省者,王使臣於諸侯之禮,所謂間問也。歲者,巡守之明歲以爲始也。屬猶聚也。自五歲之後,遂間歲徧省也。七歲省而召其象胥,九歲省而召其瞽史,皆聚於天子之宮教習之也。故書“協辭命”作“叶詞命”。鄭司農云:“象胥,譯官也。叶當爲汁,詞當爲辭,書或爲‘叶辭命’。”①玄謂胥讀爲諝。《王制》曰:“五方之民,言語不通,耆慾不同②,達其志,通其慾。東方曰寄,南方曰象,西方曰狄鞮,北方曰譯。”此官正爲象者,周始有越重譯而來獻,是因通言語之官爲象胥云③。諝,謂象之有才知者也。辭命,六辭之命也。瞽,樂師也。史,大史、小史也。書名,書之字也,古曰名,《聘禮》曰:“百名以上。”至十一歲又徧省焉。度,丈尺也。量,豆區釜也。數器,銓衡也。法,八法也。則,八則也。達、同、成、脩,皆謂齎其法式,行至則齊等之也。成,平也,平其牲牷者也。王巡守,諸侯會者各以其時之方,《書》曰“遂覲東后”是也。其殷國則四方四時分來如平時。○釋曰:云“存、覜、省者,王使臣於諸侯之禮”者,亦對上諸侯朝王之禮也。云“所

---

① 段考改“叶詞命”爲“汁詞命”、“叶當爲汁”爲“汁當爲叶”:“司農必易‘汁’爲‘叶’、易‘詞’爲‘辭’者,‘叶辭’義較覯切也。”孫疏云:“段說是也。凡注例云‘書或爲某’者,或本之字多與所讀之字正合。此注云‘書或爲叶辭命’,明故書作‘汁詞’,先鄭讀‘叶辭’也。至叶、汁二字聲類雖同,而叶即協之重文,汁則爲協之借字,義甚疏遠。儻故書本作‘叶’,先鄭讀爲‘汁’,則是舍義近之‘叶’而就義遠之‘汁’,例不可通,足知其誤。”

② “耆”字婺本同,金本、阮本作“嗜”,孫疏云:“‘耆’即‘嗜’之叚字。”

③ 段考云:“此‘胥’衍字。”又孫疏於“因”下補“名”字:“‘名’字舊本並挩,今據蜀石經及宋大字本補。”

謂間問也”者，即上文云“間問以諭諸侯之志”者也。知“歲”謂“從巡守之明歲爲始”者，以其巡守已就撫諸侯訖，明以後年爲始也。云“屬猶聚也”者，《州長職》云：“正月之吉，各屬其州之民而讀法。”故知屬爲聚也。云“自五歲之後，遂間歲徧省也”者，但經一歲與三歲、五歲云“存”、“覜”、“省”，至七歲、九歲、十一歲不云“省”，不言者，以五歲已言省，義可知，故直見其事意也，是以鄭皆連省而言也。云“皆聚於天子之宮教習之也”者，既言“屬”，明聚於天子之宮。若不聚于天子之宮，焉得“諭言語”、“諭書名”、“聽音聲”之等乎？明是皆聚于天子宮教習之也。“玄謂胥讀爲諝”者，欲取諝爲“有才智”之意也。引《王制》曰“五方之民”者，謂四方與中國“言語不通，嗜慾不同，達其志，通其慾”，故云“東方曰寄”已下，疏已具於《序官》。云“辭命，六辭之命也”者，以“辭命”連言，明是《大祝》“六辭”之教命也。云“瞽，樂師也。史，大史、小史也”者，樂師與大史、小史並是知天道者，故《國語》云“吾非瞽、史，焉知天道”，鄭上注“瞽即大師”是也。云“書名，書之字也，古曰名”，引《聘禮・記》者，證古曰名，今世曰字。云“度，丈尺也”者，案《律歷志》：“以子穀秬黍中者，一黍爲一分，九十黍黄鐘之長。十分爲寸，十寸爲尺，十尺爲丈，十丈爲引。千二百黍爲龠，合龠爲合①，十合爲升，十升爲斗，十斗爲斛。”又云：“百黍爲銖，二十四銖爲兩，十六兩爲斤，三十斤爲鈞，四鈞爲石。”此直云丈尺，略言之也。云“量，豆區釜也”者，據《左氏傳》晏子云：“齊舊四量：豆、區、釜、鍾。四升爲豆，各自其四，以登于釜，釜十則鍾。”鍾爲六斛四斗。云“數器，銓衡也”者，即銖兩之等是也。云“法，八法也。則，八則也”者，據《大宰》云“八法治官府，八則治都鄙”。諸侯國有都鄙、官府，以此法則治之，故須脩之。云“達、同、成、脩，皆謂齎其法式”者，經“瑞節”、“度量”、“牢禮”、“數器”下至“法則”等八者皆天子法式之等，當豫脩治，使輕重大小方圓皆正，然後將以齊諸侯器物，故云“行至則齊等之”。云“平其僭踰者也”者，若牢禮，云侯、伯、子、男、卿、大夫、士②，依上文及《掌客》多少皆有常，不得僭上，故云平其僭踰也。云“王巡守，諸侯會者各以其時之方”者，謂歲二月東方、五月南方之等。據春而言，故言《書》曰遂覲東后是也”。並據《虞書》及《王制》而言，亦有同度量等事，故《虞書》云“脩五禮、五玉”并“協時月正日”之等。云“殷國則四方四時分來如平時”者，謂分四方各遂

---

① “合龠”二字原作“十龠”，據阮本改。按《地官・司市職》、《夏官・合方氏職》賈疏引《漢書・律歷志》皆作“合龠”。

② “云”字阮本同，疑爲“公”之形訛字。

春夏秋冬如平時①，若六服盡來即與平時別也。**凡諸侯之王事，辨其位，正其等，協其禮，賓而見之。**○釋曰："王事"，謂諸侯朝王之事。"辨其位"，謂九十、七十、五十步之位。"正其等"，謂尊卑之等，謂冕服、旌旗、貳車之類皆有等級。"協其禮"，謂牢禮、饗燕、積膳之禮。以此禮等賓，敬而見之也。**注**王事，以王之事來也。《詩》云："莫敢不來王。"《孟子》曰："諸侯有王。"②○釋曰：引《詩》、《孟子》，皆謂"王"是朝王之事也。**若有大喪，則詔相諸侯之禮。**注詔相，左右教告之也。○釋曰：大喪言"若"，見有非常之禍。諸侯爲天子斬，其哭位、周旋、擗踊、進退皆有禮法③。"左右"，助也，須有助而"告教之也"。**若有四方之大事，則受其幣，聽其辭。**注四方之大事，謂國有兵寇，諸侯來告急者。禮動不虛，皆有贄幣，以崇敬也。受之，以其事入告王也。《聘禮》曰："若有言，則以束帛如享禮。"○釋曰：云"四方之大事，謂國有兵寇"者，除兵寇之外，諸侯當國自爲大事者非天子之急，不即告王，故知唯兵寇耳。引《聘禮》者，彼雖是諸侯自相告，告天子亦然，故引爲證也。彼注云："《春秋》'臧孫辰告糴于齊'、'公子遂如楚乞師'、'晉侯使韓穿來言汶陽之田'，皆是也。"**凡諸侯之邦交，歲相問也，殷相聘也，世相朝也。**注小聘曰問。殷，中也。久無事，又於殷朝者及而相聘也。父死子立曰世。凡君即位，大國朝焉，小國聘焉。此皆所以習禮考義、正刑一德以尊天子也，必擇有道之國而就脩之。鄭司農說殷聘以《春秋傳》曰"孟僖子如齊殷聘，禮也"。○釋曰：言"諸侯邦交"，謂同方嶽者一往一來爲交，謂己是小國朝大國，己是大國聘小國，若敵國則兩君自相往來，故《司儀》有諸公、諸侯皆言"相爲賓"是也。但《春秋》之世有越方嶽相聘者，是以秦使術來聘，吳使札來聘，時國數少，故然，非正法也。云"小聘曰問"者，《聘禮》文，故彼云"小聘曰問，不享"是也。大聘使卿，小聘使大夫也。云"殷，中也。久無事，又於殷朝者及而相聘也"者，《聘義》、《王制》皆云"三年一大聘"，此不言"三年"而云"殷"者，欲見中間久無事及殷朝者來及亦相聘，故云殷不云三年也。若然，《聘義》與《王制》皆云"比年一小聘"，此云"歲相問"不云"比年"者，取歲歲之義也。"世相朝"者，謂"父死子立曰世"，是繼世之義也。云"凡

---

①　浦鏜云："'遂'疑'逐'字誤。"孫疏本據改。

②　阮校引《六經正誤》云：《孟子》無此，《小行人》注引《春秋傳》'諸侯有王，王有巡守'，是也，傳寫誤作'孟子'。"

③　"其"下空闕一格，阮本爲"有"字。浦鏜云："'有'衍字。"

君即位,大國朝焉,小國聘焉"者,《左氏傳》文。案文元年:"公孫敖如齊。"《傳》曰:"凡君即位,卿出並聘。"謂己卿往聘他,他卿來聘己,是摠語也。云大國朝焉,己是小國,己往朝大國;小國聘焉者,己是大國,使聘小國。云"此皆所以習禮考義、正刑一德以尊天子也"者,《禮記》文。云"必擇有道之國而就脩之"者,謂差擇有道之國。亦先從近始,故云"親仁善鄰,國之寶也"是也①。先鄭"説殷聘以《春秋傳》"者,案左氏昭公九年《傳》曰:"孟僖子如齊殷聘,禮也。"案服彼注云:"殷,中也。自襄二十年叔老聘於齊,至今積二十一年聘齊②,故中復盛聘。"與此中年數不相當。引之者,年雖差遠,用禮則同,故引爲證也。

小行人掌邦國賓客之禮籍,以待四方之使者。**注**禮籍,名位尊卑之書。使者,諸侯之臣使來者也。○釋曰:大行人待諸侯身,小行人待諸侯之使者。其"邦之禮籍"則諸侯及臣皆在焉。云"禮籍,名位尊卑之書"者③,"名位尊卑"以解"禮"也,"之書"以解"籍"也。云"使者,諸侯之臣使來者也"者,即時聘、殷覜是也。**令諸侯春入貢,秋獻功,王親受之,各以其國之籍禮之。注**貢,六服所貢也。功,考績之功也。秋獻之,若今計文書斷於九月,其舊法。○釋曰:此云"貢"即《大宰》"九貢",是歲之常貢也。必使"春入"者,其所貢之物並諸侯之國出税於民,民税既得,乃大國貢半,次國三之一,小國四之一,皆市取美物,必經冬至春乃可入王,以是令春入之也。"秋獻功"者,物皆秋成,諸侯亦法秋,故秋獻之。云"各以其國之籍禮之"者,即上所掌"禮籍",尊卑多少不同,故云各以其籍也。云"六服所貢",對九州外之三服無此貢也。**凡諸侯入王,則逆勞于畿。注**鄭司農云:"入王,朝於王也。故《春秋傳》曰'宋公不王',又曰'諸侯有王,王有巡守'。"○釋曰:隱九年:"宋公不王。"不宗覲于王,"鄭伯爲王左卿士,以王命討之,伐宋也。"莊二十三年:"夏,公如齊觀社,非禮。曹劌諫曰:'不可。諸侯有王。'"注云:"有王,朝於王。""王有巡守。非是,君不舉矣"是也。**及郊勞、眂館、將幣,爲承而擯。**○釋曰:此經三事皆"爲承而擯"也④。

---

① "寶"字原作"實",據阮本改。
② 浦鏜云:"'一'衍字。"
③ "者"下空闕七格,其初殆涉上下二"名位尊卑"誤衍"名位尊卑之書者"七字。
④ "承"字阮本作"丞",一據經文,一據鄭注,賈疏並有其例。

注眠館①，致館也。承猶丞也。王使勞賓於郊，致館於賓，至將幣，使宗伯爲上擯，皆爲之丞而擯之。○釋曰：云"眠館，致館也"者，《聘禮》及下《司儀》皆云"致館"，故同之也。云眠者，使卿、大夫往眠觀其可否；云致者，致使有之。云"王使勞賓於郊"者，謂王使大行人勞於郊也。"至將幣"者，謂至廟將幣三享。云"使宗伯爲上擯"者，唯謂將幣時大宗伯爲上擯。於郊勞及眠館二者不使大宗伯爲上擯者，以其使者或大行人，官卑，何得使大宗伯爲擯也？當別遣餘官爲上擯，小行人爲承擯。而言宗伯爲上擯者，取《宗伯》成文爲"將幣"而言也。凡四方之使者，大客則擯，小客則受其幣而聽其辭。○釋曰：云"凡四方之使者"，此文與下爲目，則於大、小客而言也。"大客則擯"者，大客則《大行人》云"大客之儀"，一也。彼鄭云："大賓，要服以内諸侯。大客，謂其孤、卿。"則此"大客"爲要服以内諸侯之使臣也，"小客"謂蕃國諸侯之使臣也。注擯者，擯而見之王，使得親言也。受其幣者，受之以入告其所爲來之事。○釋曰：云"擯者，擯而見之王，使得親言也"者，則時聘、殷覜之時行旅擯，入見王，王與使之親言也②。云"受其幣者，受之以入告其所爲來之事"者，蕃國諸侯雖子、男，皆是中國之人，鄭義此皆在朝之卿、大夫有過放之於四夷爲諸侯，卿爲子，大夫爲男，是以世一見，來時王親見之。蕃國之使臣本是夷人，不能行禮，故直"聽其辭"而已。

使適四方協九儀。賓客之禮：朝、覲、宗、遇、會、同，君之禮也；存、覜、省、聘、問，臣之禮也。注適，之也。協，合也。○釋曰：自此已下至"之禮"，皆是小行人使適四方之事。此言"使適四方"，與下爲目。使適四方向諸侯之國，所至之國則合九等之儀。"九儀"則上《大行人》"九儀"，命者五、爵者四是也。云"賓客之禮"者，賓據命者五，客據爵者四。此稱賓客之例非通稱也。云"朝、覲、宗、遇、會、同，君之禮也"者，此即諸侯之賓，故云君之禮也。云"存、覜、省、聘、問，臣之禮也"者，存、覜、省三者，天子使臣撫邦國之禮；聘、問二者，是諸侯使臣行聘時聘殷、覜問天子之禮。其禮已備於上，《小行人》略言之也。達天下之六節：山國用虎節，土國用人節，澤國用龍節，皆以金爲之；道路用旌節，門關用符節，都鄙用管節，皆以竹爲之。○釋曰：此經亦是適四方之事。言"達天下之六節"

① 阮校云："'眠'當作'視'。"蓋據經用古字、注用今字之例而云然。

② 加藤云："殿本'之'改'者'。"

者，據諸侯國而言。《掌節》所云，據畿内也。"虎節"、"人節"、"龍節"，三者據諸侯使臣出聘所執。"旌節"、"符節"、"管節"，三者據在國所用。**注**此謂邦國之節也。達之者，使之四方，亦皆齎法式以齊等之也。諸侯使臣行覜聘則以金節授之，以爲行道之信也。虎、人、龍者，自其國象也。道路，謂鄉遂大夫也。都鄙者，公之子弟及卿、大夫之采地之吏也。凡邦國之民遠出至他邦，他邦之民若來入，由國門者門人爲之節，由關者關人爲之節，其以徵令及家徙鄉遂大夫及采地吏爲之節。皆使人執節將之以達之，亦有期以反節。管節，如今之竹使符也。其有商者通之以符節，如門關。門關者與市聯事，節可同也，亦所以異於畿内也。凡節，有天子法式存於國。○釋曰：云"此謂邦國之節也"者，對《掌節》所掌者兼主王國之節也。云"達之者，使之四方，亦皆齎法式以齊等之也"者，亦如上《大行人》"達瑞節"之等，使齎法式往就齊之。云"諸侯使臣行覜聘則以金節授之"者，知是使臣行所執者，見《掌節》云"凡邦國之使節，山國用虎節"，故知此亦使臣所執也。諸侯身行不須節，以其尊著，故不須也。案《掌節》云："守邦國者用玉節。"注云："謂諸侯於其國中。玉節之制如王爲之，以命數爲大小。"此不達玉節者，文略耳，亦達可知。云"道路，謂鄉遂大夫也"者，案《掌節》注："變鄉遂言道路者，容公邑大夫及小都、大都之吏。"今此"旌節"中何知不亦容都鄙之吏而以都鄙吏在"管節"中者，彼"都鄙用角節"文在上，當直是都鄙之主；此"都鄙用管節"最在下，明都鄙吏在其中。若然，邦國之中都鄙主及吏同用管節矣。知"公之子孫"亦有"采地"者，見《禮運》云"諸侯有國以處其子孫"，故知亦如王之子弟以親疏食采也。云"凡邦國之民遠出至他邦，他邦之民若來入，由國門者門人爲之節，由關者關人爲之節"者，《司關》云："掌國貨之節，以聯門市。"故知所由之處皆得授之節也。云"其以徵令及家徙鄉遂大夫及采地吏爲之節"者，以其皆主民，故授民節也。云"皆使人執節將之以達之"者，《比長》云："邦之民徙於郊，則從而授之。"明皆將送使達前所也。云"管節，如今之竹使符也"者，《漢文本紀》文帝六年九月[①]："初與郡國守相爲銅虎符、竹使符。"應劭曰"竹使符，皆以竹箭五枚，長五寸，鐫刻篆書第一至第五"是也。云"其有商者通之以符節，如門關。門關者與市聯事，節可同也"者，《掌節》云"貨賄用璽節，門關用符節"，各別；《司關》既言"掌國貨之節，以聯門市"，門市節既相聯，此中無貨賄用璽節，明同用符節可知，故爲此解也。云"亦所以異於畿内也"者，畿内貨賄用璽節、門關用符節，畿外同用符節，是異也。云"凡節，有

---

① 浦鏜云："'二年'誤'六年'。"按《地官・掌節職》、《春官・典瑞職》賈疏引作"二年"不誤。

天子法式存於國”者，雖無正文，以意量，王者皆頒度量於天下，其節瑞之等皆是法式，故知國國皆有瑞節法式也。**成六瑞：王用瑱圭，公用桓圭，侯用信圭，伯用躬圭，子用穀璧，男用蒲璧。**注成，平也。瑞，信也。皆朝見所執以爲信。

○釋曰：此亦通四方。若然，諸侯國無鎮圭，因言之。“六瑞”玉人所造，典瑞之令，小行人直平知得失而已。不言達六瑞者，諸侯受命已得之，不令別作法式以齊，故不言達也。**合六幣：圭以馬，璋以皮，璧以帛，琮以錦，琥以繡，璜以黼。此六物者以和諸侯之好故。**○釋曰：此亦小行人至諸侯之國也。此六者之中有“圭以馬”、“璋以皮”，二者本非幣，云“六幣”者，二者雖非幣帛，以用之當幣處，故惣號爲幣也。此六言“合”，以兩兩相配，配合之義，故言合也。注合，同也。六幣，所以享也。五等諸侯享天子用璧，享后用琮，其大各如其瑞，皆有庭實，以馬若皮。皮，虎豹皮也。用圭璋者，二王之後也。二王後尊，故享用圭璋而特之。《禮器》曰“圭璋特”，義亦通於此。其於諸侯亦用璧琮耳。子、男於諸侯則享用琥璜，下其瑞也。凡二王後、諸侯相享之玉，大小各降其瑞一等，及使卿、大夫覜聘亦如之。○釋曰：云“合，同”者，配合即是和同故也。云“六幣，所以享也”者，對上文六者是朝時所用也。云“五等之諸侯享天子用璧，享后用琮，其大各如其瑞”，《玉人》云：“璧琮九寸，諸侯以享天子。”注云：“享，獻也。《聘禮》，享君以璧，享夫人以琮。”引此者，欲明君用琮①，故《覲禮》享天子云“束帛加璧”，是其施于天子也。不言享后，文不具。言九寸，據上公而言，明侯、伯、子、男皆如瑞。知子、男享天子亦用璧琮者，《覲禮》惣稱“侯氏”用璧，明五等同也。云“皆有庭實，以馬若皮”者，案《覲禮》：“三享皆束帛加璧，庭實唯國所有。奉束帛，匹馬卓上，九馬隨之，中庭西上。”是其以馬也。《聘禮》：“奉束帛加璧享，庭實皮則攝之。”是其用皮也。《聘禮•記》曰“皮馬相間可”是也。知“皮，虎豹皮也”者，《郊特牲》云：“虎豹之皮，示服猛也。”是享時所用，故知也。“用圭璋者，二王之後也。二王後尊，故享用圭璋而特之”者，案《玉人》：“璧琮九寸，諸侯以享天子。”言九寸，則上公之禮。上公用璧琮，則圭璋是二王後明矣。言而特之者，唯有皮馬，無束帛可加，故云特。如是，皮馬不上堂，陳於庭，則皮馬之外別有庭實可知。“其於諸侯亦用璧琮”，知者，見《玉人職》云“瑑琮八寸，諸侯以享夫人”，明享君用璧亦八寸，是下享天子一寸。如是，明二王後相享不

---

① 浦鏜謂“欲明君用琮”當爲“欲明享天子用璧、享后用琮”之誤。

可同於天子用圭璋，則用璧琮可知。言是兩公自相朝，二王後稱公，是"於諸侯"還同二王後可知。引《禮器》者，彼圭璋者據朝聘時所行，無束帛可知[1]，是圭璋特之義也。云"亦通於此"者，據朝聘之圭特亦通此享用圭璋[2]，故云亦通於此也。云"子、男於諸侯享用琥璜，下其瑞也"者，《覲禮》子、男已入"侯氏"用璧琮中，則此琥璜不知何用。二王後自相享退入璧琮，則子、男自相享退用琥璜可知。且子、男朝時用璧，自相享降一等，故用琥璜。云"凡二王後、諸侯相享之玉，大小各降其瑞一等"者，《玉人》云："琥琮八寸，諸侯以享夫人。"禮更無用八寸之法，明是上公九寸，降一等至八寸。上公既降一寸，明侯、伯、子、男各降一等可知。二王後相朝，敵，無用相尊之法，明亦降一寸。其子、男者雖退入琥璜，亦降一寸可知。若然，知五等諸侯自相朝圭璋亦如其命數，其相享璧琮等則降一寸。知者，《玉人》云："琥琮八寸，諸侯以享夫人。"據上公身，不云圭璋朝所執者，明圭璋自朝天子所執。故《聘禮》云"所以朝天子，圭與繅皆九寸"，上公之玉也；"問諸侯，朱綠繅八寸[3]"，注云："於天子曰朝，於諸侯曰問，記之於聘，文互相備。"以此上公爲然，侯、伯、子、男可知也。云"及使卿、大夫覿聘亦如之"，直言覿聘亦如之，不分別享與聘，則聘、享皆降一寸同。故《玉人》云："瑑圭璋八寸，璧琮八寸，以覿聘。"此據上公之臣圭璋璧琮皆降一等，其餘侯、伯、子、男降一寸明矣。其子、男之臣享諸侯不得過君，用琥璜可知。**若國札喪，則令賙補之；若國凶荒，則令賙委之；若國師役，則令槁禬之；若國有福事，則令慶賀之；若國有禍裁，則令哀弔之。凡此五物者，治其事故。** 注 故書賙作傅，槁爲稾[4]。鄭司農云："賙補之，謂賙喪家補助其不足也。若今時一室二尸則官與之棺也。稾當爲槁，謂槁師也。" 玄謂師役者，國有兵寇以匱病者也。使鄰國合會財貨以與之，《春秋》定五年"夏，歸粟

---

① 孫校云："'知'，據上文疑當作'加'。"
② "據"字阮本作"彼"。
③ "綠"字原作"緣"，據阮本改。
④ 阮校云："《釋文》：'槁禬，苦報反。作稾，古老反。'宋本、錢鈔本載音義'稾'皆作'稾'，與《地官・序官》、石經正合。蓋故書作'稾'，字從禾，鄭司農讀爲'槁'，字從木。禾稾字切'古老'，與枯槁字切'苦浩'、槁勞字切'苦報'迥不同也。學者不知音紐分別，乃如治絲而棼矣。此經故書作禾稾字，鄭本作槁禬从木，槁即稾也。"孫疏云："'槁作稾'舊本作'槁爲稾'，蜀石經作'犒作稾'。今案：犒、稾並誤字，惟'作'字與《釋文》合，不誤。上云'賙作傅'，則此不宜別云'爲'矣，今據正。"並謂下文"稾當爲槁"之"稾"亦當作"稾"。

於蔡”是也。《宗伯職》曰：“以襘禮哀圍敗。”禍烖，水火。○釋曰：此一經，據上下文皆據諸侯國，此文雖皆單言“國”，亦據諸侯而言。案《宗伯》云“以喪禮哀死亡”，此云“國札喪，則令賵補之”，不同者，彼據弔葬致哀，此據設財物補其不足，相包乃具也。又此“國凶荒，則令賙委之”，《宗伯》云“以荒禮哀凶札”，不同者，言哀凶札者，自貶損，故《曲禮》云“歲凶，年穀不登，君膳不祭肺”之類是也；此云賙委者，令他人以財賙委之。亦相包乃成也。《宗伯》“嘉禮歸脤膰”，此不見者，諸侯無自相歸脤膰法故也。但凶禮有五，唯不見恤禮，以義差之，當於“師役”中兼之。嘉禮有六，此唯言“賀慶”一者，其飲食、冠昏、賓射、饗燕之法皆當國自行，非是相交通之物，故此不言。其吉禮、牢禮、賓禮並不言者①，天子頒之，非所以通行之事，故不言也。但此中“札喪”在喪禮中，《宗伯》荒札荒禮中者②，欲見札而復荒則與荒札同科；若札而不荒，自從喪禮也。注《春秋》定五年‘夏，歸粟於蔡’”者，案定四年秋楚人圍蔡，故五年歸其粟。**及其萬民之利害爲一書，其禮俗政事教治刑禁之逆順爲一書，其悖逆暴亂作慝猶犯令者爲一書，其札喪凶荒厄貧爲一書，其康樂和親安平爲一書。凡此五物者，每國辨異之，以反命于王，以周知天下之故。**注慝，惡也。猶，圖也。○釋曰：此揔陳小行人使適四方所採風俗善惡之事。各各條録，別爲“一書”，以報上也。此五者，上二條條別善惡俱有，故“利害”、“逆順”並言，“其悖逆”一條專陳姦寇之事，“其札喪”一條專陳凶禍之事，“其康樂”一條專陳安泰之事，是方以類聚，物以羣分者也。

---

① 浦鏜云：“‘軍禮’誤‘牢禮’。”
② “札”字原作“禮”，據阮本改。此蓋涉“礼”字而誤。

周禮疏卷第四十五

唐朝散大夫行大學博士弘文館學士臣賈公彥等撰

　　司儀掌九儀之賓客擯相之禮，以詔儀容、辭令、揖讓之節。〇釋曰：此經摠與下"諸侯"文爲目。言"九儀"，是《大行人》"九儀"，命者五、爵者四是。"儀容、辭令、揖讓之節"，並見下文也。**注**出接賓曰擯，入贊禮曰相。以詔者，以禮告王。〇釋曰：云"出接賓曰擯"者，即下文"交擯"而在門外是也。云"入贊禮曰相"者，下文"及廟惟上相入"是也。云"詔者，以禮告王"者，即下云"詔王儀"是也。**將合諸侯，則令爲壇三成，宮，旁一門。**〇釋曰：云"將合諸侯"者，合，會也，謂時見曰會。云"則令爲壇三成"者，謂封人爲壇三成。**注**合諸侯，謂有事而會也。爲壇于國外以命事。宮，謂壇土以爲牆處，所謂爲壇壝宮也①。天子春帥諸侯拜日於東郊，則爲壇於國東；夏禮日於南郊，則爲壇於國南；秋禮山川、丘陵於西郊，則爲壇於國西；冬禮月、四瀆於北郊②，則爲壇於國北。既拜禮而還，加方明於壇上而祀焉，所以教尊尊也。《覲禮》曰"諸侯覲於天子，爲宮，方三百步，四門，壇十有二尋，深四尺"是也。王巡守、殷國而同，則其爲宮亦如此與？鄭司農云："三成，三重也。《爾雅》曰：'丘一成爲敦丘，再成爲陶丘，三成爲昆侖丘。'謂三重。"〇釋曰：云"有事而會也"者，《春秋左氏傳》文。但《春秋》時有事而會、不協而盟是霸者法，引之者，時雖不同，爲有事而行會禮則同，故引以爲證。云"爲壇于國外以命事"者，宮方三百步，明在國外也；言命事，則上《大行人》云"時會以發四方之禁"，禁即九伐，是其事也。云"宮，謂壇土以爲牆處，所謂爲壇壝宮也"者，所謂《掌舍》。但掘地爲塹，壇土爲埓埒當牆處，故云牆處也。云"天子春帥諸侯"，自此已下至"國北"，皆《覲禮》文，其"爲壇"之語鄭加之耳。云"既拜禮而還，加方

----

① 阮校云："大字本無'爲'，此衍。"孫校云："蜀石經無'爲'字。"
② 阮校云："大字本'月'下有'與'，諸本皆脱。"孫校云："蜀石經有'與'字。"

明於壇上而祀焉，所以教尊尊也”者，言教尊尊者，天子親自拜日、禮月之等是尊尊之法，教諸侯已下尊敬在上者也。引《覲禮》者，是見爲壇大小尺寸之法，據時會諸侯爲壇之法。云“王巡守、殷國”者，謂巡守就方岳爲壇，殷國就王國左右爲壇，皆如時會。云“如此與”者，約同之，故云“與”以疑之。先鄭引《爾雅》者，見“三成”者“三重”。重高一尺。**詔王儀，南鄉見諸侯，土揖庶姓，時揖異姓，天揖同姓。**○釋曰：“詔”，告也。謂諸侯各就位立，王在壇亦立，司儀乃告王降壇，“南向見諸侯”，乃揖之。“土揖庶姓”已下[1]，先疏後親爲次。案隱十一年“滕侯、薛侯來朝，爭長”，云：“周之宗盟，異姓爲後。”是先同姓。今此先庶姓、後同姓者，此經直據揖之儀容從下至高，不據盟之先後也。**注**謂王既祀方明，諸侯上介皆奉其君之旂置于宮，乃詔王升壇，諸侯皆就其旂而立。諸公中階之前，北面東上；諸侯東階之東，西面北上；諸伯西階之西，東面北上；諸子門東，北面東上；諸男門西，北面東上。王揖之者，定其位也。庶姓，無親者也。土揖[2]，推手小下之也。異姓，昏姻也。時揖，平推手也。《衛將軍文子》曰：“獨居思仁，公言言義，其聞《詩》也，一日三復‘白圭之玷’，是南宮綯之行也。夫子信其仁，以爲異姓。”謂妻之也。天揖，推手小舉之。○釋曰：云“謂王既祀方明，諸侯上介皆奉其君之旂置于宮，乃詔王升壇，諸侯皆就其旂而立”者，案《覲禮》云：“諸侯覲于天子，爲宮，方三百步，四門，壇十有二尋，深四尺，加方明于其上。方明者，木也，方四尺。設六色：東方青，南方赤，西方白，北方黑，上玄，下黃。設六玉：上圭，下璧，南方璋，西方琥，北方璜，東方圭。上介各奉其君之旂置于宮，尚左，公、侯、伯、子、男皆就其旂而立。四傳擯。天子乘龍，載大旂，象日月、升龍、降龍，出，拜日於東門之外，反，祀方明。”注引《朝事儀》曰：“‘天子冕而執鎮圭尺有二寸，繅藉尺有二寸，搢大圭，乘大路，建大常十有二旒，樊纓十有二就，貳車十有二乘，帥諸侯而朝日於東郊，所以教尊尊也。退而朝諸侯。’由此二者言之，已祀方明乃以會同之禮見諸侯也。”若然，《覲禮》上介奉君之旂置于宮，尚左，及公、侯、伯、子、男就其旂而立，并四傳擯者，並陳設其位，其立當在祀方明後，是以彼下文乃始云拜日之禮、反祀方明之事，故彼“置旂于宮”之下注云：“置于宮者，建之，豫爲其君見王之位也。”是其未即立也。此鄭注依次第而言，故云“謂王既祀方明，諸侯上介皆奉其君之旂置于宮，乃詔王升壇，諸侯皆就其旂而立”也。云“諸公中

---

① “土”字原作“王”，據阮本改。

② “土”字原作“士”，金本同，據婺本、阮本改。

階之前”至“諸男門西，北面東上”，皆《明堂位》周公朝諸侯之禮。《覲禮》注亦引之，證五
等諸侯立位處所也，皆以近王爲上。云“王揖之者，定其位也”者，此約《燕禮》云卿、大
夫皆入門右北面立，公降階揖之，卿得揖東廂西面，大夫得揖中庭少進北面，其位乃
定。此王揖，亦得揖乃定。有少別者，彼諸侯揖臣臣皆北面，得揖就位；此五等立已在
位，王揖之，逡巡而已，位乃定，是其別也。凡揖皆“推手”，至於擅即引手，爲異也。《衛
將軍文子》者，此《大戴禮》文。引之，證有異姓之事也。案《大戴禮》云：“衛將軍文子問
子貢曰：‘蓋受教者七十有餘人，聞之孰爲賢？’”子貢對之，歷陳諸子之行，遂陳南宮縚
之行。此乃子貢之辭，而云“《衛將軍文子》曰”者，此實子貢辭，篇名《衛將軍文子》，故
引篇名耳。**及其擯之，各以其禮，公於上等，侯、伯於中等，子、男於下
等。** ○釋曰：此即上四傳擯之時也。“四傳擯”彼注云：“公也、侯也、伯也各一位，子、
男俠門而俱東上，亦一位。”是子、男共爲位，故共一擯也。**注**謂執玉而前見於王也[1]。
擯之各以其禮者，謂擯公者五人，侯、伯四人，子、男三人也。上等、中等、下等者，謂所
奠玉處也。壇三成，深四尺，則一等一尺也。壇十有二尋，方九十六尺[2]，則堂上二丈四
尺、每等丈二尺與？諸侯各於其等奠玉，降拜，升成拜，明臣禮也。既，乃升堂授王玉。
○釋曰：下云“將幣”據三享，故知此文“擯之”據“執玉見王”也。云“擯之各以其禮者，
謂擯公者五人，侯、伯四人，子、男三人也”者，《大行人》云“公擯者五人”已下，此云“擯
之各以其禮”，是據擯爲數，不據餘禮也。云“上等、中等、下等者，謂所奠玉處也”者，上
云“爲壇三成”，此言三等，明據三等壇奠玉處而言也。云“壇三成”者，據上文。云“深
四尺”者，《覲禮》文。云“則一等一尺”已下，鄭君以意解之，無正文。一等爲一尺，發地
一尺，上有三成爲三尺，摠四尺也。鄭注《覲禮》云：“從上向下爲深。”故云深四尺。云
“壇十有二尋”者，《覲禮》文。云“方九十六尺”者，尋八尺，計之所得九十六尺。云“則
堂上二丈四尺、每等丈二尺與”者，並鄭以意解之，故云“與”以疑之。上二丈四尺爲堂，
王立之處，并祀方明之所。云“諸侯各於其等奠玉，降拜，升成拜，明臣禮也”者，公奠玉
於上等，降拜於中等；侯、伯奠玉於中等，降拜於下等；子、男奠玉於下等，降拜於地。及
升成拜皆於奠玉之處。必知有降拜、升成拜者，亦約《燕禮》臣得君酬酒皆降拜，君使小

---

① 阮校云：“《釋文》出‘見王’二字，則‘於’當爲衍文。”按賈疏述注云“執玉見王”，
亦無“於”字。

② “十”字原作“丈”，據婺本、金本、阮本改。賈疏述注亦作“十”。

臣辭之乃升成拜，明此王禮亦然。言成拜者，鄉於下拜之時王使人辭，下拜之不成，故於升乃更成前拜，故云成拜。是敬上之禮，故云明臣禮也。云“既，乃升堂授王玉”者，禮法，禮敵並授，禮不敵者詑受。此行臣禮，則諸侯皆北面授之於堂上也。王既受玉，約《聘禮》亦當側授宰玉。此壇上無坫，不得取《明堂位》“崇坫亢圭”爲義也。**其將幣亦如之，其禮亦如之。** 注將幣，享也。禮，謂以鬱鬯祼之也。皆於其等之上。

○釋曰：云“將幣”者，即“將幣三享”，一也。但彼《大行人》據在廟，此據在壇。云“亦如之”者，“璧以帛，琮以錦”如前“公於上等”之類。云“其禮亦如之”者，即《大行人》“上公再祼而酢”亦如“公於上等”之類。**王燕，則諸侯毛。** 注謂以須髮坐也。朝事尊尊上爵，燕則親親上齒。鄭司農云：“謂老者在上也。老者二毛，故曰毛。”○釋曰：此“燕”，則公三燕，侯、伯再燕，子、男一燕。云“朝事尊尊上爵”者，依爵尊卑爲先後。云“燕則親親上齒”者，此乃不問爵之尊卑，取以年齒爲先後也。

　　凡諸公相爲賓， 注謂相朝也。○釋曰：云“相朝”，則是兩公自相朝，故下經云“諸侯、諸伯、諸子、諸男相爲賓客以禮相待”，並是兩諸侯相朝之事也。**主國五積，三問，皆三辭拜受，皆旅擯；再勞，三辭，三揖，登，拜受，拜送。**

注賓所停止則積，間闊則問，行道則勞。其禮皆使卿、大夫致之，從來至去數如此也。三辭，辭其以禮來於外也。積、問不言登，受之於庭也。鄭司農云：“旅讀爲‘旅於大山’之旅，謂九人傳辭相授於上下竟，問賓從末上行，介還受上傳之。”玄謂旅讀爲“鴻臚”之臚，臚，陳之也。賓之介九人，使者七人，皆陳擯位，不傳辭也。賓之上介出請，使者則前對，位皆當其末擯焉。三揖，謂庭中時也。拜送，送使者。○釋曰：云“賓所停止則積”者，謂《遺人》云“十里有廬，廬有飲食；三十里有宿，宿有委；五十里有市，市有積”是也。云“間闊則問”者，上注“問，問不羌也”。云“行道則勞”者，謂勞苦之。云“皆使卿、大夫致之”者，案《聘禮》遣卿行勞禮，臣來尚遣卿勞，明君來遣卿勞可知，此“再勞”一勞在境，一勞在遠郊，皆使卿，其近郊勞當主君親爲之也；其積、問當使大夫，故下句云“致飧如致積之禮”，注云：“俱使大夫，禮同也。”知致飧使大夫者，見《聘禮》“宰夫朝服設飧”，宰夫即大夫。問亦小禮，明亦使大夫也。云“從來至去數如此也”者，五積、三問、再勞，來去皆有此數，故云數如此也。先鄭云“旅讀爲旅於大山之旅，謂九人傳辭相授於上下竟，問賓從末上行，介還受上傳之”者，此先鄭以爲“旅擯”與“交擯”同之。後鄭不從者，此臣禮云“旅擯”，下文云“主君郊勞，交擯三辭”，明其別。旅直陳擯介，不傳辭；交則一往一來，傳辭也。云“玄謂旅讀爲鴻臚之臚，臚，陳之也”者，案《爾雅·釋詁》云：“尸、旅，陳也。”《釋言》云：“豫、臚，叙也。”注云：“皆陳叙也。”後鄭不從“旅大山”之旅從“臚”者，欲取叙義也。云“賓之介九人”者，自從公介九人之禮。云“使者七人”者，自從降二等之禮。云“皆陳擯位，不傳辭也。賓之上介出請，使者則前對，位皆當其末擯焉”者，此皆約《聘禮》主君大門内迎聘賓之位也。云“三揖，謂庭中時也”者，如《聘禮》入門揖、當曲揖、當碑揖是也。**主君郊勞，交擯三辭，車逆拜辱，三揖，三辭，拜受；車送，三還，再拜。** ○釋曰：此當近郊勞。“交擯三辭”者，主君至郊，郊有館舍①，賓在内。主君至館大門外，主君北面而陳此九介，去門九十步，東面。賓在大門内，於門外之東亦陳九介，西面。不陳五擯者，非主君，從賓禮故也。三辭者，賓一辭主君以禮來於外。“車迎拜辱”者，傳辭既訖，賓乘車出大門迎主君，至主君處下車，拜主君屈辱自至郊也。“三揖”者，入門及當曲、當碑爲三揖。“三辭”者，辭讓升堂。“拜受”，賓再拜乃受幣。主君亦當拜送，不言者，文略也。“車送”者，賓乘車出門就主君，若欲遠送之。“三還”者，主君賓送己②，三還辭之。“再拜”者，賓見主君辭，遂再拜送主君也。**注**主君郊勞，備三勞而親之也。鄭司農云：“交擯三辭，謂賓主之擯者俱三辭也。車逆，主人以車迎賓於館也。拜辱，賓拜謝辱也。”玄謂交擯者，各陳九介使傳辭也。車逆拜辱者，賓以主君親來，乘車出舍門而迎之，若欲遠就之然；見之則下拜，迎謝其自屈辱來也。至去又出車，若欲遠送然。主君三還辭之，乃再拜送之也。車送迎之節各以其等，則諸公九十步，立當車軹也。“三辭”重者，先辭辭其以禮來於外，後辭辭升堂。 ○釋曰：云“備三勞而親之也”者，《大行人》有“三問三勞”之文也；主君身自勞，是親之也。先鄭云“車逆，主人以車迎賓於館。拜辱，賓拜謝辱也”，後鄭不從者，此直是備三勞，既來至國③，何有軺迎賓於館乎？“玄謂各陳九介”者，以其在道，俱不爲主，故無五擯之事，故各陳九介也。云“立當車軹也”者，賓主俱立當軹，《大行人》文。云“後辭辭升堂”者，案《鄉飲酒禮》：“主人取爵，降洗。賓降，主人坐奠爵于階前④，辭。”注云：

---

① “郊有”二字原作“二有”，據阮本改。按此蓋誤重文符號爲“二”。
② “主君賓送己”五字阮本同，孫疏引作“主君見賓送己”，蓋準下文“賓見主君辭”而補“見”字。
③ 孫校云：“‘來’當爲‘未’。”
④ “奠”字原作“尊”，據阮本改。

“事同曰讓，事異曰辭。”禮，升堂是事同，不云讓而云辭者，此實主敵者，主人之意①，欲有受於庭之心，故從事異曰辭。是以下“諸公之臣”等升堂皆云“讓”，依事同曰讓，非敵。故《聘義》云：“三讓而後傳命，三讓而後入廟門。”並事異不云辭者，欲取致尊讓之意，變文耳。又彼《記》文非正經，故不爲例也。**致館亦如之。**<u>注</u>館，舍也。使大夫授之，君又以禮親致焉。○釋曰：鄭知“使大夫授舍”者，見《聘禮》云“大夫帥至館②，卿致之”，以此知先遣大夫授館也。此大夫亦應是卿。云“亦如之”者，上主君郊勞，此親致館，明亦如之也。凡云“致”者皆有幣以致之，致之使若已有然也。**致飧如致積之禮。**<u>注</u>俱使大夫，禮同也。飧，食也。小禮曰飧，大禮曰饔餼。○釋曰：上公飧五牢，賓始至之禮，欲“致館”後即言之③。云“如致積之禮”者，積在道已致，故云如之。以其俱小禮，不使卿，故云“俱使大夫，禮同也”。云“飧，食也”者，以其有芻薪米禾，食之類，故云食也。云“小禮曰飧”者，《聘禮》使宰夫設飧，禮物又少，故曰小。云“大禮曰饔餼”者，以其有腥、有牽④，芻薪米禾又多，故曰大。是以《聘禮·記》云：“聘日致饔。”注云：“急歸大禮。”又以下文“致饔餼”亦在“將幣”後即致之也。**及將幣，交擯三辭，車逆拜辱，賓車進苔拜，三揖，三讓，每門止一相，及廟，唯上相入；賓三揖，三讓，登，再拜授幣，賓拜送幣。每事如初，賓亦如之。及出，車送，三請三進，再拜，賓三還三辭，告辟。**○釋曰：“及”，至也，至“將幣”，謂賓初至館後日行朝禮之時，故云至將幣。幣即圭璋也。云“交擯三辭，車逆拜辱，賓車進答拜”者，此並在主君大門外，賓去門九十步而陳九介，主君在大門外之東陳五擯。上擯入受命，出請事，傳辭與承擯，承擯傳與末擯，末擯傳與末介，末介傳與承介，承介傳與上介，上介傳與賓；賓又傳與上介，上介傳與承介，承介傳與末介，末介傳與末擯，末擯傳與承擯，承擯傳與上擯，上擯入告君。如是者三，謂之交擯三辭。諸交擯者例皆如此也。車逆拜辱者，傳辭既訖，主君乘車出大門，至賓所下車，拜賓屈辱來此也。賓車進苔拜者，賓初升車進就主君，主君下，賓亦下車，苔主君拜也。“三揖”者，主君遙揖賓使前，北面“三讓”入大門也。云“每門止一相”者，既入門，迴面東至祖廟之

---

① “主”字原作“王”，據阮本改。
② “帥”字原作“師”，據阮本改。
③ 孫校云：“‘欲’疑當爲‘故’。”
④ 孫校云：“據《天官·外饔》疏，‘有腥’上當更有‘有飪’二字。”

時^①，祖廟西仍有二廟，以其諸侯五廟，始祖廟在中，兩廂各有二廟，各別院爲之，則有二門^②，門傍皆有南北隔牆，隔牆皆通門，故得有“每門”。若不然，從大門内即至祖廟之門，何得有“每門”而云“門止一相”乎？故爲此解也。云“上相入”者，相入即上擯、上介，須詔禮，故須入。云“三揖”者，亦謂入門揖、當曲揖、當碑揖也。云“三讓，登”者，至階，主君讓賓，賓讓主君，如是者三，主君先升。云“再拜授幣”者，授當爲受。賓主俱升，主人在阼階上北面拜，乃就兩楹間南面。賓亦就主君，賓授玉，主君受之，故云再拜受幣也。云“賓拜送幣”者，賓既授，乃退向西階上北面拜送幣，乃降也。**注**鄭司農云：“交擯，擯者交也。賓車進苔拜，賓上車進，主人乃苔其拜也。及出車送三請，主人三請留賓也。三進，進隨賓也。賓三還三辭告辟，賓三還辭謝，言已辟去也。”玄謂既三辭，主君則乘車出大門而迎賓，見之而下拜其辱，賓車乃前，下苔拜也。三揖者，相去九十步，揖之使前也。至而三讓，讓入門也。相，謂主君擯者及賓之介也。謂之相者，於外傳辭耳，入門當以禮詔侑也。介紹而傳命者，君子於其所尊不敢質，敬之至也。每門止一相，彌相親也。君入門，介拂闑，大夫中棖與闑之間，士介拂棖，此爲介鴈行相隨也。止之者，絶行在後耳。賓三揖三讓，讓升也。登再拜授幣，授當爲受，主人拜至且受玉也。每事如初，謂享及有言也。賓當爲儐，謂以鬱鬯禮賓也。上於下曰禮，敵者曰儐。《禮器》曰：“諸侯相朝，灌用鬱鬯，無籩豆之薦。”謂此朝禮畢儐賓也。三請三進，請賓就車也。主君每一請，車一進，欲遠送之也。三還三辭，主君一請者^③，賓亦一還一辭。

○釋曰：先鄭云“賓車進苔拜，賓上車進，主人乃苔其拜也”，後鄭不從者，“車逆拜辱”已是主人，今云“車進苔”當是客，何得主人再度拜？故不從也。云“及出車送三請，主人三請留賓也”，後鄭亦不從者，行朝享禮賓訖，送賓出，禮既有限，何因更有留賓之事？故不從也。云“介紹而傳命者”，此《聘義》文。案彼“介紹而傳命”謂聘者旅擯法，引證此“交擯”者，但紹，繼也，謂介相繼而陳，則交擯、旅擯皆得爲紹，故此交擯亦得紹介而傳命也。案彼注：“質，謂正自相當。”賓主不敢正自相當，故須擯介通情也。云“君入門，介拂闑，大夫中棖與闑之間，士介拂棖”者，《玉藻》文。君入門不言所拂者，朝君入由闑西亦拂闑。不言之者，君特行，不與介連類，故不言也。介拂闑者，上介隨君後，

---

　　① 浦鏜云：“‘而’誤‘面’。”

　　② “二門”二字阮本作“一門”，孫校據《儀禮・聘禮》疏義改爲“三門”。

　　③ 浦鏜謂“者”字當在“三還三辭”下。阮校據賈疏述注云“主君一請，賓亦一還一辭”，“請”下無“者”字，以爲“當如浦説”。

與大夫、士介自爲“鴈行”於後也。云“止之者，絶行在後耳”者，知不全入而爲絶行在後
者，以《聘禮》介皆入廟門門西北面西上，故知此君介亦入門門西北面西上可知，故云絶
行在後，後亦入廟也。云“登再拜授幣，授當爲受”者，欲見登再拜受玉者主君，止得爲
受，不得爲授之義故也。云“拜至且受玉也”者，拜中含此二事故也。云“每事如初，謂
享及有言也”者，案《聘禮》享夫人下云“若有言，束帛如享禮”是也。云“上於下曰禮，敵
者曰擯”者①，《大行人》云“王禮再祼而酢”之屬是上於下曰禮；此諸侯云擯，是敵者曰擯
也。云“《禮器》曰：諸侯相朝，灌用鬱鬯，無籩豆之薦”，引之者，證擯亦用鬱鬯也。云
“主君一請，賓亦一還一辭”者，則主君三請三進共賓三還三辭一一相將②，但別言之
耳。**致饔餼、還圭、饗、食、致贈、郊送皆如將幣之儀。**注此六禮者，惟
饗、食速賓耳，其餘主君親往。親往者，賓爲主人，主人爲賓。君如有故不親饗、食，則
使大夫以酬幣、侑幣致之。鄭司農云：“還圭，歸其玉也。故公子重耳受飧反璧。”玄謂
聘以圭璋，禮也；享以璧琮，財也。已聘而還圭璋，輕財而重禮。贈，送以財，既贈又送
至于郊。○釋曰：知“饗、食速賓”者，案《公食大夫禮》君親食之，君不親食則以侑幣致
之③。《聘禮》云：“公於賓壹食再饗，上介壹食壹饗。若不親食，致之以侑幣，致饗以酬
幣。”以此知二者皆速賓也。云“其餘主君親往。親往者，賓爲主人，主人爲賓”者，見
《聘禮》云“君使卿歸饔餼”，又云“賓迎于外門外”，又云“大夫東面致命”；“君使卿還玉
于館。賓迎于外門外，不拜，帥大夫以入”。鄭君以此二者知賓爲主人，主人爲賓，致
贈、郊送亦然可知也。《聘禮》乃君於臣，此兩君敵，明主君親爲之矣。先鄭云“公子重
耳”，事見僖公二十三年：公子重耳反國，“及曹，曹共公聞其駢脅，欲觀其祼。浴，薄而
觀之。僖負羈之妻曰：‘吾觀晉公子之從者皆足以相國，若以相，夫子必反其國。反其
國，必得志於諸侯。得志於諸侯而誅無禮者，曹其首也。子盍蚤自貳焉？’乃饋盤飧，寘
璧焉。公子受飧反璧④。”是其事。引之者，證還圭之事。但彼反璧者義取不貪寶意，非
還圭，故後鄭不從也。“玄謂聘以圭璋，禮也”者，《聘義》云：“以圭璋聘，重禮也。”謂行聘
禮也。云“享以璧琮，財也”者，貢財貨時用璧琮以致之，故云財也。云“已聘而還圭璋，

---

① “擯”字阮本同。按鄭注作“儐”，段考云：“依《説文》，儐、擯同字，皆訓導也。而
鄭君説《禮》，擯爲導，儐爲禮賓，分別與許不同。”賈疏當依注作“儐”。下文“擯”字同。

② “共”字阮本作“其”，加藤疑“共”字是。

③ 浦鏜云：“‘若’誤‘君’。”

④ “璧”字原作“壁”，據阮本改。

輕財而重禮"者，還圭璋是重禮，璧琮不還是輕財也。云"贈，送以財"者，《聘禮》："賓遂行，舍于郊，公使卿贈，如覿幣。"注云："言如覿幣，見爲反報。"是"贈"并"送至于郊"。

賓之拜禮：拜饔飧，拜饗、食。 注鄭司農云："賓之拜禮者，因言賓所當拜者之禮也。所當拜者，拜饔飧，拜饗、食。"玄謂賓將去，就朝拜謝此三禮，三禮禮之重者也。賓既拜，主君乃至館贈之，去又送之于郊。○釋曰：先鄭所説是，後鄭增成其義。案《聘禮》，饔飧、燕羞、儀獻之明日賓皆拜於朝，將去又三拜乘禽于朝。彼臣，故盡拜謝；此"賓之拜禮"在"致贈、郊送"之下，則不及燕羞、儀獻、乘禽，以其君略小惠，將去惟拜其大禮也。案《聘禮》："賓三拜乘禽於朝，遂行，舍于郊，公使卿贈。"若然，此致贈、郊送在拜禮後，今設文在前者，欲取"如將幣之儀"，故進文在前，其贈、送合在後也。云"賓既拜，主君乃至館贈之，去又送之于郊"者，鄭以贈、送之文在前，拜禮在後，恐疑顛倒，故此解之，是其次也。**賓繼主君皆如主國之禮。** 注鄭司農云："賓繼主君，復主人之禮費也，故曰皆如主國之禮。"玄謂繼主君者，儐主君也。儐之者，主君郊勞、致館、饔飧、還圭、贈、郊送之時也。如其禮者，謂玉帛皮馬也[①]；有饌陳之積者不如也。若饗、食主君及燕，亦速焉。○釋曰：先鄭云"繼主君，復主人之禮費也"，後鄭不從者，主人禮費既多，非賓所能復。"玄謂繼主君者，儐主君也"者，案《聘禮》，君遣卿勞及致館等皆儐。儐者報也，上注云"敵者曰儐"，故此報主君爲儐。云"儐之者，主君郊勞、致館、饔飧、還圭、贈、郊送之時。如其禮者，謂玉帛乘馬也"者，案《聘禮》云"賓至于近郊，君使卿朝服用束帛勞"，又云"賓用束錦儐勞者"；"君使卿韋弁歸饔飧"，又云"大夫奉束帛"，又云"賓降，授老幣，出迎大夫"，注云："出迎，欲儐之。""庭實設，馬乘。賓降堂，受老束錦，賓奉幣西面，大夫東面，賓致幣"。是皆有儐法。彼兩臣有儐，此兩公有儐可知也。若然，彼《聘禮》致館無儐者，彼君使卿致館不以幣，故亦無儐，明此兩君致時有幣合亦儐之也。彼《聘禮》賓不見有饗、食速主君者，臣於君，雖他國亦不敢速君，故《禮記》云"大夫饗君，非禮"是也。此兩君即得，其燕、食等皆得速主君也。主君有故不能親，以侑幣、酬幣致之，亦無儐。鄭彼注云："以己本宜往。"還玉于館及還享雖無束帛文，亦當儐之矣。**諸侯、諸伯、諸子、諸男之相爲賓也各以其禮，相待也如諸公之儀。** 注賓主相待之儀與諸公同也，饔飧、饗、食之禮則有降殺。○釋曰：五等諸侯以命數分爲三等，其圭璋、饔飧、飧積、步數、擯介皆"有降殺"，備於《大行人》、《掌客》。

---

① 阮校云："賈疏引注作'謂玉帛乘馬也'，諸本作'皮'，誤。"

其進退、升降、揖讓之儀一與公同，故云“如諸公之儀”。

諸公之臣相爲國客，注謂相聘也。○釋曰：謂上諸公之臣相聘往來“爲國客”，相待相送之儀，此法皆備於下文也。則三積，皆三辭拜受。注受者，受之於庭也。侯、伯之臣不致積。○釋曰：此謂在道之禮，於路館致之，亦有束帛致之。云“三辭拜受”者，辭不受，三辭後受之，故云三辭拜受也。知“受之於庭”者，上諸公即云“登”，登謂登堂；此不云“登”，故知受於庭也。知“侯、伯之臣不致積”者，案《聘禮》以五介，又張旜，是侯、伯之卿聘使者；經不云積，明侯、伯之臣不致積可知。但不以束帛行禮致之，豈於道全無積乎？明有也。及大夫郊勞，旅擯三辭，拜辱，三讓，登聽命，下拜，登受。賓使者如初之儀。及退，拜送。注登聽命，賓登堂也。賓當爲儐[①]。勞用束帛，儐用束錦。侯、伯之臣受勞於庭。○釋曰：案《聘禮》，此亦近郊勞也。“旅擯”，不傳辭，賓、使各陳七介而已。云“三辭，拜辱”者，賓從館内出於大門，拜使者辱命來於外。云“三讓”者，讓升堂。云“登聽命”者，賓登堂聽使者傳主君之命也。云“下拜，登受”者，賓聽命訖，下堂拜命訖，登堂受幣也。云“賓使者如初之儀”者，謂使傳命訖，禮畢出門，賓以束帛儐使者[②]，如初行勞時之儀。前賓受幣，今使者受幣，受幣雖異，威儀則同，敬主君使者也。知“勞用束帛，儐用束錦”者，約《聘禮》郊勞知之。知“侯、伯之臣受勞於庭”者，亦案《聘禮》賓是侯、伯之臣，云“受於舍門内”，是不登堂也。致館如初之儀。注如郊勞也，不儐耳。侯、伯之臣致館于庭。不言致飧者，君於聘大夫不致飧也。《聘禮》曰：“飧不致，賓不拜。”○釋曰：案《聘禮》，賓至，使大夫帥至館，卿致館。此公之臣亦當然。上云“郊勞”，此云“如初”，如初郊勞也。鄭知“不儐”者，《聘禮》致館無束帛，賓亦無儐，知此亦然也[③]。云“侯、伯之臣致館于庭”者，亦案《聘禮》知之。云“君於聘大夫不致飧也”，引《聘禮》“飧不致，賓不拜”者，案《聘禮》致館之下即云“宰夫設飧”，即此“致館”，下不云致飧，故云君於聘大夫不致飧。如是，五等之臣皆無致飧也。及將幣，旅擯三辭，拜逆，客辟，三揖，每門止一相，及廟，唯君相入；三讓，客登，拜，客三辟，授幣，下，出。每事如

---

① “儐”字原作“擯”，阮本同，據婺本、金本改。上文“賓亦如之”鄭注云“賓當爲儐”，與此注同。鄭玄注《禮》“儐”、“擯”有別，説已見上。此注下文底本作“儐”不誤。

② 浦鏜云：“‘儐使’誤‘賓使’。”按賈疏當據鄭注作“儐”。

③ “知”字原作“如”，據阮本改。

初之儀。○釋曰：“及”，至也，謂賓在館至“將幣”，將幣亦謂圭璋也。云“旅擯三辭”者，亦謂於主君大門外主君陳五擯，客陳七介，不傳辭，故云旅擯也；云三辭者，前郊勞“三辭”辭其以禮來於外，此三辭辭其主君以大客禮當己。云“拜逆，客辟”者，謂三辭訖主君遣上擯納賓，賓入大門，主君在大門内南面拜，拜賓奉君命屈辱來見己；客辟不受拜者，使者奉君命來，不敢當拜，故逡巡辟君拜也。云“三揖”者，亦揖之使前。云“每門止一相”者，謂彌相親也。云“及廟，唯君相入”者，與前諸公少異：彼是兩君，故云“唯上相入”，則兩君擯介各有；上相亦不入①，故據君而言也。云“三讓，客登”者，案《聘義》云：“三讓而後入廟門，三揖而後至階。”此不言者，文不具。客登者，主君與客俱登，據客而言，故云客登也。云“拜，客三辟”者，主君與客俱登訖，主君於阼階上北面拜，拜賓喜至此堂，并拜受幣；云客三辟者，三退負序，不敢當君拜。云“授幣”者，授玉與主君也。 注客辟，逡巡不荅拜也。唯君相入，客，臣也，相不入矣。拜，主君拜客至也。客三辟，三退負序也。每事，享及有言。○釋曰：云“客辟，逡巡不荅拜也”者，釋上“拜逆，客辟”也。云“客三辟，三退負序也”者，案《聘禮》云：“賓三退負序。”注云：“三退，三逡巡也。不言辟者，以執圭將進授之。”此亦執圭將授，言辭辟，《儀禮》是委曲行事，故以執圭將進不得云辟②；此《周禮》事未見，據大揔而言，故云辟無嫌。“三退負序”，《聘禮》文。云“每事，享及有言”者，亦約《聘禮》知之。及禮、私面、私獻，皆再拜稽首，君荅拜。 注禮，以醴禮客。私面，私覿也。既覿則或有私獻者。鄭司農云説私面以《春秋傳》曰“楚公子弃疾見鄭伯③，以其良馬私面”。○釋曰：此三者皆於聘日行之，故并言之。云“君荅拜”者，雖是異國之臣，當空首拜也。知“禮，以醴禮客”者，案《聘禮》禮客用醴齊，異於君鬱鬯也。云“私面，私覿也”者，案《聘禮》“賓奉束錦請覿”；又云：問卿訖，“賓面，如覿幣”。注云：“面亦見也。其謂之面，威儀質也。”彼不見有私獻，又於君謂之覿，於卿謂之面，覿、面别。此云“私面，私覿”爲一者，以彼文兩見，則私覿據君，私面據卿；此文不見有私覿，直言私面，豈不見君直見臣也？明此私面主於君，故以私面爲私覿也。彼無私獻，非常，故彼《記》云“既覿，賓若私獻，奉獻將命”，故此注

────────

①　孫校云：“‘上相亦不入’上當脱‘此’字。”按“此”字不必遽增，説見《地官·閭師職》。

②　“以”字阮本作“云”。

③　阮校云：“大字本、岳本作‘鄭司農説’，無‘云’字，當據以删正，《六經正誤》所據本已衍。”

云"既覿則或有私獻者"也。云《春秋》者，案《左氏》昭六年："楚公子棄疾如晉，過鄭，見鄭伯如見王，以其乘馬八匹私面。見子皮如上卿，以馬六匹。見子產以馬四匹，見子大叔以馬二匹。"稱面者，以其面亦覿也；且過鄭非正聘，故以面言之。**出，及中門之外，問君，客再拜對，君拜，客辟而對；君問大夫，客對；君勞客，客再拜稽首，君荅拜，客趨辟。**注中門之外，即大門之内也。問君曰"君不恙乎"，對曰"使臣之來，寡君命臣于庭^①"。問大夫曰"二三子不恙乎"^②，對曰"寡君命使臣于庭，二三子皆在"。勞客曰"道路悠遠，客甚勞"，勞介則曰"二三子甚勞"。問君客再拜對者，爲敬慎也。○釋曰：賓來主爲以君命行聘享，是以先行聘享訖乃始行私相慰問之事，是以《聘禮》注云："鄉以公禮將事，無由問也。"云"中門之外，即大門之内也"者，《聘禮》云："及大門内，公問君。"故指彼云即大門内也。案《聘禮》云："及大門内，公問君，賓對，公再拜。"注云："賓至始入門之位，北面，將揖而出。衆介亦在其右，少退西上，於此可以問君居處何如，序殷勤也。時承擯、紹擯亦於門東，北面東上。上擯往來傳君命，南面。"云"問君曰"已下，未知鄭君所出何文，或云是孔子聘問之辭，亦未得其實也。《爾雅》云："恙，憂也。"**致饔餼如勞之禮，饗、食、還圭如將幣之儀。**○釋曰：云"致饔餼如勞之禮"者，同使卿，威儀進止皆如上"郊勞"之禮。還以本圭，故云"如"也。注饗、食亦謂君不親而使大夫以幣致之。○釋曰：知"饗、食"是"君不親"者，以其與"還圭"共文，同是致之，故知君不親使大夫致之也。致饗及還玉賓主皆是大夫；其將幣，主君與使臣行禮，"如將幣"者，蓋不盡如之，所如者，如旅擯、主人皮弁、賓皮弁襲將幣同，自餘則别。是以《聘禮》："君使卿皮弁還玉于館。賓皮弁，襲，迎于外門外，不拜，帥大夫以入。大夫升自西階，鉤楹。賓自碑内聽命，升自西階，自左，南面受圭，退，負右房而立。"是與將幣别之事也。**君館客，客辟，介受命，遂送，客從，拜辱于朝。**注君館客者，客將去，就省之，盡殷勤也。遂送，君拜以送客。○釋曰：案《聘禮》云："公館賓，賓辟。"注云："言辟者，君在廟門，敬也。"又云："上介聽命。"注云："聽命於廟門中，西面，如相拜然也。"然則此中行事亦爾。鄭知"君拜送"者，見《聘禮》云"聘享，夫人之聘享，問大夫，送賓，公皆再拜"，是其有拜。此云"客從，拜辱于朝"者，

---

① 孫疏云："寡君命臣于庭，蜀石經、宋大字本'命'下並有'使'字，與下文同，疑今本挩之。"

② "問"字剜擠，與金本、阮本合，婺本無。

《聘禮》曰“公退，賓從，請命于朝。公辭，賓退”是也。**明日，客拜禮賜，遂行，如入之積。**注禮賜，謂乘禽，君之加惠也。如入之積，則三積從來至去。○釋曰：案《聘禮》云“館賓”①，下云“賓三拜乘禽於朝”，以此知“禮賜”是“乘禽”也。云“遂行，如入之積”，鄭云“如入之積，則三積從來至去”者，入與出各三積，故得以後如前。以此而言，諸侯言出入五積、四積、三積之類，入出各五、各四、各三者也。**凡侯、伯、子、男之臣以其國之爵相爲客而相禮，其儀亦如之。**注爵，卿也、大夫也、士也。○釋曰：諸侯之臣言“爵相爲客而相禮”者，不離三等卿、大夫、士。鄭注《掌客》云：“爵卿也，則飧二牢，饔餼五牢；大夫也，則飧大牢，饔餼三牢；士也，則飧少牢，饔餼大牢也。此降小禮，豐大禮也。以命數則參差難等，略於臣，用爵用已。”以此三等“相禮”也。云“其儀亦如之”者，亦以三等相差，七十步七介，五十步五介，三十步三介，小聘使大夫又降殺也。**凡四方之賓客禮儀、辭命、饔牢、賜獻，以二等從其爵而上下之。**注上下猶豐殺也。○釋曰：上經云“爵”，鄭以卿、大夫、士三等解之。此經云“二等”，即與《大行人》云“諸侯之卿各下其君二等，大夫、士亦如之”，大夫下卿，士下大夫，降殺以兩解之同也。云“從其爵”者，以三等降殺從三等而爲之②。云“上下猶豐殺也”者，爵尊者禮豐，爵卑者禮殺，以二等爲豐殺也。

　　凡賓客，送逆同禮。注謂郊勞、郊送之屬。○釋曰：經云“送逆”，故知“郊勞、郊送”也。郊勞是逆，郊送是送，尊卑不同，此二者一也。**凡諸侯之交，各稱其邦而爲之幣，以其幣爲之禮。**○釋曰：此一經惟論享幣多少及主國報禮輕重之事。言“交”者，兩國一往一來謂之交。言“各稱其邦而爲之幣”者，據朝聘所齎享幣③，大國多，小國少。云“以其幣爲之禮”者，據主國賄客還依來者多少而報之④。注幣，享幣也。於大國則豐，於小國則殺。主國禮之如其豐殺，謂賄用束紡、禮用玉帛乘皮及贈之屬。○釋曰：鄭知“幣”是“享幣”者，以其經云“稱其邦”，復云“幣”，明幣是享幣，不得據圭璋璧琮也。知是“賄用束紡、禮用玉帛乘皮及贈之屬”者，案《聘禮》“還玉”

---

① 孫校云：“‘云’當爲‘公’。”
② 孫校謂“三等降殺”當作“二等降殺”：“言三等爵之中各有二等之降殺也。”
③ “享”字原作“亨”，據阮本改。
④ “依”字原作“外”，據阮本改。

之下云“賓裼，迎。大夫賄用束紡”，注云：“所以遺聘君，可以爲衣服。”又云“禮玉、束帛、乘皮”，注云：“禮，禮聘君也，所以報享也。”又云“遂行，舍于郊。公使卿贈，如覿幣”。《記》云：“賄，在聘爲賄。”是其豐殺多少者也。**凡行人之儀，不朝不夕，不正其主面，亦不背客。**注謂擯相傳辭時也。不正東鄉，不正西鄉，常視賓主之前却，得兩鄉之而已。○釋曰：此經論司儀爲擯相之法。“朝”，謂日出時，爲正鄉東。“夕”，謂日入時，爲正鄉西。云“不正其主面”，則“亦不背客”，故鄭云“常視賓主之前却，得兩鄉之而已”。言此者，正謂司儀隨機旋轉不常厥處者也。

行夫掌邦國傳遽之小事媺惡而無禮者。凡其使也，必以旌節。雖道有難而不時，必達。○釋曰：“行夫”者，以身自行於外。言“美惡無禮者”[1]，無擯介而單行謂之無禮也。云“必以旌節”者，道路用旌節故也。云“雖道有難而不時”者，無難者即依程至，祇由有難故不時。云“必達”者，雖不時，必達於所往之處也。注傳遽，若今時乘傳騎驛而使者也。美，福慶也。惡，喪荒也。此事之小者無禮，行夫主使之。道有難，謂遭疾病他故，不以時至也。必達，王命不可廢也。其大者有禮，大、小行人使之，有故則介傳命，不嫌不達。○釋曰：云“美，福慶也”者，謂諸侯國有生男及嫁娶等。云“惡，喪荒也”者，謂民有死喪及年穀不孰。若諸侯薨之等大事即使卿、大夫，若《春秋》王使榮叔、宰咺之等，有禮，不使行夫也。云“他故”者，謂賊寇及水旱之等。云“必達，王命不可廢也”者，以其行夫下士三十二人，以人數多，縱有難，必達也。云“其大者有禮，大、小行人使之”者，案《大行人》雖不云身使之事，其“間問”及“王之所以撫諸侯”之等或身自行；《小行人》云“使適四方”，是身行之事也。**居於其國，則掌行人之勞辱事，焉使則介之**[2]。注使，謂大、小行人也。故書曰“夷使”。鄭司農云：“夷使，使於四夷，則行夫主爲之介。”玄謂夷，發聲。○釋曰：先鄭以

---

① “美”字阮本作“媺”，一據鄭注，一據經文，賈疏並有其例。

② 按《釋文》：“焉使，劉焉音夷。”則劉昌宗以“夷”即爲“焉”之異文，“焉使則介之”五字爲句，與賈疏同。王引之云：“‘焉’字屬上爲句，‘使則介之’，故書‘使’上有‘夷’字。夷乃發聲，故鄭兼存故書有‘夷’字者，而以‘發聲’解之，非謂‘焉’字故書作‘夷’也。若‘焉’字故書作‘夷’，則鄭當云‘故書焉作夷’，方合全書之例。今不言‘焉作夷’，而云‘使，謂大、小行人也。故書曰夷使’，是故書‘使’上多一‘夷’字，而‘焉’字仍屬上讀明矣。”茲暫依賈讀。

“夷使，使於四夷”，後鄭不從，以爲“夷，發聲”者，以經云“居則掌行人之勞辱事”是行人所使，即云“介”，明遷與行人爲介，文勢不容與“行人”別行，直四夷使自使象胥①，何得使行夫也？故不從之也。

環人掌送逆邦國之通賓客，以路節達諸四方。 ○釋曰：此環人與《夏官》“環”字雖同，義則異：彼環人主致師，此環人主環遶賓客使不失脱，是其異也。**注**通賓客，以常事往來者也。路節，旌節也。四方，圻上。 ○釋曰：云“通賓客，以常事往來者也”者，謂朝覲會同者也。云“路節，旌節也”者，以其道路用旌節，故知“路節，旌節也”。云“四方，圻上”者，至畿即入諸侯國，諸侯國自有通之者也。**舍則授館，令聚柝，有任器則令環之。** ○釋曰：“館”，則道上廬、宿、市所館舍。“任器”，謂賓客任用之器。**注**令，令野廬氏也。鄭司農云：“四方人有任器者，則環人主令殉環守之。” ○釋曰：“令，令野廬氏也”者，其職云“若有賓客，則令守涂地之人聚柝之”，故知令野廬也。**凡門關無幾，送逆及疆。** **注**鄭司農云：“門關不得苛留環人也。”玄謂環人送逆之則賓客出入不見幾。 ○釋曰：先鄭云“門關不得苛留環人也”者，以環人乃是執節之人，事不畏門關苛留②，故後鄭以爲“環人送逆之”則門關不得苛留賓客。

象胥掌蠻、夷、閩、貉、戎、狄之國使，掌傳王之言而諭説焉，以和親之。 **注**謂蕃國之臣來覜聘者。 ○釋曰：“蕃國之君”世壹見，其臣得有“覜聘”者，彼雖無聘使法，有國事來，小行人受其幣，聽其辭，以中國覜聘況之耳，其實無覜聘也。**若以時入賓，則協其禮與其辭，言傳之。** **注**以時入賓，謂其君以世一見來朝爲賓者。 ○釋曰：云“協其禮”者，夷狄之君雖不能行中國禮，及其行朝覲，亦當以禮和合之，使得其所也。云“與其辭，言傳之”者，但夷狄之君本是中國卿、大夫有罪使任於彼，計應言辭可知，而言“協其辭，言傳之”者，謂君外之衆須譯語者也③。**凡其出入送逆之禮節、幣帛、辭令，而賓相之。** **注**從來至去皆爲擯，而詔侑其

---

① 浦鏜云：“‘直’疑‘且’字誤。”
② 浦鏜云：“‘事’疑‘自’字誤。”
③ 浦鏜云：“‘若’誤‘君’。”

禮儀。○釋曰：夷狄無玉帛來向中國，而云“幣帛”者，謂王有賜與之者也。凡國之大喪，詔相國客之禮儀而正其位。注客，謂諸侯使臣來弔者。○釋曰：大喪言“凡”，則非王喪，若王喪，諸侯皆來，何得有使臣來、諸侯絕無來者？則大喪，王后、世子也。或大喪王喪，不言諸侯者，餘官掌之，此象胥直掌“臣”也。又象胥本主夷狄之使，亦兼掌中國之使，故下有“大事諸侯”之等也。凡軍旅會同，受國客幣而賓禮之。注謂諸侯以王有軍旅之事，使臣奉幣來問。○釋曰：言“諸侯以王有軍旅之事，使臣奉幣帛來問”者，正謂禮動不虛，以爲相見之禮以幣致其君命，非謂別有幣也。凡作事，王之大事諸侯，次事卿，次事大夫，次事上士，下事庶子。注作，使也。鄭司農云：“王之大事諸侯，使諸侯執大事也。次事卿，使卿執其次事也。次事使大夫，次事使上士，下事使庶子。”○釋曰：直言“上士”，不言中士、下士者，摠以王之三等之士皆曰上士，與《王制》所云“元士”同也。云“庶子”者，謂若《宮伯》所云“士庶子”之等直云庶子，兼適子在其中也。

掌客掌四方賓客之牢禮、餼獻、飲食之等數與其政治。注政治，邦新殺禮之屬。○釋曰：此經與下文爲摠目，其事並在下文。云“政治，邦新殺禮之屬”者，下文云新國則殺禮，殺禮類多，故云之屬以通之。王合諸侯而饗禮，則具十有二牢，庶具百物備，諸侯長十有再獻。注饗諸侯而用王禮之數者，以公、侯、伯、子、男盡在，是兼饗之，莫敵用也。諸侯長，九命作伯者也。獻公、侯以下如其命數。○釋曰：云“王禮之數”者，則“十二牢”是。故哀七年：“吳來徵百牢。魯使子服景伯對曰：‘周之王也，制禮上物不過十二，以爲天之大數也。’”上公以九爲節，則十二者是王禮之數也。云“以公、侯、伯、子、男盡在，是兼饗之”者，以經云“合”則時會、殷同，是盡在，於是兼饗，故用十二牢也。云“莫敵用也”者，若單饗一國，即有賓主之敵，則單用大牢；今兼饗諸侯，無一一相敵，故云莫敵用也。若《曲禮》云：“大饗不問卜。”鄭云：“莫適卜也。”彼亦非一帝，摠饗五帝，莫適卜也。云“諸侯長，九命作伯者也”者，《大宗伯》云：“九命作伯。”注云：“上公有功德者加命爲二伯。”云“獻公、侯以下如其命數”者，《大行人》云“上公饗禮九獻，侯、伯七獻，子、男五獻”是也。王巡守、殷國，則國君膳以牲犢，令百官百牲皆具，從者，三公眡上公之禮，卿眡侯、伯之禮，大夫眂子、男之禮，士眂諸侯之卿禮，庶子壹眂其大夫之禮。○釋曰："王巡守"則殷同，殷同則"殷國"也。王巡守至於四岳之下，當方諸侯或所在經過，或至方岳之下[①]；若殷國，或在王城，出畿外在諸侯之國。所在之處皆設禮待王，故巡守、殷國並言也。云"則國君膳以牲犢"者，膳亦謂殷膳時也。云"令百官百牲皆具"者，此文與下爲目，百官即"三公"已下是也。云"三公"者，明上公已下及侯、伯、子、男禮備於《大行人》及《掌客》，諸侯之卿及諸侯大夫禮亦備於《聘禮》及《公食大夫》也。注國君者，王所過之國君也。犢，繭栗之犢也。以膳天子，貴誠也。牲孕，天子不食也，祭帝不用也。凡賓客則皆角尺。令者，掌客令主國也。百牲皆具，言無有不具備。○釋曰：云"國君者，王所過之國君也"者，鄭偏舉一邊而言，所在亦須共待。云"犢，繭栗之犢也"者，《王制》云："天地之牛角繭栗。"《郊特牲》云："天子適諸侯，諸侯膳用犢。"謂殷膳時特與祭天之牲同用犢，則天子繭栗可知也。云"以膳天子，貴誠也。牲孕不食也，祭帝不用也"者，皆《郊特牲》文。言此者，見天子牲與天同，貴誠愨，故用繭栗也。云"凡賓客則皆角尺"者，亦《王制》文。云"令者，掌客令主國也"者，以其掌客掌諸侯已下牢禮，故知掌客令也。

凡諸侯之禮，上公五積，皆眂飧牽，三問皆脩，羣介、行人、宰、史皆有牢；飧五牢，食四十，簠十，豆四十，鉶四十有二，壺四十，鼎、簋十有二，牲三十有六，皆陳；饔餼九牢，其死牢如飧之陳，牽四牢，米百有二十筥，醯醢百有二十甕，車皆陳；車米眂生牢，牢十車，車秉有五籔，車禾眂死牢，牢十車，車三秅，芻、薪倍禾，皆陳；乘禽日九十雙，殷膳大牢，以及歸，三饗、三食、三燕，若弗酌則以幣致之；凡介、行人、宰、史皆有飧、饔餼，以其爵等爲之牢禮之陳數，唯上介有禽獻；夫人致禮，八壺、八豆、八籩，膳大牢，致饗大牢，食大牢；卿皆見，以羔，膳大牢。侯、伯四積，皆眂飧牽，再問皆脩；飧四牢，食三十有二，簠八，豆三十有二，鉶二十有八，壺三十有二，鼎、簋十有二，腥二十有七，皆陳；饔餼七牢，其死牢如飧之

---

① "至"字原作"互"，據阮本改。

陳，牽三牢，米百筥，醯醢百甕，皆陳；米三十車，禾四十車，芻、薪倍禾，皆陳；乘禽日七十雙，殷膳大牢，三饗、再食、再燕①；凡介、行人、宰、史皆有飧、饔餼，以其爵等爲之禮，唯上介有禽獻；夫人致禮，八壺、八豆、八籩，膳大牢，致饗大牢；卿皆見，以羔，膳特牛。子、男三積，皆眡飧牽，壹問以脩；飧三牢，食二十有四，簠六，豆二十有四，鉶十有八，壺二十有四，鼎、簋十有二，牲十有八，皆陳；饔餼五牢，其死牢如飧之陳，牽二牢，米八十筥，醯醢八十甕，皆陳；米二十車，禾三十車，芻、薪倍禾，皆陳；乘禽日五十雙，壹饗、壹食、壹燕；凡介、行人、宰、史皆有飧、饔餼，以其爵等爲之禮，唯上介有禽獻；夫人致禮，六壺、六豆、六籩②，膳眡致饗；親見卿，皆膳特牛。**注**積皆視飧牽，謂所共如飧，而牽牲以往，不殺也。不殺則無鉶鼎。簠簋之實，其米實于筐，豆實實于甕。其設，筐陳于楹內，甕陳于楹外，牢陳于門西，車米、禾、芻、薪陳于門外。壺之有無未聞。三問皆脩，脩，脯也。上公三問皆脩，下句云“羣介、行人、宰、史皆有牢”，君用脩而臣有牢，非禮也，蓋著脫字失處且誤耳。飧，客始至致小禮也。公、侯、伯、子、男飧皆餼一牢，其餘牢則腥。食者，其庶羞美可食者也。其設，蓋陳于楹外東西，不過四列。簠，稻粱器也。公十簠，堂上六，西夾東夾各二也；侯、伯八簠，堂上四，西夾東夾各二；子、男六簠，堂上二，西夾東夾各二。豆，菹醢器也。公四十豆，堂上十六，西夾東夾各十二；侯、伯三十二豆，堂上十二，西夾東夾各十；子、男二十四豆，堂上十二，西夾東夾各六。《禮器》曰：“天子之豆二十有六，諸公十有六，諸侯十有二，上大夫八，下大夫六。”以《聘禮》差之，則堂上之數與此同。鉶，羹器也。公鉶四十二，侯、伯二十八，子、男十八，非衰差也。“二十八”書或爲“二十四”，亦非也，其於衰公

①　浦鏜云：“‘再饗’誤‘三饗’，從《内宰》、《職金》二職疏及《覲禮》注校。”孫校云：“《郊特牲》孔疏亦作‘再饗’，又云‘南或云侯、伯亦三饗，誤’。南本蓋指南朝本《周禮》，今本正襲南本之誤。”孫疏則云：“但攷《聘禮》侯、伯之卿壹食再饗，則饗食之數不必盡同。況《大行人》注謂大國之孤饗食之數並視小國之君，而此經子、男止壹饗壹食，反不得視大國之卿，則於禮例似不甚協。竊疑南本此文不誤，下文子、男當作‘再饗一食’，與大國卿同。”

②　孫疏云：“疑此經於子、男亦當作‘八壺、八豆、八籩’。蓋夫人致禮五等諸侯數皆不降，猶膳用大牢亦五等同不降。”

又當三十,於言又爲無施。禮之大數,鉶少於豆,推其衰,公鉶四十二宜爲三十八,蓋近之矣①。則公鉶堂上十八,西夾東夾各十;侯、伯堂上十二,西夾東夾各八;子、男堂上十,西夾東夾各四。壺,酒器也。其設於堂夾如豆之數。鼎,牲器也。簋,黍稷器也。鼎十有二者,餼一牢,正鼎九與陪鼎三,皆設于西階前。簋十二者,堂上八,西夾東夾各二。合言鼎、簋者,牲與黍稷俱食之主也。牲當爲腥,聲之誤也,腥謂腥鼎也。於侯、伯云"腥二十有七",其故腥字也。諸侯禮盛,腥鼎有鮮魚、鮮腊,每牢皆九爲列,設于阼階前。公腥鼎三十六,腥四牢也;侯、伯腥鼎二十七,腥三牢也;子、男腥鼎十八,腥二牢也。皆陳,陳列也。飧門内之實備于是矣。亦有車米、禾、芻、薪。公飧五牢,米二十車,禾三十車;侯、伯四牢,米禾皆二十車;子、男三牢,米十車,禾二十車。芻、薪皆倍其禾。饔餼,既相見致大禮也。大者,既兼飧、積,有生,有腥,有孰,餘又多也。死牢如飧之陳,亦餼一牢在西,餘腥在東也。牽,生牲也。陳于門西,如積。米横陳於中庭,十爲列,每筥半斛。公、侯、伯、子、男黍粱稻皆二行,公稷六行,侯、伯稷四行,子、男二行。醯醢夾碑從陳,亦十爲列,醯在碑東,醢在碑西。皆陳於門内者,於公門内之陳也,言"車"者,衍字耳。車米,載米之車也。《聘禮》曰:"十斗曰斛,十六斗曰籔,十籔曰秉。"每車秉有五籔,則二十四斛也。禾,稟實并刈者也②。《聘禮》曰:"四秉曰筥,十筥曰稷,十稷曰秅。"每車三秅,則三十稷也。稷猶束也。米、禾之秉,筥字同製異:禾之秉,手把耳;筥讀爲"棟梠"之梠,謂一稴也。皆陳,横陳門外者也。米在門東,禾在門西。芻、薪雖取數于禾,薪從米,芻從禾也。乘禽,乘行羣處之禽,謂雉、鴈之屬,於禮以雙爲數。殷,中也。中又致膳,示念賓也。若弗酌,謂君有故不親饗、食、燕也。不饗則以酬幣致之,不食則以侑幣致之。凡介、行人、宰、史,衆臣從賓者也。行人主禮,宰主具,史主

---

① 王引之云:"書或爲'二十四'者,此《周禮》原文也。蓋侯、伯之鉶三八而爲二十四,加八鉶則爲三十二,上公之鉶之數也。今本上公鉶四十有二,'四'乃'三'之誤也。減八鉶則爲十六,子、男之鉶之數也。今本子、男鉶十有八,'八'乃'六'之誤也。"

② 阮校云:"錢鈔本、閩、監、毛本'稟'作'稾',當據正。《釋文》亦作'稟',葉鈔本從木,非。"按賈疏述注底本正作"稟"。

書。皆有飧、饔餼①，尊其君以及其臣也。以其爵等爲之牢禮之數陳②，爵卿也，則飧二牢，饔餼五牢；大夫也，則飧大牢，饔餼三牢；士也，則飧少牢，饔餼大牢也。此降小禮，豐大禮也。以命數則參差難等，畧於臣，用爵而已。夫人致禮，助君養賓也。籩豆陳于户東，壺陳于東序。凡夫人之禮，皆使下大夫致之。於子、男云“膳視致饗”，言夫人致膳於小國君以致饗之禮，則是不復饗也，饗有壺酒。卿皆見者，見于賓也。既見之，又膳之，亦所以助君養賓也。卿見又膳③，此《聘禮》卿、大夫勞賓、饔賓之類與？於子、男云“親見卿，皆膳特牛”，見讀如“卿皆見”之見。言卿於小國之君有不故造館見者，故造館見者乃致膳。鄭司農説牽云牲可牽行者也，故《春秋傳》曰“饔牽竭矣”。秏讀爲“耗秫麻荅”之秏。○釋曰：云“凡諸侯之禮”者，此一句與下爲惣目也。此一經並是諸侯自相朝主國待賓之禮，若然，天子掌客不見天子待諸侯之禮而見諸侯自相待者，天子掌客自掌天子禮，則諸侯相待之禮無由得見；今以天子之官輒見諸侯自相待，以外包内，天子待諸侯亦同諸侯自相待可知，是以見諸侯相待之法也。云“上公五積，皆眡飧牽”者，公國自相朝是上公待上公之禮，有五積皆視飧④，一積眡一飧，“飧五牢”，五積則二十五牢；言牽者，數雖眡飧，飧則殺，積全不殺，並生致之，故云牽。“侯、伯四積”亦“皆眡飧牽”，“飧四牢”，一積眡一飧，則一積四牢，揔十六牢，亦牽不殺。“子、男三積”，積亦“眡飧”，“飧三牢”，一積三牢，三積九牢，亦牽之不殺也。必牽之不殺者，以其在道分置豫往，故不殺之，容至自殺也。既云眡飧，飧則有芻、薪、米、禾之等，故鄭解積皆依飧解之也。云“不殺則無鈃鼎”者，鈃鼎即陪鼎是也，但殺乃有鈃鼎，不殺則無鈃鼎可知。侯、伯、子、男皆然。鄭云“簠簋之實”已下，皆約《公食大夫》，親食則有簠簋之實已下，皆飪在俎；“若不親食，使大夫各以其爵朝服以侑幣致之”，則生往。今積既不殺，與《公食》生致同，故鄭皆約《公食大夫》解之也。云“其設，筐陳于楹内”者，彼云“簋實實于筐，陳于楹内兩楹間，二以並，南陳”。云“甕陳於楹外”者，彼云“豆實實于甕，陳于楹外，二以

---

① “飧”字原作“飱”，據婺本、金本、阮本改。
② 孫疏云：“此述經‘陳數’作‘數陳’，與經文不合，浦鏜以爲誤倒。今攷《檀弓》孔疏、《聘禮》賈疏引經並作‘數陳’，又《詩·小雅·大東》箋云‘凡飧、饔餼，以其爵等爲之牢禮之數陳’，正用此經，孔疏引注同。竊疑此經本作‘數陳’，猶《肆師》云‘展器陳’也，今本經誤倒，而注則不誤。但‘數陳’它職未見，而‘陳數’則見《宰夫》經。疑事毋質，謹箸其説以俟攷。”
③ 阮校云：“賈疏引注云‘卿既見又膳’，諸本俱脱‘既’字。”
④ “視”字阮本作“眡”。

並，北陳”。云“牢陳于門西”者，彼云“牛、羊、豕陳于門內西方，東上”。是鄭皆依《公食大夫》之文也。云“車米、禾、芻、薪陳于門外”者，此約《聘禮》致饔餼之文。彼云“米三十車，設于門東，爲三列，東陳；禾三十車，設于門西，西陳。薪、芻倍禾”，注云：“薪從米，芻從禾。”是其事也。侯、伯、子、男積之簋、豆、米、禾、薪、芻等，陳列亦與此同也。云“壺之有無未聞”者，以其酒不可生致，故云未聞。云“三問皆脩，羣介、行人、宰、史皆有牢”者，鄭云“三問皆脩，脩，脯也”①，對文脩是鍛脩，加薑桂捶之者，脯，乾肉薄者；散文脩、脯一也。云“上公三問皆脩，下句云羣介、行人、宰、史皆有牢，君用脩而臣有牢，非禮也”者，言非禮者，君尊用脩，臣卑用牢，故云非禮。云“蓋著脱字失處”，案下文“凡介、行人、宰、史”皆在“饗、食、燕”下，此特在上；有人見下文脱此語，錯差著於此，更有人於下著訖，此剩不去，故云蓋著脱字失處也。云“且誤耳”者，下文皆云“凡介”，此云“羣介”，故云且誤耳。云“飧，客始至致小禮也”者，案聘賓“大夫帥至館，卿致館”即云“宰夫朝服設飧”，是其客始至之禮。言小禮者，對饔餼爲大禮也。云“公、侯、伯、子、男飧皆飪一牢，其餘牢則腥”者，鄭言此者，下惟言“腥”不言“飪”，此有“鉶”及“鼎”，皆爲飪一牢而言，以是經雖不言飪，須言飪之矣。云“其餘牢則腥”，腥之數備於下也。云“食者，其庶羞美可食者也。其設，蓋陳于楹外東西，不過四列”者，前所陳皆約《公食大夫》致食之禮，今案《公食》“若不親食，庶羞陳于碑內”者，設飧之時堂上皆有正饌，無容庶羞之處，楹外既空，不須向碑內及堂下，故疑在楹外陳之，十以爲列，故四列也；《公食》陳于碑內者，由饗陳于楹外②，故在下也。必知爲四列，見《公食》云“庶羞東西不過四列”，故知也。云“簋，稻粱器也”者，見《公食大夫》簋盛稻粱。云“公十簋，堂上六，西夾東夾各二也；侯、伯八簋，堂上四，西夾東夾各二；子、男六簋，堂上二，西夾東夾各二”，鄭知此者，見《聘禮》致饔餼堂上二簋、東西各二簋，今此公十、侯伯八、子男六，禮之道列③，堂上之數與東西夾之數堂上不多則等，鄭遂以意裁之，五等東西夾各二，以外置於堂上，故云公六、侯伯四、子男二也④。《聘禮》設飧鄭約致饔餼，今亦約致饔餼也。但《聘禮》設飧云“西夾六”，無東夾之饌者，蓋降於君禮故也。云“豆，菹醢器也”者，見

---

①　孫校云：“‘羣介’至‘皆脩’十六字疑誤衍。”按孫説不可遽從，賈疏下文“云‘凡介、行人’，鄭云‘行人主禮，宰主具，史主書’者”，亦先述經文，後述鄭注，文例正同。

②　孫校云：“‘饔陳於楹外’見上文，此誤爲‘饗’，非。”

③　浦鏜云：“‘道列’疑‘通例’之誤。”

④　“二”字原作“一”，據阮本改。

《公食大夫》及《特牲》、《少牢》豆皆以豆盛菹醢^①，故知也。云“公四十豆，堂上十六”至
“各六”，鄭以堂上豆數取《聘禮》致饗餼於上大夫八豆，下大夫六豆並是堂上豆數，又取
《禮器》“天子之豆二十有六，諸公十有六，諸侯十有二”，謂侯、伯、子、男同，則亦是堂上
豆數可知。以此文公言“四十”，明十六在堂上，餘二十四豆分之於東西夾；此侯、伯言
“三十二”，亦以十二爲堂上豆數，餘二十分於東西夾各十；此子、男云“二十四”，以十二
爲堂上豆數，其餘十二分爲東西夾各六。其堂上豆數既約《聘禮》與《禮器》，東西多少
鄭以意差之可知，故云“以《聘禮》差之，則堂上豆數與此同”也。云“鉶，羹器也”者，鉶，
器名。鉶器所以盛膷臐膮三等之羹，故爲鉶羹。云“公鉶四十二，侯、伯二十八，子、男
十八，非衰差也”者，衰差之法，上下節級似若九、若七、若五校一節是衰差。今公四十
二，侯、伯二十八，子、男十八，公於侯、伯、子、男大縣絶，故云非衰差也。云“二十八書
或爲二十四，亦非也”者，侯、伯若二十四，爲比公四十二校十八，又以二十四比子、男十
八校六，亦非其類，故云亦非也。云“其於衰公又當三十，於言又爲無施”者，爲三十亦
非衰法，以其無所倚就，故云無所施也。云“禮之大數，鉶少於豆”者，案侯、伯豆三十二
鉶二十八，子、男豆二十四鉶十八，是鉶少豆多。《公食大夫》豆六鉶四，是其鉶少於豆
也。云“推其衰，公鉶四十二宜爲三十八，蓋近之矣”者，子、男十八，侯、伯二十八，公三
十八，以十爲降殺，是其衰也。言蓋者，無正文，故疑而云“蓋”也^②。云“公鉶堂上十八，
西夾東夾各十；侯、伯堂上十二，西夾東夾各八；子、男堂上十，西夾東夾各四”，知如此
差者，亦約《聘禮》致饗餼，兼以意準量而言。云“壺，酒器也”者，《司尊彝》有“兩壺尊”，
《春秋傳》云“尊以魯壺”，皆以壺爲酒尊也。此所設亦約《聘禮》，但彼堂上八壺，東西夾
各六壺；此壺與豆數同四十，故云“其設於堂夾如豆之數”也。云“鼎，牲器也”者，謂亨
牲體之器。云“簋，黍稷器也者^③。鼎十有二者，飪一牢，正鼎九與陪鼎三，皆設于西階
前”者，其陪鼎三設于内廉。云“簋十二者，堂上八，西夾東夾各二”，知設如此者，約《聘
禮》而知之也。牢鼎九者，謂牛、羊、豕、魚、腊、膚與腸胃、鮮魚、鮮腊；陪鼎三者，膷、臐、
膮也。云“合言鼎、簋者，牲與黍稷俱食之主也”者，黍稷與衆饌爲主，牲與羞物爲主，是

---

①　浦鏜謂“少牢豆”當作“少牢禮”。

②　“云”字原作“生”，浦鏜云：“‘生’當‘云’字誤。”兹據改。

③　浦鏜謂“黍稷器也者”下當脱“見公食大夫簋盛黍稷云”十字。按《地官·舍人職》
鄭注“方曰簋，圓曰簋，盛黍稷稻粱器”，賈疏云“案《公食大夫》簋盛稻粱，簋盛黍稷，故鄭
揔云黍稷稻粱器也”，又此疏上文云“云‘簋，稻粱器也’者，見《公食大夫》簋盛稻粱”，故
浦鏜據以校補。

俱得爲食之主也。此五等諸侯同簋十二，案《聘禮》致饔餼堂上八簋，東西夾各六簋，惣二十簋。彼臣多此君少者，禮有損之而益故也。云"牲當爲腥，聲之誤也，腥謂腥鼎也。於侯、伯云腥二十有七，其故腥字也"者，子、男亦云"牲十八"，是亦當爲腥，聲之誤也。云"諸侯禮盛，腥鼎有鮮魚、鮮腊，每牢皆九爲列，設於阼階前"者，此皆約《聘禮》設飧而言，案彼："飪一牢，在西，鼎九，羞鼎三；腥一牢，在東，鼎七。"致饔餼云："腥二牢，鼎二七，無鮮魚、鮮腊，設于阼階前，西面，陳如飪鼎，二列。"此云"三十六"，故知有鮮魚、鮮腊也。云"飧門内之實備于是矣"者，鄭言此者，欲見門内既備，仍有車米之等也，是以云"亦有車米、禾、芻、薪"也。云"公飧五牢，米二十車，禾三十車"已下，皆約《饔餼》死牢而言，以其饔餼云"死牢如飧之陳"，上公五牢死、侯伯四牢死、子男三牢死皆如飧之陳，明此米、禾數如此。云"芻、薪皆倍其禾"者，亦約饔餼禮也。若然，案《聘禮》米、禾皆二十車者[1]，彼大夫禮，豐小禮，大夫飧二牢，故米、禾皆眡之，米、禾各二十車也。云"饔餼，既相見致大禮也"者，知既相見所致者，案《聘禮•記》云："聘日致饔。"鄭云："急歸大禮。"是既相見致大禮也。云"大者，既兼飧、積，有生，有腥，有孰，餘又多也"者，假令上公饔餼九牢，五牢死，四牢牽。上公五積皆眡飧牽，則是一積五牢。言兼飧，死五牢與飧同；言兼積者，則兼不盡，正兼四耳，言兼積者，以其牽與積同，故云兼之也。侯、伯、子、男皆兼積不盡。言餘又多者，謂米、禾、芻、薪、醯、醢、芻、米之屬[2]。云"死牢如飧之陳者，亦飪一牢在西，餘腥在東也"者，約《聘禮》知之也。云"牽，生牢也。陳于門西，如積"者，亦橫陳于門西而東上。云"米橫陳于中庭，十爲列，每筥半斛"，知然者，前飧之陳及積之陳皆約《聘禮》致饔餼法，今於此文積在前已說，故以此饔餼向前如之，故云如積也。言如積，則亦如《聘禮》饔餼也。今此自米已下還約《聘禮》致饔餼法。云"公、侯、伯、子、男黍粱稻皆二行，公稷六行，侯、伯稷四行，子、男稷二行"者，彼云"米百筥，筥半斛，設于中庭，十以爲列，北上。黍粱稻皆二行，稷四行"，此以增稷，餘不增，故知公稷六行；子、男米八筥[3]，黍粱稻各二行，更得二即足，故知稷二行。云"醯醢夾碑從陳，亦十爲列，醯在碑東，醢在碑西"者，彼注云："夾碑，在庭之中央也[4]。醢在

---

① 浦鏜云："'三'誤'二'。"孫校云："賈據《聘禮》設飧節文，故云'二十車'，與歸饔飧節'三十車'異。浦校誤。"

② 孫校云："'芻米'重上，疑衍。"

③ "八筥"二字阮本同，疑"八行"或"八十筥"之誤。

④ 浦鏜云："'鼎'誤'庭'。"

東，醢穀，陽也；醢肉，陰也。”言夾碑，故知從陳。然侯、伯醢醯百甕，米百筥，上介筥及甕如上賓，上介四人米百筥①，比數多于子、男與侯、伯等者②，上公醢醯百二十甕與王舉百二十甕同，故《鄭志》云“此公乃二王後”。如是王之上公，與侯、伯俱同百甕，子、男八十甕，其筥米皆同甕數。此是尊卑之差。至於《聘禮》乃是臣法，自爲一禮，不相與，亦是損之而益。云“於公門内之陳也，言車，衍字耳”者，言車，載米之車不合在“醢醯”下言之；又案侯、伯、子、男“醢醯”下皆無“車”字，故知衍字也。云“車米，載米之車也。《聘禮》曰：十斗曰斛，十六斗曰籔，十籔曰秉。每車秉有五籔，則二十四斛也。禾，稾實并刈者也”者，《聘禮·記》文。云“筥讀爲棟梠之梠，謂一稱也”者，時有“棟梠”之言，故讀從之。亦曰一稱，稱即《詩》云“此有不斂穧”，稱即鋪也。云“皆橫陳門外者也。米在門東，禾在門西”者，皆約《聘禮》致饔餼法。云“芻、薪雖取數於禾”已下③，鄭以義言也。云“乘禽，乘行羣處之禽，謂雉、鴈之屬”者，此“禽”謂兩足而羽者，不兼四足而毛，故云雉、鴈。以其兼有鵝、鶩之等，故云之屬。是以《大宗伯》“以禽作六摯”，有雉、鴈、雞、鶩之等也。云“於禮以雙爲數”者，即此“九十”、“五十”及“士中日則二雙”皆以雙爲數是也。云“殷，中也。中又致膳，示念賓也”者，此爲牢禮之外，見賓中間未去，恐賓慮主人有倦，更致此爵④，所以示念賓之意無倦也。云“若弗酌，謂君有故不親饗、食、燕也。不饗則以酬幣致之，不食則以侑幣致之”者，此皆約《聘禮》文。不言致燕者，饗、食在廟，燕在寢，禮惟言致饗、食者，以合在廟嚴凝之事不親即須致之；燕禮褻，不致酌，蓋不致也。云“凡介、行人”，鄭云“行人主禮，宰主具，史主書”者，案《王制》云“大史典禮，執簡記”，《大史職》亦云“執其禮事”，與此史主書、行人主禮違者⑤，大史在國則專主書，故《曲禮》云：“史載筆，士載言。”此云“史”，止謂大史之屬官，以其有爵等故知也。云行人主禮者，主賓客之禮，大行人之類是掌賓禮也。案《聘禮》云：“史讀書，宰執書，告備具于君。”又掌饌具，故《公食大夫》云：“宰夫具饌于房。”是掌具也。云“爵卿也，則飧二牢，饔餼五牢”已下，皆約《聘禮》賓之卿、上介之大夫、士介四人歸饔餼降殺而言也。云“此降小禮，豐大禮也”者，小禮謂飧，飧則去君遠矣，并乘禽之等皆是小禮也；大禮謂饗

---

① “上”字原作“士”，據阮本改。
② “比”字阮本作“此”，加藤謂“此”字是。
③ “下”字原作“不”，據阮本改。
④ 浦鏜云：“‘爵’當‘膳’字誤。”孫疏據改。
⑤ “主書”二字原作“王書”，據阮本改。

餼，卿五牢，子、男卿與君等，是豐大禮也。云“以命數則參差難等，略於臣，用爵而已”者，依命，公、侯、伯卿三命，大夫再命，士一命；子、男卿再命，大夫一命，士不命；并有大國孤一人四命。是從孤已下，通一命、不命有五等。若以此命數五等爲之，則參差難可等級。略於臣，用爵而已，爵則有三等，易爲等級也。言略於臣用爵，則君不依爵而用命，即諸侯爵五等，命惟三等，《大行人》《掌客》皆依命是也。云“夫人致禮，助君養賓也。籩豆陳于户東，壺陳于東序”至“下大夫致之”，知義然者，見《聘禮》致饗餼①：“下大夫韋弁歸禮，堂上籩豆設於户東，東上，亦以並②，東陳。”注：“設於户東，辟饌位。”“壺設于東序，北上，南陳。醆、黍、清皆兩壺。”約此故知之也。若然，不使卿者，案《内宰》云：“致后之賓客之禮。”注：“謂之諸侯朝覲及女賓之賓客。”亦内宰是下大夫，王后尚使下大夫，況諸侯夫人乎？故知使下大夫也。云“於子、男云膳視致饗，言夫人致膳於小國君以致饗之禮，則是不復饗也，饗有壺酒”者，公、侯、伯“夫人致禮”則云“八壺、八豆、八籩”與“膳大牢”、“致饗大牢”，三者各別；於子、男，夫人則云“膳視致饗”。鄭云饗有壺酒，則致膳無酒矣，故云饗有酒。若然，子、男，夫人於諸侯惟有二禮矣。《聘禮》夫人於聘大夫直有籩豆壺，又不致饗，是其差也。“卿皆見者，見于賓也。既見之，又膳之，亦所以助君養賓也”者，言亦者，亦大夫也③。云“卿既見又膳，此《聘禮》大夫勞賓、餼賓之類與”者，案《聘禮》聘畢“賓即館，卿、大夫勞賓，賓不見。大夫奠鴈再拜，上介受”，注云：“不言卿，卿與大夫同執鴈，下見於國君。《周禮》，凡諸侯之卿見朝君皆執羔。”“勞上介亦如之”，又云“餼賓大牢，米八筐。上介亦如之”。此朝君有膳無勞餼，聘客有勞餼無膳，明此事相當，故云勞賓、餼賓之類與。約同之，故云“與”以疑之。云“於子、男云‘親見卿，皆膳特牛’，見讀如‘卿皆見’之見”者，上公、侯、伯直云“卿皆見，以羔”，於子、男即云“親見卿”，作文有異。此言親見卿，似朝君親自來見卿，有此嫌，故讀從上文“卿皆見”以兼之，明此“見”亦是卿見朝君。三卿之内有見者有不見者，若故造館見則致膳，若不故造館見則不致膳，是以鄭云“言卿於小國之君有不故造館見者，故造館見者乃致膳”也。先鄭“説牽云牲可牽行者也，故《春秋傳》曰餼牽竭矣”者，案僖三十二年《左氏傳》云：“杞子自鄭告于秦曰：‘鄭人使我掌其北門之管，若潛師以來，國可得也。’秦師將

---

①　孫校云：“‘致饗餼’當作‘夫人使’三字，此與致饗餼禮別。”

②　浦鏜云：“‘西’誤‘東’，‘二’誤‘亦’。”

③　孫校云：“‘亦大夫’當作‘亦夫人’，前注云‘夫人致禮，助君養賓也’。”

至鄭，鄭人知之，使皇武子辭焉①：‘吾子淹久於敝邑，惟是脯資餼牽竭矣。’”注：“餼，死牢。牽，生牢。”引之，證牽亦生牢未殺者也。云“耗讀爲耗秭麻苔之耗”者，時有“耗秭麻苔”之言，故讀從之。耗是束之揔名；如《詩》云“萬億及秭”，秭亦數之揔號；苔是鋪名，刈麻者數把共爲一鋪。言此者，見耗爲束之揔號之意也。**凡諸侯之卿、大夫、士爲國客，則如其介之禮以待之。** 注言其特來聘問，待之禮如其爲介時也。然則《聘禮》凡所以禮賓，是亦禮介。○釋曰：前文云“凡介、行人、宰、史”，是從君之法。今言此者，見不從君而“特來聘問”者。亦有三等之爵，爵卿也，爵大夫也，爵士也。若大聘曰聘，卿爲賓，大夫爲上介，士爲衆介；小聘曰問，大夫爲賓，介皆士也。故歷言“卿、大夫”也②。云“待之禮如其爲介之時”者，則前注“爵卿”已下是也。云“然則《聘禮》凡所以禮賓，是亦禮介”者，此即《聘禮》致饗餼之時賓與上介、衆介皆別行於館者是也。

　　凡禮賓客，國新殺禮，凶荒殺禮，札喪殺禮，禍裁殺禮，在野在外殺禮。 注皆爲國省用愛費也。國新，新建國也。凶荒，無年也。禍裁，新有兵寇水火也。○釋曰：云“國新，新建國也”者，謂若“刑新國用輕典”，鄭云“新辟地立君之國”，故云新建國也。云“凶荒，無年也”者，此則《曲禮》云“歲凶，年穀不登”者也。云“禍災”者，“兵寇”來侵爲禍，“水火”來害爲災。云“在野在外殺禮”者，以其野外怱遽，禮物不可卒備，故亦殺之。**凡賓客死，致禮以喪用。** 注死則主人爲之具而殯矣。喪用者，饋奠之物。○釋曰：若諸侯之君出行，則以三年之戒，以椑從，死時除棺之外，主人皆借之③；若臣從者死，棺物皆共之。云“死則主人爲之具而殯矣”者，此乃在館權殯，還日以柩行。知者，聘賓死④，以柩造朝是也。云“喪用者，饋奠之物”者，小斂特豚一鼎、大斂特豚三鼎之類是也⑤。**賓客有喪，唯芻稍之受。** 注不受饗、食，

---

　　① “焉”下阮本有“曰”字，加藤謂無者脱訛。

　　② 孫校云：“‘歷言卿大夫’下疑奪‘士’字。”

　　③ 浦鏜云：“‘備’誤‘借’。”孫校云：“‘借’當爲‘供’。”

　　④ “聘”字阮本作“時”，阮校云：“閩本同，監、毛本‘時’誤‘聘’。”按“聘”字是，“聘賓”又見《掌訝職》賈疏《聘禮》聘賓在外卒，以柩造朝”，二疏蓋皆據《聘禮·記》“若賓死，未將命，則既斂于棺，造于朝，介將命”，彼鄭注云：“以柩造朝，以已至朝，志在達君命。”

　　⑤ “一”字原空闕一格，據阮本補。

饗、食加也。喪，謂父母死也。客則又有君焉。芻，給牛馬。稍，人稟也。其正禮飧、饔
餼，主人致之則受。○釋曰：上文賓客身死，此文據爲賓客聘至彼國後有喪來告者。云
"惟芻稍之受"者，君行師從，卿行旅從，須得資給，故受芻稍也。云"不受饗、食，饗、食
加也"者，二者並速賓於廟飲食之事，故自爲而不受之。《聘禮》亦云"聘，君若薨于後，入
境則遂。受禮"，注云："受饔餼也。""不受饗、食"。云"喪，謂父母死也"者，據正賓而
言。若諸侯，正應母死，而有父者，或始封之君舊爲卿、大夫，容有父；或父有廢疾不立，
己受位於祖，亦云有父也。云"客則又有君焉"者，謂介已下非直有父母，又有君喪，以
其俱三年，故《聘禮》："若有私喪，則哭于館，衰而居。"云"芻，給牛馬"者，從行之牛馬。
云"稍，人稟也"者，師從、旅從者須給稍，即月稟是也。"飧、饔餼，主人致之則受"者，以
"正禮"，故受之。若饗、食加，主人致之亦不受。**遭主國之喪，不受饗、食，受
牲禮。注**牲亦當爲腥，聲之誤也。有喪，不忍煎亨，正禮飧、饔餼當孰者腥致之也。
○釋曰："牲亦當爲腥"者，亦上文公與子、男"腥三十有六"當爲腥是也[1]。主人有喪，
"不忍煎亨，腥致之也"。案《聘禮》"聘，遭喪，入境則遂也"，注云："遭喪，主國君薨也。"
"主人畢歸禮"，注云："賓所飲食不可廢也。禮，謂饔餼、饗、食。""賓惟饔餼之受"，注
云："受正不受加。"饗、食雖主人歸賓，賓不受其加。若饗[2]，主人致之亦應受，以其正受
腥禮。

掌訝掌邦國之等籍，以待賓客。注等，九儀之差數。○釋曰："九儀之
差數"，即《大行人》命者五、爵者四，以九、以七、以五爲差數是也。**若將有國賓客
至，則戒官脩委積，與士逆賓于疆，爲前驅而入。注**官，謂牛人、羊人、
舍人、委人之屬[3]。士，訝士也。既戒，乃出迎賓。○釋曰：云"國賓客至"者，謂五等諸
侯及其臣來朝聘；至謂入畿內至廬、宿、市，當共待之。以"委積"有牛羊豕米禾芻薪之
等，故知"戒官"者謂"牛人"已下也。"舍人"掌給米稟。"委人"掌芻薪之委布於道。"遺
人"道上十里有廬，廬有飲食；三十里有宿，宿有委；五十里有市，市有積之等是也。**及**

---

① 阮校引盧文弨説謂"腥三十有六"之"腥"當作"牲"。

② "饗"字阮本同，孫疏引作"饔"，是也。

③ 孫疏云："據疏説，則賈所見本此注疑并舉遺人，《大司徒》'大賓客，令野脩道委
積'注亦云'令遺人'，是其證也。"

宿，則令聚檽。<u>注</u>令，令野廬氏。○釋曰：知“令野廬氏”，其職云“有賓客，令其地之民聚檽之”，故知也。**及委，則致積。**<u>注</u>以王命致于賓。○釋曰：凡致禮于賓無非王命，故知“以王命”。**至于國，賓入館，次于舍門外待事于客。**<u>注</u>次，如今官府門外更衣處。待事于客，通其所求索。○釋曰：賓客至，王使卿致館，掌訝既爲賓客前驅入館，掌訝次止于舍門外“待事于客”。于“次①，如今官府門外更衣處”，舉漢法以況之，即今門外亦然。**及將幣，爲前驅。**<u>注</u>道之以如朝。○釋曰：“將幣”，謂至行朝聘之日。“道之以如朝”，謂至大門外之朝也。**至于朝，詔其位，入復，及退亦如之。**<u>注</u>鄭司農云：“詔其位，告客以其位處也。入復，客入則掌訝出復其故位也。客退，復入迎，爲之前驅至于館也。”玄謂入復者，入告王以客至也。退亦如之，如其爲前驅。○釋曰：解諸侯外朝之法有二稱解之。或解取閔公《傳》：季友將生，“間于兩社，爲公室輔。”注云：“兩社，周社、亳社。”此二社在大門內、內門外，既云兩社爲公室輔，則外朝所在也。或解以爲《聘禮》聘賓在外卒，以柩造朝，柩不可入公門，造朝，朝在大門外可知。是其兩解不同。驗此文，云“于朝”者，即是大門外陳擯介之處言朝，即外朝在大門外，於義可矣。云“詔其位”者，謂告賓門外立位。云“入復”者，復，白也，白王賓已至位。云“及退亦如之”者，賓客行朝聘訖出還館謂之退，亦如前與之道至館。先鄭以“入復”爲掌訝詔客自復己之“故位”，後鄭不從，以“入復”爲入白王，於義爲允也。**凡賓客之治，令訝，訝治之。**<u>注</u>賓客之治，謂欲正其貢賦、理國事也。以告訝，訝爲如朝而理之②。○釋曰：但諸侯之理其事衆多，鄭以“貢賦”爲主，兼有“理國事”以該之。**凡從者出，則使人道之。**<u>注</u>從者，凡介以下也。人，其屬胥、徒也。使道賓客之從者，營護之。○釋曰：“從者，凡介以下也”者，上《掌客》“凡介、行人、宰、史”從賓客來者皆是從者也。知“人”是“其屬胥、徒也”者，訝士即下士，下士使人，明使在下胥、徒之等，故知胥、徒也。云“營護之”者，使不得侵陵從者也。**及歸，送亦如之。**<u>注</u>如之者，送至於竟，如其前驅、聚檽、待事之屬。○釋曰：來時訝爲之道，今歸又爲之道，及“聚檽、待事”皆如前，故云“亦如之”。**凡賓客，諸侯有卿**

① “于次”二字阮本同，“于”疑“云”字之誤。
② “理”字金本、阮本同，婺本作“治”。

訝，卿有大夫訝，大夫有士訝，士皆有訝。**注**此謂朝覲聘問之日王所使迎賓客于館之訝。○釋曰：此“訝”是諸侯“朝覲”、卿大夫士“聘問”之日訝之入至朝聘之時。案《聘禮·記》云“卿[1]，大夫訝；大夫，士訝；士皆有訝。賓即館，訝將公命”，注云：“使己還待之命[2]。”“又見之以其摯”，注云：“訝將舍於館之外[3]，宜相親也。”聘問之日亦使之訝者，但天子有掌訝之官，即館之訝餘事皆掌主之，惟朝覲聘問之日使卿、大夫訝；諸侯兼官，故大夫、士爲訝，賓即館時即爲之訝，與此掌訝不同也。**凡訝者，賓客至而往，詔相其事而掌其治令。**

掌交掌以節與幣巡邦國之諸侯及其萬民之所聚者，道王之德意志慮，使咸知王之好惡，辟行之。**注**節以爲行信，幣以見諸侯也。咸，皆也。辟讀如“辟忌”之辟。使皆知王之所好者而行之，知王所惡者辟而不爲。○釋曰：案《序官》“掌交，中士八人”，今言“掌以節與幣巡邦國之諸侯及萬民之所聚者，道王之德意志慮，使咸知之”者，天下九州千六百餘國，使皆周徧，必無徧理[4]，今言之者，蓋是國有不和洽者徧使知之也。**使和諸侯之好，注**有欲相與脩好者，則爲和合之。○釋曰：下有“結其交好”爲朝聘，則此“好”謂使爲婚姻之好也，是以鄭云“有欲修好者，則爲和合之”。**達萬民之説。注**説，所喜也。達者，達之于王若其國君。○釋曰：掌交既巡民間，見民有喜説之事王與國君未知，掌交通達于王及國君也。**掌邦國之通事而結其交好。注**通事，謂朝覲聘問也。○釋曰：言“邦國通事”[5]，是兩國交通之事，惟有君臣朝覲聘問之事結使交好，故以“朝覲聘問”解，則《易》云“先王建萬國，親諸侯”也。**以諭九税之利，九禮之親，九牧之維，九禁之難，九戎之威。注**諭，告曉也。九税，所税民九職也。九禮，九儀之禮。九牧，九州之牧。九禁，九法之禁。九戎，九伐之戎。○釋曰：云“九税，所税民九職也”者，《大宰》云“以九職任萬

---

① “卿”字原作“卿訝卿”，浦鏜云：“‘卿’下誤衍‘訝卿’二字。”孫疏據删，兹從之。
② “還”字阮本作“送”，阮校云：“閩、監、毛本‘送’誤‘還’。按‘送’當作‘迎’。”
③ 浦鏜謂“館”上脱“賓”字。孫疏據補。
④ “徧理”二字原作“偏理”，據阮本改。下文“徧”字同。
⑤ “邦”字原作“拜”，據阮本改。

民”，既任之使之營種，因即稅之，“三農生九穀”稅九穀，“園圃毓草木”稅草木。九稅唯“臣妾聚斂疏材”者無稅，揔言九稅耳。今掌交還以此九稅之法告曉，使之任之、稅之，故云“九稅，所稅民九職也”。云“九禮，九儀之禮”者，以其大行人、小行人、掌訝皆掌九儀之禮，以其專據諸侯國，不得以《大宗伯》“九儀”解此也，言“之親”，則朝聘是也。云“九牧之維”者，《大司馬》“九法”，“建牧立監以維邦國”，故云維。“九禁之難”，言大司馬設九法，使邦國有所畏難。云“九戎之威”者，大司馬設九伐，有所威刑。故言難、言威也。

掌察。闕。

掌貨賄。闕。

朝大夫掌都家之國治。○釋曰：都家同言“國”者，雖有百里、五十里、二十五里不同，皆謂之國，此則《王制》云畿內九十三國者也。云“國治”者，都家有文書來者平理之也。**注**都家，王子弟、公卿及大夫之采地也。主其國治者，平理其來文書於朝者。○釋曰：“王子弟”亦以親疏分置於三處食采地。“公、卿、大夫”者，公百里任疆地，卿五十里任縣地，大夫五十里任稍地。**日朝以聽國事故，以告其君長。注**國事故，天子之事當施於都家者也。告其君長，使知而行之也。君，謂其國君；長，其卿、大夫也。○釋曰：云“日朝”者，朝大夫日日在朝，以聽受“國事故”“天子之事”，以告采地之君長也。云“君，謂其國君；長，其卿、大夫也”者，揔而言之，皆曰國君[1]；別而言之，惟三公及王子弟得稱國君，卿、大夫揔稱長。是以《司裘》國君共熊侯、豹侯，卿、大夫共麋侯，是其別稱也。**國有政令，則令其朝大夫。注**使以告其都家之吏。○釋曰：上文據天子“國事”遣朝大夫告君長，此經據天子“政令”告朝大夫之事。**凡都家之治於國者，必因其朝大夫然後聽之，唯大事弗因。注**謂以小事文書來者，朝大夫先平理之，乃以告有司也；大事者非朝大夫所能平理。○釋曰：此經據都家有事上諸王府之事。**凡都家之治有不及者，則誅其朝大夫。注**不及，謂

---

① “君”字原作“治”，據阮本改。

有稽殿之。〇釋曰："都家治有不及","稽殿"。"誅朝大夫"者,以其朝大夫專主都家,責其不能催促故也。**在軍旅,則誅其有司。**注有司,都司馬、家司馬。〇釋曰:言此者,見"軍旅"不干朝大夫之事。"都司馬",王家之司馬,王臣爲之者。"家司馬",卿、大夫使家臣自置其司馬者也。諸言"闕"者,皆是因秦燔滅其籍,漢興購求不得也。

都則。 闕。

都士。 闕。

家士。 闕。

周禮疏卷第四十六

唐朝散大夫行大學博士弘文館學士臣賈公彦等撰

冬官考工記第六《鄭目録》云①："象冬所立官也。是官名司空者，冬閉藏萬物，天子立司空，使掌邦事，亦所以富充家②，使民無空者也。《司空》之篇亡，漢興，購求千金不得。此前世識其事者記録以備大數，古《周禮》六篇畢矣。古《周禮》六篇者，天子所專秉以治天下，諸侯不得用焉。六官之記可見者，堯育重、黎之後羲、和及其仲、叔四子掌天地四時，《夏書》亦云'乃召六卿'。商、周雖稍增改其職名，六官之數則同矣。"

○釋曰：鄭義既然，今案《漢書•藝文志》云："經禮三百，威儀三千。及周之衰，諸侯將踰法度，惡其害己，皆滅去其籍，孔子時而多不具。"故鄭注《鄉飲酒》云："後世衰微，幽、厲尤甚，禮樂之書，稍稍廢棄。孔子曰：'吾自衛反魯，然後樂正，《雅》、《頌》各得其所。'謂當時在者而復重雜亂者也，惡能存其亡者乎？"以此觀之，《冬官》一篇其亡已久。有人遵集舊典③，録此三十工以爲《考工記》，雖不知其人，又不知作在何日，要知在於秦前，是以得遭秦焚滅典籍，《韋氏》、《裘氏》等闕也，故鄭云"前世識其事者記録以備大數"耳。此記人所爲雖不同《周禮》體例，亦爲《序》致首末相承④，摠有七段明義。從"國有六職"至"謂之婦工"，言百工事重，在六職之内也。從"越無鎛"至"夫人而能爲弓車"，言四國皆能其事，不須置國工也。從"知者創物"至"此皆聖人所作"，言聖人創物之意也。從"天有時"至"此天時也"，言材雖美，工又有巧，不得天時則不良也。從"攻木之工"至"陶瓬"，言工之多少之數及工別所宜也。從"有虞氏"至"周人上輿"，論四代所尚不同之事也。從"一器而工聚者，車爲多"，言專據周家所尚之事也。

---

① "鄭目録云"上原有"釋曰"二字，與下文重複，兹徑删，説詳《春官》。
② "充"字阮本作"立"。浦鏜疑"亦所以富立家"句有誤。
③ "遵"字阮本作"尊"。
④ "承"字原作"丞"，據阮本改。

國有六職，百工與居一焉。〇釋曰：此經與下文爲揔目。云“國有六職”者，謂國家之事有六種職掌。就六職之中，百工與居其一分。六職即下云“或坐而論道”至“治絲麻以成之”是也。注百工，司空事官之屬，於天地四時之職亦處其一也。司空掌營城郭，建都邑，立社稷、宗廟，造宮室、車服、器械。監百工者唐、虞已上曰共工。

〇釋曰：云“百工，司空事官之屬”者，鄭據本而言。案《小宰職》云：“六曰冬官，其屬六十，掌邦事。”此“百工”即“其屬六十”，言百者，舉大數耳。但爲其篇亡，故六十之官不見，記人以此三十工代之也。言百即據全，則三十工亦一也。云“於天地四時之職亦處其一也”者，記人本意，以國有六職據此下文“或坐而論道”已下，百工與居其一；鄭以此爲本，又以天地四時六職天官冢宰、地官司徒之等官主百工亦居其一分。云“司空，掌營城郭”已下，並此下文見有其事。案《匠人》云“營國方九里，國中九緯、城隅”之等是營“城郭”都城之制，及“井”方一里之等是營“都邑”，“左祖右社”是營“社稷宗廟”，“夏后氏世室，殷人重屋”之等是營“宮室”也，《車人》云“羊車、柏車”是營“車”也，繪畫之事是營“服”也，梓人、陶人之等是營禮樂之“器”也，冶氏、矢人、弓人之等是營“械”，械即兵器也，故鄭依而言之也。云“監百工者唐、虞以上曰共工”者，案大史公《楚世家》云：“共工作亂，帝使重黎誅之。”又案《舜典》云：“帝曰：‘疇若予工？’僉曰：‘垂才。’帝曰：‘俞，咨！垂，汝共工。’”是唐、虞已上曰共工者也。若然，唐、虞以上皆曰共工，堯時暫爲司空，是以《尚書・舜典》二十八載後咨四岳欲置百揆，“僉曰：‘伯禹作司空。’”注云：“初，堯冬官爲共工。舜舉禹治水，堯知有强法[1]，必有成功，改命司空，以官異之。禹登百揆後，更名共工。”是其事也。或坐而論道；或作而行之；或審曲面執，以飭五材，以辨民器；或通四方之珍異以資之；或飭力以長地財；或治絲麻以成之。〇釋曰：此六者即上文之“六職”也。此皆舉其事，下文皆言其人以覆之。注言人德能事業之不同者也。論道，謂謀慮治國之政令也。作，起也。辨猶具也。資，取也、操也。鄭司農云：“審曲面執，審察五材曲直方面形執之宜以治之及陰陽之面背是也[2]。《春秋傳》曰：‘天生五材，民並用之。’謂金、木、水、火、土也。”故書資作齊。杜子春云：“齊當爲資，讀如‘冬資絺’之資。”玄謂此五材，金、木、皮、玉、土。〇釋

---

[1]　孫校云：“《叙》引鄭《書》注較此詳備，‘强法’乃‘聖德’之誤。”

[2]　“背”字原作“皆”，金本同，據阮本改。婺本似原亦作“皆”，下半剜改從“月”。賈疏述注“背”字底本亦誤。

曰："言人德"者，"坐而論道"是也；"言人能"者，"作而行之"是也；"言人之事"，"審曲面勢"是也；"言人之業"，"通四方珍異"、"飭力以長地材"、"治絲麻以成之"三者是也。云"論道，謂謀慮治國之政令"，此即《尚書》成王《周官》云"立大師、大傅、大保，茲惟三公，論道經邦，燮理陰陽"，是謀慮治國之政令使陰陽順叙也。先鄭云"審曲面勢，審察五材曲直方面形勢之宜以治之"者，謂若《弓人》夾弓、庾弓"往體多來體寡，利射侯與弋"，鄭云"射遠者用勢"；若王弓、弧弓"往體寡來體多"之類，皆是審察五材曲直方面形勢之宜也。云"及陰陽之面背是也"者，謂若下云"斬轂之道，必矩其陰陽"，是記其陰陽之面背也①。云"《春秋傳》曰"，《左氏》襄二十七年宋西門之盟欲弭諸侯之兵，云"天生五材，民並用之，廢一不可"。先鄭以五材"金、木、水、火、土"，後鄭不從。子春以"資讀如冬資絺之資"，案《越語》云："句踐會稽之上，乃號令三軍：'有助寡人謀而退吳者，吾與共知越國之政。'大夫種進對曰：'臣聞之賈人，夏則資皮，冬則資絺，旱則資舟，水則資車，以待之②。夫雖無四方之憂，然謀臣與爪牙之士不可不養。今王既栖會稽之上，然後乃求謀臣，無乃後乎？'"是其事也。"玄謂此五材，金、木、皮、玉、土"者，言"此"以對彼之五材金、木、水、火、土。若然，鄭知有皮、玉無水、火者，以百工定造器物之人，水、火單用不得爲器物，故不取之。知有皮、玉者，此三十工內函人爲甲，韗人爲皋陶造鼓，鮑人主治皮，又有玉人之等，故知有皮、玉無水、火者也。**坐而論道，謂之王公**；*注*天子，諸侯。○釋曰：以"公"爲"諸侯"者，公，君也，諸侯是南面之君，故知是諸侯也。若然，《尚書》三公云"論道經邦，燮理陰陽"，鄭不言者，三公有成文，不言可知。故《夏傳》注云："坐而論道，謂之王公③。"通職民④，無正官名，是其義也。**作而行之，謂之士大夫**；*注*親受其職，居其官也。○釋曰：此即設官分職，治職、教職之等是也。**審曲面埶，以飭五材，以辨民器，謂之百工**；○釋曰：審察之名，用材之法，皆須察審其曲直形勢，然後"飭五材"。*注*五材各有工，言百，衆言之也。○釋曰：案六官其屬止有六十，"五材各有工"不過六十而已，以是"言百"者，"衆言之也"。**通四方之珍異以資之，謂之商旅**；*注*商旅，販賣之客也。《易》曰："至日商旅不行。"○釋

---

① "背"字原作"者"，據阮本改。
② 孫校云："'之'《越語》作'乏'。"
③ "王公"二字阮本同，孫疏謂爲"三公"之誤。
④ "民"字阮本同，孫疏引作"名"。

曰：案《大宰》“九職”注：“行曰商，處曰賈。”商旅，賈客也，行商與處賈爲客。此文無賈，直云“商旅”，商是販賣之人，故云“販賣之客也”。云《易》曰者，《復卦·象辭》文也。是一日之中商旅不行，餘日即行，是行曰商也。**飭力以長地財，謂之農夫；**注三農受夫田也。○釋曰：“飭”，勤也。“地財”，穀物皆是。勤力以長地財“謂之農夫”。案《大宰》云：“三農生九穀。”《遂人》云：“夫一廛，田百畝。”是“三農受夫田也”。**治絲麻以成之，謂之婦功。**注布帛，婦官之事。○釋曰：此記人所録衆工本擬亡篇六十而作，唯據百工一事而已，舉餘五者，欲重此百工與五者爲類之意。若然，百工並是官，餘五者或非官。知然者，王公及士大夫、百工並官，其商旅、農夫、婦功三者非官。據九職而言，三者皆是出税之色，故《大宰》云：“三農生九穀，商賈阜通貨賄，嬪婦化治絲枲。”出税以當九功也。鄭云“婦官”，據典婦功爲婦官，此“治絲麻”者婦官所統攝，故言婦官也。

　　粤無鎛，燕無函，秦無廬，胡無弓、車。○釋曰：此經與下經爲目。此“粤”，越國，乃是古之語辭之“曰”，即今之“越”字也。言“無鎛”、“無函”、“無廬”、“無弓、車”，謂無此鎛官、函官之等也。注此四國者不置是工也。鎛，田器。《詩》云：“偫乃錢鎛。”又曰：“其鎛斯趙。”鄭司農云：“函讀如‘國君含垢’之含。函，鎧也。《孟子》曰：‘矢人豈不仁於函人哉？矢人唯恐不傷人，函人唯恐傷人。’廬讀爲纑，謂矛戟柄竹欑柲。或曰摩鐧之器[①]。胡，今匈奴。”○釋曰：鄭知“此四國不置是官”者，取下經覆解是不置之事。知“鎛，田器”者，越地多泥，用此鎛者多，故下云“夫人而能爲鎛”，故知鎛，田器。是以引《詩》云“偫乃錢鎛”，彼注云：“錢，銚。鎛，鎒。”又曰《詩》云“其鎛斯趙”，彼注：“趙，刺也。”引之者，證鎛爲田器，非鍾鎛者也。先鄭云“函讀如國君含垢之含”者，案《左氏》宣公十四年：“秋九月，楚子圍宋。”十五年：“宋人使樂嬰齊告急于晉，晉侯欲救之。伯宗曰：‘不可。’”又曰：“川澤納汙，山藪藏疾，瑾瑜匿瑕，國君含垢，天之道也。”彼勸晉侯忍不救宋之事。引之，證含是含容之義也。引《孟子》者，證含是甲之意。云“廬讀爲纑”者，“纑縷”之纑，取細長之義也。云“謂矛戟柄竹欑柲”者，案下《廬人》云：“爲廬器，戈長六尺有六寸。”唯言殳戟矛柄之等，故知爲矛戟柄也。云竹欑柲者，漢世以竹爲之欑，欑謂柄之入鋈處，柲即柄也。云“或曰”者，或有人解廬“磨鐧之

---

　　① 阮校云：“《釋文》亦作‘摩鐧’，是也，賈疏作‘磨鐧’，非。按《説文》‘鐧’作‘鐧’。”按《磬氏職》先鄭注云“則摩鑢其旁”，“磨”即“摩”之後出俗字。

器”者，但柄須磨鐧使滑，故爲此釋。引之在下者，得爲一義故也。粵之無鎛也，非無鎛也，夫人而能爲鎛也；燕之無函也，非無函也，夫人而能爲函也；秦之無廬也，非無廬也，夫人而能爲廬也；胡之無弓、車也，非無弓、車也，夫人而能爲弓、車也。注言其丈夫人人皆能作是器，不須國工。粵地塗泥，多草薉，而山出金、錫①，鑄冶之業，田器尤多。燕近強胡，習作甲胄。秦多細木，善作矜柲。匈奴無屋宅，田獵畜牧，逐水草而居，皆知爲弓、車。○釋曰：皆覆釋上文，言人人皆能，不須置國工之意。注“言其丈夫人人皆能作是器，不須國工”者，凡置官之法，所以教示在下，上行之，下効之，今一國皆能，不須教示，不置其官，“關石和鈞，王府則有”，官民足用也。如鄭此讀，則“夫人”與君之夫人同號讀之也。云“越地塗泥，多草薉，而山出金、錫”者，目驗如是也。金工皆和錫，故兼錫而言也。云“秦多細木”者，亦目驗可知。云“矜柲”者，矜即前注“欑”，一也。

知者創物，注謂始闒端造器物，若《世本·作》者是也。○釋曰：此“知者”即下文“聖人”，一也。運用謂之知，通物謂之聖。凡知聖，有若六德之“知仁聖義”之知聖，則據賢人已下；此言知聖，則濬哲文明之等也。引《世本·作》者，无句作磬、儀狄造酒之等皆非聖知②，但聖佐知所爲③，則皆由聖知而起，是以聖人之時有此《世本》所作也。巧者述之，守之世，謂之工。注父子世以相教。○釋曰：此“世”，謂若《管子》書云“工之子，商之子，四民之業”皆云“世”者是也。百工之事，皆聖人之作也。注事無非聖人所爲也。○釋曰：據《世本·作》篇，多非聖人親爲，要君統臣功，故皆聖人統攝之也。爍金以爲刃，凝土以爲器，作車以行陸，作舟以行水，此皆聖人之所作也。注凝，堅也。故書舟作周。鄭司農云：“周當爲舟。”○釋曰：上經云百工皆聖人所作，此經言聖人所作之器，見其驗也。

天有時，地有氣，材有美，工有巧，合此四者，然後可以爲良。

---

① “錫”字原作“鍚”，據婺本、金本、阮本改。下疏中“錫”字底本亦誤。

② “无”字阮本作“無”。按底本通作“無”，此處補版作“无”。《説文·亾部》：“无，奇字無也。”

③ “但聖”二字阮本作“相理”，阮校云：“閩、監、毛本‘相理’作‘但聖’，誤。”加藤云：“殿本作‘但佐聖知所爲’。”

注時，寒溫也。氣，剛柔也。良，善也。○釋曰：此經已下説作器之法須合"天時地氣"之義。將欲説已下不善之事，故先於此説四者和合乃善之意也。云"時，寒溫也"者，謂若《弓人》春液角、夏治筋、秋合三材、冬定體之屬是依寒溫而作。**材美工巧，然而不良，則不時、不得地氣也。注**不時，不得天時。**橘踰淮而北爲枳，鸜鵒不踰濟①，貉踰汶則死，此地氣然也；注**鸜鵒，鳥也。《春秋》昭二十五年："有鸜鵒來巢。"《傳》曰："書所無也。"鄭司農云："不踰濟，無妨於中國有之。貉或爲媛，謂善緣木之媛也。汶水在魯北。"○釋曰：《左氏傳》作"鸜鵒"，《公羊傳》作"鸜鵒"，此經注皆作"鸜"字，與《左氏》同。"《春秋》昭二十五年：有鸜鵒來巢。《傳》曰：書所無也。先鄭云：不踰濟，無妨於中國有之"者，案《異義》："《公羊》以爲鸜鵒，夷狄之鳥，穴居，今來至魯之中國巢居，此權臣欲自下居上之象。《穀梁》亦以爲夷狄之鳥來中國，義與《公羊》同。《左氏》以爲鸜鵒來巢書所無也，彼注云：'《周禮》曰鸜鵒不踰濟，今踰，宜穴而又巢，故曰書所無也。'許君謹案：從二《傳》。"後鄭駮之云："案《春秋》言'來'者甚多，非皆從夷狄來也。從魯疆外而至則言來。鸜鵒本濟西穴處，今乃踰濟而東，又巢，爲昭公將去魯國。"今先鄭云"不踰濟，無妨於中國有之"，與後鄭義同也。云"貉或爲媛，謂善緣木之媛也"者，先鄭依或讀爲貉②，別更爲一解。云"汶水在魯北"，汶陽田或屬齊，或屬魯，是齊南魯北，故云魯北。**鄭之刀，宋之斤，魯之削，吳、粵之劍，遷乎其地而弗能爲良，地氣然也。注**去此地而作之，則不能使良也。○釋曰：若據經所言，則"鄭之刀"以此刀之鐵移向宋而作斤，"宋之斤"移向鄭而作刀，皆不得"爲良"，故指刀、斤、削、劍而言。皆地氣使然，故鄭云"去此地而作之，不能使良也"。**燕之角，荊之幹，妢胡之笴，吳、粵之金、錫，此材之美者也。**○釋曰：自此已下説材之事也。**注**荊，荊州也。幹，柘也，可以爲弓弩之幹。妢胡，胡子之國，在楚

①　阮校云："《釋文》本作'鸜鵒'，云'徐、劉音權，《公羊傳》同，本又作鸜，《左傳》同'。賈疏本作'鸜鵒'，云'《左氏傳》作鸜鵒，《公羊傳》作鸜鵒，此經注皆作鸜字，與《左氏》同'。按徐邈、劉昌宗作'鸜'，音權，是此經舊作'鸜鵒'矣。鄭注所引者爲《左氏傳》，則鄭所據《左氏春秋》亦作'鸜'，賈疏本、唐石經作'鸜'爲失其舊。"

②　阮校云："'貉'當作'媛'。"

旁。笴，矢幹也。《禹貢》荊州貢櫄、幹、栝、柏及箘、簵、楛。故書笴爲笱[①]。杜子春云："妢讀爲'焚咸丘'之焚，書或爲邠。妢胡，地名也。笱當爲笴，笴讀爲稾，謂箭稾。"[②]〇釋曰：云"荊，荊州也"者，案《禹貢》："荊州貢櫄、幹、栝、柏及箘、簵、楛，三邦底貢。"注云："櫄、幹、栝、柏，四木名。幹，柘幹。箘竹，簵風。楛[③]，木類。周之始，肅慎氏貢楛矢石砮。此州中生簵風與楛者衆多，三國致之。"云"妢胡，在楚旁"者，定四年《左氏》云"頓子、胡子"者是也。若楚旁，則亦屬荊州，别言"妢胡之笴"者，荊即楚也，以州言之，若然，妢胡得與楚别言也。子春云"妢讀爲焚咸丘之焚"者，《左氏》桓七年："春二月己亥，焚咸丘。"《公羊》云："焚之者何？樵之也。樵之者何？以火攻也。咸丘者何？邾婁之邑也。"云"笴讀爲稾，謂箭稾"者，即《稾人職》"掌箭稾"是也。天有時以生、有時以殺，草木有時以生、有時以死，石有時以泐，水有時以凝、有時以澤，此天時也。注言百工之事當審其時也。鄭司農云："泐讀如'再扐而後卦'之扐。泐，謂石解散也。夏時盛暑大熱則然。"〇釋曰：云"百工之事當審其時也"者，《弓人》所云四時者是也。先鄭云"泐讀如再扐而後卦之扐"者，此扐謂揲蓍之法，故《易》云"分之爲二以象兩，卦一以象三，揲之以四以象四時，歸奇於扐以象閏。五歲再閏，故再扐而後卦"，象其合集。

凡攻木之工七，攻金之工六，攻皮之工五，設色之工五，刮摩之工五，摶埴之工二。〇釋曰：此已下言工之頭數并所作有殊，此經與下爲揔目。注攻猶治也。摶之言拍也。埴，黏土也。故書七爲十，刮作捖。鄭司農云："十當爲七。捖摩之工，謂玉工也。捖讀爲刮，其事亦是也。"〇釋曰：云"摶之言拍也。埴，黏土也"者，以手拍黏土以爲培，乃燒之。《尚書·禹貢》云："厥土赤埴墳。"注亦云："埴，黏土者也。"先鄭云"捖讀爲刮"者，舌爲聲，刀爲形，左聲右形，刮摩之義，是故讀從之也。攻木之工：輪、輿、弓、廬、匠、車、梓。攻金之工：築、冶、鳧、㮚、段、

① 段考云："注中'笱'字今本皆作'笱'，而唐石經經文作'妢胡之笱'，蓋正依故書，可藉以正注中'笱'字之誤。"孫疏云："石經'笱'字雖可藉以正此注之譌文，而正文則自當作'笴'，彼自是涉注而誤。"

② 阮校云："余本、嘉靖本、閩、毛本同，誤也。監本'稾'作'稾'。《漢讀考》云：'蓋禾稾字引伸爲矢幹字。'"

③ "楛"字原作"楉"，據阮本改。下文"楛"字同。

桃。攻皮之工：函、鮑、韗、韋、裘。設色之工：畫、繢、鍾、筐、慌。刮摩之工：玉、㮚、雕、矢、磬。搏埴之工：陶、瓬[①]。○釋曰：上云其數，此給以事職之也。"攻木之工"七：輪人爲輪、蓋，輿人爲車輿，弓人爲六弓，廬人爲柄之等，匠人爲宮室、城郭、溝洫之等，車人爲車，梓人爲飲器及射侯之等。"攻金之工"六：築氏爲削，冶氏爲戈戟，㲉氏爲鍾，㮚氏爲量，段氏爲鎛，桃氏爲劍。"攻皮之工"五：函人爲甲，鮑人主治皮，韗人爲鼓[②]，韋氏、裘氏闕也。"設色之工"五：畫、繢二者別官同職共其事者[③]，畫、繢相須故也；鍾氏染鳥羽，筐氏闕，慌氏主湅絲。"刮摩之工"五：玉人造圭璋之等，㮚氏闕，雕氏闕，矢人主造矢，磬氏爲磬。"搏埴之工"二：陶人爲瓦器甒甗之屬，瓬人爲瓦簋。**注**事官之屬六十，此識其五材三十工，略記其事耳。其曰某人者，以其事名官也。其曰某氏者，官有世功若族有世業，以氏名官者也。廬，矛戟矜柲也。《國語》曰："侏儒扶廬。"梓，榎屬也。故書雕或爲舟。鄭司農云[④]："輪、輿、弓、廬、匠、車、梓，此七者攻木之工，官別名也。《孟子》曰：'梓匠輪輿。'鮑讀爲'鮑魚'之鮑，書或爲鞄。《蒼頡篇》有《鞄㲉》。韗讀爲'歷運'之運。慌讀爲'芒芒禹迹'之芒。㮚讀如'巾櫛'之櫛。瓬讀爲'甫始'之甫。埴書或爲植。"杜子春云："雕或爲舟者非也。"玄謂瓬讀如"放於此乎"之放。○釋曰："三十工"於六十爲不備，記人録者未必在六十工之内，直以數言之，充得三十工而已也。云"其曰某人者，以其事名官也"者，匠人、梓人、韗人、鮑人之類是也，此等直指事上爲名也。云"其曰某氏者"，其義有二：一者"官有世功"，則以官爲氏，若韋氏、裘氏、冶氏之類是也；二者"族有世業，以氏名官"，若㲉氏、㮚氏之等是也。云"廬，矛戟矜柲也"者，《方言》："戟，三刃持[⑤]，其柄自關而西謂之杖。"又云："矜謂之杖。"云"《國語》曰：侏儒扶廬"者，《晉語》文公問胥臣，胥臣對曰："戚施植鎛，蘧蒢蒙璆，侏儒扶廬。"矛矜是也。云"梓，榎屬也"者，案《釋木》云："椅，山檟。"注云："檟、梓，二木名。"

---

① "瓬"字原作"瓵"，金本、阮本同，據婺本改。阮校云："唐石經諸本同，誤也。《釋文》、嘉靖本'瓵'作'瓬'，注中同。案《説文·瓦部》云'瓬，从瓦，方聲'，當據此訂正。今本從瓵，非。"按婺本似原亦作"瓵"，修版剟去右上角作"瓬"。

② "人"字原空闕一格，據阮本補。

③ "共"字原空闕一格，據阮本補。

④ "云"字剟擠，與金本、阮本合，婺本無。

⑤ "持"字阮本作"特"，阮校云："閩、監、毛本'特'作'持'，浦鏜云：此'枝'字之誤。檢《方言》正作'枝'。"

此云梓、榎爲一者，《釋木》前言“楰，山樗”，後云“椅，梓”，據此二文，故云“屬”，非謂梓、榎爲一而云屬也。先鄭引《孟子》者，見《孟子》所云官名與此同也。“《蒼頡篇》有《鞄㲉》”者，案《藝文志》，《蒼頡》有七章，秦丞相李斯所作，《鞄㲉》是其一篇，内有治皮之事，故引爲證也。云“韗讀爲歷運之運”者，歷運，時語有正歷運之數，故讀從之，取其音同耳。云“幎讀爲芒芒禹迹之芒”者，襄四年《左氏傳》魏絳請和諸戎，云：“芒芒禹迹，畫爲九州，經啟九道。”引之者，亦取音同。云“柳讀爲巾櫛之櫛”者，案《左氏》僖二十二年：“晉大子圉爲質於秦，將逃歸，謂嬴氏曰：‘與子歸乎？’對曰：‘子之欲歸，不亦宜乎①？寡君之使婢子侍執巾櫛，以固子也，從子而歸，棄君命也。’”引之者，證柳、櫛是一也。云“瓬讀爲甫始之甫”者，甫訓爲始，故讀從之。於義無所取，故後鄭不從也。“玄謂瓬讀如放於此乎之放”者，案隱二年“無駭入極”，《公羊傳》曰“疾始滅也，始滅放於此乎”是也，言作瓦器者亦相放。

有虞氏上陶，夏后氏上匠，殷人上梓，周人上輿。注官各有所尊，王者相變也。舜至質，貴陶器，甒、大、瓦棺是也。禹治洪水，民降丘宅土，卑宮室，盡力乎溝洫，而尊匠。湯放桀，疾禮樂之壞，而尊梓。武王誅紂，疾上下失其服飾，而尊輿。

○釋曰：云“官各有所尊，王者相變也”者，此“陶”、“匠”、“梓”、“輿”，據上三十工並是官名；又所尊上不同，故云官各有所尊，王者相變。云“舜至質，貴陶器”者，案《禮記·表記》云：“虞、夏之文，不勝其質；殷、周之質，不勝其文。”謂上代質，後代文，若以文質再而復而言，則虞又當質，故云至質。瓦器又至質，故《禮記·郊特牲》云“器用陶匏”，是祭天地之器，則陶器爲質也。以代當質，故用質器也。云“甒、大、瓦棺是也”者，《喪禮》“兩甒醴酒”，《明堂位》云“泰，有虞氏之尊也”，《檀弓》云“有虞氏瓦棺”是也。此據升爲帝時所上，不得取陶于河濱解此也。云“禹治洪水”者，昔鯀治水，九載績用不成，舜臣堯，舉八愷，八愷中有禹，堯使之治水，《大禹謨》云“禹，降水儆予”是也。云“民降丘宅土”者，《禹貢》文。云“卑宮室”者，《論語》文。言民下居平土，營農種作，故爲之治溝洫以通水，通水之官匠人是，故“夏上匠”也。云“湯放桀”者，《尚書》云：“湯放桀于南巢。”云“疾禮樂之壞”者，桀之無道，民墜塗炭，法度靡措，是禮樂之壞也。梓人所以造作禮樂之器，故湯上之也。云“武王誅紂”者，《尚書·牧誓》云：“甲子昧爽，戰于牧野。”是武王誅紂之事。紂之無道，臣下化之，無尊卑之差，“失其服飾”。但車服者顯尊卑之差，

---

① “不”字原作“一”，據阮本改。

故周公制禮尊上於輿也。**故一器而工聚焉者，車爲多。**注周所上也。○釋曰：云"一器"者，車也。"而工聚"者，謂有輪人、輿人、車人，就職中仍有輈人，是一器工聚者車最多，多於餘官，以周所上故也。

車有六等之數：注車有天地之象，人在其中焉。六等之數，法《易》之三材六畫。○釋曰：云"六等之數"，下文是也。云"車有天地之象"者，下文云："軫之方也，以象地；蓋之圜也，以象天。"是車有天地之象也。云"人在其中焉"者，在軫、蓋之中也。云"六等之數，法《易》之三材六畫"者，《易·説卦》云："立天之道曰陰與陽，立地之道曰柔與剛，立人之道曰仁與義，兼三材而兩之，故《易》六畫而成卦。"兼三材者，天有陰陽，地有柔剛，人有仁義。三材六畫，一材兼二畫，故車之六等法之也。**車軫四尺，謂之一等；戈柲六尺有六寸，既建而迤，崇於軫四尺，謂之二等；人長八尺，崇於戈四尺，謂之三等；殳長尋有四尺，崇於人四尺，謂之四等；車戟常，崇於殳四尺，謂之五等；酋矛常有四尺，崇於戟四尺，謂之六等。**○釋曰：此經説車六等之數。此六等軫一、人一之外，兵有四等。此謂前驅車所建，故《詩》云"伯也執殳，爲王前驅"，彼注引此文爲證"前驅"，明此是前驅所建可知。注此所謂兵車也。軫，輿後橫木。崇，高也。八尺曰尋，倍尋曰常。殳長丈二。戈、殳、戟、矛皆插車輈。鄭司農云："迤讀爲'倚移從風'之移，謂著戈於車邪倚也。酋，發聲，直謂矛。"○釋曰：云"此所謂兵車也"者，謂下兵車之輪崇者也。云"軫，輿後橫木"者，即今之車枕一也。知"八尺曰尋"者，此經皆以四尺爲差，"人長八尺"，而"殳長尋有四尺，崇於人四尺"，則八尺之外唯有四尺在，是尋長八尺可知。知"倍尋曰常"者，殳長丈二，而云"車戟崇於殳四尺"，則丈二之外有四尺，摠丈六尺，是倍尋曰常也。云"戈、殳、戟、矛皆插車輈"者，當皆以鐵圍範，邪置於輈之上下，乃插而建之。容出先刃、入後刃言之，一則邪向前，一則邪向後，乃可得也。先鄭云"迤讀爲倚移從風之移"者，司馬長卿《上林賦》云："從風倚移①。"云"酋，發聲，直謂矛"，酋矛二丈者也。**車謂之六等之數。**注申言數也。○釋曰：前已云之，今又言之，"申"，重也，"重言數"，詳審言之也。

　　凡察車之道，必自載於地者始也，是故察車自輪始。注先視輪

_____

① 浦鏜謂"從風倚移"當據注作"倚移從風"。

也。自，從也。凡察車之道，欲其樸屬而微至。不樸屬，無以爲完久也；不微至，無以爲戚速也。注樸屬猶附著，堅固貌也。齊人有名疾爲戚者。《春秋傳》曰："蓋以操之爲已戚矣。"速，疾也。書或作數。鄭司農云："樸讀如'子南僕'之僕。微至，謂輪至地者少，言其圜甚，著地者微耳。著地者微則易轉，故不微至無以爲戚數。"○釋曰：此已下云造車有善惡高下大小之宜。云《春秋傳》者，案《公羊傳》莊公三十年："冬，齊人伐山戎。"《傳》云："此齊侯也，其稱人何？貶。曷爲貶？司馬子曰：'蓋以操之爲已蹙矣。'"注云："操，迫也。已，甚也。蹙，痛也。"鄭氏以蹙爲"疾"，與何休別。先鄭云"子男僕之僕"，哀二年《左氏傳》云："初，衛侯游于郊，子南僕。"引之者，取音同也。輪已崇，則人不能登也；輪已庳，則於馬終古登阤也。注已，大也、甚也。崇，高也。齊人之言終古猶言常也。阤，阪也。輪庳則難引。○釋曰："輪已崇"則過六尺六寸，軫即過四尺，大高，故人不能登也。"輪已庳"則無六尺六寸，軫即無四尺，大下，則馬難引，常似上阪也。故兵車之輪六尺有六寸，田車之輪六尺有三寸，乘車之輪六尺有六寸。○釋曰：上文云車大高、大下不得所，今此經云須得所之意也。先言"兵車"者，重戎事故也。田獵、戰伐相類，即言"田車"以對"兵車"①，後別言"乘車"之等也。注此以馬大小爲節也。兵車，革路也。田車，木路也。乘車，玉路、金路、象路也。兵車、乘車駕國馬，田車駕田馬。○釋曰：言"以馬大小爲節"者，馬高則車亦高，馬下則車亦下，一以馬之高下爲車之節度。云"革路、木路、玉路"等，皆據《巾車》而言也。云"國馬"者，據《輈人》云"國馬之輈"而言，國馬則《校人》所云"種馬、戎馬、齊馬、道馬"四者是也。六尺有六寸之輪，軹崇三尺有三寸也，加軫與轐焉四尺也。人長八尺，登下以爲節。○釋曰：此經論軫崇四尺不高不下之節。上云兵車、乘車輪高六尺六寸，"軹"是軸頭，處輪之中央，故"崇三尺有三寸"。"加軫與轐"，二者七寸，則得"四尺"。注此車之高者也。軫，輿也。鄭司農云："軹，軎也。轐讀爲'旃僕'之僕，謂伏兔也。"玄謂軹，轂末也。此軫與轐并七寸，田車又宜減焉。乘車之軹廣取數於此，軹廣八尺，旁出輿亦七寸也。○釋曰：云"此車之高者"，對田車是車之下者也。先鄭云"軹，軎也"者，物有二名耳。云"轐讀爲旃僕之僕"者，讀音同，而未聞所出也。云"謂伏兔也"者，漢時名，今人謂之車屐是也。"玄謂

① "對"字阮本作"繼"。

軹，轂末也。此軹與轐并七寸”者，四馬車一轅，車軸上有伏兔，伏兔尾後上載車軹，軹始有車輿。則軸去地三尺三寸，上又兼伏兔及軹并七寸，車輿去地摠四尺也。云“田車又宜減焉”者，田車軹崇三尺一寸半，減乘車寸半，加軹與轐亦減乘車寸半爲五寸半也。云“乘車之軌廣取數於此”者，車輿六尺有六寸，軌廣謂轍廣，轍廣八尺，則車輿外“旁出輿”兩相各七寸，七寸之數取於軹轐七寸之數，故云取數於此也。

輪人爲輪，斬三材必以其時。**注**三材，所以爲轂、輻、牙也。斬之以時，材在陽則中冬斬之，在陰則中夏斬之。今世轂用雜榆，輻以檀，牙以橿也。〇釋曰：輪人唯造車輪，輪之“三材”唯“轂、輻、牙”，故鄭以此三者解之也。云“材在陽中冬斬之”等，並據《山虞》文知之。鄭舉“今世”所用木爲此三者，未知周用何木也。**三材既具，巧者和之。注**調其鑿內而合之。〇釋曰：鄭以“調”解“和”。“鑿內”，謂孔入轂、入牙者，並須調使得所也。**轂也者，以爲利轉也；輻也者，以爲直指也；牙也者，以爲固抱也。注**利轉者，轂以無有爲用也。鄭司農云：“牙讀如‘跛者訝跛者’之訝，謂輪輮也。世間或謂之罔①。書或作輮。”〇釋曰：云“輻也者，以爲直指也”者，入轂、入牙並須直指不邪曲也。云“牙也者，以爲固抱也”者，使牢固抱曲。云“利轉者，轂以無有爲用也”者，案《老子・道經》云：“三十輻共一轂，當其無有，車之用。”注：“無有，謂空虛。轂中空虛，輪得行。輿中空虛，人居其上。”引之者，證轂爲由空乃得利轉之義也。先鄭讀“牙”爲“訝跛者”之訝者，訝，迎也，此車牙亦輮之使兩頭相迎，故讀從之。**輪敝，三材不失職，謂之完。注**敝盡而轂、輻、牙不動。〇釋曰：謂之爲“職”者，“轂、輻、牙”各有職任，自相支持，雖盡不動，是“不失職”也。**望而眡其輪，欲其幎爾而下迤也②；進而眡之，欲其微至也；無所取之，取諸圜也。注**輪，謂牙也。幎，均致貌也。進猶行也。微至，至地者少也。非有他也，圜使之然也。鄭司農云：“微至書或作危至。故書圜或作員，當爲圜。”〇釋曰：“望而視之”，謂車停止時。云“幎爾”者，“幎，均致貌”；爾，助句辭。云“下迤”者，謂輻轂上載下

---

① “罔”字原作“冈”，即“罔”之俗字，此據婺本、阮本作“罔”。金本誤作“岡”。
② 阮校引段玉裁説據賈疏“正直不旁迤”謂賈所據本經文“下迤”本作“不迤”，疏中二“下迤”亦係後人所改。

兩兩相當①，正直不旁迆，故云下迆也。**望其輻，欲其掣爾而纖也**②；**進而眡之，欲其肉稱也；無所取之，取諸易直也。**○釋曰：上經揔視輪，此經別視輻。下云“進而視之”，則上云“望其輻”據住止時也。**注**掣纖，殺小貌也。肉稱，弘殺好也。鄭司農云：“掣讀爲‘紛容掣參’之掣。”玄謂如“桑螵蛸”之蛸。○釋曰：云“掣纖，殺小貌也”者，凡輻皆向轂處大，向牙處小，言掣纖，據向牙處小而言也。云“肉稱，弘殺好也”者，向轂爲稱，故爲弘殺。先鄭云“紛容掣參之掣”者，此蓋有文，今檢未得③。“玄謂如桑螵蛸之蛸”者，讀從《爾雅·釋蟲》“螳蜋，螵蛸”，並取音同也。**望其轂，欲其眼也；進而眡之，欲其幬之廉也；無所取之，取諸急也。**○釋曰：凡轂初作時隱起，然後以革鞔之，“革急”，裏木隱起見④。“幬”，覆也。謂以革覆轂也。**注**眼，出大貌也。幬，幔轂之革也。革急則裏木廉隅見⑤。鄭司農云：“眼讀如‘限切’之限。”○釋曰：先鄭讀“眼”如“限切”之限，亦是取急意。**眡其綆，欲其蚤之正也。注**蚤當爲爪，謂輻入牙中者也。鄭司農云：“綆讀爲關東言餅之餅，謂輪箄也。”玄謂輪雖箄，爪牙必正也。○釋曰：凡造車輪，皆向外箄，向外箄則車不掉。先鄭讀“綆”爲“山東言餅之餅”，依俗讀也。“玄謂輪雖箄，爪牙必正也”者，爪入牙中，鑿孔必正直不隨邪也。**察其菑、蚤不齵，則輪雖敝不匡。注**菑，謂輻入轂中者也。菑與爪不相佹，乃後輪敝盡不匡剌也。鄭司農云：“菑讀如‘雜廁’之廁，謂建輻也。泰山平原所樹立物爲菑，聲如戴，博立梟棊亦爲菑。匡，枉也。”○釋曰：上視輻入牙中，此言察輻入轂中須得所之意。凡植物於地中謂之菑，此輻入轂中似植物地中，亦謂之菑。言“菑、蚤不齵”者，人之牙齒參差謂之齵，此三十輻入轂與蚤入牙一一相當，不相佹戾，亦是不齵也。如此，“輪雖敝盡不匡剌”。先鄭云“菑讀如雜廁之廁”者，讀從《史

---

① “輻轂上轂下”五字阮本作“輻轂上轂至”，阮校云：“當作‘輻上至轂’，衍一‘轂’字，‘至轂’誤倒。”按“輻轂上轂下兩兩相當”猶今言對稱，下文“縣之以眡其輻之直也”鄭注云“輪輻三十，上下相直，從旁以繩縣之，中繩則鑿正輻直矣”，賈疏云“此以輪側於一邊，輪輻三十，兩兩上下相直，從旁以繩縣之，兩中縣，則鑿正而輻直矣”，可以參看。

② “也”字原脱，據婺本、金本、阮本補。

③ 阮校引《困學紀聞》云：“即《上林賦》‘紛容箾蔘’。”

④ “裏木”二字阮本作“裹木”。見下條。

⑤ “裏木”二字婺本、金本同，阮本作“裹木”。按《釋文》：“則裹，音果。”然細繹鄭注、賈疏，似當作“裏木”，裏木即指轂。若鞔轂之革急，則轂之隱起見矣。

游章》"分別部居不雜厠"，義取不參差意也。云"博立梟棊"者，謂博戲時立一子於中央謂之梟棊。云"爲菌"①，亦是樹立爲菌之義也。

凡斬轂之道，必矩其陰陽。**注**矩，謂刻識之也。故書矩爲距，鄭司農云："當作矩，謂規矩也。"○釋曰：此欲"斬轂"之時，先就樹刻之，記識其向日爲"陽"、背日爲"陰"之處。必記之者，爲後以火養其陰故也。陽也者積理而堅，陰也者疏理而柔，是故以火養其陰而齊諸其陽，則轂雖敝不蒨②。**注**積，致也。火養其陰，炙堅之也。鄭司農云："積讀爲'莫祭'之莫。蒨當作秏。"玄謂蒨，蒨暴。陰柔後必橈減，幬革暴起。○釋曰：此轂若不以火養炙陰柔之處，使堅與陽齊等，後以革鞔，陰柔之處木則瘦減，革不著木，必有暴起。若以火養之，雖敝盡不蒨暴也。轂小而長則柞，大而短則摯③。○釋曰：此已下論車須長短小大相稱之事。**注**鄭司農云："柞讀爲'迫唶'之唶，謂輻間柞狹也。摯讀爲褺，謂輻危褺也。"玄謂小而長則菌中弱，大而短則末不堅。○釋曰：先鄭讀"柞"爲"迫唶"之唶者，依俗讀之。以"摯"爲"褺"，後鄭從而就足之。"玄謂小而長則菌中弱"者，以轂小而長則"輻間柞狹"，故菌中弱也。云"大而短則末不堅"者，謂轂大而短即轂末淺短，故轂末不得堅牢也。是故六分其輪崇，以其一爲之牙圍。**注**六尺六寸之輪④，牙圍尺一寸。○釋曰：以上文小大不得其所，此文制法使得其所也。云"六尺六寸之輪，牙圍尺一寸"者，此據兵車、乘車而言。若田車之輪小，崇六尺三寸，計亦可知也。參分其牙圍而漆其二。**注**不漆其踐地者也。漆者七寸三分寸之一，不漆者三寸三分寸之二。令牙厚一寸三分寸之二，則内外面不漆者各一寸也。○釋曰：就一尺一寸且取九寸，三分分之，各得三寸，猶有二寸在；又一寸爲三分，二寸爲六分，三分分之，各得二分；若然，一分有

① 浦鏜謂"爲"上脱"亦"字。
② "蒨"字原作"蒨"，據婺本、金本、阮本改。下注中"蒨當作秏"同。
③ "摯"字婺本、金本同，阮本作"摯"。孫疏云："'摯'錢氏宋本作'摯'，《釋文》、唐石經及各本並作'摯'，《羣經音辨》同。阮元以唐石經爲非。案'摯'先鄭破爲'褺'，依宋本則爲聲之誤，依石經則爲形之誤，二字並通，無由決定，今姑從石經。"按底本凡從"執"旁者往往作"執"，如此經先鄭注"褺"字，底本即作"褺"，賈疏述注同；又如"熱"字，亦多作"熱"。下凡此類訛誤徑録爲正字，不一一出校。
④ "之"字原作"文"，據婺本、金本、阮本改。

三寸三分寸之二,二分摠得"七寸三分寸之一",是漆之者也。餘一分者三寸三分寸之二,是不漆者,故云"不漆者三寸三分寸之二"也。云"令牙厚一寸三分寸之二,則內外面不漆者各一寸也"者,無正文,以意解之,故云令牙厚一寸三分寸之二;餘二寸分於外內面,故各一寸也。**椁其漆內而中詘之,以爲之轂長,以其長爲之圍。**

注六尺六寸之輪,漆內六尺四寸,是爲轂長三尺二寸,圍徑一尺三分寸之二也。鄭司農云:"椁者,度兩漆之內相距之尺寸也[①]。"○釋曰:上經不漆者外內面各一寸,則兩畔減二寸,故"漆內"有"六尺四寸"也。中屈此六尺四寸,故"轂長三尺二寸"也。又以三尺二寸爲圍,圍三徑一,三尺得一尺,餘二寸,寸作三分,爲六分,又徑二分,故"徑一尺三分寸之二"也。**以其圍之防捎其藪[②]。**○釋曰:車轂之法,其孔必大頭寬小頭狹,當輻入處謂之藪,寬狹處中而已。云"防"者,三分之一也者,於前一尺三分寸之二,三分取一,"捎",除也,以除空中當藪之處,使容車軸也。**注**捎,除也。防,三分之一也。鄭司農云:"捎讀爲'桑螵蛸'之蛸。藪讀爲'蜂藪'之藪,謂轂空壺中也。"玄謂此藪徑三寸九分寸之五。壺中,當輻菑者也。蜂藪者,猶言趨也,藪者衆輻之所趨也[③]。○釋曰:云"防,三分之一"者,凡言防者,分散之言,數亦不定。是以《王制》云:"祭用數之仂。"注以爲當年之什一,以其下有"喪用三年之仂",遂以當年經用之什一言之。此下文"賢"是大頭穿,內徑四寸五分寸之二,此當藪處於徑三分之一爲徑三寸九分寸之五,大小相稱,故以防爲三分之一解之也。"讀爲蜂藪之藪",此亦依俗讀之,以蜂窠有孔藪然,此三十輻入轂處亦藪然也。"玄謂此藪徑三寸九分寸之五"者,以轂徑一尺三分寸之二,今一尺取九寸,三分之一得三寸,仍有一寸三分寸之二在;今以一寸者爲九分,寸之二爲六分,摠爲十五分,三分取一得五分,故云徑三寸九分寸之五也。**五分其轂之長,去一以爲賢,去三以爲軹。**○釋曰:上經言轂空壺中,此經言轂大小兩頭。**注**鄭司農云:"賢,大穿也。軹,小穿也。"玄謂此大穿徑八寸十五分寸之八,小穿徑四寸十五分寸之四,大穿甚大,似誤矣。大穿實五分轂長去二也,去二則得六寸五分寸

---

① "兩"字原作"而",據婺本、金本、阮本改。

② 孫疏云:"捎,賈《匠人》'梢溝'疏引此作'梢'從木。據彼疏,則賈所見本'捎藪'與'梢溝'字同。而今本兩經'捎'、'梢'錯出,必有一誤。段玉裁、阮元皆謂字當從木,此經'捎'誤,當作'梢'。然《説文·木部》云'梢,木也',《爾雅·釋木》云'梢,櫛櫂',皆無捎除之義。竊疑此與《匠人》'梢溝'實皆當作'捎',《匠人》經誤從木,後人遂并改賈疏耳。"

③ 段考謂"蜂藪者"當作"藪者","藪者"當作"蜂藪者",今本互易,誤。

之二。凡大小穿皆謂金也。今大小穿金厚一寸^①，則大穿穿內徑四寸五分寸之二，小穿穿內徑二寸十五分寸之四，如是乃與藪相稱也。○釋曰：云"玄謂此大穿徑八寸十五分寸之八"者，經云"五分其轂之長，去一以爲賢"，即以轂長三尺二寸徑一尺三分寸之二而五分去一，一尺去二寸得八寸；三分寸之二者，本三分寸，今爲十五分寸，即以二分者爲十分，去二分得八分，故云大穿徑八寸十五分寸之八也。云"小穿徑四寸十五分寸之四"者，經云"去三"，一尺五分去三，去六寸得四寸；三分寸之二亦爲十五分寸之十，五分去三^②，去六分得四分，故云小穿徑四寸十五分寸之四。云"大穿甚大，似誤矣"者，以其大穿與藪中及小穿三者須相類，故鄭以"五分去二"爲允也。云"今大小穿金厚一寸"者，無正文，以目驗知之，故云今也。大小穿穿內皆以金消去二寸，故各減二寸也。**容轂必直，陳篆必正，施膠必厚，施筋必數，幬必負幹。**注鄭司農云讀"容"上屬^③，曰"軗容"^④。玄謂容者，治轂爲之形容也。篆，轂約也。幬負幹者，革轂相應，無羸不足^⑤。○釋曰：先鄭"讀容上屬"，後鄭不從者，軗，轂末，無形容可見，其轂上則夏篆、夏縵轂約，故不從也。云"幬負幹者，革轂相應"者，幬，覆也，謂以革覆轂，轂之木隱著革使之急，是革轂相應也。云"無羸不足"者，羸與不足同蒙"無"字：若轂有秏瘦，不隱著轂，則革有羸而轂不足；著轂不秏^⑥，革轂相應，革無羸，轂亦無不足也。**既摩，革色青白，謂之轂之善。**注謂丸漆之，乾而以石摩平之，革色青白，善之徵也。○釋曰：此謂以革鞔轂訖，將漆之，先以骨丸之，待乾方以石摩平之^⑦，其色青白則善也。

　　參分其轂長，二在外，一在內，以置其輻。注轂長三尺二寸者，令輻廣三寸半，則輻內九寸半，輻外一尺九寸。○釋曰：此經欲論置輻於轂相去遠近之法。云"轂長三尺二寸"，上經文。"令輻廣三寸半"，知者，案上云"以圍之阞捎其藪"，藪中三

----

① 阮校引戴震説云："'今'當作'令'，賈疏已誤。"
② "三"字原作"二"，據阮本改。
③ 阮校引盧文弨説云："'云'疑衍。"
④ 孫疏云："據此，則上先鄭注當作'軗容，小穿也'，後鄭引之刪'容'字。"
⑤ "羸"字原作"蠃"，據婺本、金本、阮本改。
⑥ 孫校云："'著'宜爲'若'。"
⑦ "方"字阮本作"乃"。

分徑一，轂徑既一尺三分寸之二，今取一分作空中，空中徑三寸九分寸之五；兩畔得二分有七寸九分寸之一，兩廂分之，一畔得三寸九分寸之五。下文云"量其鑿深以爲輻廣"，深三寸半，故知輻廣三寸半也。依前所計言之，輻深實應三寸十八分寸之一[①]，言三寸半，舉成數言也。若然，轂既長三尺二寸，輻居三寸半，餘有二尺八寸半，三分之，輻外得"一尺九寸"，輻内得"九寸半"也。**凡輻，量其鑿深以爲輻廣。**注廣深相應，則固足相任也。○釋曰：如上所計，則輻之廣深各有三寸半，是"相應"也。至上轂小而長、轂大而短則不相應，故槷也。**輻廣而鑿淺，則是以大扤，雖有良工，莫之能固；**注扤，搖動貌。○釋曰：此及下經論轂與輻不得所之意也。**鑿深而輻小，則是固有餘而强不足也。**注言輻弱不勝轂之所任也。○釋曰：云"鑿深而輻小"者，謂轂大故鑿得深，其輻則應大，是相稱；若輻小，則"固有餘"，固有餘由轂大鑿深故也，"而强不足"由輻小故也。**故竑其輻廣以爲之弱，則雖有重任，轂不折。**注言力相稱也。弱，菌也。今人謂蒲本在水中者爲弱，是其類也。鄭司農云："竑讀如'紘綖'之紘，謂度之。"○釋曰：云"言力相稱也"者，止謂輻廣與鑿深相稱。案《史游章》云："蒲蒻蘭席。"謂取蒲之本在水者爲席。則此經"弱"亦是輻入轂中者也。**參分其輻之長而殺其一，則雖有深泥，亦弗之溓也。**注殺，衰小之也。鄭司農云："溓讀爲黏，謂泥不黏著輻也。"○釋曰：假令輻除入轂之中其外長三尺，則殺一尺以向牙，以本麤末細，塗則向下利，故"泥不黏著"之也。**參分其股圍，去一以爲骹圍。**注謂殺輻之數也[②]。鄭司農云："股，謂近轂者也。骹，謂近牙者也。方言股以喻其豐，故言骹以喻其細。人脛近足者細於股，謂之骹。羊脛細者亦爲骹。"○釋曰：云"謂殺輻之數也"者，上經云"殺其一"者，據長短之中殺一分；此經參分殺一，據本麤末細而言。其輻近轂麤處謂之股，若人髀股；近牙細者謂之骹，謂若人脚近踝之骹也。假令輻近轂處圍六寸也[③]。先鄭云"方言股以喻其豐"者，方者，止謂方欲言股之時

①　"一"字阮本同，孫疏引作"十"，是也，三寸十八分寸之十即上所計"一畔得三寸九分寸之五"。

②　阮校云："余本'之'作'内'，是。"孫疏云："'之'舊本作'内'，宋余仁仲本同，於義得通，但宋明各本皆作'之'，今從之。"

③　浦鏜謂"六寸"下當脱"近牙處圍四寸"六字。

1003

此股踊其豐，非謂楊雄以異方之語不同方言也①。股既喻豐，"故言骹以喻其細"，一切麤細相對，細處則言骹，謂《士喪禮》"綴足用燕几，骹在南"之類。云"羊脛細者亦為骹"者，今人猶言之也。**揉輻必齊，平沈必均。** 注揉，謂以火槁之，衆輻之直齊如一也。平沈，平漸也。鄭司農云："平沈，謂浮之水上無輕重。"○釋曰：云"揉，謂以火槁之"者，曲者以火炙之，木則濡可揉戾使直。槁，就也，故云揉謂以火槁之也。云"衆輻之直齊如一也"者，謂以火槁之後直不曲，故云直齊如一也。重者沈多，輕者沈淺，沈重者更去之，則平而輕重等也。**直以指牙，牙得則無槷而固，** 注得，謂偓句鑿內相應也。鄭司農云："槷，椳也。蜀人言椳曰槷。"玄謂槷讀如涅，從木，熱省聲。○釋曰：云"得，謂偓句鑿內相應也"者②，以輻直者為偓，以牙曲者為句，輻、牙雖有偓句，至於鑿內必正，正則為得，得則若無槷而牢固也。先鄭讀"槷"為"危槷"之槷，故更轉從"椳"也。後鄭讀"槷"即是槷蘇結切，云"槷讀如涅"，謂涅物於孔中之涅。又解槷字，以其用木為槷，故"從木"也；云"熱省聲"者，熱者去下火，取上與熱為聲③，可謂上聲下形，故云省聲也。**不得則有槷必足見也。** 注必足見，言槷大也。然則雖得猶有槷，但小耳。○釋曰：云"必足見，言槷大也"者，足乃據槷而言，言足見，故知槷大乃足見也。云"然則雖得猶有槷，但小耳"者，上經云"無槷而固"即是無槷鄭必知上文有槷但小者，鄭更無異文，直以文勢反之可知。知然者，此經云"不得則有槷必足見"，言槷大，則知上經"得"不足見無大槷，有小槷可知，故鄭云"雖得猶有槷，但小耳"。鄭非直以文勢反之知有槷，以意量之，輻入牙中無有不用槷而固者也。**六尺有六寸之輪，綆參分寸之二，謂之輪之固。** 注輪綆則車行不掉也。參分寸之二者，出於輻股鑿之數也。○釋曰：止由輪有綆，"車不掉"，不掉則得"輪之固"也。云"參分寸之二者，出於輻股鑿之數也"者，鑿牙之時其孔向外侵三分寸之二，使輻股外綆，故云輻股鑿之數也。

　　凡為輪，行澤者欲杼，行山者欲侔。 注杼，謂削薄其踐地者。侔，上下等。○釋曰：凡為車之法，各順其所宜，是以"行澤者欲杼"。知是"削薄其踐地者"，下文云"是刀以割塗"，故知削薄之。行山欲"上下等"者，下文云"是搏以行石"，雖不動於

---

① 浦鏜云："'不同'疑'謂之'誤。"
② "相"字原作"則"，據阮本改。
③ "熱"字阮本同，疑當作"槷"。

鑿旁，恐石傷之，故欲上下等而得久長也。杼以行澤，則是刀以割塗也，是故塗不附；注附，著也。俴以行山，則是摶以行石也，是故輪雖敝不甋於鑿。注摶，圓厚也。鄭司農云："不甋於鑿，謂不動於鑿中也。"玄謂甋亦敝也。以輪之厚，石雖齧之，不能敝其鑿旁使之動。○釋曰：先鄭以"甋"爲"動"，而"不動於鑿中"，後鄭以"甋亦敝"，"不能敝於鑿旁"，不從先鄭者，以其動者先動於旁，乃及於中，不可先動於中，故不從也。凡揉牙，外不廉而內不挫、旁不腫，謂之用火之善。○釋曰：此一經論用火揉牙使之圓正之意。古者車輞屈一木爲之，要當木善，火齊又得，乃可圓而得所也。注廉，絕也。挫，折也。腫，瘦也。○釋曰：凡屈木，多外廉絕理，內挫折中，旁腫負起。無此三疾，是用火之善也。是故規之以眂其圓也，注輪中規則圓矣。○釋曰：謂輪成以繩規之，中規則不枉。萬之以眂其匡也，注等爲萬蔞以運輪上，輪中萬蔞則不匡剌也。故書萬作禹，鄭司農云讀爲萬[1]，書或作矩[2]。○釋曰：云"等爲萬蔞以運輪上"者，見令車近萬蔞，於輪一邊置於輪上，是等爲萬蔞以運輪上也。輪一轉一帀，不高不下中於萬蔞，則輪不匡剌。縣之以眂其輻之直也，注輪輻三十，上下相直，從旁以繩縣之，中繩則鑿正輻直矣。○釋曰：此以輪側於一邊，輪輻三十，兩兩上下相直，從旁以繩縣之，兩兩中縣，則鑿正而輻直矣。水之以眂其平沈之均也，注平漸其輪無輕重，則斲材均矣。○釋曰：兩輪俱置水中，觀眂四畔入水均否，若平深均[3]，則斲材均矣。量其藪以黍以眂其同也，注黍滑而齊，以量兩壺，無贏不足則同。○釋曰：謂兩輪俱用黍量，眂其容受同不，齊同則無贏亦無不足。鄭云"黍滑而齊"，則不取《律曆志》以黍爲度量衡之義也。權之以眂其輕重之俴也。注俴，等也。稱兩輪，鈞石同則等矣。輪有輕重，則引之有難易。○釋曰：云"稱兩輪，鈞石同則等矣"者，正以鈞石言之者，以其輪重非斤兩所准擬，故以三十斤曰鈞、百二十斤曰石之言也[4]。故可規、可萬、可水、可縣、可量、

---

① 阮校云："'云'下當脫'禹'字。"按"云"或衍字。
② "矩"字原作"知"，據婺本、金本、阮本改。
③ 浦鏜云："'沈'誤'深'。"
④ 浦鏜云："'之言'字當誤倒也。"

可權也，謂之國工。注國之名工。○釋曰：此一經揔結上文也。

輪人爲蓋，達常圍三寸，注圍三寸，徑一寸也。鄭司農云：“達常，蓋斗柄下入杠中也。”○釋曰：輪輻三十，蓋弓二十有八，器類相似，故因遣輪人造蓋。但蓋柄有兩節，此“達常”是上節，“下入杠中也”。桯圍倍之，六寸。注圍六寸，徑二寸，足以含達常。鄭司農云：“桯，蓋杠也。讀如‘丹桓宮楹’之楹。”○釋曰：此蓋柄下節，麤大常一倍①，向上含達常也。先鄭引“丹桓宮楹之楹”者，案莊二十三年爲迎姜氏以爲華飾，故丹桓公廟之楹柱。引之，證此蓋柄之桯，楹柱之類也。信其桯圍以爲部廣，部廣六寸。注廣，謂徑也。鄭司農云：“部，蓋斗也。”○釋曰：此言蓋之斗，四面鑿孔內蓋弓者。於上部高隆穹然，謂之爲“部”。“信”，古之申字。舒申上桯圍六寸以爲此部徑，部徑六寸也。部長二尺，注謂斗柄達常也。○釋曰：此“部”即達常。以此達常上入部中，遂名此達常爲部，其實是達常也。桯長倍之，四尺者二②。注杠長八尺，謂達常以下也。加達常二尺，則蓋高一丈，立乘也。○釋曰：云“蓋高一丈，立乘也”者，人長八尺，蓋弓有宇曲之減二尺，得不障人目也。十分寸之一謂之枚。注爲下起數也。枚一分。故書“十”與上“二”合爲“廿”字，杜子春云：“當爲‘四尺者二’、‘十分寸之一’。”○釋曰：云“故書十與上二合爲廿字”，則二十、三十、四十字一字爲兩讀，因而有之。子春不從者，文理俱周，乃合於義，若以十合二爲廿，是則於文字得矣；若讀以“分”向下讀之，其義安在？故子春經爲正也。部尊一枚。注尊，高也。蓋斗上隆高，高一分也。○釋曰：高者必尊，故“尊”爲“高”也。以“隆高一分”，故上文得名爲部也。弓鑿廣四枚，鑿上二枚，鑿下四枚；注弓，蓋橑也。廣，大

---

① 加藤云：“殿本‘大’改‘達’。”

② 孫疏云：“此經文例與上下不同。桯長八尺，較之部長實不止一倍。儻如舊説，桯止是一長八尺之直杠，則經家上文云‘桯長四之’足矣。而乃云‘桯長倍之，四尺者二’，以徑直之度而爲迂曲之文，果何義乎？據下注謂故書‘十’與上‘二’合爲‘廿’字，杜子春定爲‘二十’，是杜、鄭所見並如今本，則又無譌文。竊謂經文當與《車人》‘大車崇三柯者三’同例，疑古車蓋之杠當爲二節，上下各長四尺，蓋與達常爲三節也。”按孫氏之疑足備一説。又按江永《周禮疑義舉要》云：“斗柄達常長二尺、桯長八尺，皆以其可見者言之。若達常之入于桯、桯之入於輿板底下者皆當有數寸，又皆有鍵以固之，故不爲風飄。”竊疑桯之上含達常者乃有二尺，則達常實全長四尺，故經云“桯長倍之，四尺者二”。

也。是爲部厚一寸。○釋曰：云“弓，蓋橑也”者，漢世名蓋弓爲橑子也。云“廣，大也”者，恐直以橫廣四枚，上下不知其數，故訓廣爲大，明上下及橫皆四分也。云“是爲部厚一寸”者，經兩“四”、一“二”，故厚一寸也。必以孔上二枚、孔下四枚，以其弓下用力故也。**鑿深二寸有半，下直二枚，鑿端一枚。** **注**鑿深對爲五寸，是以不傷達常也。下直二枚者，鑿空下正而上低二分也。其弓菑則橈之，平剡其下二分而內之，欲令蓋之尊終平不蒙橈也。端，內題也。○釋曰：此經說蓋斗之上鑿孔內弓二十八孔之上下廣狹之義。云“鑿深對爲五寸，是以不傷達常也”者，前文云部廣六寸，達常徑一寸，達常上入部中徑一寸，則兩畔共有五寸在。今以弓鑿深二寸半，兩相各二寸半，是不侵達常，故云不傷達常也。云“下直二枚者，鑿空下正而上低二分也”者，直，正也。鑿孔下正者，上文鑿下四枚，今於內畔於下亦四枚，與外正平，故云平於下正也。云而上低二分者，前文鑿上二枚①，今於內畔孔低二分，鑿上亦四枚，故云上低二分也。若然，部揔一寸，今鑿上下俱四枚，已用八枚，其中唯有二枚在，故云“弓菑則橈”，橈亦減也。弓外畔上下四枚，今於內畔減二枚，唯有二分，剡，去也，故云“平剡其下二分而內之”。云“欲令蓋之尊終平不蒙橈也”者，蓋尊外畔孔上二枚，及內畔上下俱四枚。若然，蓋弓向外頭仰，但以蓋弓三分，一分外爲宇曲，又以衣蒙之，則弓低，故蓋尊終平不蒙橈，又得吐水也。云“端，內題也”者，蓋斗外寬內狹，以是故蓋弓內端削使狹爲題頭，故云“端，內題也”。**弓長六尺謂之庇軹，五尺謂之庇輪，四尺謂之庇軫。** **注**庇，覆也。故書庇作秘。杜子春云：“秘當爲庇，謂覆軑也②。”玄謂軹，轂末也。輿廣六尺六寸，兩轂并六尺四寸，旁減軫內七寸，則兩軹之廣凡丈一尺六寸也。六尺之弓倍之，加部廣，凡丈二尺六寸，有宇曲之減，可覆軹不及軑。○釋曰：此經說蓋有大小不定之事。云“輿廣六尺六寸”者，《輿人》文。云“旁減軫內七寸”者，七寸以承輿，故旁減軫內七寸。上云以其轂長二在外、一在內以置其輻，輻內九寸半，綆三分寸之二，金轄之間三分寸之一，輻又三寸半，揔尺四寸。以此計之，以七寸承輿，七寸爲軹，故云旁減軫內七寸也。云“兩軹之廣凡丈一尺六寸也”者，向計輿六尺六寸，并兩轂六

---

① “枚”字原作“故”，據阮本改。
② 孫疏云：“‘謂覆軑也’上疑當有‘庇軹’二字，杜以此‘庇軹’即謂覆車軸端之軹也。軑者，輩之借字。”

尺四寸，揔一丈三尺，減尺四寸入輿下，其餘有丈一尺六寸也[1]。云"六尺之弓倍之，加部廣，凡丈二尺六寸，有宇曲之減，可覆軹不及軹"者，下文注云"股面三尺幾半"，通尊二尺爲五尺近半，倍之，加部廣六寸，揔丈一尺六寸；以"幾半"言之，則不整丈一尺六寸。經云覆軹，當允經中之數，故云可覆軹不及軹也。**參分弓長而揉其一。注**參分之，持長橈短，短者近部而平，長者爲宇曲也。六尺之弓，近部二尺，四尺爲宇曲。〇釋曰：云"三分之，持長橈短，短者近部而平，長者爲宇曲也"者，弓長六尺，三分，一分有二尺。既云"參分弓長揉其一"，則揉其二尺近部者，故云"三分之[2]，持長橈短，短者近部內而平，長者爲宇曲"，鄭又覆言之"六尺之弓，近部二尺，四尺爲宇曲"。必橈近部二尺者，以其本鑿弓孔時外畔弓上二枚、弓下四枚，內畔上下俱四枚，由弓頭仰，故須近部橈之使平，向下四尺持之爲宇曲吐水也。**參分其股圍，去一以爲蚤圍。注**蚤當爲爪。以弓鑿之廣爲股圍，則寸六分也。爪圍一寸十五分寸之一。〇釋曰：此言弓近蓋計復臝、近末頭細之意[3]。云"股圍則寸六分也"者，上云"弓鑿廣四枚"，即以方圍之[4]，四四十六，故圍寸六分。云"爪圍一寸十五分寸之一"者，一寸爲三十分，六分者爲十八分，通前揔四十八；取三十分，去十分得二十分，十八分者去六分得十二分；以十二并二十爲三十二分，三十分作寸，餘二分，是三十分寸之二，三十分寸之二即是十五分寸之一，故云爪圍一寸十五分寸之一也。**參分弓長，以其一爲之尊。注**尊，高也。六尺之弓，上近部平者二尺，爪末下於部二尺。二尺爲句，四尺爲弦，求其股，股十二除之，面三尺幾半也。〇釋曰：云"以其一爲之尊"者，正謂"近部二尺"者，對末頭四尺者爲下，以二尺者爲高。云"爪末下於部二尺"者，正謂蓋杠并達常高一丈[5]，人長八尺[6]，故四面宇曲垂二尺也。云"二尺爲句，四尺爲弦，求其股"者，鄭欲解宇曲之減減蓋之寬覆軹不及軹之意。凡筭法，以蚤低二尺，即以低二尺者爲句，又以持長

---

① "其"字原作"有"，據阮本改。
② "云"字原作"充"，據阮本改。
③ "計復臝"三字阮本同，阮校謂當作"部頭臝"。
④ 浦鐘謂"圍"下脫一"計"字。
⑤ "杠"字原作"杜"，據阮本改。
⑥ "人長"二字原無，阮本同。按賈疏上文"云'蓋高一丈，立乘也'者，人長八尺，蓋弓有宇曲之減二尺，得不障人目也"，此據鄭注下文"蓋十尺，宇二尺，而人長八尺。卑於此，蔽人目"而云然，茲據補"八尺"上"人長"二字。

四尺爲絃，又蚤末直平者爲股。弦者四尺，四四十六爲丈六尺。句者二尺，二二而四爲四尺。欲求其股之直平者，筭法以句除弦，餘爲股。將句之四尺除弦，丈六尺中除四尺仍有丈二尺在。然後以筭法約之，廣一尺長丈二尺方之，丈二尺取九尺，三尺一截，相裨得方三尺，仍有三尺在①；中破之爲兩股②，各廣五寸長三尺，裨於前三尺方兩畔，畔有五寸，兩畔并前三尺爲三尺半；角頭仍少方五寸不合，不整三尺半。“幾”，近也，言近半。**上欲尊而宇欲卑，**注上，近部平者也。隤下曰宇。○釋曰：此言下而説也。“上”，謂近部二尺者。“宇”，謂持長四尺者。**上尊而宇卑，則吐水疾而霤遠。**注蓋者主爲雨設也，乘車無蓋。《禮》所謂潦車，謂蓋車與？○釋曰：云“蓋者主爲雨設也，乘車無蓋”者，案《巾車》五路皆不言蓋，以其建旌旗，故無蓋。故彼云：“及葬，執蓋從車，持旌。”鄭云：“王平生時乘車建旌，雨則有蓋。”又《道右職》云：“王式則下，前馬，王下則以蓋從。”注云：“以蓋從，表尊。”非謂在車時，若今傘蓋者也。云“《禮》所謂潦車，謂蓋車與”者，案《既夕禮》云：“乘車載皮弁服，道車載朝服，稾車載蓑笠。”注云：“今文稾爲潦。”此注云《禮》所謂潦車者，指《儀禮》今文而言也。鄭彼不從今文③，此引之者，鄭兩解，故此從之。但潦車云載蓑笠，笠所以禦暑，蓑所以禦雨。雨時或設蓑，或設蓋，故疑是彼潦車，遂言“與”也。若然，蓋車於天子當木路，故《既夕》注云：“稾猶散也，散車，以田以鄙之車。”《司常》云：“斿車載旌。”注云：“斿車，木路也。王以田以鄙之車。”是木路與潦車爲一物，故知此則木路。至於田獵，建大麾，無蓋；在國巡行，則或載旌、或設蓋也。**蓋已崇則難爲門也，蓋已卑是蔽目也，是故蓋崇十尺。**注十尺，其中正也。蓋十尺，宇二尺，而人長八尺。卑於此，蔽人目。○釋曰：云“蓋十尺，宇二尺”者，據“人長八尺”中人而言。若孔子及父皆身長十尺，則蓋丈二者也。**良蓋弗冒弗紘，殳畝而馳不隊，謂之國工。**注隊，落也。善蓋者以橫馳於壟上，無衣若無紘，而弓不落也。○釋曰：云“良蓋弗冒”，則無衣，不須言不紘；若言不紘，則有衣而不須紘也。云“殳畝而馳”者，據不冒、不紘兩者而言。

① “三”字原作“二”，據阮本改。

② “股”字阮本作“叚（段）”，加藤謂“段”是而“股”非。按《天官·小宰職》“傅別，謂爲大手書於一札，中字別之”賈疏云“謂於券背上大作一手書字札，字中央破之爲二段別之”，可爲加藤説之佐證。

③ “文”字原作“又”，據阮本改。

　　輿人爲車，輪崇、車廣、衡長參如一，謂之參稱。注稱猶等也。車，輿也。衡亦長容兩服。○釋曰：此輿人專作車輿，記人言“車”者，車以輿爲主，故車爲揔名；鄭爲“輿”者，此官實造輿，故從輿爲正。云“參如一”者，謂俱六尺六寸也。云“容兩服”者，服馬也。以其驂馬别有靷胸引車，故衡唯容服也。**參分車廣，去一以爲隧**。注兵車之隧四尺四寸。鄭司農云：“隧，謂車輿深也，讀如‘鑽燧改火’之燧。”玄謂讀如“邃宇”之邃。○釋曰：“隧”，謂車輿之縱。凡人所乘車皆取横闊，以或參乘，或四乘，故横則六尺六寸。此隧，輿之縱，三分六尺六寸取二分，取四尺四寸爲之①。不從先鄭者，車無取於“鑽燧改火”之義，故讀從“邃宇”之邃也。**參分其隧，一在前，二在後，以揉其式**。注兵車之式深尺四寸三分寸之二。○釋曰：鄭皆言“兵車”者，案上文先言兵車，後言乘車，故據先而言，其實乘車亦同也。云“或深尺四寸三分寸之二”者②，以四尺四寸取三尺得一尺；又一尺二寸，三分之取四寸；仍有二寸在，一寸爲三分，二寸爲六分，取一得二分，故云深尺四寸三分寸之二。云“以揉其式”者，式謂人所馮依而式敬，故名此木爲式也。**以其廣之半爲之式崇**，注兵車之式高三尺三寸。○釋曰：車輿之廣六尺六寸，取半爲式之高，故知“三尺三寸”也。**以其隧之半爲之較崇**。注較，兩輢上出式者。兵車自較而下凡五尺五寸。故書較作椉③，杜子春云④：“當爲較。”○釋曰：“較”謂車輿兩輢，今人謂之平輢也。言“兩較”⑤，謂車相兩旁豎之者。二者既别，而云“較，兩輢上出式者”，以其較之兩頭皆置于輢上，二木相附，故據兩較出式而言之⑥。云“兵車自較而下凡五尺五寸”者，以其前文式已崇三尺三寸，更增此隧之半二尺二寸，故爲五尺五寸。案昭十年《左氏傳》云：“陳、鮑方睦，遂伐欒、

---

　　①　“取”字阮本作“以”。
　　②　浦鏜云：“‘式’誤‘或’。”
　　③　“椉”字原作“推”，據阮本改。婺本作“推”，金本殘泐。按《釋文》作“椉”，“椉”、“推”蓋因扌、木二旁不分而相亂。
　　④　“云”字原作“去”，據婺本、金本、阮本改。
　　⑤　孫校云：“‘較’當爲‘輢’。”
　　⑥　“故”字原作“改”，據阮本改。

高氏。子良曰：‘先得公，陳、鮑焉往？’遂伐虎門。公卜使王黑以靈姑銔率^①，吉。請斷三尺而用之。”彼注云：“斷三尺，使至於較。大夫旗至較。”案《禮緯》：“諸侯旗齊軫，大夫齊較。”軫至較五尺五寸，斷三尺得至較者，蓋天子與其臣乘重較之車，諸侯之車不重較^②，故有三尺之較也。或可服君誤。**六分其廣，以一爲之軹圍。**注軹，輿後橫者也。兵車之軹圍尺一寸。○釋曰：云“六分”者，謂輿廣六尺六寸而六分取一^③，故得“尺一寸”也。**參分軹圍，去一以爲式圍；**注兵車之式圍七寸三分寸之一。○釋曰：謂參分前軹圍尺一寸而爲之。尺一寸取九寸爲三分，去三寸得六寸；餘二寸各三分之，二寸爲六分，去二分得四分；以三分爲一寸，餘一分；添前六寸爲七寸三分寸之一也。**參分式圍，去一以爲較圍；**注兵車之較圍四寸九分寸之八。○釋曰：以式圍七寸三分寸之一取六寸三分，去二寸得四寸；仍有一寸三分寸之一，以一寸者爲九分，一分者轉爲三分，并爲十二分，去四分得八分，故云“較圍四寸九分寸之八”也。**參分較圍，去一以爲軹圍；**注兵車之軹圍三寸二十七分寸之七。軹，輢之植者衡者也，與轂末同名。○釋曰：以前較謂四寸九分寸之八^④，四寸取三寸，去一寸得二寸；餘一寸爲二十七分，餘八分爲二十四分，并之爲五十一分；取三十，去十分得二十分；又二十一者去七分得十四，添前二十爲三十四分；取二十七分爲一寸，餘有七分在；添前二寸，揔爲“三寸二十七分寸之七”也。云“與轂末同名”者，前云覆軹不及軡，注“軹”是轂末；此“軹”是車較下豎直者及較下橫者，直衡者並縱橫相値也。**參分軹圍，去一以爲轛圍。**注兵車之轛圍二寸八十一分寸之十四。轛，式之植者衡者也。鄭司農云：“轛讀如‘繫綴’之綴，謂車輿軡立者也^⑤。立者爲轛，橫者爲軹。書轛或作輟。”玄謂轛者，以其鄉人爲名。○釋曰：此“轛”形狀一與前經“軹”同，但在式木之下，對人爲名耳。“參分軹圍”，分前三寸二十七分寸之七，取三寸，去一寸得二寸；餘七分者，假令整

---

① “銔”字阮本作“銔”，與傳本《左傳》合。按英藏敦煌寫卷斯二〇五五號《切韻箋注・脂韻》：“銔，[靈]姑銔。”又裴務齊正字本《刊謬補缺切韻・脂韻》：“銔，齊旍名。”皆作“銔”字。《洪武正韻・灰韻》：“銔，亦作銔。”

② 孫校云：“‘諸侯之車’當作‘諸侯之臣車’。”

③ “分”字原作“寸”，據阮本改。

④ 浦鏜云：“‘圍’誤‘謂’。”

⑤ “輿”字原作“與”，據婺本、阮本改。金本誤作“无”。

寸爲八十一分，此二十七分寸之七爲二十一分，即是八十一分寸之二十一；三分之，去七分得十四分，故云"轛圍二寸八十一分寸之十四"也。云"轛，式之植者衡者也"者，先鄭讀"轛"爲"綴"，又以轛、軹爲一處解之，後鄭皆不從者，以其無所指歸，故以"鄉人爲名"，據前式下爲之也。

圓者中規，方者中矩，立者中縣，衡者中水，直者如生焉，繼者如附焉。注治材居材如此乃善也。如生，如木從地生。如附，如附枝之弘殺也。○釋曰：凡作車之法，其材有圓者中于規，有方者中于矩，有直豎立者中于繩縣之垂者；衡，橫也，橫者中於水，無高下也。云"直者如生焉"者，如木之從地初生。云"繼者如附焉"者，材有大小相附著者，如木之枝柯本大末小之"弘殺"也①。凡居材，大與小無并，大倚小則摧，引之則絕。注并，偏邪相就也。用力之時，其大并於小者，小者強不堪則摧也；其小并於大者，小者力不堪則絕也。○釋曰：上經言居材得所，此經言不得所之事。"凡居材，大與小無并"之使"偏邪"，此汎説居材之法爲揔也。云"大倚小則摧"者，倚則并也。凡居材當各自用力，若使大材倚并小材，小材"強不堪"大材所倚則摧折矣。云"引之則絕"者，上文云"居材大與小無并"，已言"大倚小則摧"，未言小并大之事，則此"引之則絕"據小并大而言也。若"小并於大"，大木振其小木，"力不堪"則絕斷也。棧車欲弇，注爲其無革鞔，不堅，易坼壞也。士乘棧車。○釋曰：棧車無革鞔輿，易可坼壞，故當弇向內爲之。云"士乘棧車"者，《巾車職》文。飾車欲侈。注飾車，謂革鞔輿也。大夫以上革鞔輿。故書侈作移，杜子春云："當爲侈。"○釋曰：據大夫已上以革鞔輿，不畏坼壞，故欲得向外侈也。云"大夫以上"者，則天子、諸侯之車以革鞔輿及轂約也，但有異物之飾者則得玉、金、象之名號，無名號者直以革爲稱，革路、墨車之等是也。若木路，亦以革鞔，但不漆飾②，故以木爲號。孤、卿轂上有篆飾，即以篆、縵爲名也。案《殷傳》云："未命爲士者不得乘飾車。"士得乘飾車者，後異代法也。

---

① "木"字原作"本"，據阮本改。
② "漆"字原作"添"，據阮本改。

周禮疏卷第四十七

唐朝散大夫行大學博士弘文館學士臣賈公彥等撰

輈人爲輈。注輈，車轅也。《詩》云："五楘梁輈。"○釋曰：於三十工無輈人之官，但車事是難，故車官別主此職也。云"《詩》云：五楘梁輈"者，《秦詩》。引之者，證輈是車轅之事。彼注云"楘，歷録也。梁輈，輈上句衡也。一輈五束，束有歷録"是也。**輈有三度，軸有三理：**注目下事。度，深淺之數。○釋曰：云"度，深淺之數"者，四尺七寸之等是也。**國馬之輈深四尺有七寸，**注國馬，謂種馬、戎馬、齊馬、道馬，高八尺。兵車、乘車軹崇三尺有三寸，加軫與轐七寸，又并此輈深，則衡高八尺七寸也。除馬之高，則餘七寸爲衡、頸之間也。鄭司農云："深四尺七寸，謂轅曲中。"○釋曰：知"國馬"謂"種、戎、齊、道"者，《校人》馬有六種，下文有"田馬"、"駑馬"，明此四者當國馬也。《廋人》云："馬八尺以上爲龍。"故鄭云"高八尺"。云"兵車、乘車軹崇三尺有三寸"者，上文云兵車輪崇六尺有六寸，軹崇三尺三寸，加軫與轐四尺是也。云"餘七寸爲衡、頸之間也"者，案下文注："衡圍一尺三寸五分寸之一。頸圍九寸十五分寸之九。"并尺三寸與九寸爲二尺二寸，衡圍五分寸之一於十五分寸之九當得十五分寸之三，并頸圍十五分寸之九爲十五分寸之十二。圍三徑一，二十一寸徑七寸；餘有一寸十五分寸之十二，一寸復分之爲十五分，通前十五分寸之十二爲二十七，徑得十五分寸之九。此九分當爲馬頸低消之。先鄭云"深四尺七寸，謂轅曲中"者，此據輿以上而言，故後鄭從之也。**田馬之輈深四尺，**注田車軹崇三尺一寸半，并此輈深而七尺一寸半。今田馬七尺，衡、頸之間亦七寸，則軫與轐五寸半，則衡高七尺七寸[1]。○釋曰：鄭以上文

---

[1] "則軫與轐五寸半則衡高七尺七寸"十四字婺本、金本、阮本同，阮校云："賈疏兩偁此注皆云'加軫與轐五寸半'，此作'則'，誤，當據正。又按賈疏釋此二句注下始曰'云田馬七尺者'云云，則賈疏本'今田馬七尺衡、頸之間亦七寸'十二字注在此下矣，今本失其次。"按賈疏蓋以意言之，阮校不可遽從。

田車輪崇六尺有三寸，軹崇三尺一寸半，并此輈深四尺爲七尺一寸半，加軫與轐五寸半，揔七尺七寸。駕馬高七尺[1]，則七寸亦衡頸之間消之也。知加軫與轐五寸半不七寸者，亦約軹崇與兵車軹崇校寸半，明軫轐亦校寸半也。云“田馬七尺”者，亦約《庾人》“馬七尺曰騋”[2]。以其兵車、乘車駕國馬，明田車騋馬也。以此約之，明役車駕駑馬也。**駕馬之輈深三尺有三寸。**注輪軹與軫轐大小之減率寸半也，則駕馬之車軹崇三尺，加軫與轐四寸，又并此輈深，則衡高六尺七寸也。今駕馬六尺，除馬之高，則衡、頸之間亦七寸。○釋曰：鄭以田車之輪下於兵車、乘車，軹崇及軫轐皆校一寸半，則駕馬是六尺之馬，所駕之車又宜下，故知輪軹、軫轐大小之減率例一寸半[3]，與田車減兵車、乘車同也，是以鄭解駕之車皆減田車一寸半也[4]。若然，衡、頸之間同七寸，著車雖有高下，至於衡、頸不得不同，故下云“小於度謂之無任”。衡、頸用力是同，是以不得有麤細。**軸有三理：一者以爲嫩也，**注無節目也。○釋曰：上文雖輈與軸並列，“輈有三度”已言，“軸有三理”未説，故於此重起端序耳。云“一者以爲美也”者，“無節目”是軸之美狀也。**二者以爲久也，**注堅刃也。**三者以爲利也。**注滑密。**軹前十尺，而策半之。**注謂輈軹以前之長也。策，御者之策也。十或作七。合七爲弦[5]，四尺七寸爲鉤[6]，以求其股，股則短矣，七非也。鄭司農云：“軹，謂式前也。書或作軓。”玄謂軹是軹法也[7]。謂輿下三面之材，輢、式之所尌，持車正也。○釋曰：云“軹”，謂車式。“式前十尺”，謂輈曲中。“而策半之”，半之，策則五尺矣。言策者，策以禦馬，欲取策與輈長短相准合度之意也。云“十或作七。合七爲弦，四尺七寸爲鉤，以求其股，股則短矣”者，七七四十九四丈九尺；四四十六丈六尺，七七四十九又得四尺九

---

① 浦鏜云：“‘田’誤‘駕’。”
② “庾”字原作“瘦”，據阮本改。
③ “軹”字原作“轐”，據阮本改。
④ 阮校謂“駕”當作“駕馬”二字。
⑤ 阮校云：“‘合’當‘令’字之訛，《九章·盈不足》有‘假令’。”
⑥ 阮校云：“‘鉤’當作‘句’，《輪人》注云‘二尺爲句’。”
⑦ 段考云：“‘玄謂軹是’句絶，謂當從‘軹’也。鄭君謂此經‘軹’是、‘軓’非也。正義乃云‘後鄭從古書軓不從軹’，蓋其所據注作‘玄謂軹是軓法也’，字譌句誤而支離其説矣。”孫疏云：“此章經注之誤始於賈疏。今以其所釋審覈之，蓋其所據本經及先鄭注‘軹’字並誤作‘軓’，後鄭注内兩‘軹’字則又誤作‘軓’，故推鄭意謂‘軓’訓法，雖與它經作‘軹’者字異而同爲式前，若作‘軓’，則與轍廣及戴末之字掍，以申鄭從‘軓’之義。”

寸，并之二丈九寸。筭法以句除弦，以二丈九寸除四丈九尺，仍有二丈八尺一寸在，然後以求其股；以二丈八尺一寸方之，爲五尺之方，五五二十五用二丈五尺爲方五尺也；餘有三尺一寸，皆以方一寸乘之，得三百一十寸；方之，三百得廣六寸長五尺，中分之，裨前五尺之方，一廂得三寸；角頭方三寸，三三而九又用一寸之方九，餘有一寸之方一在。揔得方五尺三寸餘方一寸。以此言之，則軹前惟有五尺三寸①，不容馬，故云“股則短矣②，七非也”。云“書或作軌。玄謂軹是軹法也。謂輿下三面之材，輈、式之所尌，持車正也”者，若然，經作“軹”字，不爲“軌”。先鄭以“軹”爲“式前”，後鄭從古書“軌”不從“軹”者③，以軌爲法是定。雖有《少儀》“祭軹”字爲車旁凡，與此古書車旁凸字雖異，同是式前。若作“軌”則不可④，軌謂徹廣⑤，轂末亦爲軌。故《少儀》云“祭左右軌”，軌即轂末；《考工》“經涂九軌”，軌即轍廣。是軌不定，故從軌也。**凡任木：**注目車持任之材。○釋曰：此與下經爲目，“任木”即下云“任正”以下是也。**任正者，十分其輈之長，以其一爲之圍；衡任者，五分其長，以其一爲之圍。小於度謂之無任。**○釋曰：“任正”與“衡任”麤細不同者，各有所宜，故不同也。是以云“小於度謂之無任”，無任謂折壞不任用也。注任正者，謂輿下三面材，持車正者也。輈，軹前十尺與隧四尺四寸，凡丈四尺四寸，則任正之圍尺四寸五分寸之二。衡任者，謂兩軛之間也。兵車、乘車衡圍一尺三寸五分寸之一。無任，言其不勝任。○釋曰：名“任正”者，此木任力，車輿所取正，以其兩輈之所樹於此木，較、式依於兩輈，故曰任正也。云“三面材”者，此木下及兩旁見面，其上面託著輿板⑥，其面不見，故云三面材也。云“輈，軹前十尺與隧四尺四寸，凡丈四尺四寸”者，以其經云“輈”，則軹前、輿下揔是

---

① “軹”字原作“軌”，阮本作“軌”。按上文述經作“軹”，則此亦當作“軹”。若依孫疏之説賈所據本經文“軌”，則阮本此處爲不誤。下文“軹”字底本並作“軌”，阮本並作“軌”。

② “短”字原作“矩”，據阮本改。

③ “軹”字原作“軌”，阮本作“軌”，茲據經文作“軹”。參上條。

④ “軌”字原作“軹”，據阮本改。下文“軌”字同。按孫疏據此段賈疏謂賈所據本經文及先鄭注並作“軌”，蓋是也。

⑤ “徹”字阮本作“轍”。按《説文》新附車部：“轍，車迹也。从車，徹省聲。本通用‘徹’，後人所加。”

⑥ “著輿”二字原作“箸與”，據阮本改。

輈，故鄭通計之。一丈得一尺，四尺得四寸，四寸者一寸爲五分，四寸爲二十分①，得二分，故云"任正之圍尺四寸五分寸之二"。云"衡任者，謂兩軛之間也"者，服馬有二，一馬有一軛。軛者，厄馬領不得出。云兩厄之間②，則當輈頸之處，費力之所者也③。云"兵車、乘車衡圍一尺三寸五分寸之一"者，田車之衡更無別文，亦應與兵車、乘車同。鄭特言此二者，都無正文，且據尊者而言，其田車之衡任亦當同也。衡長六尺六寸，五尺得一尺，又以尺五寸得三寸，又一寸者爲五分，得一分，故云衡圍一尺三寸五分寸之一也。**五分其軹間，以其一爲之軸圍。**注軸圍亦一尺三寸五分寸之一，與衡任相應。○釋曰：上《輿人》云"輪崇、車廣、衡長參如一"，則軹間即輿廣，與衡長俱六尺六寸。以六尺六寸五分取一，與衡任同，故"軸圍亦一尺三寸五分寸之一，與衡任相應"也。**十分其輈之長，以其一爲之當兔之圍。**注輈當伏兔者也。亦圍尺四寸五分寸之二，與任正者相應。○釋曰："當兔"，謂輿下當橫軸之處。亦通計輈之軹前及隧，揔計一丈四尺四寸，十分取一，故輈之伏兔之處麤細之圍有一尺四寸五分寸之二，與相應也。**參分其兔圍，去一以爲頸圍；**注頸，前持衡者。圍九寸十五分寸之九④。○釋曰：衡在輈頸之下，其頸於前向下持制衡鬲之輈，故云"頸，前持衡輈者"也⑤。云"圍九寸十五分寸之九"者，以前當兔圍有一尺四寸五分寸二⑥，今以一尺二寸三分之，去四寸得八寸；又以一寸者分爲十五分，二寸爲三十分⑦，又以五分寸二者爲六分，并三十分爲三十六分；三十分去十分得二十分，六分者去二分得四分，揔得二十四分；以十五分爲一寸，仍有九分在；添前八寸，揔九寸十五分寸之九也。**五分其頸圍，去一以爲踵圍。**注踵，後承軹者也。圍七寸七十五分寸之五十一。○釋曰：輈後承軹之處似人之足跗在後名爲踵，故名"承軹"處爲踵也。還以上注九寸十五分寸之九計之，取五寸，去一寸得四寸，仍有四寸九分在；一寸爲七十五分，四寸爲三百分，

---

① "二"字原作"三"，據阮本改。
② 浦鏜云："'軛'誤'厄'。"
③ "力"字原作"九"，據阮本改。
④ "分"字原作"分分"，誤衍一字，據婺本、金本、阮本删。按婺本"分"上空闕一格，似原亦重"分"字，與底本同。
⑤ 浦鏜云："'衡'下衍'輈'字。"
⑥ 浦鏜謂"分"下脱"之"字。按賈疏不乏此例，兹不據補。
⑦ "寸"字原作"十"，據阮本改。

又以十五分寸之九者轉爲四十五分；三百分五分去一，去六十分得二百四十分；四十五
分者，五九四十五，爲五分，分得九分，去一九得三十六分，并前摠二百七十六分①；還以
七十五分納寸②，取二百二十五分爲三寸，添前四寸爲七寸，餘有五十一，是以鄭云“圍
七寸七十五分寸之五十一”也。

　　凡揉輈，欲其孫而無弧深。注孫，順理也。杜子春云：“弧讀爲‘盡而不
汙’之汙。”玄謂弧，木弓也。凡弓引之中參，中參深之極也。揉輈之倨句如二可也，如
三則深，傷其力。○釋曰：言“揉”者，以火揉使曲也。“欲其孫”者，欲使順理揉之。云
“無弧深”者，無得如弓之深，弓之深大曲也。“玄謂弧，木弓也”者，見於《三倉》六弓皆是
角反張者也③。《易》云“弦木爲弓”，是木弓也。云“凡弓引之中參，中參深之極也”者，弓
之下制六尺引之，引之三尺，是中參深之極也。云“如二可也”者，六尺引二尺。若然，
九尺得三尺，則是弓一尺得三寸三分寸之一。輈軓以前十尺，國馬之輈深四尺七寸，與
二不相當者，通計一丈四尺四寸并輿下數之，故得二也。二者，輈摠長丈四尺四寸，且
取丈二尺得四尺，餘二尺四寸復得八寸，摠爲四尺八寸。是國馬之輈猶不滿二之數也，
言二，舉大而言。今夫大車之轅摯，其登又難；既克其登，其覆車也必
易。此無故，唯轅直且無橈也。○釋曰：攻木之工有七，輪人、輿人造四馬
車，自上以來所陳者是也。車人造大車、柏車、羊車，是駕牛車，自在下《車人》。今於此
説“大車”者，但輈人造輈主爲四馬車轅，因説駕牛者亦須曲橈之意，是以下文云“是故
輈欲頎典”已下還説四馬之轅也。此一經説牛車轅不橈之意。注大車，牛車也。摯，輈
也。登，上阪也。克，能也。○釋曰：知“大車，牛車也”者，《車人》大車、柏車皆牛車，
又下文云“縋其牛”，故知牛車也。是故大車平地既節軒摯之任，及其登
阤，不伏其轅，必縋其牛。此無故，唯轅直且無橈也。注阤，阪也。故
書伏作偪。杜子春云：“偪當作伏。”故登阤者，倍任者也，猶能以登；及其下
阤也，不援其邸，必緢其牛後。此無故，唯轅直且無橈也。注倍任，
用力倍也。故書緢作鰻。鄭司農云：“鰻讀爲緢，關東謂紂爲緢。鰻，魚字。”○釋曰：云

----

①　“并”字原作“井”，據阮本改。
②　“納”字阮本作“約”。
③　“反”字原作“及”，據阮本改。

1017

“故書緍作鰌。先鄭云：鰌讀爲緍，關東謂紂爲緍”者，案《方言》：“本紂①，自關而東韓鄭汝潁而東謂之爲緧，或謂之爲曲綯，自關而西爲紂。”云“鰌，魚字”者，破故書爲鰌也。字猶名也，既鰌是魚名，明不從故書也。**是故輈欲頎典。**注頎典，堅刃貌。鄭司農云：“頎讀爲懇，典讀爲殄。駟車之輈率尺所一縛，懇典似謂此也。”○釋曰：此已下還說四馬車輈也。先鄭云“四馬之輈率一尺所一縛”者，此即《詩》“五楘梁輈”，一也。**輈深則折，淺則負。**注揉之大深，傷其力，馬倚之則折也。揉之淺，則馬善負之。○釋曰：“揉之大深”，則如上“弧深”。云“馬倚之則折也”者，馬不倚，深亦不折，故以馬倚之乃折。云“揉之淺，則馬善負之”者，輈直，似在馬背負之相似，故善負之。本或作“若負”，皆合義，不須改也。**輈注則利準，利準則久②，和則安。**注故書準作水。鄭司農云：“注則利水，謂轅脊上雨注③，令水去利也。”玄謂“利水”重讀似非也。注則利，謂輈之揉者形如注星則利也。準則久，謂輈之在輿下者平如準則能久也。和則安，注與準者和，人乘之則安。○釋曰：依後鄭讀，當云“輈注則利”也，“準則久”也，“和則安”也，“利準”不重讀。先鄭依故書“準”爲“水”解之，後鄭不從者，輈轅之上縱不爲雨注，水無停處，故不從也。後鄭云“輈之揉者形如注星則利也”者，此無正文，亦是後鄭以意解之。輈之謂形勢似天上注星④，車之利也。云“準則久”者，準，平也，亦水之類，故以準爲平解之。云“輈之在輿下者平如準”者，輈平輿亦平，平則穩，故得長久也。云“和則安，注與準者和，人乘之則安”者，注謂轅曲中以前，準謂在輿下，前後曲直調和，則人乘之安穩。“安”知據人者，見下文云“終日馳騁，左不倦”，又云“終歲御，衣衽不敝”，是“安”據人可知也。**輈欲弧而無折，經而無絶。**注揉輈大深則折也。經，亦謂順理也。○釋曰：云“輈欲弧而無折”者，案上文云“孫而無弧深”，此云“欲弧而無折”者，此欲得如弧無使折，無使折則不弧深，亦一也。此云“經而無絶”即上文“欲其孫”，亦一也，故鄭云“經，亦謂順理也”。**進則與馬謀，退則與人謀，**注言進

---

① 浦鏜云：“‘車’誤‘本’。”

② 阮校引惠士奇說云：“依注‘利準’二字衍。按注云‘利水重讀似非也’，則司農於經文‘利水’兩遍讀之耳，必不增經可知。注中‘鄭司農云’下當有‘利水重讀’四字，故後鄭辨之云‘利水重讀似非’。淺人於經既增重文，因刪司農‘重讀’之言矣。”

③ “雨”字原作“兩”，婁本、金本同，據阮本改。阮校云：“嘉靖本‘雨’作‘兩’，誤。”

④ 浦鏜云：“‘謂’字當在‘輈之’上。”

退之易與人、馬之意相應。馬行主於進，人則有當退時。○釋曰：車是無情之物，人、馬則有情，有情乃有謀，今言車與人、馬謀者，若下文“猶能一取”，皆是喻其利也，故鄭云“言進退之易與人、馬之意相應”。云“馬行主於進，人則有當退時”者，馬之進退由人縱止，恐策及之，惟知其進，故云“馬行主於進，人則有當退時”。去住自由，路遠則倦，故當有退時。**終日馳騁，左不楗，**注杜子春云：“楗當讀爲蹇①。左面不便，馬苦蹇，輈調善則馬不蹇也。”書楗或作券。玄謂券，今倦字也。輈和則久馳騁，載在左者不罷倦。尊者在左。○釋曰：子春意據軍將乘車之法，將在中央②，御者在左，“楗”爲蹇澁解之。四馬六轡在御之手，而不在中央而在於左，故云“左面不便，馬苦蹇，輈調善則馬不蹇也”。云“書楗或作券。玄謂券，今倦字也”，以爲尋常在國乘車之法，尊在左，御者中央，故取上文“和安”解之。言“輈和而久馳騁，載在左者不罷倦。尊者在左”者，《曲禮》云：“乘君之乘車，不敢曠左，左必式。”注云：“君存，惡空其位。”是尊者在左也。**行數千里，馬不契需，**注鄭司農云：“契讀爲‘爰契我龜’之契，需讀爲‘畏需’之需③。謂不傷蹄，不需道里。”○釋曰：云“先鄭云契讀爲爰契我龜之契”者，《詩》之文也。“需讀爲畏需之需”，謂從《易・需卦》之需。**終歲御，衣衽不敝，**注衽，謂裳也。○釋曰：《禮記・深衣》“續衽鉤邊”者，據在旁屬帶處。至於《問喪》云“扱上衽”及《曲禮》云“苟屨扱衽不入公門”，此皆據深衣十二幅。要間之裳皆是衽，故此注云“衽，謂裳也”。**此惟輈之和也。**注“和則安”是以然也。謂“進則與馬謀”而下。○釋曰：揔結上“進則與馬謀”已下四經，四者皆由“輈和”。**勸登馬力，**注④登，上也。輈和勸馬用力。**馬力既竭，輈猶能一取焉。**注馬止，輈尚能一前取道，喻易進。**良輈環灂，自伏兔不至軹七寸，軹中有灂，謂之國輈。**注伏兔至軹蓋如式深，兵車、乘車式深尺四寸三分寸之二。灂不至軹七寸，則是半有灂也。輈有筋、

---

① “當”字婺本、金本、阮本無。按底本此處剜擠一字，蓋原亦無“當”。若有此字，當作“楗讀當爲蹇”方合注例。

② “央”字阮本作“故”，屬下讀。加藤謂阮本誤，蓋賈疏下文皆言“中央”也。

③ 段考云：“《釋文》：‘需，音須，又乃亂反。’今案：云‘乃亂反’，則當是‘㚼’字。《說文・大部》曰：‘㚼，稍前大也。讀若畏偄。’人部曰：‘偄，弱也。’司農云‘畏㚼’，與許‘畏偄’同。”孫疏云：“畏㚼字與《易・需卦》之‘需’異，疏說失之。凡經注㚼偄字，多譌爲需及從需聲字。”按“需”、“㚼”爲一字之分化，説見劉釗《古文字構形學》。

④ “注”字原作“住”，據全書體例改。

膠之被，用力均者則漆遠。鄭司農云："漆讀爲'漆酒'之漆。環①，謂漆沂鄂如環。"○釋曰：經云"自伏兔不至帆七寸"者，是從内向外之言。更云"帆中有漆"者，漆謂漆，則七寸外帆内乃有漆。云"伏兔至帆蓋如式深"者，伏兔衛車軸在輿下，短不至帆，帆即輿下三面材是也。無伏兔處去帆遠近無文，以意斟酌，經云"自伏兔不至帆七寸"，明七寸之外更有寸數，故鄭云"伏兔至帆蓋如式深"也，即引"兵車、乘車式深一尺四寸三分寸之二"爲證。此數即上云隧四寸②，三分一在外以揉其式是也。若然，自伏兔至帆亦一尺四寸三分寸之二。如是，輈轅之深入式下半一尺四寸三分寸二有七寸三分寸一，直言"半有漆"者，據七寸，不言三分寸之一，舉全數而言也。言"用力均者則漆遠"者，用力均，謂帆前十尺并入式下曲直皆用力，則漆入式下七寸，是漆遠也。先鄭讀"漆酒之漆"者，讀從《士冠禮》"若不醴，漆用酒"之漆也。云"環漆，謂漆沂鄂如環"者，指謂漆之文理也。

　　軫之方也，以象地也。蓋之圜也，以象天也。輪輻三十，以象日月也。蓋弓二十有八，以象星也。○釋曰：此言揔結上車及蓋取象之意。云"軫之方也，以象地也"者，據輿方而言。不言輿言軫者，軫是輿之本，故舉以言之。云"蓋之圜也，以象天也"者，即上輿人所造者也。云"以象星"者，星則二十八宿，一面有七，角、亢之等是也。若據日月合會於其處則名宿，亦名辰，亦名次，亦名房也；若不據會宿，即指星體而言星也。注輪象日月者，以其運行也。日月三十日而合宿。○釋曰：云"輪象日月者，以其運行也。日月三十日而合宿"者，輪乃運行之物，至於日，則一日行一度，一年一周天；月行十三度十九分度之七，一月一周天，又行一辰遂及日而合宿。是日月亦是運行之物，故以輪象之。龍旂九斿，以象大火也。注交龍爲旂，諸侯之所建也。大火，蒼龍宿之心，其屬有尾，尾九星。○釋曰：自此以下，爲上造車，車上皆建旌旂，故因説旌旂之義也③。然此已下九斿、七斿、六斿、四斿之旌旗皆謂天子自建，非謂臣下。知者，以此九、七、六、四不與臣下命相當故也，若臣下，則皆依命數。然天子以十二爲節，而今建九斿、七斿、六斿、四斿者，蓋謂上得兼下也。云"交龍爲旂，諸侯之所建也"者，皆《司常》文。此既非臣下所建，而鄭引《司常》者，蓋取彼"交龍"以釋此"旂"，因言諸侯亦建旂，非謂此經論諸侯事。云"大火，蒼龍宿之心"者，

---

① "環"字金本、阮本同，婺本其下剜擠"漆"字。按賈疏述注亦作"環漆"。
② 浦鎧謂"四寸"當作"四尺四寸"。
③ "旌"字阮本作"旗"。

《書大傳》云：“夏，大火中，可以種黍菽。及春秋，火出。”皆此大火一也。東方木色蒼，東方七星畫爲龍，故曰蒼龍，日月季秋會於此星則曰宿，角、亢、氐、房、心、尾、箕次比言之則曰心①，故云“大火，蒼龍宿之心”也。云“其屬有尾，尾九星”者，是九斿所象也。言九斿若此，正謂天子龍旂。其上公亦九斿，若侯、伯則七斿，子、男則五斿，《大行人》所云者是也。**鳥旟七斿，以象鶉火也。** 注鳥隼爲旟，州里之所建。鶉火，朱鳥宿之柳，其屬有星，星七星。○釋曰：云“鳥隼爲旟，州里之所建”，《司常職》文。州長中大夫四命，里宰下士一命，皆不得建此七斿之旟，言州里建旟者，亦取彼成文以釋旟，非謂州里得建七斿也。云“鶉火，朱鳥宿之柳，其屬有星，星七星”者，南方七宿畫爲鶉、畫爲鳥，火色朱，日月六月會于柳，故云宿之柳也。云“其屬有星，星七星”者，《月令》云“旦七星中”是也。不指七星言柳，乃云其屬有星者，當鶉火三星柳爲首，故先舉其首，後言其屬也。若然，上心與尾別辰，心非尾之首，亦舉心後言其屬尾者，心爲大辰，雖非本辰，亦爲其首也。**熊旗六斿，以象伐也。** 注熊虎爲旗，師都之所建②。伐屬白虎宿，與參連體而六星③。○釋曰：云“熊虎爲旗，師都之所建”者，亦《司常職》文。云“伐屬白虎宿，與參連體而六星”者，西方七宿畫爲虎④，金色白，孟夏日月會則曰宿；參伐六星爲上下，是連體也。師都，鄉遂大夫也。鄉大夫雖是六命，即得建六斿，遂大夫是中大夫四命，即不得建六斿，此亦謂天子所建也。**龜蛇四斿⑤，以象營室也。** 注龜蛇爲旐，縣鄙之所建。營室，玄武宿，與東壁連體而四星。○釋曰：“龜蛇爲旐，縣鄙之所建”者，亦《司常職》文。縣正雖是下大夫四命，鄙師上士三命即不得建四斿，此亦謂天子自建也。云“營室，玄武宿”者，玄武，龜也，有甲能禦捍，故曰武，水色玄，孟春日月會故曰宿。云“與東壁連體而四星”者，營室是北方七宿，室在東，壁在西，西壁而言東壁者，據十月在南方壁在東，故云東壁也。此星一名室壁，一名營室，一名水，《春秋》云“水昏正而栽”是也；一名定，“定之方中”是也。**弧旌枉矢，以象弧也。** 注

---

① “氐”字原作“氏”，“比”字原作“此”，皆據阮本改。

② “師都”當作“帥都”，説詳《春官·司常職》。

③ “而”字原空闕一格，據婺本、金本、阮本補。按婺本“而”字剜擠。

④ “七”字原作“六”，“爲”字原作“其”，皆據阮本改。

⑤ 王引之云：“經文本作‘龜旐四斿’，今作‘龜蛇’者，涉注文而誤也。上文‘龍旂’、‘鳥旟’、‘熊旗’，上一字皆所畫之物，下一字皆旗名，此不當有異。若作‘龜蛇’，則旗名不箸，所謂四斿者不知何旗矣。”

《覲禮》曰："侯氏載龍旂弧韣。"則旌旗之屬皆有弧也。弧以張繒之幅,有衣謂之韣,又爲設矢,象弧星有矢也。妖星有枉矢者,蛇行有毛目。此云枉矢,蓋畫之。○釋曰:云"弧旌"者,弧,弓也,旌旗有弓,所以張繒幅,故曰弧旌也。云"枉矢"者,就旌旗張繒弓上亦畫枉矢於上。云"以象弧也"者,象天上弧星,弧星則矢星也。引《覲禮》"侯氏載弧韣"而云"旌旗之屬皆有弧"者,案《司常》云"全羽爲旞,析羽爲旌",則無繒幅可張,而云旌旗之屬皆弧者,此二者無弧,而云之屬者,舉衆而言,謂若《司常》注云"九旗之帛皆用絳",亦舉衆而言也。云"有衣謂之韣"者,韣,韜也,以衣韜其弓,謂之弓韜,《月令》"帶以弓韣"是也。云"又爲設矢,象弧星有矢也"者,天上弧星有枉矢,即引《孝經緯》"枉矢者,蛇行有毛目"。"此云枉矢,蓋畫之",知畫之者,以其弓所以張幅,幅非弦,不可著矢,故畫於繒上也。案《孝經援神契》云:"枉矢所以射慝謀輕①。"《考異郵》曰:"枉矢狀如流星,蛇行有毛目。"《天文志》曰:"枉矢類大流星,蛇行而蒼黑,長數尺。"

攻金之工②,築氏執下齊,冶氏執上齊,鳧氏爲聲,桌氏爲量,段氏爲鎛器,桃氏爲刃。○釋曰:此經與下爲目。云"築氏執下齊,冶氏執上齊"者,據下文六等言之,四分已上爲上齊,三分已下爲下齊,"築氏爲削"在二分中,上仍有三分大刃之等亦是下齊,若然,築氏於下齊三等之內於此舉中言之。"鳧氏爲聲",案"鳧氏爲鍾",此言聲者,鍾類非一,故言聲以包之,故注云"聲,鍾、鎛于之屬"。"桃氏爲刃",案下文"桃氏爲劍",此言刃,變言之者,亦是劍類非一,故注云"刃,大刃刀、劍之屬"也。**注**多錫爲下齊,大刃、削殺矢、鑒燧也。少錫爲上齊,鍾鼎、斧斤、戈戟也。聲,鍾、鎛于之屬。量,豆區鬴也。鎛器,田器錢、鎛之屬。刃,大刃刀、劍之屬。○釋曰:云"多錫爲下齊"者,據下文"參分其金而錫居其一,謂之大刃之齊"。云"削殺矢"者,即下文云"五分其金而錫居二,謂之削殺矢之齊"是也。云"鑒燧也"者,即下文"金錫半,謂之鑒燧之齊"是也。云"少錫爲上齊,鍾鼎、斧斤、戈戟也"者,即下文"四分其金而錫居一,謂之戈戟之齊"已上皆是上齊。若然,鳧氏入上齊,桃氏入下齊,其"桌氏爲量,段氏爲鎛器"亦當入上齊中。云"量,豆區鬴也"者,《左氏傳》晏子云:"齊舊四量,豆、區、釜、

①　孫校云:"'輕'《開元占經·妖星占》引《援神契》作'強'。"

②　"攻金之工"云云底本不提行,阮校云:"唐石經自此已下及'築氏爲削'皆跳行,《釋文》諸本此節皆連上《輈人》爲節。"

鍾。四升爲豆，四豆爲區，各自其四，以登於釜，釜十則鍾。”云“鑄器，田器錢、鎛之屬”者，《詩》云：“庤乃錢鎛。”注云“錢，銚。鎛，鎒”是也。云“刃，大刃刀、劒之屬”者，桃氏爲劒及刀，皆大刃也。**金有六齊**：注目和金之品數。六分其金而錫居一，謂之鍾鼎之齊；五分其金而錫居一，謂之斧斤之齊；四分其金而錫居一，謂之戈戟之齊；參分其金而錫居一，謂之大刃之齊；五分其金而錫居二，謂之削殺矢之齊；金錫半，謂之鑒燧之齊。○釋曰：上文“築氏執下齊，冶氏執上齊”，今於此文“戈戟之齊”在“四分其金而錫居一”之中，則此已上“六分其金”與“五分其金”在上齊中，“參分其金”已下爲下齊中可知。其“斧斤”在上齊，上齊中惟有冶氏造戈戟，則斧斤亦當冶氏爲之矣。注鑒燧，取水火於日月之器也。鑒亦鏡也。凡金多錫則刃白且明也①。○釋曰：云“取水火於日月之器也”者，《司烜氏職》文。云“凡金多錫則刃白且明也”者，據大刃已下削殺矢等②，鑒燧入“且明”之内。

築氏爲削，長尺博寸，合六而成規。注今之書刀。○釋曰：鄭云“今之書刀”者，漢時蔡倫造紙③，蒙恬造筆。古者未有紙筆，則以削刻字。至漢雖有紙筆，仍有書刀，是古之遺法也。若然，則經“削”反張爲之，若弓之反張以合九、合七、合五成規也，此書刀亦然。馬氏諸家等亦爲偃曲却刃也。**欲新而無窮，**注謂其利也。鄭司農云：“常如新，無窮已。”**敝盡而無惡。**注鄭司農云：“謂鋒鍔俱盡，不偏索也。”玄謂刃也、脊也其金如一，雖至敝盡，無瑕惡也。

冶氏爲殺矢，刃長寸，圍寸，鋌十之，重三垸。注殺矢與戈戟異齊而同其工，似補脱誤在此也。殺矢，用諸田獵之矢也。鋌讀如“麥秀鋌”之鋌。鄭司農

---

①　孫疏云：“‘刃’即堅靭字。《釋文》作‘忍’，宋附釋音本及注疏本並同。嘉靖本作‘刃’，與賈疏述注合，今從之。《山虞》注‘柔刃’，《輈人》、《車人》注‘堅刃’，字亦並作‘刃’。賈以爲即‘大刃’之刃，則謬也。”

②　加藤云：“殿本（據大刃）上增‘刃白’。”

③　“紙”字原作“紙”，據阮本改。下文“紙”字同。

云："鋋，箭足入槀中者也①。垸，量名，讀爲丸。"○釋曰：云"殺矢與戈戟異齊而同其工"者，案上文戟在上齊内，殺矢在下齊中，是異齊，今此同工，不可也。云"似補脱誤在此也"者，案下矢人自造八矢，殺矢彼已有，此亦有，是彼脱漏；有人於彼補脱訖，更有人補於此，是誤在此也。云"殺矢，用諸田獵之矢也"者，《司弓矢職》文。先鄭直云"垸，量名，讀爲丸"者，其垸是稱兩之名，非斛量之號；又讀爲丸，未知欲取何義。後鄭引之在下者，以其垸之度量其名未聞，無以破之，故引之在下也。

戈廣二寸，内倍之，胡三之，援四之。○釋曰："戈廣二寸"者，據胡寬狹。云"内倍之"者，據胡下柄入處之長。"胡三之"，據胡之長。"援四之"，據最上刺刃之長也。**注**戈，今句子戟也，或謂之雞鳴，或謂之擁頸。内，謂胡以内接秘者也，長四寸。胡六寸，援八寸。鄭司農云："援，直刃也。胡，其子。"○釋曰：據此上下文戈與戟别，而鄭云"戈，今句子戟"，戈戟共爲一者，據漢法而言，漢時見胡横之句子戟。云"或謂之雞鳴"者，以其胡似雞鳴故也②。云"或謂之擁頸"者，以其胡曲，故謂之擁頸。有此數名也。云"内，謂胡以内接秘者"，即柄也。已倨則不入，已句則不决，長内則折前，短内則不疾。○釋曰：此經論戈之所用主於胡，故此經言胡之四疾之事。**注**戈，句兵也，主於胡也。已倨，謂胡微直而邪多也，以啄人則不入。已句，謂胡曲多也，以啄人則創不决③。胡之曲直，鋒本必横，而取圜於磬折。前，謂援也。内長則援短，援短則曲於磬折，曲於磬折則引之與胡並鉤。内短則援長，援長則倨於磬折，倨於磬折則引之不疾。○釋曰：云"戈，句兵也"者，下文《廬人》云："句兵欲無彈。"鄭注云："句兵，戈戟屬。"是戈爲句兵，以其有胡子，故爲句兵也。云"主於胡也"者，以胡爲主。言此者，欲見此經戈不説援專言胡之意也。此經"已"皆爲大也。"已倨"，謂胡頭大舒，故云"胡微直而邪多也"。"已句，謂胡曲多"者，謂胡大横也。云"以啄人則創不决"者，横則擁不割物④，故創不决。云"胡之曲直，鋒本必横，而取圜於磬折"者，胡子横捷，微邪向上，不倨不句，似磬之折殺也。云"前，謂援也"者，以其援在上，故云前。云"内長則

---

① 阮校云："岳本、毛本'槀'作'橐'，所載《釋文》同。按：从禾是也，箭莖曰槀，字不从木。"
② "胡"字原作"故"，據阮本改。
③ "創"字原作"劍"，據婺本、金本、阮本改。
④ "割"字阮本作"削"。

援短”者，案上文“内倍之”四寸，“援曲之”八寸①，並有定數。若胡内長，則胡向上侵援，援無八寸，故云“内長則援短，援短則曲於磬折”。曲於磬折者，由胡向上近援胡頭低，胡頭低則胡曲於磬折也。胡既與援相近，故援共胡“並鉤”，並鉤則援折，故云“折前”也。云“内短則援長”者，胡内本四寸，今胡近下爲之，胡下無四寸，故胡上援則長踰八寸矣，故云内短則援長也。云“援長則倨於磬折”者，以其由胡近下安之則頭舒，頭舒則倨於磬折也。以頭舒，故“引之不疾”。**是故倨句外博。**注博，廣也。倨之外，胡之裏也。句之外，胡之表也。廣其本以除四病而便用也。俗謂之曼胡似此。○釋曰：此經爲除上四疾而生此文，故云“是故”，謂起上義也。云“倨之外，胡之裏也者。句之外，胡之表”者②，倨謂胡上，句謂胡下，倨與句皆有外廣，故云“倨之外，胡之裏”，謂胡下近本增使廣；“句之外，胡之表”，謂於胡上近本增之使廣。若然，則胡本上下俱寬，自然合於磬折，無上四疾“而便用”矣。云“俗謂之曼胡似此”者，由胡外廣而本寬曼胡然，俗呼爲曼胡，似此經所云者也。案莊公四年《左氏傳》：“楚武王荊尸，授師子焉，以伐隨。”注云：“子，句子。凡戟而無刃，秦晉之間謂之子，或謂之鏔③；吳楊之間謂之伐④；東齊秦晉之間其大者謂之曼胡，其曲者謂之句子曼胡⑤。”**重三鋝。**注鄭司農云：“鋝，量名也，讀爲刷。”玄謂許叔重《説文解字》云：“鋝，鍰也。”今東萊稱或以大半兩爲鈞，十鈞爲環，環重六兩大半兩⑥，鍰、鋝似同矣，則三鋝爲一斤四兩。○釋曰：先鄭讀“鋝”爲“刷”，取音同。後鄭引許叔重《説文解字》云“鋝，鍰也”者，《尚書•吕刑》有“墨罰疑赦，其罰百鍰”及“大辟千鍰”，許氏以此“鋝”與《尚書》“鍰”爲一。云“今東萊稱或以大半兩爲鈞，十鈞爲環，環重六兩大半兩，鍰、鋝似同矣”者，鋝、鍰輕重無文，故王肅之徒皆以六兩爲鍰，是以鄭引許氏及東萊稱爲證也。云大半兩爲鈞者，凡數言大者皆三分之二

① 浦鏜云：“‘四’誤‘曲’。”
② 阮校云：“當作‘云倨之外胡之裏也句之外胡之表也者’。”謂賈疏述注衍“裏也”下“者”字。按賈疏不乏此例。
③ 孫校云：“‘凡戟’以下至末，並《方言》文。‘子’今本作‘釪’，‘鏔’作‘鑛’，‘曼’並作‘鏝’。”
④ 阮校云：“據《方言》九，‘伐’爲‘戈’之誤。”
⑤ “子”字原作“子”，據阮本改。
⑥ 阮校云：“浦鏜云‘鍰’誤‘環’。按《釋文》不出‘環’字，‘三鋝’下云‘或音環’。賈疏兩引此注，先作‘環’，後作‘鍰’。”孫疏云：“賈《職金》疏及《吕刑》孔疏引此注亦作‘鍰’。”按此當據上下文作“鍰”。

爲大，三分之一爲少。以一兩二十四銖，十六銖爲大半兩也。云十鈞爲鍰者，鍰則百六十銖，二十四銖爲兩，用百四十四銖爲六兩，餘十六銖爲大半兩，是鍰有六兩大半兩也。云鍰、鋝似同矣者，此從許君之説。**戟廣寸有半寸，内三之，胡四之，援五之，倨句中矩，與刺重三鋝。**注戟，今三鋒戟也。内長四寸半，胡長六寸，援長七寸半。三鋒者，胡直中矩，言正方也。鄭司農云："刺，謂援也。"玄謂刺者，著柲直前如鐏者也。戟胡横貫之，胡中矩，則援之外句磬折與？○釋曰：鄭知此戟"三鋒"者，見此經言"援"、言"胡"、又言"刺"。又案上文戈廣二寸，援及接柲長一尺二寸，胡長六寸，重三鋝；此戟廣寸半，援及接柲亦長尺二寸，胡長六寸，狹於戈半寸，亦重三鋝，明知刺與援别爲三鋒矣。云"三鋒者，胡直中矩，言正方也"者，經云"倨句中矩"，鄭云"胡中矩"，則倨句不中矩謂援爲磬折，故爲倨句也。先鄭云"刺，謂援也"，後鄭不從者，經上言"援"及"胡"，下别言"刺"，明刺與援别。若不三鋒，輕於戈，不得同重三鋝也。"玄謂刺者，著柲直前如鐏者也"者，謂於援、胡之横上中使出者也。但長短無文，蓋與胡同六寸，乃可充三鋝之數也。云"戟胡横貫之"者，胡六寸，横貫三寸，直下三寸。云"胡中矩，則援之外句磬折與"者，援七寸半，亦以三寸爲横，稍舉之使不中矩，以四寸半者向上爲磬折，磬折向外，故云外句。言"與"者，以經直言"倨句中矩"，鄭以意分中矩於胡、以倨句於援上爲磬折，故云"與"以疑之也。若然，讀經"倨句"上屬。必知三鋒胡向下者，三鋒皆向上者無用，故《廬人》注"句兵，戈戟屬也"。

桃氏爲劍，臘廣二寸有半寸。注臘，謂兩刃。○釋曰：此劍兩刃與今同，短則與今異。言"兩刃"者，兩面各有刃也。**兩從半之。**注鄭司農云："謂劍脊兩面殺趨鍔。"○釋曰："謂劍刃兩面殺趨鍔"，鍔即鋒，兩廂俱然，故云"兩"也。**以其臘廣爲之莖圍，長倍之。**注鄭司農云："莖，謂劍夾，人所握，鐔以上也。"玄謂莖，在夾中者。莖長五寸。○釋曰：二鄭意，劍夾是柄，莖又在夾中，即劍鐔是也。倍上臘二寸半，故"五寸"也。**中其莖，設其後。**注鄭司農云："謂穿之也。"[1]玄謂從中以卻稍大之也[2]，後大則於把易制。○釋曰：先鄭云"穿之"，謂穿劍夾内莖於中，故云

---

① 阮校云："余本、嘉靖本同，閩、監、毛本'云'下有'中'。按'中'字當有。"
② "卻"字原作"郤"，金本同，據婺本、阮本改。

“中其莖”。後鄭意，“設”訓爲“大”，故《易•繫辭》云：“益長裕而不設。”鄭注云：“設，大也。《周禮•考工》曰：‘中其莖，設其後。’”故云“從中以却稍大之，後大則於把易制”也。

參分其臘廣，去一以爲首廣，而圍之。注首圍其徑一寸三分寸之二。○釋曰：此“首廣”謂劍把接刃處之徑也。臘廣二寸半，參分去一，二寸以一寸爲六分，二寸爲十二分，半寸爲三分，添十二爲十五分，三分去一得十分；取六分爲一寸，餘四分名爲六分寸之四，六分寸之四即三分寸之二，故云“一寸三分寸二”也。“而圍之”者，正謂圓之，故《廬人》皆以“圍”爲圓之也。**身長五其莖長，重九鋝，謂之上制，上士服之；身長四其莖長，重七鋝，謂之中制，中士服之；身長三其莖長，重五鋝，謂之下制，下士服之。**注上制長三尺，重三斤十二兩。中制長二尺五寸，重二斤十四兩三分兩之二。下制長二尺，重二斤一兩三分兩之一，此今之匕首也。人各以其形貌大小帶之。此士謂國勇力之士能用五兵者也。《樂記》曰：“武王克商，裨冕搢笏，而虎賁之士說劍。”○釋曰：知“上制長三尺”者，以其言“五其莖長”，上文“長倍之”，莖長五寸[1]，五其莖長，二尺五寸，并莖五寸爲三尺也。已下皆如此計之可知。“重三斤十二兩”者，以其言“九鋝”，鋝別六兩大半兩[2]，六九五十四爲五十四兩；九鋝皆有大半兩，鋝別有十六銖，爲百四十四銖，二十四銖爲一兩，揔爲六兩；添前五十四爲六十兩[3]；十六兩爲一斤，取四十八兩爲三斤，餘十二兩，故云重三斤十二兩。已外皆如此計之亦可知也。云“此今之匕首也”者[4]，漢時名此小劍爲匕首也。云“人各以形貌大小帶之”，解經“上士”、“中士”、“下士”非謂三命爲上士之屬，宜以據形長者爲上、次者爲中、短者爲下士[5]。云“此士謂國勇力之士能用五兵者也”者，此《司右》文。彼不言勇力之士用劍，而言勇力士者，以《樂記》“說劍”之事知之，故引之爲證也。“武王克商”，在軍皆韋弁，韋弁，兵服；克商還，皆“裨冕”，裨冕則五冕，各以尊卑服之，而助祭於明堂。“虎賁之士”即勇力之士者也。

---

① “寸”字原作“丁”，據阮本改。
② 孫校云：“‘別’疑‘則’之誤，與下‘斤別有十六銖’異。”按孫校“斤”字當作“鋝”。
③ “兩”字原作“而”，據阮本改。
④ “匕”字原作“七”，據阮本改。
⑤ 阮校云：“閩、監、毛本‘宜’作‘直’。”

鳧氏爲鍾，兩欒謂之銑，_注故書欒作樂，杜子春云："當爲欒，書亦或爲樂。銑，鍾口兩角。"○釋曰：欒、銑一物，俱謂"鍾兩角"。古之樂器應律之鍾狀如今之鈴，不圓，故有兩角也。**銑間謂之于，于上謂之鼓，鼓上謂之鉦，鉦上謂之舞，**_注此四名者，鍾體也。鄭司農云："于，鍾脣之上袪也。鼓，所擊處。"○釋曰：云"此四名"爲"鍾體"，對下"甬"、"衡"非鍾體也①。以"于"爲"袪"者，以鍾脣厚，裹袪然，故謂之袪也。**舞上謂之甬，甬上謂之衡。**_注此二名者，鍾柄。**鍾縣謂之旋，旋蟲謂之幹。**_注旋屬鍾柄，所以縣之也。鄭司農云："旋蟲者，旋以蟲爲飾也。"玄謂今時旋有蹲熊、盤龍、辟邪。○釋曰：後鄭舉漢法鍾旋之上以銅篆作"蹲熊"及"盤龍"、"辟邪"，辟邪亦獸名，古法亦當然也。**鍾帶謂之篆，篆間謂之枚，枚謂之景。**_注帶，所以介其名也，介在于鼓、鉦、舞、甬、衡之間，凡四。鄭司農云："枚，鍾乳也。"玄謂今時鍾乳俠鼓與舞，每處有九，而三十六②。○釋曰：云"帶，所以介其名也"者，介，間也。言四處，則中二，通上下畔爲四處也。舉漢法一帶有九，古法亦當然。鍾有兩面，面皆三十六也。**于上之攠謂之隧。**_注攠，所擊之處攠弊也。隧在鼓中，窒而生光，有似夫隧。○釋曰：有二名者，"攠"據"所擊之處攠弊"，若《禮記》云"國家靡弊"是也；"隧"者據生光而言，故引《司烜氏》"夫隧"，彼隧若鏡，亦生光。"窒而生光"者，本造鍾之時即窒，於後生光。

十分其銑，去二以爲鉦，以其鉦爲之銑間，去二分以爲之鼓間；以其鼓間爲之舞脩，去二分以爲舞廣。_注此言鉦之徑居銑徑之八，而銑間與鉦之徑相應，鼓間又居銑徑之六，與舞脩相應。舞脩，舞徑也。舞上下促，以橫爲脩，從爲廣，舞廣四分。今亦去徑之二分以爲之間，則舞間之方恒居銑之四也。舞間方四，則鼓間六亦其方也。鼓六、鉦六、舞四，此鍾口十者，其長十六也。鍾之大數以律爲度，廣長與圓徑，假設之耳，其鑄之則各隨鍾之制爲長短大小也。凡言間者，亦爲從篆以介

---

① "甬"字原作"角"，阮校云："'角'乃'甬'之誤。"茲據改。

② "而"字嶽本、金本、阮本作"面"。王引之云："'面'當爲'而'，字之誤也。此承上文'凡四'言之。鍾之兩面，帶凡四處，每帶一處而有九鍾乳，四九而得三十六，故云'每處有九，而三十六'。《博古圖》所圖周漢古鍾，凡百一十四鍾。賈氏不能釐正，而云'鍾有兩面，面皆三十六'，則是七十二矣。"

之。鉦間亦當六。今時鍾或無鉦間。○釋曰：此鍾從鼓、鉦、舞三處上下爲十六，口徑十而言，故鄭云“此鍾口十者，其長十六”。云“鍾之大數以律爲度，廣長與圜徑，假設之耳”者，案《周語》云：“景王將鑄無射，問律於伶州鳩。對曰：‘律所以立均出度，古之神瞽考中聲而量量以制，度度律均鍾。’”[1]韋昭云：“均，平也。度律呂之長短以平其鍾、和其聲也。”據此義，假令黃鍾之律長九寸，以律計身倍半爲鍾，倍九寸爲尺八寸，又取半得四寸半，通二尺二寸半以爲鍾。餘律亦如是[2]，其以律爲廣長與圜徑也。此口徑十、上下十六者，假設之，取其鑄之形“則各隨鍾之制爲長短大小”者，此即“度律均鍾”也。“凡言間者，亦爲從篆以介之”，即所圖者是也。云“鉦間亦當六”，此經不言鉦間，故鄭言之，以其鼓間六，舞間四，鉦間方六可知。經不言者，可知故也。“今時或無鉦間”者，見此經無鉦間故也。**以其鉦之長爲之甬長。**注并衡數也。○釋曰：知“并衡數”，以其衡不言其長，又以鉦長六爲甬長，大長不類，故并衡數也。**以其甬長爲之圍，參分其圍，去一以爲衡圍。**注衡居甬上，又小。○釋曰：以自兩欒已上至甬皆下寬上狹，衡又在甬上，故宜小於甬一分，故“三分去一爲衡”也。**參分其甬長，二在上，一在下，以設其旋。**注令衡居一分，則參分，旋亦二在上，一在下，以旋當甬之中央，是其正。○釋曰：上文惟以其鉦之長爲甬長，并衡數，則未知衡與甬長短之定，故云“令衡居一分”。假令三分，甬居二，衡居一，一則於甬中央下有一分，上通衡有二分，故云“令衡居一分，則參分，旋亦二在上，一在下，以旋當甬之中央，是其正”，正謂上有二分、下有一分也。

　　薄厚之所震動，清濁之所由出，侈弇之所由興，有説。注説猶意也。故書侈作移，鄭司農云：“當爲侈。”○釋曰：此鍾“薄厚之所震動”，由鍾體薄厚，出聲震動有石有播也。云“清濁之所由出”者，清濁據聲，亦由鍾之厚薄。云“侈弇之所由興”者，由鍾口侈弇，所興之聲亦有柞有鬱。案《典同》病鍾有十等，此但言薄厚、侈弇者，《典同》具陳，於此略言其意。言“有意”者，即下云“已厚”、“已薄”不得所之意是也。**鍾已厚則石，**注大厚則聲不發。○釋曰：《典同》亦云“厚聲石”。**已薄則**

---

　　① 孫校云：“據《國語》，下‘量’字當作‘之’，‘度’字不當重。”按《春官·大司樂職》鄭注、賈疏引《國語》皆不誤。

　　② “是”字宜重，後“是”字屬下爲句。

播，注大薄則聲散。○釋曰：《典同》云“薄聲甄”，鄭云：“甄猶掉也。”與此聲“播”亦一也，以“聲散”則掉也。侈則柞，注柞讀爲“咋咋然”之咋，聲大外也。○釋曰：《典同》注云：“侈則聲迫筰出去疾。”此“聲大外”亦一也。弇則鬱，注聲不舒揚。○釋曰：《典同》注云：“聲鬱勃不出。”與此注“不舒揚”亦一也。長甬則震。注鍾掉則聲不正。○釋曰：《典同》云“薄聲甄”，甄猶掉也，謂聲掉者據鍾形薄則聲掉；此不據鍾體，據甬長，縣之不得所則“鍾掉”，故“聲不正”也。是故大鍾十分其鼓間，以其一爲之厚；小鍾十分其鉦間，以其一爲之厚。注言若此則不石不播也。鼓、鉦之間同方六，而今宜異，又十分之一猶大厚，皆非也，若言鼓外、鉦外則近之，鼓外二，鉦外一。○釋曰：云“鼓、鉦之間同方六”者，據上圜可知[1]。言“今宜異”者，此鍾有大小不同，明厚薄宜異，不得同取六也。云“又十分之一猶大厚，皆非也，若言鼓外、鉦外則近之”者，鄭不敢正言，是故云近之。云“鼓外二，鉦外一”者，據上所圖，鼓外有銑間，乃銑外有二間，鉦外唯一間，就外中十分之一爲鍾厚可也。鍾大而短，則其聲疾而短聞；注淺則躁，躁易竭也。鍾小而長，則其聲舒而遠聞。注深則安，安難息。○釋曰：此二者，於樂器中所擊縱“聲舒而遠聞”亦不可，是以《樂記》云“止如槁木”，不欲遠聞之驗也，故鄭云“深則安，安難息”也。爲遂，六分其厚，以其一爲之深而圜之。注厚，鍾厚。深，謂窒之也。其窒圜。故書圜或作圍，杜子春云：“當爲圜。”○釋曰：此“遂”謂所擊之處。初鑄作之時即已“深而圜”，以擬擊也。

桌氏爲量，改煎金錫則不耗。注消湅之精[2]，不復減也。桌古文或作歷。玄謂量當與鍾鼎同齊，工異者，大器。○釋曰：言“改煎金錫”者，如重煎，謂之改煎也。“不耗”，耗，減也，故鄭云“消湅之精，不復減也”。“玄謂量當與鍾鼎同齊，工異者，大器”者，案上文云“鳧氏爲磬[3]，桌氏爲量”，六等之中云“六分其金而錫居其一，謂之鍾鼎之齊”，是上齊中不言桌氏爲量在上齊中。鄭以鳧氏爲鍾，鍾鼎在上齊之中，桌氏爲量，

---

① “上圜”二字阮本同，“圜”蓋“圖”之形訛字，賈疏下文云“據上所圖”，上經疏亦云“即所圖者是也”，皆可資比勘，賈疏原似有圖。

② “湅”字原作“涷”，據婺本、金本、阮本改。

③ “磬”字阮本同，蓋“聲”之形訛字。

量是鍾類,故知亦在上齊之中矣,故云量當與鍾鼎同齊也。云工異者,㮚氏爲鍾,不使㮚氏兼造量,器大,雖同齊,使別工爲之。**不耗然後權之,**注權,謂稱分之也。雖異法,用金必齊。○釋曰:云“稱分之也”者,謂稱金多少,分之以擬鑄器也。云“雖異法,用金必齊”者,法謂模,假令爲兩箇鬴,即爲兩箇模,是異法;用金必齊者,器之用金多少必須齊均也。**權之然後準之,**注準故書或作水,杜子春云:“當爲水。金器有孔者水入孔中,則當重也。”玄謂準擊平正之,又當齊大小。○釋曰:子春從故書爲“水”,謂以水齊器,後鄭不從者,此金仍未鑄器,何得已有器以盛水也?後鄭以“準”爲“平”。前經已稱知輕重,然後更擊鍛金,令“平正之”,齊其金之大小也。**準之然後量之。**注鑄之於法中也。量讀如“量人”之量。○釋曰:此“量”謂既準訖量金汁以入模中,鑄作之時也。言“量讀如量人之量”者,夏官量人直以量地遠近及物多少,此量是量金多少之事,故讀從之也。**量之以爲鬴,深尺,内方尺,而圜其外,其實一鬴;**注以其容爲之名也。四升曰豆,四豆曰區,四區曰鬴,鬴,六斗四升也。鬴十則鍾,方尺,積千寸,於今粟米法少二升八十一分升之二十二。其數必容鬴,此言大方耳。圜其外者,爲之脣。○釋曰:言“量之以爲鬴”者,謂量金汁入模以爲六斗四升之鬴。云“深尺,内方尺”者,此據模之形狀。云“圜其外”者[1],謂向下方尺者,鬴之形;向上謂之外,邊口圜之,又厚之以爲脣。云“其實一鬴”,受“六斗四升”也。云“以其容爲之名也”者,此量器受六斗四升曰釜,因名此器爲鬴,故云以其容爲之名也。云“四升曰豆”已下至“則鍾”,《左氏傳》昭三年齊晏子辭。連引豆、區、釜、鍾者,以其四者皆量器之名也。云“方尺,積千寸”者,云方尺者,上下及旁徑爲方尺,縱橫皆十[2],破一寸一截,一截得方寸之方百,十截則得千寸也。又云“於今粟米法”者,筭術有筭粟爲米之法,故云粟米法也。筭法,方一尺深尺六寸二分容一石。如前以縱橫十截破之,一方有十六寸二分容一升,百六十二寸容一斗,千六百二十寸容一石。今計六斗四升爲釜,以百六十二寸受一斗,六斗各百爲六百;六斗各六十,六六三十六又用三百六十;六斗又各二寸,二六十二又用十二寸;揔用九百七十二寸爲六斗。於千寸之内仍有二十八寸在,於六斗四升曰鬴又少四升未計入。今二十八寸取十六寸二分爲一升,添前爲六斗一升,

---

① “圜”字原作“園”,據阮本改。
② “十”字原作“平”,據阮本改。

餘有十一寸八分。又取一升分爲八十一分：以十六寸二分一寸當五分，十寸當五十分；又有六寸，五六三十又當三十分，添前爲八十分，是十六寸當八十也；仍有十分寸之二當一分，都并十六寸二分當八十一分。如是，十一寸八分於八十一分當五十九，更得“八十一分升之二十二”分始得一升，添前爲六斗二升^①；復得“二升”，乃滿六斗四升爲鬴也。**其臀一寸，其實一豆；注**故書臀作脣，杜子春云：“當爲臀，謂覆之其底深一寸也。”〇釋曰：此謂鬴之底著地者，故子春云“覆之其底深一寸也”。**其耳三寸，其實一升。注**耳在旁可舉也。〇釋曰：此鬴之耳“在旁可舉”，謂人以手指舉之處。云“實一升”，亦謂覆之所受也。**重一鈞。注**重三十斤。〇釋曰：此據《律歷志》三十斤曰鈞、百二十斤曰石。**其聲中黃鍾之宮。注**應律之首也^②。〇釋曰：十二辰各有律，十二律以黃鍾爲初九，故擊鬴器之時，“其聲中黃鍾之宮”也。不直言中黃鍾之聲而云之宮者，十二辰其變聲辰各有五聲，則子上有宮商角徵羽五聲具，今之所中者中其宮聲，不中商角之等，故以宮言之也。**㮚而不税。注**鄭司農云：“令百姓得以量而不租税。”〇釋曰：案《鄭志》趙商問：“㮚氏爲量，㮚而不税，廛人職有税，何？”答曰：“官量不税。”若然，此官量鎮在市司，所以勘當諸廛之量器以取平，非是尋常所用，故不税。彼廛人所税，在肆常用者也。**其銘曰：“時文思索，允臻其極。**〇釋曰：自此至“維則”是鬴器之上銘文。**注**銘，刻之也。時，是也。允，信也。臻，至也。極，中也。言是文德之君思求可以爲民立法者而作此量，信至於道之中。〇釋曰：云“刻之”者，正謂在模上刻之，非謂在器乃刻。今之鍾鼎爲文亦爾。**嘉量既成，以觀四國。注**以觀示四方，使放象之。**永啓厥後，兹器維則。”注**永，長也。厥，其也。兹，此也。又長啓道其子孫，使法則此器長用之。

　　凡鑄金之狀：注故書狀作壯，杜子春云：“當爲狀，謂鑄金之形狀。”〇釋曰：此文與下爲目，自“金與錫”已下，㮚氏鑄冶所候煙氣以知生孰之節。**金與錫，黑濁之氣竭，黃白次之；黃白之氣竭，青白次之；青白之氣竭，青氣次之，然後可鑄也。注**消涷金、錫精麤之候^③。

---

① “斗二”二字原作“升一”，據阮本改。
② “也”字婺本、金本、阮本無。
③ “涷”字原作“涷”，據婺本、金本、阮本改。

段氏。闕。

函人爲甲，犀甲七屬，兕甲六屬，合甲五屬。注屬讀如“灌注”之注，謂上旅下旅札續之數也。革堅者札長。鄭司農云：“合甲，削革裏肉，但取其表，合以爲甲。”○釋曰：云“屬讀如灌注之注”者，義取注著之意也。云“上旅下旅札續之數也”者，謂上旅之中及下旅之中皆有札續，一葉爲一札，上旅之中續札七節、六節、五節，下旅之中亦有此節，故云札續之數也。云“堅者札長”者[①]，即五屬者，以其堅壽年多，即下經“三百年”者也。**犀甲壽百年，兕甲壽二百年，合甲壽三百年。**注革堅者又支久。**凡爲甲，必先爲容，**注服者之形容也。鄭司農云：“容，謂象式。”○釋曰：凡造衣甲，須稱形大小長短而爲之，故爲之人形容乃制革也[②]。**然後制革。**注裁制札之廣袤。○釋曰：上旅七節、六節節數已定，更觀人之形容，長大則札長廣，短小則札短狹，故云“裁制札之廣袤”，廣即據横而言，袤即據上下而説也。**權其上旅與其下旅，而重若一，**注鄭司農云[③]：“上旅，謂要以上。下旅，謂要以下。”○釋曰：謂札葉爲“旅”者，以札衆多，故言旅，旅即衆也。先鄭云“上旅，腰以上”，謂衣也；“下旅，腰以下”，謂裳也，故《春秋傳》曰“棄其甲裳”者也。**以其長爲之圍。**注圍，謂札要廣厚。○釋曰：此據一札之上先量上下之長，乃以長中央圍之一帀，如此則長短廣狹相稱也。**凡甲鍛不摯則不堅，已敝則橈。**注鄭司農云：“鍛，鍛革也。摯，謂質也。鍛革大孰則革敝無强，曲橈也。”玄謂摯之言致[④]。○釋曰：先鄭以“摯”爲“質”，後鄭不從者，質即革之別名，非生孰之稱，故後鄭爲“致”，致謂孰之至極也。**凡察革之道，眂其鑽空，欲其窔也；**注鄭司農云：“窔，小孔貌。窔讀爲‘宛彼北林’之宛。”○釋曰：先鄭云“窔，小孔貌”者，革惡則孔大，革善則孔小，驗今亦然。“讀如宛彼北林之宛”者，以音讀之。**眂其裏，欲其易也；**注無敗藏也。**眂其朕，欲**

---

① “堅”上阮本剜擠“革”字，與注合。
② “之人”二字阮本作“人之”，加藤謂“人之”是。
③ “云”字原作“去”，據婺本、金本、阮本改。
④ “言”字原作“致”，據婺本、金本、阮本改。

其直也；注鄭司農云：“朕，謂革制。”纍之，欲其約也；注鄭司農云：“謂卷置纍中也。《春秋傳》曰：‘纍甲而見子南。’”○釋曰：先鄭引《春秋》者，案昭元年《左氏傳》鄭公孫黑與子南争徐吾犯之妹，“適子南氏，子晳怒，既而纍甲而見子南，欲殺之”。彼以衣表著甲謂之纍[1]，與此别。引之者，彼以衣藏甲爲纍，此亦以甲衣藏甲爲纍，藏甲爲纍相似，故引以爲證也。舉而眂之，欲其豐也；注豐，大。○釋曰：此文與上經相對，“舉之”正謂於纍中取而舉之。衣之，欲其無齘也[2]。注鄭司農云：“齘，謂如齒齘。”○釋曰：人之齒齘前却不齊，札葉參差，與齒齘相似，故以齘爲喻。眂其鑽空而惌，則革堅也；眂其裏而易，則材更也；眂其朕而直，則制善也；纍之而約，則周也；舉之而豐，則明也；衣之無齘，則變也。注周，密致也。明，有光燿。鄭司農云：“更，善也。變，隨人身便利。”○釋曰：此文歷序上文，於此揔結之也。

鮑人之事，注鮑故書或作鞄。鄭司農云：“《蒼頡篇》有《鞄𩋆》。”○釋曰：此文與下經爲揔目。先鄭取《蒼頡篇》從故書爲“鞄”字者，“鮑”乃從魚，此官治皮，宜從革，故玄引先鄭於此取從革旁之義。望而眂之，欲其荼白也；注韋革遠視之，當如茅莠之色。○釋曰：此官主革，不主韋，韋自韋氏爲之，鄭云“韋革”者，夾句而言耳。“荼”，即“茅莠”也。進而握之，欲其柔而滑也；注謂親手煩捫之。卷而搏之，欲其無迆也；注鄭司農云：“卷讀爲‘可卷而懷之’之卷，搏讀爲‘縛一如瑱’之縛，謂卷縛韋革也。迆讀爲‘既建而迆之’之迆，無迆謂革不韤。”○釋曰：先鄭云“可卷而懷之”，《論語》文。云“搏讀爲縛一如瑱之縛”者，案昭二十六年《左氏傳》云：“以幣錦二兩，縛一如瑱。”眂其著，欲其淺也；注鄭司農云：“謂郭韋革之札入韋革，淺緣其邊也。”玄謂韋革調善者鋪著之，雖厚如薄然。察其線，欲其藏也。注故書線或作綜。杜子春云：“綜當爲系旁泉，讀爲綖，謂縫革之縷。”革欲其荼白而疾澣

---

① “表”字阮本作“裏”，加藤謂“表”字誤。按“表著甲”即下文“藏甲”之意，作“表”亦可通。

② “其”字原脱，據婺本、金本、阮本補。按婺本、金本此處剜擠一字。

之則堅，注鄭司農云：“韋革不欲久居水中。”欲其柔滑而腥脂之則需。注故書需作劀。鄭司農云：“腥讀如‘沾渥’之渥，劀讀爲‘柔需’之需，謂厚脂之韋革柔需。”〇釋曰：先鄭據《詩》云“既沾既渥，生我百穀”。引而信之，欲其直也①。信之而直，則取材正也；信之而枉，則是一方緩、一方急也。若苟一方緩、一方急，則及其用之也，必自其急者先裂。若苟自急者先裂，則是以博爲帴也。注鄭司農云：“帴讀爲翦，謂以廣爲狹也。”玄謂翦者如“俴淺”之俴，或者讀爲“羊豬戔”之戔。〇釋曰：先鄭讀“帴”爲“翦”者，翦亦是狹少之意。後鄭轉“帴”爲“俴”者，從《小戎》詩“小戎俴收”之俴。“讀爲羊豬戔”者，義亦同。案彼《小戎》詩“俴”者淺也，謂車深四尺四寸，其車廣六尺六寸，是廣深不得，是“一方緩、一方急”、“以博爲俴”、以廣爲狹之喻。卷而摶之而不迆，則厚薄序也；注序，舒也。謂其革均也。眠其著而淺，則革信也；注信，無縮緩。察其線而藏，則雖敝不甐。注甐故書或作鄰。鄭司農云：“鄰讀爲‘磨而不磷’之磷，謂韋革縫縷没藏於韋革中，則雖敝縷不傷也。”〇釋曰：先鄭云“鄰讀爲磨而不磷之磷”者，《論語》孔子辭。

韗人爲皋陶，注鄭司農云：“韗書或爲鞠。皋陶，鼓木也。”玄謂鞠者，以皋陶名官也。鞠則陶字從革。〇釋曰：先鄭知“皋陶，鼓木”者，以上言“爲皋陶”，下即云“長六尺有六寸”鼓木之事，明皋陶即是長六尺六寸者，故知也。“玄謂鞠者，以皋陶名官”者，依先鄭從鞠爲鼓木，還以鞠爲鞠人之官，是皋陶官名也。“鞠即陶字從革”，若然，後鄭爲鞠人爲皋陶②，不取韗字爲官名。長六尺有六寸，左右端廣六寸③，中尺，厚三寸，注版中廣頭狹爲穹隆也。鄭司農云：“謂鼓木一判者其兩端廣六寸，而其中央廣尺也，如此乃得有腹。”〇釋曰：先鄭以經論“鼓木一判”，更不言版數多少，而知“得有腹”者，以版兩端廣六寸，中廣一尺，自然有腹可知。穹者三之一，注鄭司農云：“穹讀爲‘志無空邪’之空，謂鼓木腹穹隆者居鼓三之一也。”玄謂穹讀如“穹蒼”之

---

① 王引之云：“此先列其目，後乃一一申言之也，不應‘引而信之’二句不見於前而見於後，蓋本在‘進而握之，欲其柔而滑也’下，寫者錯亂耳。”

② 浦鏜云：“上‘爲’疑‘謂’字誤。”

③ “六”字原作“八”，據婺本、金本、阮本改。

穹。穹隆者居鼓面三分之一，則其鼓四尺者版穹一尺三寸三分寸之一也，倍之爲二尺六寸三分寸之二，加鼓四尺，穹之徑六尺六寸三分寸之二也。此鼓合二十版[①]。○釋曰：先鄭云“穹讀爲志無空邪之空”者，無所指斥，故後鄭讀從“穹蒼”之穹也。先鄭云“穹隆者居鼓三之一也”者，言猶未足，故後鄭增成。“玄謂穹讀如穹蒼之穹”者，謂從《詩》云“以念穹蒼”者也。云“穹隆者”下至“合二十版”，此鄭所言皆從二十版計之，乃得面四尺及穹之尺數。經既不言版數，知二十版者，此以上下相約可知。何者？此鼓言版之寬狹，不言面之尺數，下經二鼓皆言“鼓四尺”，不言版之寬狹，明皆有鼓四尺及鼓版之廣狹也[②]。若然，下二鼓皆云鼓四尺，明此鼓亦四尺，據面而言。若然，鼓木兩頭廣六寸，面有四尺，二十版，二六十二長丈二尺，圍三徑一，是一丈二尺得面徑四尺矣。以此面四尺，穹隆加三之一，三尺加一尺，其一尺者取九寸加三寸，其一寸者爲三分取一分，并之得“一尺三寸三分寸之一”也。此據一廂而言，“倍之爲二尺六寸三分寸之二”，乃知鼓面四尺[③]，揔爲“六尺六寸三分寸之二”也。上三正。注鄭司農云：“謂兩頭一平，中央一平也。”玄謂三讀當爲參。正[④]，直也。參直者，穹上一直，兩端又直，各居二尺二寸，不弧曲也。此鼓兩面，以六鼓差之，賈侍中云“晉鼓大而短”，近晉鼓也，以晉鼓鼓金奏。○釋曰：先鄭據經云“三正”解之，亦得合義。但不定尺寸之數，雖言三平，恐平中有長短，故後鄭增成之。云“三讀當爲參。正，直也。參直者，穹上一直，兩端又直，各居二尺二寸”，是三處尺數等，是爲參直也。云“不弧曲也”者，下臯鼓“倨句磬折”，即弧曲不參直，故引證此與彼異也[⑤]。云“此鼓兩面”者，下經二鼓言四尺之面，此經不言四尺之面，故言之，對發祭祀三鼓四面已下。云“以六鼓差之”者，《鼓人》雷鼓祀天、靈鼓祭地、路鼓享鬼；下二鼓據《鼓人》“賁鼓鼓軍事，臯鼓鼓役事”，惟此鼓經不言其名，五鼓已配訖，惟有晉鼓當此鼓可知，故引賈侍中云“晉鼓大而短”，“近晉鼓也”，此後鄭所解也。云“晉鼓鼓金奏”者，《鼓人》文也。鼓長八尺，鼓四尺，中圍加三之一，謂之鼖鼓。注中圍加三之一者，加於面之圍以三分之一也。面四尺，其圍

---

①　“二十版”三字原作“十二版”，據婺本、金本、阮本改。
②　“及”字原作“乃”，阮本同，阮校引浦鏜説云：“‘乃’當‘及’字誤。”兹據改。
③　孫校云：“‘知’當爲‘加’。”
④　“正”字原作“止”，據婺本、金本、阮本改。
⑤　“與”上阮本有“爲”字。

十二尺，加以三分一四尺，則中圍十六尺，徑五尺三寸三分寸之一也。今亦合二十版①，則版穹六寸三分寸之二耳。大鼓謂之鼖②，以鼖鼓鼓軍事。鄭司農云：“鼓四尺，謂革所蒙者廣四尺。”○釋曰：云“鼓四尺”者，謂鼓面也。云“中圍加三之一”者，謂將中央圍“加於面之圍三分之一”也③。云“面四尺，其圍十二尺，加以三分一四尺”者，添四面圍丈二尺爲十六尺，然後徑之，十五尺徑五尺，餘一尺取九寸徑三寸，取餘一寸者破爲三分得一分，揔“徑五尺三寸三分寸一”。此言“中圍加三之一”，與上“穹三之一”者異：彼據一相之穹加面三之一，故兩相加二尺六寸三分寸二；此則於面四尺揔加三分之一，則揔一尺三寸三分寸一。若然，此穹隆少校晉鼓一尺三寸三分寸之一也④，與彼穹隆異也。今一版“亦合二十版”者⑤，此經云“鼓四尺”，若不二十版，亦不合此數也。“則版穹六寸三分寸二”者，此亦據一相而言。云“大鼓謂之鼖”者，鼖訓爲大，對晉鼓長六尺六寸而言，若對下文皋鼓長丈二尺，則彼又大矣。云“鼖鼓鼓軍事”者⑥，《鼓人》文。**爲皋鼓，長尋有四尺，鼓四尺，倨句磬折。**注以皋鼓鼓役事。磬折，中曲之，不參正也。中圍與鼖鼓同，以磬折爲異。○釋曰：云“以皋鼓鼓役事”者，《鼓人》文。“磬折，中曲之，不參正也”者，磬折者，鼛處近上，故不得參正也。**凡冒鼓，必以啓蟄之日。**注啓蟄，孟春之中也。蟄蟲始聞雷聲而動，鼓所取象也。冒，蒙鼓以革。○釋曰：云“啓蟄，孟春之中也”者，正月立春節，啓蟄中，故云中也。云“蟄蟲始聞雷聲而動”者，蟄蟲啓户由聞雷聲，是鼓所取象，故以此時冒之。案《月令》仲秋云“雷乃始收”，注：“雷乃收聲在地中，動內物。”則此云孟春始聞雷聲而動者，亦謂未出此地時⑦，故蟄蟲聞之而動。至二月即雷乃發聲出地，蟄蟲啓户而出，故《月令》仲春云“日夜分，雷乃發聲，蟄蟲咸動，啓户而出”是也。**良鼓瑕如積環。**注革調急也。○釋曰：“瑕”與“環”皆謂漆之文理，謂“革調急”故然。若急而不調，則不得然也。**鼓大而短，則其聲**

---

①　“十”下原衍“四”字，婺本同，據金本、阮本删。按此注“亦合二十版”承上文鄭注云“此鼓合二十版”而言“亦”。

②　“大”上原衍“取”字，據婺本、金本、阮本删。按底本此行補版，較前後行多一字。

③　“一”字原作“二”，據阮本改。

④　浦鏜云：“‘也’當‘是’字誤，屬下句。”

⑤　浦鏜云：“‘此鼓’誤‘一版’。”阮本作“此版”。

⑥　“鼖鼓”二字原作“鼖窢”，據阮本改。

⑦　“此”字剜擠，阮本無。

疾而短聞；鼓小而長，則其聲舒而遠聞。　○釋曰：此乃鼓之病。大小得所，如上三者所爲，則無此病。

韋氏。闕。

裘氏。闕。

畫繢之事，雜五色，東方謂之青，南方謂之赤，西方謂之白，北方謂之黑，天謂之玄，地謂之黃。青與白相次也，赤與黑相次也，玄與黃相次也。　○釋曰：此一經言"次"，次畫於衣之事。"畫繢"並言者，言畫是揔語，以其繢繡皆須畫之[①]；言繢，則據對方而言，自"東方"已下是也。自言"東方謂之青"至"謂之黃"六者，先舉六方有六色之事。但天玄與北方黑二者大同小異，何者？玄異雖是其一[②]，言天止得謂之玄天，不得言黑天；若據北方而言，玄、黑俱得稱之，是以北方言玄武宿也。"青與白相次"已下，論繢於衣爲對方之法也。注此言畫繢六色所象及布采之第次。繢以爲衣。　○釋曰：鄭云"畫繢六色所象"者，解經"地謂之黃"已上文。云"及布采之第次"者，解經"青與白"已下文。云"繢以爲衣"者，案《虞書》云："予欲觀古人之象，日、月、星辰、山、龍、華蟲，作繢。"是據衣而言繢，故鄭云繢以爲衣也。青與赤謂之文，赤與白謂之章，白與黑謂之黼，黑與青謂之黻，五采備謂之繡。注此言刺繡采所用。繡以爲裳。　○釋曰：此一經皆比方爲繡次[③]。凡繡，亦須畫乃刺之，故畫繡二工共其職也。云"繡以爲裳"者，案《虞書》云："宗彝、藻、火、粉米、黼、黻，絺繡。"鄭云："絺，紩也。"謂刺繡於裳，故鄭云"刺以爲裳"也。衣在上陽，陽主輕浮，故畫之；裳在下陰，陰主沈重，故刺之也。土以黃，其象方，天時變。　○釋曰：此乃六色之外別增此天地二物於衣，故於下特言之也。注古人之象無天地也，爲此

① "畫"字原作"書"，據阮本改。
② "異"字阮本作"黑"。又浦鏜疑"玄黑雖是其一"有誤。
③ "比"字原作"此"，阮本作"北"，加藤謂當據殿本等作"比"。按《天官·屨人職》賈疏云"白黑比方爲繡次"，加藤說是也，茲據改。

記者見時有之耳。子家駒曰“天子僭天”，意亦是也。鄭司農云：“天時變，謂畫天隨四時色。”○釋曰：鄭云“古人之象無天地也”者，此據《虞書》“日、月”已下不言天地。云“爲此記者見時有之耳”者，古人既無天地，若記者不見時君畫於衣，記人何因輒記之爲經典也？“子家駒曰天子僭天，意亦是也”者，案《公羊傳》云：“昭公謂子家駒云：‘季氏僭于公室久矣，吾欲殺之，何如？’子家駒曰：‘天子僭天，諸侯僭天子。’”彼云僭天者，未知僭天何事，要此古人衣服之外別加此天地之意亦是僭天①，故云意亦是也。先鄭云“天時變，謂畫天隨四時色”者，天逐四時而化育，四時有四色，今畫天之時，天無形體，當畫四時之色以象天地②。若然，畫土當以象地色也。**火以圜，**注鄭司農云：“爲圜形似火也。”玄謂形如半環然。在裳。○釋曰：先鄭云“爲圜形似火也”，後鄭云“如半環然”，此亦與先鄭不別，增成之耳。孔安國以爲“火”字也，與此別也。知“在裳”者，《虞書》“藻、火”已下皆在裳。**山以章，**注章讀爲獐，獐，山物也。在衣。齊人謂麇爲獐。○釋曰③：馬氏以爲獐，山獸，畫山者并畫獐；龍，水物，畫水者并畫龍。鄭即以獐表山，以龍見水。此二者各有一是一非。古人之象有山不言獐，有龍不言水。今記人既有獐有水，止可畫山兼畫獐，畫龍兼畫水，何有棄本而遵末也。**水以龍，**注龍，水物。在衣。**鳥獸蛇。**注所謂華蟲也。在衣。蟲之毛鱗有文采者。○釋曰：云“所謂華蟲也”者，所謂《虞書》云“山、龍、華蟲”。彼畫華蟲次在龍下，此文亦次“龍”下，故知當華蟲也。言華者，象草華；言蟲者，是有生之摠號。言“鳥”，以其有翼。言“獸”，以其有毛。言“蛇”，以其有鱗。以首似鷩，亦謂之鷩冕也。故云“蟲之毛鱗有文采”也④。《虞書》有十二章，於此惟言四章，又兼言天地，而不云日、月、星、藻與宗彝者，記人之言略說之耳。**雜四時五色之位以章之，謂之巧。**注章，明也。繢繡皆用五采鮮明之，是爲巧。○釋曰：此經摠結上文也。上有六色，此言五者，下別言素功，故言五。或可玄、黑共説也。**凡畫繢之事，後素功。**注素，白采也。後布之，爲其易漬汙也。不言繡，繡以絲也。鄭司農説以《論語》曰“繢事後素”⑤。

---

① 前“此”字阮本作“在”。
② 浦鏜云：“‘地’當‘也’字誤。”
③ 此節賈疏阮本編次於“水以龍”經注之下。
④ “文”字原作“又”，據阮本改。
⑤ “曰”字原作“白”，據婺本、金本、阮本改。阮校云：“岳本、嘉靖本無‘曰’，此衍。”其説不可遽從。又“繢”字原作“繢”，據婺本、金本、阮本改。

鍾氏染羽，以朱湛丹秫三月，而熾之，**注**鄭司農云：“湛，漬也。丹秫，赤粟。”玄謂湛讀如“漸車帷裳”之漸。熾，炊也。羽所以飾旌旗及王后之車。〇**釋曰**：染布帛者在天官染人，此鍾氏惟染鳥羽而已，要用朱與秫則同，彼染祭服有玄纁，與此不異故也。案《染人》云：“春暴練，夏纁玄。”注云：“凡染當及盛暑熱潤始湛研之[①]，三月而後可用。”若然，云“以朱湛丹秫三月，而熾之”，熾之當及盛暑熱潤，則初以朱湛丹秫當在春日豫湛，至六月之時即染之矣。“玄謂湛讀如漸車帷裳之漸”者，讀從《衛詩》也。云“羽所以飾旌旗及王后之車”者，《司常》云“全羽爲旞，析羽爲旌”，自餘旌旗竿首亦有羽旄，《巾車》有重翟、厭翟、翟車之等皆用羽是也[②]。案《夏采》注云：“夏采，夏翟羽色。《禹貢》徐州貢夏翟之羽，有虞氏以爲綏，後世或無，故染鳥羽象而用之[③]，謂之夏采。”是此鍾氏所染者也。**淳而漬之。注**淳，沃也。以炊下湯沃其熾，烝之以漬羽。漬猶染也。〇**釋曰**：上“熾之”謂以朱湛丹秫三月末乃熾之，即以炊下湯淋所炊丹秫，取其汁以染鳥羽，而又漸漬之也。**三入爲纁，五入爲緅，七入爲緇。注**染纁者三入而成，又再染以黑則爲緅。緅，今《禮》俗文作爵，言如爵頭色也。又復再染以黑乃成緇矣。鄭司農説以《論語》曰“君子不以紺緅飾”，又曰“緇衣羔裘”；《爾雅》曰“一染謂之縓，再染謂之竀，三染謂之纁”，《詩》云“緇衣之宜兮”。玄謂此同色耳，染布帛者染人掌之。凡玄色者在緅、緇之間，其六入者與？〇**釋曰**：凡染纁玄之法，取《爾雅》及此相兼乃具。案《爾雅》“一染謂之縓，再染謂之竀，三染謂之纁”，三入謂之纁，即與此同。此三者皆以丹秫染之。此經及《爾雅》不言四入及六入，案《士冠》有“朱紘”之文，鄭云：“朱則四入與？”是更以纁入赤汁則爲朱。以無正文，約四入爲朱，故云“與”以疑之。云“《論語》曰君子不以紺緅飾”者，《淮南子》云：“以涅染紺，則黑於涅。”涅即黑色也。纁若入赤汁則爲朱，若不入赤而入黑汁則爲紺矣。若更以此紺入黑則爲緅，即此“五入爲緅”是也。紺、緅相類之物，故連文云“君子不以紺緅飾”也。若更以此緅入黑汁即爲玄，則六入爲玄。但無正文，故此注與《士冠禮》注皆云“玄則六入與”。更以此玄入黑汁則名“七入爲緇”矣。但緇與玄相類，故《禮》家每以緇布衣爲玄端也。云“《禮》俗文

作爵，言如爵頭色”者，以其爵赤多黑少故也。

　　筐人。闕。

　　㡛氏湅絲，**以涗水漚其絲七日，去地尺暴之**。注故書涗作湄。鄭司農云：“湄水，温水也。”玄謂涗水，以灰所沸水也。漚，漸也。楚人曰漚，齊人曰涹。○釋曰：諸家及先鄭皆以“涗水”爲“温水”，後鄭獨不從者，《禮》有涗齊，謂沸酒爲涗，則此“涗”亦當沸灰汁爲涗，故不從温水也。云“齊人曰涹”者，亦是“漚”義。**晝暴諸日，夜宿諸井，七日七夜，是謂水湅**。注①宿諸井，縣井中。**湅帛，以欄爲灰，渥淳其帛，實諸澤器，淫之以蜃**。注渥讀如“繒人渥菅”之渥②。以欄木之灰漸釋其帛也。杜子春云：“淫當爲涅③，書亦或爲湛。”鄭司農云：“澤器，謂滑澤之器。蜃，謂炭也。《士冠禮》曰：‘素積白屨，以魁柎之。’説曰：‘魁蛤也。《周官》亦有白盛之蜃，蜃，蛤也。’”玄謂淫，薄粉之，令帛白。蛤，今海旁有焉。○釋曰：鄭云“渥讀如鄪人渥菅之渥”者，案哀八年吳伐魯，云：“初，武城人或有因於吳竟田焉，拘鄪人之漚菅者，曰：‘何故使吾水滋？’”是其事。引《士冠禮》曰“素積白屨，以魁柎之”者，謂皮弁服白布衣，而素積以爲裳，屨裳同色，故素積白、白屨，故以蜃灰柎之也。**清其灰而盝之，而揮之**；注清，澄也④。於灰澄而出盝晞之，晞而揮去其蜃。**而沃之，而盝之；而塗之，而宿之**。注更渥淳之⑤。**明日，沃而盝之**。注朝更沃，至夕盝之。又更沃，至旦盝之。亦七日，如漚絲也。**晝暴諸日，夜宿諸井，七日七夜，是謂水湅**。○釋曰：湅帛、湅絲皆有二法，上文爲灰湅法，此文是水湅法也。

---

　　①　“注”字原作“諸”，據全書體例改。
　　②　“菅”字原作“管”，據婺本、金本、阮本改。下疏中“渥菅”底本亦誤。
　　③　王引之云：“‘涅’即‘湛’字之譌也。下云‘書亦或爲湛’，承上之辭。”按注云“書亦或爲某”者，或本之字與所讀之字正合。
　　④　“澄”字原作“登”，據婺本、金本、阮本改。
　　⑤　“渥”字原作“注”，據婺本、金本、阮本改。

周禮疏卷第四十八

唐朝散大夫行大學博士弘文館學士臣賈公彦等撰

冬官考工記下

玉人之事，鎮圭尺有二寸，天子守之；命圭九寸謂之桓圭，公守之；命圭七寸謂之信圭，侯守之；命圭七寸謂之躬圭，伯守之。○釋曰：云"玉人之事"者，謂人造玉瑞、玉器之事。此一句摠與下諸文爲目。圭名鎮、名信及躬，備於《宗伯》。**注**命圭者，王所命之圭也。朝覲執焉，居則守之。子守穀璧，男守蒲璧。不言之者，闕耳。故書或云"命圭五寸謂之躬圭"，杜子春云："當爲'七寸'。"玄謂"五寸"者，璧文之闕亂存焉。○釋曰：云"命圭者，王所命之圭也"者，《公羊傳》云："錫者何？賜也。命者何？加我服也。"於王以策命諸侯之時，非直加之以車服，時即以圭授之以爲瑞信者也。"朝覲執焉"者，《典瑞》云"公執桓圭以下，朝覲宗遇會同于王，諸侯相見亦如之"是也。云"居則守之"者，謂以爲鎮守者也，故云居則守之。"子守穀璧，男守蒲璧"，《典瑞》、《宗伯》、《大行人》俱有其文，於此不言之者，闕也。鄭云"闕"者，若《韋氏》、《櫛氏》之類亦闕也。若然，經有"鎮圭"，案《典瑞》云"王執鎮圭，繅藉五采五就，以朝日"，鄭不言者，有《典瑞》可參，故直舉諸侯可知也。子春破故書"五寸"當從經"七寸"，後鄭不從，以從故書爲"五寸"，"五寸"是"璧文之闕亂存"者，命圭是伯，五寸是子、男，故亂存也。**天子執冒四寸，以朝諸侯。注**名玉曰冒者，言德能覆蓋天下也。四寸者方，以尊接卑，以小爲貴。○釋曰：鄭知"名玉曰冒，言德能覆蓋天下"者，案《書傳》云："古者必有冒，言不敢專達之義。天子執冒以朝諸侯，見則覆之。"注云："君恩覆之，臣敢進。"是其冒覆之事。案孔注《顧命》云："言冒，所以冒諸侯圭，以齊瑞信，方四寸，邪刻之。"不言冒以覆蓋天下者，義得兩含，故注有異。故《書傳》云"古者圭必有冒”,亦是冒圭之法也。此冒據朝覲諸侯時執之。《詩·殷頌》云:“受小球大球,爲下國綴旒。”注云:“小球尺二寸,大球長三尺。與下國結定其心,如旌旗之旒。”彼據天子與諸侯盟會,故云結定其心,故執鎮圭不執冒也。**天子用全,上公用龍,侯用瓚,伯用將①。注**鄭司農云:“全,純色也。龍當爲龙,龙謂雜色。”玄謂全,純玉也。瓚讀爲“饡屑”之屑②。龍、瓚、將②,皆雜名也。卑者下尊以輕重爲差,玉多則重,石多則輕。公、侯四玉一石,伯、子、男三玉二石。○釋曰:此經因天子已下執玉,遂説尊卑之玉善惡不同。先鄭云“全,純色也。龍當爲龙,龙謂雜色”,後鄭以爲“全,純玉也”,純玉即純色,義無殊。“瓚讀爲饡屑之屑”者,《醯人職》有饡食,漢時有膏屑,今連言饡屑者,取雜意。云“龍、瓚、將,皆雜名”者,謂玉之雜名。此亦含雜色。必知後鄭玉雜中含色者,見鄭《異義駁》云“玉雜則色雜”③,則知玉全色亦全也。云“卑者下尊以輕重爲差,玉多則重,石多則輕”,知者,見《盈不足術》曰:“玉方寸,重七兩。石方寸,重六兩。”云“公、侯四玉一石,伯、子、男三玉二石”者,案《禮緯》云:“天子純,玉尺二寸。公、侯九寸,四玉一石。伯、子、男三玉二石。”此注出於彼。但此經公與侯異,注及彼文公、侯同,又彼伯、子、男同七寸,皆與此經不同者,彼據殷法。但玉石多少與周同,故引之也。若然,公、侯同四玉一石,而龙、瓚異者④,蓋玉色有別也。**繼子、男執皮帛。注**謂公之孤也。見禮次子、男,贄用束帛,而以豹皮表之爲飾。天子之孤表帛以虎皮。此説玉⑤,及皮帛者,遂言見天子之用贄。○釋曰:此“公之孤”。上不言子、男,而此云“繼子、男”者,以上文不見子、男也。不見者,以子、男與伯同用三玉二石,故空其文。見子、男與伯等,以是得言以皮帛繼子、男也。以《大行人》注言之,此亦是“孤尊,更以其摯見”也。知諸侯孤飾贄以“豹皮”、天子之孤飾以“虎皮”者,《郊特牲》云:“虎豹之皮,示服猛也。”二者皮中爲美,虎皮又貴,天子孤尊,故知義然也。

　　天子圭中必。注必讀如“鹿車縪”之縪,謂以組約其中央,爲執之以備失隊。

---

① 阮校云:“《説文》:‘瓚,三玉二石也。禮:天子用全,純玉也;上公用駹,四玉一石;侯用瓚;伯用埒,玉石半相埒也。’疑今本‘埒’作‘將’有誤,埒亦有雜義,故鄭云‘皆襍名也’。”

② 段考謂“龍”當作“龙”。

③ “異”字原作“暑”,據阮本改。

④ “龙”字阮本作“龍”。

⑤ “玉”字原作“王”,據婺本、金本、阮本改。

〇釋曰：上列天子及公、侯、伯之圭，於此獨言“天子圭中必”者，案《聘禮·記》五等諸侯及聘使所執圭璋皆有繅藉及絢組，絢組所以約圭中央，恐失墜，即此中必之類。若然，圭之中必尊卑皆有，此不言諸侯圭，舉上以明下可知。云“讀如鹿車縪之縪”者，俗讀之也，此縪，絢組一也。**四圭尺有二寸，以祀天。** **注**郊天所以禮其神也。《典瑞職》曰：“四圭有邸以祀天、旅上帝。”〇釋曰：此圭，《典瑞》直言所用禮神，不言尺寸，故此言之。此直言尺二寸，案《典瑞》注先鄭云：“中央爲璧，圭著其四面，一玉俱成。”又云：“圭末四出。”若然，此尺二寸者，未知璧在中央通兩畔摠計爲尺二寸？未知除璧之外兩畔之圭各有一尺二寸？據下“裸圭尺有二寸”而言，則此四圭圭別尺有二寸。仍未審以璧爲邸邸徑幾許，《禮》既無文，不可強記也①。引《典瑞》者，證“祀天”爲夏正郊所感帝，兼國有故旅祭五帝之事，亦以此圭禮神也。**大圭長三尺，杼上終葵首，天子服之。** 〇釋曰：言“大圭”者，以其長，故得大圭之稱。言“服之”者，以其搢於衣帶之間，同於衣服，故以服言之。**注**王所搢大圭也，或謂之珽。終葵，椎也。爲椎於其杼上，明無所屈也。杼，㰤也②。《相玉書》曰：“珽玉六寸，明自炤。”〇釋曰：云“王所搢大圭也”者，《典瑞》云“王搢大圭，執鎮圭，繅藉五采五就③，以朝日”是也。云“或謂之珽”者，《玉藻》云：“天子搢珽，方正於天下也。”鄭云：“言珽然無所屈。”此注亦云“明無所屈”，皆對諸侯爲荼、大夫前屈後屈，故云無所屈也。云“終葵，椎也”者，齊人謂椎爲終葵，故云“終葵，椎也”。云“《相玉書》曰：珽玉六寸，明自炤”者，謂於三尺圭上，除六寸之下兩畔殺去之，使已上爲椎頭。言六寸，據上不殺者而言。云明自炤者，玉體瑜不掩瑕，瑕不掩瑜，善惡露見，是其忠實。君子於玉比德焉，言忠實，故云明自炤也。引之者，證大圭者爲終葵六寸，已下杼之也。**土圭尺有五寸，以致日，以土地。** 〇釋曰：言“土圭”者，謂度土地遠近之圭，故云土圭。**注**致日，度景至不。夏日至之景尺有五寸，冬日至之景丈有三尺。土猶度也，建邦國以度其地，而制其域。〇釋曰：云“致日，度景

---

① 浦鏜云：“‘記’當‘説’字誤。”

② 阮校云：“《釋文》：‘㰤也，色界反，殺字之異者，本或作殺。’按《周禮》經作‘㰤’，注當用‘殺’字，下文注中‘取殺’、‘殺文’皆不作‘㰤’也。今此諸本皆作‘㰤’，蓋淺人援《釋文》本改之。”

③ “五就”二字原作“王就”，據阮本改。

至不”者，於地中立八尺之表，於中漏半①，夏至日表北尺五寸景，與土圭等，冬至日丈三尺，爲景至。若不依此，皆爲不至，故云度景至不也。但景至與不至皆由君政得失而來，度之者，若不至，使君改德教也。云“夏日至之景尺有五寸，冬日至之景丈三尺”者，皆《通卦驗》文。《大司徒》亦云：“夏日至之景尺有五寸，謂之地中。”云“土猶度也，建邦國以度其地，而制其域”者，此度地封諸侯，日景一分地差百里，五等諸侯直取五分景已下，無取尺、寸之義也。**祼圭尺有二寸，有瓚，以祀廟。**○釋曰：鄭注《小宰》云：“唯人道宗廟有祼，天地大神至尊不祼。”故此唯云“以祀廟”。《典瑞》兼云“以祼賓客”，此不言者，有《典瑞》，故作文略也。**注**祼之言灌也。或作淉，或作果。祼，謂始獻酌奠也。瓚如盤，其柄用圭，有流前注。○釋曰：讀“祼”爲“灌”者，取水灌之義。云“祼，謂始獻酌奠也”者，《小宰》注云：“祼，亦謂祭之，啐之，奠之。”以其尸不飲，故云奠之。案《司尊彝》注“祼，謂始獻尸”、《郊特牲》注云“始獻神也”者，以其祼入獻于尸，故云獻尸；二灌主爲降神②，故云獻神。三注雖曰不同，其義一也。云“瓚如盤，其柄用圭，有流前注”者，鄭注《典瑞》引《漢禮》：“瓚盤大五升，口徑八寸，下有盤，口徑一尺。”言有流前注者，案下三璋之勺“鼻寸”是也。言前注者，以尸執之向外，祭乃注之，故云有流前注也。**琬圭九寸而繅，以象德。**○釋曰：《典瑞》云：“琬圭以治德，以結好。”此不言結好，此文略。彼云治德，據使者而言；此言象德，據圭體而説。彼不言有繅，此言有繅，亦是互見爲義。**注**琬猶圓也。王使之瑞節也。諸侯有德，王命賜之，使者執琬圭以致命焉。繅，藉也。○釋曰：云“諸侯有德，王命賜之，使者執琬圭以致命焉”者，若“天王使毛伯來錫公命”，《公羊》云：“錫者何？賜也。命者何？加我服也。”是諸侯有德王使人賜命之事也。**琰圭九寸，判規，以除慝，以易行。****注**凡圭琰上寸半，琰圭琰半以上，又半爲琢飾。諸侯有爲不義，使者征之，執以爲瑞節也。除慝，誅惡逆也。易行，去煩苛。○釋曰：知“凡圭琰上寸半”者，《禮記·雜記》文。知此“琰圭琰半以上，又半爲琢飾”者，以其言“判”，判，半也；又云“規”，明半以上琰至首，規半以下爲琢飾可知。云“諸侯有爲不義，使者征之，執以爲瑞節也”者，此釋“除慝”，故引經云“除慝，誅惡逆也”。云“易行，去煩苛”者③，此非惡逆之事，直政教煩多而苛虐，是諸侯行

---

① 浦鏜云：“‘晝’誤‘中’。”
② “主”字原作“圭”，據阮本改。
③ “苛”字原作“苟”，據阮本改。

惡,故王使人執之以爲瑞節易去惡行。**璧羨度尺,好三寸,以爲度。注**鄭司農云:"羨,徑也。好,璧孔也。《爾雅》曰:'肉倍好謂之璧,好倍肉謂之瑗,肉好若一謂之環。'"玄謂羨猶延,其袤一尺而廣狹焉。○釋曰:引《爾雅》,欲見此璧"好三寸",好即孔也;兩畔肉各三寸,兩畔共六寸,是肉倍好也。後鄭云"羨猶延,其袤一尺而廣狹焉"者,是羨爲不圓之貌。造此璧之時應圜徑九寸,今減廣一寸以益上下之袤一寸,則上下一尺,廣八寸,故云其袤一尺而廣狹焉,狹焉謂八寸也。"以爲度"者,天子以爲量物之度也。**圭璧五寸,以祀日月星辰。注**禮其神也。圭其邸爲璧,取殺於上帝。○釋曰:此"圭璧",謂以璧爲邸,旁有一圭,故云"圭其邸爲璧"也。云"取殺於上帝"者,案上文"四圭以祀天",此"日月星辰"爲天之佐,故一圭,是取殺於上帝也。案《典瑞》云"兩圭有邸以祀地,璋邸射以祀山川",彼山川亦取殺於地,此不言者,文略。彼又有"珍圭"、"牙璋",此不言者,亦是文略,並玉人造之可知。**璧琮九寸,諸侯以享天子。注**享,獻也。《聘禮》,享君以璧,享夫人以琮。○釋曰:案《小行人》,二王後享天子及后用圭璧,則此"璧琮九寸"據上公。引《聘禮》者,欲見經云"享天子"用璧,享后用琮。此據上公九命;若侯、伯當七寸,子、男當五寸。**穀圭七寸,天子以聘女。注**納徵加於束帛。○釋曰:自士已上皆用玄纁束帛,但天子加以"穀圭",諸侯加以大璋也。

　　大璋、中璋九寸,邊璋七寸,射四寸,厚寸,黃金勺,青金外,朱中,鼻寸,衡四寸,有繅,天子以巡守,宗祝以前馬。○釋曰:此經説王巡守出行過山川禮敬之事。三"璋",據爲勺柄。"黃金勺"以下,據爲勺頭。**注**射,琰出者也。勺故書或作約,杜子春云:"當爲勺,謂酒尊中勺也。"鄭司農云:"鼻,謂勺龍頭鼻也。衡,謂勺柄龍頭也。"玄謂鼻,勺流也。凡流皆爲龍口也。衡,古文横,假借字也,衡謂勺徑也。三璋之勺形如圭瓚。天子巡守,有事山川則用灌焉。於大山川則用大璋,加文飾也;於中山川用中璋,殺文飾也;於小山川用邊璋①,半文飾也。其祈沈以馬,宗祝亦執勺以先之。禮,王過大山川,則大祝用事焉;將有事於四海山川,則校人飾黃駒。○釋曰:"射,琰出者也"者,向上謂之出,謂琰半已上,其半已下爲文飾也。先鄭云"鼻,謂勺龍頭鼻",後鄭增成其義。"衡,謂勺柄龍頭",後鄭不從。"玄謂衡,古文爲横,謂

---

①　"邊"字原作"簜",金本同,據婺本、阮本改。

勺徑”，破先鄭爲勺柄。云“三璋之勺形如圭瓚”者，圭瓚之形，前注已引《漢禮》。但彼口徑八寸，下有盤，徑一尺①；此徑四寸，徑既倍狹，明所容亦少，但形狀相似耳，故云形如圭瓚也。知“用灌”者，以其圭瓚灌宗廟，明此巡守過山川用灌可知。“於大山川”已下至“半文飾”，皆無正文，鄭君以意解之。云“祈沈以馬”者，取《校人》“飾黃駒”，故知馬也。知“宗祝亦執勺以先之”者，即引《大祝職》云“王過大山川，則大祝用事焉”，是大祝用此經“黃金勺”之事也。云“將有事于四海山川，則校人飾黃駒”者，《校人職》文。引之者，見禮山川非直灌，亦有牲牢。以山川地神，故用黃駒也。《大祝職》云“王過大山川，大祝用事”，不言中山川、小山川者，舉大者而言，或使小祝爲之也。**大璋亦如之，諸侯以聘女。**注亦納徵加於束帛也。大璋者，以大璋之文飾之也。亦如之者，如邊璋七寸射四寸。○釋曰：鄭知“以大璋之文飾之”者，以其與上“大璋”同名，明以大璋之文飾之也。又知“如邊璋七寸射四寸”者，以其天子穀圭七寸以聘女，諸侯不可過於天子爲九寸；既文承“邊璋”之下而言“亦如之”，明知如邊璋七寸射四寸也。**璲圭璋八寸，璧琮八寸，以覜聘。**○釋曰：此謂上公之臣執“以覜聘”用“圭璋”，享用“璧琮”於天子及后也。若兩諸侯自相聘亦執之。侯、伯之臣宜六寸，子、男之臣宜四寸②。注璲，文飾也。覜，視也。聘，問也。眾來曰覜，特來曰聘。《聘禮》曰：“凡四器者，唯其所寶，以聘可也。”○釋曰：云“璲，文飾也”者，凡諸侯之臣覜聘並不得執君之桓圭、信圭之等，直璲爲文飾耳。云“覜，視也。聘，問也”者，案《大宗伯》云：“時聘曰問，殷覜曰視。”故據彼而言也。云“眾來曰覜，特來曰聘”者，眾來則元年、七年、十一年一服朝之歲，來者眾也；特來則天子有事乃來，無常期者是也。引《聘禮》者，彼亦云圭、璋、璧、琮“四器”，故引以爲證。云“所寶”，謂不聘時寶之。**牙璋、中璋七寸，射二寸，厚寸，以起軍旅，以治兵守。**注二璋皆有鉏牙之飾於琰側。先言牙璋，有文飾也。○釋曰：“牙璋起軍旅，治兵守”，正與《典瑞》文同。彼無“中璋”者，以其大小等，故不見也。牙璋起軍旅，則中璋亦起軍旅，二璋蓋軍多用牙璋，軍少用中璋。鄭知“二璋皆爲鉏牙之飾”者，以其同起軍旅，又以牙璋爲首，故知中璋亦有鉏牙，但牙璋文飾多，故得牙名，而“先言”也。**駔琮五寸，宗后以爲權。**○釋曰：此

---

① 浦鏜謂“徑”上脫“口”字。孫疏據增。

② “四”字原作“西”，據阮本改。

“后”所用，故“五寸”，降於下文天子所用七寸者也。**注**駔讀爲組，以組繫之[1]，因名焉。鄭司農云：“以爲稱錘以起量。”○釋曰：“駔讀爲組”者，於義無取於駔[2]，故從組，以其用組爲繫。言“因名焉”者，以組爲繫名組琮，似以玉飾豆即名玉豆，其類也。先鄭云“以爲稱錘以起量”者，量自是斗斛之名，而云爲量者，對文量、衡異，散文衡亦得爲量，以其量輕重故也。大琮十有二寸，射四寸，厚寸，是謂內鎮，宗后守之。**注**如王之鎮圭也。射，其外鉏牙。○釋曰：言“大琮”者，對上“駔琮五寸”爲大也。言“十有二寸”者，并角徑之爲尺二寸。言“射四寸”者，據角各出二寸，兩相并四寸。言“是謂內鎮”者，對天子執鎮圭爲內，謂若內宰對大宰爲內，內司服對司服爲內。王不言外者，男子居外是其常，但婦人陰，則得內稱也。云“射，其外鉏牙”者，據八角鋒，故云鉏牙也[3]。駔琮七寸，鼻寸有半寸，天子以爲權。**注**鄭司農云：“以爲權，故有鼻也。”○釋曰：此“天子以爲權”，“故有鼻”。上后權不言鼻者，舉以見后亦有鼻可知。兩圭五寸，有邸，以祀地，以旅四望。**注**邸謂之柢，有邸，僢共本也。○釋曰：此亦依《典瑞》所解，謂祀神州之神於北郊及國有故旅祭四望，以對四圭有邸祀天及旅上帝也。若天地自用黃琮[4]。云“僢共本也”者，亦一玉俱成兩圭，足相對爲僢也。璪琮八寸，諸侯以享夫人。**注**獻於所朝聘君之夫人也。○釋曰：言“以享夫人”，則是諸侯自相朝所用致享者也。五等諸侯朝天子，享用璧琮，不降瑞；若自相享[5]，降瑞一等。此“八寸”，據上公、二王後自相享亦用璧琮八寸。侯、伯當六寸。子、男自相享退用琥璜，琮用四寸。經言“諸侯”，正是“朝”，注兼云“聘”者，其臣聘，璪圭璋璧琮亦皆降一等，與君寸數同，故兼言聘也。此經直言“璪琮”，不言璪璧以享君，文略可知也。案十有二寸，棗桌十有二列，諸侯純九，大夫純五，夫人以勞諸侯。○釋曰：“案十有二寸”者，謂玉案十有二枚。云“棗栗十有二列”，案案皆有棗栗，爲列十有二者，還據案十二爲數，不謂一案之上十有二也。**注**純猶皆也。鄭司農云：“案，玉案也。夫人，天子夫人。”玄謂案，玉飾案也。夫人，王后也。記時諸侯僭

---

① “組”字原作“駔”，據婺本、金本、阮本改。
② “駔”字原作“組”，據阮本改。
③ “鉏”字原作“但”，據阮本改。
④ 浦鏜云：“‘大’誤‘天’。”按此以“神州之神”與“大地”相對。
⑤ “若”字原作“右”，據阮本改。

稱王，而夫人之號不別，是以同王后於夫人也。玉案十二以爲列，王后勞朝諸侯皆九列，聘大夫皆五列，則十有二列者勞二王之後也①。棗桌實於器乃加於案。《聘禮》曰："夫人使下大夫勞以二竹簠方，玄被纁裏，有蓋，其實棗烝桌擇，兼執之以進。"○釋曰：先鄭云"夫人②，天子夫人"，後鄭不從者，"勞諸侯"以王后爲主，豈不見后先見三夫人乎？故不從也。"玄謂案，玉飾案也"者，以其在《玉人》，故知以玉飾案也。云"記時諸侯僭稱王"者，《春秋》之世吳、楚及越僭號稱王，而吳、楚夫人不稱后，是"夫人之號不別"也。云"是以同王后于夫人也"者，周王與吳、楚同號王，故周王后號亦下同吳、楚之夫人也。云"案十有二以爲列"者，微破賈、馬以此十二列比《聘禮》"醴醴夾碑百罋，十以爲列"。云"王后勞朝諸侯皆九列，聘大夫皆五列，則十二列勞二王之後也"者，以其經"夫人以勞諸侯"文在下揔結上文三者，故以此義推量之也。云"棗栗實于器乃加於案"者，此約《聘禮》，故即引《聘禮》爲證也。《聘禮》"五介入境張旃"，是侯、伯之卿大夫聘者也。而主國夫人使下大夫勞賓以"二竹簠方"者，簠法圓，今此竹簠方爲之者，此或棗栗與黍稷簠異也。"玄被"者，以玄繒爲表。彼《聘禮》諸侯夫人使下大夫勞無案，直有棗栗；此后勞有棗栗，又亦有案。引之者，證此棗栗亦盛於竹簠者也。**璋邸射，素功，以祀山川，以致稍餼。**注邸射，剡而出也。致稍餼，造賓客納稟食也。鄭司農云："素功，無瑑飾也。"餼或作氣，杜子春云："當爲餼。"○釋曰：云"以祀山川"者，謂四望之外所有山川皆是。云"邸射，剡而出也"者，向上謂之出。半圭曰璋，璋首邪却之，今於邪却之處從下向上揔邪却之，名爲剡而出。云"致稍餼，造賓客納稟食也"者，謂賓客在館，主君使人造賓客納稟食，稟食則米者也。以其經云"稍餼"，稍稍致之，是食米曰稟者也。

椰人。闕。

雕人。闕。

磬氏爲磬，倨句一矩有半。注必先度一矩爲句，一矩爲股，而求其弦。

---

① "王"字原作"三"，據婺本、金本、阮本改。
② "先"字原補版不成字，似作"生"，此據阮本作"先"。

既而以一矩有半觸其弦，則磬之倨句也。磬之制有大小，此假矩以定倨句，非用其度耳。○釋曰：鄭云“必先度一矩爲句”者，據上曲者。“一矩爲股”，據下直者。“而求其弦”者，謂兩頭相望者①。云“既而以一矩有半觸其弦”者，假令句股各一尺，今以一尺五寸觸兩弦，其句股之形即磬之倨句折殺也。云“磬之制有大小”者，案《樂》云：“磬前長三律②，二尺七寸。後長二律，尺八寸。”是磬有大小之制也。云“此假矩以定倨句，非用其度耳”者，謂此經“倨句”各一矩并一矩有半皆假設言之以定倨句，及其作磬，非用此度，自依律長短爲之也。**其博爲一，**注博謂股博也。博，廣也。○釋曰：鄭知此“博”是“股廣”在上者，以其下文因此博而云“股爲二”③，明此博即股廣也。此上下云一、二、三者，此亦假一、二、三而爲長短廣狹④，故不言尺寸也。**股爲二，鼓爲三。參分其股博，去一以爲鼓博；參分其鼓博，以其一爲之厚。**注鄭司農云：“股，磬之上大者。鼓，其下小者，所當擊者也。”玄謂股，外面；鼓，內面也。假令磬股廣四寸半者，股長九寸也，鼓廣三寸，長尺三寸半，厚一寸。○釋曰：先鄭云“股，磬之上大者。鼓，其下小者”，以其股面廣，鼓面狹，故以大小而言也。“玄謂股，外面也”者，以其在上，故以爲外。“鼓，內面也”者，以其在下，故以爲內。言“假令”者，經直言一、二、三，不定尺寸，是假設之言也。若定尺寸，自當依律爲短長也。以“四寸半”爲法者，直取從此已下爲易計，非實法也。**已上則摩其旁，**注鄭司農云：“磬聲大上則摩鑢其旁。”玄謂大上，聲清也。薄而廣則濁。○釋曰：先鄭直云“摩鑢其旁”，不言處所，故後鄭增成之。凡樂器，厚則聲清，薄則聲濁。今“大上”是聲清，故摩使薄，“薄而廣則濁”也。**已下則摩其耑。**注大下，聲濁也。短而厚則清。○釋曰：此“聲濁”由薄，薄不可使厚，故摩使短，短則形小，形小則厚，厚則聲清也。

矢人爲矢，鍭矢參分，茀矢參分，一在前，二在後。注參訂之而平者，前有鐵重也。《司弓矢職》茀當爲殺⑤。鄭司農云：“一在前，謂箭槀中鐵莖居參分殺

---

① “謂”上阮本有“弦”字。
② 浦鏜據《三禮圖》於“樂”下補“經”字、“磬”上補“黃鍾”二字。
③ “股”字原作“殿”，據阮本改。
④ “三”字原作“二”，據阮本改。
⑤ 段考謂“當”爲衍文，下文“殺矢七分”注“殺當爲茀”同。

一以前①。”○釋曰：云“參訂之而平”者，以其言“參分，一在前，二在後”，明據稱量得訂言之。云“前有鐵重也”者，若不前鐵重，何以參分得訂也？引《司弓矢職》者，彼鍭矢與殺矢相對，茀矢自與矰矢相對；此上既言“鍭矢”，明下宜有“殺矢”對之，故破此茀爲殺也。先鄭云“一在前，謂箭槀中鐵莖居參分殺一以前”者，後鄭意直據近鏃鐵多，先鄭據長短，又以參分殺一，近鏃宜細，以其鏃長，近鏃雖殺猶重，與後鄭義合，故引之在下也。**兵矢、田矢五分，二在前，三在後。**注鐵差短小也。兵矢，謂枉矢、絜矢也。此二矢亦可以田。田矢謂矰矢。○釋曰：云“鐵差短小也”者，前參分一在前得訂，此五分二在前得訂，故知鐵差短小也。云“兵矢，謂枉矢、絜矢也”者，以《司弓矢職》參之，下有“七分”當茀矢、矰矢②，此“五分”當枉矢、絜矢也。云“田矢謂矰矢”者，依《鄭志》，此云田矢謂矰矢非謂經中“田矢”，正是下文“七分”者。若然，既非經之田矢，鄭言之者，欲見矰矢正田矢，此經二矢亦可以田。若然，經枉矢、絜矢非直爲兵矢，亦將田獵，故云“此二矢亦可以田”也。案《鄭志》趙商問：“《司弓矢》注云‘凡矢之制，矰矢之屬七分，三在前，四在後’，案《矢人職》曰‘田矢五分，二在前，三在後’，注云‘田矢謂矰矢’，數不相應，不知所裁。”荅曰：“‘田矢謂矰矢’，此先定，後云‘此二矢亦可以田’。頃若少疾，此疏初在篋笥之間，屬録事得之，謹荅。”若然，鄭君本意以“矰矢爲田矢”非經“田矢”，自是尋常田矢；“此二矢亦可以田”解經“田矢”是枉矢、絜矢，非直爲“兵矢”，此二者亦可以田也。此鄭云田矢謂矰矢，案《司弓矢職》枉矢、絜矢言利諸“田獵”，茀矢、矰矢直言“弋射”不言田獵，而云“田矢”者，弋射即是田獵也。案《司弓矢職》枉矢、絜矢在前，後乃云鍭矢、殺矢，此《矢人》先言鍭矢、殺矢者，彼據事之重者爲先，以其枉矢、絜矢用諸戰伐是重，故在前；此據鐵輕重，重者在前，故不同也。**殺矢七分，三在前，四在後。**注鐵又差短小也。《司弓矢職》殺當爲茀③。○釋曰：上經已破“茀”當爲“殺”，此“殺”固宜爲“茀”，與矰矢同七分④，故亦引《司弓矢》證之也。此經直言茀矢不言矰矢者，以其與茀矢同制，故略而不言也。言“鐵又差短小也”者，以其前五分二在前，此七分三在前，是差短小也。**參分其長而殺其一，**注矢槀長三尺，殺其前一

---

① 阮校云：“‘槀’毛本作‘橐’，從‘禾’者是。”按本職注、疏“槀”字並當作“橐”。
② “茀”字原作“弗”，據阮本改。
③ “當”字原作“冨”，據婺本、金本、阮本改。
④ “矰矢”二字原作“矰失”，據阮本改。下文“矰矢”同。

尺，令趣鏃也。○釋曰：案《槀人》注“矢箙長短之制未聞”①，今此注云“矢槀長三尺”，彼以無正文，故云未聞；此云三尺者，約羽六寸逆差之，故知三尺也。**五分其長而羽其一**，注羽者六寸。**以其笴厚爲之羽深**，注笴讀爲槀，謂矢幹，古文假借字。厚之數未聞。**水之以辨其陰陽**，注辨猶正也。陰沈而陽浮。○釋曰：就其“浮沈”刻記之。**夾其陰陽以設其比，夾其比以設其羽**，注夾其陰陽者，弓矢比在槀兩旁，弩矢比在上下。設羽於四角。鄭司農云：“比，謂括也。”○釋曰：云“弓矢比在槀兩旁”者，以其弓豎用之，故比在槀之兩畔。云“弩矢比在上下”者，以其弩弓橫用之，故比在槀上下。云“設羽於四角”者，無問弓之矢、弩之矢比在兩旁上下，皆設羽於四角同。**參分其羽以設其刃**，注刃二寸。○釋曰：知“刃二寸”者，以其言“參分其羽以設其刃”，不可參分取二分作四寸刃，明知參分取一得二寸爲刃，故知刃二寸。**則雖有疾風，亦弗之能憚矣**。注故書憚或作但，鄭司農云：“讀當爲‘憚之以威’之憚，謂風不能驚憚箭也。”**刃長寸，圍寸，鋌十之，重三垸**。注刃長寸，脱“二”字。鋌一尺。○釋曰：知“脱二字”者，據上“參分其羽以設其刃”，若刃一寸，則羽三寸，矢一尺五寸，便大短，明知脱“二”字也。**前弱則俛，後弱則翔，中弱則紆，中強則揚，羽豐則遲，羽殺則趮**。注言幹、羽之病使矢行不正。俛，低也。翔，迴顧也。紆，曲也。揚，飛也。豐，大也。趮，旁掉也。**是故夾而搖之以眡其豐殺之節也**，注今人以指夾矢儛衛是也。○釋曰：上經陳幹、羽失所，今此經説知矢之羽病狀，故云“夾而搖之以眡其豐殺之節也”。**橈之以眡其鴻殺之稱也**。注橈捌其幹。○釋曰：此經説知矢幹之病狀。此言“鴻”，即上文“強”是也；此言“殺”，即上文“弱”是也。**凡相笴，欲生而摶，同摶欲重，同重節欲疏，同疏欲栗**。注相猶擇也。生，謂無瑕蠹也。摶讀如“摶黍”之摶，謂圜也。鄭司農云：“欲栗，欲其色如栗也。”○釋曰：云“生，謂無瑕蠹也”者，直言“欲生”於義無所取，故以無瑕蠹解之，無瑕謂無異色，無蠹謂無蠹孔也。云“摶讀如摶黍之摶”者，讀如《爾雅・釋鳥》“黃鳥，摶黍也”，此取其摶圜之義。先鄭云“欲栗，欲其色如栗也”者，觀經“栗”義取堅實，先鄭云色如栗，即是堅實者。

① “箙”字阮本作“服”。

　　陶人爲甗，實二鬴，厚半寸，脣寸。盆，實二鬴，厚半寸，脣寸。甑，實二鬴，厚半寸，脣寸，七穿。**注**量六斗四升曰鬴。鄭司農云：“甗，無底甑。”○釋曰：“六斗四升曰鬴”，昭三年《左氏傳》齊晏子辭。云“甗，無底甑”者，對“甑七穿”是有底甑。鬲，實五㪺，厚半寸，脣寸。庾，實二㪺，厚半寸，脣寸。**注**鄭司農云：“㪺讀爲斛。㪺受三斗，《聘禮•記》有㪺。”①玄謂豆實三而成㪺，則㪺受斗二升。庾讀如“請益，與之庾”之庾。○釋曰：先鄭云“㪺讀爲斛。㪺受三斗”，又引《聘禮•記》“有㪺”者，案下《瓬人》“豆實三而成㪺”，受斗二升有成文，而先鄭讀㪺爲斛，斛受十斗；又云㪺受三斗，復引《聘禮•記》有㪺，其言自相亂。後鄭皆不從之也。“玄謂豆實三而成㪺”，出於下文，引之破先鄭㪺受三斗或十斗也。讀“庾”爲“請益，與之庾”之庾者，讀從《論語》孔子、冉有辭。《小爾雅》“㪷二升；二㪷爲豆，豆四升；四豆曰區，四區曰釜，二釜有半謂之庾”者，庾本有二法，故《聘禮•記》云“十六斗曰籔”，注云：“今文籔爲逾。”逾即庾也。案昭二十六年申豐云“粟五千庾”，杜注云：“庾，十六斗。”以此知庾有二法也。

　　瓬人爲簋，實一㪺，崇尺，厚半寸，脣寸。豆實三而成㪺，崇尺。**注**崇，高也。豆實四升②。○釋曰：祭宗廟皆用木簋，今此用瓦簋，據祭天地及外神尚質，器用陶匏之類也。注云“豆實四升”者，晏子辭。案《易•損卦•象》云：“二簋可用享。”四，以簋進黍稷於神也。初與二直③，其四與五承上，故用二簋。四，巽爻也，巽爲木。五，離爻也，離爲日。日體圓，木器而圓，簋象也。是以知以木爲之，宗廟用之。若祭天地外神等則用瓦簋，故《郊特牲》云“埽地而祭，於其質也，器用陶匏，以天地之

----

①　段考云：“司農注似轉寫之誤。‘讀爲斛’當本是‘或爲斛’，司農因正之云‘㪺受三豆’，《瓬人》之文也；‘《聘禮》有㪺’，謂十斗曰斛也。此分别㪺、斛之解，正經‘㪺’或爲‘斛’之誤。轉寫‘或’誤‘讀’、‘豆’誤‘斗’，似鄭君時已作‘㪺受三斗’而正之。”

②　“升”下據全書體例當空一格，底本補一“也”字，婁本、金本、阮本皆無，與賈疏述注合，茲據删。

③　孫校云：“陳刻張惠言校輯鄭《易注》云‘初’字誤，當爲‘三’。”

性^①”，是其義也。若然，簋法圓。《舍人》注云：“方曰簠，圓曰簋。”^②注與此合。《孝經》云：“陳其簠簋。”注云“內圓外方”者，彼發簠而言之^③。**凡陶瓬之事，髻墾薜暴不入市。**注爲其不任用也。鄭司農云：“髻讀爲刮。薜讀爲‘藥黃檗’之檗。暴讀爲剝。”玄謂髻讀爲跀。䫂^④，頓傷也。薜，破裂也。暴，墳起不堅致也。○釋曰：先鄭云“髻讀爲刮”，刮是亂刮摩之義，於不任用理無所取，故後鄭不從。“薜讀爲藥黃檗之檗”，取音同。又以“暴”爲“剝”者，凡爲器無剝破之義，故後鄭亦不從也。“玄謂髻讀爲跀”，跀謂器不正欹邪者也。**器中膊，豆中縣。**注膊讀如“車轐”之轐。既捊泥而轉其均，刮膊其側，以儗度端其器也。縣，縣繩正豆之柄。○釋曰：云“膊讀如車轐之轐”者，讀從《雜記》“載以輇車”之輇，取音同也。云“刮膊其側”者，案下文“膊崇四尺”，上下高四尺，無邪曲，“轉其均”之時，當儗度此膊，宜與膊相應，其器則正也。“豆中縣”者，豆柄中央把之者長一尺，宜上下直與“縣繩”相應，其豆則直。**膊崇四尺，方四寸。**注凡器高於此則坏不能相勝，厚於此則火氣不交，因取式焉。○釋曰：“高於此”，謂“崇四尺”有餘也。“厚於此”，謂厚於“方四寸”，謂坏捊四畔各一寸也。坏厚，“火氣不交”，坏不孰，則易破者也。

　　梓人爲筍虡。○釋曰：此文與下文爲摠目耳，故下文重説爲筍虡之法也。注樂器所縣，橫曰筍，植曰虡。鄭司農云：“筍讀爲‘竹筍’之筍。”○釋曰：“樂器所縣”於“筍虡”者，謂鍾、磬、鎛者也。先鄭“筍讀爲竹筍之筍”，筍謂竹初生，則《醢人》“筍菹”者也。亦取音同也。**天下之大獸五^⑤：脂者、膏者、臝者、羽者、鱗者。**○釋曰：此文亦與下爲目，故下亦別列五者所用不同也。注脂，牛羊屬。膏，豕屬。臝者，謂虎豹貔螭爲獸淺毛者之屬。羽，鳥屬。鱗，龍蛇之屬。○釋曰：知“脂”是

---

　　①　阮校云：“各本‘以’下有‘象’字，此脱。”
　　②　“簠”、“簋”二字原互易，據阮本乙。
　　③　孫校據《舍人職》賈疏疑“發”字當爲“據”。
　　④　“䫂”字婺本、金本同，阮本作“墾”，與經文合。段考云：“各本經注作‘墾’，惟《經典釋文》作‘䫂’。《集韻》入聲四覺引《周禮》‘髻䫂薜暴’。案《説文》本無‘墾’字，豕部曰：‘䫂，齧也。’凡齧物必用力頓傷。”按底本“䫂”字可證段氏之卓識，“䫂”、“墾”分別爲“䫂”、“墾”之俗訛字。
　　⑤　“天下”云云底本提行，兹據婺本、金本、阮本併上爲一節。

“牛羊屬”、“膏，豕屬”者，下云二者祭宗廟以爲牲，故知也。鄭注《內則》云：“凝者曰脂，釋者曰膏。”“臝屬者，謂虎豹貔貐淺毛者之屬”，案《月令》季夏亦云“其蟲臝”，注云：“虎豹淺毛者。”“鱗，龍蚳之屬”者，《月令》春云“其蟲鱗”，注云：“龍蚳之屬也。”**宗廟之事，脂者、膏者以爲牲；**注致美味也。○釋曰：上摠言，於此已下別言之者，欲分別可爲筍虡者也。**臝者、羽者、鱗者以爲筍虡；**注貴野聲也。○釋曰：此三者“以爲筍虡”，仍是摠言可以爲筍虡，以別於上云“爲牲”者耳。至下文仍更簡別可爲筍、可爲虡二者不同者也。**外骨、內骨，卻行、仄行、連行、紆行，以脰鳴者、以注鳴者、以旁鳴者、以翼鳴者、以股鳴者、以胷鳴者，謂之小蟲之屬，以爲雕琢。**注刻畫祭器，博庶物也。外骨，龜屬。內骨，鼈屬。卻行①，蚘衍之屬。仄行，蟹屬。連行，魚屬。紆行，蛇屬。脰鳴，鼃黽屬。注鳴，精列屬。旁鳴，蜩蜺屬。翼鳴，發皇屬。股鳴，蚣蝑動股屬。胷鳴，榮原屬。○釋曰：上云大鳥獸或爲宗廟牲，或爲筍虡設，今此更別言“小蟲之屬”以飾祭器者也。自“紆行”以上，不能鳴者據行而言；自“脰鳴”已下，能鳴者據鳴而言。云“以爲雕琢”者，以雕畫及刻爲琢飾者也。此注“龜”爲“外骨”、“鼈”爲“內骨”，案《易·説卦》云“離爲鼈，爲蟹，爲龜”，注皆云“骨在外”，與此注違者，龜、鼈皆外骨②，但此經外骨、內骨相對，以鼈外有肉緣，故爲內骨也。云“卻行，蚘衍之屬”者，案《爾雅·釋蟲》：“蚘衍，入耳。”案《方言》云“蚘衍③”，注云：“由延兩音。”“自關而東謂之蚘衍”，“音引。”④云“仄行，蟹屬”者，今人謂之旁蟹，以其仄行故也⑤。云“連行，魚屬”者，以其魚唯行相隨，故謂之連行也。云“紆行，蛇屬”者，紆，曲也，以其蛇行屈曲，故謂之紆行也。云“脰鳴，鼃黽屬”者，鼃黽即蝦蟇也，脰，項也，以其項中鳴也。云“注鳴，精列屬”者，案《釋蟲》云：“蟋蟀，蛬。”注云：“今促織也，亦名青蛩。”《方言》：“楚謂之蟋蟀，或謂之蛬，南楚之間或謂之王孫。”云“旁鳴，蜩蜺屬”者，此即蟬也，蟬鳴在脅。云“翼鳴，發皇屬”者，案《爾雅》：“蚅⑥，螟蚅。”郭云：“甲蟲也，大如

---

① “卻”字原作“郤”，金本同，據婺本、阮本改。下疏中“卻”字底本亦誤。
② “龜”字原作“黿”，據阮本改。
③ 孫校云：“《方言》‘蚘’作‘蚰’，此誤。”
④ “音引”二字爲《方言》郭璞注，底本原作小字夾行，茲據阮本改爲正文。
⑤ “仄”字阮本作“側”。按《説文·人部》“側”篆段玉裁注云：“不正曰仄，不中曰側，二義有別，而經傳多通用。”
⑥ “蚅”字原作“蚊”，據阮本改。

虎豆,緑色,今江東呼爲黄蚇。"即此發皇也。云"股鳴,蚣蝑動股屬"者,《七月》詩云:"五月斯螽動股。"陸機云:"幽州人謂之春箕,長而青角,長股,股鳴者。"云"胷鳴,榮原屬"者,此《記》本不同,馬融以爲"胃鳴",干寶本以爲"骨鳴"。胃在六府之内,其鳴又未可以骨,爲狀亦難信,皆不如作"胷鳴"也。揚雄以爲"蛇醫或謂之榮原"。**厚脣弇口,出目短耳,大胷燿後,大體短脰,若是者謂之羸屬,恒有力而不能走,其聲大而宏。有力而不能走,則於任重宜;大聲而宏,則於鍾宜。若是者以爲鍾虡,是故擊其所縣,而由其虡鳴。注**燿讀爲哨,頯小也[①]。鄭司農云:"宏讀爲'紘綖'之紘,謂聲音大也。由,若也。"○釋曰:云"燿讀爲哨,頯小也"者,哨與頯皆是少小之義,故云"哨,頯小也"。凡猛獸有力者皆前羸後細,故云"大胷燿後"。先鄭讀"宏"爲"紘綖"之紘,讀從桓二年臧哀伯云"衡紞紘綖",取其音同耳。**銳喙決吻,數目顅脰,小體騫腹,若是者謂之羽屬,恒無力而輕,其聲清陽而遠聞。無力而輕,則於任輕宜;其聲清陽而遠聞,於磬宜。若是者以爲磬虡,故擊其所縣,而由其虡鳴。**○釋曰:上既言"鍾虡",此説"磬虡"。磬輕於鍾,故畫鳥爲飾。**注**吻,口腃也。顅,長脰貌。故書顅或作牼。鄭司農云:"牼讀爲'鬝頭無髮'之鬝。"○釋曰:云"吻,口腃也"者,鳥乃喙長決物,食之時别以近喙本決[②],故云"決吻",鄭云"吻,口腃也"。云"顅,長脰貌"者,脰,項也,謂長項貌。先鄭云"讀爲鬝頭無髮之鬝"者,時世有以無髮爲鬝[③],故讀從之,亦取音同也。此是鍾、磬之虡,不言鎛虡[④],鎛虡與鍾同,以其鎛如鍾而大,獨在一虡爲異耳。**小首而長,搏身而鴻,若是者謂之鱗屬,以爲筍。注**搏,圜也。鴻,傭也。○釋曰:上論鍾、磬之虡用鳥獸不同,此論二者之筍同用龍蛇鱗物爲之也,故直云"爲筍",不别言鍾之與磬,欲見二者同也。**凡攫閷援簭之類,必深其爪,**

---

① 阮校云:"嘉靖本'頯'作'頃'。《釋文》作'頃小',云'音傾,李一音懇',則今本作'頯'非。按'頃'是'頯'非也。頃同傾,言傾側而小也,作頯則無義。李音懇,是李本作頯也,頃不得音懇。"又謂賈疏所據本蓋作"頯",且"頯小也"上脱一"哨"字。

② "别"字阮本作"則"。

③ "世"字阮本作"俗"。

④ "鎛"字阮本作"鑮"。按"鎛"爲"鑮"之假借字。《周禮》經、注皆作"鎛",賈疏二字錯見。此疏下文底本皆作"鑮",與阮本同。

出其目，作其鱗之而。○釋曰：此及下經覆釋上文鍾虡之獸。云"攫殺"者，攫著則殺之。援攬則噬之①。如此之類必藏其爪，出其目，又作其鱗之而，"鱗之而"謂動頰頷，此皆可畏之貌。注謂筍簴之獸也②。深猶藏也。作猶起也。之而，頰頷也。○釋曰：此説鍾虡云之獸③，不言筍，鄭言"筍"者，筍虡相將之物，故連言之耳。云"鱗之而，頰頷也"者，舊讀頷字以沽罪反，謂起其頰頷，劉炫以爲於義無所取，當爲頰頷壺音讀之，於義爲允也。深其爪，出其目，作其鱗之而，則於眂必撥爾而怒。苟撥爾而怒，則於任重宜。且其匪色，必似鳴矣。注匪，采貌也。故書撥作廢，匪作飛。鄭司農云："廢讀爲撥，飛讀爲匪。以似爲發④。"○釋曰：此經重解上文之義。鄭云"匪，采貌"者，以其以"色"配"匪"，明匪是采貌也。先鄭云"以似爲發"者⑤，以似非直實⑥，故爲發，發謂鳴聲發動者也。爪不深，目不出，鱗之而不作，則必穨爾如委矣。苟穨爾如委，則加任焉則必如將廢措，其匪色必似不鳴矣。注措猶頓也。故書措作厝，杜子春云："當爲措。"○釋曰：此經説脂者、膏者止可爲牲不可以爲虡之義也。子春從"措"不從"厝"者，厝置之義，非措頓，故從措也。

梓人爲飲器，勺一升，爵一升，觚三升。獻以爵而酬以觚，一獻而三酬則一豆矣。注勺，尊升也⑦。觚、豆，字聲之誤，觚當爲觶，豆當爲斗。○釋曰：《爵制》："今《韓詩》説：'一升曰爵，二升曰觚，三升曰觶，四升曰角，五升曰散。'古《周禮》説亦與之同。謹案《周禮》一獻三酬當一豆，即觚二升不滿豆矣。"鄭玄駁

---

① "噬"字原作"筮"，據阮本改。又浦鏜謂"援"上脱"援箸者"三字，孫疏據增。
② "簴"字婺本、金本、阮本作"虡"。按"簴"即"虡"之後出增旁字。
③ 浦鏜云："'云'當衍字。"
④ 阮校云："以此注改字例言之，應云'似當爲發'，此因賈疏有'先鄭以似爲發'之言而據以易注，誤甚。'以'者，賈疏目先鄭言之也。若謂司農自言'以'，非辭矣。"又云："按此語自後鄭目先鄭言之也。"若如後説，則此注無"玄謂"之文，於注例不合。
⑤ 阮校云："閩、監本'云'字空缺，知其誤衍而刊落之也。至毛本則直作'先鄭以似爲發'。"
⑥ 阮校云："'直'爲'真'之誤。"
⑦ 段考謂"尊升"當作"尊斗"："斗與枓同。《説文》：'枓，勺也。'尊枓謂挹取尊中之枓也。今本作'尊升'，誤。"

之云：“觶字角旁支，汝潁之間師讀所作。今《禮》角旁單①，古書或作角旁氏，角旁氏則與觚字相近。學者多聞觚，寡聞觗②，寫此書亂之而作觚耳。又南郡太守馬季長説，‘一獻而三酬則一豆’，豆當爲斗，一爵三觶相近。”《禮器制度》云：“觚大二升，觶大三升。”是故鄭從二升觚、三升觶也。鄭云“觚、豆，字聲之誤”者，觶字爲觚是字之誤，斗字爲豆是聲之誤。**食一豆肉，飲一豆酒，中人之食也。** 注一豆酒，又聲之誤，當爲斗。**凡試梓，飲器鄉衡而實不盡，梓師罪之。** 注鄭司農云：“梓師罪也。衡，謂麇衡也。《曲禮》：‘執君器齊衡。’”玄謂衡，平也。平爵鄉口酒不盡，則梓人之長罪於梓人焉。○釋曰：先鄭云“梓師罪也”者，謂梓師身自得罪。後鄭不從者，梓師是梓官之長，不可自受罪，故爲梓師罪梓人也。先鄭云“衡，謂麇衡也”者，麇即眉也。但器有大小，不可據上畔與眉平，故後鄭不從，據下畔，無問大小皆得平也。引《曲禮》者，彼衡謂與心平，與此義異，引之者，雖於處不同，平義相似，故引之也。

　　梓人爲侯，廣與崇方，參分其廣而鵠居一焉。 ○釋曰：禮射有三，有燕射、賓射、大射，大射射鵠，賓射、燕射射侯，法亦與此同。注崇，高也。方猶等也，高廣等者，謂侯中也。天子射禮以九爲節，侯道九十弓，弓二寸以爲侯中，高廣等則天子侯中丈八尺。諸侯於其國亦然。鵠，所射也。以皮爲之，各如其侯也。居侯中參分之一，則此鵠方六尺。唯大射以皮飾侯。大射者，將祭之射也。其餘有賓射、燕射。○釋曰：云“高廣等者，謂侯中也”者，《鄉射·記》云：“弓二寸以爲侯中。”中則身也③。云“天子射禮以九爲節”者，案《射人》及《樂師》皆云“天子以《騶虞》九節”是也。云“侯道九十弓”者，此約《大射禮》“大侯九十弓”，天子九節，亦九十弓可知。云“弓二寸以爲侯中”者，《鄉射·記》文，鄉侯五十弓，弓二寸以侯中④，侯中一丈，則九十弓者“侯中丈八尺”。云“諸侯於其國亦然”者，《大射禮》云“大侯九十，糝侯七十，犴侯五十”是也。但天子九十弓無文，約取畿外諸侯有九十、七十、五十弓，今此以天子至尊爲主，以諸侯亦如之。云“鵠，所射也”者，《射義》云：“爲人君者，以爲君鵠。爲人臣者，以爲臣鵠。”又云：“循聲

---

　　① “角”字原作“用”，據阮本改。
　　② “觗”字原作“觝”，阮本作“觚”，阮校云：“毛本‘觚’作‘觝’。《經義雜記》作‘觗’，云‘舊訛觚，依《燕禮》疏改改正’。”兹據改。
　　③ 孫校云：“‘身’即《鄉射·記》之‘躬’，云‘中則身也’誤。”
　　④ 浦鏜謂“以”下脱“爲”字。

而發，發而不失正鵠者，其唯賢者乎，是所射者也。"云"以皮爲之，各如其侯也"者，侯謂以皮飾兩畔，其鵠之皮亦與飾侯用皮同也。謂若虎侯以虎皮飾侯側，其鵠亦用虎皮；其餘熊、豹、麋等亦然。云"居侯中參分之一"者，釋經"參分其廣而鵠居一焉"。云"則此鵠方六尺"者，以侯方丈八尺，三六十八，故知方六尺也。云"唯大射以皮飾侯"者，對賓射射正者以五色飾侯之側爲雲氣也，燕射射獸侯者亦畫雲氣飾侯之側也。云"大射者，將祭之射也"者，《射義》説大射之事云"其容體比於禮，其節比於樂，而中多者，得與於祭"，是將祭而射謂之大射也。"其餘有賓射、燕射"者，禮射者有此三也。賓射，射人所掌是也；燕射，《燕禮》所云是也，又《鄉射·記》亦云燕射之事也。其餘更有鄉射，不言者，鄉射射采侯，則亦賓射也，故不別言也。**上兩个與其身三，下兩个半之。**

○釋曰：此經云"身"，即中上布一幅者是也。上兩个居二分，身居一分，故云"上兩个與其身三"，謂三分如等也。云"下兩个半之"者[1]，謂半其出者也。一侯、二侯、三侯皆然，故不定侯名也。**注**鄭司農云："兩个，謂布可以維持侯者也。上方兩枚與身三，設身廣一丈，兩个各一丈，凡爲三丈。下兩个半之，傅地，故短也。"玄謂个讀若"齊人搚幹"之幹。上个、下个皆謂舌也[2]。身，躬也。《鄉射禮·記》曰："倍中以爲躬，倍躬以爲左右舌，下舌半上舌。"然則九節之侯身三丈六尺，上个七丈二尺，下个五丈四尺。其制，身夾中，个夾身，在上下各一幅。此侯凡用布三十六丈[3]。言上个與其身三者，明身居一分，上个倍之耳，亦爲下个半上个出也。个或謂之舌者，取其出而左右也。侯制上廣下狹，蓋取象於人也。張臂八尺，張足六尺，是取象率焉。○釋曰：先鄭意，身即與中爲一，謂方丈者其上又加布一幅長二丈[4]，爲兩个。後鄭不從者，侯有中、有躬、有个三者，今先鄭唯有身，不見中，故不從之也。"玄謂个讀若齊人搚幹之幹"者，讀從《公羊傳》"桓公朝齊，齊侯使公子彭生搚幹而殺之"，是"幹"爲脅骨，故云搚幹之幹。此个亦與侯爲幹，故讀從之也。引《鄉射·記》者，欲見有中、有躬、有舌三者。云"下个五丈四尺"者，其上兩个各出丈八尺，今此下个止出九尺，兩畔共減十八尺，故有五丈四尺。云"此侯凡用布三十六丈"者，古者布幅廣二尺二寸，二寸爲縫，皆以二尺計之。此侯是九十弓侯，侯中

---

① "者"字原作"諸"，據阮本改。
② "舌"字原作"古"，據婺本、金本、阮本改。
③ "凡"字原作"几"，據婺本、金本、阮本改。
④ "二"字阮本作"三"。按"二丈"單據兩个各一丈而言，"三丈"則連身廣一丈，似皆可通。

丈八尺則九幅布，布長丈八尺，九幅九丈，幅有八尺爲七丈二尺，添前爲十六丈二尺；上下躬各三丈六尺，即上下共爲七丈二尺；其上个七丈二尺，下个有五丈四尺，添前揔用布三十六丈也。其七十弓侯侯中一丈四尺，其五十弓侯侯中一丈，皆倍中以爲躬，倍躬以爲左右个，計之皆可知也。**上綱與下綱出舌尋，緎寸焉。** 注綱，所以繫侯於植者也。上下皆出舌一尋者，亦人張手之節也。鄭司農云："綱，連侯繩也。緎，籠綱者。緎讀爲竹中皮之緎①。舌，維持侯者。"○釋曰：綱以繫侯於植者也，植則在兩傍邪豎之也。必知邪豎之者，下个半上个，皆出舌尋，明知兩相皆邪向外豎之也。**張皮侯而棲鵠，則春以功；** ○釋曰：云"張皮侯"者，天子三侯用虎、熊、豹皮飾侯之側，號曰皮侯。"而棲鵠"者，各以其皮爲鵠。名此爲鵠者，綴於中央，似鳥之棲，故云而棲鵠也。注皮侯，以皮所飾之侯。《司裘職》曰："王大射，則共虎侯、熊侯、豹侯，設其鵠。"謂此侯也。春讀爲蠢，蠢，作也、出也。天子將祭，必與諸侯、羣臣射，以作其容體，出其合於禮樂者，與之事鬼神焉。○釋曰："天子將祭"已下，皆取《射義》之意以解此也。**張五采之侯，則遠國屬；** ○釋曰：此據賓射之侯。言"五采"，是九十弓之侯。若七十弓者則三正，五十弓者則二正也。言"遠國屬"者，對畿內諸侯爲遠國。若以要服以內對夷狄諸侯，則夷狄爲遠國也。注五采之侯，謂以五采畫正之侯也。《射人職》曰："以射法治射儀，王以六耦射三侯，三獲三容，樂以《騶虞》，九節五正。"下曰："若王大射，則以貍步張三侯。"明此五正之侯非大射之侯明矣。其職又曰："諸侯在朝則皆北面②。"遠國屬者，若諸侯朝會，王張此侯與之射，所謂賓射也。正之方外如鵠，內二尺。五采者，內朱，白次之，蒼次之，黃次之，黑次之。其侯之飾又以五采畫雲氣焉。○釋曰：鄭引《射人職》賓射及大射二者，陰破賈、馬以此"五采"與上"春以功"爲一物，故云"非大射之侯明矣"。云"正之方外如鵠"者，唯云"參分其侯鵠居一焉"，不見賓射之侯，故云如鵠，亦當參分其侯正居一焉。云"內二尺"者，中央畫朱方二尺，故《司裘》注引諸家方二尺曰正。以此二尺爲本，其外以白、倉等充其尺寸③，使大如鵠也。凡畫正，皆先以朱，

---

① "爲"字原脱，據婺本、金本、阮本補。
② "北"字原作"比"，據婺本、金本、阮本改。
③ "倉"字阮本作"蒼"。按"倉"、"蒼"古今字，賈疏似當作"蒼"。

次白，次青①，次黃，次玄。以射是相尅伐之事，故還以向南爲本，其次皆以相尅爲次。其三正者，去玄、黃；二正者，又去白、青，直以朱、緑也。云“其侯之飾又以五采畫雲氣焉”者，皮侯以皮爲飾其側，此正即畫，明其側亦以雲氣爲飾也。**張獸侯，則王以息燕。注**獸侯，畫獸之侯也。《鄉射·記》曰：“凡侯，天子熊侯，白質；諸侯麋侯，赤質；大夫布侯，畫以虎豹；士布侯，畫以鹿豕。凡畫者丹質。”是獸侯之差也。息者，休農息老物也。燕，謂勞使臣若與羣臣飲酒而射。○釋曰：此燕射之侯也。引《鄉射·記》“白質、赤質”者，皆以白土、赤土塗之；大夫、士言“布”，謂白布不塗。君畫一，臣畫二，取陽奇陰耦之義。畫虎熊豹，取君臣相犯；畫麋鹿豕者，取其君臣相養。“凡畫者丹質”，以周尚赤，故以赤爲質地也。云“息者，休農息老物也”者，謂十月農功畢，君臣飲酒以休農止息之、老萬物也。云“燕，謂勞使臣若與羣臣飲酒而射”者，勞使臣，謂若《四牡》勞使臣之來；若與羣臣飲酒者，君臣間暇無事而飲酒②。云而射者，息老物及勞使臣并無事飲酒，三者燕皆有射法。此燕射，以其事褻，天子已下唯有五十步侯而已，無尊卑之别也。**祭侯之禮，以酒脯醢。注**謂司馬實爵而獻獲者于侯，薦脯醢、折俎，獲者執以祭侯。○釋曰：鄭云“謂司馬實爵獻獲者于侯”已下，皆依《大射》而言，彼雖諸侯禮，天子射亦然。又此不辨大射、賓射、燕射，則三等射皆同。案《大射》，“司馬正洗散，遂實爵，獻服不。服不侯西北三步，北面拜受爵”，乃祭侯左右个及中。**其辭曰：“惟若寧侯，注**若猶女也。寧，安也。謂先有功德，其鬼有神。○釋曰：祭侯者，祭“先有功德”之侯。若射侯，則射不寧侯有罪者也，下文“毋或”一經是也。舉有功以勸示，又舉有罪以懲之③，故兩言之也。**毋或若女不寧侯不屬于王所，故抗而射女。注**或，有也。若，如也。屬，猶朝會也。抗，舉也、張也。**強飲強食，詒女曾孫諸侯百福。”注**詒，遺也。曾孫諸侯，謂女後世爲諸侯者。

盧人爲盧器，戈柲六尺有六寸，殳長尋有四尺，車戟常，酋矛常

---

①　浦鏜據《射人職》鄭注謂“青”當作“蒼”，下文“去白青”同：“蒼、青雖一，然《禮》中言色者多曰朱、曰蒼，自宜以‘蒼’字爲正。”

②　“暇”字原作“叚”，據阮本改。

③　“舉”字原作“與”，據阮本改。

有四尺，夷矛三尋。注秘猶柄也。八尺曰尋，倍尋曰常。酋、夷，長短名，酋之言遒也，酋近夷長矣。○釋曰：凡此經所云柄之長短，皆通刃爲尺數而言。"八尺曰尋，倍尋曰常"，皆約上文"車有六等之數"，皆以四尺爲差而知之也。云"酋、夷，長短名，酋近夷長矣"，案上注以酋、夷爲發聲，則無義例；至此而言長短名，爲義解之者，鄭意雖是發聲，夷爲長，故開口引聲而言之，酋爲短，故合口促聲而言之也。凡兵無過三其身，過三其身，弗能用也，而無已，又以害人。注人長八尺，與尋齊，進退之度三尋，用兵力之極也。而無已，不徒止耳。○釋曰：此據極長者夷矛三尋而言。云"而無已，又以害人"者，已，止也，謂"不徒止"又以害人。人，自己身也。故攻國之兵欲短，守國之兵欲長。攻國之人衆，行地遠，食飲飢，且涉山林之阻，是故兵欲短；守國之人寡，食飲飽，行地不遠，且不涉山林之阻，是故兵欲長。注言罷羸宜短兵，壯健宜長兵。○釋曰：案《司馬法》云："弓矢圉，殳矛守，戈戟助。"此言"攻國之兵欲短"，則弓矢是也。"守國之兵欲長"，則殳矛是也。言戈戟助者，攻國、守國皆有戈戟以助弓矢殳矛，以其戈戟長短處中故也。凡兵，句兵欲無彈，刺兵欲無蜎，是故句兵椑，刺兵搏。注句兵，戈戟屬。刺兵，矛屬。故書彈或作但，蜎或作絹。鄭司農云："但讀爲'彈丸'之彈，彈謂掉也。絹讀爲'悁邑'之悁，悁謂橈也。椑讀爲'鼓鼙'之鼙。"玄謂蜎亦掉也，謂若井中蟲蜎之蜎①。齊人謂柯斧柄爲椑，則椑，隋圜也。搏，圜也。○釋曰：以"戈"有胡子，其"戟"有援向外爲磬折，又胡刃向下②，故皆得爲"句兵"也。先鄭云"絹讀爲悁邑之悁"者，猶如《詩》云"中心悁悁"是悁邑之意，故以義讀之也。"椑讀爲鼓鼙之鼙"者，讀從《樂記》云"鼓鼙之聲"之鼙也。"玄謂蜎亦掉也"者，同是欲堅勁不欲柔軟者也。"謂若井中蟲蜎之蜎"者，俗讀之，井中有蟲蜎蜎擾擾然也。云"椑，隋圜"者，謂側方而去楞是也。戤兵同强，舉圍欲細，細則校；刺兵同强，舉圍欲重，重欲傅人，傅人則密，是故侵之。注改句言戤，容殳無刃。同强，上下同也。舉，謂手所操。鄭司農云："校讀爲'絞而婉'之絞。重欲傅人，謂矛柄之大者在人手中者。侵之，能敵也。"玄謂校，疾

---

① 孫疏云："此破先鄭'悁邑'之讀，則'謂'疑當爲'讀'之誤，蓋擬其音而義亦存乎其中也。"按賈疏云"俗讀之"，孫說蓋是。

② "又"字阮本作"人"，阮校引浦鏜説云："'人'當'入'字誤。"

也。傅，近也。密，審也、正也。人手操細以皶則疾，操重以刺則正。然則爲矜，句兵堅者在後，刺兵堅者在前。○釋曰：云“改句言皶”者，上云“句兵”，謂戈戟，此經云“皶”，是改句云皶。以殳長丈二而無刃，可以擊打人，故云“皶兵”也。云“同强，上下同也”者，謂本末及中央皆同堅勁，故云同强也。先鄭云“校讀爲絞而婉之絞”，“絞，疾也”者，案昭元年虢之會，叔孫穆子見楚公子圍，曰：“美矣，君哉！”及退會，子羽謂子皮曰：“叔孫絞而婉。”注云：“絞，切也。”故讀從之，取切疾之義也。云“然則爲矜，句兵堅者在後”者，以句兵向後牽之，故云堅者在後也。云“刺兵堅者在前”者，以向前推之，故云堅者在前也。言此者，欲見句兵手執處欲得細，細則手執之牢；刺兵執處欲得麤而勁，則手穩也。**凡爲殳，五分其長，以其一爲之被而圍之。參分其圍，去一以爲晉圍；五分其晉圍，去一以爲首圍。凡爲酋矛，參分其長，二在前、一在後而圍之。五分其圍，去一以爲晉圍；參分其晉圍，去一以爲刺圍。**注被，把中也。圍之，圓之也。大小未聞。凡矜八觚。鄭司農云：“晉，謂矛戟下銅鐏也。刺，謂矛刃魯也。”玄謂晉讀如“王搢大圭”之搢，矜所捷也。首，殳上鐏也。爲戈戟之矜，所圍如殳，夷矛如酋矛。○釋曰：“凡爲殳，五分其長，以其一爲之被而圍之”者，殳長丈二尺，五分取一則得二尺四寸，爲把處而圍之也。“參分其圍，去一以爲晉圍”者，後鄭云晉謂矜所捷也，則殳於手把處亦有銅鐏，擬捷地豎之。言“參分其圍，去一以爲晉圍”，又“五分其晉圍，去一以爲首圍”者，鄭云圍之“大小未聞”，則二者皆未知麤細也。云首圍，謂在上頭，上頭宜稍細之也。矛云“刺圍”者，謂柄入刃處也。云“凡矜八觚”者，以經二者近手皆云“圍之”，明不圍者爲八觚也。先鄭云“刺，謂矛刃魯也”者，人魯當前，故以前爲魯，以其矛刃直前，故名矛刃魯也。“玄謂晉讀如王搢大圭之搢”者，讀從《典瑞》云“王搢大圭，執鎮圭”，彼搢爲插，此晉亦插，故從之，是以云“矜所捷”也。云“首，殳上鐏也”者，殳下有銅鐏，取其入地；此殳首無亦以上頭爲首[1]，而稍細之，以其似鐏，故鄭云“首，殳上鐏也”。云“爲戈戟之矜，所圍如殳”者，以其上文云“句兵”、次云“皶兵”，注云“改句言皶，容殳無刃”，此文即云“殳”，以此互見言之，足明戈戟之體與殳同也。知“夷矛與酋矛同”者，以其同是矛，但長短爲異，故知體亦同也。

---

① 孫校云：“‘亦’疑‘刃’之誤。”

凡試盧事，置而搖之以眂其蚋也，炙諸牆以眂其橈之均也，橫而搖之以眂其勁也。注置猶樹也。炙猶柱也。以柱兩牆之間，輓而內之，本末勝負可知也。正於牆，牆澀。○釋曰：此經有三事：“置而搖之”，謂豎之於地上以手搖之，以眂其蚋蚋然均否；“炙諸牆”，謂柱之兩牆，觀其體之强弱均否；“橫而搖之”，謂橫置於膝上以一手執一頭搖之，以眂其堅勁以否也[1]。六建既備，車不反覆，謂之國工。注六建，五兵與人也。反覆猶軒輖。○釋曰：知“六建，五兵與人”者，以其從上而下，盧人所造有柄者，戈、戟、殳與酋矛、夷矛五兵而已。案上“車有六等”[2]，除軫與人，四兵；此云“六建”，建在車上，明無軫，自取人與五兵爲六建可知也。

---

① “堅”字原作“豎”，據阮本改。
② “車”字原作墨釘，據阮本補。

周禮疏卷第四十九

唐朝散大夫行大學博士弘文館學士臣賈公彦等撰

匠人建國，注立王國若邦國者。○釋曰：《周禮》單言"國"者，據王國；"邦國"連言，據諸侯。經既單言"國"，鄭兼言"邦國"者，以其下文有王及諸侯城制，明此以王國爲主，其中兼諸侯邦國可知。下文又有都城制，則此亦兼都城也。水地以縣，注於四角立植而縣，以水望其高下。高下既定，乃爲位而平地。○釋曰：此經説欲置國城，先當"以水平地"，欲高下四方皆平，乃始營造城郭也。云"於四角立植而縣"者，植即柱也，於造城之處四角立四柱而縣，謂於柱四畔縣繩以正柱。柱正，然後去柱，遠以水平之法遥望柱高下，柱高下定即知地之高下，然後平高就下，地乃平也，乃後行下"以景"正四方之事。置槷以縣，眡以景。○釋曰：此經説既得平地，乃於中營治也。云"置槷"者，槷亦謂柱也。云"以縣"者，欲取柱之景，先須柱正，欲須柱正，當以繩縣而垂之於柱之四角四中，以八繩縣之，其繩皆附柱，則其柱正矣。然後眡柱之景，故云"眡以景"也。注故書槷或作弋。杜子春云[1]："槷當爲弋，讀爲杙。"玄謂槷，古文臬，假借字。於所平之地中央樹八尺之臬，以縣正之，眡之以其景，將以正四方也。《爾雅》曰："在牆者謂之杙，在地者謂之臬。"○釋曰："玄謂槷，古文臬，假借字"者，今之槷從木，埶聲之省者也[2]。古之槷爲臬法字，故《尚書·康誥》云："女陳時臬。"臬法字亦得爲槷柱之字，故云假借字也。云"於其所平之地中央樹八尺之臬，以縣正之"者，《天文志》云："夏日至立八尺之表。"《通卦驗》亦云："立八神，樹八尺之表。"故知樹八尺之臬，臬即表也。必八尺者，案《考靈曜》曰："從上向下八萬里，故以八尺爲法也。"彼云八神，此縣一也。以於四角四中，故須八神，神即引也，向下引而縣之，故云神也。云"眡之以其景，將以正四方也"者，即下云"爲規，識日出日入之景"是也。引《爾雅》"在牆者謂之

---

① "子"字原作"字"，據婺本、金本、阮本改。

② "埶"字原作"執"，阮本同，加藤謂當依毛本作"埶"，兹據改。

杙,在地者謂之臬"者,證此臬是在地樹之者也。**爲規,識日出之景與日入之景。** 注日出入之景,其端則東西正也。又爲規以識之者,爲其難審也。自日出而畫其景端,以至日入,既則爲規測景兩端之内規之,規之交乃審也。度兩交之間,中屈之以指臬,則南北正。○釋曰:云"日出日入之景,其端則東西正也"者,謂於前平地之中央立表訖,乃於日出之時畫記景之端,於日入之時又畫記景,以繩測景之兩端,則東西正矣。云"又爲規以識之者,爲其難審也"者,謂此經"爲規,識日出與日入之景"者爲景兩端長短難審,故爲規規景也。云"自日出而畫其景端,以至日入"者,還是景之兩端耳。云"既則爲規測景兩端之内規之,規之交乃審也"者,謂於中臬以繩規取景之兩端一帀,則景之遠近定,遠近定則東西乃審。云"度兩交之間,中屈之以指臬,則南北正"者,兩交間正謂兩景端之半,度景兩間,中屈之以指臬,則南北正。必中屈之者,於夏日至中漏半[①],於臬南向北所度之處於東西景端亦相當,故須中屈之也。**晝參諸日中之景,夜考之極星,以正朝夕。** ○釋曰:前經已正東西南北,恐其不審,猶更以此二者以正南北。言"朝夕",即東西也。南北正則東西亦正,故兼言東西也。注日中之景,最短者也。極星,謂北辰。○釋曰:"日中之景,最短者也"者,《大司徒》云:"日至之景尺有五寸。"以其在上臨下,故最短也。云"極星,謂北辰"者,當夜半考之。《爾雅》云:"北極謂之北辰。"辰,時也。天下取正焉,故謂之北辰。極,中也。以居天之中,故謂之北極也。

　　匠人營國,方九里,旁三門。 ○釋曰:案《典命》云"上公九命,國家、宮室、車旗、衣服、禮儀以九爲節",侯、伯、子、男已下皆依命數。鄭云:"國家,謂城方。公之城蓋方九里,侯、伯七里,子、男五里。"并《文王有聲》詩箋差之,天子當十二里。此云"九里"者,案下文有夏、殷,則此九里通異代也。鄭《異義駁》:"或云周亦九里城。"則公七里,侯、伯五里,子、男三里,不取《典命》等注。由鄭兩解,故義有異也。疏備在《典命》也。注營,謂丈尺其大小。天子十二門,通十二子。○釋曰:云"丈尺",據高下而言。云"大小",據遠近而說也。云"天子十二門,以通十二子"者,案《孝經援神契》云:"天子即政,置三公、九卿、二十七大夫、八十一元士,慎文命,下各十二子。"如是,甲乙丙丁之屬十日爲母,子丑寅卯等十二辰爲子,故王城面各三門,以通十二子也。**國中**

---

①　浦鏜云:"'晝'誤'中'。"

九經九緯，經涂九軌。注國中，城内也。經緯，謂涂也。經緯之涂皆容方九軌。軌謂轍廣，乘車六尺六寸，旁加七寸，凡八尺，是爲轍廣。九軌積七十二尺，則此涂十二步也。旁加七寸者，輻内二寸半，輻廣三寸半，綆三分寸之二，金轄之間三分寸之一。○釋曰：言“九經九緯”者，南北之道爲經，東西之道爲緯。王城面有三門，門有三涂，男子由右，女子由左，車從中央①。鄭云“旁加七寸者，輻内二寸半”者，計轂在輻内九寸有餘，今言輻内有二寸半者，不加輿下覆轂者也。左祖右社，面朝後市。注王宮所居也。祖，宗廟。面猶鄉也。王宮當中經之涂。○釋曰：言“王宮所居也”者，謂經“左右前後”者據王宮所居處中而言之，故云王宮所居也。云“王宮當中經之涂也”者，案《祭義》注云：“周尚左。”桓二年：“取郜大鼎，納於大廟。”何休云：“質家右宗廟，尚親親。文家左宗廟，尚尊尊。”義與此合。案劉向《别録》云：“路寢在北堂之西，社稷、宗廟在路寢之西。”又云：“左明堂、辟廱，右宗廟、社稷。”皆不與《禮》合，鄭皆不從之矣。市朝一夫。注方各百步。○釋曰：案《司市》市有三期，揔於一市之上爲之。若市揔一夫之地，則爲大狹，蓋市曹司次、介次所居之處，與天子三朝皆居一夫之地，各方百步也。夏后氏世室，堂脩二七，廣四脩一，注世室者，宗廟也。魯廟有世室，牲有白牡，此用先王之禮。脩，南北之深。夏度以步，令堂脩十四步，其廣益以四分脩之一，則堂廣十七步半。○釋曰：鄭云“此用先王之禮”者，“世室”用此經夏法，“白牡”用殷法，皆是用先王之禮也。云“夏度以步”者，下文云“三四步”，明此“二七”是十四步也。云“令堂脩十四步”者，言假令以此堂云二七約之②，知用步。無正文，故鄭以假令言之也。知“堂廣十七步半”者，以南北爲脩十四步③，四分之，取十二步益三步爲十五步，餘二步益半步爲二步半，添前十五步，是十七步半也。五室，三四步，四三尺，注堂上爲五室，象五行也。三四步，室方也。四三尺，以益廣也。木室於東北，火室於東南，金室於西南，水室於西北，其方皆三步，其廣益之以三尺。土室於中央④，方

---

① “央”字原作“先”，據阮本改。
② “令”字原作“今”，“七”字原作“士”，皆據阮本改。下文“假令”、“堂廣十七步半”同。
③ “北”字原作“比”，據阮本改。
④ “土”字原作“主”，據婺本、金本、阮本改。

四步,其廣益之以四尺。此五室居堂,南北六丈①,東西七丈。○釋曰:云"五室象五行"者,以其宗廟制如明堂,明堂之中有五天帝、五人帝、五人神之坐皆法五行,故知五室象五行也②。東北之室言"木",東南之室言"火",西南之室言"金",西北之室言"水",五行先起東方,故東北方之室言木,其實東北之室兼水矣,東南之室兼木矣,西南之室兼火矣,西北之室兼金矣。以其中央大室有四堂,四角之室皆有堂,故知義然也。中央之室大一尺者,以其在中號爲大室,故多一尺也。云"此五室居堂,南北六丈,東西七丈"者,以其大室居中,四角之室皆於大室外接四角爲之。大室四步,四角室各三步,則南北三室十步,故六丈;東西三室,六丈外加四三尺,又一丈,故七丈也。**九階**,注南面三,三面各二。○釋曰:案賈、馬諸家皆以爲九等階,鄭不從者,以周、殷差之,夏人卑宫室,當一尺之堂爲九等階,於義不可,故爲旁九階也。鄭知南面三階者,見《明堂位》云"三公中階之前,北面東上。諸侯之位,阼階之東,西面北上。諸伯之國,西階之西③,東面北上"④,故知南面三階也。知餘三面各二者,《大射禮》云:"工人士與梓人升自北階。"又《雜記》云:"夫人至,入自闈門,升自側階。"《奔喪》云:"婦人奔喪,升自東階。"以此而言,四面有階可知。**四旁兩夾窻**⑤,注窻助户爲明。每室四户八窻。○釋曰:言"四旁"者,五室,室有四户,四户之旁皆有"兩夾窻",則五室二十户、四十窻也。**白盛**,注蜃灰也。盛之言成也。以蜃灰塈牆,所以飾成宫室。○釋曰:地官掌蜃掌供"白盛"之蜃,則此"蜃灰"出自掌蜃也。云"以蜃灰塈牆"者,《爾雅》云:"地謂之黝,牆謂之堊。"堊即白蜃,堊之使壁白也。**門堂三之二**,注門堂,門側之堂,取數於正堂。令堂如上制,則門堂南北九步二尺,東西十一步四尺。《爾雅》曰:"門側之堂謂之塾。"○釋曰:鄭云"令堂如上制"者,以上"堂"不言步,故此注亦云令。假令如上制南北十四步、東西十七步半,今云"三之二",謂三分取二分。以十四步取十二步,三分之得八步;二步爲丈二尺,三分之得八尺;以六尺爲一步,添前爲九步餘二尺,故云"南北九步二

---

① "北"字原作"此",據婺本、金本、阮本改。
② "故"字原作"訫",據阮本改。
③ "階"字原作"皆",據阮本改。下文"四面有階可知"同。
④ "北"字原作"比",據阮本改。
⑤ 按鄭注以"四旁兩夾窻"五字爲句,後人則多以"四旁兩夾"爲句,"窻"字則連下文"白盛"爲句,詳孫疏。

尺”也。云“東西十一步四尺”者，十七步半，以十五步得十步；餘二步半爲丈五尺，三分
之得一丈；以六尺爲一步，餘四尺；添前爲十一步四尺也。引《爾雅》“門側之堂謂之塾”
者，證此經“門堂”爲塾之義也①。《尚書·顧命》“左塾”、“右塾”，亦此類也。**室三之**
一。注兩室與門各居一分。○釋曰：此“室”即在門堂之上作之也。言“各居一分”
者，謂兩室與門各居一分。鄭不言尺數，義可知，故略而不言也。**殷人重屋，堂脩**
七尋，堂崇三尺，四阿重屋。注重屋者，王宮正堂若大寢也。其脩七尋，五丈
六尺，放夏、周，則其廣九尋，七丈二尺也。五室各二尋。崇，高也。四阿，若今四注
屋。重屋，複笮也。○釋曰：云“王宮正堂若大寢也”者，謂對燕寢、側室非正，故以此爲
正堂、大寢也。言“放夏、周”者，夏在殷前，可得言放，其周在殷後，亦言放者，此非謂殷
人放周而爲之，鄭直據上文夏法、下文周法言放，猶言約夏、周者也。雖言放夏、周，經
云“堂脩七尋”，“則其廣九尋”，若周言“南北七筵”，則“東西九筵”，是偏放周法，而言放
夏者，七、九偏據周，夏后氏南北狹東西長，亦是放之，故得兼言放夏也。云“四阿，若今
四注屋”者，《燕禮》云：“設洗當東霤。”則此四阿，四霤者也。云“重屋，複笮也”者，若
《明堂位》云“復廟重檐”，鄭注云：“重檐，重承壁材也。”則此復笮亦重承壁材，故謂之重
屋。**周人明堂，度九尺之筵，東西九筵，南北七筵，堂崇一筵，五室，**
凡室二筵。注明堂者，明政教之堂。周度以筵，亦王者相改。周堂高九尺，殷三
尺，則夏一尺矣，相參之數。禹卑宮室，謂此一尺之堂與？此三者或舉宗廟，或舉王寢，
或舉明堂，互言之，以明其同制。○釋曰：此記人據周作説，故其文備於周而略於夏、
殷，是以下文皆據周而説也。以夏之世室其室皆東西廣於南北也，周亦五室，直言“凡
室二筵”，不言東西廣，鄭亦不言東西益廣，或五室皆方二筵，與夏異制也。若然，殷人
重屋亦直云“堂脩七尋”，不言室，如鄭意，以夏、周皆有五室十二堂，明殷亦五室十二
堂。云“明堂者，明政教之堂”者，以其於中聽朔，故以政教言之。明堂，明諸侯之尊
卑。《孝經緯·援神契》云：“得陽氣明朗，謂之明堂。”以明堂義大，故所合理廣也②。云
“周度以筵，亦王者相改”者，對夏度以步、殷度以尋，是王者相改也。云“周堂高九尺，
殷三尺，則夏一尺矣”者，夏無文，以後代文而漸高，則夏當一尺，故云“相參之數”。“禹
卑宮室，謂此一尺之堂與”，言“與”者，以無正文，故言“與”以疑之也。云“此三者或舉

---

① “堂”字原作“室”，據阮本改。
② 阮校引盧文弨説云：“‘合’疑‘含’之誤。”

宗廟，或舉王寢，或舉明堂，互言之，以明其同制”者，互言之者，夏舉宗廟，則王寢、明堂亦與宗廟同制也；殷舉王寢，則宗廟、明堂亦與王寢同制也；周舉明堂，則宗廟、王寢亦與明堂制同也。云其同制者，謂當代三者其制同，非謂三代制同也。若然，周人殯於西階之上，王寢與明堂同，則南北七筵惟有六十三尺。三室居六筵，南北共有一筵，一面惟有四尺半，何得容殯者？案《書傳》云：“周人路寢，南北七雉，東西九雉，室居二雉。”則三室之外南北各有半雉，雉長三丈，則各有一丈五尺，足容殯矣。若然，云同制者，直制法同，無妨大矣。據周而言，則夏、殷王寢亦制同而大可知也。室中度以几，堂上度以筵，宮中度以尋，野度以步，涂度以軌。注周文者，各因物宜爲之數。室中，舉謂四壁之内。○釋曰：云“周文者，各因物宜爲之數”者，對殷已上質，夏度以步，殷度以尋，無異稱也。因物宜者，謂室中坐時馮几①；堂上行禮用筵；宮中合院之内無几無筵，故用手之尋也；在野論里數皆以步，故用步；涂有三道②，車從中央，故用車之軌。是因物所宜也。云“室中，舉謂四壁之内”者③，對宮中是合院之内。依《爾雅》，宮猶室、室猶宮者，是散文宮、室通也。廟門容大扃七个，注大扃，牛鼎之扃，長三尺。每扃爲一个，七个二丈一尺。○釋曰：知“大扃，牛鼎之扃，長三尺”者，此約《漢禮器制度》。闈門容小扃參个，注廟中之門曰闈。小扃，臑鼎之扃，長二尺。參个六尺。○釋曰：云“廟中之門曰闈門”者④，《爾雅》文。此即《雜記》云“夫人至，入自闈門”是也。云“小扃，臑鼎之扃，長二尺”者，亦《漢禮器制度》知之。臑鼎亦牛鼎，但上牛鼎扃長三尺據正鼎而言，此言臑鼎據陪鼎三腳、臑、膮而説也。路門不容乘車之五个，注路門者，大寢之門。乘車廣六尺六寸，五个三丈三尺。言不容者，是兩門乃容之。兩門乃容之，則此門半之丈六尺五寸。○釋曰：下云“應門”，則此“路門”以近路寢，故特小爲之。經言“乘車”，知據輿廣“六尺六寸”者，案《輿人》云：“輪崇、車廣、衡長參如一。”鄭注云：“車，輿也。”故知此云車亦據輿也。云“言不容者，是兩門乃容之”者，若容兩个、三个、四个，正應云容乘車之兩个、三个、四个；若四个上復有餘分，應云四个，然後見其分數多少；今直云“不容乘車之五个”，明兩門乃容之，猶如上文云中地食

---

① “几”字原作“凡”，據阮本改。下文“几”字同。
② “涂”字原作“徐”，據阮本改。
③ “壁”字原作“璧”，據阮本改。
④ “者”字原作“有”，據阮本改。

者其民可任者二家五人之類也。**應門二徹參个。**注正門謂之應門,謂朝門也。二徹之内八尺,三个二丈四尺。○釋曰:云"正門謂之應門"者,《爾雅》文。以其應門内路門外有正朝,臣入應門至朝處,君臣正治之所,故謂此門爲應門,是以鄭云"謂朝門也"。**内有九室,九嬪居之;外有九室,九卿朝焉。**注内,路寝之裏也。外,路門之表也。九室,如今朝堂諸曹治事處。九嬪掌婦學之法以教九御。六卿三孤爲九卿。○釋曰:内外據路寝之表裏言之,則九卿之九室在門外正朝之左右爲之,故鄭據漢法"朝堂諸曹治事處",謂正朝之左右爲廬舍者也。云"九嬪掌婦學之法以教九御"者,《九嬪職》文。案《内宰》,王有六宫,九嬪已下分居。若然,不得復分居九室矣。此九嬪之九室與九卿九室相對而言之,九卿九室是治事之處,則九嬪九室亦是治事之處,故與六宫不同。是以鄭引《九嬪職》"掌婦學之法",則九室是教九御之所也。云"六卿三孤爲九卿",孤同卿數者,以命數同故也。案《昏義》以夏之九卿謂三孤與六卿爲九,此云九卿亦謂周之三孤六卿爲九卿。**九分其國以爲九分,九卿治之。**注九分其國,分國之職也。三孤佐三公論道,六卿治六官之屬。○釋曰:云"九分其國,分國之職也"者,鄭恐"九分其國"分其地域,故云分國之職也。云"三孤佐三公論道,六卿治六官之屬"者,欲見分職爲九分之意。以其三公三孤無正職,天地四時正職六卿治之,其餘非正職者分爲三分,三公治之,三孤則佐三公者也。但三公中參六官之事,外與六鄉之教[①],《書傳》又云"司徒公,司馬公,司空公",則三公六卿亦有職。此亦據夏而言,周則未見分爲九分也。**王宫門阿之制五雉,宫隅之制七雉,城隅之制九雉。**注阿,棟也。宫隅、城隅,謂角浮思也。雉長三丈高一丈,度高以高,度廣以廣。○釋曰:云"王宫門阿之制五雉"者,五雉謂高五丈。云"宫隅之制七雉"者,七雉亦謂高七丈。不言宫牆,宫牆亦高五丈也。云"城隅之制九雉"者,九雉亦謂九丈[②]。不言城身,城身宜七丈。云"阿,棟也"者,謂門之屋兩下爲之,其脊高五丈。鄭以"浮思"解"隅"者,案漢時云"東闕浮思災",言災,則浮思者小樓也。案《明堂位》云"疏屏",注亦云:"今浮思也。刻之爲雲氣蟲獸,如今闕上爲之矣。"則門屏有屋覆之,與城隅及闕皆有浮思,刻畫爲雲氣并蟲獸者也。云"雉長三丈高一丈,度高以高,度廣以廣"者,凡版

----

① "鄉"字原作"卿",據阮本改。阮校云:"閩、監、毛本'鄉'誤'卿'。"

② "九"上阮本有"高"字。

廣二尺，《公羊》云“五版爲堵”，高一丈，“五堵爲雉”。《書傳》云：“雉長三丈，度高以高，長以長①。”廣則長也。言高，一雉則一丈；言長，一雉則三丈。引之者，證經“五雉”、“七雉”、“九雉”雉皆爲丈之義。**經涂九軌，環涂七軌，野涂五軌。注**廣狹之差也。故書環或作轘，杜子春云：“當爲環，環涂謂環城之道。”○釋曰：“環涂”，謂遶城道如環然，故謂之環。“野涂”，國外謂之野，通至二百里内。以其下有“都”之涂三軌，言都則三百里大夫家，涂亦三軌也，故知此野通二百里内也。不言緯者，以與“經”同也。**門阿之制以爲都城之制。注**都，四百里外距五百里，王子弟所封。其城隅高五丈，宮隅、門阿皆三丈。○釋曰：鄭云“都，四百里外距五百里，王子弟所封”者，則惟據大都而言，不通小都卿之采地。以《司裘》“諸侯共熊侯、豹侯，卿大夫共麋侯”，則卿不入諸侯中，此云“都”據諸侯而言，故不及小都也。大都諸侯兼三公，直云“王子”②，其言略，兼有三公可知。云“城隅高五丈”者，以上文“王門阿五雉”，今云“門阿之制爲都城制”，城制五雉。若據城身，則與下諸侯同，故知此城制據城隅也。云“宮隅、門阿皆三丈”者，以下文畿外諸侯尊得申，爲臺門高五丈，此畿内屈，故宮隅、門阿皆三丈也。**宮隅之制以爲諸侯之城制。注**諸侯，畿以外也。其城隅制高七丈，宮隅、門阿皆五丈。《禮器》曰：“天子、諸侯臺門。”○釋曰：鄭知“諸侯，畿以外”者，上文“都”據畿内諸侯，故知此“諸侯”據畿以外也。引《禮器》者，欲見諸侯門阿得與天子同之意也。案《異義》：“古《周禮》説云：天子城高七雉，隅高九雉；公之城高五雉，隅高七雉；侯、伯之城高三雉，隅高五雉，都城之高皆如子、男之城高。”隱元年服注云與古《周禮》説同③。其天子及公城與此《匠人》同，其侯、伯以下與此《匠人》説異者，此《匠人》云“門阿之制以爲都城之制”，高五雉亦謂城隅也，其城高三雉與侯、伯等，如是，子、男豈不如都乎？明子、男城亦與伯等。是以《周禮》説不云子、男及都城之高，直云“都城之高皆如子、男之城高”，有此《匠人》相參，以知子、男皆爲本耳；亦互相曉，明子、男之城不止高一丈隅二丈而已。如是，王宮隅之制以爲諸侯城制者謂上公耳。以此計之，王城隅高九雉，城高七雉；上公之城隅高七雉，城高五雉；侯、伯已下城隅高五雉，城高三雉。天子門阿五雉，則宮亦五雉，其隅七雉；上公之制，鄭云“宮隅、門阿皆五雉”，則其宮亦五雉；都之

———————

① “長以長”上阮本有“度”字。

② 浦鏜云：“‘子’下當脱‘弟’字。”

③ 孫校云：“‘云’疑衍。”

制，鄭云“宮隅、門阿皆三雉”，則其宮高亦三雉。何者？天子門阿與宮等，明知其餘皆等。惟伯、子、男宮與都等，其門阿蓋高於宮，當如天子五雉。何者？《禮器》云：“天子、諸侯臺門，大夫不臺門①。”以此觀之，天子及五等諸侯其門阿皆五雉可知。都城據大都而言，其小都及家之城，都當約中五之一，家當小九之一，爲差降之數未聞也。**環涂以爲諸侯經涂，野涂以爲都經涂。**注經，亦謂城中道。諸侯環涂五軌，其野涂及都環涂、野涂皆三軌。○釋曰：諸侯直云“經涂”，不言緯涂，緯涂亦與天子環涂同可知。諸侯及都皆不言環涂、野涂，文略，有可知，故鄭增成之也。知“諸侯環涂五軌，野涂三軌”者，以經涂七軌以下差降爲之，故知義然也。又知“都環涂、野涂皆三軌”者，凡涂皆男子由右，女由左，車從中央，三者各一軌，則都之野涂不得降爲一軌。是以《遂人》注云“路容三軌”，遥釋此也。云都之野涂與環涂同，以其野涂不得上於田間川上之路故也。

　　匠人爲溝洫，注主通利田間之水道。○釋曰：古者人耕，皆畎上種穀，畎、遂、溝、洫之間通水，故知“通利田間水道”。此文與下爲目，下別爲之耳。**耜廣五寸，二耜爲耦；一耦之伐廣尺深尺，謂之畎；田首倍之，廣二尺深二尺，謂之遂。**○釋曰：云“耜”，謂耒頭金，金“廣五寸”。耒面謂之庛，庛亦當廣五寸。云“二耜爲耦”者，二人各執一耜，若長沮、桀溺耦而耕。此兩人耕爲耦，共一尺。一尺深者謂之畎。畎上高土謂之伐。伐，發也，以發土於上，故名伐也。此二人雖共發一尺之地，未必並發。知者，孔子使子路問津於長沮，長沮不對，又問桀溺。若並頭共發，不應別問桀溺，明前後不並可知。雖有前後，其畎自得一尺，不假要並也。注古者耜一金，兩人併發之。其壟中曰畎。畎上曰伐②，伐之言發也。畎，畎也。今之耜岐頭兩金，象古之耦也。田，一夫之所佃百畝，方百步地。遂者，夫間小溝，遂上亦有徑。○釋曰：鄭云“古者耜一金”者，對後代耜岐頭二金者。云“兩人併發之”者，謂共爲一畎，謂

---

① “不”字原作“下”，據阮本改。

② 段考云：“‘土’各本譌作‘上’。”孫疏云：“校者不達，妄意其對上‘壟中’爲文，因誤改‘土’爲‘上’。不知‘壟中曰畎’者，壟高而畎下，畎壟異地，故云壟中；此伐與畎同地，伐即發土以畎，則不得云‘畎上’明矣。賈疏釋伐爲‘畎上高土’，蓋所見本已誤。伐即坺之借字，其字又通作發，俗作墢。”

二人並頭也。云“今之耜岐頭”者，至後漢用牛耕種，故有岐頭兩脚耜。今之猶然也①，但以牛種用二耜，則畎下布種，與古異也。云“田，一夫之所佃百畝，方百步地”者，《遂人》云：“夫一廛，田百畝。”彼雖爲溝洫法，一夫則與此同。云“遂者，夫間小溝，遂上亦有徑”者，案《遂人》云：“夫間有遂，遂上有徑。”彼溝洫法，此井田法，雖不同，遂在夫間、遂上有徑則同，故云亦有徑也。案彼鄭云：“以南畝圖之，遂縱溝橫，洫縱澮橫，九澮而川周其外。”以彼遂在夫間，故以南畝遂則縱矣；此井田，云田首倍之爲遂，以南畝圖之，遂即橫也。

九夫爲井，井間廣四尺深四尺，謂之溝；方十里爲成，成間廣八尺深八尺，謂之洫；方百里爲同，同間廣二尋深二仞，謂之澮；○釋曰：井田之法，畎縱遂橫，溝縱洫橫，澮縱自然川橫。其夫間縱者分夫間之界耳，無遂，其遂注溝，溝注入洫②，洫注入澮，澮注自然入川。此圖略舉一成於一角，以三隅反之，一同可見矣。《遂人》云“夫間有遂”，以南畝圖之，則遂縱而溝橫；此不云夫間有遂，云“田首倍之謂之遂”，遂則橫而溝縱也。自餘洫、澮、川依此遂、溝縱橫參之可知。但彼云“九澮而川周其外”，川則人造之；此百里有澮，澮水注入川，相去遠，故宜爲自然川也。自畎、遂、溝、洫皆廣深等③，其澮“廣二尋深二仞”，若以孔安國八尺曰仞，則澮亦廣深等，但度廣以尋，度深以仞，故別言之；若王肅依《爾雅》四尺曰仞，深二仞八尺，與廣二尋不類；鄭以仞七尺，淺於廣二尋二尺者，以涂爲大，故宜淺校二尺，與溝、洫不得相類也。**注**此畿內采地之制。九夫爲井，井者方一里，九夫所治之田也。采地制井田，異於鄉遂及公邑。三夫爲屋，屋，具也，一井之中三屋九夫，三三相具以出賦税，共治溝也。方十里爲成，成中容一甸，甸方八里出田税，緣邊一里治洫。方百里爲同，同中容四都、六十四成，方八十里出田税，緣邊十里治澮。采地者，在三百里、四百里、五百里之中。《載師職》曰：“園廛二十而一，近郊什一，遠郊二十而三，甸稍縣都皆無過十二。”謂田税也，皆就夫税之輕近重遠耳。滕文公問爲國於孟子，孟子曰：“夏后氏五十而貢，殷人七十而莇④，周人百畝而徹，其實皆什一。徹者徹也，莇者藉也。龍子曰：‘治地莫

---

① 阮校云：“惠校本無‘之’，《漢制考》同，此衍。”
② “入”字原作“八”，據阮本改。
③ “自”字原作“目”，據阮本改。
④ “莇”字阮本同，婺本、金本作“助”。孫疏云：“‘莇’《孟子》作‘助’，《説文·耒部》作‘鋤’，莇即鋤之俗。”按阮本與底本皆“助”“莇”錯見，底本“莇”字草頭多係修版所添，蓋原作“助”，今不一一出校。

善於莇，莫不善於貢。’貢者，校數歲之中以爲常。”文公又問井田，孟子曰：“請野九一而莇，國中什一使自賦。卿以下必有圭田，圭田五十畝，餘夫二十五畝。死徙無出鄉，鄉田同井，出入相友，守望相助，疾病相扶持，則百姓親睦。方里而井，井九百畝①，其中爲公田，八家皆私百畝，同養公田。公事畢，然後治私事，所以別野人也。”又曰：“《詩》云：‘雨我公田，遂及我私。’惟莇爲有公田。由此觀之，雖周亦莇也。”魯哀公問於有若曰：“年饑，用不足，如之何？”有若對曰：“盍徹與？”曰：“二吾猶不足，如之何其徹也？”《春秋》宣十五年：“秋，初稅畝。”《傳》曰：“非禮也。穀出不過藉，以豐財也。”此數者，世人謂之錯而疑焉。以《載師職》及《司馬法》論之，周制畿內用夏之貢法，稅夫無公田；以《詩》、《春秋》、《論語》、《孟子》論之，周制邦國用殷之莇法，制公田不稅夫。貢者，自治其所受田，貢其稅穀；莇者，借民之力以治公田，又使收斂焉。畿內用貢法者，鄉遂及公邑之吏旦夕從民事，爲其促之以公，使不得恤其私②；邦國用莇法者，諸侯專一國之政，爲其貪暴，稅民無藝。周之畿內稅有輕重；諸侯謂之徹者，通其率以什一爲正。《孟子》云野九夫而稅一、國中什一，是邦國亦異外內之法耳，圭之言珪絜也。周謂之士田。鄭司農說以《春秋傳》曰“有田一成”，又曰“列國一同”。○釋曰：云“此畿內采地之制”者，對畿外諸侯亦制井田，與此同。云“九夫爲井，井者方一里，九夫所治之田也”者，《小司徒》注：“似‘井’字也。”云“采地制井田，異於鄉遂及公邑”者，案《遂人》云：“夫間有遂，十夫有溝，百夫有洫，千夫有澮，萬夫有川。”方三十三里少半里③，九而方一同，以南畝圖之，遂縱溝橫，洫縱澮橫，九澮而川周其外。若以九而方一同，則百里之內九九八十一澮，此井田則一同惟一澮，既溝澮稀稠不同；又彼溝洫法以爲貢子，就夫稅之，十一而貢，此則九夫爲井，井稅一夫，美惡取於此，不稅民之所自治。是溝洫、井田異也。《小司徒》注不云異於公邑者，據《遂人》成文；此兼云公邑者，據事實而說。云“三夫爲屋，屋，具也，一井之中三屋九夫，三三相具以出賦稅，共治溝也”者，一井有九夫，據南畝言之，則三夫並一屋，而三夫相具以出賦稅；井相具共治溝，以言三屋共一井，井間有溝，故共治溝也。云“方十里爲成，成中容一甸，甸方八里出田稅，緣邊一里治洫”者，《司馬法》有二法：有甸方八里出長轂一乘，又有成方十里出長轂一乘。言甸者，據實出

① “井井”二字阮本同，婺本、金本不重。按金本“井”下剜去一字，底本則鄭注及賈疏述注皆剜擠一字。
② “恤”字原作“卹”，據婺本、金本、阮本改。
③ “三里”二字原作“二里”，據阮本改。

稅者而言；云成者，據通治溝洫而説。爲有二種，故鄭細分計之：八里爲甸，出田稅；緣邊一里，并之則二里，治洫，以成間有洫，故使共治洫也。云“方百里爲同，同中容四都、六十四成”者，此據《小司徒》而言。彼經“四縣爲都”注云：“方四十里。四都方八十里，旁加十里乃得方百里爲一同。”今言六十四成者，據出田稅者言之，故云“方八十里出田稅，緣邊十里治澮”也。云“采地者，在三百里、四百里、五百里之中”者，據《載師職》而言。案彼云：“家邑任稍地，小都任縣地，大都任畺地。”是三百里外至畿五百里内。言此者，欲見三者采地之中有此井田助法。又引《載師職》“園廛”之下者，欲見鄉遂及公邑之等爲溝洫貢子法，與采地井田異。云“輕近重遠耳”者，彼注云“近者多役”，故輕稅也。“滕文公問孟子爲國”已下至“以爲常”，皆孟子對文公之辭。自“文公又問井田”已下至“雖周亦助”，案彼是文公使畢戰問，今以爲文公問者，畢戰，文公臣，君統臣功，亦得爲文公問也。云“夏后氏五十而貢，殷人七十而助，周人百畝而徹，其實皆什一。徹者徹也，助者藉也”者，並孟子對文公之辭。案彼趙岐注：“夏禹之世號后氏[1]，后，君也，禹受禪於君，故夏稱后。殷、周順人心而征伐，故言人也。民耕五十畝，貢上五畝；耕七十畝，以七畝助公家；耕百畝者，徹取十畝以爲賦。雖異名而多少同，故曰皆什一也。徹，猶人徹取物。藉者借也，猶人相借芀之者。”或有解者云：三代受地多少應同，今云“夏后氏五十而貢，殷人七十，周人百畝”者，據地有不易、一易、再易并六遂上地不易加五十畝有四等，據授地之法，夏言五十而貢者據一易之地，家得二百畝，常佃百畝，荒百畝，其佃百畝常稅之，據二百畝爲稅百畝爲五十而貢；殷人七十而助者據六遂上地百畝有萊五十畝而言，百五十畝稅一百畝，猶百畝稅七十五畝，舉全數言之，故云七十畝而芀也；周人百畝而徹者據上地不易者而言，百畝全稅之，故云百畝而徹也。夏據一易之地，亦有上地不易、上地加五十畝者；殷據上地加萊，則亦有一易及上地無萊者也；周言百畝而徹，則亦有上地有萊及一易者也。三代皆不言再易三百畝者，明皆有可知。以其云貢[2]，貢子無芀法；殷人云芀，稅井無貢法；周人云徹，貢、芀兼有也。云“龍子曰：‘治地莫善于芀，莫不善于貢。’貢者，校數歲之中以爲常”者，案彼趙岐注：“龍子，古賢人也。言治地之賦無善於芀者也。貢者，校數歲以爲常類而上之，民供奉之有易有不易，故謂貢稅莫不善之也。”孟子本爲“莫不善於貢”，今注有無“不”字者，蓋轉寫脱耳。“文公又問”，案彼文公使畢戰問孟子，孟子對此辭。上文公揔問爲國之法，故對芀、貢

---

① “后”字原作“向”，據阮本改。

② 浦鏜云：“‘以其’下疑脱‘夏后氏’三字。”

兼有；此問“井田”之法，孟子云“請野九一而助，國中什一使自賦”者，彼注云：“九一者，井田以九頃爲數而供什一，郊野之賦也。莇者，殷家稅名，周亦用之，龍子所謂善於莇者也①。時諸侯不行莇法。國中什一者，《周禮》：‘園廛二十而稅一。’時行重賦，責之什一也。而，如也。自，從也。孟子欲請使野人如莇法什一而稅之、國中從其本賦二十而稅一以寬之。”又云“卿以下必有圭田，圭田五十畝，餘夫二十五畝”，注云：“古者卿以下至於士皆受圭田五十畝，所以供祭祀。圭，絜也。上田，故謂之圭田，所謂‘惟士無田則亦不祭’，言紃士無絜田也。井田之民養公田者受百畝，圭田半之，故五十畝。餘夫者，一家一夫受田②，其餘老小有餘力者受二十五畝，半於圭田，謂之餘夫也。受田者，田業多少有上中下③，《周禮》曰‘餘夫亦如之’，亦如上中下之制也。《王制》曰‘夫圭田無征’，謂餘夫、圭田皆不出征賦。時無圭田、餘夫，孟子欲令復古，所以重祭祀，利民之道也。”云“死徙無出鄉”，注云：“死，謂葬也。徙，謂變土易居，平肥磽也。不出其鄉，易爲功。”云“鄉田同井，出入相友，守望相助，疾病相扶持，則百姓親睦”，注云：“同鄉之田，共井之家，各相勞也。出入相友，相友偶也。《周禮•大宰》：‘八曰友，以任得民。’守望相助，助察姦也。疾病相扶持，扶持其羸弱也，救其困急，皆所以教民相親睦之道。睦，和也。”但鄉遂爲溝洫法，而云“鄉田同井”者，此謂殷之助法，雖鄉亦爲井田，故云鄉田同井，以其孟子雜説三代故也。云“方里而井，井九百畝，其中爲公田，八家皆私百畝，同養公田。公事畢，然後治私事，所以別野人也”，注云：“方一里者，九百畝之地也，爲一井。八家各私得百畝，同共養其公田之苗。公田八十畝，其餘二十畝以爲廬宅園囿④，家二畝半也。先公後私，‘遂及我私’之義也。則是野人之事所以別於士伍者也。”鄭所引《孟子》證井田之法，則卿已下必有圭田及餘夫。其文既間在井田之中，則二者亦爲井田之法，故引之也。云“又曰《詩》曰”至“亦助也”，案彼是上文孟子對滕文公爲國之法，今退在此者，《詩》是周井田之法，故引之在下也。云“雖周亦助”者，是周兼夏、殷助、貢也。云“魯哀公”，《論語》文。案彼注：“二，謂十二而稅。”但哀公已行十二而稅，有若亦知哀公十二，故抑之使從十一之正，而云“盍徹”，盍，何不也，徹，通也，謂十一之通稅，哀公憂國、有若憂民故也。《春秋》者，宣公欲厚斂，棄中央一夫之公田，就八家之

---

① 阮校引盧文弨説云：“《孟子》注作‘莫善’，此脱‘莫’。”
② “夫”字原作“人”，據阮本改。
③ 浦鏜云：“‘萊’誤‘業’。”
④ “園囿”二字阮本同，阮校引盧文弨説云：“《孟子》注作‘園圃’。”

私田以取之，故譏厚斂也。云“穀出不過藉”者，藉即借也，借民力所治公田是也。云“此數者，世人謂之錯”者，《論語》、《孟子》、《春秋》與《詩》文義不同，故“世人謂之錯而疑焉”。云“以《載師職》及《司馬法》論之，周制畿内用夏之貢法，稅夫無公田”者，以世人疑之爲錯，故鄭以諸文辨之。案《載師職》云從國中“園廛二十而一”及“甸稍縣都無過十二”，皆據鄉遂及四等公邑，皆用夏之貢法。云《司馬法》者，案《左氏》杜、服所引《司馬法》云“甸方八里出長轂一乘”，鄭注《論語》引《司馬法》云“成方十里出長轂一乘”，鄭注《小司徒》引《司馬法》“成方十里，士十人，徒二十人”，並據郊遂之外及采地法，未見鄭所引證周之畿内之事，而云“以《司馬法》論”必論周之畿内用夏之貢法者，但彼《司馬法》必論周之畿内用夏之貢法，非鄭虛言，但餘儕所不見耳[1]。云“以《詩》、《春秋》、《論語》、《孟子》論之，周制邦國用殷之莇法，制公田不稅夫”者，《詩》云“雨我公田”，公田是莇法；《春秋》“初稅畝”，亦是莇法；《論語》云“盍徹乎”，徹是天下之通法，亦莇法也；孟子荅畢戰井田，引《詩》爲證，亦周之莇法。故揔云莇法不稅夫也。云“貢者，自治其所受田，貢其稅穀；莇者，借民之力以治公田”者，鄭重釋夏貢殷莇之事，皆取《孟子》爲義也。云“畿内用貢法者”至“恤其私”者，鄉遂、公邑之内皆鄰里比閭等治民之官“旦夕從民事”，因此促之使先治公田，故不得恤其私，故爲貢法，不得有公田也。云“邦國用莇法，諸侯專一國之政，爲其貪暴，稅民無藝”者，藝謂準法，宣公初稅畝，就井田上取民之所自治況爲貢法，有何準法？故爲井田，不爲貢也。“周之畿内稅有輕重”者，鄭云“近者多役”，故輕其稅。云“諸侯謂之徹者，通其率以什一爲正”者，謂郊外用莇，郊内用貢，故引《孟子》云“野九夫而稅一、國中什一”。此云野九夫而稅一，即彼云“請野九一而莇”；此云國中什一，即彼云“國中什一使自賦”。云九一而莇者，一井九夫之地，四面八家各自治一夫；中央一夫，八家各治十畝，八家治八十畝入公，餘二十畝八家各得二畝半，以爲廬宅、井竈、葱韭，是十外稅一也。國内據民住在城中，其地即在郊内郊外，鄉遂之民爲溝洫、爲貢法，言十一，亦十外稅一者也。《漢書・食貨志》既有井田饒民二畝半之事，是以宋均注《樂緯》、何休注《公羊》、趙岐注《孟子》皆饒民[2]。《詩》云：“倬彼甫田，歲取十千。”鄭云：“井稅一夫，其田百畝；通稅十夫，其田千畝；成稅百夫，其田萬畝。”不言饒民者，以經云“歲取十千”，校一成之内舉全數而言，鄭亦順經從整數而説，其實與諸家不殊也。云“邦國亦異外内”者，上云“畿内”、“畿外”據天子，揔天下大判而

---

① 孫校謂“餘”當作“余”。
② 阮校謂“皆饒民”當作“皆同饒民之説”六字。

1078

言；此既引孟子“野”與“國中”不同，是細而分之，邦國亦做天子異外内也。云“圭之言珪絜也”者，謂有珪絜之德也。云“周謂之士田”者，即《載師》“士田”是也。先鄭引《春秋》者，“有田一成”事在哀元年。彼夏后相爲澆所滅，其子少康奔虞思，爲庖正，“有田一成，有衆一旅”。據一成之地有九百夫，宫室、塗巷三分去一，餘六百夫。上地家百畝，中地家二百畝，下地家三百畝，通率三家受六夫之地，則一成六百夫定受地有三百家。而云有衆一旅五百家者，據上地多家亦多也。“又曰列國一同”者，事在襄二十五年。彼鄭子産適晉獻捷，晉人責之：“何故侵小？”子産對曰“昔天子之地一圻，列國一同，自是以衰。今大國多數圻矣，若無侵小，何以至焉”是也。引之者，證經“成”與“同”之事也。貢税之法古來皆什一，故孟子説三代而云“其實皆什一”。是以《公羊傳》云“古者什一而藉。多乎什一，大桀小桀”，注云：“奢泰多取於民，比於桀也。”“寡乎什一，大貉小貉”，注云：“蠻貉無社稷宗廟百官制度之費，税薄。”“什一者，天下之中正也，什一而行頌聲作矣[1]”，注云：“聖人制井田之法而口分之，一夫一婦受田百畝，以養父母妻子，五口爲一家，公田十畝，即所謂什一而税也。廬舍二畝半[2]，凡爲田一頃十二畝半，八家而九頃，共爲一井，故曰井田。”《孟子》又云：“白圭曰：‘吾欲二十而取一，何如？’孟子曰：‘子之道，貉道也。欲輕之於堯舜之道者，大貉小貉也；欲重之於堯舜之道者，大桀小桀也。’”《章指》言[3]：先王案典籍，萬世可道[4]，什一供貢，下富上尊。若然，自古以來貢與莇皆不得過什一者也。**專達於川，各載其名。**注達猶至也，謂澮直至於川，復無所注入。載其名者，識水所從出。○釋曰：上澮水所入，更無注入，故云“直至於川”。云“識水所從出”者，據澮水出注入川處諸澮既多，當各記水所出之處，著其名，使人言有所稱謂者也。

　　凡天下之地埶，兩山之間必有川焉，大川之上必有涂焉。注通其壅塞。○釋曰：此言同間有澮，澮水入川，其川是自然而有，又非平地而出，必因山間有之。又大川不可輒越，巡川必當有涂，地勢然也。言“通其壅塞”者，川與涂皆是通其壅塞也。**凡溝逆地阞，謂之不行；水屬不理孫，謂之不行。**注溝，謂造

-----

① 浦鏜云：“‘行而’字誤倒。”

② “二”字原作“三”，據阮本改。

③ “章”字原作“率”。按此引趙岐《孟子章指》，阮校云：“此《章指》在《白圭欲二十取一章》。”兹徑改。

④ “道”字阮本作“通”，阮校云：“惠校本作‘遵’，遵與尊韻。”

溝。阞，謂脉理。屬讀爲注。孫，順也。不行，謂決溢也。禹鑿龍門，播九河，爲此逆阞與不理孫也。○釋曰：經言"凡溝"，注云"謂造溝"，則此溝非謂廣深四尺在田間者。下云"梢溝三十里而廣倍"，當是人所造溝瀆引水者，故此鄭引"鑿龍門，播九河"爲證。既不得逆地阞、不理遜水不行，當依地阞理順行水①，乃可爲之川也。禹鑿龍門、播九河事見《尚書·禹貢》。**梢溝三十里而廣倍。注**謂不墾地之溝也。鄭司農云："梢讀爲‘桑蠰蛸’之蛸，蛸謂水漱齧之溝，故三十里而廣倍。"○釋曰：此"溝"雖是"不墾地之溝"，與上異，亦是非田間者也。必使三十里得廣倍者，亦謂地勢而爲之，使水"梢溝"，故得"三十里而廣倍"也。先鄭云"梢讀爲桑蠰蛸之蛸，蛸謂水漱齧之溝"，上云"梢其藪"，亦讀從"蠰蛸"之蛸，同是梢齧之義，故同讀從之也。**凡行奠水，磬折以參伍。注**坎爲弓輪，水行欲紆曲也。鄭司農云："奠讀爲停。謂行停水溝形當如磬，直行三，折行五，以引水者疾焉。"○釋曰：言"凡行停水"者，水去遲似停住，止由川直故也②。是以曲爲之，因其曲勢則水去疾，是以爲"磬折以參伍"也。云"坎爲弓輪"者，《説卦》文。謂坎所以行水，如弓輪則水疾，故云"行水欲紆曲也"。**欲爲淵，則句於矩。注**大曲則流轉，流轉則其下成淵。○釋曰：凡川溝欲得使教淵之深，當句曲於矩，使水勢到向上句曲尺，則爲迴湲，自然深爲淵，驗今皆然也。**凡溝必因水埶，防必因地埶。善溝者水漱之③，善防者水淫之。注**漱猶齧也。鄭司農云："淫讀爲廞。謂水淤泥土④，留著助之爲厚。"玄謂淫讀爲"淫液"之淫。○釋曰：先鄭讀"淫"爲"廞"者，《周禮》之内云"廞"者，先鄭皆爲"淫"，淫爲陳，故此讀淫爲廞。先鄭餘處淫、廞既爲陳，於此不得爲"淤泥"解之，故後鄭不從也。是以後鄭以"淫液"之淫爲義，謂以淤泥淫液使厚。**凡爲防，廣與崇方，其殺參分去一。注**崇，高也。方猶等也。殺者，薄其上。○釋曰：凡爲堤防言"廣與高等"者，假令堤高丈二尺，下基亦廣丈二尺。云"其殺參分去一"者，三四十二，上宜廣八尺者也。**大防外殺。**

---

① "理順"二字之間因補版擠入一横劃。

② "止"字原作"上"，據阮本改。

③ "漱"字原作"潄"，據婺本、金本、阮本改。"潄"爲"漱"之後出俗訛字。下注中"漱"字同。

④ "淤"字原作"於"，金本同，據阮本改，婺本剜改，似原亦作"於"。按賈疏述注作"淤"。

注又薄其上，厚其下。○釋曰：此文承上“參分去一”而云“外鱜”，故云“又薄其上，厚其下”。雖不知尺數，但知三分去一之外更去也。**凡溝防，必一日先深之以爲式。注**程人功也。溝防，爲溝爲防也。○釋曰：“程人功”者，將欲造溝防，先以人數一日之中所作尺數，是程人功法式。後則以此功程賦其丈尺步數。言“深”者，謂深淺尺數。故下云“已爲式，然後可以傅衆力”，傅謂付之。**里爲式，然後可以傅衆力。注**里讀爲已，聲之誤也。○釋曰：必破“里”爲“已”者，里則於義無取，爲已則於義合，故從已也。

　　凡任，索約大汲其版謂之無任。注故書汲作没，杜子春云：“當爲汲。”玄謂約，縮也。汲，引也。築防若牆者以繩縮其版，大引之，言版橈也。版橈，築之則鼓，土不堅矣。《詩》云：“其繩則直，縮版以載。”又曰：“約之格格，椓之橐橐。”○釋曰：引《詩》云“其繩則直，縮版以載”者，此《大雅•緜》之篇文也。“又曰：約之格格，椓之橐橐”者，謂《斯干》美宣王之詩，言築室百堵之時有此約椓之事。彼注云：“格格猶歷歷也。橐橐，用力也。”引之者，證“索約”約亦繩縮之事也。**茨屋參分，瓦屋四分。注**各分其脩，以其一爲峻。○釋曰：“茨屋”，謂草屋，草屋宜峻於“瓦屋”。云“各分其脩，以其一爲峻”者，案上“堂脩二七”言之，則此注“脩”亦謂東西爲屋則三分南北之間尺數，取一以爲峻。假令南北丈二尺，草屋三分①，取四尺爲峻；瓦屋四分，取三尺爲峻也。**囷、窌、倉、城逆牆六分。注**逆猶卻也②。築此四者，六分其高，卻一分以爲鱜。囷，圜倉。穿地曰窌。○釋曰：地上爲之，方曰“倉”，圜曰“囷”。穿地曰“窌”。“卻牆六分”者，六分其高，去一以爲鱜。假令高丈二尺，下厚四尺，則於上去二尺爲鱜，上惟二尺。其囷、倉、城地上爲之，須爲此殺；其窌入地，亦爲此鱜者③，雖入地，口宜寬，則牢固也。**堂涂十有二分。注**謂階前，若今令甓褙也。分其督旁之脩，以一分爲峻也。《爾雅》曰：“堂涂謂之陳。”○釋曰：鄭云“若今令甓褙也”者，漢時名“堂涂”爲令甓褙。令甓則今之塼也，褙則塼道者也。云“分其督旁之脩”者，名中央爲督，督者所以督率兩旁；脩謂兩旁上下之尺數。假令兩旁上下尺二寸，則取一寸於中央爲峻。峻者，取

---

① “三”字原作“二”，據阮本改。
② “卻”字原作“郤”，婺本、金本同，據阮本改。下注、疏中“卻”字底本亦誤。
③ “者”字原作“智”，據阮本改。

水兩向流去故也①。引《爾雅》者,《釋宮》文,即《詩》云“彼何人斯,胡逝我陳”,言涉堂涂,引之,證陳與此堂涂爲一也。**竇其崇三尺。** _注宮中水道。○釋曰:言爲“竇”通水,高不得過此。案《禮記・儒行》云:“蓽門圭竇。”則此竇一也。**牆厚三尺,崇三之。** _注高厚以是爲率,足以相勝。○釋曰:云“高厚以是爲率”者,高恒兩倍於厚,不要厚三尺高九尺,假令厚六尺,高丈八尺,皆依此法,故云“以是爲率,足以相勝”也。

---

①　“取”字原作“争”,據阮本改。

周禮疏卷第五十

唐朝散大夫行大學博士弘文館學士臣賈公彥等撰

車人之事，半矩謂之宣，注矩，法也。所法者人也。人長八尺而大節三：頭也，腹也，脛也。以三通率之，則矩二尺六寸三分寸之二。頭髮皓落曰宣。半矩尺三寸三分寸之一，人頭之長也。柯、欘之木頭取名焉。《易》：“巽爲宣髮。”○釋曰：言“車人之事”，謂車人爲造車之事，此與下爲揔目也。云“半矩謂之宣”者，以下文取此宣爲尺度，故先定宣之長短，如上“十分寸之一謂之枚”之類也。知“所法者人也”者，以《易》云“巽爲宣髮”，則人頭名宣；又見下云“一柯有半謂之磬折”，與人帶已下四尺半爲磬折同，故知法人也。“人長八尺”已下，鄭欲推出宣之長短之數。以人長八尺三分之，六尺各得二尺；其二尺又取尺八，三分之各得六寸；又以二寸爲三分，爲六分，三分之各三分寸之二。故云“頭也，腹也，脛也，以三通率之，則二尺六寸三分寸之二”也。云“頭髮皓落曰宣”者，以得謂宣去之義[①]，人髮皓白則落墮，故云此者，解頭名宣意也。云“半矩尺三寸三分寸之一，人頭之長也”者，矩既二尺六寸三分寸之二，故減半爲人頭之長，有此數也。云“柯、欘之木頭取名焉”者，下云“一宣有半謂之欘，一欘有半謂之柯”，柯、欘皆從宣上取數，故云頭取名焉，頭取名焉猶言取名於頭也。云“《易》曰：巽爲宣髮”者，案《説卦》云：“其於人爲宣髮。”注：“宣髮，取四月靡草死，髮在人體猶靡草在地。”今《易》文不作“宣”作“寡”者，蓋宣、寡義得兩通，故鄭從宣不作寡也。引之者，證宣爲頭意也。**一宣有半謂之欘，**注欘，斫斤柄，長二尺。《爾雅》曰：“句欘謂之定。”○釋曰：“一宣有半”得“長二尺”者，以一宣尺三寸三分寸之一取半添之，一尺得五寸；三寸，每寸三分得九分，并前一分爲十分，取半得五分；三分爲一寸，餘二分，揔爲六寸三分寸之二；添前尺三寸三分寸之一爲二尺也。“斫斤”即《爾雅》“句”，一也，彼云“句欘謂之

---

① 浦鏜云：“‘得謂宣’疑‘宣得爲’之誤。”

定"①,故知此"欘","斲斤柄"也。**一欘有半謂之柯,注**伐木之柯柄長三尺②。《詩》云:"伐柯伐柯,其則不遠。"鄭司農云:"《蒼頡篇》有柯、欘。"○釋曰:知"長三尺"者,以其欘長二尺,云"一欘有半",故知三尺。引《詩》者,《伐柯》詩之文也。先鄭引《蒼頡》者,蒼頡造文字,有篇名《蒼頡》。云"柯、欘",並是柄也。**一柯有半謂之磬折。注**人帶以下四尺五寸,磬折立則上俛。《玉藻》曰③:"三分帶下,紳居二焉。"紳長三尺。○釋曰:此據人之所立磬折之儀。以上有宣及欘、柯之長短,故因解人立磬折淺深也。又下文造耒亦以磬折之故云之也④。云"一柯有半謂之磬折",據紳帶以下而言也。引《玉藻》者⑤,案彼子游曰:"參分帶下,紳居二焉。"鄭注云:"三分帶下而三尺⑥,則帶高於中也。"以其人長八尺,中則四尺,今云三分帶下紳居二分,明帶上有一分,上三尺半,是帶下有四尺半可知也。

　　車人爲耒,庛長尺有一寸,中直者三尺有三寸,上句者二尺有二寸。○釋曰:此車人既爲車,因使爲耒之田器也。"庛"者,耒之面,但耒狀若今之曲枕柄也,面長"尺有一寸"。云"中直"者⑦,謂手執處爲句,故謂庛上句下爲中直者,"三尺有三寸"也。"句"者,謂人手執之處,"二尺有二寸"也。**注**鄭司農云:"耒,謂耕耒。庛讀爲'其顙有疵'之疵,謂耒下岐。"玄謂庛讀爲"棘刺"之刺⑧,刺,耒下前曲接耜。○釋曰:先鄭云"庛讀爲其顙有疵之疵"者,俗人謂顙額之上有疵病,故從之也。云"謂耒下岐"者,古法耒下惟一金,不岐頭,先鄭云耒下岐,據漢法而言,其實古者耜不岐頭,是以後鄭上注亦云"今之耜岐頭",明古者耜無岐頭也。"玄謂庛讀爲棘刺之刺"者,以其入地,

---

① "彼"字原作"從",據阮本改。
② "伐"字原作"付",據婺本、金本、阮本改。
③ "玉"字原作"王",據婺本、金本、阮本改。
④ 阮校云:"'故'疑當作'度'。"
⑤ "者"字原作"三",據阮本改。
⑥ "三尺"二字原作"者天",據阮本改。按"者"字與上條"三"字左右並列,補版時互易;"天"則"尺"之形訛字。
⑦ "中"字原作"下",據阮本改。
⑧ "庛"字原作"庇",婺本、金本作"疵",據阮本改。下疏中"庛讀爲其顙有疵之疵"底本亦誤。

故讀從刺也。云"刺，耒下前曲接耜"者，耜謂耒頭金①，故云下前曲接耜者也。**自其庛，緣其外，以至於首，以弦其内，六尺有六寸與步相中也。**注緣外六尺有六寸，内弦六尺，應一步之尺數。耕者以田器爲度宜。耜異材，不在數中。○釋曰：云"自其庛，緣其外，以至於首"者，據庛下至手執句者逐曲量之。云"以弦其内"者，據庛面至句下望直量之，故云以弦其内，内謂上下兩曲之内。云"六尺有六寸與步相中也"者，言逐曲之外有六尺六寸，今弦其内，與步相中，中，應也，謂正與步相應，"應一步之尺數"。云"耕者以田器爲度宜"者，在野度以步，以人步或大或小，恐其不平，故以六尺之耒以代步，以量地也。云"耜異材，不在數中"者，未知耜金廣狹，要耒自長六尺，不通耜，若量地時，脱去耜而用之也。**堅地欲直庛，柔地欲句庛，直庛則利推，句庛則利發。倨句磬折，謂之中地。**注中地之耒，其庛與直者如磬折則調矣，調則弦六尺。○釋曰：此"直庛"及"句庛"皆不六尺之度，惟"中地"之耒合"磬折"者乃六尺之度，故鄭云"中地之耒，其庛與直者如磬折則調矣"，調者謂"弦六尺"，則餘句、直者不合六尺可知也。

　　車人爲車，柯長三尺，博三寸，厚一寸有半，五分其長，以其一爲之首。○釋曰：此車人謂造車之事②。凡造作皆用斧，因以量物，故先論斧柄長短及刃之大小也。注首六寸，謂今剛關頭斧。柯，其柄也。鄭司農云："柯長三尺，謂斧柯，因以爲度。"○釋曰：云"謂今剛關頭斧"者，漢時斧近刃皆以剛鐵爲之，又以柄關孔，即今亦然，故舉漢法爲説也。**轂長半柯，其圍一柯有半。**注大車轂徑尺五寸。○釋曰：鄭知此是"大車"者，此論轂、輻、牙，下"柏車"别論轂、輻、牙，又柏車轂長以行山，此車轂短以行澤，故知此是大車，平地載任者也。鄭知"徑尺五寸"者，以"其圍一柯有半"四尺半，圍三徑一，故知徑一尺五寸也。**輻長一柯有半，其博三寸，厚三之一。**注輻厚一寸也。故書博或作搏，杜子春云："當爲博。"**渠三柯者三。**注渠二丈七尺，謂罔也，其徑九尺。鄭司農云："渠，謂車輮，所謂牙。"○釋曰：云"渠二丈七尺"者，案上"輻長一柯有半"，兩兩相對則九尺，尚有轂空壺中，於二丈七尺不合者，云輻長一柯有半、兩相九尺者通計轂而言，其實輻無一柯有半也。云"所謂牙"

---

① "耒頭金"三字原作"夫頭命"，據阮本改。
② 浦鏜云："'謂'疑'爲'字誤。"孫疏據改。

者,謂下文云"牙圍"也。行澤者欲短轂,行山者欲長轂,短轂則利,長轂則安。○釋曰:此摠言大車、柏車所利之事。以大車在平地并"行澤",柏車山行,各有所宜也。注澤泥苦其大安,山險苦其大動。○釋曰:此釋長轂安、短轂危之事。行澤者反輮,行山者仄輮,反輮則易,仄輮則完。○釋曰:此經言車牙所宜外內堅濡之事。注故書仄為側。鄭司農云:"反輮,謂輪輮反其木裹,需者在外。澤地多泥,柔也。側當為仄。山地剛,多沙石。"玄謂反輮,為泥之黏,欲得心在外滑。仄輮,為沙石破碎之,欲得表裹相依堅刃。○釋曰:此注後鄭增成先鄭之義。言"仄柔"者①,堅者在外,柔者在內,以其取堅刃相成故也。六分其輪崇,以其一為之牙圍。注輪高,輪徑也。牙圍尺五寸。○釋曰:"輪崇"九尺,六尺得一尺,三尺得五寸,故"尺五寸"也。柏車轂長一柯,其圍二柯,其輻一柯,其渠二柯者三,五分其輪崇,以其一為之牙圍。○釋曰:此"柏車"山行,故轂長,輪崇又下,皆欲取安故也。"其輻一柯,其渠二柯者三"者,兩輻相對六尺;渠圍二柯者三,圍丈八尺。亦謂通轂空壺中并數而言也。注柏車,山車。輪高六尺,牙圍尺二寸。○釋曰:"柏車,山車",對大車為平地之車也。"牙圍尺二寸"者,以其輪崇六尺,五分取一,五尺取一尺,一尺取二寸,故尺二寸也。大車崇三柯,綆寸,牝服二柯有參分柯之二,注大車,平地載任之車,"轂長半柯"者也。綆,輪箄。牝服長八尺,謂較也。鄭司農云:"牝服,謂車箱。服讀為負。"○釋曰:云"大車,平地載任之車②,轂長半柯者也",以其上文云"轂長半柯",不言車名,故云轂長半柯者也。云"綆,輪箄"者,謂輪之四面外一寸則安。言"牝服"者,謂車較,即今人謂之平鬲,皆有孔,內軨子於其中,而又向下服,故謂之牝服也。是以先鄭云"牝服,謂車箱。服讀為負",以眾軨所依負然也。羊車二柯有參分柯之一,注鄭司農云:"羊車,謂車羊門也。"玄謂羊,善也。善車,若今定張車。較長七尺。○釋曰:先鄭云"羊車,謂車羊門也"者,其言無所當,故後鄭易之也。後鄭云"羊,善也。善車,若今定張車",雖舉當時漢法以曉人,漢世去今久遠,亦未知定張車將何所用,但知在宮內所用,故差小為之,謂之羊車也。案此羊車"較長七

---

①　"柔"字阮本同,蓋當據經注作"輮"。

②　"平"字原作"斗",據阮本改。

尺”，下柏車較長六尺，則羊車大矣。而《論語》謂大車爲柏車、小車爲羊車者，以柏車皆說轂、輻、牙，惟羊車不言，惟言較而已，是知柏車較雖短，轂、輻、牙則長；羊車較雖長，轂、輻、牙則小，故得小車之名也。**柏車二柯。**注較六尺也。柏車輪崇六尺，其綆大半寸。○釋曰：鄭云“柏車輪崇六尺，其綆大半寸”，知者，以大車輪崇九尺綆一寸，此柏車輪崇六尺，三分減一，明柏車輪崇六尺三分減一，其綆亦宜三分減一，三分寸之二，三分寸之二即大半寸也。**凡爲轅，三其輪崇；參分其長，二在前，一在後，以鑿其鉤；徹廣六尺，鬲長六尺。**注鄭司農云：“鉤，鉤心。鬲，謂轅端，厭牛領者。”○釋曰：云“凡爲轅”者，言凡，語廣，則柏車、大車、羊車皆在其中。輪崇雖不同，其轅當各自“三其輪崇”：假令柏車輪崇六尺，三之爲轅丈八尺；大車輪崇九尺，三之爲轅二丈七尺；但羊車雖不言輪崇，亦三之以爲轅也。“徹廣六尺”者，不與四馬車八尺者同徹。“鬲長六尺”者，以其兩轅，一牛在轅内，故狹。四馬車鬲六尺六寸者，以其一轅，兩服馬在轅外，故鬲長也。

　　弓人爲弓，取六材必以其時。注取幹以冬，取角以秋，絲、漆以夏，筋、膠未聞。○釋曰：鄭知“取幹以冬”者，見《山虞》云“仲冬斬陽木，仲夏斬陰木”，二時俱得斬，但冬時尤善，故《月令》仲冬云“日短至，伐木，取竹箭”，注云：“堅成之極時。”是知冬善於夏，故指冬而言也。云“取角以秋”者，下云“秋殺者厚”，故知用秋也。“絲、漆以夏”者①，夏時絲孰，夏漆尤良，故知也。“筋、膠未聞”，必知六材據此六者，皆依下文而說也。**六材既聚，巧者和之。**注聚猶具也。○釋曰：爲弓須此六材，故云“聚”。“巧”者，即此弓人之工者也。“和之”，謂春液角、夏治筋之類是也。**幹也者，以爲遠也；角也者，以爲疾也；筋也者，以爲深也；膠也者，以爲和也；絲也者，以爲固也；漆也者，以爲受霜露也。**注六材之力相得而足。○釋曰：此一經主論六材在弓各有所用，六材相得乃可爲足也。

　　凡取幹之道七，柘爲上，檍次之，檿桑次之，橘次之，木瓜次之，荆次之，竹爲下。○釋曰：此經說弓幹善惡者也。注鄭司農云：“檍讀爲‘億萬’之億。《爾雅》曰：‘杻，檍。’又曰：‘檿桑，山桑。’《國語》曰：‘檿弧箕箙。’”○釋曰：引

---

①　“漆”字原作“練”，據阮本改。

《國語》者，彼爲幽王寵褒姒以至亡國，故彼云"檿弧箕箙，寔亡周國"也。**凡相幹，欲赤黑而陽聲，赤黑則鄉心，陽聲則遠根。** 注陽猶清也。木之類近根者奴。〇釋曰：此經説相幹善惡之法。**凡析幹，射遠者用埶，射深者用直。** 注鄭司農云："埶，謂形埶。假令木性自曲，則當反其曲以爲弓，故曰'審曲面埶'。"玄謂曲埶則宜薄，薄則力少；直則可厚，厚則力多。〇釋曰：此説弓力多少之事。"凡析幹，射遠者用埶"者，弓弱則宜射遠，謂若夾、庾之類。云"射深者用直"者，弓直則宜射深，謂若王、弧之類也。此注後鄭增成先鄭之義，先鄭惟見隨木形埶而用之，後鄭則論厚薄力多少之法也，二鄭相兼乃具。**居幹之道，菑栗不迆①，則弓不發。** 注鄭司農云："菑讀爲'不菑而畬'之菑，栗讀爲'榛栗'之栗，謂以鋸副析幹。迆讀爲'倚移從風'之移，謂邪行絶理者，弓發之所從起。"玄謂栗讀爲"裂繻"之裂。〇釋曰："居"，謂居處解析弓幹之法。但"菑栗"皆謂以鋸剖析弓幹之時不邪迆失理，則弓後不發傷也。先鄭云"菑讀爲不菑而畬之菑"，《禮記·坊記》云："不菑畬。"此菑即耕②，故《爾雅》云"田一歲曰菑，二歲曰新田，三歲曰畬"，菑取彼義也③。云"栗讀爲榛栗之栗"者，《詩》云："樹之榛栗。"栗者亦取破之義。"迆讀爲倚移從風之移"，讀從司馬相如《上林賦》云"倚移從風"。"玄謂栗讀爲裂繻之裂"者，讀從隱元年《左氏傳》"紀裂繻來逆女"，彼裂繻字子帛，則爲裂破衣義。義亦與先鄭大同，皆取破義，但從裂繻之裂勝從栗，以其栗是栗栗堅硬之意，於破義爲疏，故從裂也。

　　凡相角，秋斲者厚，春斲者薄。稀牛之角直而澤，老牛之角紾而昔。 注鄭司農云："紾讀爲'抮縛'之抮，昔讀爲'交錯'之錯，謂牛角觕理錯也。"玄謂昔讀"履錯然"之錯。〇釋曰：上文已言幹訖，至此更宜"相角"，但以秋對春、以稀對老而言之。"秋斲者厚"，謂角厚肉少。"春殺者薄"④，謂角薄肉多。"稀牛之角直而澤"，謂角直而潤澤。"老牛之角紾而錯"者，紾謂理麤，錯然不潤澤也。先鄭云"紾讀爲抮縛之抮"者，未知讀從何文，蓋從俗讀。云"昔讀爲交錯之錯"者，讀從《詩》"獻酬交錯"。"玄

---

① 孫校謂"栗"當依嘉靖本作"桌"，此經用古字、注用今字之例。
② "菑"字原作"畬"，據阮本改。
③ 孫校云："'彼'當爲'破'，與下釋'栗'同。"
④ "殺"字阮本作"斲"，一用古字，一用今字，賈疏並有其例。

謂昔讀履錯然之錯"者①,讀從《履卦·爻辭》。疢疾險中,注牛有久病則角裏傷。○釋
曰:以"疢疾"爲久病,故云"牛有久病"。"險",傷也。"中",即裏。謂"角裏傷"也。瘠牛
之角無澤。注少潤氣。○釋曰:上云"疢疾"謂久病,即此云"瘠"者惟瘦瘠,非病。
角則無潤澤也。角欲青白而豐末。注豐,大也。○釋曰:凡牛角善者,案下注云
"本白,中青,末豐"。夫角之本,蹙於劃而休於氣,是故柔。柔故欲其執
也,白也者,執之徵也。注蹙,近也。休讀爲煦。鄭司農云:"欲其形之自曲,反
以爲弓。"玄謂色白則執。○釋曰:此說角之執也。言"角之本近於劃",得和煦之氣於
劃,"是故柔"。柔故"欲其形之自曲",反是爲執也,然可以爲弓②。夫角色白者,則執之
徵驗也。夫角之中,恒當弓之畏。畏也者必橈,橈故欲其堅也,青也
者,堅之徵也。注故書畏或作威,杜子春云:"當爲威,威謂弓淵。角之中央與淵
相當。"玄謂畏讀如"秦師入隁"之隁。○釋曰:此說角之堅也。子春從故書"威",後鄭
不從,而爲"隁"者,威謂威儀,不得爲曲中,故從隁爲曲隁之義。案僖二十五年:"秋,秦
晉伐都,秦人過析隁。"鄭以爲"入隁"。夫角之末,遠於劃而不休於氣,是故
脃。脃故欲其柔也,豐末也者,柔之徵也。注末之大者,劃氣及煦之。
○釋曰:此說角欲豐末之意。云"角之末,遠於劃而不休於氣,是故脃。脃故欲其柔也,
豐末也者,柔之徵也",則末不豐者脃;末豐則柔,柔則不脃可知,故鄭云"末之大者,劃
氣及煦之"。角長二尺有五寸,三色不失理,謂之牛戴牛。注三色:本
白,中青,末豐。鄭司農云:"牛戴牛,角直一牛。"

　　凡相膠,欲朱色而昔。昔也者,深瑕而澤,紾而摶廉。○釋曰:
上已相幹、角,次及相膠。此云"欲朱色",案下"鹿膠青白"已下惟"牛膠火赤",自餘非
純赤,則牛膠爲善矣。"紾而摶廉"者,謂有紾理而摶圓,又廉瑕嚴利。注摶,圓也。廉、
瑕,嚴利也③。○釋曰:膠之性段段皆"摶圓"也。"廉"、"瑕"二者俱是"嚴利"之狀。鹿
膠青白,馬膠赤白④,牛膠火赤,鼠膠黑,魚膠餌,犀膠黄。注皆謂煮

---

① "然"上"錯"字原脱,據阮本補。
② 浦鏜云:"'然'下疑脱'後'字。"
③ 段考云:"'廉'逗,下四字句,疏誤。"兹暫從賈疏之説標點。
④ "赤"字原作"亦",據婺本、金本、阮本改。

用其皮或用角。餌，色如餌。○釋曰：云"煮用其皮或用角"者，經惟"鹿"用皮亦用角，今人鹿猶用角，自餘皆用皮。云"餌，色如餌"者，時有餌之色，故從之也。**凡昵之類不能方。**注鄭司農云："謂膠善戾①。"故書昵或作樴。杜子春云："樴讀爲'不義不昵'之昵；或爲刓，刓，黏也。"玄謂樴，"脂膏腬敗"之腬，腬亦黏也。○釋曰：子春云"不義不昵"者，案隱元年鄭大叔段爲不義②，莊公曰："不義不昵，厚將崩。"彼不昵爲不親兄，則昵爲親近不相捨離③。後鄭以爲還從古書"樴"音，故轉爲"脂膏敗腬"之腬。若今人頭髮有脂膏者則謂之腬，"腬亦黏也"。

　　凡相筋，欲小簡而長，大結而澤。小簡而長，大結而澤，則其爲獸必剽，以爲弓則豈異於其獸？○釋曰：上已相角、膠，次及相筋。言此筋之獸剽疾，爲弓亦剽疾，故云"豈異於其獸"也。注剽，疾也。鄭司農云："簡讀爲'攔然登陴'之攔。"玄謂讀如"簡札"之簡，謂筋條也。○釋曰：先鄭云"簡讀爲攔然登陴之攔"者，讀從《左氏傳》也，義無所取。"玄謂讀如簡札之簡④，謂筋條也"，竹簡一片爲一札，此筋條亦有簡別，故讀從之也。**筋欲敝之敝，**注鄭司農云："嚼之當孰。"○釋曰：筋之椎打嚼齧欲得勞敝，故云"嚼之當孰"也。**漆欲測，**注鄭司農云："測讀爲'惻隱'之惻。"玄謂測讀如"測度"之測，測猶清也。○釋曰：先鄭云"測讀爲惻隱之惻"，此惻隱爲痛切之義，非漆之善狀，故後鄭以爲"測度之測"，"測，清也"，從水義，取漆爲良也。**絲欲沈。**注如在水中時色。○釋曰：言"絲欲沈"，則據乾燥時色還如在水凍之色，故云"如在水中時色"。**得此六材之全，然後可以爲良。**注全，無瑕病。良，善也。○釋曰："全，無瑕病"者，幹、角、膠、筋、漆、絲六材皆令善而"無瑕病"，然後爲"善"也。

　　凡爲弓，冬析幹而春液角，夏治筋，秋合三材。注三材，膠、絲、漆。鄭司農云："液讀爲醳。"○釋曰：凡治弓材，各於其時。言"秋合三材"膠、漆、絲，

---

① 段考云："'戾'當作'麗'，聲之誤也。凡附麗之物，莫善於膠。"

② "叔"字原作"弟"，據阮本改。

③ "則"字原作"叔"，據阮本改。按"叔"字與上條"弟"字左右並列，蓋補版時互易，然則此疏原作"彼不昵爲不親兄弟，昵爲親近不相捨離"。

④ "札"字原作"扎"，據阮本改。下文"札"字同。

則幹、角、筋須三材乃合，則秋是作弓之時，故至冬寒而定體也。鄭知三材是“膠、漆、絲”者，以經既言“幹”、“角”及“筋”，六材之中惟少膠、漆、絲，故知三材謂此也。先鄭“液讀爲醳”者，醳是“醳酒”之醳，亦是漬液之義，故讀從之也。寒奠體，注奠讀爲定，至冬膠堅，内之檠中定往來體。○釋曰：檠，謂弓㮚。至“寒”，“膠堅”而牢，故“内之檠中定往來體”，則六弓往體來體多少者是也。冰析灂。注大寒中下於檠中，復内之。○釋曰：十二月小寒節，大寒中，是冰盛之時，故以“大寒”解“冰”也。云“下於檠中，復内之”者，謂復如上“寒奠體”，内之於檠中相似，但上内爲定體而内，此爲“析灂”而内之，所爲有異，故別言也。冬析幹則易，注理滑致。○釋曰：自此已下重釋上文各以其時之意。春液角則合，注合讀爲洽。夏治筋則不煩，注煩，亂。秋合三材則合，注合，堅密也。寒奠體則張不流，注流猶移也。○釋曰：體既定，則後用時雖張不流移，謂不失往來之體也。冰析灂則審環，注審猶定也。○釋曰：納之檠中析其漆灂，其漆之灂環則定，後不鼓動，故冰析之也。春被弦則一年之事。注朞歲乃可用。○釋曰：通“春被弦”則二年之事，而云“一年”者，據“冰析灂”已前爲一年，春被弦是用時，不數也。

析幹必倫，注順其理也。析角無邪，注亦正之。斬目必荼。注鄭司農云：“荼讀爲舒，舒，徐也。目，幹節目。”○釋曰：案《禮記·學記》云：“善問者如攻堅木，先其易者，後其節目。”是“斬目必徐”之義也。斬目不荼，則及其大脩也，筋代之受病。注脩猶久也。○釋曰：“筋代之受病”者，以筋在弓皆與幹爲力，必須筋、幹相得；今弓幹有節目，用力不得其所，則幹不用力，故筋代幹受病，以其偏用力故也。夫目也者必强，强者在内而摩其筋，夫筋之所由幨，恒由此作，注摩猶隱也。故書筋或作蓟，鄭司農云：“當爲筋。幨讀爲‘車幨’之幨。”玄謂幨，絕起也。○釋曰：此還重釋筋、幹不得所之意。先鄭讀“幨”爲“車幨”之幨者，《衛詩》云“漸車帷裳”，《昏禮》亦云“婦車亦如之①，有裧”，故讀從之。後鄭云“幨，絕起也”者，由絕起則廉幨然也。故角三液而幹再液。注重醳治之，使相稱。○釋曰：或“三液”、“再液”不等者，角須三液，幹須再液，乃得“相稱”。厚其帤則木堅，薄其

---

① “之”字原作“二”，據阮本改。

帤則需，注需，謂不充滿。鄭司農云："帤讀爲'襦有衣絮'之絮，帤謂弓中褌。"○釋曰："需，謂不充滿"者，需儒不進①，故爲不充滿。"謂弓中褌"者，造弓之法，弓幹雖用整木，仍於幹上褌之，乃得調適也。是故厚其液而節其帤。注厚猶多也。節猶適也。○釋曰："多其液"者，謂角、幹。其褌須節適厚薄得所也。約之不皆約，疏數必侔。注不皆約，纏之緻不相次也。皆約則弓帤。侔猶均也。○釋曰："約"，謂以絲、膠橫纏之，今之弓猶然。云"不皆約"，謂不次比爲之。"疏數必侔"，約之多少須稀疏必均也。斲摯必中，膠之必均。注摯之言致也。中猶均也。○釋曰：斲幹厚薄必調均爲之。施膠亦均，不得偏厚也。自此以下説弓之隈裏施膠之事。云"摩其角"，謂幹不均而有高下則摩其角②。斲摯不中，膠之不均，則及其大脩也，角代之受病。夫懷膠於內而摩其角，夫角之所由挫，恒由此作。注幹不均則角蹶折也③。○釋曰：此揔釋經"角代之受病"及"角之所由挫"二事者也。凡居角，長者以次需。注當弓之隈也。長短各稱其幹，短者居簫。○釋曰：云"長短各稱其幹"，復云"短者居簫"，簫謂兩頭，則長者自然在隈內可知。恒角而短，是謂逆橈，引之則縱，釋之則不校。注鄭司農云："恒讀爲'裂緪'之緪。"玄謂恒讀爲揯，揯，竟也。竟其角而短于淵幹，引之角縱不用力，若欲反橈然。校，疾也。既不用力，放之又不疾。○釋曰："竟角而短"，謂施角竟滿兩畔，而上下短於隈者也。云"是謂逆橈"者，被弦引之時以角寬而短，"引之角縱不用力，若欲反橈然"，故云"引之則縱"也。"釋之則不校"者，角所以放矢，今角不用力，故釋放之不校疾也。恒角而達，譬如終緪，非弓之利也。注達，謂長於淵幹若達於簫頭。緪，弓軶④。角過淵接，則送矢不疾⑤，若見緪於軶矣。弓有軶者，爲發弦時備頓傷。《詩》云："竹軶緄縢。"○釋曰：

---

① "儒"字阮本作"襦"，阮校引浦鏜説云："'襦'疑'懦'字誤。"

② "云摩"以下阮本同，阮校引盧文弨説云："此疏釋下經，當在下節疏之首。"

③ "折"字原作"析"，據婺本、金本、阮本改。

④ 按賈疏云"緪謂弓軶"，實係曲解，鄭注'緪弓軶'乃述補斷語，非主謂判斷句"，説見汪少華《中國古車輿名物考辨》附錄二《"緪"非弓軶》。茲暫從賈疏之説標點。

⑤ "不"字原作"太"，阮本同，據婺本、金本改。阮校云："經云'非弓之利也'，疏云'謂弓在軶中然，非弓之利'，皆不疾之謂。浦鏜云：《詩·小戎》正義引作'不疾'。"

先鄭上讀爲"裂緅"之緅者，從俗也。此弓非直兩畔角滿讀之爲拒角①，而角又上下"長於淵幹如達於簫頭"，若然，則"譬如終緅"，緅謂"弓軸"，謂弓在軸中然，非弓之利。引《詩》云"竹軸緄縢"者，緄，繩。縢，繫約之也。以竹爲軸，發弦時裨於弓之背上，又繩橫繫之使相著，軸與弓爲力，"備頓傷"也。今夫茭解中有變焉，故校；○釋曰②：記人別起義端，故言"今夫"。言"茭解中"，謂弓隈與弓簫角接之處。云"有變"者，即異也，謂弓簫與臂用力異③。異者，引之則臂中用力，放矢則簫用力。既用力異，"故絞"，絞謂矢去疾也。注鄭司農云："茭讀爲'激發'之激，茭謂弓檠也。校讀爲'絞而婉'之絞。"玄謂茭讀如齊人名手足擘爲骹之骹，茭解謂接中也。變，謂簫、臂用力異。校，疾也。○釋曰④：先鄭讀"茭"爲"激發"之激者，當時有激發之語，故從俗讀之。云"茭謂弓檠也"者，此據此時，輒言弓檠，於義不合，後鄭不從之。云"絞讀爲絞而婉之絞"者，按昭元年《左氏傳》虢之會："楚公子圍設服離衛。叔孫穆子曰：'楚公子美矣，君哉！'退會，子羽謂子皮曰：'叔孫絞而婉。'"故讀從之。此後鄭增成其義。"玄謂茭讀如齊人名手足擘爲骹之骹"者，時齊人有名手足節擘間爲茭，取弓隈與簫角相接名茭也。於挺臂中有柎焉，故剽。注⑤挺，直也。柎，側骨。剽亦疾也。鄭司農云："剽讀爲'湖漂絮'之漂。"○釋曰："直臂中"正謂弓把處。"有柎焉"者，謂角弓於把處兩畔有側骨。骨堅强，所以與弓爲力，故剽疾也。先鄭云"剽讀爲湖漂絮之漂"者，時有此語，從俗讀之。恒角而達，引如終緅，非弓之利。注重明達角之不利。變"譬"言"引"，字之誤。撟幹欲孰於火而無贏，撟角欲孰於火而無燂，引筋欲盡而無傷其力，鬻膠欲孰而水火相得，然則居旱亦不動，居濕亦不動。注贏，過孰也。燂，炙爛也。不動者，謂弓也。故書燂或作朕，鄭司農云："字從燂。"⑥○釋曰：此一經明料理幹、角、筋、膠四者得所不得所之事。不言漆、絲者，用力少，故不

---

① 浦鏜云："'讀'疑'謂'字誤。"

② 此節賈疏原編次於注文之後，其下接注文之疏，與全書體例不合，因補版而致錯亂，茲徑乙。

③ "簫"字原作"蕭"，據阮本改。

④ "釋曰"上原有標起止"鄭司至疾也"五字，與全書體例不合，亦因補版而誤衍，茲徑删。

⑤ "注"字原脱，據全書體例擬補。按此亦由補版而致訛。下經"注"字同。

⑥ 段考謂"字"宜作"當"："或作'朕'者，聲之誤，故司農從'燂'也。"

言也。苟有賤工，必因角、幹之濕以爲之柔。善者在外，動者在内，雖善於外，必動於内，雖善，亦弗可以爲良矣。注苟，愉也。濕猶生也。〇釋曰：此經説弓幹須外内皆善，不得外善内惡者也。

凡爲弓，方其峻而高其柎，長其畏而薄其敝，宛之無已，應。注宛，謂引之也。引之不休止，常應弦，言不罷需也。峻，謂簫也。鄭司農云："敝讀爲'蔽塞'之蔽，謂弓人所握持者。"〇釋曰："方其峻"，"峻，謂簫"，簫宜方爲之。"而高其柎"，柎，把中。"高"對"方"，則此高者謂爲柎骨宜高爲之。"長其畏"，謂柎之上下宜長爲之。"而薄其敝"，敝"謂人所握持"，手敝之處宜薄爲之。有此四善，故引之無休止而應弦，故云"宛之無已，應"，謂常用而不就弦也。下柎之弓，末應將興。注末猶簫也。興猶動也、發也。弓柎卑，簫應弦則柎將動。〇釋曰：言"下柎"者，謂把骨大下爲之。由弓畏下短，故簫應弦則將動發也。爲柎而發，必動於紳。注紳，接中。〇釋曰：此重釋上文"末應將興"。若如上爲柎而發動，則接中亦動也。弓而羽紳，末應將發。注羽讀爲扈，扈，緩也。接中動則緩，緩簫應弦則角、幹將發。〇釋曰：破"羽"爲"扈"者，羽於弓義無所取，故破從扈也。必知此有"緩"義者，以其上文云"必動於紳"，故知此云"羽紳"者當從緩紳。

弓有六材焉，維幹强之，張如流水；注無難易也。〇釋曰：弓有六材①，惟以幹爲强者，以其幹外五材當依幹而有，以幹爲本，故指幹爲强。"張如流水"者，以幹得所，以制五材，故張如流水，"無難易"，無難易則强弱得所也。維體防之，引之中參；注體，謂内之於檠中定其體。防，深淺所止。謂體定張之，弦居一尺，引之又二尺。〇釋曰：云"體，謂内之於檠中定其體"者，此亦謂内之檠中則往來體定，體定然後防之。"防之"者，鄭云"深淺所止"，若王、弧之弓往體寡來體多，弛之乃有五寸，張之一尺五寸②；夾、庾之弓往體多來體寡者，弛之一尺五寸，張之得五寸；唐弓、大弓往來體若一者，弛之一尺，張之亦一尺。是防之深淺所止。云"謂體定張之，弦居一尺，引之

---

① "材"字原作"林"，據阮本改。下文"以其幹外五材"同。

② "張之一尺五寸"下原衍"張之一尺五寸"六字，據阮本删。按此蓋涉上下二"五寸"而致訛。

又二尺"者,此據唐、大中者而言,餘四者弛之張之雖多少不同①,及其引之皆三尺,以其矢長三尺,須滿故也。**維角堂之,欲宛而無負弦。引之如環,釋之無失體,如環。**注負弦,辟戾也。負弦則不如環,如環亦謂無難易。鄭司農云:"堂讀如'掌距'之掌、'車掌'之掌。"〇釋曰:云"維角堂之",堂,正也,謂置角於限中既正。云"欲宛而無負弦"者,引之弓體不"辟戾"故也。云"引之如環"者,亦由"無負弦"故也。云"釋之無失體,如環"者,謂放矢後無失體,得如環然。先鄭云"堂讀掌距之掌",掌距取其正也。"車掌之掌",謂車輞之木,亦取正也。**材美,工巧,爲之時,謂之參均。角不勝幹,幹不勝筋,謂之參均。量其力有三均。均者三,謂之九和。**注"有三"讀爲"又參"。量其力又參均者,謂若幹勝一石,加角而勝二石,被筋而勝三石,引之中三尺。假令弓力勝三石引之中三尺,弛其弦,以繩緩攌之②,每加物一石則張一尺。故書勝或作稱,鄭司農云:"當言稱、謂之不參均。"③玄謂不勝,無負也。〇釋曰:云"有三讀爲又參"者④,以經上文已云"參均",此云"三均",故宜破"三"爲"參"也⑤;上已二文參均,此文加一參均,當云"又參均",故破"有"爲"又"也。云"量其力又參均者,謂若幹勝一石,加角而勝二石,被筋而勝三石,引之中三尺"者,此言謂弓未成時,幹未有角,稱之勝一石;後又案角,勝二石;後更被筋,稱之即勝三石。引之中三尺者,此據幹、角筋三者具揔稱物三石得三尺。若據初空幹時,稱物一石亦三尺;更加角,稱物二石亦三尺;又被筋,稱物三石亦三尺。鄭又云"假令弓力勝三石引之中三尺"者,此即三石力弓也。必知弓力三石者,當"弛其弦,以繩緩攌之"者,謂不張之,別以一條繩繫兩簫,乃加物一石張一尺,二石張二石,三石張三尺,則與前三幹、角、筋力各一石。先鄭從古書爲"稱"者,欲以"不稱"爲"不參均"。後鄭不從者,此勝即彼負,此不勝即彼不負,故爲"不勝"解之。**九和之弓,角與幹權,筋三侔,膠三**

---

① "少"字原作"步",據阮本改。

② "攌"字原作"櫕",據婺本、金本、阮本改。

③ "當"字原作"常",據婺本、金本、阮本改。又孫疏云:"鄭司農云'當言稱、謂之不參均'者,謂經'勝'並當從故書或本作'稱'、經'謂之參均'又當云'謂之不參均',此先鄭依故書改二字,又以意增一字也。徐養原云:注'當言'二字貫下六字,不舉經語,從省也。"

④ "讀"字原作"續",據阮本改。

⑤ "破"字原作"被",據阮本改。

銵,絲三邸,漆三斛。上工以有餘,下工以不足。_注權,平也。侔猶等也。角、幹既平,筋三而又與角、幹等也。銵,鋝也。邸、斛輕重未聞。○釋曰:此説上九和之弓輕重相參不可妄爲加減之事。云"銵,鋝也"者,《尚書》云"其罰百鋝"之等言"鋝",此與《冶氏》言"銵",銵與鋝爲一物,皆是六兩大半兩也。"邸、斛之輕重未聞",經既無文,故云未聞也。

　爲天子之弓,合九而成規;爲諸侯之弓,合七而成規;大夫之弓,合五而成規;士之弓,合三而成規。_注材良則句少也。○釋曰:此據角弓形不張而言。案下文及《司弓矢》,六弓爲三等,王弓、弧弓往體寡來體多,當此"天子弓合九成規";唐弓、大弓往來體若一,當此"諸侯弓合七成規";夾弓、庾弓往體多來體寡,當此"大夫之弓合五成規"。於彼六弓已盡,此别云"士合三成規",則六弓之外弊惡之弓。案《大射》與《鄉射》,大夫、士同射五十步侯,又同用夾、庾,無士用合三成規之弓者,於此言之者,六弓通弊弓有四等,故弊弓暫記士而言,其實士不用合三成規之弓也。"材良則句少",據王、弧及唐、大已上而言也。弓長六尺有六寸謂之上制,上士服之;弓長六尺有三寸謂之中制,中士服之;弓長六尺謂之下制,下士服之。_注人各以其形貌大小服此弓。○釋曰:此以弓有長短三等、人亦有長短三等而言,取其弓與人相稱之事。此"上士"、"中士"、"下士"以長者爲上士,次者爲中士,短者爲下士,皆非命士者,故鄭云"人各以其形貌大小服此弓"也。凡爲弓,各因其君之躬志慮血氣。_注又隨其人之情性。○釋曰:上文據人形爲弓,此據人性,故鄭云"又隨其人之情性"也。此亦與下文爲目,下别以"躬"與"志"相配而言也。躬即身也。志慮據在心;血氣據言與舉動也。豐肉而短,寬緩以荼,若是者爲之危弓,危弓爲之安矢;骨直以立,忿埶以奔,若是者爲之安弓,安弓爲之危矢。_注言損贏濟不足。危、奔,猶疾也。骨直,謂强毅。荼,古文舒,假借字。鄭司農云:"荼讀爲舒。"○釋曰:此經以下説君之躬與志慮弓之所宜者也。"危弓",則夾、庾弱者爲言。"安弓",謂王、弧之類强者而言。若然,"危矢"據桓矢,"安矢"據殺矢者也。言"損贏濟不足"者,言"豐肉"、"寬緩"是不足,則危弓濟之,危弓爲贏,則以安矢損之;"骨直"、"忿埶"是贏,則安弓損之,安弓是不足,則以危矢濟之。其人安,其弓安,其矢安,則莫能以速中,且不深;_注故書速或作數,鄭司農云："字從速，速，疾也。三舒不能疾而中，言矢行短也，中又不能深。"○釋曰：上文以安危損益，即於射事爲可；此三"安"而無損益，故不可。**其人危，其弓危，其矢危，則莫能以愿中。**注愿，愨也。三疾不能愨而中，言矢行長也，長謂過去。

○釋曰：此三"危"亦無損濟，故亦不可也。云"三疾不能愨而中，言矢行長也，長謂過去"者，危弓、危矢謂夾庾、恒矢之等，皆射遠，兼人且危躁，故矢行長過去也。

　　往體多來體寡謂之夾、臾之屬，利射侯與弋；注射遠者用埶，夾、庾之弓合五而成規。侯非必遠，顧埶弓者材必薄，薄則弱，弱則矢不深，中侯不落。大夫、士射侯，矢落不獲。弋，繳射也。故書與作其，杜子春云："當爲與。"○釋曰：六弓兩兩相將，下文"王弓"不言弧弓，"唐弓"不言大弓，故言"之屬"；今此"夾、庾"并言，亦云"之屬"者，夾、庾雖並言，以夾、庾其類非一，故亦云之屬也。云"射遠者用埶"者，謂審曲面埶。夾、庾反張多，隨曲埶向外弱，則射遠不能深，則近亦不深，故射近侯用之，故鄭云"侯非必遠"。"顧埶弓者材必薄，薄則弱，弱則矢不深，中侯不落"者，謂弓射遠，以其材弱，縱射近亦不深，故近侯矢但不落也。云"大夫、士射侯，矢落不獲"者，案《大射》云："中離維綱、揚觸、梱復，君則釋獲，衆則否。"大夫、士矢落侯不獲，故不得用是唐、大之等也。云"弋，繳射也"者，案《司弓矢職》云："夾弓、庾弓以授射犴侯、鳥獸者。"犴侯、鳥獸則"射侯與弋"也。案彼注："近射用弱弓，則射大侯者用王、弧，射參侯者用唐、大矣。"如是，君用王、弧射大侯，大夫用唐、大射參侯，士用夾、庾射豹侯。若然，此大夫與士同用夾、庾射近侯者，據天子之臣多，則三公、王子爲諸侯者射熊侯，卿、大夫、士同射豹侯也。若然，射七十步侯用唐、大，其遠中侯亦不落也。**往體寡來體多謂之王弓之屬，利射革與質；**注射深者用直，此又直焉，於射堅宜也。王弓合九而成規，弧弓亦然。革，謂干盾。質，木椹。天子射侯亦用此弓。《大射》曰："中離維綱、揚觸、梱復，君則釋獲，其餘則否。"○釋曰：言"王弓之屬"，則之弓中弧弓及王、弧之輩類也。云"利射革與質"，此即《司弓矢職》云"王弓、弧弓以授射甲革、椹質者"，亦一也。云"天子射侯亦用此弓"，不言者，舉射革與質，有上文弱弓射近可參，故不言可知也。云"《大射》曰：中離維綱、揚觸、梱復"，中，謂中侯。離，猶過也、麗也。維，謂侯射與左右舌一幅，兩相多角亦以綱維持之而繫於柱。綱，謂左右舌上畔下畔，以一大綱繩各繫於其柱上以持侯，其綱皆出布幅一尋，謂之爲綱。揚觸、梱復者，矢高揚而過侯。彼注云："揚觸者，謂中他物，揚而觸侯也。梱復，謂矢至侯，不著而還復。復，反也。"如此五者，"君則釋獲，其餘則否”，則臣不得獲，惟中乃可釋獲。**往體來體若一謂之唐弓之屬，利射深。**注射深用直，唐弓合七而成規，大弓亦然。《春秋傳》曰：“盜竊寶玉、大弓。”○釋曰：“唐弓”之外仍有大弓，故云“之屬”也。案《司弓矢職》云：“唐弓、大弓以授學射者、使者、勞者。”此不言者，亦各舉一邊而言，兼有彼事可知。言“射深用直，唐弓合七而成規”者，則王、弧之弓亦射深用直，唐、大合七成規，則王、弧之弓射深可知。引《春秋》者，定八年《公羊傳》文。彼以陽虎爲盜竊寶玉、大弓，彼《公羊》云：“寶者何？璋判白，弓繡質。”引之者，證大弓同也。

　　大和無灂，其次筋、角皆有灂而深，其次有灂而疏，其次角無灂。注大和，尤良者也。深，謂灂在中央，兩邊無也。角無灂，謂隈裏。○釋曰：“大和”，謂九和之弓，以其六材俱善，“尤良”，故無漆灂也。“其次筋、角皆有灂而深”者，筋在背，角在隈，皆有灂，但深在其中央，兩邊無也。“其次有灂而疏”者，以上參之，此謂兩邊亦有，但疏之，不皆有也。“其次角無灂”，謂隈裏無灂，簫頭及背有之。**合灂若背手文。**注弓表裏灂合處若人合手背，文相應。鄭司農云：“如人手背文理。”○釋曰：言“合灂”者，謂弓表裏灂漆相合之處“若人合手背”，上文理相應。**角環灂，牛筋蕡灂，麋筋斥蠖灂。**注蕡，枲實也。斥蠖，屈蟲也。○釋曰：此說弓表及弓裏灂文也。“角環灂”，謂隈裏灂文如環然。“牛筋蕡灂”者，此說弓背用牛筋之漆如麻子文。若用“麋”，其灂文如斥蠖。云“蕡，枲實”者，枲乃牡麻，無實，而云“蕡，枲實”，舉其類爾，若“箽、笞”然也。“斥蠖，屈蟲”者，《易》云“尺蠖之屈[1]，以求信”是也。

　　和弓毄摩。注和猶調也。毄，拂也。將用弓，必先調之，拂之，摩之。《大射禮》曰：“小射正授弓，大射正以袂順左右隈，上再下一。”○釋曰：引《大射》云“大射正以袂順左右隈”者，以左手橫執之時，上隈向右[2]，下隈向左，而“上再下一”拂去塵，乃授與君[3]。《大射》雖不言調，亦調可知也。**覆之而角至，謂之句弓；**注句於三體，材敝惡，不用之弓也。覆猶察也，謂用射而察之。至猶善也。但角善，則矢雖疾而不能

---

① “尺”字阮本作“斥”，“斥”與注合，“尺”與傳本《易》合。孫疏云：“‘尺’、‘斥’聲近字通。”

② “右”字原作“君”，據阮本改。

③ “君”字原作“右”，據阮本改。按“右”字蓋與上條“君”字因補版而互易。

遠。〇釋曰：此以下論弓有六材，角、幹、筋用力多，特言之。若三者全善則爲尤良，若一善者爲敝，二善者爲次。今此先察一善者“至”，謂若餘幹、筋不善，直角善，可以爲“句弓”。云“句於三體，材敝惡，不用之弓也”者，謂不入上三文所用之内。言“矢雖疾不能遠”者，上云“射遠用埶”①，埶是弱弓而射遠；但此句弓爲弱於彼，雖疾不能射遠也。**覆之而幹至，謂之侯弓**；注射侯之弓也。幹又善，則矢疾而遠。〇釋曰：此察次弓。此非直角至，兼幹善，謂之“射侯之弓”，則上夾、庾利近射與弋。言“矢疾而遠”，對上句弓疾而不遠不及侯者也。**覆之而筋至，謂之深弓。**注射深之弓也。筋又善，則矢既疾而遠，又深。〇釋曰：此弓三善者也。案上文“唐、大射深”，則王、弧三善亦射深可知，舉中以見上者也。

---

① “埶”字原作“執”，據阮本改。下文“埶”字同。

圖書在版編目（CIP）數據

周禮之屬.第二冊/金少華點校. —杭州:浙江
大學出版社,2017.9
（中華禮藏·禮經卷）
ISBN 978-7-308-14804-7

Ⅰ.①周…　Ⅱ.①金…　Ⅲ.①禮儀－中國－古代
Ⅳ.①K892.9

中國版本圖書館CIP數據核字(2015)第141467號

中華禮藏·禮經卷·周禮之屬　第二冊

金少華　點校

出 品 人	魯東明	
總 編 輯	袁亞春	
項目統籌	黄寶忠　宋旭華	
責任編輯	宋旭華	
封面設計	張志偉	
出版發行	浙江大學出版社	
	（杭州市天目山路148號　郵政編碼310007）	
	（網址:http://www.zjupress.com）	
排　　版	杭州立飛圖文制作有限公司	
印　　刷	浙江印刷集團有限公司	
開　　本	710mm×1000mm　　1/16	
印　　張	33.75	
字　　數	616千	
版 印 次	2017年9月第1版　2017年9月第1次印刷	
書　　號	978-7-308-14804-7	
定　　價	300.00圓	